Droemer
Knaur®

Charles C. Mann

Mark L. Plummer

Wirtschaftskriege der internationalen Pharmaindustrie

Aus dem Amerikanischen von Brigitte Stein

DROEMER KNAUR

Die Deutsche Bibliothek – CIP Einheitsaufnahme

Mann, Charles C.:
Aspirin: Wirtschaftskriege der internationalen Pharmaindustrie / Charles C. Mann ;
Mark L. Plummer. [Aus dem Amerikan. von Brigitte Stein]. –
München : Droemer Knaur, 1993
    Einheitssacht.: The Aspirin wars < dt. >
    ISBN 3-426-26451-X
NE: Plummer, Mark L.:

© Copyright 1993 für die deutschsprachige Ausgabe
by Droemersche Verlagsanstalt Th. Knaur Nachf. München 1993
Titel der amerikanischen Originalausgabe: The Aspirin Wars: Money, Medicine, and 100
Years of Rampant Competition, © Copyright 1991 by Charles C. Mann and Mark L. Plummer
Originalverlag: Alfred A. Knopf, Inc., New York

Gestaltung und Herstellung: von Delbrück, München
Umschlaggestaltung: Agentur ZERO, München
Texterfassung: Brigitte Apel, Wietze
Filmbelichtung: Appl, Wemding
Umbruch: Ventura Publisher im Verlag
Druck und Bindearbeiten: Ebner Ulm
Printed in Germany
ISBN 3-426-26451-X

5 4 3 2 1

Meiner Familie in großer Liebe – C .C. M.
Für Cassie, Robert und Elisabeth mit Dank für ihre Hilfe – M. L. P.

Inhaltsverzeichnis

Prolog

»Wie in aller Welt ist es dazu gekommen?«

Am 2. März 1988 strömten um zehn Uhr morgens vierzig Personen in einen Konferenzraum neben dem im vierzehnten Stock gelegenen Büro von Dr. med. Dr. phil. Frank Young, dem Leiter der U.S. Food and Drug Administration. Alles andere als die Art von feudaler, holzgetäfelter Halle, wie man sie im Film sieht, war der Konferenzraum nur mit einem kunststoffbeschichteten Tisch, den Stars and Stripes und ein paar anderen Flaggen sowie zwei Leinwänden zur Diaprojektion ausgestattet. Das einzige Fenster gab den Blick auf Parklawn frei, einen großen Friedhof nordwestlich von Washington, D. C. Der Raum war gedrängt voll, unangenehm warm, und viele der Anwesenden empfanden die Atmosphäre als bedrückend. Sie waren im Begriff, eine Lektion über das Zusammenspiel zwischen Großindustrie und Regierung zu erhalten, und sie vermuteten, daß sie ihnen mißfallen werde. Tatsächlich befürchteten sie, einen Markt zu verlieren, der jährlich Hunderte von Millionen Dollar einbrachte.

Der umgängliche, untersetzte und bebrillte Frank Young nahm seine Position am Kopfende des Tisches ein. Trotz seiner Legitimation als konservativer Republikaner und wiedergeborener Christ verkörperte Young die Antithese der angeblichen Regierungsfeindlichkeit unter der Reagan-Administration. Die FDA ist jener Zweig des Gesundheitsministeriums, dem die Aufsicht über die in den Vereinigten Staaten verkauften Lebens- und Arzneimittel obliegt; da sie als streng bekannt ist, dient sie ihren Amtskollegen in den Regierungen jenseits des

Atlantiks und Pazifiks als Vorbild. Diesem Image entsprechend bezeichnete Young seine Behörde gern als den Cop vom Dienst, der in der lukrativen Welt des großen Pharmageschäfts für Ordnung sorgt. Obwohl die jährlichen Umsätze der an diesem Morgen in Youngs Büro vertretenen Firmen das Budget seiner Behörde in den Schatten stellten, nahmen die anwesenden Manager den FDA-Commissioner zweifellos ernst. Die FDA ist befugt, die Produkte eines Herstellers ohne großes Federlesen als »falsch deklariert« zu bezeichnen und ihre Rücknahme vom Markt zu verfügen. Solche Beschuldigungen der Falschetikettierung kosten nicht nur Millionen an Einnahmen, sondern ziehen eine schwarze Wolke negativer Schlagzeilen nach sich, deren Wirkung oft monatelang anhält. Außerdem gibt sich die Behörde nach Überzeugung vieler Pharmaunternehmen erst dann zufrieden, wenn sie ein paar Köpfe hat rollen sehen.

Die Branchenvertreter – Direktoren, Geschäftsführer und Verkaufsleiter – in Youngs Konferenzraum gehörten alle einem exklusiven Zirkel an: Ihre Unternehmen verkauften Aspirin.[*] Fünf Wochen zuvor, am 28. Januar, hatte das *New England Journal of Medicine*, vielleicht die wichtigste und sicherlich die verbreitetste biomedizinische Fachzeitschrift in den Vereinigten Staaten, einen vorläufigen Bericht veröffentlicht, wonach Aspirin die Gefahr, daß ein erwachsener Mann einem Herzinfarkt zum Opfer fällt, stark verringern könne.

Der Herzinfarkt ist die häufigste Todesursache in der westlichen Welt. In den Vereinigten Staaten sterben daran mehr als 500 000 Menschen im Jahr, an Gehirnschlag, einem verwandten Syndrom, jährlich weitere 150 000 Personen. Und wie aus der Studie hervorging, könnte eine jeden zweiten Tag eingenommene Tablette Aspirin ein Fünftel dieser Todesfälle verhindern, daß heißt, mindestens 130 000 Menschenleben im Jahr würden gerettet werden. Auf die gesamte jährliche Sterberate bezogen, entspricht dies der dreifachen Zahl an Todesopfern durch Aids.

---

[*] In manchen Ländern, so in den Vereinigten Staaten, Großbritannien und Frankreich, ist Aspirin der übliche Handelsname für die chemische Substanz Acetylsalicylsäure (ASS), und jedes Unternehmen darf diesen Namen als Bezeichnung seines Produkts verwenden. ASPIRIN® ist dagegen eine weltweit in etwa 70 Ländern eingetragene Schutzmarke der Bayer AG, Deutschland. Und in Kanada ist es ein eingetragenes Warenzeichen, das ausschließlich zur Bezeichnung von Analgetika, hergestellt und vertrieben von Sterling Winthrop, Inc., benutzt werden darf.

Die Aspirin-Hersteller begrüßten den Report als ein Geschenk des Himmels. Aspirin ist das am häufigsten benutzte Medikament der Welt, und zwar schon seit Jahrzehnten. Allein in den Vereinigten Staaten werden jährlich dreißig Milliarden Tabletten Aspirin konsumiert. Weltweit sind die Zahlen weniger gesichert, aber einer plausiblen Schätzung zufolge werden jährlich 45 000 Tonnen Aspirin zur Linderung von Kopfschmerzen und rheumatischen Beschwerden und zur Senkung von Fieber verbraucht – ein hübscher Berg aus kleinen weißen Pillen. Dennoch waren die Aspirin-Hersteller lange unzufrieden gewesen. Der Markt für Kopfschmerzmittel wurde inzwischen von neueren Produkten wie Tylenol (das aus einer anderen Substanz, Paracetamol, hergestellt wird) und Advil (aus Ibuprofen) beherrscht, deren Hersteller riesige Summen für Fernsehwerbung aufwendeten, in der behauptet wurde, sie seien sicherer (Tylenol) oder stärker (Advil) als Aspirin.

In den letzten Jahren war außerdem eine tödliche, aber äußerst seltene Kinderkrankheit namens Reyesches Syndrom mit Aspirin in Verbindung gebracht worden, und die FDA hatte verfügt, daß auf dem Pillenfläschchen eine deutliche Warnung davor abgedruckt sein müsse. Aus Angst vor dem Reyeschen Syndrom hatten viele Familien aufgehört, Aspirin zu kaufen – so viele, daß der Aspirin-Markt für Kinder zusammengebrochen war.

All dies schien sich jetzt zu ändern. Belege für die günstigen Wirkungen des Aspirins hatten sich seit Jahren angesammelt, und 1984 genehmigte die FDA dessen Anwendung bei Patienten, die bereits einen Herzinfarkt erlitten hatten, sowie bei Opfern von bestimmten Arten von Gehirnschlag und Angina pectoris (Brustschmerzen, bedingt durch Sauerstoffmangel des Herzens). Der Bericht des *Journal* war etwas qualitativ anderes. Er war der erste wissenschaftlich untermauerte Nachweis, daß Aspirin die Gefahr des Herzinfarkts bei gesunden Menschen verringern kann. Aspirin war, kurz gesagt, nicht bloß für jene Bedauernswerten wichtig, die bereits krank waren, sondern auch für die Abermillionen von Menschen, die noch erkranken könnten.

Den Aspirin-Herstellern eröffnete sich damit die Aussicht, ihre bescheidene Pille in der Sprache des Marketings als hochkarätiges Mittel der Infarktvorbeugung »repositionieren« zu können. Falls die Hälfte aller Männer in den Vereinigten Staaten jeden zweiten Tag eine Aspirin-Tablette nähme, dann würde sich der jährliche Aspirin-Absatz um 600 Millionen Dollar erhöhen – eine Zunahme um 75 Prozent. Wenn man die Umsatzsteigerungen im Ausland hinzurechnete, ergaben sich noch erfreulichere Zahlen. Darüber hinaus würden diese Hunderte von Millionen keinen einmaligen Gewinn darstellen, sondern sie würden Jahr für Jahr hereinkommen, bis zu jenem fernen Tag, an dem jemand ein Heilmittel für Herzkrankheiten fand. Dieser rosigen Zukunft stand nur ein Hindernis im Weg: die FDA mit Frank Young an ihrer Spitze.

Von den zehn Aspirin-Fabrikanten, die bei der Konferenz vertreten waren, stand für Sterling Drug, eine New Yorker Firma, die eben von Eastman Kodak geschluckt werden sollte, als der *Journal*-Artikel erschien, am meisten auf dem Spiel. Sterling erzeugt das Bayer Aspirin, seit 75 Jahren die bekannteste Marke in den Vereinigten Staaten. Unablässige Werbung hat den Namen und die Reklameansprüche von Bayer (»Reines, unvermischtes Aspirin«, »Neun von zehn Ärzten empfehlen es«) zu Synonymen dieses Arzneimittels gemacht. »Wir sind auf Gedeih und Verderb damit verbunden«, erklärte der Forschungsdirektor von Sterling, Earle E. Lockhart, kürzlich. »Der Name Bayer lebt und stirbt mit dem Aspirin.«

Sterling hatte sich seit langem für die Wirkungen des Aspirins auf die Herz- und Gefäßkrankheiten interessiert. Ohne ausdrückliche Billigung der FDA hatte es im vorangegangenen Jahr Werbespots über Aspirin als Vorbeugung gegen zweite Herzinfarkte gesendet. Im Zuge dieser Kampagne hatte die Firma soeben ihre erste »Kalenderpackung« auf den Markt gebracht – einen Monatsbedarf an Aspirin, angeordnet wie Antibabypillen in einem Spender, auf dem die Wochentage verzeichnet waren und der direkt an die Öffentlichkeit verkauft werden sollte. Als die ersten Kalenderpackungen in den Regalen der Drugstores auftauchten, vernahmen die Firmenvertreter zu ihrer Freude, daß das *New England Journal of Medicine* eine umfassende neue Untersuchung über Aspirin veröffentlichen würde.

Die als Medizineruntersuchung bekanntgewordene Studie war einer der umfangreichsten Langzeitversuche, die je durchgeführt wurde, und umfaßte 22 000 Freiwillige. Die Hälfte der daran beteiligten Ärzte nahm jeden zweiten Tag ein Aspirin; die andere Hälfte ein Placebo – eine Pille, die äußerlich einem Aspirin glich, aber keinen Wirkstoff enthielt.

Vier Jahre lang überprüfte eine Gruppe von Ärzten die Gesundheit der Teilnehmer und hielt nach Auffälligkeiten Ausschau. Im Dezember 1987 stand fest: Die aspirinnehmende Gruppe erlitt um 40 Prozent weniger Herzinfarkte als die

Kontrollgruppe. Angesichts dieses erstaunlichen Unterschiedes stoppten die Ärzte das Experiment drei Jahre vor dem beabsichtigten Zeitpunkt, um nicht Teilnehmern weiterhin Scheinpräparate zu geben, die mit Aspirin besser fuhren. Und sie wandten sich an das *New England Journal of Medicine,* um eine beschleunigte Veröffentlichung der Resultate zu erreichen.

Da das *Journal* es ablehnt, Material zu drucken, das bereits anderswo erschienen ist, erklärten sich Zeitungen, Zeitschriften und Fernsehsender gewöhnlich bereit, ihre Berichte bis zu dem Tag zurückzuhalten, an dem die *Journal*-Abonnenten ihre Exemplare erhalten. Die Medizineruntersuchung wurde Mitte Dezember gestoppt; das Drucken des vorläufigen Ausschußberichts verzögerte sich bis Mitte Januar. Sterling hatte somit einen Monat Zeit, um eine Blitzkampagne vorzubereiten, bevor der Aspirin-Report von den Medien hinausposaunt wurde. Nachdem Tag und Nacht daran gearbeitet worden war, startete das Unternehmen seine Kampagne zum frühesten Zeitpunkt, der in Frage kam, ohne das *Journal* zu verärgern: Mittwoch, den 27. Januar 1988, 18 Uhr – gerade rechtzeitig für die Abendnachrichten.

Die Berichterstattung entsprach voll den Hoffnungen von Sterling. »Ein Aspirin jeden zweiten Tag«, eröffnete der Moderator von *NBC Nightly News,* Tom Brokaw, Millionen von Zuschauern, »dieses simple Rezept ... bewirkt einen dramatischen Rückgang von Herzinfarkten bei Männern.« Der Sender schnitt zu dem Wissenschaftskorrespondenten Robert Bazell: »Viele Mediziner betrachten die Ergebnisse der Aspirin-Studie«, erklärte dieser, »als eine der besten Nachrichten, die wir je über die Vorbeugung gegen Herzinfarkt gehört haben.« Er interviewte Bernard Kabakow, einen Arzt, der an der Studie teilgenommen hatte. »Theoretisch«, erklärte Kabakow, »können hunderttausend oder mehr Menschen pro Jahr durch die Einnahme einer Aspirin-Tablette jeden zweiten Tag ihren Herzinfarkt verhindern.« In ähnlichem Sinne wurde von den anderen zwei großen Networks und in lokalen Nachrichtensendungen in den ganzen Vereinigten Staaten berichtet.

Die *New York Times* und die *Washington Post* brachten die Studie am nächsten Morgen groß als Aufmacher. Bryant Gumbel machte Aspirin zum Thema von *Today,* der beliebtesten Frühnachrichtensendung. Er fragte den Leiter der Studie, Charles Hennekens von der Harvard School of Public Health, ob »alle Männer über 35 es tun sollten« [Aspirin nehmen]. (Sie sollten ihren Arzt fragen, antwortete Hennekens.) Die Nachrichtensendungen der großen Rundfunkanstalten wurden darüber hinaus den ganzen Tag lang mit zusätzlichen Bayer-Werbespots gespickt.

Am 29. Januar schaltete Sterling landesweit ganzseitige Anzeigen in den Zeitungen. »Gute Nachrichten für ein gesundes Herz in Amerika«, wurde in Riesenlettern verkündet. Darunter folgte, ohne jeden optischen Schnickschnack, die Botschaft:

> Eine im Auftrag der National Institutes of Health durchgeführte umfangreiche Untersuchung hat ergeben, daß die Einnahme einer Aspirin-Tablette an jedem zweiten Tag dazu beitrug, erste Herzinfarkte zu verhindern, wie das *New England Journal of Medicine* diese Woche berichtete .... Obwohl [die Studie] noch nicht von der FDA überprüft wurde, ist sie ein weiterer Beleg dafür, daß die Aspirin-Therapie bei Herz- und Kreislauf-Krankheiten höchst bedeutsam für die Herzgesundheit in diesem Lande ist.
>
> Die Bayer Company wird sich auch weiterhin verpflichtet fühlen, nach innovativen Wegen zur Verbesserung der Herzgesundheit in Amerika zu suchen. Fragen Sie Ihren Arzt nach der Aspirin-Therapie zur Vorbeugung gegen Herzinfarkt.

Als Eigenwerbung war diese Anzeige gemäßigt. Sie präsentierte eine korrekte Zusammenfassung der Ergebnisse, benannte die Quelle des Berichts, betonte, daß er von der Regierung noch nicht überprüft war und empfahl potentiellen Benutzern, ihren Arzt zu Rate zu ziehen. Der Ton war zurückhaltend, ja vorsichtig. »Es handelt sich schließlich um ein Medikament«, erklärte Lockhart später. »Wir verkaufen ja keine Zahnpasta.«

Die Behörde für Lebens- und Arzneimittelzulassung, FDA, meldete sich am nächsten Tag per Telefon: Die »guten Nachrichten« müßten gestoppt werden.

Die Hersteller von Aspirin blicken auf eine bemerkenswerte, vielleicht einzigartige Geschichte des Konkurrenzkampfes zurück; das Ringen um dieses Arzneimittel dauert praktisch seit Ende des Ersten Weltkriegs an. Der Markt für schmerzstillende Mittel oder Analgetika, wie der Fachausdruck lautet, lohnt freilich die Anstrengung. 1990 kauften Amerikaner Schmerzmittel im Wert von

2,7 Milliarden Dollar, das entspricht einem vollen Viertel des Marktes für rezeptfreie Arzneimittel und mehr als den Gesamtaufwendungen für Haarwasch-mittel, Deodorants, Zahnpasta oder jede andere einzelne Kategorie von Produk-ten zur Gesundheits- und Schönheitspflege. Da der Preis eines Aspirins etwa zehnmal so hoch ist wie die Kosten seines aktiven Wirkstoffs, ist in den 2,7 Milliarden Dollar ein gewaltiger Batzen für Verpackung, Vertrieb, Werbung und natürlich Profit enthalten. Um diesen Profit zu machen, verkaufen manche Aspirin-Hersteller reine Acetylsalicylsäure (ASS), andere fügen Zusätze wie Koffein und Magensäurehemmer hinzu; wieder andere versehen die ASS mit einem speziellen Überzug. Da »das« ASS, wie es im Deutschen üblicherweise heißt, seit seiner Erfindung im Jahr 1897 jedoch unverändert blieb, enthalten alle Spielarten von Aspirin, so neu und verbessert sie auch sein mögen, den identischen Wirkstoff, und die Heilkunde ist uns den Beweis noch schuldig, daß eine dieser neumodischen Abarten besser als ASS allein gegen Kopfschmerzen, Fieber und Entzündungen wirkt.

In kapitalistischen Gesellschaften garantiert eine solche Situation – Unterneh-men, die gleichermaßen wirksame Produkte mit großen potentiellen Gewinnen verkaufen – praktisch eine erbitterte Konkurrenz, wie sie Adam Smith vor-schwebte, als er von der »respektgebietenden Macht der unsichtbaren Hand«, dem freien Markt, sprach. Und tatsächlich haben die zehn Firmen, deren Repräsentanten an diesem Morgen in der FDA-Zentrale versammelt waren, Erfahrungen in der industriellen Kriegsführung vorzuweisen, die als ein Katalog der Mittel dienen könnten, ob redlich oder skrupellos, mit denen sich moderne Unternehmen gegenseitig auszustechen versuchen. An ihren Auseinandersetz-ungen läßt sich wie unter einem Brennglas jene Mischung aus Marketing, Rechtsstreitigkeiten, Technologie und Wettbewerb studieren, welche die Wirt-schaft und das Leben in diesem Jahrhundert so nachhaltig geprägt hat. Um es anders auszudrücken, die Annalen des Aspirins geben uns eine Vorstellung von den unglaublichen Mühen, die Menschen bereit sind, auf sich zu nehmen, um etwas in eine Schachtel zu tun und es zu verkaufen.

Angesichts dieser Geschichte waren die Konkurrenten von Sterling nicht gewillt, sich von ihrem großen Bruder den Rang ablaufen zu lassen. Die meisten von ihnen hatten in der Vergangenheit den Unterschied zwischen ihren Produkten und bloßem ASS hervorgehoben, was bedeutete, daß ihre Markennamen nicht klar mit Aspirin assoziiert waren. Jetzt, da das Aspirin Schlagzeilen machte, fühlten sich Sterlings Rivalen herausgefordert, Bayer mit noch werbewirksameren Behauptungen zu übertrumpfen, um sich auf diesem umkämpften Feld zu behaupten. Es konnte nicht ausbleiben, daß einer von ihnen übers Ziel schoß, und das war der Grund, weshalb sie sich schließlich alle im Büro von Frank Young wiedertrafen.

Das schwarze Schaf war Rorer Consumer Pharmaceuticals aus Fort Washington/Pennsylvania, Hersteller einer wenig bekannten Marke namens Ascriptin, einer Mischung aus ASS und Maalox, einem beliebten Antazidum (magensäurebindendem Arzneimittel), das hinzugefügt wurde, um die Reizung der Magenschleimhäute durch Aspirin zu mildern. Bis zur Medizineruntersuchung war diese Marke in erster Linie an Ärzte verkauft worden, deren Patienten große Dosen von Aspirin gegen Arthritisschmerzen nahmen. Als der Bericht über Aspirin und Herzinfarkte in den Abendnachrichten erschien, kam Rorer auf die Idee, daß auch Ascriptin davon profitieren könnte. Wenn die Leute anfingen, Aspirin zu nehmen, um ihr Herz zu schützen, dann würden sie vielleicht gleichzeitig darauf bedacht sein, ihren Magen nicht zu reizen.

Am 10. Februar schaltete Rorer, wie Sterling vor ihm, eine ganzseitige Anzeige in der *New York Times*. Unter der Überschrift DAS ASPIRIN, MIT DEM MAN LEBEN KANN war darauf die Titelseite der *Times* vom 28. Januar abgebildet, die so gefaltet war, daß man den Bericht über die Medizineruntersuchung lesen konnte. »Dies ist vielleicht die wichtigste Anzeige, die Sie jemals lesen werden«, hieß es im Text.

> Eine einzige Aspirin-Tablette, jeden zweiten Tag eingenommen, kann die Gefährdung von Männern, einen Herzinfarkt zu erleiden, laut einer umfassenden neuen Untersuchung beinahe halbieren. Aber sie kann Ihnen auch auf den Magen schlagen. Fragen Sie deshalb Ihren Arzt nach Ascriptin. Das Aspirin, mit dem man leben kann.

Darunter befand sich ein Coupon (»Dies könnte der wichtigste Coupon sein, den Sie je ausgeschnitten haben«) für Ascriptin. Dies war Rorers Versuch, sich einen größeren Marktanteil zu sichern. Die Kampagne sollte wochenlang fortgesetzt werden, und das Unternehmen war bereit, dafür beträchtliche Kosten auf sich zu nehmen.

Wenige Stunden nach Erscheinen der Anzeige erhielt Rorer einen Anruf von der Federal Trade Commission, der Behörde, die über die Einhaltung des Wettbewerbsrechts wacht. Obwohl die Unternehmensleitung das folgende Telefonat als »freundschaftlich« bezeichnete, gab sie anschließend bekannt, daß die Kampagne abgekürzt würde, obwohl für die nächsten Ausgaben von *Time* und *Newsweek* weitere Anzeigen vorgesehen waren. Am 11. Februar erging von den Justizministern von Texas und New York ein gemeinsamer Brief an Joseph E.Smith, den Präsidenten von Rorer Consumer Pharmaceuticals. Dieser Brief war nicht freundschaftlich zu nennen; darin wurde Rorer aufgefordert, »sofortigen Abstand von weiterer Plazierung dieser oder ähnlicher Anzeigen zu nehmen«. Um jeden Zweifel auszuschließen, drohte der Justizminister von Texas dem Unternehmen einen Prozeß an. Mehrere Tage danach wurden Rorer und neun weitere Aspirin-Hersteller zu der Besprechung bei Frank Young vorgeladen.

In gewisser Hinsicht stellte die Vorladung durch die FDA einen Etappensieg in einem fünfzigjährigen Kompetenzgerangel dar. Arzneimittel werden in zwei Kategorien eingeteilt: rezeptpflichtige Medikamente, die nur auf Verfügung des Arztes in Apotheken an Patienten abgegeben werden dürfen; und rezeptfreie Arzneien, die fast überall verkauft werden können. Die FDA regelt die Werbung für rezeptpflichtige Medikamente, während die Federal Trade Commission mit der Reklame für rezeptfreie Arzneien befaßt ist. Etiketten und Packungsbeilagen sowohl rezeptpflichtiger als auch rezeptfreier Arzneien fallen jedoch in das Ressort der FDA, was bedeutet, daß eine Behörde (die FDA) dafür zuständig ist, was Firmen auf dem Etikett über rezeptfreie Arzneien behaupten, und eine andere (die FTC) dafür, was in der Werbung über die rezeptfreien Mittel verkündet wird. Die FDA hat jahrelang vergeblich gegen diese Arbeitsteilung protestiert. »Was wir in dieser Situation getan haben«, erklärte Peter Rheinstein, FDA-Direktor des medizinischen Stabes im Office of Health Affairs, »war, Produkte, für die in einer Weise geworben wurde, die sich nicht mit den Angaben auf ihren Etiketten deckte, als falsch etikettiert zu bezeichnen, da das Etikett keine entsprechenden Angaben über die beworbene Anwendung enthielt.« Das gestattet der FDA, die betreffende Arznei vom Markt zu nehmen – so daß sie de facto die Kontrolle über die Werbung hat, die ihr de jure vorenthalten ist.
Nicht überraschenderweise hat sich die FTC entschieden gegen diese Usurpation ihrer Befugnisse zur Wehr gesetzt. Aber sie wurde darin von den betroffenen

Unternehmen nicht gerade enthusiastisch unterstützt. Jedes Pharmaunternehmen muß die Zulassung der FDA erhalten, um neue Medikamente auf den Markt bringen zu dürfen, die in einem Verfahren auf ihre Sicherheit und Wirksamkeit getestet werden müssen, was Jahre dauert und Millionen von Dollar kostet. »Wenige wollen es riskieren, sich die Gunst der FDA zu verscherzen«, erklärte ein Pharmamanager, dessen Firma Konflikten mit der Behörde aus dem Wege geht. »Niemand möchte erleben, daß die Wissenschaftler der FDA weitere fünf Jahre benötigen, um die Genehmigungsfähigkeit seines Medikaments zu überprüfen.«

Aspirin ist insofern ein Ausnahmefall, als es sowohl als rezeptfrei wie auch als rezeptpflichtig behandelt wird. Bei Kopfschmerzen, Fieber und kleineren Entzündungen können die Aspirin-Hersteller ihr Produkt der Öffentlichkeit unter der Aufsicht der FTC anpreisen; Herzinfarkte zählen jedoch zu den schweren Erkrankungen, die ein Medikament und dessen Bewerbung in das Ressort der FDA fallen lassen. Beide Anzeigen, in denen mit der Medizineruntersuchung geworben wurde, stellten somit Grenzfälle auf der verschwommenen Trennlinie zwischen FDA und FTC dar. Nach einem Anruf von Young trat die FTC das weitere Vorgehen widerwillig an ihre Rivalin ab.

Aspirin könnte sich tatsächlich auf der Erfolgsstraße befinden, räumte die FDA ein, aber sie wolle nicht, daß die Firmen dem Publikum mit dieser Nachricht in den Ohren lägen. Der Abschlußbericht der Studie sei noch nicht veröffentlicht, ja nicht einmal geschrieben; auch seien noch Fragen nach den Nebenwirkungen zu beantworten. Angesichts dieser dürftigen Beweislage weigere sich die FDA, Aspirin vollmundig als Mittel zur Vorbeugung gegen Herzinfarkt anpreisen zu lassen. Doch selbst wenn sich die Medizineruntersuchung letztlich als überzeugend erweise, könne die Behörde nicht hinnehmen, daß Pharmafirmen im Fernsehen verkündeten, das Risiko eines Herzinfarkts könne durch Einnahme einer Pille nahezu halbiert werden.

Nach Auffassung von Young sollten die Leute von ihren Ärzten über Aspirin informiert werden, die ihnen genaue Informationen über die Risiken geben könnten, und nicht durch Werbeblöcke in der Cosby-Show. Genau dies wollte er den versammelten Aspirin-Herstellern, abgesehen von den juristischen Aspekten der Angelegenheit, deutlich machen.

Die Aspirin-Erzeuger befanden sich somit in einem Dilemma. Während sie es einerseits nicht erwarten konnten, die Chance zur Zurückgewinnung eines verlorenen Marktes zu ergreifen, wurden sie andererseits davor gewarnt, sich auf eine wissenschaftliche Studie zu beziehen, die bereits die Titelseiten der Zeitungen beherrschte. Außerdem galt diese Warnung keiner irreführenden Werbung – die FDA behauptete nicht, daß die Anzeigen in irgendeiner Hinsicht inkorrekt seien. Tatsächlich waren die Zeitungsannoncen häufig sorgfältiger formuliert als die hurtigen redaktionellen Zusammenfassungen der medizinischen Fakten, die über den Äther dröhnten. Aber das half ihnen auch nichts. Obwohl die Ergebnisse so schlüssig waren, daß ein Zweig des Gesundheitsministeriums, die National Institutes of Health, zu der Überzeugung gekommen war, die Fortsetzung der Studie wäre unmoralisch, hielt ein anderer Zweig, die FDA, sie nicht für stichhaltig genug, um die Öffentlichkeit darauf hinzuweisen, geschweige denn, um den Text auf der Verpackung zu ändern. Und wie die Aspirin-Hersteller wußten, war es ihnen nicht gestattet, Medikamente im Zusammenhang mit Krankheitsbildern zu bewerben, die auf der Packung nicht als Indikationen erwähnt waren.

Die Firmenvertreter waren auch bestürzt, daß die Behörde Zweifel äußerte, ob es in Ordnung sei, Aspirin für Infarktpatienten anzupreisen, also zur Vorbeugung gegen Zweitinfarkte, ein Thema der Werbung, das dem Aspirin allmählich einen Teil seines verlorengegangenen Glanzes (und vielleicht Marktanteils) zurückgewann.

Die FDA überlege jetzt, daß das Publikum, selbst wenn sich die Firmen auf Aussagen über Zweitinfarkte beschränkten – eine Praxis, welche die Behörde bisher schweigend gebilligt hatte –, die dargebotenen Informationen vielleicht mißverstehen könnte. Die Zuschauer könnten im Fernsehen »zweiter Herzinfarkt« hören und irgendwie auf die Idee kommen, daß Aspirin auch gegen erste Infarkte helfe, speziell wenn in den Sendungen darauf hingewiesen wurde, daß eine großangelegte wissenschaftliche Studie gezeigt habe, daß Aspirin erste Herzinfarkte verhindern könne.

Die Folge war, daß die Firmenvertreter – zwei Repräsentanten von Sterling, zwei von Rorer, zwei von American Home Products (Hersteller von Anacin), zwei von Bristol-Myers (das Bufferin und Excedrin verkauft) und andere – mit ziemlichem Unbehagen in den Konferenzraum strömten. Ihnen saßen zwanzig Regierungsvertreter gegenüber: sechzehn von der FDA; drei von der FTC und Herbert Israel, ein Vertreter des Justizministeriums des Staates New York, der sich geschworen hatte, selbst Maßnahmen zu ergreifen, falls ihm die Bundesregierung nicht zuvorkam. Regierung und Industrie saßen einander an dem Tisch gegenüber. Es war kein angenehmer Moment. Die Einsätze waren hoch und das Ergebnis ungewiß.

Die Konferenz begann damit, daß Young den Teilnehmern dankte, trotz der kurzfristigen Einladung gekommen zu sein. Er bemerkte, daß »beträchtliches Presseinteresse« an der Zusammenkunft bestehe, und fügte hinzu, daß er anschließend gegenüber den Medien eine Erklärung abgeben werde. Dies sollte an die Macht der FDA erinnern; keines der Unternehmen, die von der Gunst der Öffentlichkeit abhingen, wollte öffentlich eines Verstoßes gegen die guten Sitten bezichtigt werden. Nachdem er die Medizinerstudie als »vielversprechend« bezeichnet hatte, äußerte Young die Hoffnung, daß die Wissenschaftler bald ihre Befunde der FDA unterbreiten würden. Bis dahin, bemerkte er, werde die Behörde »Bedenken gegen die Propagierung dieser illegitimen Anwendung von Aspirin hegen«.

Unter Hinweis auf Fragen, welche die Resultate der Studie offenließen – so war in der Aspirin-Gruppe eine ungewöhnliche Anzahl an Gehirnschlägen aufgetreten –, legte Young »den Aspirin-Herstellern eindringlich nahe, freiwillig auf die Empfehlung von Aspirin zur Vorbeugung gegen Erstinfarkte zu verzichten«. Er sah sich in der Runde um. Niedergeschlagen stimmten ihm die Industriebosse zu. Falls er »unangemessene Werbung« sehe, fügte Young hinzu, werde er »nicht zögern, Verfahren gegen Fehletikettierung« einzuleiten. Er nehme deshalb das einmütige Versprechen freiwilliger Kooperation mit Befriedigung zur Kenntnis.

Die Besprechung hatte erst wenige Minuten gedauert, aber sie schien damit bereits abgeschlossen zu sein. Als sich Young erkundigte, ob jemand Fragen habe, meldete sich nur ein Jungmanager in der Mitte des Tisches. Jack Jordan, der Leiter der Rechtsabteilung von SmithKline Beckman, den Herstellern von Ecotrin, einer Marke von dragierten Aspirin-Tabletten, fragte, ob es auch »illegitim« sei, Aspirin zur Vorbeugung gegen zweite Herzinfarkte zu bewerben.

»Sie sahen ihn alle entgeistert an«, berichtet Peter Rheinstein. »Sie konnten nicht glauben, daß er das ansprechen würde.«

Herbert Israel griff die Frage auf. Nach Israels Ansicht war nicht denkbar, daß die Öffentlichkeit in einem Fernsehspot »zweiter Herzinfarkt« sehen und hören könnte und begreifen würde, daß die Wirksamkeit nur für diesen Fall gesichert sei, als Vorbeugung gegen einen Erstinfarkt dagegen nicht. »Die Öffentlichkeit wird zwischen erstem und zweitem Infarkt nicht unterscheiden«, erläuterte er später. »Ich wollte das Verbot ausweiten.«

Von der Frage überrascht, wollte Young von William MacLeod von der FTC hören, ob mit Vorbeugung gegen zweite Infarkte geworben werden dürfe. MacLeod antwortete, daß dieses Thema nicht auf der Tagesordnung stehe.

Das genügte Young. Rasch entschlossen, beschied er die versammelten Hersteller, daß sie Aspirin zur Vorbeugung gegen zweite Infarkte empfehlen dürften, daß sie erste Infarkte aber aus dem Spiel lassen müßten.

»Und dann konnte man geradezu sehen, wie den Leuten ein Licht aufging«, erinnerte sich Rheinstein und lachte glucksend. Das Aha-Erlebnis eines Aspirin-Produzenten nachvollziehend, sagte er: »›Moment mal – diese Typen behaupten, die Öffentlichkeit könne nicht zwischen Werbung für Zweitinfarkte und Werbung für Erstinfarkte unterscheiden? Und es sei nach wie vor okay, für Zweitinfarkte zu werben? Na wunderbar! Auf Wiedersehn!‹ Und sie rannten fast aus dem Saal. Es war die kürzeste Konferenz, an der ich je im Leben teilgenommen habe.«

Young erklärte anschließend den Medienvertretern, daß die Aspirin-Hersteller verantwortlich reagiert und sich freiwillig bereit erklärt hätten, die Werbung für das Medikament als Mittel zur Vorbeugung gegen erste Herzinfarkte zu stoppen. Die Pharmavertreter nahmen sein Lob mit bescheidenem Achselzucken hin.

»Warum nicht?« meinte Rheinstein. »Jeder bekam, was er wollte. Die FDA hatte Gelegenheit, ihre Härte zu demonstrieren, und die Firmen bekamen die Erlaubnis zu werben.«

»Nachdem der Bund entschieden hatte, konnten wir nichts mehr tun«, erinnerte sich Israel. »Wir saßen in der Tinte – eine völlig verfahrene Geschichte. Ich fragte mich nur, wie in aller Welt ist es dazu gekommen?«

Erster Teil

»Nur ein Geschäftsmann«

1. Kapitel

»Von keinem anderen Heilmittel übertroffen«

Als Carl Duisberg 1903 von Deutschland nach Albany/New York aufbrach – oder genauer gesagt nach Rensselaer, dem Städtchen, das Albany am anderen Ufer des Flusses gegenüberliegt –, hatte er nicht im Sinn, das Fundament für einen internationalen Wirtschaftskonflikt epischen Ausmaßes zu legen. Er war gekommen, um eine der größten und technisch fortschrittlichsten chemischen Fabriken in den Vereinigten Staaten, genauer in Rensselaer zu errichten, einem Städtchen mit weniger als 8000 Einwohnern, in deren Bürgerschaft sich Diskussionen an der Frage entzündeten, ob man die Hauptstraße pflastern sollte oder nicht. Die Fabrikanlage Duisbergs sollte 75 Acres einnehmen und südlich der Straßenbahnbrücke nach Albany auf einem Gelände errichtet werden, das durch einen Damm davor geschützt wurde, von dem Fluß davongespült zu werden. Hier sollten in der Kurve der New-York-Central-and-Boston-&-Albany-Bahnlinien fast zwei Dutzend Werkhallen entstehen, in denen Glasballone voll mit Desinfektionsmitteln, Schlafpulvern und synthetischen Farben erzeugt werden sollten. Im Mittelpunkt sollte sich das höchste Gebäude der Anlage erheben, ein scheunenähnlicher, eineinhalb Stock hoher Bau, der fast völlig von zwei riesigen Reagenzbehältern aus purem Silber ausgefüllt wurde. In diesen Behältern sollte das wichtigste Produkt der Anlage hergestellt werden: Bayer Aspirin. Duisberg wollte den Namen und das Symbol von Bayer – das Bayer-Kreuz, B-A-Y-E-R senkrecht und waagrecht geschrieben, wobei sich die zwei

Wörter beim Y in der Mitte kreuzen – in den Vereinigten Staaten etablieren. Genau diese Aufgabe erfüllte die Aspirin-Fabrik. Aber zu Duisbergs Entsetzen bewirkte sie noch viel mehr. Nicht lange nach ihrer Fertigstellung ging die Anlage und damit der Name Bayer und das Bayer-Kreuz an ein amerikanisches Unternehmen verloren. Beide Unternehmen vertrieben Bayer Aspirin. Mit anderen Worten, zwei verschiedene, miteinander konkurrierende Gesellschaften benutzten denselben Namen, um dasselbe Produkt zu verkaufen. In der Welt der Wirtschaft ist diese Situation unerhört, so schockierend wie ein Verstoß gegen Naturgesetze, und die beiden Bayer Aspirins bekämpften einander denn auch mehr als siebzig Jahre lang. Im Lauf der Zeit wuchs sich Bayer gegen Bayer zu einer der längsten, seltsamsten und frustrierendsten Unternehmensfehden in den Annalen des Kapitalismus im 20. Jahrhundert aus.

Friedrich Carl Duisberg jun. hat das Aspirin zwar nicht erfunden, aber er errichtete das industrielle Imperium, das dessen Präsenz in den Medizinschränken in allen Teilen der Welt sicherte. Inzwischen ist sein Ruhm verblaßt, aber zu seinen Lebzeiten war Duisberg ein so unumstrittenes Mitglied des kommerziellen Pantheons wie Rockefeller und Rothschild und wurde von der Londoner *Times* als »der größte Industrielle« gefeiert, »den die Welt bisher hervorgebracht hat«. Duisberg war der führende Kopf, der den Aufbau der IG Farbenindustrie AG leitete – jenes hydraköpfigen Chemiekombinats IG Farben, der schließlich so mit dem Nazistaat identifiziert wurde, daß seine Direktoren in Nürnberg zusammen mit Göring und Heß ins Gefängnis gingen.

Duisberg kam am 29. September 1861 als Sohn einer Mittelstandsfamilie in Barmen zur Welt, einer prosperierenden Kleinstadt vierzig Kilometer von Köln entfernt. Duisberg sen. besaß eine kleine Bändermanufaktur, bestehend aus nicht viel mehr als zwei Webstühlen und den daran beschäftigten Arbeiterinnen; seine Frau Wilhelmine stand dem Bauernhof der Familie vor, melkte die drei Kühe der Duisbergs und verkaufte die Erträge auf dem Markt. Der in einer Atmosphäre der Sparsamkeit und wortkargen, harten Arbeit aufgewachsene Carl entwickelte sich zu einem aktiven, eigenwilligen und ehrgeizigen Kind. Er wünschte sich glühend, es im Leben weiterzubringen, als für kleine Schneiderinnen Litzen und Bänder zu weben.

In der Oberschule machte er Bekanntschaft mit der Chemie. Von der ersten Klasse an begeisterte er sich für das Fach – es war sein Fluchtweg aus Barmen.

Duisberg sen. war inzwischen der Meinung, sein Sohn habe genügend Zeit in der Schule verbracht und solle in das väterliche Geschäft eintreten. Carl weigerte sich. Er wurde von seiner Mutter unterstützt, die große Erwartungen für ihren einzigen Sohn hegte. Carls Zukunft, erklärte sie den Verwandten, »ist meine Angelegenheit«. Ein Familienkrach war die Folge. Dank des Beistandes seiner Mutter ging Carl siegreich daraus hervor. Er durchlief die übrigen Klassen im Eiltempo und legte bereits mit sechzehn das Abitur ab. Er hoffte, an der renommierten Universität Göttingen Chemie studieren zu können, stieß aber erneut auf den Widerstand seines Vaters, der seinen Sohn für zu jung hielt, um das Elternhaus zu verlassen. Als Kompromißlösung schrieb sich Carl an einer nahegelegenen Oberrealschule ein. Wiederum schloß er die einjährige Ausbildung vorzeitig ab. Nach heutigen Begriffen hatte er sich damit zum Labortechniker qualifiziert.

Duisberg sen. gab nach und war bereit, seinen Sohn nach Göttingen zu schicken. Damals war es möglich, sich unmittelbar nach der Oberrealschule auf die Promotion vorzubereiten. Duisberg stürzte sich in sein Studium, belegte fortgeschrittene Lehrveranstaltungen und arbeitete mit jener Mischung aus Feuereifer und zwanghafter Organisation, die ihn sein ganzes Leben lang kennzeichnete. Ein Jahr später hatte er seine Dissertation fertig, mußte aber erfahren, daß er kein Doktorat machen konnte, weil er die falsche Art von Oberschule besucht hatte (er hatte keine klassische Bildung und konnte die Lateinprüfung nicht ablegen). Verärgert verließ er Göttingen und ging an die Universität Jena, wo ihn der namhafte Chemiker Anton Geuther unter seine Fittiche nahm. Dieser entdeckte nach geraumer Zeit einigermaßen konsterniert, daß sich sein begabter Student in Göttingen qualifiziert hatte, ohne Grundkurse absolviert zu haben, und bestand darauf, daß sich Duisberg die Grundlagen der Labortechnik aneigne. Trotz dieses Aufschubs erwarb Duisberg im Juni 1882, drei Monate vor seinem 21. Geburtstag, sein Doktorat.

Da er völlig unabhängig von seinem Vater werden wollte, nahm Carl die erste Arbeit an, die er finden konnte, eine schlechtbezahlte Stelle in einem staatlichen Lebensmittellabor. Wieder war Geuther befremdet, diesmal über Duisbergs scheinbare Neigung, seine Gaben zu verschleudern. Er machte Duisberg zu seinem persönlichen Assistenten und stellte ihm in der Mansarde über dem Labor ein Zimmer zur Verfügung. Geuther nahm Duisberg das Versprechen ab zu bleiben, bis er eine seinen Talenten würdige Beschäftigung fand. Aber

Geuther konnte Duisberg nicht genügend bezahlen, um davon zu leben; der junge Mann mußte seinen Vater immer noch um Unterstützung bitten, was dieser als Bestätigung wertete, daß er bezüglich der Nutzlosigkeit höherer Bildung immer recht gehabt hatte. Bedrückt über die Verachtung seines Vaters, meldete sich Duisberg kurz entschlossen zum Militär – er glaubte, niemand werde ihm eine gute Stelle geben, solange er nicht gedient hatte.

Nach einem Jahr in der Armee sah sich Duisberg erneut nach Arbeit um, und 1883 wurde ihm ein Praktikum in den Farbenfabriken, vormals Friedrich Bayer & Co., angeboten, einem kleinen Chemiebetrieb, der sich auf Farbstoffe spezialisiert hatte. Dummerweise lag die Fabrik in Barmen, der Kleinstadt, der Duisberg von Kindesbeinen an zu entkommen getrachtet hatte. Dennoch meinte er, endlich am richtigen Platz zu stehen. Die industrielle Revolution hatte in einigen Jahrzehnten derart geboomt, daß inzwischen in Europa und Nordamerika automatisierte Fabriken mit Tausenden von Arbeitern gang und gäbe waren. Eisenbahnen transportierten Güter quer über Kontinente, Telegraphen übermittelten Aufträge für Börsentransaktionen zwischen Nationen, und die Luftverschmutzung, das bösartige Emblem wirtschaftlichen Wachstums, verdüsterte viele Städte. Das Tempo der Veränderung war hektisch, und Duisberg fühlte sich dadurch beflügelt. Er hatte sich immer gewünscht, an den aufregenden Entwicklungen beteiligt zu sein – und mit der Farbenindustrie hatte er schließlich das Vehikel gefunden, das ihn in die Zukunft tragen würde.

Das Entstehen einer Industrie mit hochentwickelter Technik in Deutschland war kaum vorhersagbar gewesen. Aufgrund seiner speziellen Geschichte war Deutschland in industrieller Hinsicht quasi ein Spätentwickler. 1815 gab es 38 unabhängige deutsche Staaten. Einige davon, wie Preußen und Bayern, waren relativ groß und mächtig, andere dagegen klein, ländlich und unterentwickelt. Der Handel zwischen diesen Fürstentümern wurde durch ein barockes Geflecht von über hundert Verträgen geregelt. Die Bewegung für ein vereinigtes Deutschland erzielte 1834 einen ersten Erfolg, als sich die meisten dieser Fürstentümer zu einem einzigen Zollverein zusammenschlossen. Durch das Eintreten für ein allgemein gültiges Wirtschaftsrecht und eine einheitliche Währung legte der Zollverein das Fundament, auf dem die industrielle Revolution Jahrzehnte, nachdem sie Großbritannien transformiert hatte, Wurzeln schlagen konnte.

Bismarck schweißte die deutschen Fürstentümer allmählich zu einer Nation zusammen, was ihm mit der Reichsgründung von 1871 endgültig gelang. Die neue Nation zeichnete sich durch einen wertvollen Vorzug aus: das beste naturwissenschaftliche Bildungswesen in Europa. Universitäten wie die von Heidelberg und Freiburg richteten als erste wissenschaftliche Labors ein und förderten den Unterricht in naturwissenschaftlichen Fächern. Fast jeder bedeutende Chemiker dieser Zeit wurde an einer deutschen Hochschule ausgebildet oder von Lehrern unterrichtet, die in Deutschland studiert hatten. Die deutsche Industrie befand sich in einer entsprechend idealen Position, aus der Explosion an chemischem Wissen Kapital zu schlagen. In den Laborkolben brodelten faszinierende, bisher unbekannte Substanzen wie Helium, Saccharin, Reyon und flüssiger Sauerstoff, und ein beträchtlicher Prozentsatz der Leute, die darüber Bescheid wußten, lebten in Deutschland. Diese Pioniere strömten in die aufblühende chemische Industrie, wo sie neue Düngemittel, Sprengstoffe, Seifen, Gläser, Textilien und – in Duisbergs Fall – Farben entwickelten.

Die Farbenherstellung basierte auf einer schwarzen, stinkenden und klebrigen Masse namens Steinkohlenteer, der entsteht, wenn man Kohle in einem Vakuum auf hohe Temperaturen erhitzt. Bei diesem Verschwelen von Kohle entsteht ein brennbares Gas, das damals in Laternen Verwendung fand; der Kohlenteer wurde ursprünglich als nutzloser Abfall angesehen. In den 1840er Jahren entdeckten Forscher in Deutschland und Großbritannien jedoch, daß Kohlenteer eine Melange aus nützlichen Chemikalien ist. Wie die Schrauben, Muttern und Metallflansche in einer unordentlichen Werkzeugkiste ließen sich die Substanzen im Kohlenteer von experimentierfreudigen Wissenschaftlern zu den verschiedensten interessanten Substanzen kombinieren.

Viele der ersten Kohlenteerprodukte waren Farbstoffe. Da die Farbenherstellung seit den alten Römern, die Purpurrot durch Zerstampfen von Tausenden von Schnecken erzeugten, nur geringe Fortschritte gemacht hatte, waren die leuchtenden Rot- und Gelb-, Blau- und Grüntöne, die aus den Retorten der Chemiker hervorgingen, ungeheuer populär. Die satten Kolorite, welche die Kohlewertstoffchemie ermöglichte und die man den Besuchermassen der Londoner Weltausstellung von 1862 vorführte, wurden bei der wohlhabenden europäischen Mittelschicht große Mode und förderten die Entwicklung der modernen Bekleidungsindustrie. Die Modemacher verlangten begierig nach immer mehr und immer besseren Farben. Wie es der Natur der Dinge entspricht, steigerte diese Nachfrage das Angebot; in allen Teilen Großbritanniens, Frankreichs und Deutschlands entstandenen Farbenfabriken.

Eines der ersten deutschen Farbenwerke wurde 1863 von Friedrich Bayer und Johann Friedrich Weskott gegründet. Bayer war ein erfolgreicher Händler mit natürlichen Farbstoffen, der ein weltweites Vertriebsnetz aufgebaut hatte, Weskott, ein guter Freund und Mitglied einer der ältesten Familien von Barmen, besaß eine einträgliche Fabrik, in der natürliche Farbstoffe gewonnen wurden. Ihr erstes synthetisches Färbemittel, Fuchsin, stellten sie in ihren eigenen Küchen her – was zwar kostensparend war, aber sie der Firmenlegende zufolge in Konflikt mit ihren Ehefrauen brachte. Sie produzierten auch den ersten Chemiemüll, den Bayer in einem Winkel des Fabrikgeländes deponierte. Unglücklicherweise enthielten die Abfälle Arsenverbindungen, die in das örtliche Grundwasser einsickerten. Als die Nachbarn Arsen in ihren Brunnen entdeckten, forderten sie Entschädigung. Bayer und Weskott waren gezwungen zu bezahlen; schließlich holte sich eine ganze Reihe von Nachbarn allwöchentlich ihren Scheck bei ihnen ab. Die aufstrebende Firma beschloß deshalb, ihren Standort zu wechseln. Nach mehreren erzwungenen Übersiedlungen ließ sich Friedrich Bayer & Co., wie das Unternehmen nun hieß, an den schmalen, steilen Ufern der Wupper nieder.

Bayer und Weskott waren in dem Wettrennen um die Entwicklung neuer Färbemittel keineswegs führend. Damals beschäftigte sich ihr Betrieb mehr mit praktischen Versuchen – einem pfiffigen, aber eher dilettantischen Herumprobieren – als mit wissenschaftlicher Forschung und brachte Rezepte für neue Farbstoffe hervor, die nicht von einer gründlichen Kenntnis ihrer chemischen Zusammensetzung abhingen. Bei einem solchen Rezept für Anilinblau wurden in jeder Charge 48 Eiklar verwendet, eine Verbesserung, die angeblich vor Rotstich schützte; die Dotter wurden auf demselben Ofen zu Pfannkuchen für die Belegschaft verarbeitet.

Friedrich Bayers bewährtester Assistent war sein Schwiegersohn Carl Rumpff. Rumpff, der Sohn eines deutschen Weinhändlers, war im Alter von 24 in die Vereinigten Staaten emigriert. Nachdem er in der noch unterentwickelten amerikanischen Kohlenteerbranche eine Firma gegründet hatte, wurde Rumpff von Friedrich Bayer als New Yorker Vertreter seines Unternehmens eingestellt. 1876 trat er in den Stab der Zentrale in Barmen ein; schließlich wurde er ein Mitglied der Familie, als er Bayers älteste Tochter heiratete. Im selben Jahr starb Weskott. Als ihm Bayer 1880 in den Tod folgte, wurde Rumpff zum Leitstern des Unternehmens, das inzwischen erneut umgezogen war, diesmal in die benachbarte Kleinstadt Elberfeld. Ein Jahr nach Bayers Tod verkaufte das Unternehmen erstmals seine Aktien an die Öffentlichkeit. Bei dieser Gelegenheit wurde sie offiziell in Farbenfabriken, vormals Friedrich Bayer & Co., umbenannt. Farbenfabriken Bayer war um diese Zeit in die Klemme geraten – ein Grund, weshalb die Firma durch den Verkauf von Anteilen Geld beschaffen mußte. Seit mehr als einem Jahrzehnt war ihr Hauptprodukt der orangerote Farbstoff Alicarin gewesen. Als der Alicarin-Absatz nachließ, mußte die Gesellschaft diversifizieren. Sie stellte wissenschaftlich ausgebildete Forscher ein, die neue Farbstoffe entwickeln sollten, aber die brachten nicht viel. Rumpff heuerte weitere; es blieb ihm kaum etwas anderes übrig. Aus der eigenen Tasche zahlte er drei vielversprechenden jungen Chemie-Absolventen eine Art von Stipendium: Bevor sie offiziell von den Farbenfabriken Bayer eingestellt wurden, erhielten die Chemiker ein, zwei Jahre Zeit für eigene Forschungen. Auch dieses Programm erwies sich als Fehlschlag; es wurde nach einem Jahr gestoppt. Tatsächlich hätte Bayer zugrunde gehen könne, wie damalige Finanzexperten voraussagten – wäre einer der drei jungen Chemiker nicht Carl Duisberg gewesen.

Duisberg verbrachte ein Jahr in Rumpffs Förderprogramm in Straßburg und trat im September 1884 offiziell bei Bayer ein. Eine seiner ersten Aufgaben war, das Kongorot zu kopieren, den populären neuen scharlachroten Baumwollfarbstoff eines Konkurrenten. Kongorot war 1883 de facto von einem Bayer-Mitarbeiter entdeckt worden, aber statt seine Entdeckung dem Unternehmen zu überlassen, wie er vertraglich verpflichtet war, hatte der Mitarbeiter gekündigt, den Farbstoff selbst patentiert und ihn an den höchsten Bieter verkauft. Eine Besonderheit des deutschen Patentrechts der damaligen Zeit war, daß ein Erfinder nur den Herstellungsprozeß eines Produktes patentieren lassen konnte, nicht das Produkt selbst. Falls ein Konkurrent zum Beispiel eine etwas andere Methode zur Erzeugung desselben Färbemittels entwickelte, dann konnte der ursprüngliche Erfinder nichts dagegen unternehmen. Die Folge war, daß jede Innovation einen hektischen Wettlauf auslöste und die Nachahmer verbissen versuchten, das Produkt mit einem etwas anderen Verfahren zu duplizieren, während der Erfinder mit derselben Verbissenheit bestrebt war, sich jede Abwandlung der ursprünglichen Methode patentieren zu lassen. Duisbergs Aufgabe bestand somit darin, ein Verfahren zur Synthetisierung von Kongorot zu entdecken, das sein Erfinder noch nicht geschützt hatte.

Duisberg machte sich in einem winzigen Raum hinter dem Badezimmer der

Färbemittelabteilung an die Arbeit. Aus Sparsamkeitsgründen wohnte er immer noch bei seinen Eltern in Barmen, eine Stunde mit der Pferdetramway entfernt. Jeden Morgen brach er vor dem Morgengrauen nach Elberfeld auf und kehrte nach Einbruch der Dunkelheit nach Barmen zurück. Wochenlang tüftelte er an dem Rezept für Kongorot herum, brachte aber nur eine braune Brühe zustande. Mit seiner üblichen Gewissenhaftigkeit bewahrte er jeden Fehlschlag sorgfältig etikettiert auf, statt ihn wegzuwerfen. Er hatte Glück: Ein paar Tage, nachdem er erfolglos eine Melange zusammengerührt hatte, bemerkte er, daß sie sich in ein sattes Rot verwandelt hatte. Verblüfft erkannte Duisberg, daß die Zutaten sehr langsam reagiert hatten. Er hatte das ideale Resultat erzielt – einen Farbstoff, der faktisch mit Kongorot identisch war, mit Hilfe eines Verfahrens, das hinreichend anders war, um nicht in juristische Schwierigkeiten zu geraten.[*] Das Benzopurpurin 4 B, wie der Farbstoff heute heißt, brachte Duisberg viel Geld ein, und er gewann zudem die Sympathie von Rumpff.

In den nächsten drei Jahren synthetisierte Duisberg zwei neue Färbemittel, genug, um seinen technologisch glücklosen Arbeitgeber vor dem Ruin zu bewahren, weshalb Rumpff beschloß, Leute einzustellen, die unter Duisbergs Aufsicht arbeiten sollten. Dieses Arrangement hatte sich bereits bewährt, als Duisberg zum Leiter des Forschungs- und Patentierungsprogramms von Bayer ernannt wurde. Eine seiner ersten Aufgaben bestand darin, dem Unternehmen neue Produktionsbereiche außerhalb des überaus hart umkämpften Farbstoffmarktes zu erschließen. Die Nachricht von einer zufälligen Entdeckung in Straßburg brachte ihn auf die Idee, sich für die pharmakologische Forschung zu engagieren.

1886 orderten zwei elsässische Kliniker, Dr. Kahn und Dr. Hepp, von einer benachbarten Apotheke etwas Naphthalin, ein Mittel gegen Darmparasiten. Die Substanz, die sie erhielten, hatte zwar nicht die erwartete Wirkung auf die

---

[*] Jedenfalls keine großen. Die Hersteller von Kongorot versuchten dennoch, Duisbergs Patent juristisch anzufechten. Das Gericht gab schließlich dem Kläger recht. Duisberg entwickelte eine Methode, um einen langen Prozeß durch mehrere Instanzen zu vermeiden. In einem Vorgriff auf spätere Entwicklungen in der chemischen Industrie veranlaßte er die beiden Firmen, sich ihre Patente zu teilen und damit ein wirksames kleines Kartell zu bilden, das diese Art von rotem Farbstoff unter seiner Kontrolle hatte.

Parasiten, statt dessen senkte sie das Fieber des Patienten. Verblüfft ließen die beiden Ärzte mehr davon kommen. Diesmal erhielten sie einen Wirkstoff, der die Darmparasiten beseitigte, aber nichts gegen das Fieber vermochte. Nach weiteren Analysen entdeckten Kahn und Hepp, daß sie das Opfer eines glücklichen Zufalls geworden waren; die erste Substanz war Acetanilid, ein in der Farbenindustrie verwendetes Kohlenteerderivat, das nie zuvor an Menschen erprobt worden war. In einer Zeit, da Menschen massenhaft an Infektionskrankheiten starben, war ein Mittel, das sie davor bewahrte, an Fieber zugrunde zu gehen – ein sogenanntes Antipyretikum – von unermeßlichem Wert.

Drei Verbindungen mit ähnlicher Wirkung waren damals bekannt: Salicylsäure, Chinin und Antipyrin. Die Salicylsäure war eine moderne Version eines Aufgusses, der aus der Rinde der Silberweide, botanischer Name *Salix alba,* hergestellt wurde. Seit Jahrtausenden angewandt – Hippokrates empfahl ihn zu Recht zur Linderung von Fieber und Schmerzen –, hat die Weidenrinde Wirkungen, die wiederholt entdeckt, in Vergessenheit geraten und von unbekannten Heilkundigen erneut entdeckt worden waren. Erst im 18. Jahrhundert wurden ihre Eigenschaften eingehend beschrieben, als der Reverend Edward Stone von Chipping Norton in Oxfordshire/England mit Mitteln zur Fiebersenkung experimentierte. Stone ging von der damals verbreiteten Überzeugung aus, daß die Vorsehung die Heilmittel gegen Krankheiten nicht weit von deren Ursprüngen plaziere – als ob neben Häusern von fragwürdigem Ruf kleine Penicillin-Fläschchen auf den Bäumen wüchsen. Stone vermutete, daß sich Menschen in Sümpfen besonders leicht Wechselfieber zuziehen. Da Weidenbäume in Sümpfen wachsen, beschloß Stone, es mit Weidenrinde zu versuchen. Er pulverisierte ein Pfund getrockneter Weidenrinde, vermischte es mit Wasser, Tee und Dünnbier und verabreichte den Trank an fünfzig Fieberkranke. Mit wenigen Ausnahmen ging ihr Fieber zurück. 1763 veröffentlichte die Royal Society of London Stones »Bericht über den Heilerfolg von Weidenrinde bei Wechselfieber«. Der Wirkstoff in der Weidenrinde erwies sich als ein bitterschmeckendes gelbliches Kristall, das heute als Salicin bezeichnet wird und das deutsche Wissenschaftler 1828 isolierten; zehn Jahre später synthetisierten französische Chemiker eine einfachere Version davon, die Salicylsäure. Beide bewährten sich gegen Fieber und Schmerzen, und die Arzneien wurden vielfach zur Linderung von fiebrigem Gelenkrheumatismus benutzt, einem damals häufigen Syndrom, bei dem eine Streptokokkeninfektion plötzlich Symptome auslöst, die Ähnlichkeit mit einer schweren Arthritis haben. Doch sowohl Salicin als auch Salicylsäure hatten Nebenwirkungen wie Übelkeit und Ohrensausen, was die Ärzte veranlaßte, nach verträglicheren Mitteln zu fahnden.

Ein weiteres Baumrindenderivat, Chinin, war seit dem 17. Jahrhundert zur Behandlung von Malaria in Gebrauch. Das aus dem peruanischen Cinchonabaum gewonnene Mittel erwies sich als ein ausgezeichnetes Antipyretikum. Leider hatte auch Chinin unangenehme Nebenwirkungen; außerdem gelang es den Chemikern nicht, es zu synthetisieren, und das Angebot war durch die Verfügbarkeit der sogenannten Chinarinde begrenzt. (Alle Versuche, den Fieberrindenbaum, wie er auch genannt wurde, in andere Regionen zu verpflanzen, schlugen lange Zeit fehl.) Chinin war dementsprechend extrem teuer und als Fiebermittel medizinisch unbefriedigend.

Die neueste der drei Arzneien war Antipyrin, die 1883 von dem Doktoranden Ludwig Knorr entdeckt worden war. Das Medikament wurde zum Teil deshalb nicht nach seiner chemischen Bezeichnung benannt, weil man sich über die genaue chemische Zusammensetzung nicht ganz einig war. (Die Wissenschaftler wußten zwar, wie man es herstellt, konnten es jedoch chemisch nicht genau identifizieren.) Knorr vergab die Rechte zur Erzeugung von Antipyrin an einen der Rivalen von Bayer: Meister, Lucius & Brüning in Hoechst, dem Vorläufer des Chemie- und Pharmariesen, der heute als Hoechst bekannt ist.

Als Kahn und Hepp zufällig auf die Wirkung von Azetanilid stießen, waren Chinin und Salicylsäure in verbreitetem Gebrauch, und auch der Antipyrin-Absatz nahm zu. Überzeugt, daß auch ein viertes Arzneimittel einen beträchtlichen Marktanteil erobern könnte, wandten sich die zwei Ärzte an den Bruder von Hepp, einen Chemiker bei Kalle & Co. in Wiesbaden, jenem Unternehmen, welches das Azetanilid geliefert hatte, und berichteten ihm von ihrer zufälligen Entdeckung. Die Herstellungsprozesse von Azetanilid waren allgemein bekannt; es bestand keine Hoffnung, ein Patent dafür zu erhalten. Statt dessen prägten Kalle & Co. einen neuen Namen für Azetanilid: Antifebrin. Fortan warben sie für die Arznei unter diesem Markennamen, der exklusiv dem Unternehmen gehörte, statt unter dem chemischen Namen oder der Gattungsbezeichnung, die jedermann benutzen konnte. Diese Taktik stellte einen radikalen Bruch mit der Vergangenheit dar.

Vor dem Antifebrin hatten deutsche Apotheker mit Arzneien gehandelt, die nach ihren Gattungsbezeichnungen verschrieben wurden. (Eine Ausnahme war Antipyrin, aber das war durch die Unsicherheit über seine chemische Zusammensetzung bedingt.) Die Patienten kamen mit Rezepten an, zum Beispiel für Salicylsäure, und der Apotheker griff zu Mörser und Stößel, um ein Tütchen voll Salicylsäure zuzubereiten. In den Apotheken wurde die Medizin nur unter ihrer chemischen Bezeichnung verkauft; der Hersteller blieb den Kunden unbekannt. Das Antifebrin war eines der ersten Arzneimittel, das unter seinem Markennamen vertrieben wurde, obwohl eine Gattungsbezeichnung zur Verfügung stand. Der Schachzug war erfolgreich: Die Apotheker, denen der chemische Begriff »Azetanilid« unbekannt war, benutzten statt dessen den von Kalle geprägten Namen. Das Unternehmen, das sich plötzlich von der Konkurrenz abheben konnte, machte damit glänzende Geschäfte. Die Apotheker waren wütend, weil Kalle für Antifebrtin viel mehr verlangte als andere Firmen für das chemisch identische Azetanilid. Aber sie waren machtlos dagegen. Selbst wenn sie wußten, daß der Arzt, der »Antifebrin« auf ein Rezept schrieb, dies aus Unwissenheit tat, konnten sie die Bestellung nicht ändern, da es verboten war, gegen die Anweisungen des Arztes zu verstoßen.

Carl Duisberg wurde in dem Jahr, als Antifebrin auf den Markt kam, zum Leiter der Forschungs- und Patentabteilung befördert. Da er dessen Absatz steigen sah, beschloß er, sich auf fieber- und schmerzlindernde Mittel zu konzentrieren. Bei der Farbenherstellung fielen zahllose Nebenprodukte an, von denen sich eines, Paranitrophenol, in alten Fässern im Fabrikhof stapelte. Da er wußte, daß Paranitrophenol chemisch verwandt mit Azetanilid war, beauftragte Duisberg seine wissenschaftlichen Mitarbeiter, aus den vorhandenen dreißigtausend Kilo von unnützem Paranitrophenol ein neues Arzneimittel zu entwickeln. Ihr Bemühungen waren erfolgreich, und 1888 hatten die Farbenfabriken ihr erstes pharmazeutisches Produkt, Acetophenetidin. Nach dem erfolgreichen Muster der Hersteller von Antifebrin gab das Unternehmen der Arznei einen Markennamen: Phenacetin.

Duisbergs Leistung war revolutionär. Zum ersten Mal war ein Medikament von einem Unternehmen in Privatbesitz geplant, entwickelt, getestet und auf den Markt gebracht worden. Dies war der Beginn der modernen Arzneimittelindustrie, jenem Zwitter aus Wissenschaft und Geschäft, der dieses Jahrhundert transformiert hat und der mit der Rettung von Menschenleben riesige Profite erzielt. Phenacetin war ein prototypischer Vorbote der Zukunft dieser Branche. Das Medikament kostete den Verbraucher zwar viel mehr als Antifebrin, stellte aber auch eine beträchtliche Verbesserung dar. In großen oder fortlaufenden Dosen können sowohl Azetanilid als auch Acetophenetidin Zyanose (Blausucht) und Methämoglobinämie verursachen: Die Haut der Betroffenen nimmt eine bestürzende Blaufärbung an, und die roten Blutkörperchen werden zerstört. Aber Azetanilid hat von beiden die weitaus schlimmeren Folgen. Ein Jahr nach der Erfindung von Phenacetin, 1889, wurde die nördliche Hemisphäre von einer Grippeepidemie heimgesucht. In England, Italien, Frankreich, Rußland, Böhmen und den Vereinigten Staaten nahmen die Opfer Phenacetin und trugen damit erheblich zum Reichtum des Unternehmens bei.

Rumpff starb ein Jahr später, und der ehrgeizige Duisberg übernahm faktisch die Kontrolle über jeden Aspekt von Bayer. In seinem luxuriösen Büro sitzend, hielt er laufend Konferenzen ab und ackerte sich durch einen stetigen Strom von Memoranden und Berichten, die in der Zentrale in Elberfeld aufmerksam zur Kenntnis genommen und archiviert werden mußten.

Einer der ersten Industriellen, die begriffen, daß Teams von Wissenschaftlern an einem Problem herumkauen können wie ein Hund an einem Knochen, zwängte Duisberg immer mehr Mitarbeiter in die primitiven und bereits überfüllten Forschungslabors von Bayer. In Korridoren, Waschräumen und einer aufgelassenen Schreinerei wurden weitere Labortische aufgestellt und übelriechende Versuche durchgeführt. Wer Glück hatte, dem stand ein Wasserabfluß zur Verfügung; die weniger Begünstigten arbeiteten draußen, im Nebel des Flusses. Sie trugen Holzpantinen, weil der schlammige Boden voll harmlos aussehender Pfützen war, in denen sich Lederschuhe wie Pappe auflösten. Sie verfügten über kein Chemikalienlager, keine technische Bibliothek und wenig Ausrüstung – nichts als eine Schar von Lehrlingen, welche die Retorten und Reagenzgläser reinigten. 1890 war das Unternehmen in der Lage, um 1,5 Millionen Mark ein dreistöckiges Forschungslabor zu errichten. Innerhalb von vier Jahren hatte Duisberg die Räume mit neunzig hauptberuflichen Chemikern vollgepackt – sechsmal so viele, wie die Firma 1881 beschäftigt hatte – und war ständig auf der Suche nach weiteren. Wenn es schneite oder regnete, konnte man die blauen, gelben, violetten oder grünen Fußspuren der Arbeiter bis in die Stadtmitte hinein verfolgen.

Das Stammhaus und die Fabriken in Elberfeld waren Bayer inzwischen zu klein geworden. 1891 erwarb das Unternehmen 40 km entfernt im heutigen Leverkusen Land für eine viel größere Fabrikanlage. Ehemals Besitz eines kleinen

Farbenwerkes, Dr. C. Leverkus & Söhne, befand sich das Gelände nördlich von Köln am Ostufer des Rheins. Duisberg unterbreitete dem Vorstand einen Generalplan für die Organisation der neuen Färbemittelfabrik. Die Rohstoffe würden von den Kais hereinkommen, die gitterförmig miteinander verbundenen Fertigungsanlagen durchlaufen, in denen die Rohchemikalien in Fertigprodukte verwandelt wurden, und schließlich in Eisenbahnwaggons oder wieder auf den Kais landen, von wo sie in alle Welt verfrachtet werden würden. Durch die Verwirklichung seines Plans, so Duisberg, werde Leverkusen »die vollkommene Fabrik« werden. Die 1912 fertiggestellte, riesige Anlage funktioniert immer noch nach Duisbergs ursprünglicher Konzeption; auch heute können Besucher nicht mehr als zehn Minuten dort verbringen, ohne seinen Namen zu hören.

Duisberg vernachlässigte aber auch das alte Werk in Elberfeld nicht. Dort errichtete er eine zweite Reihe von Forschungslabors, die sich ausschließlich der Entwicklung neuer Arzneimittel widmen sollten: sozusagen neuer Phenacetins. 1896 fertiggestellt, begannen die Labors mit acht hauptamtlichen Chemikern zu arbeiten. Die Liste der neuen Produkte wurde schnell so lang, daß Duisberg beschloß, für den pharmazeutischen Zweig separat zu werben. In dem Bewußtsein, daß seine Kundschaft jene Ärzte waren, die Bayer-Medikamente verschrieben, wollte Duisberg ihnen den Namen Bayer auf entsprechend dezente Weise nahebringen, die nicht gegen ihre professionelle Sensibilität verstieß. Da die Ärzte inzwischen den Überblick über all die neuen Arzneimittel verloren, die von Unternehmen wie Bayer erfunden wurden, beschloß Duisberg 1898, ein dickes Buch herauszubringen, in dem alle bekannten pharmazeutischen Produkte neutral und objektiv beschrieben waren. Sooft die Ärzte es benutzten, würden sie jedoch den Namen Bayer vor Augen haben. Die »Bayer-Bibel« wurde jedem Arzt in Deutschland zugeschickt. Die erste Ausgabe erhielten sie etwa zur selben Zeit, als Duisbergs neues pharmazeutisches Labor jenes Medikament hervorbrachte, das zum größten Verkaufsschlager des Unternehmens werden sollte: das Aspirin.

Bayers Arzneimittellabor war in zwei Ressorts unterteilt: eine pharmazeutische Abteilung, in der neue Medikamente entwickelt wurden, geleitet von Arthur Eichengrün, einem Forscher, der bereits mehrere erfolgreiche Produkte vorzuweisen hatte, und eine pharmakologische Abteilung, welche die Arzneien testete, unter der Leitung von Heinrich Dreser, einem angesehenen Professor an der Universität von Bonn. Die Idee einer separaten Testanlage stammte von Duisberg. Da er sich vor dem Zorn der Ärzte fürchtete, wenn er ihnen wirkungslose Medikamente lieferte, wünschte Duisberg zusätzliche Testverfahren, die nur die besten Heilmittel passieren lassen würden. Jedes Medikament, das in Eichengrüns Labor entwickelt wurde, sollte zur Überprüfung an Dresers Labor weitergeleitet werden.

Als eines der ersten Projekte des neuen Labors hatte sich Eichengrün vorgenommen, nach einer Version der Salicylsäure mit geringeren Nebenwirkungen zu suchen. Was als nächstes geschah, gab Anlaß zu einer der bekanntesten Legenden der pharmazeutischen Chemie: Eichengrün übertrug die Aufgabe einem seiner Chemiker, dem 29jährigen Felix Hoffmann, dessen Vater durch chronischen Rheumatismus fast bewegungsunfähig geworden war. Hoffmann Senior nahm Natriumsalicylat gegen die Schmerzen, doch die Behandlung war fast so schlimm wie die Krankheit, denn sie hatte seine Magenschleimhaut zerfressen; er flehte seinen Sohn an, nach einem Mittel zu suchen, um diese schlimmen Folgen zu neutralisieren. Am 10. Oktober 1897 gelang Hoffmann der Durchbruch: Unter diesem Datum beschrieb er in seinem Laborbericht ein Verfahren zur Abwandlung von Salicylsäure, um Acetylsalicylsäure zu erhalten: ASS oder Aspirin. Nachdem sie getestet worden war, erwies sich die beziehungsweise »das« ASS sowohl bei den Ärzten als auch bei der Öffentlichkeit sofort als Schlager.

Soweit die Legende. Wie viele Legenden, ist auch die Aspirin-Story nicht ganz richtig. Hoffmann synthetisierte tatsächlich die Acetylsalicylsäure. Er hat vielleicht sogar seinen Vater damit behandelt. Doch Hoffmann stieß auf die ASS weniger im Labor als in der Bibliothek: Sie war 1853 von einem französischen Chemiker, Charles Frédéric Gerhardt, in primitiver Form geschaffen und sechzehn Jahre später von dem Deutschen Carl-Johann Kraut in reinerer Form synthetisiert worden. (Hoffmanns Methode zur Herstellung von ASS stellte jedoch einen Fortschritt gegenüber seinen Vorgängern dar.) Die mangelnde Neuheit hielt Eichengrün nicht davon ab, ASS zur Überprüfung an Dreser weiterzureichen. Sie kam nicht gut an. Viele Ärzte glaubten, Salicylsäure habe eine »schwächende Wirkung auf das Herz«; mit dem Hinweis, daß die Acetylsalicylsäure zwangsläufig denselben schwächenden Effekt haben würde, lehnte Dreser die ASS von vornherein ab.[*] Mehr als ein Jahr lang blieb die Substanz, die sich als das erfolgreichste Heilmittel aller Zeiten erweisen sollte, im Regal stehen.

Die Gleichgültigkeit Dresers – und vermutlich auch Duisbergs, der darauf bestand, über jede Entscheidung informiert zu werden – mochte aber auch einfach darauf zurückzuführen sein, daß sie von anderen Dingen in Anspruch genommen waren. Bayer sonnte sich damals in dem phänomenalen, weltweiten Erfolg eines weiteren neu eingeführten Pharmaprodukts: Heroin. Ebenso wie die ASS, war Heroin (Fachterminus Diacetylmorphin) Jahre zuvor von jemand anderem erfunden worden, in diesem Fall einem englischen Chemiker namens C. R. Wright, der mit Morphiumderivaten experimentierte. Seiner Arbeit wurde mehr als zwanzig Jahre lang wenig Aufmerksamkeit geschenkt, bis sich Morphium zu einem vielbenutzten Therapeutikum gegen das Leiden von Tuberkuloseopfern entwickelte und Wissenschaftler bestrebt waren, einen nicht suchterzeugenden Ersatzstoff zu finden. Dreser wiederentdeckte Wrights Pharmazeutikum und erprobte es an den Fabrikarbeitern von Bayer, die sich nach der Einnahme »heroisch« fühlten, ein Begriff, den Dreser zu dem Markennamen der Droge, Heroin, ummodelte. Nach weiteren klinischen Versuchen verkündete Dreser 1898 vor einem Kongreß deutscher Naturwissenschaftler und Ärzte, Heroin sei als Hustenmedizin zehnmal wirksamer als Kodein, weise aber nur ein Zehntel von dessen toxischer Wirkung auf. Das ungefährliche, keine Abhängigkeit erzeugende Heroin, erklärte er, sei die Lösung für das wachsende Problem der Morphinabhängigkeit. Heroin wurde gegen die verschiedensten Krankheitsbilder einschließlich Darmkoliken von Säuglingen getestet. Die anfänglichen Berichte waren durchaus positiv. Hoch erfreut verschickte Bayer Tausende von Gratisproben an die Ärzte. Die Nachbestellungen übertrafen alle Erwartungen.

Die Acetylsalicylsäure blieb dagegen in Acht und Bann, bis sie 1898 erneut Dresers Aufmerksamkeit erregte. Wie es dazu kam, ist umstritten. Jahrzehnte später ließ Eichengrün ziemlich verärgert durchblicken, Dreser habe der ASS nur dank seiner Bemühungen eine zweite Chance gegeben, während er, Eichen-

---

* Der Grund für diese irrige Überzeugung ist schwer festzustellen; möglicherweise ist sie auf die damals übliche Anwendung von Salicylsäure in massiven Dosen gegen die Schmerzen und Schwellungen des fiebrigen Gelenkrheumatismus zurückzuführen. Patienten, die nach heutigen Vorstellungen Überdosen von Salicylsäure erhalten, japsen nach Luft und spüren, daß sich ihr Herzschlag beschleunigt. Deshalb kamen die Ärzte offenbar zu dem Schluß, daß Salicylate das Herz schwächen können.

grün, von Anfang an überzeugt gewesen sei, die ASS stelle das aussichtsreichste Arzneimittel dar, das bis dahin das Labor verlassen habe. Dresers Vertrag sicherte ihm ein Veto gegen jede klinische Erprobung zu. Sein Widerstand gegen die ASS, schrieb Eichengrün verärgert, sei ein »Todesurteil« für das Präparat gewesen. Wütend über Dresers Ablehnung erprobte Eichengrün das neue Mittel im Selbstversuch. Als sein Herz keinen Schaden nahm, beschloß er, es weiter zu untersuchen. Während eine Probe der ASS in Dresers Labor verstaubte, gab Eichengrün das Mittel heimlich an Berliner Ärzte weiter, die es ihren Patienten verabreichten. Wie sich herausstellte, senkte ASS nicht nur das Fieber und linderte Gelenkschmerzen, es half auch gegen Kopfweh. Sein größter Vorzug war jedoch, daß es weniger Nebenwirkungen hatte als Salicylsäure oder irgendeine von deren Varianten in den Regalen der Apotheken.

Einer dieser Ärzte, Felix Goldmann, war der Firmenvertreter von Bayer in Berlin, dem kulturellen Zentrum und der Hauptstadt Deutschlands. Er verfaßte einen begeisterten Bericht über ASS an die Geschäftsführung. Nach seiner Meinung über Goldmanns Memo befragt, knurrte Dreser: »Das ist die übliche Berliner Angeberei; das Produkt ist wertlos.« In diesem Augenblick griff, Eichengrün zufolge, Duisburg selbst rettend ein. Er bestand darauf, von einem unabhängigen Pharmakologen Tests durchführen zu lassen. Die Ergebnisse waren fabelhaft. Endlich klein beigebend, schrieb Dreser eine wissenschaftliche Abhandlung zum höheren Ruhme von ASS. Darin würdigte er Hoffmann und Eichengrün keines Wortes.

Ebenso wie im Fall von Heroin und Phenacetin ließ die Firma das neue Präparat nicht unter seiner chemischen Bezeichnung, Acetylsalicylsäure, laufen, sondern gab ihm einen Markennamen: Aspirin. Der Name Aspirin leitet sich aus der früher üblichen lateinischen Bezeichnung für Mädesüß *(Spiraea ulmaria)* ab. Mädesüß enthält Salicylaldehyd, das zu Salicylsäure – auf deutsch Spiersäure – oxidiert werden kann. Durch Acetylisation entsteht Acetylspiersäure = Acetylsalicylsäure, woraus im Januar 1899 »Aspirin« geprägt wurde.

Fünf Monate später präsentierte Dreser Aspirin der Welt. Für ein neues Präparat zu werben war zur damaligen Zeit eine heikle Operation. Bayer machte für seine Präparate nicht beim breiten Publikum Reklame. Statt dessen gingen Gratisproben von Aspirin an Krankenhäuser, Ärzte und Professoren der Medizin, die ermuntert wurden, ihre Befunde über die Nützlichkeit des Medikaments zu veröffentlichen. Falls das Mittel wirksam war, was für Aspirin zweifellos zutraf, stellte die mündliche Weiterempfehlung durch Patienten und Ärzteschaft die wirksamste Reklame dar. Diese wurde durch Anzeigen in medizinischen Fachzeitschriften ergänzt, die kaum mehr enthielten als den Firmennamen und eine Liste von Präparaten: Aspirin gegen Kopfschmerzen, Somatose gegen Schlaflosigkeit und Heroin gegen Husten.

Im November 1899, nur fünf Monate, nachdem Dreser der Geschäftsführung von Bayer das ASS präsentiert hatte, war Aspirin weit verbreitet. In diesem Monat veröffentlichte der Texaner F. C. Floeckinger den ersten Bericht über Aspirin in englischer Sprache. Bis 1902 waren einer Schätzung zufolge etwa 160 wissenschaftliche Untersuchungen über das Präparat erschienen, »eine so umfangreiche Literatur«, wie ein Kommentator bemerkte, »daß es kaum möglich ist, sie zu begutachten«.

Da diese Untersuchungen fast durchgehend positiv ausfielen, schoß der Absatz von Aspirin in die Höhe. Wie zuvor Phenacetin und Heroin, erschien es rasch in den Apotheken von Sibirien bis San Francisco, und die Ärzte verschrieben es für jedes Siechtum unter der Sonne. (Ein englischer Arzt behauptete sogar, Aspirin habe eine gewisse günstige Wirkung bei Diabetes.) Enrico Caruso forderte von seinen Impresarios, ihn mit Aspirin zu versorgen, da nur dieses Mittel ihn von seinen Kopfschmerzen befreien könne, später erklärte Kafka seiner Verlobten Felice Bauer im Verlauf ihrer quälenden Beziehung, Aspirin sei eines der wenigen Dinge, die den unerträglichen Schmerz des Daseins linderten. Angesichts solcher Wirksamkeit gegen existentielle und physische Nöte war Aspirin im Begriff, einen einzigartigen kommerziellen Siegeszug anzutreten.

Den größten Teil des Aspirin-Absatzes machte freilich nicht die Linderung schöpferischer Ängste aus. Damals wie heute wurde das meiste ASS von Patienten mit Entzündungserscheinungen wie Arthritis oder akutem fieberhaftem Gelenkrheumatismus verbraucht. Tatsächlich verschrieben manche Ärzte gegen Arthritis eine tägliche Dosis, die nach heutigen Maßstäben bis zu 25 Tabletten entspricht. Der Hauptmotor des Siegeszuges von ASS war daher die ständig zunehmende Anzahl von Rezepturen gegen Entzündungen; Kopfschmerzen und Fieber waren zusätzliche Indikationen. Solange das Aspirin in der Ärzteschaft gut angeschrieben war, würden die Gewinne weiterhin steigen. Es gab keinen Grund zu befürchten, daß sich dies ändern würde, und daher schien nichts seinen Siegeszug aufhalten zu können.

Eichengrün beobachtete den Erfolg des Aspirins mit gemischten Gefühlen.

Dreser, seine Nemesis, erhielt eine Lizenzgebühr für alle Medikamente, die in seinem Labor getestet wurden. Eichengrün und Hoffmann bekamen dagegen nur für patentierte Arzneimittel eine Gebühr. Obwohl das deutsche Patentamt ursprünglich bereit war, ASS zu patentieren, revidierte es später seinen Spruch; nach deutschem Recht waren nur neue Verfahren, nicht neue Produkte geschützt, und das Patentamt entschied schließlich, daß für ASS keines von beidem zutreffe. Dreser wurde durch den Umsatz von ASS so reich, daß er vorzeitig in den Ruhestand ging; Hoffmann und Eichengrün scheinen leer ausgegangen zu sein.

Duisberg wurde von keinerlei Vorbehalten geplagt. Das Aspirin war eine fabelhafte Rechtfertigung seiner Führungsrolle bei Bayer. 1906 bewertete das Unternehmen den Erfolg des Präparates in diesen Worten:

> In dem Jahrzehnt seit seiner Einführung ist das Aspirin so populär geworden, daß es von keinem anderen Heilmittel übertroffen wird. Sicher ist es keine Übertreibung zu sagen, daß es heute die meistbenutzte und beliebteste Medizin ist, die wir herstellen.

Duisberg entschied, daß es an der Zeit sei, mit dem Aspirin in die Vereinigten Staaten zu gehen.

Die Farbenfabriken Bayer begannen bald nach Gründung ihre Produkte in den Vereinigten Staaten zu verkaufen. Sie engagierten eine amerikanische Handelsvertretung, Schieffelin & Co.; es wurde auch eine Verkaufsniederlassung in New York mit dem Namen Farbenfabriken of Elberfeld Co. eingerichtet, in der Carl Rumpff vor seiner Rückkehr nach Deutschland tätig war. Die amerikanische Zweigstelle und Schieffelin & Co. vertrieben dieselben Bayer-Produkte, ein ungünstiges Arrangement, das durch das Temperament von Ido J. Reinhard Muurling, Rumpffs Nachfolger als Leiter von Farbenfabriken of Elberfeld, noch verschlimmert wurde. Der seit langem in den USA ansässige Muurling war ein reizbarer und starrsinniger Mensch, der die »altmodischen, schrecklich kleinlichen und eifersüchtigen« Schieffelins nicht ausstehen konnte. In Muurlings Augen waren die Schieffelins zu »dumm«, um zu begreifen, daß ihre Vertreter mehr Zeit für den Vertrieb der Bayer-Produkte aufwenden sollten. »Diese Leute«, klagte er, »murmeln irgendwas daher, haben ständig was zu meckern, und sie trinken – das ist alles, was sie können.« Nach Muurlings Ansicht waren die Schieffelins unfähig, mit dem ihm eigenen Elan zu verkaufen.

»Farbenfabriken macht hier Fortschritte«, meldete er Duisberg, »und es wird an der Spitze sein, bevor ich sterbe.« Und tatsächlich war das Unternehmen in Amerika erfolgreich. Manchmal bildeten die Vereinigten Staaten den größten Einzelmarkt für die Bayer-Farbenprodukte – größer noch als Deutschland –, und Duisberg erwartete den gleichen, wenn nicht einen noch größeren Erfolg für den pharmazeutischen Geschäftsbereich. Dies erwies sich als schwierig. Da es der Firma gelungen war, Phenacetin in den Vereinigten Staaten zu patentieren, hätte sie ein profitables Monopol auf das Präparat haben sollen. Aber der von den amerikanischen Behörden aufgeschlagene Zoll verteuerte die Kosten immens. Noch schlimmer, Schleichhändler kauften Phenacetin in Europa auf, wo es unpatentiert und daher viel billiger war, und verschifften die Ware nach Kanada und Mexiko, von wo sie leicht über die amerikanische Grenze geschmuggelt werden konnte. Duisberg forderte von Muurling, den illegalen Verkauf zu stoppen. Farbenfabriken of Elberfeld klagte, gewann und klagte aufs neue. Trotzdem ging der Medikamentenschmuggel weiter. Aufgebracht forderte Duisberg Muurling auf, häufiger an die Zentrale in Leverkusen zu berichten und eine Anzahl neuer Vertreter einzustellen. Verärgert über die ständigen Befehle aus Deutschland explodierte Muurling: »Überlassen Sie um Himmels willen diese Dinge mir, und verschonen Sie mich mit sinnlosem Leerlauf; wir haben bereits eine so riesige Zahl von Vertretern, daß ich keine Lust habe, noch mehr einzustellen.«

Duisberg gab nicht nach, und Muurling kapitulierte schließlich; er füllte die Formulare aus, die Leverkusen wollte, hielt Konferenzen in dem von Leverkusen geforderten Stil ab und heuerte sogar den fachkundigen Beraterstab, den Leverkusen empfahl. Trotzdem ließ das Arzneimittelgeschäft zu wünschen übrig. Im Mai 1896 brach Duisberg zu einer Seereise nach New York auf, um sich selbst ein Bild der Lage zu machen. Da er noch nie den Atlantik überquert hatte, bereitete er die Reise mit seiner üblichen Gründlichkeit vor und deckte Muurling mit Briefen, Telegrammen, Forderungen und Vorschlägen ein.

Nach seiner Ankunft konfrontierte Duisberg seinen amerikanischen Repräsentanten mit detaillierten Anweisungen, wie der Pharmaabsatz zu steigern sei. Dann fuhren die zwei Männer nach Boston, wo Duisberg eine Vorstellung von der wachsenden Industriemacht der Vereinigten Staaten erhielt: wollverarbeitende Betriebe mit 5000 Beschäftigten; Baumwollspinnereien mit 2400 großen Webstühlen in einer einzigen großen Halle; eine automatisierte Chemiefabrik, die in einem menschenleeren Raum Schwefelsäure herstellte; eine Textilfabrik, die an einem Ende die Rohfaserlieferungen erhielt und am anderen fertige Herrenhemden ausstieß. Überall herrschte Mechanisierung, Organisation, Effizienz und Planung – Ermutigung für die Prinzipien, die Duisberg ein Jahr zuvor in seinem Generalplan für Leverkusen niedergelegt hatte.

Sieben Jahre später, 1903, war er wieder da. Durch die Einstellung weiterer Vertreter war der Phenacetin-Umsatz gestiegen, aber die hohen amerikanischen Zölle blieben ein Problem. Außerdem sollte das Patent des Heilmittels in drei Jahren auslaufen, womit das legale Monopol des Unternehmens beendet und Bayer gezwungen sein würde, mit inländischen Herstellern zu konkurrieren. Da diese Hersteller ihre Fabriken in den Vereinigten Staaten hatten, entfiel der Zoll, und sie waren dadurch im Vorteil. Der Vorstand von Bayer wollte deshalb in Amerika ein eigenes Werk errichten, er wollte sich die Auseinandersetzungen ersparen. Duisberg befürchtete seinerseits, die Kontrolle über eine so weit entfernte Niederlassung zu verlieren. Dennoch kam er widerstrebend zu dem Schluß, daß ihm nichts anderes übrigblieb. Bayer verfügte schließlich über einige Produktionserfahrung in den USA; 1881 hatte es eine 25prozentige Beteiligung an den Hudson River Aniline & Color Works in Rensselaer erworben, und das hatte keinesfalls mit einem Fiasko geendet. Tatsächlich konnte dieses Werk als Basis für die pharmazeutische Fabrik dienen, die Duisberg errichten wollte. Im November 1902 schrieb er Muurling:

> Je länger ich darüber nachdenke, desto mehr komme ich zu der Überzeugung, daß wir die Fabrik für die Produktion pharmazeutischer Produkte drüben bauen müssen – was bedauerlich ist, da Dezentralisierung im Fertigungsbereich höhere Kosten bedeutet und viel Ärger und lästige Arbeit mit sich bringt.

Trotz dieser Vorahnungen kamen Duisberg, Friedrich Bayer jun. (der Sohn des Gründers) und Ludwig Girtler (der Cheftechniker der Firma) Mitte April 1903 nach New York. Als sie am nördlichen Ende des Hudson-Tales eintrafen, war Duisberg von den Bedingungen, die er vorfand, angenehm überrascht. Albany, ein Umschlagplatz von Eisenbahn und Flußschiffahrt, erwies sich als gastfreundlich gegenüber der chemischen Industrie (die erste amerikanische Farbenfabrik war 1869 dort entstanden) und der damit verbundenen deutschen Gemeinde (*German Day* zu Ehren der deutschen Einwanderer war ein wichtiger örtlicher Feiertag). Auch Rensselaer schien aussichtsreich. Obwohl es alles andere als kosmopolitisch war – in der Kleinstadt gab es 27 Kneipen, aber nur ein Restaurant –, breitete es sich rasch aus und hatte geschulte Arbeitskräfte aus den Eis- und Hemdkragenfabriken anzubieten. Das Werk am Hudson-River lag nahe genug an dem Städtchen, um leicht erreichbar zu sein, aber genügend weit entfernt, damit dessen Problemmüll nicht auf Proteste stoßen würde.

Statt eines Neubaus entschied sich Duisberg, das Werk der Hudson River Aniline & Color Works in der Riverside Avenue einfach umzubauen. Außerdem kaufte er eine weitere örtliche Färbemittelfirma, die American Color & Chemical Company auf der nahegelegenen Rensselaer-Insel, die demontiert und in die Riverside Avenue verfrachtet werden würde. All dies sollte unter striktester Aufsicht der Zentrale in Leverkusen vor sich gehen, welche die Baupläne der Gebäude, die Blaupausen für die Maschinen sowie Instruktionen liefern würde, wo jedes Gebäude zu errichten und jede Maschine zu installieren sei. Durch diese sorgfältige Planung hoffte Duisberg, die Kosten auf unter 200 000 Dollar drücken zu können. Nach ihrer Fertigstellung würde die kombinierte Anlage nach amerikanischen Maßstäben riesig sein – 75 Acres an Fabriken und Transportwegen. Im Mittelpunkt würde sich die Aspirin-Fertigung, bestehend aus zwei großen Reaktoren aus reinstem Silber, befinden, einem der wenigen Metalle – die anderen waren das noch kostspieligere Gold und Platin –, das von der Essigsäure nicht angegriffen wurde, die zum Acetylieren der Salicylsäure diente. Der deutschen Tradition entsprechend feierten Duisberg, Muurling, Bayer jun. und Girtler die Grundsteinlegung.

Wie bei seinem letzten Besuch absolvierte Duisberg auch diesmal eine Besichtigungstour durch Fabriken. Aber diesmal war die Reise anstrengender – er fuhr von Boston nach New Orleans, ein Trip, von dem er später behauptete, er habe sich dabei eine »Herzneurose« zugezogen, und die amerikanischen Industrieanlagen beeindruckten ihn weniger. Die Manager wirkten ungehobelt und inkompetent, und die Belegschaften schienen auf dem Sprung, Gewerkschaften zu gründen. Insgesamt, fand Duisberg, sei die Situation in Deutschland besser. In dieser gereizten Stimmung erhielt er eine unerwartete Einladung: Anläßlich des 100. Geburtstags von Justus von Liebig, der eine wichtige Rolle in der Entdeckung der Teerfarben gespielt hatte, sollte er vor der New Yorker Chemical Society einen Vortrag zu halten. (Als halbwüchsiger Schüler hatte sich Duisberg von Liebigs Überzeugung beflügelt gefühlt, daß die Chemie »eines der mächtigsten Mittel zur Förderung der geistigen Kultur« sei.) Der Vortrag wurde reserviert aufgenommen. Die Amerikaner seien »noch nicht imstande, die Genauigkeit erfordernde und anstrengende Arbeit zu leisten, die nötig sei, um die Prinzipien der wissenschaftlichen Chemie für die Industrie fruchtbar zu machen«, erklärte er von oben herab. »Der amerikanische Arbeiter hat die Industrie an der Gurgel gepackt und wird sie erwürgen.« Duisberg wurde von Zwischenrufen unterbrochen, besonders seitens der peinlich berührten Deutschen unter den Zuhörern, und seine Abreise nach Deutschland eine Woche später begleiteten abfällige Zeitungskommentare. Als sich zwei amerikanische Fachzeitschriften weigerten, seine Rede abzudrucken, war Duisberg gezwungen, sie im *Popular Science Monthly* zu veröffentlichen. Er ging achselzuckend über den Affront hinweg. »Den Amerikanern hat meine Schelte wohl nicht gefallen«, bemerkte er zu Muurling. Trotzdem war Duisberg mit dem Verlauf der Reise zufrieden. Als Ergebnis seines Besuchs in Rensselaer war Bayer Aspirin in den Vereinigten Staaten etabliert. Das stimmte wohl – aber er hatte auch die Umstände herbeigeführt, die es möglich machten, daß seinem Unternehmen das Aspirin gestohlen werden konnte, die Eröffnungssalve in der endlosen Fehde von *Bayer vs. Bayer*.

2. Kapitel

»Reicher als in den habgierigsten Träumen«

Am 12. Dezember 1918 versammelte sich eine kleine Schar gutgekleideter Männer am Fabriktor des Aspirin-Werks in Rensselaer. Die Vereinigten Staaten, die sich mit Deutschland im Krieg befunden hatten, verkauften alle Vermögenswerte der Farbenfabriken Bayer an den höchsten Bieter. Obwohl die Kämpfe einen Monat zuvor eingestellt worden waren, versteigerte die amerikanische Regierung, ermuntert von der amerikanischen Industrie, deutsche Unternehmen systematisch an deren einheimische Konkurrenten. Im Besitz von Bayer befand sich eine der größten chemischen Fabriken der Nation, aber der riesige, hochentwickelte Maschinenpark war keinesfalls der einzige Grund, warum diese Industriellen zu der Auktion erschienen waren. Anlagen und Maschinen konnte man kopieren; nicht reproduzierbar war dagegen etwas letztlich viel Wertvolleres: die Namen Aspirin und Bayer.

Die Vereinigten Staaten waren das einzige Land, in dem Bayer sowohl ein eingetragenes Warenzeichen als auch ein Patent auf Aspirin besaß. Patente und Warenzeichen sind klassische Beispiele dessen, was Rechtsanwälte als »geistiges Eigentum« bezeichnen, ein Thema von höchstem Interesse für Menschen, die in der Wirtschaft tätig sind. Geistiges Eigentum ist eine zusammenfassende Bezeichnung für Patent-, Gebrauchsmuster-, Geschmacksmuster- und Urheberrechte. Am häufigsten nimmt es die Form von patentierten Erfindungen oder copyrightgeschützten Kompositionen an, aber der Begriff des geistigen Eigentums umfaßt auch so ungreifbare Dinge wie Formulierungen, Schriftarten und selbst die Schöpfungen von Modemachern.

Sowohl Patente als auch Warenzeichen schreiben wertvolle Rechte fest. Ein Patent verleiht seinem Inhaber die alleinige Befugnis, den Gegenstand einer Erfindung über einen bestimmten Zeitraum gewerbsmäßig herzustellen, in Verkehr zu bringen, feilzubieten oder zu gebrauchen. Ein Warenzeichen (auch Fabrik-, Handels- oder Schutzmarke, engl. *trademark*) gibt dem Inhaber hingegen das Recht auf die ausschließliche Benutzung eines Namens und mithin auf die damit verbundenen geistigen Assoziationen seiner Mitmenschen – was auf das Eigentumsrecht an einem kleinen Teil von deren Gehirnen hinausläuft. Als Bayer Aspirin patentieren ließ, erwarb es das exklusive Anrecht auf die gesamte US-amerikanische Produktion von Acetylsalicylsäure für siebzehn Jahre. Aber als das Unternehmen den Namen Aspirin gesetzlich schützen ließ, erwarb es etwas Abstrakteres und Mächtigeres, die Möglichkeit, ein Wort, Aspirin, in den Köpfen der Menschen unauflöslich mit der Befreiung von Kopfschmerzen, Unpäßlichkeiten aller Art und Fieber zu verknüpfen.

Der Wert eines Patentes liegt auf der Hand, denn er garantiert ein Monopol; der Wert einer registrierten Schutzmarke ist subtiler, denn er macht sich die menschliche Tendenz zunutze, Objekte mit vertrauten Bezeichnungen zu bevorzugen. Käufer tendieren zum Bekannten und Bewährten; sie hegen die Illusion, daß hinter jeder Flasche von Heinz Ketchup und jedem Duden-Wörterbuch ein alter Freund steht, dessen Name für Qualität bürgt.

Das erste Firmensymbol von Bayer war ein heraldisches Emblem, basierend auf dem Wappen von Elberfeld, das durch einen zweischwänzigen Löwen auffällt. Nachdem man den Löwen kurze Zeit auf einen Thron gesetzt hatte, eliminierte die Firma den zweiten Schwanz, stattete den Löwen aber dafür mit Flügeln aus; die Pranken des Tieres ruhten jetzt auf dem Stab Merkurs und dem Globus. 1904 führte die Firma das Bayer-Kreuz ein – der waagrecht und senkrecht geschriebene Name BAYER, der sich im mittleren Y kreuzt. Das Kreuz war anfangs von dem ringförmig angeordneten vollständigen Firmennamen umgeben, wurde aber später in mehreren Schritten zu schmucklosen Lettern auf weißem oder schwarzem Grund vereinfacht. Neben diesem Signet, einem Symbol für sämtliche Geschäftsbereiche, besaß die Firma unzählige registrierte Warenzeichen für einzelne Produkte. Aspirin war eines der wertvollsten davon, insbesondere in den Vereinigten Staaten.

Die Farbenfabriken wachten eifersüchtig über ihre geistigen Besitzrechte. Aber das Unternehmen hatte im pharmazeutischen Bereich mit gewaltigen Problemen zu kämpfen. Ende des 19. Jahrhunderts wurden alle Heilmittel entweder als rezeptpflichtige Medikamente oder als rezeptfreie Markenarzneien verschrieben. Die rezeptpflichtigen Präparate wurden auf Anweisung eines Arztes in einer Apotheke erworben. Ihr Inhalt war auf der Packung angegeben, damit die Ärzte genau wußten, was sie verschrieben. Für die auf Apotheken beschränkten rezeptpflichtigen Produkte wurde keine öffentliche Reklame gemacht, weil die Ärzte eine solche Vermarktung für verantwortungslos hielten; die Hersteller dieser Präparate waren daher vom Wohlwollen der Ärzteschaft abhängig. Die Erzeuger rezeptfreier Arzneien wandten sich hingegen direkt an die Öffentlichkeit und hielten deren Ingredienzien oft mit dem Hinweis geheim, daß das Mittel durch ein Patent geschützt sei (daher der im Englischen gebräuchliche Ausdruck *patent medicine*, im Deutschen das »Patentrezept«).[*] Für diese Mittelchen wurde massiv Reklame gemacht, und sie wurden überall angeboten, wo man den Erzeugern einen Platz im Regal einräumte. Da die »Patentmedizin« in den meisten Fällen reine Quacksalberei war, versuchten sich seriöse Hersteller strikt davon abzugrenzen. Aber da sie auf die Abneigung der Ärzteschaft gegenüber Patenten, Schutzmarken und Reklame Rücksicht nehmen mußten, bedeutete das einen Verzicht auf drei der grundlegenden Instrumente des Kapitalismus. Die seriösen Unternehmen vollführten daher einen Balanceakt zwischen der Rücksicht auf die Ärzte und einem geschäftsmäßigen Vorgehen. Bayer und andere Hersteller von Teerpräparaten patentierten und schützten ihre Erzeugnisse, wann immer dies möglich war, sie demonstrierten ihre Seriosität jedoch durch den Verzicht auf öffentliche Reklame und indem sie in fast allen Fällen ihre Erzeugnisse nur über Apotheken vertrieben.

Aspirin war in dieser Hinsicht typisch. Bayer versuchte, das Präparat, wo immer es möglich war, zu patentieren und gesetzlich zu schützen. Registrierte Waren-

---

[*] Der Begriff war in England bereits im 18. Jahrhundert gebräuchlich, als für viele Rezepturen tatsächlich Patente erteilt wurden. Da die Patentierung den Erfinder verpflichtet, seine Erfindung – in diesem Fall die pharmazeutische Zusammensetzung – zu veröffentlichen, wurde der Begriff »Patentmedizin« zunehmend irreführend, da ihre Hersteller es vorzogen, die Ingredienzien geheimzuhalten, um die Illusion nähren zu können, daß die Behandlung wirksam sei.

zeichen waren in der ganzen Welt leicht zu bekommen, da »Aspirin« ein wirklich neuer Name war. Aber das Unternehmen konnte Aspirin nur in den Ländern patentieren lassen, die das Faktum, das ASS Jahrzehnte zuvor von jemand anderem erfunden worden war, nicht als Hindernis für den Entdeckungsanspruch betrachteten. De facto konnte Bayer nur zwei solche Länder finden: Großbritannien und die Vereinigten Staaten. Angesichts ihrer enormen Größe wurden letztere zu einem wichtigen potentiellen Markt. Bayer wollte die amerikanischen Verbraucher erreichen, ohne sich die Gunst der American Medical Association, des mächtigen Berufsverbandes der amerikanischen Ärzte zu verscherzen. Der Konzern warb nur über die Ärzteschaft für Aspirin, er überschwemmte ihre Praxen mit Gratisproben, Reklamezetteln, Nachdrucken von Artikeln und persönlichen Briefen, entsandte Firmenvertreter zu den Ärzten und schaltete Annoncen im *Journal of the American Medical Association,* damals die meistgelesene medizinische Zeitschrift im Land.

Da Bayer die einzige legale Bezugsquelle von ASS in den Vereinigten Staaten war, konnte die Firma dort höhere Preise verlangen als in Ländern, wo sie nur eine von vielen Herstellern war, und diese Chance nutzte sie auch. Dank der unablässigen Werbung bei den Ärzten wurde Aspirin zu einer Goldgrube. Es war mit weitem Abstand das wichtigste der vielen Produkte, die das Unternehmen in den Vereinigten Staaten vertrieb. 1907 machte Aspirin 21 Prozent des Gesamtabsatzes von Bayer in den USA aus; 1909 waren es bereits 31 Prozent. Diese spektakulären Verkaufsziffern zogen die unerfreulichste Form von Schmeichelei nach sich: Schmuggel. Fast vom Augenblick seiner Einführung an gelangte Aspirin auf Schleichwegen von Kanada, wo Bayer kein Patent hatte, in die Vereinigten Staaten, wo es geschützt war. Anfang 1905 strengte Farbenfabriken of Elberfeld, Bayers New Yorker Vertretung, ein Patentverletzungsverfahren gegen Edward A. Kuehmsted an, einen Chicagoer Pharmahändler, welcher der Schmugglerkönig von Aspirin westlich von Philadelphia war. Die Firma glaubte, durch einen erfolgreichen Prozeß Kuehmsted zur Geschäftsaufgabe zwingen und die Gültigkeit ihres Patents bekräftigen zu können, so daß es leichter werden würde, Unterlassungsurteile gegen andere Verletzer zu erwirken. Kuehmsted verteidigte sich mit der in solchen Fällen üblichen Behauptung: Die Patentansprüche seien ungültig.

In vielen Fällen hatte ein solche Strategie Erfolg. Patentprüfer sind nicht unfehlbar, und manchmal erweist es sich, daß eine »Erfindung« bloß die

Abwandlung eines wohlbekannten und damit nicht patentierfähigen Prinzips darstellt. Ein Patentprozeß ist daher mit dem Risiko behaftet, daß der Schutz, den der Kläger durchzusetzen versucht, statt dessen als ungültig erklärt wird, so daß die rechtliche Kontrolle des Patentinhabers über das Produkt entfällt.

Unmittelbar nachdem Bayer die Klage eingebracht hatte, wurde dem Unternehmen vor Augen geführt, wie groß dieses Risiko war. Ein Jahr zuvor hatte der englische Ableger des Unternehmens die englische Tochter von Chemische Fabrik von Heyden, einer deutschen Chemiefirma, verklagt, weil diese ohne Rücksicht auf das britische Patent von Bayer ASS verkaufte. Der Prozeß begann im Mai 1905. Heyden behauptete, das Patent sei ungültig, weil Felix Hoffmann, der Bayer-Forscher,der Aspirin entwickelt hatte, nur das Verfahren von Kraut, dem Chemiker, der ASS 1869 synthetisierte, kopiert habe. Bayer entgegnete, daß Krauts Methode keine reine Acetylsalicylsäure hervorgebracht habe, die von Hoffmann dagegen schon, daß sich diese beiden Verfahren insofern unterschieden und daß der Patentanspruch daher zu Recht bestehe. Am 8. Juli 1905 scheute der Richter Joyce vor der zuständigen Londoner Kammer keine Mühe, um dem zu widersprechen. Um die Ähnlichkeiten zwischen den Verfahren von Hoffmann und Kraut zu verschleiern, behauptete der Richter, sei das Patent Bayers in so unverständliches Kauderwelsch gekleidet, daß »keiner der mit diesem Fall befaßten erfahrenen Sachverständigen je etwas Vergleichbares gesehen« hätte. In Großbritannien blies Bayer somit jetzt der Wind der Konkurrenz entgegen, obwohl die Farbenfabriken die Schutzmarke Aspirin beibehielten und den Markt bis zum Ersten Weltkrieg beherrschten.

Der britische Richterspruch, der wenige Monate nach Einreichung von Bayers Klage gegen Kuehmsted erging, schlug wie eine Bombe in der Firma ein. Dem amerikanischen Patentanwalt des Unternehmens, Livingstone Gifford, gelang es, den Prozeß über weitere fünf Jahre zu verschleppen und die Gültigkeit des Patents für diese Zeitspanne zu sichern. Im August 1909 gab das erstinstanzliche Gericht in Chicago schließlich seine Entscheidung bekannt. Zu jedermanns Überraschung bestätigte es das Patent. Als Kuehmsted einwandte, daß die Farbenfabriken ihr Patent in keinem anderen Land der Welt erhalten konnten, entgegnete der Richter, die Vereinigten Staaten seien nicht mit anderen Ländern zu vergleichen. Auch vor einer höheren Instanz wurde Kuehmsteds Berufung im Juli 1910 abgeschmettert.

Kurz vor der Entscheidung des Revisionsgerichts schätzte die Geschäftsführung von Bayer, daß nachgemachtes Aspirin nicht weniger als 75 Prozent des amerikanischen Marktes erobert hatte. Da der Kampf gegen die vielen Hersteller von falschem Aspirin eine Sisyphusarbeit war, beschloß das Unternehmen, sich statt dessen auf die einzelnen Apotheker zu konzentrieren, die geschmuggeltes ASS an die Kundschaft verkauften. (Nicht zu reden von Tabletten aus Stärkemehl, die als Aspirin verkauft wurden.) In einem Rundbrief an 300 einzelstaatliche und regionale Pharmazeutenverbände wies Bayer auf die Kuehmsted-Entscheidung hin, drohte Fälschern und Schmugglern mit einer Klage und forderte die Apothekeninhaber auf, eine beiliegende Selbstverpflichtung zu unterschreiben, daß sie nur echtes Bayer Aspirin verkaufen würden. Die eiserne Faust im Samthandschuh verbergend, winkte der Konzern allen Apothekern mit dem Verzicht auf Strafverfolgung, die ihre früheren Sünden eingestanden, ihre Schleichhändler benannten und feierlich versprachen, nie wieder zu schummeln. Keine zehn Apotheker machten von diesem großzügigen Angebot Gebrauch.

Im September 1912 erklärten Antony Gref, ein weiterer amerikanischer Bayer-Anwalt, und Herman Metz, Handelsvertreter von Hoechst, den Missetätern endgültig den Krieg. »Die betrügerischen Praktiken sind so verbreitet«, erläuterte Metz der Presse, »daß das Leben von mindestens hundert Millionen Menschen in den Vereinigten Staaten Monat für Monat einer Gefahr ausgesetzt wird.« (Die amerikanische Bevölkerung betrug damals etwa 95 Millionen.) Eine Meute von Detektiven durchsuchte die Apotheken nach gefälschtem Aspirin und anderen Arzneimitteln, was die betroffenen Pharmazeuten aufbrachte. Der Generalangriff machte sich schließlich bezahlt. Im Februar 1914 kauften verdeckte Ermittler sechzig Packungen Aspirin in neun verschiedenen Städten. Nur sechzehn davon – nicht ganz 27 Prozent – waren gefälscht.

Bedauerlicherweise nahm die Verteidigung des Patents soviel Zeit in Anspruch, daß seine Frist beinahe abgelaufen war, als Bayer der Verstöße dagegen endlich Herr wurde. Ab 17. Februar 1917 würden die Fälscher ASS legal verkaufen können. Dies hatte für Bayer fatale Folgen. Das kanadische Aspirin wurde zu einem Drittel des amerikanischen Preises verkauft, und im größten Teil Europas zahlten die Pharmazeuten weniger als ein Zehntel des US-Preises. In den Vereinigten Staaten würden die Farbenfabriken durch die Konkurrenz zu drastischen Preissenkungen gezwungen sein.

Um den Verlust seines Patents wettzumachen, hielt sich das Unternehmen an

den Handelsnamen. Die Verbraucher mußten dazu gebracht werden, die Erlösung von Kopfschmerzen und Fieber so unauflöslich mit Bayer Aspirin zu
identifizieren, daß dessen Rivalen keine Chance haben würden. Hier stieß der
Konzern auf zwei Probleme, die sich beide aus seiner früheren Marktstrategie
ergaben. Bayer stellte Aspirin fast ausschließlich als Pulver her und verkaufte
es in dieser Form an Pharmafirmen und Großhändler, die es zu Tabletten
preßten oder in Kleinpackungen an die Apotheker weiterverkauften. Wenn ein
Unternehmen wie Upjohn von Bayer Aspirin-Pulver kaufte, dann stand auf der
Packung:

> Aspirin
> – fünf Gran –
> Upjohn

Da Bayer bei Ärzten, Pharmazeuten und Arzneimittelfirmen für das Medikament
warb, kannten diese den Namen Bayer; der Öffentlichkeit war er dagegen
unbekannt. Dies mußte sich ändern, falls das Unternehmen seine Gewinne
hochhalten wollte.

Um den Namen Bayer der Allgemeinheit bekanntzumachen, bedurfte es natürlich der Reklame – und das war das zweite Problem. Der Widerstand des
amerikanischen Ärzteverbandes gegen Konsumentenwerbung war so extrem,
daß Bayer sogar einmal eine Beschwerde über einige Handfächer erhielt, die das
Unternehmen mit den Namen seiner Produkte bedruckt hatte. Die AMA verwarf
das ganze Prinzip des Vertriebs von Markenartikeln oder patentierten Produkten
mit dem Argument, daß Markennamen und Patente nur die Kosten in die Höhe
trieben und die Patienten in die Irre führten. (So hatte die AMA seit langem von
den Ärzten gefordert, »Acetanilid« statt Antifebrin zu verschreiben.) Wenn die
Farbenfabriken nun für ein gesetzlich geschütztes Produkt, Bayer Aspirin, in
der Öffentlichkeit warben, so würde diese zwangsläufig die Ärzte mobilisieren,
und Duisberg und die anderen Direktoren in Leverkusen waren nicht bereit, die
Mißbilligung ihrer Standesgenossen zu riskieren. Die amerikanische Vertriebsabteilung wollte jedoch mit der Vergangenheit brechen. Wenn sich das Unternehmen fabelhafte Aspirin-Profite wünsche, erklärten sie, dann müsse es verkaufen.

Als vorübergehender Kompromiß einigten sich die Reklamebefürworter und -gegner, die amerikanische Produktion von Aspirin in Tablettenform zu steigern. Auf jeder Tablette war das Bayer-Kreuz eingeprägt, und die Tabletten wurden in Bayer-Schachteln verpackt, so daß die Kunden zum ersten Mal den Namen des Unternehmens zu Gesicht bekamen, daß ihre Kopfschmerzen kurierte. Die Umstellung auf Tabletten begann Anfang 1914.

Inzwischen rückte der gefürchtete Tag heran, an dem die Patentfrist auslief, und es wurde klar, daß die Amerikaner entschlossen waren, nun selbst ASS herzustellen. (Einer der ersten war Herbert Dow, der Gründer von Dow Chemical in Midland/Michigan.) Obwohl Bayer die AMA fürchtete, hatte der Konzern einen noch größeren Horror davor, Geld zu verlieren. Im Herbst 1916 erschienen in allen Teilen der USA Zeitungsanzeigen für Aspirin. »BAYER Aspirin-Tabletten«, verkündeten dicke Lettern über dem Abbild einer Aspirin-Schachtel. Und darunter: »Das ›Bayer-Kreuz‹ auf jeder Packung und auf jeder Tablette von echtem Aspirin schützt Sie vor allen Fälschungen und Nachahmungen.«

Nach der Meßlatte der Werbebranche war diese Anzeige maßvoll. Sie erwähnte keine einzige Indikation, bei der Aspirin angezeigt sei, ja bezeichnete es nicht einmal als Arzneimittel. Sie drängte den Leser nicht, irgend etwas zu kaufen. »In dem Text ist kein Satz, keine Wendung und kein Wort enthalten, die selbst beim empfindlichsten Wächter der medizinischen Ethik Anstoß erregen könnten«, bemerkte das Fachblatt *Printers' Ink.* »Das einzige, was die Reklame zu erreichen versucht, ist, den Namen ›Bayer‹ mit Aspirin zu verknüpfen.«

Dennoch fiel die Reaktion der AMA genauso negativ aus, wie Bayer gefürchtet hatte. Das *Journal* machte sich über die Vorstellung lustig, daß sich eine Marke von ASS von der anderen unterscheiden könnte oder daß irgendeine als »Fälschung« zu bezeichnen sei. Und es rechnete mit Bayer ab. »Seit siebzehn Jahren«, klagte das *Journal,*

> ist es in diesem Land niemandem außer dem Unternehmen Bayer gestattet gewesen, Acetylsalicylsäure herzustellen oder zu vertreiben ... Dabei versteht es sich von selbst, daß die amerikanischen Patienten aufgrund des Monopols, das unser Patentamt dieser Firma gewährt hat, entsprechend zur Kasse gebeten wurden ... Nicht zufrieden mit dem ehernen Monopol, in dessen Genuß das Unternehmen durch unsere Patentgesetze kam, versuchte die

Firma, ihre exklusiven Rechte weiter zu untermauern, indem sie
dem Präparat einen wohlklingenden Namen gab, »Aspirin«, und
diesen Namen gesetzlich schützen ließ ... [Sobald ASS von jedermann hergestellt werden kann, sollten die Ärzte] das Präparat
unter seinem wissenschaftlichen Namen, Acetylsalicylsäure, verschreiben.

Der Tadel stieß auf taube Ohren. Als das Patent auslief, waren die Vereinigten
Staaten im Begriff, Deutschland den Krieg zu erklären, und die deutschen
Manager von Bayer hatten andere Sorgen, als sich bei amerikanischen Ärzten
beliebt zu machen.

Der plötzliche Ausbruch des Ersten Weltkriegs im Sommer 1914 traf die
Deutschamerikaner im Dienst der US-Tochter von Bayer unvorbereitet. Zu
ihrem Entsetzen wurden sie durch die Pistolenschüsse von Sarajewo von
Ausländern mit Arbeitsgenehmigung in den USA in verdächtige Bürger eines
feindlichen Landes verwandelt. Zu ihren Schwierigkeiten trug noch bei, daß
Großbritannien eine Blockade gegen Deutschland verhängte – wodurch das New
Yorker Management von der Geschäftsführung in Leverkusen abgeschnitten
wurde. Dessen spätere Aktionen bewiesen, wie recht Duisberg mit seinem
Glauben an zentralisierte Steuerung gehabt hatte. Sobald er die Hand nicht
mehr am Ruder hatte, verrannte sich der amerikanische Zweig von Bayer in
einem Gestrüpp bizarrer Machenschaften, deren merkwürdigste das Große
Phenol-Komplott war.
Das Große Phenol-Komplott war ein Nebenprodukt des langen Zauderns der
USA, ob sie in den Krieg eintreten sollten, eine Zeitspanne, in der prodeutsche,
probritische und Pro-Neutralität-Gruppen sich erbittert und manchmal gewalttätig befehdeten. Im Mai 1915 wurde das britische Passagierschiff *Lusitania* von
einem deutschen U-Boot versenkt. Mehr als tausend Menschen starben, und
die Stimmung gegenüber Deutschland fiel in den Vereinigten Staaten auf einen
Tiefpunkt. Besorgt, die Sympathien könnten sich London zuwenden, betraute
Deutschland seinen Botschafter, Johann Heinrich Graf Bernstorff, mit der
diplomatischen Aufgabe, die öffentliche Meinung zugunsten des Kaisers zu
beeinflussen. Zusammen mit einem Stellvertreter, Heinrich Albert, einem Beamten des Innenministeriums, kümmerte sich Graf Bernstorff auch um die weniger

diplomatische Aufgabe, amerikanische Chemiefirmen daran zu hindern, die Feinde Deutschlands mit Munition zu beliefern. Zu letzterem Zweck rekrutierten die beiden Männer Hugo Schweitzer, den chemischen Chefberater von Farbenfabriken of Elberfeld in New York.

Schweitzer ging alles andere als diskret vor. Noch während er Alberts Geld an verdiente Verschwörer weiterleitete, arbeitete er an einer Kampagne mit, die öffentliche Meinung Amerikas umzustimmen. Tagaus, tagein setzte sich Schweitzer für deutsche Anliegen ein, feuerte auf Kundgebungen im Madison Square Garden antibritische Breitseiten ab, verhandelte über den Kauf amerikanischer Zeitungen, verteidigte den Angriff auf die *Lusitania* (durch Benutzung eines englischen Schiffes, spottete er, hätten die Passagiere »geradezu Selbstmord begangen«) und sorgte für die Veröffentlichung einer illustrierten, zwanzigbändigen Luxusausgabe deutscher literarischer Meisterwerke, von der er mehrere hundert an öffentliche Schulen verschenkte.

Das Große Phenol-Komplott begann 1915. Phenol, ein Kohlenteerprodukt, das auch als Hydroxylbenzol und fälschlicherweise als Karbolsäure bekannt ist, diente als Desinfektions- und Sterilisierungsmittel. Es war auch ein wichtiger Bestandteil für die Herstellung von Färbemitteln, Parfüms, Aromastoffen, photographischen Chemikalien und Sprengstoffen, insbesondere eines Explosivstoffs, der als Pikrinsäure beziehungsweise Trinitrophenol bekannt ist. Schweitzer war mit Phenol bestens vertraut, denn es wurde in großen Mengen zur Synthetisierung von Salicylsäure, dem Hauptingrediens des ASS beziehungsweise des Aspirins, benutzt. Der größte Teil dieses Phenols kam aus Großbritannien.

Als der Krieg erklärt wurde, beschloß das britische Parlament, den größten Teil des Phenolaufkommens der Nation zur Herstellung von Pikrinsäure zu verwenden. Die Phenolimporte in die USA schrumpften drastisch. Den Gesetzen von Angebot und Nachfrage entsprechend, schossen die Preise in die Höhe. Für Phenol, das im August 10 Cents pro Pfund gekostet hatte, wurde im folgenden Februar 1,25 Dollar verlangt. Obwohl die Fabrik in Rensselaer Phenol nicht selbst verarbeitete, war die Verfügbarkeit der Substanz unerläßlich: Bayer machte sein Aspirin aus Salicylsäure, die ihrerseits von anderen amerikanischen Unternehmen aus Phenol hergestellt wurde. Im April 1915 mußte Bayer seine Aspirin-Fabrik beinahe schließen – ein Desaster für eine Firma, die mit ihren neuen Tabletten den gesamten Markt erobern wollte. Schlimmer noch, andere

Unternehmen nutzten die Knappheit, um aus anderen Chemikalien falsches Aspirin herzustellen. Da Meldungen die Runde machten, daß Aspirin vom Markt verschwinden könnte, deckten sich die Apotheken so weit wie möglich ein – vielfach mit dem gefälschten Präparat.

Das inländische Angebot an Phenol bedeutete keine Lösung für die Probleme Bayers. Fast die gesamten vorhandenen Bestände waren zur Herstellung von Pikrinsäure reserviert oder unter langfristigen Verträgen für andere Firmen bestimmt. Zusammen mit Bayer stand Thomas Edison im Regen, der Hexenmeister aus Menlo Park, der Phenol zur Herstellung einer seiner berühmtesten Erfindungen, Grammophonplatten, benötigte. Also beschloß Edison, ein Mann der Tat, Phenol selbst herzustellen. Er errichtete zwei Fabriken zur Erzeugung von synthetischem Phenol, die beide eine Kapazität von sechs Tonnen pro Tag hatten, ein gewaltiger Fortschritt im Kassageschäft. Mit Geld aus Alberts Propagandafonds schloß Schweitzer einen Vertrag mit dem Vertreter Edisons, ihm jeden Tropfen Phenol zu überlassen, den der Erfinder nicht selbst benötigte. (Das war eine gewaltige Menge: Die überschüssige Produktion Edisons betrug drei Tonnen täglich.)

Im Juni 1915 traf sich Schweitzer mit Georg Simon, dem Vizepräsidenten und Geschäftsführer der amerikanischen Tochter von Chemische Fabrik von Heyden. Obwohl Heyden jene deutsche Firma war, die Bayers britisches Patent für Aspirin aushebelte, belieferte sie Rensselaer mit Salicylsäure, bis der Phenolmangel dem ein Ende setzte. Schweitzer schlug Simon vor, das Phenol zu kaufen, das Schweitzer von Edison bezog, und es in Salicylsäure umzuwandeln. Ein Teil dieser Salicylsäure sollte der Erfüllung von Heydens Vertrag mit Bayer dienen. Der Rest würde an Schweitzer zurückverkauft werden, der es für sein Exportgeschäft benötigte. Simon willigte ein.

Dieses Arrangement kam allen Seiten zugute. Simon nahm seine Salicylsäureproduktion wieder auf, so daß Bayer sein Aspirin-Werk wieder auslasten und seine Kampagne zur Rettung des Aspirin-Marktes erneuern konnte. Schweitzer machte dank seiner Kontrolle über die einzige große Phenolquelle im Land ein Vermögen. (Da das Geld, mit dem er Edison bezahlte, von Albert stammte, wurden Schweitzers Kosten außerdem vom deutschen Steuerzahler subventioniert.) Auch Albert war höchst zufrieden. Das Phenol, das zur Herstellung von Aspirin benutzt wurde, konnte nicht der Aufstockung der amerikanischen Bestände an Pikrinsäure dienen. Innerhalb weniger Monate, behauptete Albert, sei es Schweizer gelungen, Phenol in einer Quantität vom Markt abzuziehen, die für die Fabrikation von 2250 Tonnen Sprengstoff – drei lange Frachtzüge voll – gereicht hätte.[*]

Die List wurde jedoch bald aufgedeckt. Der amerikanische Geheimdienst, der gegenüber Albert mißtrauisch war, ließ ihn beschatten. Am 24. Juli nickte Albert in der Sixth-Avenue-Hochbahn in den Außenbezirken von Manhattan ein. Bei seiner Haltestelle wachte er auf und stürzte aus dem Zug; dabei ließ er eine Aktentasche voll geheimer Papiere zurück. Als er seinen Verlust bemerkte, sprang er rasch wieder in den Zug, mußte jedoch erfahren, daß ein junger Mann mit der Tasche verschwunden war.

Der junge Mann, ein Geheimdienstagent, brachte die Tasche seinen Vorgesetzten. Sie enthielt belastende Informationen über Sabotage, die jedoch nicht ganz ausreichten, um Albert, Schweizer oder andere zu überführen. Um Albert dennoch bloßzustellen, spielte ein hoher Regierungsvertreter die aufgefundenen Dokumente der rabiat antideutschen *New York World* zu. Am 15. August knallte die *World* Ablichtungen von Alberts »verlorenen« Dokumenten auf die Titelseite. Albert, Schweizer und Graf Bernstorff wurden beschuldigt, Drahtzieher deutscher Subversion zu sein. Im Ton des Abscheus berichtete die *World* über Schweizers Reden, seine Sabotage- und Unterschlagungsversuche und seine Bemühungen, prodeutsche Zeitungen und Zeitschriften aufzukaufen. Einen prominenten Platz bei diesen Machenschaften nahm der Phenol-Kontrakt ein, der, wie die *World* behauptete, Bestandteil eines größeren Komplotts sei, amerikanische Chemikalien zu stehlen. Schweizer war empört. »Die gesamte Produktion an [Phenol] in den Vereinigten Staaten wurde und wird von Sprengstoff-Fabrikanten zu Phantasiepreisen aufgekauft, um [in Pikrinsäure] umgewandelt zu werden«, betonte er. Für jeweils drei Pfund Pikrinsäure benötige man ein Pfund Phenol, fügte er hinzu, »und es bedarf daher keiner Phantasie, um sich vorzustellen, wie viele Männer durch den Einsatz dieser enormen Quantität einer der brisantesten Sprengstoffe, die uns bekannt sind, getötet, verwundet und

---

[*] Selbst Edison war zufrieden. Simon behauptete, im Juni 1915 habe ihm der Erfinder gesagt, er wolle sein Phenol für friedliche Zwecke wie Pharmazeutika und nicht für Sprengmittel verwendet sehen. »Das entsprach mehr seinen Gefühlen«, erläuterte Simon. Edisons Gefühle setzten sich jedoch nicht in Handlungen um. Als der Skandal aufflog, vollzog er eine Wende und verkaufte sein Phenol an das amerikanische Militär.

verstümmelt worden wären ... Wie es in dieser Frage Kritik geben kann, entzieht sich meinem Verständnis.« Schweitzer unterließ es zu erwähnen, daß sein Phenol einem deutschen Unternehmen half, sein Monopol auf Aspirin zu verteidigen; er behauptete statt dessen, es diene nur als Desinfektionsmittel. Mit drei Tonnen Phenol am Tag, berechnete die *New York Times*, wäre Schweitzer imstande, über hundert Tonnen Desinfektionsmittel herzustellen, genug, um jeden Mann, jede Frau und jedes Kind im Land alle sieben Wochen mit einem neuen 60-Gramm-Fläschchen zu beglücken.

Trotz des Presserummels wurde keine Anklage erhoben; die Vereinigten Staaten befanden sich noch nicht im Krieg, und Deutsche konnten legal soviel Phenol kaufen, wie sie wollten. Dennoch weigerte sich Albert nach seiner Enttarnung, weiterhin für das Phenol zu bezahlen. Schweitzer versuchte, George Simon als neuen Geldgeber zu gewinnen. Als Simon ablehnte, wandte sich Schweitzer an Richard Kny, Simons vermögenden Schwiegervater. Kny und Schweitzer unterschrieben im September ein Abkommen, das sie jedoch auf den 30. Juni zurückdatierten, um Alberts anfängliche Beteiligung zu verschleiern. Auch nach seiner Verurteilung als abgefeimtes deutsches Komplott brachte das Phenolgeschäft den beiden Männern in den nächsten sechs Monaten fast eine Million Dollar ein.

Schweitzer konnte seine Euphorie allerdings nicht lange genießen: Er zog sich eine Lungenentzündung zu und starb Ende 1917. In seiner Wohnung fand die Polizei ein Geheimbüro voller deutscher Fahnen und verschlüsselter Geschäftsbücher, mit Anmerkungen versehene chemische Fachliteratur, Bündel von Notizen über verschiedene Verfahren zur Herstellung von Aspirin, Reden, in denen England absurder Verbrechen bezichtigt wurde, und Lobeshymnen auf die glorreiche deutsche Wissenschaft. Eine Untersuchung folgte, aber sonst geschah nicht viel; da Schweitzer tot war, konnte man ihn nicht mehr anklagen. Außerdem war die Regierung damals von einem zweiten Bayer-Skandal in Anspruch genommen.

Der Präsident der amerikanischen Bayer-Tochter war Emanuel von Salis, der seit der Errichtung der Fabrik in Rensselaer dem Unternehmen angehörte. Einer beträchtlichen Machtfülle erfreute sich auch der Vizepräsident des Unternehmens, Hermann C. A. Seebohm, der Bruder von Carl Duisbergs Frau Johanna und ein Neffe von Carl Rumpff. Falls die Vereinigten Staaten den Krieg erklärten, wußten von Salis und Seebohm, daß sie zu feindlichen Staatsbürgern würden, die ein feindliches Geschäft betrieben. Andererseits machte die englische Blockade es ihnen unmöglich, in die Heimat zurückzukehren. Sie konnten weder bleiben noch das Land verlassen. Angesichts dieses Dilemmas sprachen sie mit einem Anwalt, Charles J. Hardy. Dies sollte sich als Fehler erweisen.

Wann immer ein Teil der Menschheit gegen einen anderen Teil Krieg führt, befindet sich das Eigentum der Industrie auf der jeweils anderen Seite plötzlich in Feindesland. Zu Beginn des Ersten Weltkriegs faßten die kriegführenden Nationen die Industrie- und Gewerbebetriebe des Feindes in Treuhandgesellschaften zusammen, in der Absicht, sie bis zum Ende der Kampfhandlungen zum Nutzen des Gastlandes zu betreiben, wonach sie intakt zurückgegeben werden sollten. Als die Zahl der Gefallenen stieg, erschien diese Behandlung zu milde. Auf beiden Seiten kam feindliches Eigentum unter den Hammer. Da es keinen Grund für die Annahme gab, daß sich die Vereinigten Staaten anders verhalten würden, falls sie in den Krieg eintraten, suchten Hardy, Seebohm und von Salis nach einer Möglichkeit, um die Vermögenswerte von Bayer zu verstecken.

Das unternehmerische Hütchenspiel begann 1915, als Bayer eine Reklamebroschüre von der Williams & Crowell Color Company erhielt, einem neuen Farbstoffhersteller in Providence/Rhode Island. Anfangs war Bayer aus rein kommerziellen Gründen interessiert. Sollten die Vereinigten Staaten in den Kampf eintreten, würden Rekruten einberufen werden. Diese Soldaten würden Uniformen tragen müssen. Uniformtuch wird mit Khakifarben gefärbt. Seebohm und von Salis mochten sich Sorgen machen, zu Feinden der Vereinigten Staaten erklärt zu werden, aber das hinderte sie nicht, in der Ausstattung der Armee einen Markt zu erblicken. Bedauerlicherweise war Bayer von seiner Farbstoffbezugsquelle in Leverkusen abgeschnitten. Williams & Crowell, welche die richtige Sorte von Schwefelfarben herstellte, könnte einen Ausweg bieten, um die zu erwartende Nachfrage nach Khaki zu befriedigen.

Christian Stamm, der Bayer-Vertriebsleiter in Providence, wurde beauftragt, sich die Firma anzusehen. Nach längerem Umherirren stand Stamm schließlich vor einem »verrotteten Gebäude in der South Main Street ... einem eher ärmlichen Stadtteil ...«. In dem Schuppen traf er Williams, einen älteren Mann, der sich als Geschäftsführer der Firma vorstellte. (Crowell war der Chemiker.) Williams war, wie Stamm entdeckte, »außerstande, selbst ein kleines Farbenhaus mit einer ausreichenden Menge an Farben zu versorgen – ja, als er in seinem Brief erklärte, er könne jede gewünschte Quantität liefern, hatte er fast keine Vorstellung vom Bedarf eines Großhändlers«. Dennoch war Stamm mit der Qualität von Crowells Farben zufrieden. Er riet zu einem Geschäft.

Bayer orderte große Quantitäten von Williams-&-Crowell-Farben. Als die Aufträge die Gewinne bei Williams & Crowell auf zwanzigtausend Dollar im Monat steigen ließen, begann Bayer, sich für den Aufkauf seines Farbenlieferanten zu interessieren. Stamm wurde ausgesandt, um bei der Firma zu sondieren. Sowohl Williams als auch Crowell lehnten den Vorschlag ab, und Bayer entwickelte nun eine Strategie, um sie zum Verkauf zu bewegen. »Die Grundlage dieses Plans«, hieß es in einem späteren Untersuchungsbericht,

> war die Kenntnis, welche die Bayer-Vertreter und [Stamm] vom Gesundheitszustand des Chemikers Mr. Crowell hatten, der in der Tat sehr schlecht war, und deshalb nahmen sie an, wenn Bayer fortfahre, ständig sehr große Mengen an Schwefelfarben zu bestellen, deren Fabrikation Mr. Crowell persönlich überwachen mußte, werde er bald in einer Verfassung sein, die ihm den Ruhestand willkommen erscheinen lassen werde.

Für den unwahrscheinlichen Fall, daß Bayer Crowell nicht veranlassen könne, sich ruhestandsreif zu schuften, schmiedete die Firma Alternativpläne. Sie schlug Crowell vor, einen Assistenten einzustellen. Bayers Kandidat dafür war ein Mr. Seibert, der, wie die Ermittler später herausfanden, »bestimmte Qualifikationen besaß, die für die Herstellung von Schwefelfarben nötig sind, und der auch imstande war, jeden Schritt Mr. Crowells zu beobachten, so daß er, Seibert, nach sehr kurzer Zeit dieselben Schwefelfarben erzeugen konnte wie Mr. Crowell«. Williams und Crowell wurde letzten Endes weder ihre Überarbeitung oder die Industriespionage zum Verhängnis, sondern die kürzlich beschlossene Einkommenssteuer. Die enormen Profite der Farbenfabrikanten wurden von enormen Steuern dezimiert: Im Frühjahr 1917 entrichteten Williams & Crowell 75 000 Dollar an die Regierung. Das verdarb den Männern den Spaß. Welchen Sinn hatte es, einen Betrieb zu führen, wenn man so geschröpft wurde? Die Steuer zusammen mit Crowells angeschlagener Gesundheit veranlaßte sie zu verkaufen.

Die Vereinigten Staaten traten am 6. April 1917 in den Krieg ein. Monatelang hatte dies für die in Amerika ansässigen Deutschen keine negativen Folgen. Seebohm, von Salis, Stamm und Hardy hatten Zeit, mit Williams und Crowell handelseinig zu werden. Im Oktober wurde in Washington das Gesetz über Handel mit dem Feind *(Trading with the Enemy Act)* verabschiedet, in dem die neugeschaffene Treuhandgesellschaft zur Verwaltung von ausländischem Eigentum angewiesen wurde, Vermögenswerte des Feindes zu beschlagnahmen und während des Krieges treuhänderisch zu verwalten. In einer späteren Gesetzesnovelle wurde die Treuhand ermächtigt, Patente, Copyrights und Warenzeichen in Feindbesitz zu beschlagnahmen. Der erste Feindvermögentreuhänder war A. Mitchell Palmer, ein Anwalt aus Pennsylvania, ehemaliger Kongreßabgeordneter und der Drahtzieher, der geholfen hatte, die Präsidentschaftskandidatur von Woodrow Wilson einzufädeln. Zum Dank für diese guten Dienste unterstützte Wilson Palmers Kandidatur für den Senat. Als Palmer verlor, ernannte ihn der Präsident zum Richter und später zum Feindbesitzverwalter.

Der arrogante und dickschädlige Palmer betrachtete die Treuhänderschaft als eine Treppenstufe zu Höherem. Er behielt recht; sein Verwalteramt trug ihm die Ernennung zum Bundesjustizminister ein, eine Position, die er 1920 dazu benutzte, um die berüchtigten Palmer-Razzien zu starten, bei denen etwa 3000 angeblich subversive Ausländer festgenommen und deportiert wurden.

Der Treuhänder hatte eine gewaltige Aufgabe, denn die Feinde der Nation verfügten über beträchtliches Eigentum in den Vereinigten Staaten. Seit dem 1. Juli 1914 betrugen allein die deutschen Investitionen 950 Millionen Dollar. Ein Großteil davon wurde durch Scheinfirmen, gefälschte Verträge und Aktienrückübertragungen verschleiert. Um solche geheimen Machenschaften aufzudecken, rief Palmer das FBI ins Leben und ernannte Francis P. Garvan, einen New Yorker Staatsanwalt, zu dessen Leiter. Palmer und Garvan waren rastlos tätig; die Treuhandgesellschaft wurde zu einem der größten Industriekonzerne des Landes. Schokolade in Connecticut, Eisenbahnschienen in Pennsylvania, Woll- und Kammgarnstoffe in New Jersey, Nutzholz in Florida, Bier in Chicago – die Treuhand stand einem gigantischen Mischkonzern vor.

Im Oktober 1917 wurden Seebohm und Hardy von Garvans Agenten Frederick Lynch, einem reichen, über politische Verbindungen verfügenden Holzhändler aus Minnesota, vernommen. Da ihm die Verbindungen Bayers zu dem berüchtigten Hugo Schweitzer nicht paßten, nahm Lynch den zwei Männern das Versprechen ab, sich von dem Chemiker zu distanzieren. Das war leicht – Schweitzer starb zwei Monate später. Lynch erhob auch Anspruch auf das Grundkapital des Unternehmens, das im Januar 1918 offiziell der Treuhand übereignet wurde.

Inzwischen strickte Hardy an einem ausgetüftelten Komplott, um zu gewährleisten, daß die Übertragung des Grundkapitals an die Treuhand nicht auf eine Übereignung der Gewinne des Unternehmens hinauslief. Auf die Grundzüge reduziert, ergab sich Hardys Plan aus den andauernden Verhandlungen zwischen Bayer und Williams & Crowell. Hardy empfahl, daß Bayer nicht offiziell als Käufer von Williams & Crowell auftreten solle. Statt dessen wollte er ein neues Unternehmen gründen, die Williams & Crowell Color Company of New York, als deren Eigner Seebohm, von Salis und die anderen deutschstämmigen Manager figurieren sollten. (Genauer gesagt sollten die nominellen Eigentümer Freunde der Manager sein, damit sich das Stammkapital des Unternehmens in rein amerikanischen Händen befand.) Williams & Crowell/New York sollten Williams & Crowell/Rhode Island kaufen. Zu diesem Zweck sollte Williams & Crowell/New York die Kaufsumme zinslos von Bayer borgen und sie mit den Gewinnen von Williams & Crowell/New York zurückzahlen. Seebohm und Konsorten würden diese Gewinne garantieren, weil sie in ihrer Rolle als Bayer-Vertreter zusagten, die gesamte Produktion von Williams & Crowell/New York zu überhöhtem Preis zu kaufen, wodurch die Gewinne der letztgenannten Firma auf 50 000 Dollar im Monat anstiegen. Auf diese Weise gedachten die amerikanischen Bayer-Manager fast die gesamten Profite des Unternehmens in die Taschen der neuen Eigentümer von Williams & Crowell zu leiten: die US-Manager von Bayer (genauer gesagt deren Freunde, denen die Firma nominell gehörte).

Williams & Crowell/New York wurde im Januar 1918 gegründet, wenige Tage, bevor Seebohm die Kontrolle von Bayer übergab. Er brauchte nicht zu befürchten, vom Leiter der Treuhand geschnappt zu werden, weil er Lynch, der als Vorstandsvorsitzender installiert worden war, entsprechend geschmiert hatte. (»Eine gutgeölte Maschine läuft gut«, bemerkte Seebohm zu Stamm.) Da Lynch für sein Stillhalten bezahlt wurde, konnte Bayer seinen Betrieb wie gehabt fortsetzen, mit der Ausnahme, daß Seebohm und von Salis die Gewinne jetzt an Williams & Crowell/New York weiterleiteten.

Die Deutschen hatten jedoch nicht mit dem Feuereifer von A. Mitchell Palmer gerechnet. Palmer hatte sich stets über die Vorstellung geärgert, die Früchte seiner Arbeit nach dem Krieg ihren ursprünglichen Eigentümern zurückzugeben. Um seine Besitztümer in eine Kampftruppe zu verwandeln, ersuchte er den Kongreß um Erlaubnis, das feindliche Eigentum an Amerikaner zu verkaufen. Im März 1918 novellierte der Kongreß das Gesetz über Handel mit dem Feind in Einklang mit Palmers Empfehlungen. Jetzt konnte er eine Reihe von Auktionen abhalten – alles würde unter den Hammer kommen!

Obwohl die Gesetzesnovelle für alle deutschen Unternehmen in den Vereinigten Staaten eine Katastrophe war, stellte sie für Farbenfabriken Bayer aufgrund eines früheren, damit unzusammenhängenden Umbaus des Konzerns ein besonderes Problem dar. Die amerikanische Tochter des Unternehmens wurde 1913 auf dem Papier durch zwei Neugründungen ersetzt, die Bayer Company und die Synthetic Patents Company.[*] Statt Lizenzen von Leverkusen zu benutzen, war die Bayer Company jetzt Eigentümerin der amerikanischen Schutzmarken einschließlich Aspirin und der Sachwerte einschließlich des Werkes in Rensselaer. Duisberg behielt die Kontrolle, weil sich die Kapitalanteile nominell im Besitz von Seebohm, von Salis und den anderen Topmanagern der amerikanischen Bayer-Tochter befanden, die alle in unbeugsamer Loyalität zur Mutterfirma standen. Die Patente wurden inzwischen einer neuen Konstruktion übereignet, der Synthetic Patents Company; die Anteile dieser Firma befanden sich ebenfalls in deutschen Händen, ihr Präsident war Hugo Schweitzer.

[*] Im Oktober 1912 wurde Alfred J. Keppelmann, der Leiter des Bayer-Vertriebsbüros in Philadelphia, angeklagt, örtliche Farbenarbeiter bestochen zu haben, ihren Chefs zu empfehlen, nur Leverkusen-Farben zu kaufen. (Solche Prozesse kamen in der Farbenindustrie offenbar genauso häufig vor wie die Praktiken, die zu ihnen Anlaß gaben.) Hauptzeugin der Anklage war die Stenographin Keppelmanns, die über die Bestechungsfälle aussagen sollte. Kurz vor Prozeßbeginn fand Keppelmann ein überaus wirksames Mittel, die Zeugin zum Schweigen zu bringen: Er heiratete sie. Da niemand gezwungen werden kann, gegen den eigenen Ehepartner auszusagen, mußte sich die Staatsanwaltschaft geschlagen geben. »Es hat keinen Sinn, Leute, vergeßt es«, stöhnte einer der Staatsanwälte. »Der Beklagte hat das Beweismittel geheiratet, und dieses ist somit nicht zulässig.« Aufgebrachte Textilfabrikanten suchten nach einem anderen Weg, um gegen die Bestechung vorzugehen – und fanden ihn in einer raffinierten Anwendung des amerikanischen Antikartellgesetzes.

Fortsetzung auf Seite 66

Dieses Arrangement war für den täglichen Betrieb des Unternehmens ohne Bedeutung gewesen. Das Eigentum an den Schutzmarken und Patenten war lediglich von einer von Leverkusen ferngesteuerten Firma auf eine andere übergegangen. Aber als Palmer seine Machtbefugnis ausübte und sowohl Bayer als auch Synthetic Patents beschlagnahmte, hatte dies für Bayer verhängnisvolle Konsequenzen. Wenn Palmer die Unternehmen verhökerte, dann würde er damit nicht bloß die Lizenzen für das Bayer-Kreuz und die Namen Bayer und Aspirin verkaufen, die Leverkusen vermutlich annullieren oder weitergeben konnte. (Das Patent war abgelaufen, also konnte man es nicht übernehmen, aber die Firma besaß Patente auf viele andere pharmazeutische Produkte.) Nachdem die amerikanischen Firmen juristisch von ihrem deutschen Stammhaus getrennt waren, würde Leverkusen durch die Auktion der Treuhand selbst seiner Patente und Schutzmarken beraubt werden.

Seebohm und von Salis glaubten, dieser Eventualität durch die Gründung von Williams & Crowell und die Bestechung von Lynch vorgebeugt zu haben. Lynch würde dafür sorgen, daß die Bayer Company und die Synthetic Patents von einem Strohmann erworben wurden, der sich insgeheim verpflichtete, beide Unternehmen an die Deutschen zurückzuverkaufen. Die sich bei Williams & Crowell anhäufenden Gewinne sollten zur Finanzierung dieses Planes dienen.

Es kam jedoch anders. Im April schrieb ein Anwohner des Williams-&-Crowell-Werkes einen Brief an das Justizministerium, in dem er das Unternehmen bezichtigte, »gefährliche Bakterien« in die Uniformfarben zu mischen, »um

Bayer gehörte in Deutschland, wo es keine effektiven Sanktionen dagegen gab, vielen Kartellen an. Im Juni 1913 verklagten zwölf Textilhersteller Bayer und dessen amerikanische Tochter, Farbenfabriken of Elberfeld, mit der Begründung, die Mitgliedschaft der letzteren in einem ausländischen Kartell verstoße gegen amerikanisches Recht. Bayers New Yorker Anwalt, Charles J. Hardy, zog verschiedene Experten zu Rate und kam zu dem Schluß, daß die Klage Erfolg versprach. Bayer einigte sich außergerichtlich. Um sich vor weiteren Angriffen zu schützen, wurde die New Yorker Niederlassung in zwei Firmen aufgeteilt: die Synthetic Patents Company, die Eigentümerin (nicht Lizenzgeberin) der amerikanischen Patente für Färbemittel und Pharmazeutika sein würde, und die Bayer Company, die im Besitz der Handelsmarken und Warenzeichen sein und die Produktion der Farbstoffe und Pharmaprodukte leiten würde. Beide waren juristisch unabhängige Unternehmen, obwohl sie faktisch von Leverkusen aus gesteuert wurden.

amerikanische Verwundete zu infizieren«. Außerdem, fügte er hinzu, sei die Farbenfabrik als Tochtergesellschaft von Bayer keine unabhängige Firma.

Dieser Brief scheint die Ermittlungen ausgelöst zu haben, die zwei Monate später zu der Festnahme Stamms, des Bayer-Vertreters in Providence, wegen des Verdachts der Spionage führten. Stamm blieb zunächst gelassen, da man ihm versichert hatte, Hardys politische Beziehungen reichten aus, um sämtliche Bayer-Bediensteten zu schützen. Nach einigen Wochen in Untersuchungshaft mußte Stamm erkennen, daß Hardy keinen solchen Schutz bot. Bald wurde der Grund dafür deutlich. Am 16. Juli schied Hardy abrupt aus dem Vorstand der Bayer Company aus und gab seine Absicht bekannt, das Unternehmen selbst von der Treuhand zu kaufen. Es schien nicht länger in seinem Interesse, Deutschen zu helfen, Schwierigkeiten mit der amerikanischen Regierung zu vermeiden. Innerhalb 48 Stunden nach Hardys Ausscheiden entschloß sich Stamm, mit der Geschichte über Williams & Crowell herauszurücken.

FBI-Agenten verhörten Seebohm und von Salis, die beide am 18. Juli ihre Kündigung einreichten. Palmer bot von Salis an, als Geschäftsführer des Werkes in Rensselaer zu bleiben, da niemand anderer da war, der es leiten konnte; Seebohm sollte aus dem gleichen Grund die Vertriebsleitung des New Yorker Büros behalten dürfen. Beide erklärten sich einverstanden. Sie hatten kaum eine andere Wahl; die Verhöre durch FBI-Agenten nahmen immer mehr Zeit in Anspruch. Jeder schob allen anderen den Schwarzen Peter zu; die amerikanische Geschäftsführung von Bayer löste sich in einem Durcheinander wütender wechselseitiger Beschuldigungen auf. Im August verhaftete das Justizministerium sieben leitende Angestellte der Bayer Company, darunter Seebohm, von Salis und Stamm, wegen Spionage und Verstößen gegen das Gesetz über Handel mit dem Feind. (Hardy blieb verschont; er sagte gegen seine früheren Klienten aus.) Innerhalb weniger Wochen war das gesamte Management der Bayer Company hinter Gittern.

Einer der wenigen Deutschen in der Bayer Company, der aus dem Williams-&-Crowell-Komplott herausgehalten wurde und dem daher das Gefängnis erspart blieb, war Ernst Möller, der Exportleiter des Unternehmens. Der bei seinen Kollegen herzlich unbeliebte Möller war ein Mann, der in gewissem Sinn seiner Zeit voraus war. Er scheint die Freiheit des Amerikas der Jahrhundertwende genossen zu haben; er sah riesige leere Räume vor sich und träumte davon, sie mit Reklametafeln, Plakaten und Flugblättern zuzupflastern, die von der Wunderdroge Aspirin kündeten. Möllers Vorgesetzte befolgten jedoch Duisbergs Anweisungen, die Reklamekosten auf einem festgelegten niedrigen Prozentsatz der Verkaufsziffern zu halten. In Möllers Augen war dies völlig falsch. Reklame war für ihn kein Kostenfaktor, sondern eine Investition. Sie war die Saat, aus der die Umsätze von morgen sprossen.

Möller wurde zu Kriegsbeginn in die Vereinigten Staaten geschickt. Er setzte sich von Anfang an für den Plan ein, Aspirin in Tablettenform zu verkaufen. Und ihm gelang es schließlich, dem zögernden Leverkusen die Zustimmung abzuringen, vor Auslaufen des Patents Zeitungsanzeigen zu schalten. Aber sein Erfolg kostete ihn die Sympathie Seebohms.

Der Krieg brachte Veränderungen für Möllers Exportgeschäft, das Lateinamerika, die Karibik, Japan und China einschloß. Nachdem Schweitzers Phenoldeal es der Bayer Company gestattete, ihre Aspirin-Produktion wiederaufzunehmen, erhöhte sich der Output rapide. Von der britischen Blockade lahmgelegt, beauftragte Leverkusen New York, die Aspirin-Kunden in der übrigen Welt zu beliefern. Möller war entzückt. Plötzlich liefen alle Fäden des internationalen Aspirin-Handels bei ihm zusammen.

Seine größte Befürchtung war, daß die Vereinigten Staaten in den Krieg eintreten könnten. Wenn das geschah, würde Washington die Verbindungen zwischen den amerikanischen und deutschen Firmen kappen. Um diesem Desaster zu entgehen, traten Möller und Seebohm dafür ein, daß die Bayer Company Leverkusens Exportabteilung – und damit das Recht, die verschiedenen Schutzmarken zu benutzen und Aspirin im Ausland zu verkaufen – zum Preis von dreihunderttausend Dollar kaufen sollte. Der Vertrag wurde am 31. März 1917 unterschrieben, eine Woche vor der Kriegserklärung der Vereinigten Staaten.

Möller fehlte die juristische Befugnis, diese Transaktion abzuwickeln, war jedoch, solange niemand den Verkauf in Frage stellte, nunmehr berechtigt, außerhalb der Vereinigten Staaten und Europas den Aspirin-Handel zu betreiben. In der Praxis bedeutete dies vor allem Lateinamerika, und Möller war mehr als zufrieden. Jedenfalls befand sich der gesamte Außenhandel mit Aspirin unter seiner alleinigen Kontrolle. Er verdoppelte, ja verdreifachte die Aufwendungen für Anzeigen in Lateinamerika; zu seiner großen Freude schossen die Verkaufszahlen hoch. Mexiko, Argentinien und Brasilien wurden flächendeckend mit Aspirin-Reklame überzogen. Der Krieg brachte Möller Vorteile.

Inzwischen beschloß Palmer, die Firma zur Versteigerung freizugeben. Nach der schlechten Presse in Zusammenhang mit der Williams-&-Crowell-Affäre befand sich der Aspirin-Absatz in den Vereinigten Staaten im freien Fall (während er südlich der Grenze rapide anstieg). Konkurrenten wie Smith, Kline & French schlugen Kapital aus dem Skandal, indem sie für ihr ASS mit Sprüchen warben wie »Hergestellt von Amerikanern, im Besitz von Amerikanern, verkauft von Amerikanern ... wird nach dem Krieg keinen Gewinn für Deutschland abwerfen.« Außerdem waren so viele leitende Angestellte der Bayer Company verhaftet oder entlassen worden, daß die Firma kaum den Betrieb aufrechterhalten konnte; es war nur noch ein Farbenverkäufer übrig, und die Treuhand war gezwungen gewesen, Stamm aus dem Gefängnis zu entlassen, damit dieser von Salis in Rensselaer unterstützte. Als sich noch dazu das Gerücht verbreitete, daß die Aspirin-Tabletten von Bayer vergiftet seien, wurde Bayer gedrängt, sich der Firma zu entledigen, bevor ihr Wert auf null fiel. Der Waffenstillstand vom 11. November 1918 verminderte diesen Druck nicht. Amerikanische Geschäftsleute lagen der Treuhand in den Ohren, Feindeigentum so rasch wie möglich loszuschlagen, bevor ein Friedensvertrag unterzeichnet wurde und die Deutschen eine Chance erhielten, es zurückzubekommen. Palmer setzte für Donnerstag, den 12. Dezember, eine Auktion an.

Die Versteigerung erregte größtes Interesse. Dutzende von Unternehmen wollten von Palmer Einzelheiten über die Bayer Company wissen. Die meisten der Nachfragen stammten von den anderen Arzneimittel- und Chemiefabrikanten, aber die Auktion weckte auch das Interesse von Industriellen, die keine offensichtliche Verbindung zu Medikamenten oder Chemikalien hatten, sowie von vermögenden Investoren, die sich ein Schnäppchen versprachen.

Die Treuhandgesellschaft druckte eine Broschüre, in der die Liegenschaften von Bayer abgebildet waren, und ließ die Firma einer gründlichen Buchprüfung unterziehen. Lange Listen der Bayer-Patente und -Schutzmarken wurden angefertigt. Um in den Genuß der Broschüre der Treuhand und einer Führung durch die Fabrikanlage zu kommen, mußten Interessenten eine Kaution von 100 000 Dollar hinterlegen. Etwa ein Dutzend tat das, darunter Paine Webber, der ein Bankenkonsortium repräsentierte, und Du Pont, der größte Chemiekonzern des Landes.

Am Tag der Auktion marschierten die Interessenten in Rensselaer auf. Einer von ihnen würde in den Besitz der Handelsnamen gelangen, die Bayer in den letzten zwanzig Jahren aufgebaut und verteidigt hatte. Die Angebote begannen bei einer Million Dollar und kletterten rasch hoch. Überraschenderweise ging Du Pont nur bis etwas über zwei Millionen mit und schied früh aus dem Rennen. Paine Webber und die anderen machten weiter. Drei Millionen. Vier Millionen. Fünf Millionen. Bei 5,3 Millionen Dollar waren nur noch Paine Webber und ein anderes Unternehmen mit von der Partie. Paine Webber erhöhte auf 5 305 000. Sein Rivale bot 5 310 000 Dollar. Daraufhin stieg Paine Webber aus. Die Auktion war zu Ende. Wenn Carl Duisberg an diesem schwarzen Tag dabeigewesen wäre, hätte ihn sicher der Schlag getroffen. Der neue Herr von Bayer Aspirin war Sterling Products, Inc. – ein Hersteller von Allheilmitteln, dessen marktschreierisch angepriesene Abführmittel, Antischuppen-Shampoos und Potenzpillen das genaue Gegenteil von allem darstellten, was er und Bayer je repräsentiert hatten.

3. Kapitel

»Das falsche Bayer«

Sterling Products wurde im Frühjahr 1901 gegründet, als die Pharmazeuten William E. Weiss und Albert H. Diebold ein neues Schmerzmittel, Neuralgine, zusammenmischten.

Die Jahrhundertwende war die Blütezeit des amerikanischen Patentmedizinhandels, und die beiden paßten mit ihrem Produkt genau in den Trend. Die Läden wurden überschwemmt mit Produkten wie Radams Mikrobenkiller (99,381 % Wasser), »radiumimprägniertes« Radol (hergestellt aus Chinin und Alkohol, aber ohne Radium) und Dr. Johnsons Milde Kombinationsbehandlung gegen Krebs. (»Haben Sie einen Freund mit Krebs?« wurde in den Annoncen gefragt. »Tun Sie ihm einen Gefallen, den Sie nie vergessen werden, indem Sie ihm diese Anzeige schicken.«) In der Hoffnung, von dem Boom zu profitieren, gründeten Weiss und Diebold die Neuralgyline Company, deren einziges Produkt Neuralgine war.[*] Sie verkauften es am flachen Land von West Virginia vom Pferdewagen herunter, ein Dick-und-Doof-Paar, wie sie da mit ihrem leichten vierrädrigen Wagen durch die Lande kutschierten und da und dort herunter-

---

[*] Da Neuralgine eine Patentmedizin war, wurden dessen Zutaten offenbar nicht angegeben. Jedenfalls sind alle Aufzeichnungen über dessen Zusammensetzung verschwunden, und beim heutigen Sterling weiß niemand, womit Weiss und Diebold damals in West Virginia handelten. Sehr wahrscheinlich war es Azetanilid oder ein anderes Kohlenteeranalgetikum.

hüpften, um ein Neuralgine-Plakat an einem Baum oder Zaun zu nageln. Sie waren unerhört emsig und verkauften in ihrem ersten Geschäftsjahr Neuralgine im Wert von zehntausend Dollar. Die gesamten zehntausend Dollar wendeten sie für Neuralgine-Annoncen in zwei Pittsburgher Zeitungen auf. Die Strategie bewährte sich; der Absatz stieg. Höhere Umsätze machten mehr Reklame möglich, und Reklame steigerte den Umsatz.

Von gnadenloser Werbung angetrieben, expandierte die Neuralgyline Company in schwindelerregendem Tempo. Mit einem Grundkapital von tausend Dollar gegründet, vervielfachte sich dieser Einsatz innerhalb von nur fünf Jahren auf 500 000 Dollar; 1912 hatte das Unternehmen einen Börsenwert von vier Millionen Dollar. Mit einem Geschäftssinn, der ihrer Zeit um Jahrzehnte voraus war, kauften Weiss und Diebold andere Patentmedizinfirmen auf, darunter die Knowlton Danderine Company, Hersteller eines Antischuppenmittels; Sterling Remedy, Erzeuger von No-To-Bac, einem Nikotin-Entwöhnungsmittel, das Verstopfung auslöste; und die California Fig Syrup Company, die ein Abführmittel herstellte. (Die Produktpalette des aufstrebenden Unternehmens war offensichtlich synergistisch.) Sobald sich die Firma zu einem Unternehmen von respektabler Größe gemausert hatte, benötigten Weiss und Diebold eine glanzvollere *corporate identity*, als Neuralgin sie zu bieten hatte. Sie entliehen den Namen von Sterling Remedy und wandelten sich zu Sterling Products, Inc., ein Name, dem sie Weltgeltung verschaffen wollten.

Sterling Products stellte im Patentmedizingeschäft eine Ausnahme dar. Die meisten Firmen glichen dem Vorläufer und Prototyp der Branche, Dr. Robinson's Man Medicine, einem Heilmittel für die »verlorene Männlichkeit« – »Macht aus ›alten Männern‹ wieder Knaben« – das von einem gewissen Edward D. Hayes aus Detroit zusammengemischt und vermarktet wurde. (»Dr. Robinson« war vermutlich eine Fiktion.) Diese Einmannbetriebe verkauften nur ein einziges Produkt und wechselten häufig ihren Standort, sobald der Markt gesättigt war beziehungsweise die Kunden mitbekamen, daß sie auf leere Versprechungen hereingefallen waren.

Weiss und Diebold erkannten im Gegensatz dazu, daß Patentmedizin mehr Möglichkeiten bot, als einen schnellen Dollar zu machen. Indem sie nicht nur auf einigen, sondern auf ein Dutzend Marken setzten, beabsichtigten sie, das erste Patentmedizinkonglomerat aufzubauen.

Die beiden Männer waren entzückt zu hören, daß die Bayer Company versteigert werden sollte. Aus ihrer Sicht war Bayer nicht bloß eine Chemiefirma, sondern auch ein Sortiment pharmazeutischer Markenartikel, von denen Bayer Aspirin der wertvollste war. Da sie kein Interesse an der Farbenfabrikation hatten, verabredeten Weiss und Diebold kurz vor der Auktion mit der Grasselle Chemical Company von Cleveland/Ohio, dieser den nichtpharmazeutischen Geschäftszweig von Bayer um 1,5 Millionen Dollar zu überlassen, falls es Sterling gelang, sich bei der Auktion durchzusetzen. Sterling behauptete sich tatsächlich gegenüber den anderen Bietern, wie Weiss erwartet hatte, und er ging sofort an die Arbeit. Seinem Vorstand erklärte er:

> Es ist das Ziel von Sterling Products, [Bayer Aspirin] dem Laienpublikum in Form von Zeitungsanzeigen und anderen Reklamemedien nahezubringen. Sterling Products vergibt den größten Werbeetat in der Welt. Wir glauben, mehr über [Patent-] Medizinreklame zu wissen als alle anderen, und was Aspirin betrifft, ist uns klar, daß diese Möglichkeiten bisher kaum genutzt wurden und daß diesem Präparat noch riesige Zukunftsmärkte erschlossen werden können.

Mit dieser Akquisition, versicherte er, sei Sterling der größte Patentmedizinhersteller auf dem Planeten geworden. Weiss beabsichtigte, Bayer Aspirin zu benutzen, um Sterling noch größer zu machen.

* * *

Auf der Vorstandssitzung der Bayer Company vom 4. Februar 1919 traten die Direktoren der Treuhand zurück, und ein neues Team übernahm die Leitung. Das neue Direktorium bestand aus Weiss, Diebold, zwei anderen langjährigen Sterling-Managern und Earl McClintock, dem einzigen Überbleibsel aus Treuhandzeiten, der von Sterling zum Dreifachen seines Regierungsgehaltes übernommen wurde. McClintocks Rolle im Unternehmen war merkwürdig unpräzise; noch Jahre später, als Vizepräsident, war er nicht imstande, einen einzigen Verantwortungsbereich zu benennen. Innerhalb der Firma glaubte man, daß er seine Position bei der Treuhand dazu benutzt habe, um Bayer zu Sterling Products hinzusteuern, und daß der Job seine lebenslange Belohnung dafür sei. In jedem Fall behielten Weiss und Diebold alle echten Machtbefugnisse, wobei

Weiss eine fast uneingeschränkte Kontrolle über die täglichen Betriebsangelegenheiten hatte.

Die zwei Männer erfüllten rasch ihren Vertrag mit Grasselli und überließen ihnen das Farbengeschäft für die versprochenen 1,5 Millionen Dollar. Im März teilten sie den Konzern ein zweites Mal auf, und zwar in die Bayer Company und die neu gegründete Winthrop Chemical Company. Das war eine unausgewogene Teilung: Bayer verkaufte Aspirin, Aspirin in Kombination mit anderen Wirkstoffen – und nichts anderes. Winthrop war für die 63 anderen Medikamente zuständig, die bis dahin von der New Yorker Niederlassung von Farbenfabriken Bayer vertrieben worden waren.

Sterling beabsichtigte, Bayer Aspirin in allen Winkeln der Welt zu verkaufen. Bedauerlicherweise tat dies bereits der ursprüngliche Eigner des Namens, Farbenfabriken Bayer. Statt unter einem anderen Namen zu konkurrieren, beschlossen Weiss und Diebold, dem Stammhaus die Warenzeichen Bayer, Aspirin und das Bayer-Kreuz zu klauen, wo immer sie konnten. Die während der Kriegszeit in vielen Nationen verabschiedeten Gesetze stellten die geistigen Eigentumsrechte der Deutschen in Frage. Die Repräsentanten von Sterling versetzten die Schutzmarken Bayers in der ganzen Welt in einen juristischen Belagerungszustand.

Farbenfabriken Bayer hatte mehr als fünfzig Jahre damit zugebracht, den Namen Bayer zu einem weltweiten Symbol von Rechtschaffenheit, Qualität und technologischem Fortschritt auszubauen. Falls sich Sterling durchsetzte, würde eine Patentmedizinfirma aus Wheeling/West Virginia nunmehr imstande sein, viele Produkte unter demselben Namen und mit denselben Symbolen auf den wichtigsten Märkten außerhalb von Kontinentaleuropa zu verkaufen. Als das Vorgehen von Weiss und Diebold nach und nach in Leverkusen durchsickerte, geriet Duisberg in rasenden Zorn. Erstaunlicherweise wandte sich Sterling dann an ihn um Hilfe.

Zu diesem Schritt sah sich Sterling gezwungen, weil seine Geschäftsführer nicht durchschauten, wie die 63 Arzneimittel herzustellen seien, die das Rückgrat der Winthrop Chemical Company bilden sollten. Für die Fabrikanten von Neuralgine und No-To-Bac war Rensselaer ein einschüchterndes technologisches Wunderwerk. Nachdem die früheren deutschen Abteilungsleiter ins Gefängnis geworfen oder deportiert worden waren, wußte niemand, wie die Maschinen zu bedienen waren; und der deutschen Tradition entsprechend waren die Patente, die eigentlich das Fabrikationsverfahren hätten klarstellen sollen, Wunder der Vernebelung. Lange bevor die Firma es schaffen würde, sie zu entschlüsseln, würden die Lager leergeräumt sein. Weiss und Diebold mußten sich eingestehen, daß sie Winthrop nicht ohne Hilfe von außen über Wasser halten konnten. Diese Hilfe konnte nur von einer Seite kommen: Farbenfabriken Bayer, ausgerechnet jenem Konzern, den Sterling mit seiner Akquisition aus den Vereinigten Staaten vertreiben wollte, dem Unternehmen, dessen Schutzmarken Sterling auf vier Kontinenten bekämpfte.

Was Weiss und Diebold als Kalamität erschien, war in den Augen Ernst Möllers – der nach wie vor die pharmazeutische Exportabteilung der Bayer Company leitete – eine Chance. Obwohl andere Mitarbeiter Leverkusens Möller klarzumachen versuchten, daß es falsch sei, für die neuen Eigentümer der Firma zu arbeiten, fühlte er sich zu Sterling Products, Inc. hingezogen. Er fand, Leverkusen könne sich in bezug auf Reklame von diesen Leuten eine Scheibe abschneiden. Ihm schwebte eine Art Heirat zwischen europäischer Wissenschaft und amerikanischem Marketing vor, und so drängte er Weiss, sich irgendwie mit Duisberg zu arrangieren. Im Mai 1919 entsandte Weiss Earl McClintock nach Holland.

Verhandlungen mit deutschen Pharmakonzernen hatte die Treuhandstelle für Feindvermögen nicht im Sinn gehabt, als sie wenige Tage vor McClintocks Abreise Sterling als »100 Prozent amerikanisch« bestätigte. Und da sich die Vereinigten Staaten offiziell immer noch im Krieg befanden, war der Handel mit Deutschland ohne eine vom Präsidenten gewährte Ausnahmegenehmigung illegal. Sterling besaß keine solche Genehmigung. Das machte aber nichts. Als McClintock in Amsterdam mit dem Repräsentanten der Farbenfabriken Bayer Kontakt aufnahm, wurde er schroff abgewiesen. Doch Möller übte weiterhin Druck auf Sterling aus, sich mit Leverkusen zu einigen. Weiss beschloß, selbst nach Europa zu reisen und mit Carl Duisberg zu sprechen.

Duisberg hatte seit seiner Amerikareise im Jahre 1903 die Farbenfabriken gründlich umgemodelt. Trotz seiner Verachtung für das Gros der amerikanischen Arbeiter und Führungskräfte war er von den großen amerikanischen Trusts, den Unternehmenszusammenschlüssen zum Zwecke der Monopolisierung, insbesondere der Standard Oil von John D. Rockefeller fasziniert gewesen. Beeindruckt von der Macht und Effizienz dieser Kartelle, sprach

Duisberg nach seiner Rückkehr mit Gustav von Brüning, dem Direktor von Hoechst, und Heinrich von Brunck von der Badischen Anilin- und Sodafabrik (B.A.S.F.), dem Vorläufer der heutigen BASF, für einen möglichen Firmenzusammenschluß amerikanischen Stils in der deutschen Chemieindustrie. Im Januar 1904 schrieb Duisberg ein 58 Seiten langes Memorandum, in dem er den Plan einer Zusammenlegung der Einkaufs-, Verkaufs- und Forschungsabteilungen mehrerer Unternehmen entwickelte, die im übrigen ein gewisses Maß an Autonomie beibehalten sollten – ein Arrangement, von dem er hoffte, daß es die Vorzüge sowohl der Koordination als auch der Unabhängigkeit in sich vereinige. Die Zeit war günstig für solche Ideen. Nach Jahrzehnten der Entdeckungen hatten die Wissenschaftler den Vorrat der Natur an Farbstoffen erschöpft. Die deutschen Chemieunternehmen gediehen zwar immer noch, aber sobald die Patente ausliefen, würde sich die Konkurrenz verschärfen, und die Gewinne würden schrumpfen. Duisberg sah schwere Verluste voraus. Wie jeder Wirtschaftsführer hatte er einen Horror vor erbarmungslosem Konkurrenzkampf. (Wenn Geschäftsleute das Lob der freien Marktwirtschaft singen, meinen sie damit die Freiheit, Geld zu machen, nicht die Freiheit, mit anderen zu konkurrieren.) Durch einen völligen Zusammenschluß könnte die Branche einem solchen Konkurrenzkampf entgehen.

Im Februar 1904 traf Duisberg im Berliner Kaiserhof, dem elegantesten Hotel des Landes, mit den Vertretern von drei anderen großen deutschen Chemiefirmen zusammen: Hoechst, B.A.S.F. und der Aktiengesellschaft für Anilinfabrikation, der Vorläuferin der heutigen AGFA, die damals vor allem für ihre Photochemikalien bekannt war. Duisbergs Vorschlag erschien zwar einigen attraktiv, aber Brüning von Hoechst lehnte den Gedanken einer Fusion von vornherein ab.

Ein paar Monate später war Duisberg wie vom Donner gerührt, als er in den Zeitungen las, Hoechst habe seine Aktien mit Leopold Cassella & Co., einer kleineren Chemiefirma, getauscht und sich mit dieser zu einer Interessengemeinschaft zusammengeschlossen, was bedeutete, daß die Direktoren beider Unternehmen im Aufsichtsrat des jeweils anderen saßen und einander auf allen Geschäftsebenen konsultierten. Aus Angst, von dem neuen Giganten hinweggefegt zu werden, zogen Farbenfabriken Bayer, B.A.S.F. und AGFA umgehend ihr eigenes Kartell auf: den Dreibund.

Sowohl der Dreibund als auch die Interessengemeinschaft Hoechst-Cassella wurden Duisbergs ursprünglicher Konzeption nicht gerecht, da beide nicht die ganze Branche umfaßten, und da die Firmen, aus denen sie sich zusammensetzten, unabhängig blieben. Dennoch gediehen die zwei Kartelle prächtig. Während sie im eigenen Land schädliche Konkurrenz vermieden, vergrößerten sie im Ausland ihre Marktanteile. Wo immer es Kleidung, Landwirtschaft oder Kopfschmerzen gab, war ein Vertreter einer der beiden Riesen da und verkaufte Farben, Dünger oder Schmerzmittel.

Als der Krieg ausbrach, gingen die Exportmärkte verloren. Die großen Chemiewerke retteten sich vor dem Ruin, indem sie den militärischen Bedarf des Kaisers deckten, einschließlich der Wolken von Giftgas, welche die französischen und britischen Truppen in Ypres überwältigten. (Diese gräßliche Neuerung wurde rasch von den Alliierten kopiert.) Die chemische Industrie ermöglichte die fortgesetzte deutsche Beteiligung am Krieg; ohne synthetische Nitrate wäre der Armee schon 1916 die Munition ausgegangen.

Da er wußte, daß das Produktionsniveau des Krieges in Friedenszeiten unmöglich zu halten sein würde, sah Duisberg erneut schädliche Konkurrenz auf sich zukommen. Im Juli 1915 grub er erneut seinen Traum von einer großen Fusion aus, indem er zu einer Vereinigung des Dreibundes mit der Interessengemeinschaft Hoechst-Cassella zu einer noch größeren IG aufrief. Er räumte zwar ein, daß die Beseitigung jeglicher Rivalität träge machen und die Öffentlichkeit den neuen kommerziellen Koloß fürchten könnte, aber diese Mängel würden durch die Senkung der Kosten mehr als wettgemacht. Die beiden Kartelle stimmten ihm zu und unterzeichneten im Januar 1916 einen Pakt, der die Koordination der Forschung und Fertigung, des Finanzwesens sowie des Ein- und Verkaufs vorsah, wobei sich die beteiligten Firmen die Gewinne nach einem festen Schlüssel teilen sollten. Jedes Unternehmen behielt seine individuelle Firmenidentität und die Kontrolle über seine eigenen Angelegenheiten bei, war jedoch zur Konsultation mit den anderen verpflichtet. Das große Kartell entsprach zwar nicht ganz der vollständigen Fusion, die sich Duisberg erträumt hatte, kam ihr aber nahe. Er wurde Vorstandsvorsitzender der Interessengemeinschaft der deutschen Teerfarbenfabriken, wie sie jetzt hieß, kurz der IG Farben.

Solange die Kämpfe andauerten, expandierte die IG an Umfang, Ausstoß und Rentabilität. Aber die letzten Monate des Krieges und der folgende Friede brachten das Desaster. Im Oktober 1918 widersetzte sich die deutsche Marine dem Befehl, kämpfend gegen die britische Flotte unterzugehen. Die Meuterei breitete sich auf ganz Deutschland aus, und die Soldaten wurden von Arbeitern in ihrem Aufstand unterstützt.

Als die Streiks und Demonstrationen zunahmen, regierten Duisberg und die anderen IG-Direktoren mit beispielhafter Ruhe und planten systematisch die Umstellung auf die Friedenszeit. Trotz ihrer Pläne wurden sie von den Ereignissen überrollt. Der Waffenstillstand kam, und Leverkusen wurde von Truppen aus Neuseeland besetzt. Britische Offiziere quartierten sich in Duisbergs Haus ein und ließen der Familie nur zwei Zimmer und den Keller übrig. Duisberg versuchte, die IG in Gang zu halten, aber es war hoffnungslos. 1919 fiel die Produktion auf 60 Prozent ihres Vorkriegsniveaus.

Schlimmer noch, die IG hatte zum erstenmal mit ernsthafter internationaler Konkurrenz zu kämpfen. Bewaffnet mit deutschen Patenten, die sie von der Treuhand erworben hatten, bereiteten sich amerikanische Firmen auf den Kampf um den amerikanischen Markt vor. In Großbritannien beschlagnahmte die Regierung deutsche Farbenwerke und Patente und verschmolz sie zu der neugegründeten British Dyestuffs Corporation, Ltd. Auch die französische Regierung schuf ihr eigenes Farbenkartell, wodurch die Abhängigkeit des Landes von importierten Färbemitteln zwischen 1913 und 1919 von 80 auf 30 Prozent gesenkt werden konnte.

All diese Bedrohungen wurden noch durch den Vertrag von Versailles verschlimmert, der offiziell den Krieg zwischen Deutschland und den Alliierten beendete (mit Ausnahme der Vereinigten Staaten, die ihn nie unterzeichneten). Die deutsche Verhandlungsdelegation traf am 29. April 1919 in Versailles ein. Unter ihren Mitgliedern befanden sich Carl Bosch, der brillante Chemiker, der Brunck als Leiter der B.A.S.F. abgelöst hatte und als Fachmann für die chemische Industrie auftrat. Da in Deutschland chaotische Zustände herrschten, glaubte die Delegation, die Alliierten zur Entsendung von Hilfe bewegen zu können; Bosch hoffte, daß die beschlagnahmten Patente, Schutzmarken und Fabriken zurückgegeben werden würden.

Was statt dessen folgte, war eine gezielte Demütigung. Nach ihrem Eintreffen wurde die Anwesenheit der Deutschen von den Alliierten tagelang ignoriert. Die Delegation wurde hinter Holzzäunen quasi interniert, vorgeblich, um ihre Mitglieder vor Übergriffen auf den Straßen zu schützen. Nach einer Woche erhielten die Deutschen die Tagesordnung für die Verhandlungen. Darin war nicht vorgesehen, was man für ein zentrales Element solcher Verhandlungen halten würde: ein persönliches Zusammentreffen, bei dem sich beide Seiten Auge in Auge gegenübertreten. Die Verhandlungen nahmen die Form schriftlicher Noten an. Zunächst wurde den Deutschen der erste Vertragsentwurf der Alliierten ausgehändigt. Nirgendwo in seinen 80 000 Worten und 440 Artikeln war von einer Rückgabe der beschlagnahmten deutschen Vermögenswerte die Rede. (Etwa um diese Zeit traf McClintock in Holland ein, um mit Farbenfabriken Bayer zu feilschen.)

Die Deutschen machten am 29. Mai einen Gegenvorschlag. Als Reaktion darauf präsentierten die Alliierten einen zweiten Vertragsentwurf: eine Kopie des ersten, die am Rand ein paar Änderungen in roter Tinte trug. Dieser wurde den Deutschen am 16. Juni zusammen mit der Forderung übermittelt, ihn binnen einer Woche zu unterzeichnen.

Am 22. Juni, 24 Stunden vor Ablauf der Frist, billigte das deutsche Parlament den Vertrag mit Ausnahme von vier Klauseln, darunter ein Bekenntnis zur Kriegsschuld und die Einwilligung, Kaiser Wilhelm II. und seine wichtigsten militärischen Berater auszuliefern. Die Alliierten wiesen diese Einschränkungen zurück. Das deutsche Parlament, das bereits auseinandergegangen war, versammelte sich hastig aufs neue; am 23. Juni, zwei Stunden vor Fristablauf, nahm es den Vertrag ohne Bedingungen an.

In ihrer ursprünglichen Form erinnerten die im Vertrag von Versailles vorgesehenen Reparationen an die Zeit, als Rom Salz in die Felder Kathargos pflügte – ein Grund, warum sich der amerikanische Senat weigerte, den Vertrag zu ratifizieren. (Der Kongreß erklärte 1921 schließlich den Krieg für beendet.) Unter anderem wurde von Deutschland verlangt, am 15. August 1919, dem Tag, an dem der Vertrag in Kraft trat, die Hälfte seiner Farben- und Pharmaaktien an die Alliierten auszuhändigen. Darüber hinaus wurde der Reparationskommission das Recht eingeräumt, bis 1925 ein Viertel des Gesamtausstoßes von jedem Farben- bzw. Arzneimittelprodukt zu Vorzugspreisen zu kaufen.[*]

---

[*] Die Reparationen wurden während der nächsten paar Jahre wiederholt heruntergeschraubt – zum Glück, denn gerade der Strafcharakter des ursprünglichen Plans trug zur Vereitelung des beabsichtigten Zieles bei, die deutsche chemische Industrie niederzuhalten. Das heftige Verlangen des Reparationsausschusses nach deutschen Gütern, bremste die Entwicklung der chemischen Industrien in Großbritannien und Frankreich, die weder in bezug auf die Lieferkapazität noch auf den Preis mithalten konnten.

Trotz der harten Auflagen des Vertrages wurde die IG von den alliierten Nationen immer noch als Gefahr betrachtet. Sie hatten die deutsche chemische Industrie zu lange als den Inbegriff teutonischer Skrupellosigkeit dämonisiert, um zu glauben, daß sie wirklich gezähmt sei. Der Kongreß faßte Gesetze ins Auge, welche die Einfuhr von Kohlenteer verbieten sollten. Ein ehemaliger britischer Offizier verteufelte die IG in einem populären Buch, *The Riddle of the Rhine,* als »ernste Gefahr« und »scheußliche Tarnmine im unruhigen Meer des Weltfriedens«. Duisberg erschien die IG in anderem Licht. Für ihn war sie ein Koloß, dem die Macht fehlte, eine amerikanische Patentmittelfirma daran zu hindern, ihm den Namen zu stehlen.

* * *

Obwohl nun im Dienste Sterlings, war Ernst Möller immer noch loyal gegenüber Leverkusen. Im Juni 1919 traf er sich mit einem gewissen W. Korthaus, einem Mitarbeiter von Leverkusen, der soeben aus einem Internierungslager entlassen worden war. Durch Möllers Übernahme des Exporthandels, meinte Korthaus, hätte dieser die ganze Sache zusammenbrechen lassen sollen. Bei seiner späteren Rückkehr nach Leverkusen machte Korthaus aus seiner vernichtenden Einschätzung Möllers keinen Hehl.

Ein paar Wochen später schrieb Möller an Rudolf Mann, den Leiter der pharmazeutischen Abteilung von Farbenfabriken Bayer, und schlug ein Treffen zwischen Wheeling und Leverkusen vor. Mann, ein langjähriger Bekannter Möllers, gehörte dem Aufsichtsrat des Unternehmens seit 1907 an. Er bestätigte zwar den Erhalt des Briefes, erwähnte das von Möller vorgeschlagene Treffen jedoch mit keinem Wort.

Befremdet über diese abweisende Reaktion, schrieb Möller erneut am 15. August, dem Tag, an dem die IG die Hälfte ihres Inventars an Pharmazeutika, Farbstoffen und anderen Chemikalien abtreten mußte. Möller behauptete, einer der wenigen amerikanischen Mitarbeiter zu sein, dem die wahren Interessen des Unternehmens am Herzen lägen. Alle übrigen Angehörigen der New Yorker Niederlassung, schrieb er, hätten nur für sich selbst gesorgt. »Aber«, tröstete er Mann, »nachdem die Katastrophe unvermeidlich war, ist das Schicksal insofern gütig zu Ihnen gewesen, als diese Firmen von zwei Konzernen (Sterling und Grasselli) erworben wurden, mit denen befriedigende Arrangements möglich sind.« Um dafür den Beweis anzutreten, werde er im September mit Weiss nach

Holland fahren; vielleicht sei Mann interessiert daran, mit ihnen zusammenzu-
treffen.

Sechs Tage später ließ Möller einen dritten, viel wütenderen Brief über seine
früheren Kollegen in New York folgen. Seine Stimmung hellte sich erst etwas
auf, als er die Vertriebspraktiken von Sterling beschrieb. Die Amerikaner
zögerten nicht, schrieb er, 100 000 Dollar in Südamerika und 300 000 Dollar in
den Vereinigten Staaten aufzuwenden, um für ein Produkt Reklame zu machen.
Ein Zusammenschluß der beiden Firmen – Farbenfabriken Bayer mit seinem
technologischen Vorsprung und Sterling mit seiner Vertriebskompetenz – wäre
eine günstige Kombination.

Die Alternative – keine Einigung – sei unendlich viel schlechter. Falls sich die
beiden Seiten nicht einigen könnten, würden zwei Bayer-Unternehmen in vielen
Ländern Aspirin und vielleicht auch andere Produkte verkaufen. Die zwei Bayers
würden endlose juristische Fehden austragen, deren wahrscheinliches Ergebnis
ein verrückter Flickenteppich von Eigentumsrechten wäre. Sobald die Exportre-
striktionen aufgehoben würden, habe Leverkusen die Chance, seine Acetylsalicylsäure zu verkaufen, wo immer es wolle, aber in vielen Ländern werde es Bayer
Aspirin nicht anbieten können. An manchen Orten werde es kein Mittel namens
»Aspirin« auf den Markt bringen dürfen; in den Vereinigten Staaten und Kanada
dürfe es nichts unter dem Namen »Bayer« vertreiben. Und die ganze Zeit werde
das andere Bayer da sein und zweifellos das Bayer-Kreuz zur Aufwertung von
Fürchterlichkeiten wie kalifornischem Feigensirup oder Pope's Diapepsin miß-
brauchen. Es werde ein Alptraum sein. Möller bat Mann inständig, ihn anzuhören. Am 3. September trat er mit William E. Weiss seine Europareise an.

Mit dem aufgeregten Möller an seiner Seite fuhr Weiss zunächst nach Den Haag,
wo er mit Rudolf Mann zusammentraf. Auf zeitgenössischen Photographien
macht Mann den Eindruck eines soliden Bürgers der oberen Mittelschicht mit
Walroß-Schnauzer. Weiss, ein mit allen Wassern gewaschener Verkäufer, *bat*
nicht um die fachliche Unterstützung, die er so dringend benötigte. Vielmehr
machte er den Leverkusenern das großzügige Angebot, Sterling als ihre neue
Vertriebsagentur in den Vereinigten Staaten zu benutzen. Dank seiner geschick-
ten Reklame, sagte er, sei der Absatz von Bayer Aspirin bereits gestiegen. Der
Name Bayer und das Bayer-Kreuz nähmen sich in seinen Anzeigen phantastisch
aus. Sterling sei sogar bereit, so sein entgegenkommendes Anerbieten, die
Arzneimittel des deutschen Unternehmens in Rensselaer herzustellen – mit ein

bißchen Unterstützung, natürlich. Weiss werde sich um den Vertrieb kümmern, und Leverkusen werde einen Prozentsatz einstreichen. Alle Beteiligten würden profitieren.

Einen Fremden über die Verwendung des Namens Bayer sprechen zu hören ging Mann gegen den Strich. Er war zwar von Weiss' Firma beeindruckt, schaute aber auf den Mann selbst herunter; der Amerikaner, schrieb er nachher, »macht zwar einen guten Eindruck«, ist aber letztlich »nur ein Geschäftsmann«. Aber Mann konnte an der Situation nichts ändern, die ihn »zur Ohnmacht verurteilte«. Ohne eine Übereinkunft mit Sterling, das jetzt im Besitz aller Rechte war, würden die Vereinigten Staaten Leverkusen verschlossen bleiben. Auch in Lateinamerika würde sich das deutsche Unternehmen im Nachteil befinden.

Mann hatte nur eine einzige Trumpfkarte: Patent- und Schutzmarkenrechte bedeuteten nichts, wenn Sterling die Produkte nicht herstellen konnte. Leverkusen, entgegnete Mann, sei in der Lage, Winthrop zu helfen. Aber im Gegenzug wolle er an den Vorgängen beteiligt werden – ein Joint-venture. Als Weiss ablehnte, schlug Mann vor, die Gespräche zu vertagen, bis Vertreter der IG Farben in die Vereinigten Staaten kommen könnten. Weiss beschloß das Treffen, indem er den Wunsch äußerte, Carl Duisberg kennenzulernen.

Diese Begegnung fand ein paar Wochen später in Baden-Baden statt. Keine Aufzeichnungen darüber sind erhalten, aber man kann sich die Szene ausmalen: Duisberg, der kultivierte, überhebliche Europäer, Weiss, der naßforsche amerikanische Machertyp, ein reicher Mann, der immer noch mit dem Akzent des armen Jungen vom Lande sprach; beide versuchten, den anderen an ihren eigenen Maßstäben zu messen. Duisberg war stolz, nicht »nur ein Geschäftsmann« zu sein, Weiss war »nur ein Geschäftsmann« und stolz darauf.

Duisberg betrachtete Sterlings Kauf des Namens Bayer als eine Art Diebstahl und verlangte sein Eigentum zurück. Viele Leute hätten im Laufe der Jahre ASS synthetisiert, aber nur eine Firma hatte Bayer Aspirin geschaffen. Es verwundert nicht, daß Duisberg Anspruch auf einen Teil des amerikanischen Marktes erhob; er versuchte einfach, den Namen seiner Gesellschaft zurückzubekommen. Weiss war nicht bereit, darauf zu verzichten – nicht gerade ein Rezept für eine erfolgreiche langfristige Beziehung.

Dennoch einigten sich Duisberg und Weiss vorsichtig auf ein Geschäft. Weiss hatte sich geweigert, über das amerikanische Aspirin-Geschäft zu diskutieren, aber er erklärte sich bereit, Leverkusen die Hälfte der Profite des ASS-Marktes in Lateinamerika einzuräumen. Als Gegenleistung sicherte Duisberg Sterling den unumstrittenen Gebrauch der Schutzmarken Aspirin und Bayer-Kreuz in Lateinamerika zu. Und die Bayer Company, Sterlings ASS-Tochter, sollte das Recht haben, das Geschäft zu betreiben.

Bei seiner Rückkehr in die Vereinigten Staaten beauftragte Weiss den New Yorker Anwalt, Livingstone Gifford, der die Farbenfabriken Bayer vor dem Ersten Weltkrieg beraten hatte, mit der Prüfung des Abkommens. Am 15. Dezember schickte Sterling Leverkusen eine neue Fassung der Vereinbarung mit ein paar geringfügigen Änderungen, die Gifford empfohlen hatte. Jetzt fehlte nur noch Duisbergs Zustimmung. Sie kam nicht.

Nachdem er über die Angelegenheit nachgedacht hatte, verhärtete Duisberg seine Position: Entweder erhielt Leverkusen einen Teil des amerikanischen Aspirin-Geschäftes, oder es würde kein Abkommen geben. Weiss lehnte rundheraus und entschieden ab. Seine Rechtsberater versicherten ihm, daß Leverkusen in der Klemme stecke. »Als Sie, ein Fremder, die Aktien kauften«, machten die Berater Weiss klar,

> hat das Unternehmen [Bayer] seine Tätigkeit mit all ihren juristischen Rechten und allen Vorteilen fortgesetzt, die diese Rechte beinhalteten, und natürlich ohne die geringste juristische oder moralische Verpflichtung, diese Rechte im Interesse Leverkusens auszuüben ...

Nur durch ein Abkommen mit Sterling könne Duisberg die Kontrolle über den Namen seines Unternehmens und dessen wichtigstes Symbol, das Bayer-Kreuz, wiedererlangen.

Als die Deutschen Weiss nach Leverkusen einluden, nahm er bereitwillig an und schiffte sich am 20. März 1920 nach Europa ein. Möller, der ihn begleitete, war nicht glücklich über diese Reise; er »hatte Europa satt«. Nachdem Walter Rowles, der Repräsentant von Sterling in England, und Carlos Austin, einer von Möllers Assistenten, in Frankreich zu ihnen gestoßen waren, traf die Gruppe am 7. April in Köln ein. Für Weiss, der schon von der Fabrik in Rensselaer überwältigt gewesen war, muß der Komplex in Leverkusen ein Schock gewesen sein: Er war mehr als elfmal so groß.

Auf Schritt und Tritt wurde Weiss an Duisbergs ungeheuere Leistung erinnert. Tausende von Arbeitern, reger Schiffsverkehr, Firmenclubs und Mitarbeitervereine, die umfangreiche technische Bibliothek – alles zeugte von Duisbergs Willenskraft. Er lebte in feudalem Stil auf dem werkseigenen Gelände, als ob die Hunderte von Gebäuden ebenso ein Teil seines Hinterhofs seien wie die Schwimmbecken, die auf sein Geheiß gegraben, die Wäldchen, die gepflanzt, und die kunstvollen Gärten, die aus Japan importiert worden waren. In den großen, fabrikartigen Labors, die er errichtet hatte, gingen Scharen von Arbeitern von einem Ansatzbehälter zum anderen, tauchten systematisch Strähnen von Testgarn in jede Farbenmischung und überprüften die Ergebnisse anhand von Tabellen – Forschung wurde hier in einem so gewaltigen Maßstab betrieben, daß sie einer militärischen Operation glich. Um mit der Zunahme an wissenschaftlicher Erkenntnis Schritt zu halten, hatte Duisberg die siebentausend Bücher aus dem Besitz des bedeutenden Chemikers August Kekulé von Stradonitz gekauft und die Sammlung zu der größten in Privatbesitz befindlichen Fachbibliothek in Europa ausgebaut. Die Zusammenkünfte mit Weiss fanden in der Großen Aula von Leverkusen statt, einem neoklassizistischen Bau, geschmückt mit einem Fries im griechischen Stil; an den riesigen Eingangstüren befanden sich Messinggriffe, in die ein Bayer-Kreuz geprägt war. Mann, Korthaus, Otto Doermer (der Justitiar von Leverkusen), Richard C. Hennings (der ehemalige Leiter der englischen Niederlassung) und mehrere andere Farbenfabrikendirektoren saßen mit Weiss am Tisch, aber das eigentliche Zeichen des Gewichts dieser Konferenz war die Anwesenheit von Duisberg selbst.

Die Diskussionen verliefen noch kontroverser als im Jahr zuvor. Weiss begann, indem er Briefe aus der Kriegszeit hervorzog, in denen Möller autorisiert wurde, das Exportgeschäft von Farbenfabriken Bayer zu kaufen. Weiss wußte zwar, daß Möller keine juristische Befugnis zu diesem Kauf hatte, aber er stellte sich auf den Standpunkt, dieser berechtige Sterling, Lateinamerika mit Aspirin und anderen Produkten unter dem Namen Bayer zu beliefern. Mann erwiderte, das Leverkusens Anrecht auf diese Märkte nicht betroffen sei und daß diese durch Vertrieb des ursprünglichen deutschen Produkts »zurückerobert« werden könnten. Jede Vereinbarung über das südamerikanische Aspirin, sagte er, müsse Bestandteil einer umfasseneren Regelung sein, die Nordamerika einschließe.

Weiss wich aus. Er hatte die Briefe an Möller nur ins Treffen geführt, um zu zeigen, daß es Sterling ernst meinte. Ein Vertrag über Nordamerika sei jedoch ausgeschlossen. Da die Vereinigten Staaten den Vertrag von Versailles nie unterzeichnet hätten, befänden sie sich offiziell noch im Kriegszustand, und Handel mit dem Feind gelte immer noch als Verbrechen. Unglaublicherweise beschlagnahme die Treuhand immer noch feindliche Vermögenswerte. Weiss könne einfach keine Absprache treffen.

Mann und ein anderer Direktor, Edmund Kloeppel, wischten die Einwände von Weiss beiseite. Ein Abkommen über Nordamerika müsse *heute* erreicht werden, erklärte Kloeppel. Die Vereinbarung über Lateinamerika sei bloß der Anfang.

»Das ist nicht möglich«, erwiderte Weiss.

Doermer warnte ihn, daß das deutsche Unternehmen erneut unter seinem eigenen Namen, Bayer, in den Vereinigten Staaten auftreten und neue Patente und Handelsmarken entwickeln, ja vielleicht sogar mit einer anderen amerikanischen Firma ins Geschäft kommen könnte. »Wir fürchten uns nicht«, schloß er.

Weiss führte nunmehr seine Verpflichtung gegenüber der Treuhand ins Feld. Er müsse das Unternehmen frei von deutschem Einfluß halten: 100 Prozent amerikanisch. Das ließ die Leverkusener unbeeindruckt, nicht zuletzt, weil die Grasselli Chemical Company, welche die Farbenfabrikation von Bayer gekauft hatte, ähnlichen Vorschlägen bereits zugestimmt hatte. Daraus schloß Mann, daß die Hindernisse, die einer USA-Regelung im Wege standen, nicht unüberwindlich seien.

In die Enge getrieben, appellierte Weiss an Möller und Rowles, sich doch an die Besprechungen in Den Haag und Baden-Baden zu erinnern. Nordamerika, rief er den Deutschen ins Gedächtnis, sei niemals Bestandteil der Abmachung gewesen. Fragen Sie Rowles! Fragen Sie Möller!

Den ganzen Tag lang war Duisberg in sphinxartigem Schweigen dagesessen. Jetzt ergriff er leidenschaftlich das Wort:

> Die absolute Vorbedingung jener Einigung in Baden-Baden [sagte er] ist ein Abkommen über die USA. Überall in der Welt außer in den Vereinigten Staaten werden die Leute sagen, daß wir das richtige Bayer sind. In Gesetzen kann alles mögliche stehen; diese Situation widerspricht der weltweiten Moral ... Sie können aus unserem Prestige nicht Kapital schlagen ... Das kann man nicht kaufen, genausowenig, wie ich Herrn Weiss kaufen kann. Kein

Geld ist gut genug! Wir werden es riskieren ... Es geht nicht ums
Geld, sondern um unser Prestige.
Wir haben noch Ehrgefühl in unserem Herzen! In Südamerika
werden Sie als das falsche Bayer gelten, wenn wir zu keiner
Einigung kommen.

Duisberg hatte die Diskussion von der Ebene des Geschäfts auf die der Moral
gehoben. Es gehe nicht bloß darum, daß sein Unternehmen gehandicapt sei,
weil es das Recht auf seinen Namen verloren habe. Weiss' Benutzung von Bayer
sei schlicht und einfach ein Unrecht. Die Zusammenkunft endete damit, daß
beide Seiten Bedauern über ihr Unvermögen äußerten, zu einer Einigung zu
kommen.

Weiss kehrte eine Woche später nach Leverkusen zurück. Wieder verliefen die
Zusammenkünfte unproduktiv. Da sich die Gespräche festgefahren hatten,
beschlossen Weiss und Rowels, nach Holland abzureisen. Als sich die Sitzung
dem Ende näherte, zimmerte Mann die Grundzüge eines Abkommens zusammen: (1) Die südamerikanische Aspirin-Abmachung werde so, wie in Den Haag
vereinbart, umgesetzt werden, sollte jedoch um eine Gewinnbeteiligung auf alle
pharmazeutischen Produkte in Lateinamerika erweitert werden; (2) die Gewinne
aus dem Winthrop-Geschäft in den Vereinigten Staaten würden fifty-fifty geteilt
werden und (3) Leverkusen erhalte einen gleitenden Prozentsatz von allen Kosten-
ersparnissen, die durch seine spezielle Hilfeleistung gegenüber der Bayer Company und Winthrop zustande kommen, insbesondere Verbesserungen in der
Fabrikation von Aspirin.

Nachdem sie die Abmachung durch Handschlag besiegelt hatten, versprach
Mann, das Abkommen am nächsten Morgen seinem Vorstand vorzulegen. Die
Entscheidung des Vorstands wurde Weiss telefonisch nach Holland durchgege-
ben werden. Als das Telefon läutete, vernahm Weiss statt dessen ein Ersuchen
um weitere Verhandlungen. Die Sterling-Truppe unternahm ihren dritten Treck
nach Leverkusen. Dort wurde Weiss ein »Protokoll« der bisherigen Gespräche
ausgehändigt, das eine Version des Vertragsentwurfs enthielt, die er nicht
wiedererkannte. Plötzlich sollte der Kosteneinsparungsplan Leverkusen gestatten, sich am amerikanischen Aspirin-Geschäft zu »beteiligen«, das Lateinameri-
kageschäft sollte von Leverkusen, nicht New York, geleitet werden; und die
Schutzmarken in diesen Ländern würden völlig in deutschen Händen bleiben,

das heißt, Sterling würde sie zwar bei der Werbung, aber nicht beim Verkauf benutzen dürfen.

Weiss reagierte auf diese Finte, indem er Leverkusen sofort verließ. Möller blieb zurück, um zu schauen, ob noch etwas zu retten sei. Am 22. April traf er erneut mit Mann zusammen. Jetzt, da der ruppige Weiss fort war, bestand Mann nicht mehr darauf, daß Leverkusen den südamerikanischen Aspirin-Handel betreiben solle, und erklärte sich bereit, Sterling eine uneingeschränkte Lizenz für die Bayer-Schutzmarken in diesen Ländern einzuräumen. Die Summe, die Leverkusen für Kostenersparnisse zustehen sollte, blieb offen, aber Möller und Mann versicherten einander, daß sich die zwei Unternehmen weiterer Geplänkel enthalten würden, bis die umfassenden Fragen geregelt seien. Mit einer Einigung vor Augen kehrte Möller nach New York zurück – mußte jedoch erleben, daß Mann erneut sein Wort brach.

Frustriert schickte Weiss Rowles und Möller Mitte Juli mit einem, wie er es nannte, »so freizügigen Vorschlag« nach Europa, »daß in Leverkusen jeder Zweifel schwinden dürfte, daß sich die Angelegenheit letztlich zur Befriedigung sowohl von Leverkusen als auch uns selbst regeln lassen wird«. Sterling machte das Angebot, den südamerikanischen Aspirin-Markt 75:25 statt 50:50 aufzuteilen, wobei die Farbenfabriken Bayer den Löwenanteil erhalten sollten. Nachdem er die Angelegenheit überschlafen hatte, erklärte Mann, der neue Vorschlag sei problematisch – er enthalte zu viele neue Elemente. Pessimistisch registrierte Rowles die Tendenz der Deutschen, »bei jeder Konferenz größere Forderungen zu stellen, solange wir geneigt sind, ihnen höflich zu antworten ... Rowles verließ Leverkusen am Dienstag, dem 27. Juli, nachdem die Gespräche einen toten Punkt erreicht hatten.

Zum zweiten Mal blieb Möller zurück. Er brachte Verständnis für die fürchterliche Lage der Deutschen, ihren verletzten Stolz und die damit verbundene »extreme Reizbarkeit« auf. Das waren wichtige Leute gewesen, die der Krieg zu Schatten ihrer selbst reduziert hatte. Die Männer in der Großen Aula, erklärte er später, könnten »das Gefühl nicht abschütteln, daß der Erwerb von beschlagnahmtem Eigentum moralisch falsch sei«. Sie haßten es, mit Weiss verhandeln zu müssen, der in ihren Augen wenig mehr als ein Dieb war – und das war vielleicht auch der Grund, warum Leverkusen immer wieder die Abmachungen leugnete, denen es zugestimmt hatte. Ohne Weiss, hoffte Möller, würde er beim Vorstand von Farbenfabriken Bayer vielleicht ein geneigteres Ohr finden. Aber die Deutschen behandelten ihn nicht freundlich. Sobald Möller allein war, überschütteten sie ihn mit Vorwürfen: Er hatte seine »patriotische Pflicht« verletzt, indem er das Unternehmen in die Hände des Feindes fallenließ. Er hätte die amerikanische Niederlassung den Bach hinuntergehen lassen sollen, statt sie intakt und florierend an Sterling auszuhändigen. Und dann machte man ihm aufs neue klar, daß es der Firma um mehr gehe als ums Geschäft – sie wollte seine Loyalität. Forderte seine Loyalität. Falls die Verhandlungen zusammenbrächen, fragte ihn der Vorstand, auf welcher Seite werde er dann sein? Leverkusen oder Wheeling, wo stehe er eigentlich?

Für Möller hatte sich seit Ausbruch des Krieges viel geändert. Damals war er gefühlsmäßig eindeutig auf der deutschen Seite gestanden. Als Fremder in einem feindseligen Land hatte er mit Seebohm konspiriert, um Bayers Exportgeschäft zu retten; er hatte in Südamerika massive Werbung betrieben, um das Unternehmen auf dem Markt präsent zu erhalten, und hatte Leverkusen gedrängt, mit Sterling in Kontakt zu treten, nachdem die Amerikaner Bayer gekauft hatten. Aber im Laufe der Zeit hatte sich seine Loyalität verschoben. Er hatte angefangen, Gefallen an Amerika und den amerikanischen Geschäftspraktiken zu finden. Er »hatte Europa satt«. Seine Loyalität, sagte er, gehöre dem Exportgeschäft, das jetzt im Besitz von Sterling sei. Seine Antwort versetzte die meisten Vorstandsmitglieder in Wut. Möller war bereit aufzugeben, aber Hennnigs und Mann bewogen ihn, in Leverkusen zu bleiben. Ein letzter Versuch, sagten sie. An diesem letzten Tag brachte Möller einen kleinen Kompromiß über die Dauer der südamerikanischen Warenzeichenlizenz zustande – und plötzlich fielen die Barrieren.

Als der Streit ausgefochten war, hatte Sterling die meisten seiner Wünsche erfüllt bekommen. In dem Vertrag stand nichts über die Vereinigten Staaten; er beschränkte sich auf Aspirin und Aspirin-Verbindungen; er umfaßte ganz Lateinamerika außer Kuba, das Gegenstand eines späteren Kontrakts war; Sterling erhielt eine exklusive Lizenz auf die südamerikanischen Schutzmarken Leverkusens, und die Vertragsdauer wurde auf 50 Jahre festgesetzt. Zugunsten Leverkusens wurde die Gewinnaufteilung im Verhältnis 75:25 beibehalten. Und letztens sollte die Bayer Company von New York in Lateinamerika keine Produkte außer den im Vertrag angeführten (Aspirin und Aspirin-Verbindungen) ohne deutsche Zustimmung verkaufen.

Nach einer letzten Runde des Feilschens wurde der Vertrag am 28. Oktober 1920 unterschrieben. Beide Geschäftsführungen müssen einen tiefen Seufzer der Erleichterung ausgestoßen und sich auf den Anbruch einer neuen Ära für Aspirin gefreut haben. Doch beide Seiten ahnten nicht, worauf sie sich da eingelassen hatten.

4. Kapitel

»Besagte Produkte«

Möllers Assistent Carlos Austin fuhr ein Jahr nach der Bayer-Aktion nach Mexiko, um nach gefälschtem Aspirin zu fahnden. Was er vorfand, machte ihn sprachlos. Die Apotheken waren voll von nachgemachtem Aspirin oder vielmehr Aspirina, wie der spanische Markenname lautete. Viele der Fälschungen waren hervorragend gelungen – in die Tabletten war das Bayer-Kreuz eingeprägt, und die Packungen sahen denen Bayers zum Verwechseln ähnlich. Der Schwindel wurde keineswegs vertuscht, sondern war so allgemein bekannt, daß Austin, als er Aspirina verlangte, von einem Apotheker gefragt wurde, ob er das richtige oder das Imitat wünsche.

Austin hätte nicht überrascht sein sollen. Durch Möllers Reklamefeldzug war eine starke Nachfrage nach Analgetika entstanden. Da wenige südamerikanische Unternehmen Kopfschmerzmittel herstellten, war Sterling imstande, mehr für sein Aspirina zu verlangen als in Nordamerika, wo ihm die Konkurrenz einen Riegel vorschob.

So wie es zehn Jahre zuvor in den Vereinigten Staaten geschehen war, förderte der hohe Preis den Absatz von falschem Aspirina. Einiges davon war qualitativ hochwertig; andere Pillen enthielten eine Kleinigkeit ASS und eine Menge Stärkemehl oder irgendein anderes weißes Pulver.

Verwirrend war, daß ein Teil des falschen Aspirinas echt war. Viele Schmuggler kauften echtes, von Leverkusen hergestelltes Bayer Aspirin zum Beispiel in

Holland, verschifften es über den Atlantik und verkauften es in Mexiko illegal für weniger als das aus New York stammende Bayer Aspirin. Dieses illegale echte Aspirina wurde manchmal um zwei Drittel billiger angeboten als das legale Konkurrenzprodukt. (Leverkusen hatte kein Interesse daran, diesen Verkehr zu stoppen; der Aspirin-Vertrag sollte erst im nächsten Jahr unterzeichnet werden, und die zwei Unternehmen befanden sich immer noch im Clinch.) Wenn es nicht gelinge, diese Secondhandverkäufe zu stoppen, stöhnte Möller, dann werde dies zu der »absoluten Demoralisierung unserer Preispolitik« führen – mit anderen Worten, Sterling werde weniger verlangen müssen.

Viele Berichte über gefälschtes mexikanisches ASS stammten von Sterlings Vertreter in diesem Land, Kurt Niemann. Niemann hatte bis zu der Auktion die Farbenfabriken Bayer in Mexiko repräsentiert. Möller war kaum eine andere Wahl geblieben, als Niemann an Bord zu behalten: Der Vertreter hatte die Schutzmarken Aspirin und Bayer in seinem eigenen Namen und nicht in dem seines Arbeitgebers registrieren lassen, so daß er zu deren exklusivem Eigentümer in Mexiko wurde. Niemann hatte wiederholt angeboten, Fälscher im Namen Sterlings zu verklagen, aber jedes dieser Angebote war von finanziellen Forderungen bis zu fünftausend Dollar begleitet gewesen. Möller schickte Austin mit dem Auftrag nach Mexiko, sich ein Bild von der Lage zu verschaffen.

Niemann berichtete Austin, daß es ihm durch seine Untersuchungen gelungen sei, die Identität eines der Hauptfälscher, Carlos Basauri, aufzudecken. Tatsächlich habe sich Niemann das Vertrauen Basauris erschlichen, indem er ihm schlauerweise beim Handel mit dem falschen Aspirina half. Niemann wartete bloß auf den richtigen Moment, um seine Falle zuschnappen zu lassen. Austin wollte nicht warten. In Begleitung von Detektiven verschaffte er sich Zutritt zu Basauris Fabrik. Sie fanden nur ein leeres Gebäude vor – Basauri war geflohen. Drinnen entdeckte Austin jedoch einen Schrank mit belastenden Briefen. Die Detektive nahmen nun Basauris Familie in die Mangel, erfuhren auf diese Weise, wo er sich versteckt hielt, und nahmen ihn fest. In Gewahrsam behauptete Basauri, nicht der Rädelsführer zu sein. Der eigentliche Drahtzieher, behauptete er, sei niemand anderer als Kurt Niemann selbst, der Basauri seine Tablettierautomaten und seine erste Fuhre Acetylsalicylsäure geliefert habe. Während der ganzen Zeit, als Niemann sich in New York beklagte, daß Schmuggler echtes Aspirin unter einem falschen Namen verkauften, auf den sie keinen Anspruch hätten, habe er falsches Aspirina unter einem Namen vertrieben, der ihm rechtmäßig zustand. Austin war skeptisch, bis er erfuhr, daß sich Niemann nach Europa abgesetzt hatte. Sterling verklagte Niemann *in absentia* wegen Raubes. Inzwischen suchte Austin den örtlichen deutschen Attaché auf, dem allgemein nachgesagt wurde, an dem Fälscherring beteiligt zu sein. Der Diplomat leugnete jedoch jegliche Mitwirkung und verpfiff statt dessen eine zweite Gruppe von Leverkusener Vertretern, an deren Spitze ein Mann namens Federico Ritter stand. Austin nahm Ritter das Versprechen ab, daß sich Leverkusen bis zum 30. Juni 1920 weiterer Fälschungen von Sterlings Schutzmarken in Mexiko enthalten werde. Sterling werde das umgekehrt genauso halten und Leverkusen in dem genannten Zeitraum nicht weiter verfolgen. Bevor ein formelles Abkommen unterzeichnet werden konnte, erhielt Ritter eine Nachricht aus Deutschland. Niemann sei in Leverkusen eingetroffen; sie würden niemals auf die Schutzmarken verzichten. Ritter machte einen Rückzieher, Austin reiste wütend ab, und die mexikanische Schutzmarkensituation blieb jahrelang ungeklärt.

Das Aspirin-Abkommen von 1920 bedeutete kein Ende des Kampfes zwischen Farbenfabriken Bayer und Sterling um die anderen deutschen Patente und Schutzmarken. Obwohl die zwei Firmen angeblich handelseins geworden waren, die Welt freundschaftlich unter sich aufzuteilen, eroberte Weiss die Hälfte davon, ohne auf die Erlaubnis Leverkusens zu warten. Sterlings Status als »das falsche Bayer« verschaffte ihm eine mächtige Verhandlungsposition. Jeder Schutzmarkenprozeß, jede Registrierung, jede Packung, die ein »gefälschtes« Bayer-Kreuz trug – all dies waren Nadelstiche und kleine Hiebe, die Sterling dem Riesen aus allen Richtungen zufügte und ihn auf diese Weise mürbe machte, bis er kapitulierte.

Aber während Weiss die Farbenfabriken Bayer in der ganzen Welt attackierte, erlitt er im eigenen Land einen schweren Verlust: das US-amerikanische Warenzeichen für Aspirin. Schuld daran war die United Drug Company, ein Arzneimittelgrossist. Sie hatte erstmals 1913 Aspirin-Pulver von der Bayer-Company gekauft, es zu Tabletten gepreßt und als »Aspirin, 5 Gran, U. D. Co.« verkauft. United Drug setzte diese Praxis bis 1915 fort, als sich die Bayer Company entschloß, selbst Tabletten herzustellen und den Absatz von Aspirin-Pulver zu drosseln. Als das Aspirin-Patent im Februar 1917 auslief, kam auch United Drug wieder ins Geschäft, diesmal, indem es ASS-Pulver von anderen, inzwischen legalen Herstellern kaufte. Wie zuvor bezeichnete das Unternehmen sein ASS, als »Aspirin, 5 Gran, U. D. Co.«, was ihm rasch eine Klage der Bayer Company eintrug, die noch Eigentümerin des Namens Aspirin war. Am 3. März 1917 stellte United Drug einen Antrag an das amerikanische Patentamt, die Warenzeichenlizenz für Aspirin aufzuheben; zwei Wochen später verklagte die Bayer Company United Drug wegen Warenzeichenverletzung.

Der Prozeß von Bayer wurde am 30. Oktober 1918 ausgesetzt, zweifellos, weil die Firma kurz vor dem Verkauf durch die Treuhand stand. Im folgenden März, nur drei Monate nach der Auktion, gab der Präsident des US-Patentamts dem Antrag von United Drug statt und hob das Warenzeichen für Aspirin auf. Sterling wurde nach dem geltenden Warenzeichenrecht die Lizenz auf die Schutzmarke Aspirin verweigert. Sterling konnte dennoch versuchen, sein Recht auf diese Schutzmarke einzuklagen. Der Prozeß wurde am 17. Mai 1920 auf dieser Basis eröffnet. Die Hauptstreitfrage war, ob die Handhabung des Namens »Aspirin« durch die frühere Bayer Company Aspirin als *Markenname* für ASS oder als *generische Bezeichnung* für ASS etabliert habe. Falls letzteres zutraf, würde Sterling verlieren.

Nach einem sechstägigen Verfahren entschied der Richter, daß das Warenzeichen Aspirin Erzeugern und Großhändlern wohlbekannt sei und daß sie darunter das Produkt der Bayer Company und nicht anderer Hersteller von ASS verstünden. Für den Verkauf von ASS an Erzeuger und Grossisten gewährte er Sterling die exklusive Lizenz auf die Schutzmarke Aspirin. Nach Hands Auffassung behandle die *Öffentlichkeit* Aspirin jedoch als Gattungsnamen, das heißt als Synonym für ASS. Damit entwertete er das Warenzeichen auf der Konsumentenebene. Dies bedeutete, daß die Apotheker zum Beispiel »Acetylsalicylsäure der United Drug Company« kaufen mußten, aber das einzelne Fläschchen nicht als »United Drug Company Aspirin« etikettieren durften, auch wenn die Firma sie darum ersuchte. Nicht überraschenderweise wurde die »zweigeschossige« Aspirin-Schutzmarke vom Richter niemals allgemein akzeptiert, und Bayer verlor seine ausschließliche Lizenz auf den Begriff »Aspirin« in den Vereinigten Staaten. Nur noch die Aspirin-Marke von Bayer durfte jetzt als Bayer Aspirin bezeichnet werden.

Die richterliche Entscheidung beraubte Sterling auf einen Schlag seines Hauptgrundes für den Aufkauf von Bayer – des US-Warenzeichens für Aspirin. Um so wichtiger wurde der Kampf an anderen Fronten. Weiss attackierte die Schutzmarken von Leverkusen in Bolivien, Brasilien, Nicaragua, Panama, Paraguay und Südafrika. Er erwarb die Lizenz für das Bayer-Kreuz, das Hauptsymbol der Farbenfabriken Bayer, in Südafrika und Indien. In Australien versuchte er, das Bayer-Kreuz schützen zu lassen, mußte jedoch feststellen, daß ein deutscher Vertreter dasselbe Ziel anstrebte. (Beide Anträge wurden abgelehnt.) In Mexiko erhielt eine Tochter von Leverkusen die Warenzeichen von Niemann und versuchte, den Markt von Sterling zurückzuerobern. In Kanada stellte das American Druggists Syndicate mit Unterstützung Leverkusens einen Antrag an das nächsthöhere Zivilgericht, Sterlings Aspirin-Warenzeichen zu löschen. Der Fall ging vor den Obersten Gerichtshof, wo Sterling aufgrund einer Formalität gewann – das kanadische Recht verfügte zu dieser Zeit über keinen Mechanismus zur Löschung von Schutzmarken.

Zu einer der erbittertsten Fehden kam es in Großbritannien, wo die Farbenfabriken Bayer seit 1878 tätig gewesen waren. 1895 gründete ihr englischer Repräsentant die Elberfeld Farbenfabriken Company, Ltd., die später ihren Namen in Bayer Company, Ltd. änderte. Die Bayer Company stellte keines der Produkte her, sondern kaufte sie von Leverkusen und verkaufte sie an die Öffentlichkeit weiter.

Die britische Regierung entschied 1910, daß die Bayer Company nur als Name existiere, daß vielmehr in Wirklichkeit die Farbenfabriken Bayer selbst, nicht deren Tochter, in Großbritannien geschäftlich tätig sei und deshalb das deutsche Unternehmen selbst vom Finanzamt zur Kasse gebeten werden könne. Um Steuern zu sparen, modelten die Leverkusener ihr englisches Zweigunternehmen dann zu einer »unabhängigen« Firma um, die nur in Großbritannien operierte. In diesem Zusammenhang machte Leverkusen denselben Fehler wie später in den Vereinigten Staaten: Es verkaufte der Bayer Company Ltd. die britischen Rechte auf das Bayer-Kreuz.

Der Krieg ruinierte die britischen Konzessionen Leverkusens mit der gleichen Gründlichkeit wie die amerikanischen. Die englische Handelskammer annullierte die Aspirin-Schutzmarke am 5. Februar 1915, und ein Jahr später befahl sie dem Unternehmen, seine Geschäftigkeit in Großbritannien zu beenden. Da die Schutzmarke aufgehoben worden war, konnte jedermann jetzt ASS als »Aspirin« verkaufen.

Tatsächlich war es eine vaterländische Pflicht für die britischen Arzneimittelhersteller, es unter diesem Namen zu verkaufen. »Das große Heer der Aspirin-Konsumenten wird jetzt ein britisches Produkt erhalten«, bemerkte *The Prescriber*, ein schottisches Pharmafachblatt schadenfroh, »und damit wird eine weitere Bastion des Feindes zerstört sein.«

Das Pech war nur, daß mit der Schließung der Bayer Company, Ltd. auch die Versorgung der Nation mit ASS zum Erliegen kam. Wenige britische Firmen erzeugten den wichtigsten dazu nötigen Rohstoff, Salicylsäure. Der kriegsbedingte Phenolmangel trieb die Preise in die Höhe, und das versprochene Aspirin erschien nicht auf dem Markt. »Nach acht Monaten [Krieg]«, beklagte sich *The Prescriber,* »haben wir über das englische Produkt nichts weiter vernommen als die Bekanntgabe des Leiters eines der größten Krankenhäuser, daß sie die erste Lieferung von 56 Pfund englischem Natriumsalicylat [einem Verwandten der Salicylsäure] erhalten hätten – der Berg kreißte und gebar eine Maus.« Der Vorstand der Pharmazeutischen Gesellschaft von Großbritannien gab zu, daß die Herstellung einer kleinen Menge Salicylsäure im Labor ein »Kinderspiel«, die Synthetisierung einer Tonne oder mehr pro Woche ungleich schwieriger sei. Das einzige, was die britische Industrie zustande brachte, war ein rosafarbenes Pulver, schmutzige Kristalle, trübe Lösungen und hohe Preise. Kurz, der britische Markt für Aspirin stand sperrangelweit offen. Genau der richtige Ort für einen Patentmedizinhersteller aus Wheeling/West Virginia.

Im August 1919 stellte Sterling den Antrag bei der Handelskammer, die britischen Rechte auf das Bayer-Kreuz und alle anderen Vermögenswerte der Bayer Company Ltd. kaufen zu dürfen. Diesem Antrag wurde im März 1920 stattgegeben, und zwei Monate später gingen sämtliche Schutzmarken auf Sterling über. Das Unternehmen hatte jetzt die ausschließliche Kontrolle über den Namen Bayer in den Vereinigten Staaten, Kanada, dem britischen Commonwealth und in Teilen Lateinamerikas. Trotz der Einigung über Lateinamerika in diesem Oktober weigerte sich Leverkusen, die Gültigkeit der britischen Transaktion anzuerkennen. Tatsächlich verstießen die Deutschen bewußt gegen die neu erworbenen Rechte Sterlings, indem sie ihr Bayer Aspirin in England vertrieben. Sterling drohte ihnen mit dem Gerichtsweg. Die Deutschen weigerten sich zurückzustecken. Sie hatten in England einen Gegenangriff gestartet und betrachteten dies als guten Testfall. Im Februar 1922 beantragte Sterling eine Unterlassungsverfügung.

Mann und Hennings trafen in diesem Mai mit Weiss zusammen, um über eine Ausweitung ihrer Kooperation auf andere Produkte neben dem Aspirin zu sprechen und auf diese Weise den verschärften Kampf um das Bayer-Kreuz zu beenden. Die zwei Deutschen ritten jedoch auf einem Thema herum, das eigentlich ausdiskutiert hätte sein sollen. Leverkusens Anspruch auf einen Teil des amerikanischen Aspirin-Marktes. »Sie können es uns sicher nachfühlen«, so Mann später zu Weiss, »wie schmerzhaft es für uns sein muß, auf einen Teil des Umsatzes dieses Produkts zu verzichten, das bis auf weiteres alle anderen in den Schatten stellt.« Falls Sterling zu einem Abkommen über andere Medikamente bereit sei, werde sich Leverkusen vom nordamerikanischen Aspirin-Markt fernhalten, den »wir ... im Namen von Bayer sofort erobern könnten«, wie Mann drohend hinzufügte.

Weiss ging erst im Oktober voll darauf ein, als er Manns Behauptung zurückwies, daß Leverkusen das Verdienst am Erfolg von Aspirin in den Vereinigten Staaten gebühre. Die Lösung, beharrte Weiss, bestehe darin, sich zusammenzutun: Leverkusens neue Produkte und New Yorks Marketing.

Lassen Sie sich unseren Vorschlag doch durch den Kopf gehen, schrieb er Leverkusen. Als Gegenleistung für Leverkusens Know-how versprach Sterling,

> die Tätigkeit eines Unternehmens mit Ausnahme der vereinbarten Einschränkungen in der ganzen Welt zu stoppen, eines Unternehmens, welches das uneingeschränkte Recht auf die Benutzung des Namen Bayer mit von Ihnen gelieferter pharmazeutischer Ausrüstung hat, das die Fähigkeit und Erfahrung als Hersteller und Vertreiber von Arzneimitteln besitzt und das durch keinerlei juristische oder moralische Abmachungen daran gehindert wird, irgendwo in der Welt (mit Ausnahme von Südamerika, Mittelamerika und Mexiko [wo der Vertrag von 1920 galt]) geschäftlich tätig zu werden.

Sterling, wiederholte er, würde Leverkusen niemals wieder Zutritt zum US-amerikanischen Aspirin-Markt gewähren.

Mann, Duisberg und Doermer kamen im März 1923 zu einer, wie beide Seiten inständig hofften, letzten Verhandlungsrunde nach New York. Die Gespräche dauerten fast zwei Wochen. Weiss schlug eine Lösung für die britische Situation vor: ein neues Unternehmen, Bayer Products, Ltd., von Sterling mit Kapital ausgestattet. Bayer Products, Ltd., sollte Eigentümerin aller Warenzeichen der medizinischen und photographischen Produkte von Leverkusen sein und diese

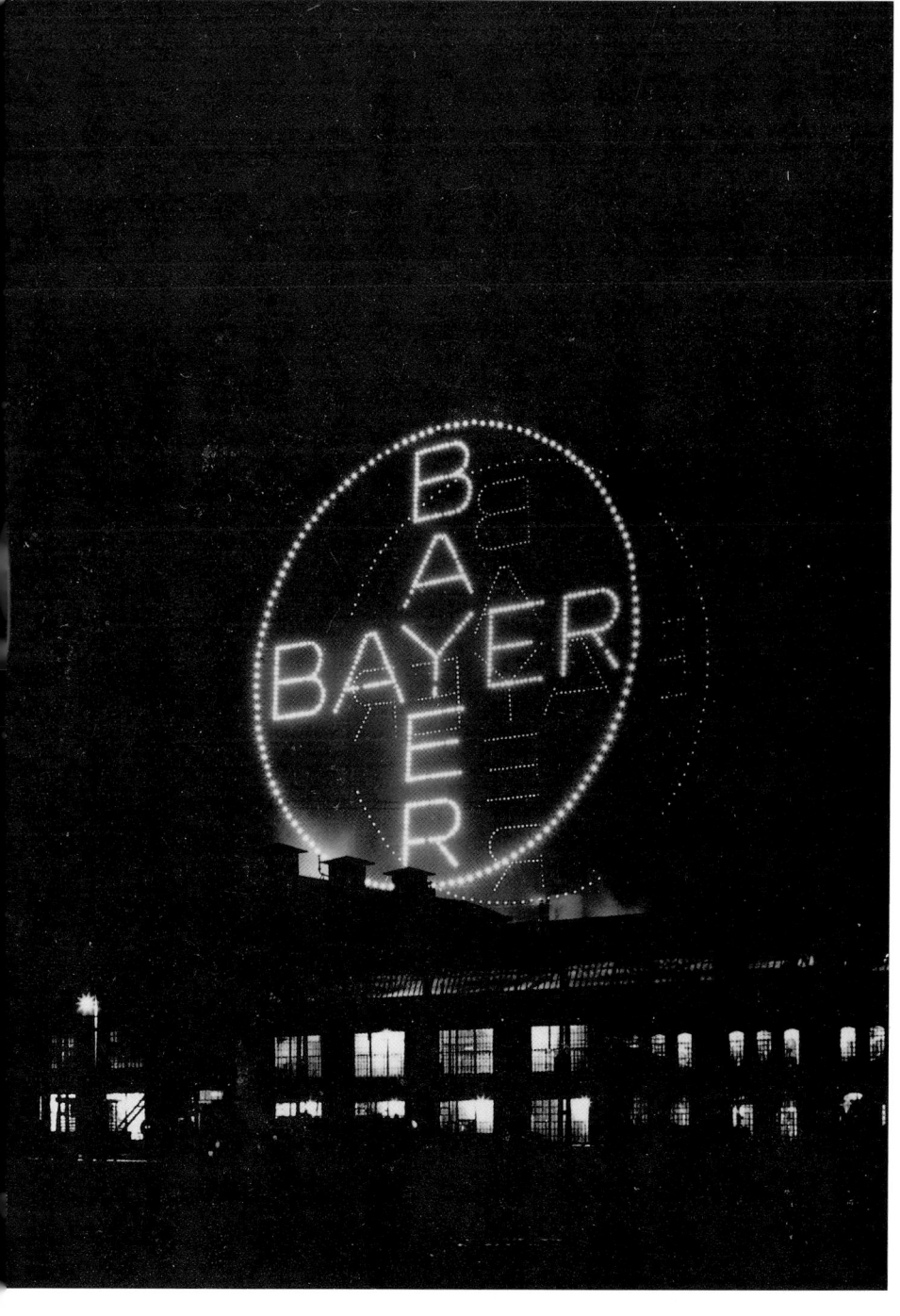

Das 1933 erstmals aufleuchtende Bayer-Kreuz – mit 70 Metern Durchmesser die größte Leuchtreklame in der Welt – überragte die Zentrale des deutschen Bayer-Konzerns, bis es zu Beginn des Zweiten Weltkriegs demontiert wurde. Seit 1958 strahlt fast am selben Platz das neue, etwas kleinere Bayer-Kreuz. *(Bayer AG)*

Links oben: Felix Hoffmann (1868–1946), ei[n] Chemiker der deutschen Bayer AG, synthet[i]sierte als erster Acetylsalicylsäure – Aspirin [–] zu kommerziellen Zwecken. Der Legende zu[folge entwickelte er es für seinen kranke[n] Vater, der an Arthritis litt und die damals be[kannten Behandlungsmethoden nicht vertrug[. Die Ergebnisse waren fabelhaft. *(Bayer AG)*

Links unten: Hoffmann präsentierte da[s Aspirin seinem Chef, Heinrich Dreser (186[0 bis 1924), dem Erfinder eines der wichtigste[n Produkte von Bayer: Heroin. Dreser überprü[f]te das Medikament, das zum erfolgreichste[n Arzneimittel aller Zeiten werden sollte – un[d lehnte es ab. *(Bayer AG)*

Gegenüber: Dem eisernen Willen von Ca[rl Duisberg (1861–1935), hier mit seiner Fra[u Johanna und seinem Sohn Carl Ludwig, ve[r]dankte Bayer seinen grandiosen Aufstieg. [Er schuf das Forschungssystem, aus dem d[as Aspirin hervorging, und schweißte die IG Fa[r]ben zusammen, das hydraköpfige Chemi[e]kartell, welches später als Symbol der nati[o]nalsozialistischen Verbrechen geschmä[ht wurde. *(Bayer AG)*

Oben: Die Mannschaft in den Räumlichkeiten des pharmakologischen Labors von Bayer – damals einem de modernsten in der Welt – etwa um 1900. Dreser ist der zweite von rechts. Rechts unten ist verschwomme einer der Hunde zu sehen, die gewöhnlich im Labor umherstreiften. *(Bayer AG)*

Gegenüber oben: Die sich weitläufig entlang des Hudson River erstreckende amerikanische Aspirin-Fabrik de deutschen Bayer AG war eines der größten pharmazeutischen und chemischen Werke in der Neuen Welt. A sie während des Ersten Weltkriegs als Feindeigentum beschlagnahmt wurde, kaufte Sterling Products, e kleiner Hersteller von Patentmedizin aus West Virginia, die Anlage auf einer Auktion – und setzte damit de Kampf um das Aspirin in Gang. Das Bild stammt aus dem Jahr 1927. *(Sterling Drug, Inc.)*

Gegenüber unten: Die Herstellung von Aspirin-Tabletten in den zwanziger Jahren in der amerikanische Bayer-Fabrik. Obwohl Sterling lernte, in seinem neuerworbenen Werk Aspirin herzustellen, gelang es desse Führungskräften nicht, die übrigen Produkte des Unternehmens zu fabrizieren – was sie den Deutschen in d. Arme trieb, obwohl sie der amerikanischen Regierung versprochen hatten, Kontakte zu diesen zu vermeiden *(Sterling Drug, Inc.)*

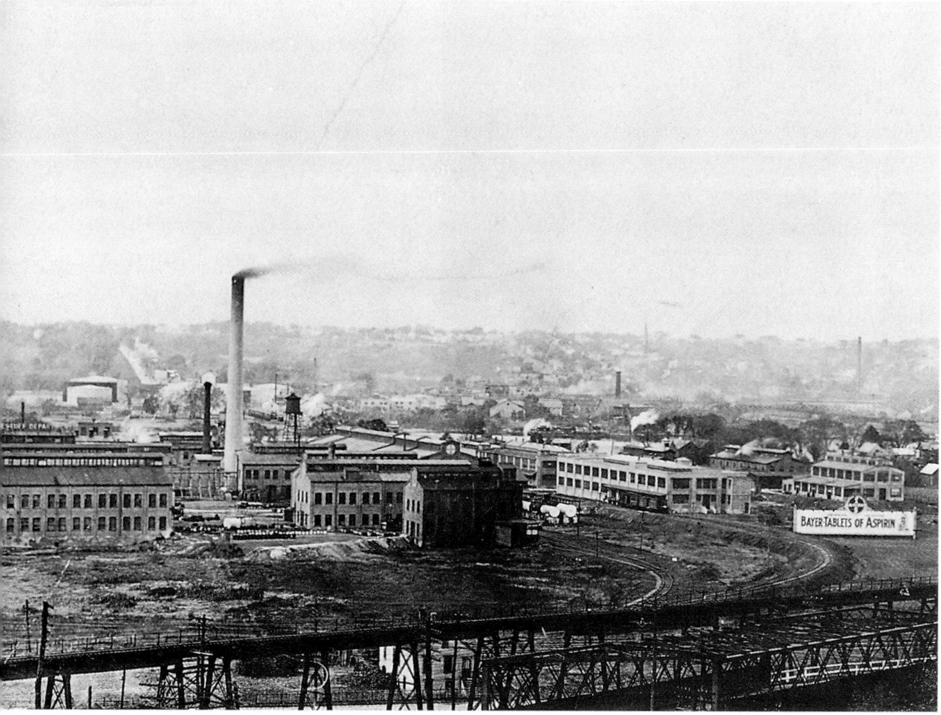
BAYER-TABLETS OF ASPIRIN

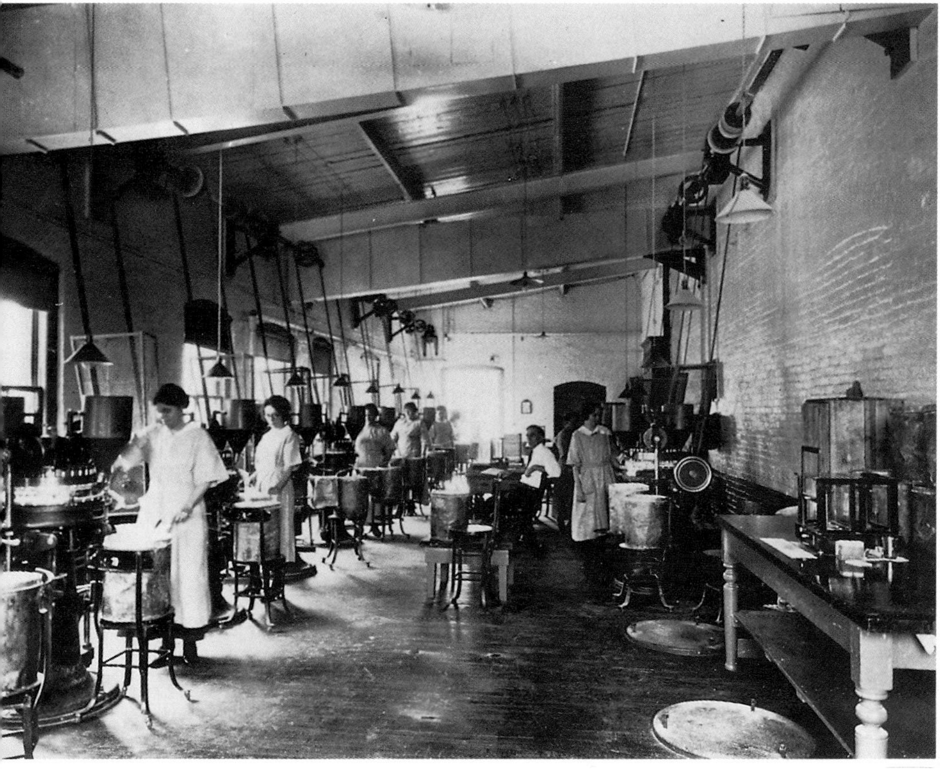

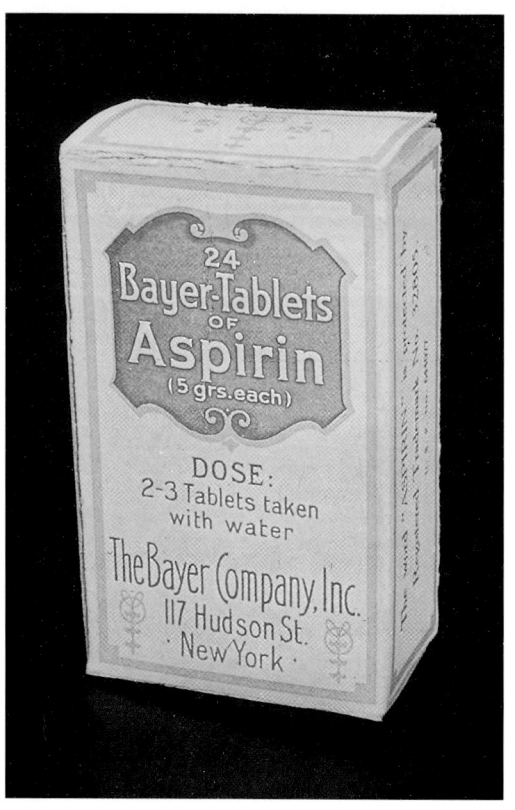

Links: Eine Aspirin-Schachtel von 1914. Aspirin wurde ursprünglich in Pulverform an Apotheken verkauft, die es für ihre Kunden in Tütchen füllten. Auf der Seite der Schachtel steht: »Das Wort ›ASPIRIN‹ ist durch das eingetragene Warenzeichen Nr. 32 805 geschützt.« Diese Warnung galt den Legionen von amerikanischen Aspirin-Schmugglern, die gefälschte (und manchmal auch echte) Acetylsalicylsäure zu einem Bruchteil des Preises von Bayer verkauften. *(Bayer AG)*

Unten: Hersteller rezeptpflichtiger Arzneimittel wie die deutsche Bayer AG machten keine Reklame für ihre Medikamente, da sie befürchteten, die mächtige American Medical Association zu verärgern, die derartige Werbung verabscheute. Statt dessen verschickten die Firmen an Ärzte diskrete Reklamezettel wie diesen, auf denen für Aspirin, Lycetol (ein Gichtmittel) und Heroin geworben wurde. *(The Bettmann Archive)*

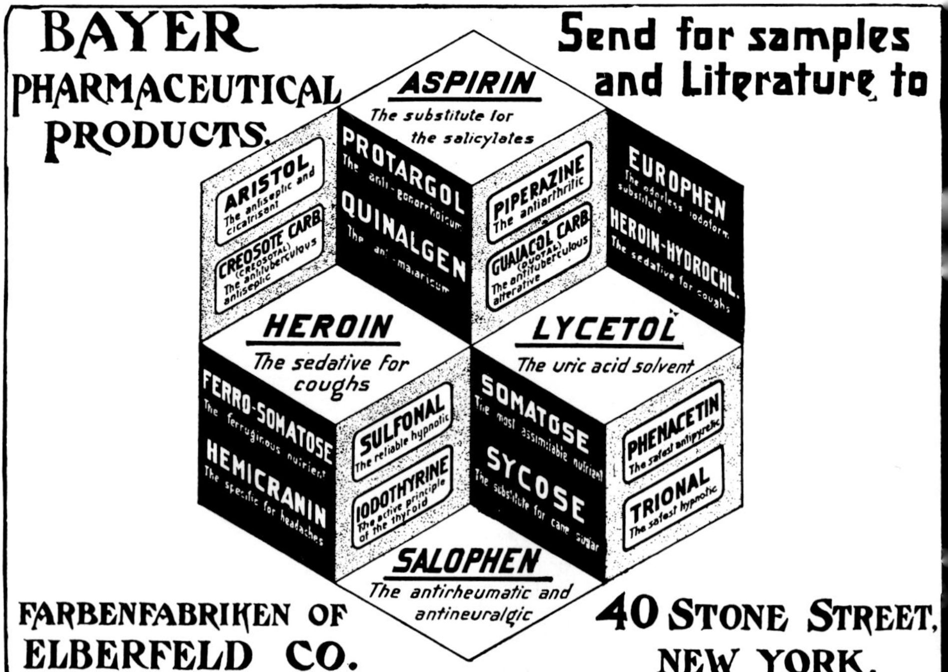

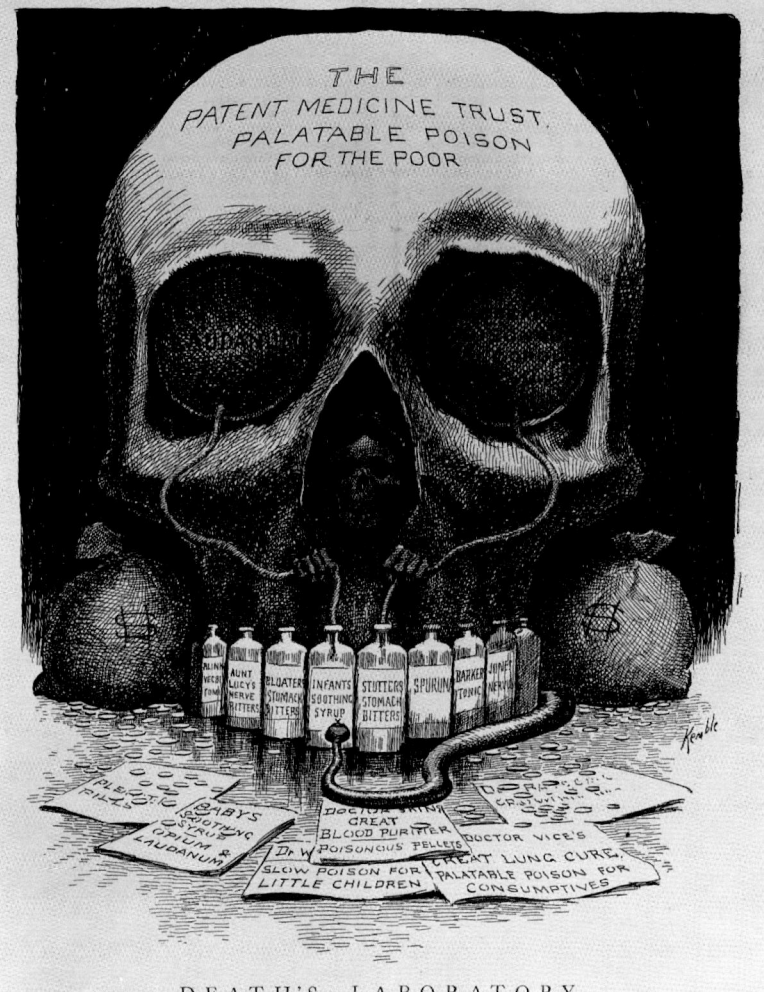

Collier's
THE NATIONAL WEEKLY

THE PATENT MEDICINE TRUST, PALATABLE POISON FOR THE POOR

DEATH'S LABORATORY

merika wurde um die Jahrhundertwende mit Reklame für nutzlose Pülverchen und Tränklein, sogenannte atentmedizin, überschwemmt. Viele davon, wie das trotz seines ausgefallenen Namens beliebte CUFORHE-AKE BRANE FUDE, waren Kopfschmerzmittel. Enthüllungsjournalisten führten eine Dauerkampagne gegen ese Patentarzneien und ihre Reklame und rüttelten damit die Öffentlichkeit so wach, daß es zur Verabschie-ng der ersten Nahrungs- und Arzneimittelgesetze kam. Die Aufschrift auf dem Totenkopf lautet: DAS ATENTMEDIZINKARTELL. SCHMACKHAFTES GIFT FÜR DIE ARMEN.

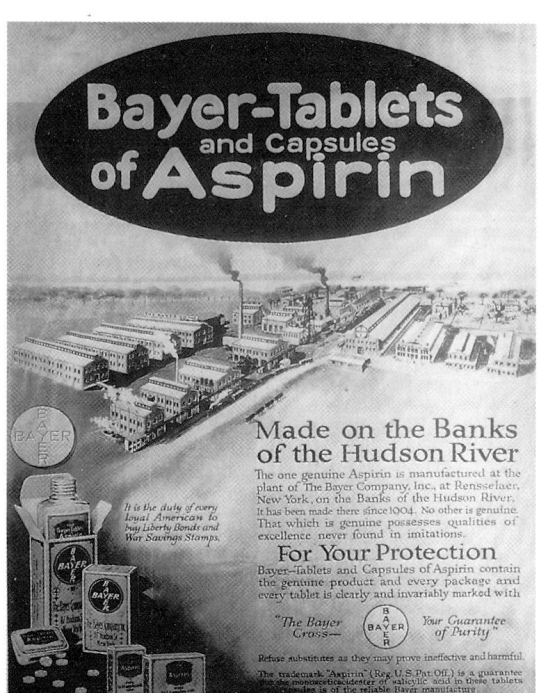

Links: Kurz vor dem Ersten Weltkrieg lie[f] das Aspirin-Patent der deutschen Baye[r] AG aus. Um ihren Markt zu schütze[n] machte sie nun öffentlich Reklame für Asp[i]rin. Die Reaktion der Ärzteschaft auf Anze[i]gen wie diese aus einem Magazin der *Ne[w] York Times* im April 1918 erfolgte sofort un[d] in aller Schärfe. *(Sterling Drug, Inc.)*

Unten: In den Zwanzigern und Dreißiger[n] nahm die Aspirin-Werbung in der ganze[n] Welt sprunghaft zu. Phantasievoll aufge[macht] machte Aspirin-Lieferwagen wie dies[er] wurden zu einem vertrauten Anblick a[uf] europäischen Straßen. *(Bayer AG)*

vertreiben. Den Deutschen würde so rasch, wie dies politisch möglich sei, gestattet werden, Aktien von Bayer Products zu kaufen. Die Profite würden fifty-fifty geteilt werden, und Leverkusen würde die Firma letztlich leiten. Die Deutschen leisteten Widerstand. Sie wollten mehr als ein teilweises Miteigentum in der Zukunft. Weiss gab sich konziliant. Er könne nicht mehr bieten, deutete er an, schließlich habe Sterling die britischen Schutzmarken unter der Bedingung erworben, daß sie niemals in deutsche Hände fallen dürften. Weiss könne dieses Gelöbnis zwar umgehen, aber das erfordere Zeit. Auf längere Sicht gesehen werde Duisberg alles erhalten, was er wolle.

Weiss war entgegenkommend in bezug auf Großbritannien, weil er bei den übrigen Verhandlungen, welche die langerwartete weltweite Einigung über pharmazeutische und andere chemische Produkte betrafen, den Mond anpeilte. Diese sollten von Sterlings Ableger Winthrop Chemical Company fabriziert werden – falls Weiss Leverkusen herumkriegte, ihm zu zeigen, wie die Fabrik in Rensselaer zu betreiben war.

Die wichtigste Frage war die Liste der Erzeugnisse, die das Abkommen umfassen sollte. Weiss wollte die US-amerikanischen Vertriebsrechte für jedes Leverkusen-Produkt mit Ausnahme von Färbemitteln, die bereits von der Grasselli Chemical Company vertreten wurden. Sterling besitze den Bayer-Namen für Aspirin, argumentierte Weiss. Sterling sollte deshalb auch alle übrigen Produkte Leverkusens bekommen.

Unmöglich, entgegneten Duisberg, Mann und Doermer. Leverkusen erzeuge Dünger- und Schmiermittel, Kunststoffe, photographische Filme, Pestizide, synthetischen Gummi – die gesamte chemische Palette. Sterlings Diebstahl des Firmennamens werde sie nicht veranlassen, einem Hausierer mit Patentmedizinen die exklusiven Rechte auf das Repertoire des führenden Chemiekonzerns der Welt einzuräumen. Duisberg wollte das Abkommen auf pharmazeutische, landwirtschaftliche und möglicherweise photographische Produkte beschränken.

Zuletzt wurden sie sich doch einig. Am 9. April 1923 unterschrieb Duisberg zwei Verträge, einen mit Winthrop und einen mit der New Yorker Bayer Company, und nahm von Sterling eine Verpflichtungserklärung entgegen. Wie Duisberg es wollte, erhielt Weiss nur die Rechte auf deutsche pharmazeutische, landwirtschaftliche und photographische Produkte sowie die Grundstoffe, die zu ihrer Herstellung benötigt wurden. Auf diese Warenliste – der Hauptstreitpunkt –

wurde mit dem uneleganten juristischen Ausdruck »besagte Produkte« Bezug
genommen.

Im ersten der zwei Verträge wurde Winthrop das Recht eingeräumt, die besagten
Produkte herzustellen. Winthrop würde sie in Nordamerika erzeugen, wo Lever-
kusen technische Hilfe leisten und dafür die Hälfte der Gewinne erhalten würde.
Der Rest der Welt war Leverkusens Territorium. Dies war kein Sieg für Duisberg,
da Weiss an der Herstellung gar nicht interessiert war. Ihm ging es nur um das
Recht, die besagten Produkte zu *verkaufen,* und zwar unter dem Namen Bayer.
Dies war Gegenstand des zweiten, wichtigeren Vertrags mit der Bayer Company.
In diesem Vertrag wurde Weiss das Bayer-Kreuz in den Vereinigten Staaten,
Kanada, Großbritannien, Australien und Südafrika – den »Weiss-Ländern« –
zugesprochen, und die Bayer Company erhielt die ausschließliche Lizenz, die
besagten Produkte in diesen Ländern zu verkaufen. (Das Abkommen über
Großbritannien war etwas komplizierter; die beiden Firmen einigten sich darauf,
die von Weiss vorgeschlagene neue und gemeinsam zu betreibende Firma zu
gründen.)* Sterling trat die Kontrolle über das Bayer-Kreuz im Rest der Welt –
den »Leverkusen-Ländern« – an dessen ursprünglichen Eigentümer ab, mit
Ausnahme des Rechts, in Lateinamerika Aspirin zu verkaufen, wie es im Vertrag
von 1920 vorgesehen war.

Schließlich versprach Sterling, 1. keine Bayer-Markenzeichen auf Sterlings
eigenen Produkten wie Danderine zu verwenden; 2. keine anderen Leverkusener
Warenzeichen in Frage zu stellen oder zu benutzen und 3. keine der »besagten
Produkte« unter dem Namen Sterling zu verkaufen.

Es war ein großer Tag für Weiss. Er hatte zwar in bezug auf die Liste der besagten
Produkte etwas nachgegeben, aber in allen übrigen Produkten gewonnen. Mit
dem Namen Bayer als Schlüssel war es ihm gelungen, sich durch den Erwerb
einer Fabrik, die er nicht betreiben konnte, den Zugriff auf die Produktion eines

---

* Bayer Products Ltd. wurde am 26. Mai 1923 mehr oder weniger nach den Vorstellungen
von Weiss gegründet. Diebold besaß fast alle Aktien des Unternehmens. Am 1. September
verpflichtete sich die Firma vertraglich, 50 Prozent der britischen Gewinne an Leverkusen
abzutreten, und erhielt dafür das ausschließliche Recht, die Produkte der Farbenfabriken
Bayer im Vereinigten Königreich zu verkaufen. Da Duisberg eine solidere Beteiligung an der
Firma anstrebte, versprach Weiss, Leverkusen die Hälfte der Aktien zu verkaufen, »sobald
die Umstände es zulassen«.

Industriegiganten zu verschaffen. Wozu benötigte er ein globales Netzwerk riesiger Chemiefabriken? Da ihm Leverkusens Produktion zur Verfügung stand, hatte Weiss alle Produkte, die er wollte, ohne die Probleme ihrer Herstellung. Der Mitbegründer von Sterling Products scheint jedoch nicht erkannt zu haben, daß die Konzessionsbereitschaft Duisbergs weniger auf sein Verhandlungsgeschick zurückzuführen war, als auf die abrupte Selbstzerstörung der deutschen Wirtschaft in den Monaten vor der Unterzeichnung der Verträge.

Kriege sind äußerst kostspielig, und Nationen verfügen selten über die Mittel, sie zu bezahlen. In der Regel beschaffen sich die Regierungen das nötige Bargeld, indem sie Steuern erhöhen, Anleihen auflegen und Geld drucken. In den Tagen, als die Währungen an den Wert des Goldes gebunden waren, bedeutete diese letztgenannte Methode, den Goldstandard zu verlassen. Die unvermeidliche Folge war ein Anstieg der Inlandspreise, sofern diese nicht durch gesetzliche Regelungen beschränkt wurden. Nach Beendigung der Kriege versuchten die Regierungen, zum »Goldpreis« der nationalen Währung zurückzukehren.[*] Da inzwischen eine Inflation stattgefunden hatte, erforderte die Rückkehr zum Goldpreis eine Deflation – das heißt, es mußte Geld aus dem Umlauf genommen werden, was den Wert der Währung steigerte, weil sie knapper wurde.
Die alliierten Regierungen taten nach dem Ersten Weltkrieg genau dies. Eine weltweite Depression war die Folge. Zwischen 1920 und 1921 ging die Industrieproduktion in den Vereinigten Staaten um 20 Prozent, in Großbritannien um 18 Prozent und in Frankreich um 11 Prozent zurück. In allen drei Ländern stieg die Arbeitslosigkeit an. In den Vereinigten Staaten trat eine der schlimmsten Rezessionen in der Geschichte ein. Zwischen Mai 1920 und Juni 1921 fielen die Großhandelspreise fast um die Hälfte.
Deutschland, das den Krieg verloren hatte, bildete einen erstaunlichen Kontrast dazu. Im selben Zeitraum erhöhte sich seine industrielle Produktion um ein Fünftel, und die Arbeitslosigkeit ging zurück. Während der ganzen Zeit unternahm die Nation alle Anstrengungen, den Reparationsforderungen nachzukommen, welche die Alliierten in Versailles aufgestellt hatten. Erfreute sich die

---

[*] Unter dem Goldstandard verpflichtet sich die Zentralbank eines Landes, jedermann, der Geldbeträge eintauschen möchte, deren Gegenwert in Gold zu erstatten. Der Goldpreis einer Währung ist der offizielle Wechselkurs zwischen Gold und dem betreffenden Zahlungsmittel.

Nation eines Nachkriegsbooms, ähnlich wie Japan nach dem Zweiten Weltkrieg? Nein. Ihren Aufschwung verdankte sie gigantischen Geldinfusionen seitens der Deutschen Zentralbank. Dies stimulierte die Nachfrage, wie Volkswirte sagen – Geld ergoß sich in die Wirtschaft, und die Leute gaben es hemmungslos aus.

Aber das Geld strömte so schnell herein, daß die deutsche Wirtschaft über ein gesundes Maß an Expansion hinausschoß und auf den surrealen Zustand zutorkelte, den man als »Hyperinflation« bezeichnet.

Im Januar 1922 hatten die nominellen Lebenshaltungskosten das Zwanzigfache des Vorkriegsniveaus erreicht. Anfangs stiegen auch die Löhne und Gehälter, und die Familien hatten nicht zu leiden. Wenn ein Haus zwanzigmal soviel kostete wie zehn Jahre zuvor, aber der Lohn eines Arbeiters sich ebenfalls verzwanzigfachte, dann bestand kein Unterschied in den realen Lebenshaltungskosten. Als die Inflation von 20 Prozent jährlich auf 20 Prozent monatlich hochschnellte, änderte sich die Situation – das Geld als solches begann, an Wert zu verlieren. Da die Banknoten in der Brieftasche jeden zweiten Tag weniger wert waren, gaben die Deutschen ihr Bargeld natürlich aus, sobald sie es bekamen. Sie gaben es für praktisch alles aus, denn alles war besser, als Geld zu haben. Dieser Kaufrausch heizte die Inflation natürlich nur noch weiter an.

Etwa zur selben Zeit gab die Kommission, welche die deutschen Reparationen beaufsichtigte, einen Rückstand bei einigen der vorgesehenen Lieferungen bekannt. Der gravierendste betraf die Kohle, die aus dem Ruhrtal kam. Ermächtigt durch den Versailler Vertrag, marschierten französische und belgische Truppen im Januar 1923 in das Ruhrgebiet ein. Die deutsche Regierung forderte die Angehörigen des öffentlichen Dienstes zu passivem Widerstand auf, was die Wirtschaft in dem Gebiet lahmlegte. Frankreich übte Vergeltung, indem es die Ruhr vom Rest Deutschlands und der Welt abschnitt. Leverkusen lag mitten in der Besatzungszone.

Duisberg und der IG-Vorstand gerieten durch das Zusammenwirken von Hyperinflation und Okkupation unter Druck. Leverkusen maß dem Warenzeichenkampf in England die größte Bedeutung bei; er bildete ein nötiges Gegengewicht für die Verhandlungen mit Sterling, ein Mittel, um Weiss die Entschlossenheit der IG vor Augen zu führen, die globale Expansion der Amerikaner zu stoppen und umzukehren. Doch der Chemiekonzern war in so schlechter Verfassung, daß er sich keine langen Prozesse leisten konnte. Der wirtschaftliche Zusammenbruch, gab ein Leverkusener Anwalt später zu, »machte es fast unmöglich für uns, eine Reihe von Prozessen in Währungen anderer Länder zu führen«. Da ein Gerichtsverfahren ausgeschlossen war, blieb Duisberg, Mann und Doermer keine andere Wahl, als gegenüber Sterling zu kapitulieren.

Es sollte noch schlimmer kommen. Im April 1923 schlossen Sterling und Farbenfabriken Bayer ihre Übereinkunft ab. Im Mai verdoppelten sich die deutschen Preise; im Juli verfünffachten sie sich. Die Mark war so instabil, daß deutsche Unternehmen ihre Geschäfte in Devisen abwickelten. Landesregierungen und Kommunalverwaltungen, Industrieverbände, Handelskammern, Gewerbetreibende und wer sonst in der Lage dazu war, gab Interimsscheine aus, die frei zirkulierten – sie waren genauso wertlos wie echtes Geld. Im Juli erreichte die Inflation fast 1500 Prozent. Tausendmarkscheine wurden durch Millionmarknoten ersetzt, und Millionen durch Milliarden. Um mit dem Bedarf nach immer höheren Nennwerten Schritt zu halten, hielt die Regierung 41 Geldpressen in Gang, die Tag und Nacht etwa 17 Milliarden Mark pro Stunde druckten. Es war eine Zeit, in der das Geld seine Funktion verloren hatte. Alltägliche Geschäftsvorgänge wurden unvorstellbar schwierig. Die Läden notierten ihre Preise auf Schiefertafeln und änderten sie von Stunde zu Stunde. Hypothekenraten wurden mit dem Gegenwert einer Packung Zigaretten getilgt. Für einen Sack voll Geld bekam man einen Laib Brot; einen Koffer voll brauchte man für einen Busfahrschein. Anfang Oktober kostete ein einziges Ei 18 Millionen Mark; fünf Tage später waren es 70 Millionen. Am 11. November 1923 wurde der erste 1-Billion-Mark-Schein ausgegeben, dem kurz danach Noten über 2, 5, 10 und 100 Billionen folgten. Sie waren nur auf einer Seite bedruckt. Was man vor dem Krieg um eine Mark kaufen konnte, kostete Ende 1923 1 250 000 000 000 Mark. Die Regierung wurde der Hyperinflation schließlich durch das einzig mögliche Mittel Herr: Sie gab die Mark auf und schuf eine neue deutsche Währung, die Rentenmark. Eine kurze Zeit lang zirkulierten alte und neue Währung nebeneinander, bis die alte Mark Anfang 1924 aus dem Verkehr gezogen wurde. Die Rentenmark bildete eine Brücke zwischen der alten Mark und der Einführung stärkerer Kontrollen über die Zentralbank. Im Herbst 1924 wurde ein zweite Zentralbank, die Reichsbank, und eine dritte Währung, die Reichsmark, ins Leben gerufen. Damit kehrte die deutsche Wirtschaft zu halbwegs normalen Zuständen zurück.

Das Land erwachte wie aus einem Alptraum. Die Buchhalter in Leverkusen griffen wieder zu ihren Federn und fingen an, die Bilanzen zu erstellen, die sie in der Zeit, als Geld wertlos war, hatten ruhen lassen. Die Interessengemeinschaft der Deutschen Chemischen Industrie nahm ihre Planung für die Zukunft wieder auf. Im April 1924 wurde Duisberg Vorsitzender des Generalrates der IG, des sogenannten Rates der Götter. Das Jahr des Chaos, 1923, hatte Veränderungen im deutschen Recht mit sich gebracht, die einen weiteren Zusammenschluß finanziell attraktiv machten. In diesem Oktober drängte er auf die Gründung einer zentralen Betriebsgesellschaft, die den Verkauf und die Investitionen koordinieren sollte. Er scheute vor dem Gedanken einer vollständigen Fusion zurück, da er meinte, die Jahre hätten gezeigt, daß dies unmöglich sei. Carl Bosch, der Chef der B.A.S.F. befürwortete dagegen eine vollständige Fusion – Duisbergs ursprüngliche Vision. Zu Duisbergs Erstaunen stimmte der Generalrat nunmehr für den Plan, den er zuvor abgelehnt hatte. Auf einer zweitägigen Besprechung in Duisbergs Villa stritten sich Duisberg und Bosch im November über die Form der Fusion. Duisberg wollte jedes Detail im voraus planen; Bosch hielt es für besser, daß die Unternehmen ihre Probleme lösten, wenn diese auftauchten. Die Spannungen verschärften sich so, daß sich Bosch und seine Verbündeten nach dem Abendessen mit der Familie Duisberg in der tiefer gelegenen Bar einschlossen. Duisberg und seine Mannen blieben im Billardzimmer, und Vermittler rannten die Treppe zwischen ihnen auf und ab. Als Bosch die Abstimmung gewann, war Duisberg tief getroffen. Er stellte seinen Vorsitz zur Verfügung, den Bosch übernahm. Die Fusion wurde um fast ein Jahr aufgeschoben, da die beiden Kontrahenten ihre Differenzen nur nach längeren Aussprachen bereinigten.

Am 15. September 1925 gaben die sechs Unternehmen der alten IG ihre Fusion bekannt. Diese trat am 12. Dezember in Kraft, als die B.A.S.F. die Aktien der anderen Firmen kaufte und ihren Namen in Interessengemeinschaft Farbenindustrie Aktiengesellschaft umänderte: IG Farben AG.[*]

Wenige Unternehmen sind so gründlich verteufelt worden wie die IG Farben. Berichte über ihre Infamie füllen einen beträchtlichen Anteil der Bücher über

---

[*] Merkwürdigerweise veränderte die Fusion den juristischen Status der IG Farben – sie war nicht länger eine *Interessengemeinschaft*. Das vorangestellte »IG« war, als bestehe eine Nichtkapitalgesellschaft darauf, daß »AG« ein Bestandteil ihres Namens sei. Nach deutschem Recht war dies illegal, und die IG mußte sich die Genehmigung für ihren Namen erst vor dem Obersten Deutschen Gerichtshof erstreiten.

den Zweiten Weltkrieg, und es gibt sogar eine inoffizielle Wissenschaftlergemeinde, die »IG-Farben-Gruppe«, die sich um ein Verständnis ihrer Geschichte bemüht. Auf ihrem Höhepunkt erzeugte die IG Farbstoffe, Insektizide, Munition, Medikamente, Düngemittel, Elektrochemikalien, Säuren, Glas, Stickstoff, Photomaterialien, Stein- und Braunkohle, synthetisches Benzin und tausend andere Dinge. Jahrelang veröffentlichten Fachblätter wie *Chemical and Metallurgical Engineering* und *L'Industrie chimique* und *Svensk Kemisk Tidskrift* verwirrende graphische Darstellungen ihres Aufbaus, mit Dutzenden von Zweigen, die sich in Kategorien von Banken und Versicherungen bis zu Bergbau und Sprengstoffen aufspalteten. Die IG hatte ihre Hauptverwaltung in Frankfurt am Main, aber ihre regionalen Büros und Fabriken verteilten sich auf Dutzende deutscher Städte einschließlich Leverkusen, welches das Zentrum der pharmazeutischen Produktion blieb. Die Kapitalausstattung dieses Mammutkonzerns erhöhte sich zwischen 1925 und 1926 rasch von den ursprünglichen 646 Millionen Mark auf 1,1 Milliarden Mark. Damit war er das größte Privatunternehmen in Europa und das viertgrößte in der Welt.

* * *

Sterling hatte geringes Verständnis für die Metamorphose, die sich in Deutschland vollzog. Weiss hatte nie unmittelbar mit den Verbündeten Leverkusens zu tun gehabt und war sogar überrascht, daß der gesamte Konzern seine Zustimmung zu den Verträgen von 1923 erteilen mußte. Im Dezember 1925 erhielt Weiss ein kurzes Schreiben, das ihn über die Fusion informierte. Da er sich fragte, welche Folgen dies für Sterling haben könnte, konsultierte er Edward S. Rogers, einen namhaften Spezialisten für geistiges Eigentum. Rogers konnte ihm auch nicht weiterhelfen – er war mit den Feinheiten des deutschen Gesellschaftsrechts nicht vertraut. Eines sei jedoch sicher, meinte Rogers: Die altbekannten Farbenfabriken, vorm. Fried. Bayer & Co., existierten nicht mehr. Abgesehen davon sei alles reichlich mysteriös. Rogers konnte in bezug auf Leverkusens neuen Status nur eine Reihe von Fragen stellen:

> Ist es das, was man in den Vereinigten Staaten als Fusion bezeichnen würde? Oder wurde eine Holding gegründet, die das gesamte ... Nominalkapital der Unternehmen in sich vereinigte? ... oder besteht der Plan darin, daß alle oder einige der verschie-

denen Unternehmen ihre Anlagen und Vermögenswerte an die IG
verkaufen?

Nach Rogers' Meinung schien es keinen Zweifel zu geben, daß die Verträge von
1920 und 1923 für die Produkte Leverkusens nach wie vor gültig waren. Die
interessantere Frage war, ob man sie so interpretieren konnte, daß sie auch auf
die Erzeugnisse der anderen IG-Firmen und von der IG entwickelte neue
Produkte anwendbar waren. Wenn dies der Fall war, dann hätte Weiss seine
Aspirin-Investition zu einem Monopol auf den amerikanischen Absatz des
viertgrößten Konzerns der Welt ausgebaut – eine schwindelerregende Rendite
auf seinen ursprünglichen Einsatz. Dies sei eine interessante Vorstellung, fand
Weiss.

Weiss und Rowles fuhren in den ersten Tagen von 1926 nach London, um mit
McKenna & Co., den Anwälten von Bayer Products, Ltd., zu konferieren. Etwa
zur selben Zeit kam H. G. Bertram von Sterling nach Köln, um einen Anwalt
namens Stroehmer zu konsultieren, der Weiss von McKenna & Co. als einer der
fähigsten Rechtsanwälte in Deutschland empfohlen worden war.

Stroehmers Ausführungen waren sensationell. Die gesamte IG, sagte er, habe
die juristischen Verpflichtungen ihrer einzelnen Bestandteile geerbt. Die »besagten Produkte« ließen sich daher nicht in eine Gruppe von »alten«, vor der Fusion
entstandenen Produkte, und »neuen«, danach entwickelten Erzeugnisse auf-
schlüsseln. Mit anderen Worten, Weiss sei ein gigantischer, unverhoffter Gewinn
in den Schoß gefallen: Er habe ein legales Anrecht auf die »besagten Produkte«
aller Unternehmen der IG. Das einzige, was noch zu tun blieb, war, die IG Farben
von der Richtigkeit dieser Auffassung zu überzeugen.

Weiss, Bertram, Stroehmer und Frederick A. S. Gwatkin von McKenna & Co.
fuhren in diesem Januar nach Leverkusen, um mit Mann und Doermer zusam-
menzutreffen. Als Weiss das Recht forderte, die »besagten Produkte« des gesam-

Rechts: Die bloßen Dimensionen der IG Farben erfüllten ihre Konkurrenz mit Schrecken. Als *Chemical
and Metallurgical Engineering,* eine US-amerikanische Fachzeitschrift, im Januar 1928 dieses eindrucksvolle Organisationsschema veröffentlichte, bestätigten sich damit nur die bösen Vorahnungen
der amerikanischen chemischen Industrie. Die Graphik war übrigens in einem Detail unvollständig:
Die Verflechtung der IG mit Winthrop schien darin nicht auf.

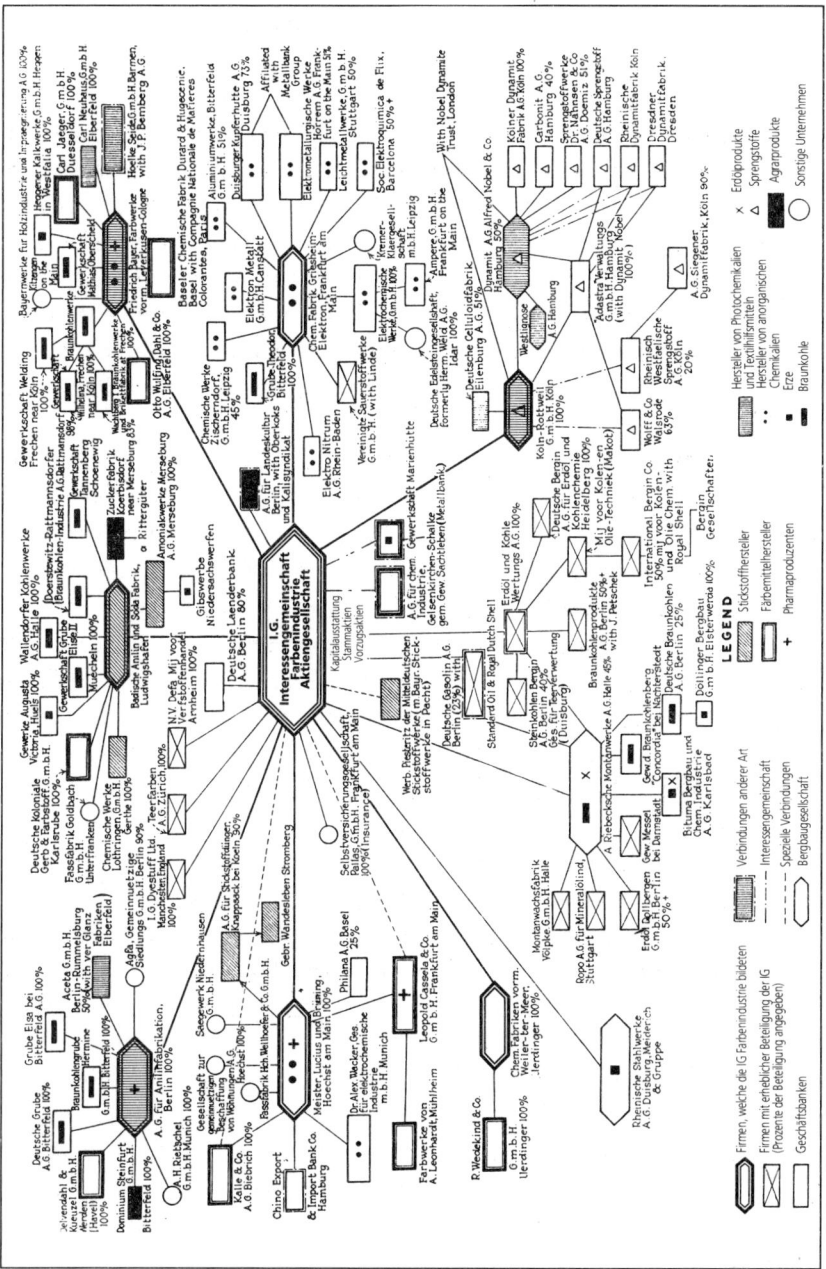

ten Konzerns zu vertreiben, machte ihm Mann einen Gegenvorschlag. Falls Sterling der IG die vollständige Kontrolle über Winthrop einräume, erklärte er, könnte der Konzern zu einem Handel bereit sein. Doermer gab zu bedenken, daß der Standpunkt von Weiss durch eine kürzlich erfolgte Entscheidung des obersten deutschen Gerichts in Zweifel gezogen worden sei. Stroehmer wischte diese Behauptung beiseite. Die zwei Anwälte zogen sich zu einem Gespräch unter vier Augen zurück – nach welchem Doermer zugab, daß Sterling die IG de facto in der Hand habe.

Nach New York zurückgekehrt, gestattete sich Weiss, Schadenfreude zu zeigen. »Wir hatten den Eindruck und haben ihn immer noch«, bemerkte er zu den Mitgliedern seines Vorstands, »daß sich Leverkusen und die IG in eine ziemlich verzwickte Lage manövriert haben.«

Wie zuvor erhoben die Deutschen neue Forderungen, als das Abkommen unter Dach und Fach schien. Am 19. Mai gab Mann Weiss zu verstehen, daß die IG einige Probleme mit der Vorstellung habe, Winthrop die gesamte Palette, der »besagten Produkte« zu überlassen. Diese könnten ausgeräumt werden, schrieb Mann, falls New York sich bereit erkläre, der IG einen Anteil am amerikanischen Aspirin-Geschäft einzuräumen. Weiss blieb standhaft. »Was Aspirin betrifft«, entgegnete er, »kommt dessen Einbeziehung in irgendein neues Abkommen nicht in Frage ...« Falls Leverkusen darauf beharre, werde er die Verhandlungen abbrechen. Sterling werde sein legales Anrecht auf die »besagten Produkte« dann auf anderem Wege verfolgen.

Mann steckte rasch zurück. Die Vereinbarung sei in ihrer gegenwärtigen Form akzeptabel, obwohl er immer noch hoffe, daß Sterling eines Tages mit der IG zusammengehen werde. Um sich für die Erfüllung seiner Wünsche zu revanchieren, wollte Weiss großzügig sein. Er brach schließlich sein Versprechen gegenüber der amerikanischen Treuhand und überließ der IG Farben 50 Prozent der Aktien von Winthrop anstelle einer 50prozentigen Gewinnbeteiligung. Dies sollte sich als verhängnisvoller Schritt erweisen. Die Änderung wirkte sich auf die Bilanzen der IG zwar nicht aus – sie würde nun Dividenden statt Gewinnanteile von Winthrop erhalten. Aber das deutsche Unternehmen war jetzt *Eigentümerin* der Hälfte von Winthrop. Und damit hatte Sterling eindeutig gegen den Geist und vielleicht auch die Buchstaben seiner Abkommen mit der amerikanischen und britischen Regierung verstoßen. Aber für Weiss war das Spiel dieses Risiko wert. Am 15. November paraphierte er einen Vertrag, der den

ehemaligen fahrenden Händlern aus Wheeling/West Virginia den Zugang zu
einem riesigen Sortiment von IG-Produkten eröffnete.

Der aggressive und draufgängerische Weiss verhielt sich in seinen Beziehungen
zu Deutschland uncharakteristisch zögerlich – er mochte die IG zwar übervorteilt
haben, aber das Kartell nötigte ihm immer noch großen Respekt ab. »Er blieb
immer der Provinzler aus Wheeling/West Virginia«, bemerkte einer seiner Mitarbeiter später. »Man muß das über ihn begreifen – er war ein Kleinstädter, der
plötzlich auf dem internationalen Parkett mitmischte.« Je öfter er ins Ausland
fuhr, desto mehr bedeutete ihm der Respekt seiner deutschen Kollegen. Er maß
sich selbst an einem Mann wie Duisberg und wurde sich seiner Mängel bewußt.
Er mochte zwar den Kampf gewonnen haben, aber dabei hatte die Gegenseite
ihn auch für sich eingenommen.

Die Diskrepanz zwischen den zwei Stammhäusern sprang in die Augen. Das
Flußgelände, das Duisberg drei Jahrzehnte zuvor erworben hatte, war inzwischen fast bis in den letzten Winkel genutzt; jeden Tag schob sich ein Strom von
Arbeitern durch die breiten Straßen, und aus den Werkshallen traten Hunderte
von Produkten ihren Weg auf entfernte Märkte an. Duisbergs Vorliebe für straffe
Organisation machte sich überall bemerkbar. Es gab ständig und auf allen
Ebenen Besprechungen; Memos, Briefe und Protokolle wurden säuberlich nu-
meriert, datiert und in einer großen Registratur archiviert. Jedes Schriftstück,
das die Firma verließ, mußte zwei Unterschriften tragen; der Verfasser unterschrieb rechts, während die Paraphe links unten von dem Verantwortlichen
stammte, den die Kritik treffen würde, falls etwas schiefging. Nur Mann und ein
paar andere waren allein zeichnungsberechtigt. Trotz Duisbergs persönlichem
Flair betrieb der Konzern mehr Lobbyismus als Werbung und wandte sich eher
an Persönlichkeiten des Establishments als an die Öffentlichkeit; er tat wenig,
um die Allgemeinheit auf seine Präsenz aufmerksam zu machen, und hob stets
sein untadeliges Unternehmensethos hervor.

Im Gegensatz dazu bestand das Stammhaus von Sterling in Manhattan aus
einem architektonisch unauffälligen zwölfstöckigen Gebäude in dem Fabrikge-
lände nördlich der Wallstreet. Die Vorstandsetagen waren merkwürdig leer.
Weiss okkupierte zwar eine Zimmerflucht im obersten Stockwerk, verbrachte
aber einen Großteil seiner Zeit in seinem alten Büro in Wheeling – seine Familie
war nie nach New York übersiedelt. Diebold hatte sein Büro in einem Gebäude

an der Park Avenue; die Leute in der Zentrale sahen ihn kaum. Es gab wenige Konferenzen.

Es nimmt kaum Wunder, daß Weiss Genugtuung empfand, als ihn das Kartell am 28. August benachrichtigte, ihm sei von der Universität Köln ein Ehrendoktorat verliehen worden. Drei der Kuratoren der Universität – Rudolph Mann, Otto Doermer und O. van Hoeffer, lauter IG-Leute – überreichten ihm die Auszeichnung auf einem Champagnerbankett im New Yorker Biltmore-Hotel. Unter den Anwesenden waren Diebold, McClintock, Emanuel von Salis und Walter Duisberg (einer von Carls Söhnen und eine aufsteigende Macht im Unternehmen). Der mit einer schwarzen Robe bekleidete Weiss hielt eine Rede in Drogistenlatein. Im übrigen verlief die aufwendige Zeremonie völlig in Deutsch, einer Sprache, in der Weiss bis zum Ende seiner Tage hoffnungslos inkompetent blieb. Trotzdem erfaßte Weiss die Hauptsache: Fortan bestand er bis an sein Lebensende darauf, als »Doktor Weiss« angesprochen zu werden.

Max Wojahn hatte eine große Karte von Südamerika an seiner Bürowand befestigt. Möllers Assistent und Nachfolger als Leiter der Exportabteilung der Bayer Company war aus dem gleichen Holz geschnitzt. Der deutsche Emigrant war in erster Linie ein Verkäufer und besaß die Energie und den Optimismus des geborenen Verkaufstalents. Seine Landkarte war gespickt mit farbigen Stecknadeln, welche die Standorte der vielen örtlichen IG-Niederlassungen anzeigten, die pauschal als die »Quimicas« bezeichnet wurden, weil die meisten die Worte »Quimica Bayer« in ihrem Namen führten. Aufgrund der Verträge zwischen Sterling und der IG dienten die Quimica-Mitarbeiter zwei Herren: Unter Leitung der IG vermarkteten sie deutsche rezeptpflichtige Medikamente, deren Gewinne ausschließlich an die IG gingen; und unter Leitung der US-amerikanischen Bayer Company – das heißt Max Wojahn – vertrieben sie Aspirin unter einer Vielzahl von Markennamen und Formen, deren Gewinne, wie im Vertrag von 1920 vorgesehen, zwischen der Bayer Company und der IG aufgeteilt wurden. Obwohl die Quimicas also nur partiell seiner Führung unterstanden, betrachtete Wojahn sie als sein Eigentum. Er ließ sich von der Spärlichkeit der Nadeln auf seiner riesigen Karte von Südamerika nicht entmutigen. In den großen Urwäldern des Amazonas-Deltas und darüber hinaus erblickte er einen Kontinent voll Menschen, die noch nicht Aspirin kauften.

Das Aspirin-Geschäft in Lateinamerika war auf gewaltige Hindernisse, insbesondere durch Piraterie, gestoßen. Auf dem Markt befand sich ein einziges legitimes Produkt: ein Röhrchen mit zwanzig Tabletten, von denen jede einzelne das Bayer-Kreuz trug. Diese wurden auf dem ganzen Kontinent durch Handelsreisende an Apotheken verkauft, die auf Maultieren und Pferden bis in entlegene Ortschaften vordrangen, um das Evangelium der Analgetika zu verkünden. Da sich viele der Dörfler das volle Röhrchen nicht leisten konnten, gaben die *farmacistas* die Pillen oft in Tütchen von zwei oder drei Stück ab. Und dabei – das argwöhnten jedenfalls die Bayer-Vertreter – schmuggelten sie oft ASS anderer Herkunft in diese Päckchen.

Um diesen Übelstand auszumerzen, brachte Sterling eigene Kleinpackungen von ein oder zwei Tabletten auf den Markt, die sich selbst die ärmsten Kopfschmerzpatienten leisten konnten. Und das Unternehmen konzentrierte sich auf eines der weniger leicht kopierbaren Produkte Leverkusens, Cafiaspirina, eine Mixtur, wie ein Sterling-Angestellter später sagte, aus »Aspirin und ein bißchen Coffein, damit man das Gefühl hatte, daß sich das Ganze lohnte.« Was am wichtigsten war, die Firma verstärkte ihre Werbung mit allen verfügbaren Mitteln – Zeitungen, Reklametafeln, Plakate, Wochenschauen, gedruckte Handzettel, Reklameschriften auf Straßenbahnen und später dem Rundfunk. Sie beackerte den ganzen Kontinent, wie die Exportabteilung behauptete, mit der größten und effizientesten Truppe von Handlungsreisenden, die je in Südamerika tätig wurde. Die Werbungskosten schnellten auf mehr als ein Fünftel des Gesamtabsatzes hoch, ein Niveau, das vor dem Ersten Weltkrieg unbekannt war.

Was sich zuvor in den Vereinigten Staaten abgespielt hatte, geschah erneut in der südlichen Hemisphäre: Die Leute sahen die Plakate, hörten die Radiosendungen oder sahen die Wochenschauen und erfuhren dadurch, daß eine kleine weiße Tablette Kopfschmerzen beseitigen, Arthritis heilen und die Grippe ausmerzen könne. (Tatsächlich kann Aspirin die zwei letztgenannten Dinge nicht, aber es lindert Entzündungen und Fieber so fühlbar, daß sich das Befinden von Patienten mit Arthritis beziehungsweise Grippe deutlich bessert.) Heute fällt es schwer, sich vorzustellen, was die Bewohner eines abgeschiedenen Dorfes empfunden haben müssen, als ihre tobenden Kopfschmerzen zum ersten Mal von einer kleinen Pille weggezaubert wurden. Wie ein Sterling-Memo später schwärmte: »Selbst Analphabeten, die früher nie daran gedacht hätten, ein pharmazeutisches Produkt zu benutzen, wurden Kunden der Apotheken.«

Von der Unterzeichnung des Vertrags von 1920 bis zum Ende des Jahrzehnts verdreifachten sich die südamerikanischen Umsätze von Cafiaspirina und anderen Bayer Aspirin-Produkten auf mehr als vier Millionen Dollar pro Jahr. Durch die Zusammenarbeit zwischen der IG und Sterling verringerten sich die Kosten – nach 1923 setzten die beiden Unternehmen eine einzige Vertreterorganisation von Quimica-Angestellten ein. Darüber hinaus erhöhte die Exportabteilung ständig den Preis von Cafiaspirina. Die Leute kauften trotzdem. 1929 schluckten die südamerikanischen Konsumenten 330 Millionen Tabletten – 100 Tonnen Aspirin – jährlich, und die Gewinnmarge betrug runde 39 Prozent. Die Profite hatten den Umsatz überholt und vervielfachten sich während dieses Jahrzehnts um den Faktor acht. Wojahn empfand dies als »eine an ein Wunder grenzende Entwicklung«.

Das lateinamerikanische Aspirin-Geschäft war für die IG Farben von besonderer Bedeutung. 1925 verzeichneten die IG-Unternehmen Gewinne in Höhe von 16,1 Millionen Dollar, wovon fünf Prozent – mehr als 800 000 Dollar – von südamerikanischem Aspirin stammten; vier Jahre später waren die Gewinne der IG auf 24,9 Millionen Dollar angewachsen, wovon das südamerikanische Aspirin 1,25 Millionen einbrachte.[*] In den folgenden Jahren hielt der Aspirin-Verkauf nicht ganz mit dem IG-Umsatz Schritt, trotzdem blieb das ASS ein Goldesel für den Konzern. Die Folge war, daß es dem Kartell äußerst schwer fiel, die Zuständigkeit für das Aspirin-Geschäft an die Exportabteilung der Bayer Company abzutreten. Die Quimicas vermarkteten die rezeptpflichtigen IG-Arzneien unter der alleinigen Leitung des Konzerns. Die Vermarktung von Aspirin fiel dagegen in den Kompetenzbereich von Sterling. Es machte Mann wütend, daß er untätig dasitzen sollte, während Weiss und Wojahn in diesem unerhört gewinnträchtigen Geschäft die Budgets diktierten, Werbeaufträge vergaben und Verkaufspersonal anheuerten – zumal es sich um einen Wirtschaftszweig handelte, der ein Produkt verkaufte, das von seinem Unternehmen erfunden worden war und sich des Warenzeichens seiner Firma, des Bayer-Kreuzes, bediente. Kaum verwunderlich, daß er es nicht lassen konnte, Memos über ASS-Lieferungen mit Vorschlägen und Befehlen zu spicken! Wojahn und Möller ärgerten sich darüber, besonders, wenn Mann ihre Weisungen rückgängig machte. Jede Maßnahme

---

[*] Auch die anderen Verträge mit Sterling waren für die IG Farben wichtig. 1929 betrugen die Gesamtgewinne aus sämtlichen Sterling-Verträgen 2,69 Millionen Dollar, das waren mehr als 10 Prozent der IG-Profite.

der Leverkusener, protestierte Möller, habe das Ziel, »so oft wie möglich zu zeigen,
daß die endgültige Entscheidung aufgrund ihrer 75prozentigen Beteiligung
jederzeit bei ihnen liege«. Er beklagte sich mit solcher Erbitterung, daß Mann
Ende 1926 mahnte, »die Korrespondenz in der üblichen sachlichen Weise zu
führen«. Als Reaktion darauf drohte Wojahn offenbar mit seiner Kündigung.

Auf einer unerfreulichen Konferenz im folgenden Mai in Leverkusen wies Weiss
Mann darauf hin, daß die IG »keinerlei Recht dazu habe, sich in die Unternehmensleitung New Yorks einzumischen«. Mann entgegnete kühl, die IG mische
sich nicht ein. Sie offeriere bloß »hilfreiche Anregungen«. Er sei außerstande,
sich eines Beispiels echter *Einmischung* zu entsinnen. Wojahn erwiderte, daß
Leverkusen seinen Vertretern Befehle erteile. Mann »konnte kaum glauben, daß
dies der Fall sei«. Ein anderer Direktor konnte sich bei dem Treffen »an keinen
einzigen Fall erinnern, wo Leverkusen in Angelegenheiten, die Aspirin betrafen,
an Vertreter geschrieben habe«. Wojahn bot an, mehrere solcher Fälle anhand
seiner Akten nachzuweisen. Mann gelobte Besserung, aber natürlich kam es
doch wieder vor.

Für Wojahn war die Einmischung besonders unerträglich angesichts der ge-
wohnten Zurückhaltung der Deutschen. Mitte der zwanziger Jahre hatte zum
Beispiel die Quimica in Argentinien Wojahn nahegelegt, Aspirin nicht weiter zu
propagieren. Der argentinische Markt sei gesättigt, erklärte Buenos Aires.
Nachdem der Pro-Kopf-Verbrauch des Medikaments explodiert war, sei ein
weiteres Wachstum unvorstellbar. Leverkusen stimmte zu – die Leute könnten
nur eine begrenzte Menge von Aspirin konsumieren. Wojan war entschlossen zu
beweisen, daß beide unrecht hatten. Er stockte den Werbeetat auf. Und dann
noch einmal. Und noch einmal. Bis 1930 hatte sich der Absatz in Argentinien
verdreifacht. Und das Wachstum war trotz des gleichzeitigen erfolgreichen Starts
eines Konkurrenzprodukts, Geniol, erzielt worden. Der Markt sei keineswegs
überschwemmt, triumphierte Wojahn gegenüber Weiss. Sterling sollte nie »den
Fehler machen, sich mit einem Rückblick auf das bereits Erreichte zufrieden-
zugeben und zu glauben, daß wir es nicht noch viel weiter bringen können«. Ihr
überwältigender Erfolg bedeute nur, daß es an der Zeit sei, tiefer ins Innere des
Kontinents vorzudringen, in die wenigen Regionen auf Wojahns Generalstabskarte, wo erst wenige Nadeln steckten.

5. Kapitel

»Eine positive innere Einstellung zum gegenwärtigen Regime«

Die Nacht war neblig und kalt. Warm angezogen gegen die Leverkusener Winterkälte, drehte Carl Duisberg an einem Schalter – und zwischen zwei Fabrikschloten leuchtete ein riesiger Lichterkreis auf. Dieser Kreis mit einem Durchmesser von über siebzig Metern bestand aus einer Kette von 2200 Glühbirnen. Darin ergaben die Lichter in sechs Meter hohen Buchstaben senkrecht und waagrecht die Worte B-A-Y-E-R, die sich im mittleren Y kreuzten. Nachts war das Zeichen kilometerweit sichtbar und auf den ersten Blick erkennbar – die größte Leuchtreklame in der Welt. »So wie das Kreuz des Südens dem Seemann Richtung und Hoffnung gibt«, erklärte ein stolzer Duisberg vor der versammelten Menge, »möge dieses ›Kreuz des Westens‹ im Herzen der deutschen Industrie ... als ein Symbol unseres Mutes und unserer Zuversicht erstrahlen.«

Mut und Zuversicht waren an diesem Abend dringend nötig. Wenige Stunden zuvor waren zwei IG-Vorstände unter der exklusiven Unternehmerdelegation gewesen, die mit dem neuen Kanzler der Nation, Adolf Hitler, zusammentraf. Die meisten deutschen Wirtschaftsführer hatten Hitler und seine Nationalsozialistische Deutsche Arbeiterpartei – die NSDAP – als ein Ärgernis betrachtet. Das änderte sich, als Deutschland in die weltweite Depression hineingerissen wurde, die auf den Börsenkrach vom Oktober 1929 folgte; als Banken in Konkurs gingen, Fabriken schlossen und die Schlangen vor den Armenspeisungen immer länger wurden, gewann die NSDAP Stimmen hinzu. Nach Hitlers Ernennung zum Kanzler wurde sich die Industrie klar darüber, daß sie sich mit ihm arrangieren müsse, und so wurde für den 20. Februar 1933 eine Zusammenkunft arrangiert. Die Abordnung der IG Farben wurde von Georg von Schnitzler, dem Leiter der Färbemittelproduktion, angeführt. Ebenso wie die anderen Anwesenden war er ein mächtiger Mann und erwartete, angehört zu werden. Statt dessen sprach Hitler eineinhalb Stunden lang ohne Unterbrechung über die jüngste deutsche Geschichte, die er als ein Ringen zwischen den Kräften der Kreativität und des Verfalls darstellte. Nur die NSDAP, sagte er, könne die Nation vor der roten Gefahr erretten. Für die anwesenden Industriellen war dies abgedroschenes Zeug. Der Führer fügte jedoch eine neue Dimension hinzu: Sollten die Nazis die Parlamentswahlen am 5. März nicht gewinnen, würden sie einen Bürgerkrieg auslösen. Angesichts dieses Ultimatums versuchten die Industrievertreter, den Raum zu verlassen. Dies wurde ihnen nicht gestattet. Hermann Göring, der Präsident des Reichstages, wünschte zu sprechen. Der NSDAP, erklärte er, fehle es an Geld, um ihre Kampagne für Sittlichkeit fortzusetzen. Er legte der Industrie nahe, einen Teil der Last zu übernehmen. Als Gegenleistung würden die Nazis den inneren Frieden gewährleisten, der für die ordentliche Abwicklung der Geschäfte nötig sei. Der Preis des inneren Friedens betrug drei Millionen Mark.

Wie zahllose reiche, mächtige Menschen in ähnlichen Situationen vor ihnen gaben die Industriellen dieser Erpressung mit einem Minimum an Gegenargumenten nach. Schnitzler hatte keine Befugnis, Geld auszugeben, und ging deshalb, ohne etwas zu versprechen. Er wandte sich an Carl Bosch, der den Nazis am 27. Februar 400 000 Mark zukommen ließ, ohne den Aufsichtsrat zu informieren.

Am nächsten Morgen brannte das Reichstagsgebäude bis auf die Grundmauern nieder. Ein holländischer Arbeitsloser mit Verbindungen zu den Kommunisten wurde festgenommen. Die Empörung gegen die Roten schlug hohe Wellen. Wütende Menschenmengen randalierten auf den Straßen, Geschäfte wurden geplündert, Gewehrschüsse knallten. Insgesamt verlockte die Lage nicht zu langfristigen Investitionen. Nachdem eine Koalition unter Führung der NSDAP die Herrschaft über das Parlament erlangt hatte, schenkte Bosch den Bundesgenossen der Partei weitere 100 000 Mark. Die Gesamtspende der IG in Höhe von einer halben Million Mark war die größte Zuwendung aller Firmen.

Bosch leistete seinen Beitrag voll Mißtrauen. Hitlers soziale, politische und rassische Ansichten enthielten bestimmte identifizierbare wirtschaftliche Aspekte, von denen Bosch keine hohe Meinung hatte. Im großen und ganzen hielt Hitler die Industrialisierung für schlecht, weil durch sie die zuverlässigen Bauern von der Scholle vertrieben wurden, die er als zentral wichtig für die Nation ansah. (Seine Konzentration auf die Landwirtschaft war verhängnisvoll für eine stark urbanisierte, über wenig Land verfügende Nation.) Auch der Außenhandel war in seinen Augen nicht vertrauenswürdig. Unternehmen wie die IG gingen dazu über, Industrieprodukte gegen ausländische Nahrungsmittel zu tauschen, ein Vorgang, der Deutschland nach seiner Meinung der Gnade der Bankiers auslieferte, von denen nach Hitlers Überzeugung die meisten Juden und daher verabscheuenswert waren. Außerdem würde der Verkauf an andere Länder in dem Maße zurückgehen, wie sich diese Nationen industrialisierten, die ausländische Konkurrenz zunahm und deutsche Unternehmen im Ausland Fabriken gründeten. Niedergang sei die unentrinnbare Folge für jedes Land, das töricht genug sei, sich vom Außenhandel abhängig zu machen. Hitler hatte nicht die Absicht, Deutschland dem Verfall preiszugeben. Da er an das Überleben der Tüchtigsten glaubte, betrachtete er wirtschaftliche Konkurrenz klarerweise als naturgegeben. Aber, wie es der Historiker Peter Hayes trocken formulierte, »ein Blick auf die industrielle Elite Deutschlands überzeugte den Führer, daß das freie Spiel der ökonomischen Kräfte nicht automatisch den Tüchtigsten nach oben spült«. Statt darauf zu vertrauen, daß die Kapitalisten Deutschland seine ehemalige Glorie wiedererringen würden, meinte Hitler, jemand müsse die Führung übernehmen. Dieser Jemand war er selbst.

Hitler ging daran, die Naziideologie in einem Tempo in die Tat umzusetzen, das noch heute verblüfft. Am 1. Mai kündigte er einen Vierjahresplan an – das erste von zwei Programmen, die beide keine vier Jahre in Anspruch nahmen –, der großangelegte staatliche Projekte, einen Steuerkredit für privatwirtschaftliche Investitionen und eine Prämie von tausend Mark für jungverheiratete Paare vorsah, vorausgesetzt, daß die Frau nicht erwerbstätig war. Das Land wurde zügig militarisiert, wobei die nötigen Fabriken in ein nationales Verteidigungsprogramm eingebunden wurden. Aktien-, Wertpapier und Devisenmarkt wurden einer strengen staatlichen Kontrolle unterworfen.

Die NSDAP verfolgte die Juden auf jede mögliche Weise. Auf Plakaten, in Zeitungsartikeln, Rundfunkansprachen und öffentlichen Stellungnahmen wurden Juden verunglimpft, lächerlich gemacht und dämonisiert. Die Unternehmen sollten keine Juden beschäftigen, an Juden weder verkaufen noch von ihnen kaufen und kein Geld von Juden borgen. Überzeugte Nazis überwachten als Angestellte die Fügsamkeit ihrer Chefs und denunzierten deren mangelndes Engagement bei der allgegenwärtigen NSDAP. Die Idee war, die jüdische Bevölkerung vom sozialen und wirtschaftlichen Leben der Nation auszuschließen – sie auf einen Status zu reduzieren, der vielleicht mit dem der Schwarzen unter der Apartheid vergleichbar war.

Für die IG Farben brachte diese abscheuliche Politik sowohl praktische als auch moralische Schwierigkeiten mit sich; der Konzern hatte viele wichtige jüdische Mitarbeiter, von denen vier dem Vorstand angehörten. Außerdem hatten antisemitische Angriffe im Ausland Aufrufe zum Boykott bestimmter deutscher Waren zur Folge gehabt – Aufrufe, welche die pharmazeutische Abteilung alarmierten.[*] Die IG könne nicht, wie Hayes bemerkte, »tatenlos einem Teufelskreis von Verfolgungen und ausländischen Vergeltungsmaßnahmen entgegensehen«. Gleichzeitig wollte sie sich aber auf keine Auseinandersetzung mit der Regierung einlassen.

Bosch war Pressionen der NSDAP ausgesetzt. Zu Beginn seiner Karriere hatte er an der Entwicklung eines innovativen Verfahrens zur Umwandlung von Kohle in synthetisches Benzin mitgewirkt. Nachdem ein Pilotprojekt kommerziellen Erfolg versprach, stürzte er die IG – gegen Duisbergs Einwände – in den Bau einer riesigen Synthesebenzinfabrik in der Stadt Leuna, 100 Kilometer südwestlich von Berlin. Das Projekt überstieg den Kostenvoranschlag um Hunderte Millionen von Mark. Auf der Generalratssitzung im Juni 1929 mußte Bosch einen Produktionsausstoß melden, der nur halb so hoch war, wie er anfangs prognostiziert hatte. 1931, als Boschs Verfahren ihm den Nobelpreis für Chemie eintrug, erreichte das Leuna-Werk schließlich sein Produktionsziel von hundert-

---

[*] Sterling hielt am 20. Oktober 1933 eine spezielle Vorstandssitzung ab, um sich mit der wachsenden Anzahl von Fragen bezüglich seiner deutschen Verbindungen zu befassen. Der Vorstand beschloß zu mauern. Fortan werde man Fragen mit dem simplen Hinweis beantworten, daß Winthrop im Besitz von Sterling Products, einem amerikanischen Konzern, sei, und daß dessen Präparate in den Vereinigten Staaten erzeugt würden.

tausend Tonnen im Jahr. Inzwischen waren im Nahen Osten neue Ölreserven gefunden worden. Der Preis von gewöhnlichem, nichtsynthetischem Benzin fiel auf 5 Pfennig pro Liter. Das Synthesebenzin aus Leuna kostete 40 Pfennig pro Liter, das Achtfache. Bosch hatte einen der größten weißen Elefanten der europäischen Industrie geschaffen. Der Konzern benötigte dringend Hilfe von der Regierung.

Die Folge war, daß die IG Farben zumindest anfangs ambivalent auf den Rassismus der Nazis reagierte. Von Hitlers Satrapen unter Druck gesetzt, spendete die IG weiterhin für die Partei, der sie zwischen 1933 und 1939 über 19 Millionen Mark zur Verfügung stellte. Einige der leitenden Angestellten traten der Partei bei; andere versuchten, sich bei gemäßigten Parteiführern lieb Kind zu machen. Sie fühlten sich belohnt, als Hitlers Beharren auf Autarkie ihn veranlaßte, den Preis des in Leuna erzeugten Treibstoffs zu stützen. Bosch hielt den Mund und akzeptierte ein Angebot, welches das Fiasko aus der Welt zu schaffen versprach, das seine Dienstzeit an der Spitze der IG wie nichts anderes kennzeichnete. Im Dezember 1933 wurde ein Abkommen von faustischen Dimensionen unterzeichnet, in dem sich die Nazis verpflichteten, die gesamte Produktion von Leuna zu einem hohen Preis aufzukaufen. Drei Jahre später florierte Leuna.

Die IG ließ sich von den Nazis aber nicht völlig vereinnahmen. Bosch versuchte, seine jüdischen Mitarbeiter zu schützen, und schickte sie, wann immer es möglich war, ins Ausland. Und er kritisierte öffentlich den Versuch, die Wissenschaft zu nazifizieren, wozu Görings bizarre Kampagne gegen die Vivisektion zählte – Göring hielt die Erprobung von Medikamenten an Tieren für »jüdische Wissenschaft«. 1933 befürwortete der Justizminister die Einführung der Todesstrafe für jeden Deutschen, der »eine Erfindung ... die von wesentlicher Bedeutung für die nationale Verteidigung ist, dem Ausland zuspielt«. Schwere Strafen drohten auch all jenen, die Dinge »von wesentlichem Wert für die Aufrechterhaltung des Handels bzw. Betriebsgeheimnisse von nationaler Bedeutung an andere weitergeben«. Die IG wandte dagegen ein, daß die Veröffentlichung eines Patents die Weitergabe von Informationen voraussetze und daß das Gesetz es daher unmöglich mache, Entdeckungen zu patentieren. Schließlich gelang es dem Konzern, diese Restriktionen hinauszuzögern.

Wilhelm Mann, Rudolfs Sohn, erblickte die einzige Überlebenshoffnung der IG Farben in einem Arrangement mit den Nazis. Er war ein Veteran des Ersten

Weltkriegs, ein Patriot, ein loyaler Ehemann, ein leidenschaftlicher Verfechter der moralischen Verpflichtungen der pharmazeutischen Industrie. Zwanzig Jahre lang war er ein kleiner Mitarbeiter der IG, der niemals allein einen Brief unterzeichnen durfte. 1929 löste er seinen Vater als Leiter des pharmazeutischen Vertriebs ab und wurde einer der sieben Direktoren von Leverkusen und Weiss' wichtigste Kontaktperson. Unter dem Eindruck der Wirtschaftskrise, die seinem Land zusetzte, liebäugelte Mann mit der Nazipartei, der er 1932 beitrat und die er im selben Jahr wieder verließ. Kurz nach der Wahl vom März 1933 wurde er erneut Mitglied.

Als Hitler warnte, daß sich die Maßnahmen gegen die Juden verstärken würden, falls die Klagen aus Übersee nicht aufhörten, war Mann einer der vielen Deutschen, die Ausländern versicherten, daß die NSDAP nicht gewalttätig oder antisemitisch sei. Weit von jeder Neigung zum Chaos entfernt, schrieb Mann an Max Wojahn, sei Deutschland »*eines der ruhigsten Länder Europas*«. Zwar seien einige jüdische Geschäfte angegriffen worden, gab er zu, aber

> jedermanns Sicherheit ist in jeder Weise gewährleistet, und niemandem, einschließlich politischer Gegner und Juden, wird ein Leid zugefügt ... Wir fordern Sie daher dringend auf, sofort nach Erhalt dieses Briefes in einer Weise, die Ihnen am geeignetesten erscheint, zur Verbreitung *sachlicher Informationen* beizutragen ... entweder durch Besuche bei den führenden Persönlichkeiten Ihres Landes und bei Herausgebern einflußreicher Zeitungen oder durch Rundbriefe an Ärzte und andere Kunden ... All die verlogenen Greuelgeschichten enthalten *kein Wort der Wahrheit*.

Mann versicherte Weiss, daß die neue Regierung »einen deutlich merkbaren Wandel zum Besseren« darstelle, weil »prominente gemäßigte Elemente innerhalb derselben *von wirtschaftlichen Experimenten Abstand nehmen werden*« – das heißt, die NSDAP werde sich nicht in das Geschäft einmischen. Aber schon während er diese Worte schrieb, mußte sich Mann gegen die Einmischung der Nazis in die Geschäftsführung zur Wehr setzen.

1930 hatte die IG ihre Winthrop-Aktien auf die American IG Chemical Corporation übertragen, eine amerikanische Tochter, die im Jahr zuvor für den Vertrieb all jener Produkte gegründet worden war, die durch die Verträge mit Sterling nicht abgedeckt waren. Die IG übersandte keine Mitteilung über den Aktientransfer nach Deutschland. Sterling zahlte danach den IG-Anteil an den Winthrop-Dividenden an die American IG, die sie auf amerikanischen oder Schweizer Bankkonten anlegte und das Geld damit den neugierigen Blicken der NSDAP entzog. 1934 kam Mann zu der Überzeugung, daß dieses Arrangement nicht geheim genug sei. Er ersuchte Sterling, die Zahlungen in eine vage umschriebene »Dienstleistungsgebühr« von 50 000 Dollar umzuwandeln. (Die Korrespondenz wurde geheimgehalten, indem beide Seiten ihre Briefe durch den dänischen Konsul in Köln befördern ließen.) Widerstrebend – die Gebühr würde in Amerika zu versteuern sein – erklärte sich Sterling dazu bereit. Im Jahr 1936 ging Weiss dazu über, Mann auf ihren halbjährlichen Konferenzen in New York persönlich Schecks zuzustecken. Der Scheck wurde ohne Deckungsbestätigung ausgehändigt; Mann wollte die NSDAP nicht wissen lassen, daß derselbe Mensch, der Ausländern versicherte, die Partei werde sich wirtschaftlicher Experimente enthalten, selber eines machte.

Die Weltwirtschaftskrise hatte verheerende Auswirkungen auf Sterlings Goldgrube in Südamerika. Der Aspirin-Absatz fiel zwischen 1929 und 1933 um die Hälfte; die Gewinne schrumpften auf ein Viertel ihres Umfangs vor der Depression. Es war eine Katastrophe.

Für Max Wojahn war die Lösung einfach: *Verstärken wir die Werbung.* Mit genügend Reklame, dachte er, könne man die von der Depression gebeutelten Massen Lateinamerikas überreden, ihren Konsum von Cafiaspirina wiederaufzunehmen – und Wojahn war fest entschlossen, für ausreichend Reklame zu sorgen. Eine ganze Schwadron, etwa achtzig Mann, von Quimica Bayer-Vertretern schwärmte fächerförmig auf das flache Land aus, jeder in einem Auto, das mit Lautsprechern ausgerüstet war und die Wunder von Cafiaspirina verkündete. Im Laufe der Zeit wurden die Lautsprecherwagen durch sogenannte Sound Trucks abgelöst, die mit 16-mm-Filmprojektoren ausgestattet waren. Die Seitenwände der Lkws waren zu einer improvisierten Bühne aufklappbar, die der Vertreter erklomm. Über seinem Kopf war ein Cafiaspirina-Banner gespannt. Gaffer fanden sich ein, während der Vertreter ein Grammophon laufen ließ oder vielleicht einige Schlager sang; sobald die Menge groß genug war, entrollte der Verkäufer eine Filmleinwand, und die Vorführung begann. Es war mehr oder weniger gleichgültig, was auf der Leinwand lief, weil das Publikum, das noch nie eine Filmvorführung gesehen hatte, keine Ansprüche stellte. Manchmal waren Mickymausfilme, veraltete Wochenschauen oder Fortsetzungsgeschichten jener Machart zu sehen, bei der Mädchen von höhnischen Schurken an Eisenbahnschienen gefesselt werden; überwiegend handelte es sich jedoch um Industriefilme, in Leverkusen gedreht, in denen die Herstellung von Verbindungen wie synthetische Nikotinsäure zu sehen war. Ein Element blieb konstant: ein Werbeblock für Cafiaspirina, in dem das Bayer-Kreuz eine prominente Rolle spielte. Auf diese Weise führten die Aspirin-Vertreter Tausende von Hochlandindianer in das Zeitalter der Massenmedien ein.

Die Cafiaspirina-Umsätze stiegen während des ganzen Jahrzehnts langsam an, obwohl sie wegen der geänderten Wechselkurse in realen Zahlen niemals ganz das Niveau vor der Depression erreichten. Die Quimicas expandierten laufend; allein in Brasilien beschäftigte die Bayer-Zentrale 600 Personen. Wojahn war überzeugt, daß die Umsatzsteigerung anhalten könne. In einem Memo, aus dem man beinahe das zufriedene Glucksen und Händereiben des Verfassers heraushören kann, meldete Wojahn Weiss,

> die Lateinamerikaner sind große Konsumenten medizinischer
> Präparate, und für viele von ihnen repräsentiert die Apotheke das,
> was in anderen Ländern der Lebensmittelladen ist. Es wird
> behauptet, daß in vielen Teilen Lateinamerikas 20 bis 25 Prozent
> des durchschnittlichen Familienbudgets für Arzneimittel aufge
> wendet werden.

Die breitgefächerten Werbeveranstaltungen brachten den Quimicas eine außerordentliche Menge an sogenannter »Sympathie« ein, die Neigung seitens der Verbraucher, Bayer-Kreuz-Produkte zu kaufen, bloß weil es Bayer-Kreuz-Produkte waren. Das von der Verkäufertruppe von Bayer Aspirin geschaffene positive Firmenimage wirkte sich auch auf den Umsatz rezeptpflichtiger Arzneimittel aus, mit der Folge, daß das Unternehmen den lateinamerikanischen Pharmamarkt beherrschte.

Dadurch wurde die IG auch zu einem lohnenden Ausspähungsobjekt für die Auslandsorganisation der Nationalsozialisten, welche die Aufgabe hatte, die Machtsphäre der NSDAP im Ausland auszudehnen. Ernst Wilhelm Bohle, der Leiter der Auslandsorganisation, wurde zum Schreckgespenst der Aspirin-Vertreter der Quimicas. Klein, dunkelhaarig und wenig attraktiv, war Bohle in Südafrika in einer Familie aufgewachsen, die sich Glanz und Glorie der deutschen Nation verpflichtet fühlte. Die elterlichen Lektionen verfehlten ihre Wirkung nicht; in der Schule hatte er den Spitznamen »Kaiser Will«. Er studierte in Deutschland und trat 1931 der NSDAP bei. Fanatisch in seinem Haß auf den Kommunismus und die jüdische und christliche Religion, machte Bohle mit seinem jugendlichen Feuereifer auf Rudolf Heß Eindruck. Bohle begrüßte die Aufgabe, in den deutschen Gemeinden im Ausland Zweigstellen der Partei zu gründen.

Die Gruppe der Auslandsdeutschen in Lateinamerika war besonders groß – allein im Süden Brasiliens lebte mehr als eine halbe Million Menschen deutscher Abstammung. Es war eine wohlhabende, konservative und isolierte Gruppe; selbst nach Jahrzehnten in Brasilien sprach die Bevölkerung ganzer Städte nur Deutsch. Die Lehrpläne legten großen Wert auf die glorreiche Tradition teutonischer Lebensweise, wie Robert Musil es nannte, deutsche Unternehmer stellten die Deutschen ein, die sie in deutschen Vereinigungen kennenlernten, und es gab zahlreiche Umzüge in deutschen Volkstrachten.

Ein paar Nazis waren bereits 1924 nach Südamerika emigriert, aber die offiziellen Kontakte mit der NSDAP setzten erst vier Jahre später ein. Als Hitler Kanzler wurde, existierten bereits mehr als 150 Nazigruppen außerhalb Deutschlands – die meisten von ihnen waren sehr klein. Da diese Gruppen bedeutungslos waren, konnte sich fast jeder, der bereit war, die nötige Zeit aufzubringen, an ihre Spitze setzen; die Folge war, daß die auslandsdeutschen NSDAP-Führer häufig aus den Reihen von Arbeitslosen und anderen Randgruppen der Gesellschaft stammten. Bohle fand es schwierig, mit ihnen zu arbeiten. Sie verbrachten ihre ganze Zeit mit kleinlichem Gezänk, klagte er, statt Wühlarbeit zu leisten.

Dennoch war Bohle überzeugt, daß diese ausländischen Parteigliederungen die Deutschen in Lateinamerika veranlassen könnten, in der Neuen Welt einen zweiten Nazistaat zu errichten. Dafür schien in erster Linie Brasilien geeignet, dessen 348 Parteimitglieder es zum Weltzentrum der nazistischen Auslandsdeutschen machten. (In den Vereinigten Staaten gab es im Gegensatz dazu nur 115; in China 83.) Der Parteiführer in Rio, Willie Meiss, leitete eine Geheimaktion, bei der vierzigtausend deutsche Familien überredet werden sollten, nach Südbrasilien zu übersiedeln, das sich dann vom Rest des Landes lossagen würde. Als die brasilianische Regierung Wind von dem Komplott bekam, schränkte sie die deutsche Immigration ein. Kurze Zeit später tauchte die Geschichte in britischen und amerikanischen Zeitungen auf: Das Schreckgespenst von Deutschen, die im Dschungel vom Amazonas einen Nazistaat errichteten, war unwiderstehlich; die »Nazintern«, wie Churchill es nannte, lieferte einen tollen Stoff für die Regenbogenpresse und war Futter für zwei Generationen von Thrillerautoren.

Die Quimicas waren von besonderem Interesse für Bohles Mannen. Hätte er Max Wojahns Karte von Südamerika gesehen, mit einer Stecknadel in jedem Ort, wo sich eine Vertriebsstelle von Quimica Bayer befand, dann hätte Bohle einen Kontinent von Menschen erblickt, die noch nicht der NSDAP angehörten. Jetzt, da er Drückerkolonnen zur Verfügung hatte, die erpicht waren, auch in die fernsten Vorposten der Zivilisation vorzudringen, konnte er auf die Werbesprüche für Cafiaspirina Nazipropaganda draufsatteln.

Der IG war ein weiterer Partner im südamerikanischen Pharmageschäft nicht willkommen. »Wir haben aus steuerlichen Gründen verschleiert, daß die Quimicas in deutschem Besitz waren«, gab der IG-Manager Max Ilgner später zu. »Die Auslandsorganisation wollte dagegen unsere Tätigkeit enttarnen, damit wir die Hakenkreuzfahne zeigen konnten. Wir wollten unsere Juden behalten, weil sie tüchtige Leute waren, die ihr Handwerk beherrschten. Die Auslandsorganisation hatte jedoch Anweisung, für ihre Eliminierung zu sorgen. Die Auslandsorganisation wollte, daß wir an Parteiversammlungen teilnahmen. Wir hatten weder den Wunsch noch die Zeit dazu. Sie wollten, daß wir höhere Beiträge an die Auslandsorganisation entrichteten. Auch darauf waren wir nicht gerade scharf.«

Die IG-Manager zählten zu den angeseheneren Figuren in der Gemeinde der Auslandsdeutschen – »Leute von gutem Ruf«, nannte sie Ilgner, »Repräsentanten des Deutschtums in der früheren Bedeutung des Wortes«. Sie besaßen schöne Häuser und große Autos. Sie nahmen nicht an Naziversammlungen teil, lasen keine Nazizeitungen und marschierten nicht bei Nazikundgebungen mit. Sie waren keinesfalls über das Ersuchen der deutschen Botschaft in Montevideo/Uruguay begeistert, die Versandliste des Unternehmens für den Vertrieb einer Propagandazeitschrift zu nutzen. Oder über die nachdrückliche Forderung der brasilianischen NSDAP, die IG solle Abdrucke von Hitlers Reden an sechzehntausend brasilianische Ärzte verschicken. Oder über Bohles Forderung, das Unternehmen solle aufhören, in Zeitungen zu inserieren, die »beleidigende und schmähende Artikel« über Deutschland veröffentlichten, selbst wenn diese Zeitungen von den Bayer-Kunden gelesen wurden.

Die IG versprach schließlich, nicht in nazifeindlichen Zeitungen zu werben. Wojahn schäumte, als er von der Kapitulation des Konzerns hörte – für ihn war es ein weiteres Beispiel der Einmischung von Seiten Leverkusens. Er kümmerte sich bis Januar 1938 nicht im geringsten um das Versprechen, als er von seinem Bruder Kurt, der in Argentinien für den Konzern arbeitete, hörte, die IG habe Bayer angewiesen, in *La Razón*, einer winzigen nazifreundlichen Zeitung, zu inserieren, deren Leserschaft von geringem kommerziellem Wert war. Wenige Tage später erfuhren Weiss und McClintock, daß sich die Auslandsorganisation in die Auseinandersetzung eingemischt hatte. Nicht nur werde *La Razón* ignoriert, klagten sie, sondern Cafiaspirina-Anzeigen überschwemmten *La Crítica*, ein sensationslüsternes nazifeindliches Skandalblatt. Die Inserate in *La Crítica* müßten sofort aufhören. Wütend wies Wojahn darauf hin, daß der Konzern Marktanteile an die Konkurrenz verlieren werde, wenn er sich weigere, in Zeitungen zu inserieren, die nazifeindliche Artikel brächten. Und dieser Verlust werde Deutschland schaden, das Devisen benötige, um seine wachsende Militärmacht zu stärken. Die Steigerung der deutschen Profite sei wichtiger, sagte er, als sich sozusagen politisch korrekt zu verhalten. Wie immer war Wojahns Lösung simpel: mehr Reklame. »Es lohnt sich zu werben«, dozierte er in einem Brief an Leverkusen, »wenn man wirbt, wo es sich lohnt.«

Die IG wischte dies beiseite. »Die Bayer-Anzeigen müssen aus den Seiten von *La Crítica* verschwinden ...«, wurde Kurt Wojahn angewiesen, »selbst wenn dadurch eine wichtige Verbraucherschicht nicht mehr erreicht werden kann.« Besorgt traf Kurt mit seinem Bruder zusammen, der mit McClintock sprach, welcher den Schwarzen Peter an Weiss weitergab. Weiss ließ Mann im März in trockenen Worten wissen, die Vermischung von Politik und Werbung laufe dem Zweck eines jeden Geschäfts zuwider: Gewinne zu machen. Nazipropaganda werde nur die Kunden verärgern und dem Absatz schaden. Angesichts seiner persönlichen Rechenschaftspflicht gegenüber den Aktionären von Sterling könne Weiss es nicht verantworten, Maßnahmen zu ergreifen, von denen er wußte, daß sie die Profite des Unternehmens schmälern würden. Dennoch zeigte er sich kompromißbereit und versprach, in beiden Zeitungen für Cafiaspirina zu werben. Inzwischen wurde Kurt Wojahn von Leverkusen gewarnt, daß »die Partei in Deutschland ihn beobachte und daß er sich vorsehen solle«.

Die Nazis setzten die IG weiterhin mit Forderungen unter Druck. Diese reagierte weder mit Widerstand noch mit Kollaboration. Die Firma versuchte, den Parteiführern dort entgegenzukommen, wo dies mit ihrem Gewinnmotiv vereinbar war, und sie leistete passiven Widerstand, wenn die Forderungen unprofitabel waren. Zuletzt gab sie jedoch immer nach. Leverkusen sträubte sich lange gegen Bohles Befehle, politisch zu lasche Mitarbeiter zu entlassen, aber 1937 setzte sich die Auslandsorganisation durch; einigen IG-Repräsentanten wurde gekündigt, wenn auch manche großzügige Pensionen erhielten. Den Nazis gelang es schließlich, die IG-Werbung völlig zu politisieren. Plakate und Reklamezettel trugen das Hakenkreuz. Die Sound Cars spielten deutschfreundliche Propagandafilme. Ein Augenzeuge hoch droben in den Anden erinnerte sich später, wie die Cafiaspirina-Verkäufer ihr Publikum daran erinnerten, daß diese großartige Vorstellung – und diese großartigen Pillen – aus einem Land namens Deutschland kämen, »einer weit entfernten Nation, die euch liebt«, einer Nation, die jetzt von Feinden umringt sei.

Im Februar 1938 verkündete Mann die »eindeutige Anpassung der pharmazeutischen Abteilung an die nationalsozialistischen Ideologien«. Die Auslandsfilialen, erklärte er, würden *grundsätzlich* von Deutschen, nicht Ausländern geleitet«. (Das bedeutete, daß das Aspirin-Geschäft nicht Sterling überlassen bleiben sollte.) Alle Anzeigen in antifaschistischen Zeitungen seien gestoppt worden, weil »Gewinn- und Reklameüberlegungen höheren politischen Aspekten untergeordnet werden müssen«. (Dies besagte, daß das Aspirin-Geschäft Verluste riskieren müsse, falls dies zur Förderung der Parteiziele nötig sei.) Die wenigen verbleibenden Juden seien »systematisch aus unseren Vertretungen zu entfernen«. (Mit anderen Worten, zu entlassen.) Jeder Mitarbeiter, warnte Mann, »sollte eine positive geistige Einstellung zum gegenwärtigen Regime entwickeln«.

Der vierundsiebzigjährige Friedrich Carl Duisberg starb am 19. März 1935. Ganz Leverkusen nahm an seinem Begräbnis teil; die große Fabrik, die sein Vermächtnis war, blieb an diesem Tag geschlossen. Der Industrielle, Chemiker, Planer und Philanthrop Duisberg hinterließ ein gewaltiges Erbe. Bei seinem Tod erklärte ein britischer Wissenschaftler: »Deutschland ist eines der größten und wertvollsten Bürger beraubt, den es je hatte; in der künftigen Geschichtsschreibung wird er vielleicht als der effizienteste und effektivste Industrielle angesehen werden, den die Welt bis jetzt gekannt hat ...«

Trotz der Lobeshymnen in Leverkusen entfernte sich Duisbergs Imperium immer weiter von seiner ursprünglichen Konzeption. Im April 1935 löste Hermann Schmitz Carl Bosch als IG-Farben-Vorstandsvorsitzender ab. Schmitz, der Finanzchef des Konzerns, war genau der Typus des professionellen Erbsenzählers, von dem Duisberg immer gefürchtet hatte, daß er schließlich an die Macht kommen werde. Trotz all ihrer Meinungsverschiedenheiten hatten Duisberg und Bosch einander immer als Wissenschaftler und Visionäre anerkannt. Jetzt wurde das Unternehmen von einem Mann geführt, dessen Motto für den Umgang mit Problemen lautete: abwarten, überlegen und nochmals abwarten. Schmitz war so vorsichtig und geheimniskrämerisch, schrieb ein britischer Historiker, daß seine offiziellen Bilanzen »die Verschwiegenheit über jene Grenzen des Anstands hinaustrieben, die selbst von Kartellen anerkannt werden«.

Schmitz war der falsche Mann zur falschen Zeit. Ein eklatantes Beispiel seiner Unzulänglichkeit ist die Verwicklung, in welche die IG über das Geniol geriet, jene Marke von ASS, die in Argentinien fast mit Cafiaspirina gleichgezogen hatte. Geniol bedrohte aber nicht nur den bisher den für Cafiaspirina besten Markt in Südamerika, sondern drang auch nach Kolumbien, Peru und Brasilien vor. Der Erfolg dieser Marke war auf eine simple Strategie zurückzuführen: Die Firma verkaufte das gleiche Produkt wie Bayer, aber zu einem niedrigeren Preis. Die Bayer-Leute konterten auf ebenso schlichte Weise: auch sie würden zu einem niedrigeren Preis anbieten, indem sie ein neues, billigeres Produkt auf den Markt brächten.

Mit einem anderen Namen, Instantin, versehen, um das Image von Cafiaspirina nicht zu schwächen, würde es in »einem billigen kleinen Päckchen von acht Tabletten« verkauft werden, wodurch, dessen war man sicher, »die erwünschte Vorherrschaft« für Bayer wieder errungen werden könnte. Instantin und Geniol würden den Kampf um die Minderbemittelten unter sich austragen, während sich Cafiaspirina aus dem Kampfgetümmel heraushalten würde.

Obwohl es mit dieser Strategie gelang, Geniol im größten Teil des Kontinents zu eliminieren, erwies sich die Basis der Konkurrenz in Argentinien als widerstandsfähig. Wojahns Reaktion erfolgte automatisch: Er verstärkte die Werbung. Als das nicht funktionierte, senkte er den Preis von Instantin noch weiter. Trotzdem blieb Geniol ein Dorn im Fleische Bayers. Die Marke hatte sich eine Marktnische gesichert, und selbst der hartnäckige Wojahn mußte erkennen, daß er sie nicht ausheben konnte. Nachdem es ihm nicht gelungen war, das gegnerische Team zu schlagen, sah Wojahn nur einen Ausweg: es zu kaufen. Die Konkurrenz hatte den Markt in Argentinien für beide Marken ausgeweitet. Falls sich die zwei Unternehmen zusammentäten, so Wojahn, »würden uns die Früchte all dieser Mühen direkt in den Schoß fallen«. Zusammen könnten sie ihre Marktmacht »unter Ausschluß aller übrigen« nutzen.

Der Aufkauf eines Unternehmens zur Schaffung eines Monopols war in Argentinien illegal. Dennoch kamen Sterling und die IG im Oktober 1937 überein, den Herstellern von Geniol, Laboratorios Suarry, ein Kaufangebot über 51 Prozent der Aktien zu machen. Wie üblich wollten die Amerikaner das Geschäft führen, während die Deutschen drei Viertel der Gewinne erhalten sollten. Sterling kaufte das Unternehmen am Jahresende und erwartete von Leverkusen, einen Beitrag zu der Kaufsumme zu leisten. Aber die Reichsbank weigerte sich, die IG für Suarry bezahlen zu lassen, weil dies bedeutete, Geld außer Landes zu schicken, um eine nicht von Deutschen – sondern von Sterling – geführte Firma zu erwerben. Mann ersuchte Weiss, die gesamte Kaufsumme vorzustrecken; die IG würde Sterling aus den Gewinnen entschädigen. Weiss erhob Bedenken, weil dies alle Risiken auf seine Schultern lud.

Das Gerangel zog sich monatelang hin. Inzwischen nötigte Suarry Sterling weitere 28 Prozent der Aktien auf. Sterling mußte sich fügen: Der Vertrag verpflichtete die neuen Eigentümer, alle weiteren Aktien zu kaufen, die Suarry losschlagen wollte. Im Frühjahr 1938, sechs Monate nach Abschluß des Kaufvertrages, hatte Sterling zwei Millionen Dollar in ein Projekt investiert, das drei Viertel der Gewinne an ein Unternehmen abführte, welches keinen Pfennig dazu beigetragen hatte. Wojahn war wütend. Die Reichsbank versuchte seiner Ansicht nach, »die Bedingungen zu diktieren, sie möglichst ungünstig zu gestalten, ja sogar das Aspirin-Geschäft zu bestrafen«. Ihre Einmischung koste Sterling ein Vermögen. Die IG war nur wenig besser dran, sie war auf die Rolle eines stillen Teilhabers beschränkt und mußte zusehen, wie Sterling die Leitung bei Geniol übernahm. Die Reichsbank schadete sich sogar selbst, indem sie Deutschland dringend benötigter Devisen beraubte.

Etwa um diese Zeit bekam die deutsche Regierung von der Existenz der Verträge von 1920 und 1923 Wind. Da die IG die Zahlungen von Winthrop geheimgehalten hatte, indem sie diese durch ihren amerikanischen Ableger, American IG, in die Schweiz schleuste, entstand der Eindruck, Sterling habe für die von Leverkusen stammenden Patente, Warenzeichen und Fertigungsverfahren nichts bezahlt.

Die NSDAP war wütend, daß die Deutschen sie den Amerikanern geschenkt hätten. Die IG mußte irgendeine Erklärung dafür liefern.

Der Vizepräsident von Sterling, Earl McClintock, geriet mitten in den Tumult, als er im März 1938 zu einer routinemäßigen Besprechung nach Leverkusen kam. Bei seinem Eintreffen wurde er von Mann und Max Brüggemann, dem Justitiar des Unternehmens, schnellstens nach Basel entführt, wo man ihn im Stil eines Spionageromans allein auf eine mysteriöse und von ihm gar nicht gewünschte Stadtbesichtigungsrundfahrt schickte. Bei der Rückkehr in sein Hotel wurde er dort von Hermann Schmitz erwartet, dessen Hang zur Heimlichtuerei diese Vorsichtsmaßnahmen ausgelöst hatte. Schmitz eröffnete McClintock, daß Sterling die IG für die Benutzung ihrer Produkte und Verfahren entschädigen müsse.

Lächerlich, antwortete McClintock. Die IG besitze 50 Prozent der Winthrop-Aktien und erhalte außerdem getarnte »Dienstleistungsgebühren«. Falls dieses Arrangement sie in Schwierigkeiten mit den Nazis gebracht habe, sei dies ihr Problem.

Die IG schlug eine Alternative vor. Sterling sollte zum Schein Zahlungen in Form eines jährlichen Schecks über 100 000 Dollar leisten. Leverkusen werde einen Weg ausfindig machen, um diesen nach New York zurückzuleiten. Aber, fügte Schmitz hinzu, Sterling müsse 100 000 Dollar berappen – und zwar auf der Stelle. McClintock widersetzte sich diesem Ansinnen.

Nach seiner Rückkehr in die Vereinigten Staaten sprach McClintock mit dem britischen Anwalt Sterlings, Frederick Gwatkin. Höchst erstaunt über das Ansinnen an Sterling, 100 000 Dollar für Leistungen zu entrichten, die es bereits bezahlt hatte, wies Gwatkin McClintock darauf hin, »daß es den Direktoren von Winthrop schwerfallen würde, solche Zahlungen zu rechtfertigen, falls dieser Sache nachgegangen würde«. Solche Zahlungen würden einen Betrug an den Aktionären darstellen und daher illegal sein.

In diesem Frühjahr gestattete die Reichsbank Leverkusen endlich, eine 75prozentige Beteiligung an den ursprünglichen 51 Prozent von Suarry zu erwerben. Der Konzern konnte die Reichsbank jedoch weder veranlassen, dem Erwerb der zusätzlichen Anteile, die Sterling gekauft hatte, noch der Leitung des Unternehmens durch Sterling zuzustimmen. Weiss war entsetzt. Seine Finanzchefs waren bestürzt über die Irregularität des Kaufs von Suarry, und er war als Generaldirektor von Sterling persönlich für Betrug haftbar. Aber Mann erklärte, er könne die Schulden nicht übernehmen, »da von der Regierung keine Genehmigung dazu vorliegt ...« Es war eine verfahrene Situation. Schließlich erkannte Weiss, daß ihm in der Sache Suarry nichts anderes übrigblieb, als das ursprüngliche Angebot des Konzerns zu akzeptieren. Die zusätzlichen Aktien würden treuhänderisch für die IG verwaltet werden, die sie kaufen würde, sobald sie die Erlaubnis dazu erhielt; der Kaufpreis für das ursprüngliche Aktienpaket würde durch Gewinne aus dem südamerikanischen Aspirin-Geschäft erstattet werden. Im November dieses Jahres wurde Ernst vom Rath, ein Mitglied der deutschen Botschaft in Paris, von einem deutsch-jüdischen Emigranten erschossen. Innerhalb von 24 Stunden organisierten die Nazis die sogenannte Reichskristallnacht, in der in ganz Deutschland jüdische Wohnungen, Geschäfte und Synagogen verwüstet wurden. Drei Tage später kündigte die NSDAP an, daß alle Juden aus dem Wirtschaftsleben der Nation völlig ausgeschlossen werden sollten. Es war der erste große Schritt in Richtung Auschwitz.

Kurze Zeit nach Silvester schrieb Mann an Weiss: »Ich halte im Geist Ihre Hand für immer in tiefster Dankbarkeit für Ihre Freundschaft umschlossen.« Aber, fügte er hinzu, »es sind neue Bestimmungen erlassen worden«. Die IG benötige ihren Scheck über 100 000 Dollar. Das Problem sei »dringlich« geworden. Tatsächlich, deutete Mann an, »wird das akute Stadium, das die Angelegenheit erreicht hat ... *möglicherweise unsere ursprünglichen Abmachungen letzten Endes nicht unberührt lassen ...*«. Das war, wie Weiss wissen mußte, eine Drohung seines lieben Freundes, die Vereinbarungen der letzten zwanzig Jahre zu brechen, und eine Einladung zum totalen Krieg um das Aspirin in Südamerika.

6. Kapitel

»Behalten wir das Hemd an, bis wir gezwungen sind, es auszuziehen«

Das Schicksal von Sterling Products und William E. Weiss hatte viele Vorboten, aber einer der merkwürdigsten war ein Anruf, den Thomas R. Farrell, der Chefredakteur des Fachblattes *Drug Markets* am Nachmittag von Montag, dem 22. August 1927, erhielt. Dreiundzwanzig Jahre lang hatte *Drug Markets* die Branche mit jenen Interna über Preise und Produkte versorgt, die für die Beschäftigten eines Industriezweiges von obsessivem Interesse sind, während sie den Rest der Welt völlig kaltlassen. Als Farrell den Hörer abnahm, meldete sich ein gewisser Ambruster, der sich nach dem Preis von Mutterkorn erkundigte. Mutterkorn ist ein parasitärer Pilz, der auf Getreidepflanzen wächst und in Extraktform zur Herstellung vieler medizinischer Substanzen einschließlich psychoaktiver Drogen wie LSD benutzt wird. Da Mutterkorn leicht verderblich und von schwankender Qualität ist, nicht synthetisch hergestellt werden kann und damals nur in Polen, Spanien und der Sowjetunion vorkam, fluktuierte sein Preis stark; so stieg er Mitte 1920 auf sieben Dollar pro Pfund und fiel Mitte 1924 auf 30 Cent. Farrell antwortete, daß es gegenwärtig an der Börse mit etwa 85 Cents pro (englischem) Pfund notiere.

Diese Notierung, entgegnete Ambruster, sei falsch. Er, Ambruster, besitze das gesamte in den Vereinigten Staaten verfügbare Mutterkorn, und er werde es für

1,75 Dollar pro Pfund, etwas mehr als das Doppelte, verkaufen. Ambruster hatte das Marktmonopol.

Farrell machte ein paar Anrufe. Er fand heraus, daß Ambruster tatsächlich das vorhandene Mutterkorn aufgekauft hatte, aber trotzdem kein Marktdiktat ausüben konnte. Die spanischen Mutterkornanbauer hatten sich zwar verpflichtet, nur an Ambruster zu liefern, aber die amerikanischen Arzneimittelhersteller verfügten über genügend Reserven, um auf spätere Sendungen von Polen und der Sowjetunion warten zu können. Seine Behauptungen trieben den Preis anfänglich etwas hoch, aber dieser ging bald wieder zurück. »Nachdem sich der Markt wieder etwas beruhigt hatte …«, berichtete *Drug Markets* später,

> ließen wir das Thema fallen. Aber dieser Mann und seine Mitar
> beiter dachten nicht daran, das Thema auf sich beruhen zu
> lassen, zur großen Verwunderung vieler, die nicht verstanden –
> und noch immer nicht verstehen –, was er zu gewinnen hatte.

Die Redakteure von *Drug Market* waren nicht die einzigen, die sich keinen Reim darauf machen konnten. Howard Watson Ambruster, eine der großen Randfiguren in der Geschichte der pharmazeutischen Reformen, war ein Mann, der den Ehrgeiz hatte, Dinge zu tun, die er für richtig hielt. Der Verfahrenstechniker Ambruster verbrachte seine jungen Jahre als kleine Nummer in der Pestizidindustrie und starb als vergessener Spinner; dennoch bleibt seine Geschichte ein erstaunliches, die Phantasie beflügelndes Beispiel für die unglaublichen Anstrengungen, die manche Menschen im Kampf gegen überlegene Mächte auf sich nehmen.

Vieles an Ambrusters Laufbahn bleibt im Dunkel der Geschichte. Man weiß, daß er am Ende des Ersten Weltkriegs im Amerikanischen Färbemittelinstitut zu arbeiten begann; daß er dann von Leverkusen zur Mitarbeit bei der Herstellung von Farbstoffen gewonnen wurde; daß er viel Zeit damit zubrachte, sich bei jeder vorstellbaren staatlichen Behörde über Mißbräuche in der Pharmaindustrie zu beschweren; daß er jahrelange Kampagnen gegen die Aspirin-Werbung von Bayer führte, in deren Verlauf er einmal an sämtliche Ärzteverbände des Landes mit der haltlosen Behauptung herantrat, Bayer Aspirin sei unerhört gefährlich für den menschlichen Kreislauf; daß er häufig vor dem Kongreß aussagte und Abgeordneten, Senatoren und Beamten der Food and Drug Administration

Inkompetenz und Verzögerungstaktik vorwarf; daß er bereits 1931 mit unverständlichen Graphiken über die IG Farben vor Abgeordneten, Senatoren und FDA-Beamten wedelte; daß er in Westfield/New Jersey nicht weit von Earl McClintock wohnte, den er mit höhnischen Bemerkungen traktierte, wenn sie sich im Bahnhof begegneten; daß er der Verfasser von *Treason's Peace: German Dyes & American Dupes* war, einem 421 Seiten starken Produkt eines surrealen Enthüllungsjournalismus, in dem er sich das Ziel setzte, der IG Farben die Maske vom Gesicht zu reißen, einer »kabbalistischen Organisation«, der es um die Errichtung »eines Weltsuperstaates unter Führung der Farben« gehe; und daß er, soviel man weiß, in der Überzeugung sein Leben beschloß, die Vereinten Nationen seien ein Geschöpf der IG Farben und »die von gesichtslosen Farben-Figuren geplante Welteroberung soll von den glaubenslosen Gimpeln der Farben vollendet werden«.

1918 trat der junge Ambruster eine Stelle bei Frank Hemingway, einem der Organisatoren des Amerikanischen Färbemittelinstituts, an. Das Institut, eine Lobby für die im Entstehen begriffene amerikanische Chemieindustrie, versuchte, deutsche Unternehmen daran zu hindern, in den Vereinigten Staaten zu verkaufen. Ambruster empfand großen Respekt für Hemingway; es ist anzunehmen, daß Hemingways Antipathie gegen die IG Farben auf seinen Betriebsleiter abfärbte.

Ambrusters erster aktenkundiger politischer Vorstoß begann, nachdem er Hemingway verlassen hatte, um als unabhängiger Berater tätig zu werden. Er erfuhr, daß das spanische Mutterkorn von erheblich besserer Qualität war als das polnische oder sowjetische Produkt. Bedauerlicherweise kostete seine Herstellung mehr, und es wurde von seiner minderwertigen Konkurrenz aus dem Markt vertrieben. Ambruster ging daran, den Preis des spanischen Mutterkorns in die Höhe zu treiben – deshalb sein Anruf bei *Drug Markets*. Die Arzneimittelhersteller lehnten es ab, sein teures Mutterkorn zu kaufen, und Ambruster blieb auf einer Menge dieses Getreidepilzes sitzen. Er machte einen Extrakt daraus, den er zu verkaufen versuchte. Auch damit blitzte er ab. Noch schlimmer, ein Brand in seinem Lagerhaus zerstörte seine gesamten Vorräte. Er war inzwischen schwer verschuldet, seine Kreditquellen versiegten, und die Bank verfügte die Zwangsversteigerung seines Hauses. »Das einzige, was sie nicht getan haben, ist, mir in den Rücken zu schießen«, so Ambruster.

An diesem Punkt hätten es wohl viele Leute aufgegeben, spanisches Mutterkorn zu horten. Aufgeben war jedoch nicht Howard W. Ambrusters Stil. Er versuchte, Anzeigen in medizinischen Fachblättern unterzubringen, in denen er sowohl mit den Mutterkornimporteuren als auch mit der Food and Drug Administration abrechnete – die damals die Bezeichnung Food, Drug and Insecticide Administration trug –, die es seiner Ansicht nach zuließ, daß amerikanische Arzneimittel durch schlechtes Mutterkorn verunreinigt wurden. Als die American Medical Association Ambrusters Anzeigen zurückwies, lehnten es die Fachblätter ab, sie weiterhin zu bringen; Ambruster nahm es dann sowohl mit der AMA als auch mit der FDA auf. Er hielt vor den verschiedensten Organisationen Vorträge und verschickte dubiose Rundbriefe. Gleichzeitig verklagte Ambruster den Finanz- und den Landwirtschaftsminister, weil sie die Einfuhr von minderwertigem Mutterkorn gestatteten.

Bis Juni 1930 hatte die Kampagne genügend Aufsehen erregt, daß Burton K. Wheeler, ein Senator aus Montana, der sich von früher her für den Pharmahandel interessierte, einen Zeitschriftenartikel über die Kontroverse veröffentlichte. Dessen Tenor geht aus der Überschrift hervor: »Profiteure durch Gift«. Wütend verlangte der Leiter der FDA, Walter Campbell, eine Senatsuntersuchung seiner eigenen Behörde. Die Anhörungen fanden in brütender sommerlicher Hitze statt. Ambrusters Ausführungen, in denen er die FDA mit Invektiven überschüttete, zogen sich endlos hin. Die Behörde, behauptete er, habe sich auf ein gigantisches Komplott mit der AMA, dem Public Health Service, dem Justizministerium und den meisten Pharmaunternehmen eingelassen, um die Allgemeinheit mit minderwertigen Medikamenten zu überschwemmen. Mutterkorn sei nicht das einzige Problem; Ambruster erwähnte das Narkosemittel Äther und das Herzmedikament Digitalis als weitere Beispiele.

Am Ende wurde die FDA von allen Beschuldigungen freigesprochen. Der unterlegene Ambruster lief durch die Hearings zum Berufsquerulanten auf. »Diese Männer«, erklärte er über die Pharmahersteller der Nation, »können nicht begreifen, daß ein Mensch über etwas so wütend werden kann, daß er bereit ist, jedes andere Ziel beiseite zu schieben und sich der Verfolgung dieser einzigen Angelegenheit zu widmen.«

Besonders empört war Ambruster über Sterlings Reklame für Bayer Aspirin. Neben dem oft wiederholten Werbespruch, »Echtes Bayer Aspirin schadet dem Herzen nicht«, behauptete das Unternehmen, Aspirin könne Grippe, Erkältungen und Halsentzündungen ohne jede Nebenwirkung heilen. »Nehmen Sie eine

Tablette – und gehen Sie schlafen«, verkündete Sterling, »denn Aspirin lindert nicht nur Schmerzen, sondern wirkt als Beruhigungsmittel und sichert Ihre Nachtruhe.«[*] Von der Verlogenheit dieser Reklamebehauptungen überzeugt, war Ambruster bei den FDA-Anhörungen mit Sterling ins Gericht gegangen; ein paar Monate später, im Herbst 1930, meldete er sich über eine kleine Rundfunkstation in New Jersey zu Wort und machte den Zuhörern einige Wochen lang klar, daß die Verantwortlichen von Bayer Aspirin ins Gefängnis gehörten. Der Sender ging plötzlich ein, und Ambruster verlor sein Forum. Er verschickte nun wütende Briefe an die Leiter aller Ärzteverbände des Landes; verschiedene Zeitungsverlage wie die von *Collier's*, *Time* und der *New York Times*; viele Kongreßabgeordnete; die Federal Trade Commission, jeden Rundfunksender, der *The Bayer Program* sendete, in dem die »Unschädlichkeit für das Herz« herausgestrichen wurde; die Public Health League des Staates Washington sowie Gouverneure von Bundesstaaten, Justizminister und Gesundheitsbehörden im gesamten Land. Auf eine Goldader stieß er endlich, als der ehemalige Richter und Kongreßabgeordnete Ewin L. Davis aus Tennessee zum Leiter der Federal Trade Commission (FTC) ernannt wurde. Davis, früherer Vorsitzender des Kongreßausschusses für Rundfunkrecht, hatte mit Ambruster sympathisierend über Aspirin-Anzeigen korrespondiert. Im September 1934 untersagte Davis' FTC Sterling, weiterhin zu behaupten, daß Aspirin, in welcher Dosis auch immer, weder den Magen irritiere noch dem Herz schade oder sonstige negative Auswirkungen auf den Körper habe. Ambruster schilderte das Ergebnis folgendermaßen:

> Sterling gab nicht sofort und mit Anstand nach, sondern setzte die illegale Reklame noch eine Zeitlang fort. Für die Unternehmensspitze von Sterling-Farben muß es unfaßbar gewesen sein, daß es zu einem solchen Affront gegenüber ihrer Macht und ihrem

---

[*] Diese Behauptungen sind falsch, dummerweise mit Ausnahme jenes Anspruchs, gegen den sich Ambruster vor allem wandte – daß Aspirin nicht gefährlich für das Kreislaufsystem sei. Seine Überzeugungen bezüglich der Toxizität von Aspirin stammten wahrscheinlich von dessen Nebenwirkungen bei den massiven Dosen, die gegen fieberhaften Gelenkrheumatismus verschrieben wurden, dieselben Symptome, welche die Farbenfabriken Bayer beinahe veranlaßten, die Vermarktung von ASS abzulehnen.

Prestige kommen konnte. Schließlich hörten meine Frau und ich an einem Sonntagabend Radio, um festzustellen, ob [der Ansager] Howard Claney seine salbungsvolle Behauptung »Unschädlich für das Herz« wiederholen würde. Die Sendung endete, und Mrs. Ambruster wandte sich mit den Worten an mich: »Daddy, er hat es nicht gesagt! Du hast es endlich geschafft!« Aber es war der Richter Ewin L. Davis, der es geschafft hatte. Zum ersten Mal hatten Farben und Sterling ihren Meister gefunden.

Ohne auf seinen Lorbeeren auszuruhen, setzte Ambruster seine Kampagne gegen Sterling und die IG mit neuer Kraft fort und deckte das Justizministerium mit soviel Material ein, daß er dem Minister Homer Cummings lästig zu werden begann.

Trotz Cummings' Ablehnung glaubte Ambruster, die wahren Patrioten in den niedrigeren Rängen des Ministeriums auf seiner Seite zu haben. Und er war sicher, daß sich seine Anstrengungen gelohnt hatten, als der Nachfolger von Cummings gerichtliche Einsichtnahme in die Akten von Sterling Products anordnete und damit eine Untersuchung ins Rollen brachte, welche die Karriere von William E. Weiss in einem Rattenschwanz von Skandalen beenden sollte.

Wie Rudolf Mann immer gesagt hatte, war Weiss bloß ein Geschäftsmann. Sein Leben verging in einem aufgeregten Trubel von Konferenzen, Reisen, Urlauben und Wohltätigkeitsveranstaltungen. Obwohl er hart arbeitete, fand er Zeit, Mitglied in mehreren Golf- und Countryclubs, Vereinen und staatsbürgerlichen Körperschaften zu sein. In Wheeling war er eine Berühmtheit: William Erhard Weiss, Generaldirektor von Sterling Products; Direktor von General Aniline and Film (der neue Name von American IG) und Bayer-Semesan (ein Gemeinschaftsunternehmen von Sterling, der IG und Du Pont); Inhaber eines Ehrendoktorats der Universität Köln; und nicht zuletzt Vater von William E. Weiss jun., Präsident von Alba Pharmaceutical, einem wachsenden Gemeinschaftsunternehmen von Winthrop und der IG mit der Aufgabe der Vermarktung von Arzneimitteln, die weder in die Produktpalette von Winthrop noch in die von Sterling paßten. (»Alba« bedeutet im Lateinischen »weiß« und paßt deshalb gut zum Firmenchef.)

Weiss war kein Mann ohne Sorgen. Zum Beispiel machte er sich Gedanken, ob Deutschland einen Krieg beginnen werde. Sollte das geschehen, würde deutsches Eigentum vielleicht von seinen Gegnern beschlagnahmt werden, wie es die Vereinigten Staaten im Ersten Weltkrieg getan hatten. In Großbritannien würde die IG ihre Hälfte von Bayer Products, Ltd., an die englische Treuhandverwaltung von Feindvermögen verlieren. Sterlings Anteil würde davon nicht betroffen sein, aber die Firma würde in Turbulenzen geraten. In Südamerika waren die Aussichten düsterer. Da die Warenzeichen und Patente an die Quimicas übertragen worden waren – Sterling besaß nur eine Lizenz –, konnten sie umstandslos enteignet werden, was das Ende des lateinamerikanischen Aspirin-Geschäfts bedeuten würde.

Die Lösung lag für Weiss darin, die deutsche Beteiligung am Südamerikageschäft und insbesondere am Aspirin-Handel zu tarnen. Sein erster Plan bestand darin, jede einzelne Quimica zur Unterzeichnung einer »Eigentumserklärung« aufzufordern, in der wahrheitswidrig behauptet wurde, daß sie sich in nordamerikanischem Besitz befinde. Im August 1938 fuhren Max Wojahn und James Hill jun., der Finanzchef des Unternehmens, nach Südamerika, um die Legalität eines solchen Schrittes zu prüfen; sie erfuhren, daß damit niemand hinters Licht zu führen war. Daraus schlossen sie, daß die Quimicas tatsächlich in amerikanische Hände übergehen sollten.

Da er wußte, daß solche Schritte der IG – ganz zu schweigen von deren NSDAP-Überwachern – nicht genehm sein würden, ging Weiss behutsam vor. Aber das wachsende Kriegsfieber konnte nicht ignoriert werden. Im März 1939 sah sich Sterling zu einer Erklärung genötigt, was es in Lateinamerika vorhabe. Die Anfragen stammten einerseits aus dem US-Außenministerium, andererseits von der Börsenaufsichtsbehörde (SEC), welche die Aktivitäten amerikanischer Unternehmen überwacht. Auch die Briten hatten von der Sache Wind bekommen; Frederick Gwatkin, der Londoner Rechtsvertreter von Sterling, wurde gedrängt, Muster aller Warenzeichen sämtlicher Sterling-Produkte in Lateinamerika vorzulegen.

Im Mai 1939 beauftragte Weiss Gwatkin, die südamerikanische Situation zu untersuchen. Zwei Verhandlungsserien begannen. In der einen legte Sterling der IG nahe, ihre südamerikanischen Vertretungen auf die amerikanische Firma zu überschreiben; in der anderen machten Sterling und die IG dem britischen Chemieriesen Imperial Chemical Industries (I.C.I.) das Angebot, ein Drittel von Bayer Products, Ltd., zu übernehmen, wodurch im Fall eines Krieges die Mehrheitskontrolle durch Nichtdeutsche gewährleistet war. Da Leverkusen zögerte, einen Teil seiner Macht abzutreten, ging es nur zäh voran. Als Deutschland am 1. September den Krieg begann, hatte Weiss noch nichts erreicht.[*]

Bayer Products, Ltd., geriet von dem Augenblick an, in dem Hitlers Truppen die polnische Grenze überschritten, in Schwierigkeiten. Das Unternehmen gehörte zur Hälfte der IG; zwei der vier Direktoren einschließlich des Geschäftsführers, Richard C. Hennings, waren Deutsche. Die IG-Aktien wurden innerhalb weniger Tage von der englischen Treuhand für Feindvermögen beschlagnahmt. Das englische Unternehmen wies nach der Konfiszierung in Anzeigen darauf hin, daß es »weder unter deutscher Geschäftsführung noch in Verbindung mit einer deutschen Gesellschaft« stehe. Inzwischen erörterten Mann, Weiss und Gwatkin, wie die Anteile der IG zu retten seien und ob auch die im Besitz von Sterling befindliche Hälfte konfisziert werden würde. Es war genau wie im Ersten Weltkrieg. Nur drohte Weiss die Gefahr, diesmal ein Unternehmen zu verlieren, statt es zu gewinnen.

Die zweite Verhandlungsreihe, in der es um Südamerika ging, war ebenfalls durch den Krieg bedingt. Zehn Tage nach der Invasion in Polen teilte Weiss Leverkusen mit, daß sie den südamerikanischen Aspirin-Handel, der von Sterling betrieben wurde, vom Handel mit rezeptpflichtigen Arzneien trennen müßten, der nicht in dessen Domäne fiel. Sonst würde Sterling das Aspirin-Geschäft verlieren, falls die südamerikanischen Nationen Deutschland den Krieg erklärten und die Vermögenswerte der IG beschlagnahmten. Weiss wollte neue Unternehmen im Besitz von Sterling gründen, die das Aspirin-Geschäft übernehmen sollten. Um das in zwei Jahrzehnten aufgebaute gute Verhältnis zu bewahren, hatte Weiss vor, die Kontrolle über das Bayer-Kreuz und die verschiedenen Aspirin-Marken in Südamerika zu übernehmen und den Quimicas die Lizenz zu erteilen, diese für ihre rezeptpflichtigen Produkte zu verwenden. Wilhelm Mann wies diesen Plan brüsk zurück: Leverkusen werde Sterling niemals eine größere Jurisdiktion über den Namen Bayer einräumen, als es gegenwärtig besaß. Statt dessen, schlug Mann vor, könnte Sterling Leverkusen im voraus für südamerikanisches Aspirin bezahlen und damit das Recht erwerben, die »Produkte als amerikanisches Eigentum ...« zu bezeichnen.

---

[*] Nach der Kriegserklärung wurde die I.C.I. offiziell zu einem Feind jedes deutschen Staatsbürgers. Das Naziregime sah für Handel mit dem Feind die Todesstrafe vor. Dies verzögerte die Verhandlungen zwischen der I.C.I., Sterling und der IG.

Die Ausfuhr von Leverkusens ASS nach Südamerika wurde schwierig, als Großbritannien eine Seeblockade über Deutschland verhängte. Mitte Oktober 1939, sechs Wochen nach Kriegsbeginn, hatten sich die Seefrachttarife verdoppelt, und die Speditionsfirmen mußten kostspielige Kriegsrisikoversicherungen abschließen, um deutsche Güter durch die Blockade zu schleusen. Die IG schlug vor, ihr ASS nach Italien zu verfrachten, das sich noch nicht im Krieg mit England befand. Sterling könne es dann umpacken und als amerikanisches Produkt nach Lateinamerika transportieren. Aus Wojahns Sicht allerdings konnte dies nie funktionieren. Da Importe ihre Herkunftsländer deklarieren mußten, würde Sterling entweder zugeben müssen, daß das ASS aus deutscher Fabrikation stamme, oder zu erklären haben, weshalb Arzneimittel aus amerikanischer Herstellung von New York über Italien nach Südamerika geschickt wurden.

Für Wojahn lag die Lösung auf der Hand: New York mußte sein eigenes, in Rensselaer hergestelltes Aspirin nach Südamerika schicken. Klauseln in dem Vertrag von 1920 gestatteten Sterling, die Herstellung von ASS für den südamerikanischen Markt zu übernehmen, falls seine Fertigungskosten unter die von Leverkusen absanken.

ASS-Pulver aus der Fabrik in Albany kostete 45 Cents pro (amerikanischem) Pfund, während Leverkusen es um 51 Cents herstellte. Da Sterling jährlich über 50 Tonnen Aspirin in Südamerika verkaufte, würden die Ersparnisse Tausende von Dollar ausmachen. Selbst ohne Blockade war Wojahn der Meinung, daß Sterling sein eigenes ASS ausführen solle. Daß es die Blockade umgehen konnte, verstärkte nur die Notwendigkeit, den Zulieferer zu wechseln. Weiss scheute jedoch davor zurück, ohne die Zustimmung Leverkusens zu handeln. Am 18. Oktober telegrafierte er Mann und bat ihn um Erlaubnis, das Aspirin von Rensselaer zu verkaufen.

Zwei Tage später mahnte er die IG in einem zweiten Telegramm, sofort zu handeln. Fünf Tage danach forderte er erneut eine sofortige Antwort. Am 26. Oktober reagierte Mann. In seinem Telegramm dankte er Weiss für seine Anteilnahme und stimmte ihm zu, daß das Problem auf die bestmögliche Weise angegangen werden müsse – eine nichtssagende Antwort. An diesem Tag druckte die *New York Times* eine britische schwarze Liste von Firmen mit deutschen Verbindungen; viele der südamerikanischen Vertreter Leverkusens waren darin enthalten. Damit war für Weiss die Sache klar. Er schickte zwei weitere Telegramme. New York und Leverkusen müßten ihre Vermögenswerte trennen; die Lieferungen aus Deutschland müßten aufhören.

Mann stimmte zögernd der Idee zu, neue Unternehmen zu gründen, die den Aspirin-Handel der Quimicas fortführen sollten. Aber er bestand darauf, daß die Eigentumsrechte Sterlings nur einen durchsichtigen Schleier bilden dürften und daß Deutschland weiterhin die ASS liefern müsse. Da die NSDAP jeden ihrer Schritte überwachte, wollten die Leverkusener die Produktion nicht drosseln. Sie dachten nicht daran, Sterling sein eigenes Aspirin liefern zu lassen.

Weiss wußte nicht, was er tun sollte. In seiner gegenwärtigen Größe konnte Sterling ohne die IG nicht überleben. Aber falls die Vereinigten Staaten in einen Krieg mit Deutschland eintraten, wie es sich abzeichnete, konnte Sterling *mit* der IG nicht überleben – es würde von irgendeinem Nachfahren A. Mitchell Palmers enteignet werden. Um das südamerikanische Geschäft profitabel zu erhalten, würde Weiss Rensselaer-Aspirin liefern müssen. Doch damit würde er die Deutschen gegen sich aufbringen, mit denen er seit zwanzig Jahren zusammengearbeitet hatte. Er konnte diese zwei Jahrzehnte nicht einfach vom Tisch wischen, aber die amerikanische Regierung würde es ebensowenig tun. Weiss betrachtete die schwarzen Ringbücher, welche die IG-Verträge enthielten – jene Bibel, die er überallhin mitnahm –, und er sah Jahre des erfolgreichen Verhandelns. Das Justizministerium würde darin jedoch Jahre der erfolgreichen Kartellbildung, wenn nicht der Kollaboration erblicken.

Am 5. November 1939 rief er Mann an. Es existieren keine Aufzeichnungen über das Gespräch, aber zweifellos war es eines der folgenschwersten in Weiss' Leben. Mann erklärte sich schließlich bereit, Sterling sein eigenes Aspirin ausführen zu lassen. (Er weigerte sich jedoch immer noch, ihm die Schutzmarken auszuliefern.) Weiss bot ihm dann ein schicksalhaftes *Quidproquo* an. Er machte sich erbötig, das Südamerikageschäft der IG mit rezeptpflichtigen Medikamenten zu übernehmen und zu erhalten – ein Geschäftszweig, in dem Sterling keinerlei vertragliche Rolle spielte. Winthrop würde die IG-Produkte herstellen und sie zusammen mit dem Aspirin nach Südamerika liefern.

Zweifellos machte Weiss seinen Vorschlag aus Freundschaft. Sich für die Deutschen einzusetzen war, wie er Mann später sagte, »mir ein persönliches Bedürfnis«. Sein »ständiges Ziel« sei es, dem »allgemeinen Wohl« zu dienen. Aber durch diesen Schritt etablierte er sich als faktischer Ableger der IG Farben, die damals bereits fast zu einem Synonym des Nazistaates geworden war. Das neue

Aspirin-Arrangement konnte als die Erfüllung eines langfristigen Vertrages
entschuldigt werden; für das Angebot, die rezeptpflichtigen Produkte der IG
herzustellen, galt dies nicht. In einem Augenblick, als sich die Vereinigten
Staaten dem Kriegszustand näherten, war dieser Vorschlag ein Akt der Torheit.

Winthrop war kaum darauf vorbereitet, den südamerikanischen Markt für
rezeptpflichtige Pharmazeutika zu übernehmen. Die IG Farben hatte mehr als
275 Millionen Dollar in Anlagen und Ausrüstungen investiert, während Sterling
weniger als 10 Millionen Dollar besaß, und ein Großteil davon war in der
Aspirin-Fabrik in Rensselaer gebunden, die ursprünglich von den Deutschen
erbaut worden war.

Weiss plante die Errichtung neuer Gebäude; Bautrupps wurden in den Norden
des Staates New York beordert, und die Arbeit begann. (Pharmazeutische
Produkte können oft nicht ohne spezielle chemische Zwischenprodukte synthetisiert werden; Winthrop wußte über deren Herstellung nicht Bescheid. Leverkusen organisierte den Versand der Zwischenprodukte an Sterling via Transsi-
birische Eisenbahn und einen Pazifikdampfer.)

Vor allem fehlte Winthrop die Kenntnis der Herstellungsverfahren vieler dieser
Pharmazeutika. In Kriegszeiten die Formeln aus Leverkusen zu beschaffen, das
würde Weiss zu einem Intrigenspiel nötigen, wie es einem Patentmedizinfabrikanten aus West Virginia selten abverlangt worden war. Weiss, der sich mit dem
Codenamen »Syntent« identifizierte, informierte Mann (»Richter«) im Januar
1940 über eine Deckadresse in Amsterdam telegraphisch, daß er eine Konferenz
in Italien organisieren wolle. Als »Richter« seine Teilnahme signalisiert hatte,
schiffte sich McClintock nach Genua ein. Die Besprechung begann am 6.
Februar 1940 im Hotel Exzelsior in Florenz, einem imposanten Bau aus dem 19.
Jahrhundert unweit des Doms. McClintock saß mit Mann und zwei von dessen
engsten Beratern am Tisch, dem Anwalt Brüggemann und einem IG-Direktor
namens Mentzel. Die Deutschen waren äußerst nervös. Sobald McClintock die
Formeln hatte, würde es unmöglich sein, sie zurückzufordern. Was war, wenn
Sterling sie benutzte, um sich damit selbständig zu machen? Schlimmer noch,
was war, wenn Sterling die Formeln an Bayer Products, Ltd., weitergab? Falls
die Nazis irgendwie erfuhren, daß Mann einen Amerikaner mit technischen
Daten versorgt hatte, die in einem englischen Unternehmen landeten – die
Konsequenzen waren schreckenerregend. Mann würde erschossen werden.

Nachdem McClintock Mann, Mentzel und Brüggemann seiner andauernden Liebe zu Deutschland versichert hatte, erklärten die IG-Vertreter: »Die Dinge bleiben genau wie bisher.« (Zu diesem Schluß mag ihnen auch die von McClintock häufig geäußerte Überzeugung verholfen haben, daß Hitler den Krieg gewinnen werde.) Dann ging es ans Eingemachte.

Der Plan, rezeptpflichtige Arzneien von New York nach Südamerika zu exportieren, komplizierte den Vorgang, das rezeptpflichtige Geschäft vom Aspirin-Geschäft zu trennen und letzteres in neuen Gesellschaften der Kontrolle von Weiss zu unterstellen. Um die Aspirin-Interessen Sterlings vor Beschlagnahme zu schützen, durfte es keine Verbindung zwischen Sterling und Leverkusen geben; zur Wahrung der IG-Interessen auf dem rezeptpflichtigen Sektor forderten die Deutschen hieb- und stichfeste Vereinbarungen zwischen den neuen Gesellschaften Sterlings (welche die von Winthrop hergestellten Produkte nach Südamerika importieren sollten) und den alten, im Besitz Leverkusens befindlichen Quimicas (welche die Produkte von den neuen Gesellschaften kaufen und sie an die Endverbraucher verkaufen sollten). Außerdem mußten die neuen Gesellschaften für den Fall, daß die Gastgebernationen Deutschland den Krieg erklärten, mit Verträgen ausgestattet werden, die ihnen den Rechtsanspruch auf die Vermögenswerte der Quimicas, insbesondere die Warenzeichen und Patente, sicherten. All dies war Gegenstand eines kniffligen Gefeilsches. Trotz der nervlichen Anspannung, unter der beide Seiten standen, wurde man schließlich handelseinig. Die Übergabe der langen Listen von Formeln muß für die Deutschen enervierend gewesen sein; zur Rettung des Lateinamerikageschäfts verpflichteten sich Sterling und die IG Farben zu gewagten Maßnahmen.

Im Sommer 1940 lief in den Werkshallen von Winthrop bereits die Produktion für die IG. Mit Hilfe der technischen Angaben, die McClintock aus Italien mitgebracht hatte, erfüllte Winthrop zum erstenmal die Funktion eines echten pharmazeutischen Unternehmens. Lastwagen voll frisch vom Band gelaufener Produkte verließen das Werk; die Belegschaft hoffte auf große Expansion und noch größere Profite. Die Kapazitäten waren so ausgelastet, daß sogar Aufträge abgelehnt werden mußten. Als sich das System einspielte, ließ Winthrop die Arzneimittel durch eine spezielle, unabhängige Zweigstelle der Exportabteilung der Bayer Company verfrachten, die auch für die Cafiaspirina-Lieferungen zuständig war.

Wojahn brachte das südamerikanische Geschäft mit zunehmendem Selbstvertrauen unter seine Kontrolle. Um die Abmachungen vor den Briten geheimzuhalten, wurde die gesamte Korrespondenz über die Vereinigten Staaten abgewickelt, ein neutrales Land, das von der Blockade nicht betroffen war. Die Quimicas schickten alle Mitteilungen für Leverkusen in unbeschrifteten Umschlägen an Hermann Kaelble, den Leiter der Quimica in Brasilien, der sie an ein Büro in Lima sandte, von wo sie nach Mexiko transportiert und von dort aus per Post an Wojahn geschickt wurden, der darüber befand, was an Leverkusen weitergeleitet werden sollte. Wenn Mann von sich aus mit Argentinien Kontakt aufzunehmen versuchte, geriet Wojahn in Rage. Schließlich unterband er den Kontakt zwischen der IG und den Quimicas, was ihm als ein Akt süßer Rache erschienen sein muß. Es sei zu gefährlich, erklärte er. Sie setzten sich über Nazibestimmungen hinweg, und die deutsche Regierung lese die Post.

Deshalb erfuhren Mann und Brüggemann nur andeutungsweise von den zähen Bemühungen Sterlings, die neuen und angeblich unabhängigen Gesellschaften in Südamerika zu etablieren. Trotz des Drängens von Weiss dauerte es unglaublich lange, diese Unternehmen – Farma Continental war der schließlich gewählte Name – ins Leben zu rufen. Während Frankreich fiel und auf London Bomben hagelten, schlug sich Sterling mit der südamerikanischen Bürokratie herum, um die Farma Continentals auf die Beine zu stellen. Im Oktober, acht Monate nach dem Geheimtreff in Italien, fuhr McClintock nach Brasilien, um herauszufinden, warum die Abtrennung der Vermögenswerte der Quimicas soviel Zeit in Anspruch nahm. Während seines Besuchs rief Kaelble den IG-Direktor Mentzel an. In dem Telefonat, das durch Gebrüll und häufige Mißverständnisse der damaligen schlechten Transatlantikverbindungen gekennzeichnet war, wollte auch Mentzel von Kaelble hören, warum alles so langsam vorangehe. In Brasilien einen Ableger eines ausländischen Unternehmens zu gründen »dauert mindestens sechs Monate«, erklärte Kaelble. Die Bilanzen müßten veröffentlicht und unzählige Regierungsgenehmigungen eingeholt werden.

»Und was geschieht also mit der Firma?« fragte Mentzel. »Wer ist Eigentümer des Aktienkapitals?«

»Von der neuen Firma?« fragte Kaelble verwirrt zurück.

»Ja.«

»Bayer von New York würden die Aktien gehören.«

»Alle?«, fragte Mentzel schockiert. Aufgrund von Wojahns Kommunikationssper-

re wurde ihm offenbar zum ersten Mal klar, daß die IG völlig ausgeschlossen
werden sollte.

»Ja, natürlich. Alles. Und Bayer wird einen Manager herunterschicken, und wir
müssen eng mit ihm zusammenarbeiten. Ich bin völlig dafür, diese [Firma] auf
diese Weise aufzuziehen.«

»Kaelble«, sagte Mentzel, »wir müssen darüber reden.« Zuletzt schluckte er es
aber doch. Leverkusen blieb keine andere Wahl. »Aber hören Sie zu, Kaelble«,
fügte Mentzel hinzu, »die Abmachung über den gesamten Vorgang ... sieht vor,
daß wir die Gewinne erhalten, die in Verwahrung genommen wurden.«

»Ich werde McClintock sagen, daß er das in New York zur Sprache bringt, okay?«

»Ja, Kaelble. Das *ist* doch die Abmachung, oder? Und tauschen Sie es in
Schweizer Franken um.«

Aber die Abmachung war nicht leicht einzuhalten. Da sich Leverkusen kein Geld
mehr aus Südamerika überweisen lassen konnte, beschloß die IG, das Geld im
voraus von einer US-amerikanischen Bank zu borgen und das Darlehen von
Sterling aus den Gewinnen zurückzahlen zu lassen.[*] (Eine ähnliche Methode
war 1938 beim Kauf von Suarry angewandt worden.)

Einen Monat später mußte Wojahn zu seiner Bestürzung feststellen, daß Kaelble
doch nichts unternahm, um die Gründung der neuen Gesellschaften voranzu-
treiben. Obgleich er sowohl McClintock als auch Mentzel versichert hatte, daß
er »vollkommen dafür« sei, die Tochter zu gründen, hatte Kaelble etwas ganz
anderes im Sinn: Er war zwar dafür, die neuen Firmen als Rechtssubjekte ins

---

[*] Im Dezember 1940 nahmen die Schweizer Repräsentanten der IG Farben Kontakt mit der
Chemical Bank & Trust Company in New York, die sich zu einem Kredit in Höhe von einer
Million Dollar bereit erklärte – vorausgesetzt, daß jemand in den Vereinigten Staaten die
Rückzahlung garantiere. Die IG fragte bei Sterling an. Weiss versuchte, Mentzel am 16.
Dezember in einem Telefonat klarzumachen, daß er verrückt wäre, eine Bürgschaft für ein
Darlehen zu leisten, von dem Sterling nichts erhalte. Weiss versprach zwar, den Kredit aus
dem IG-Anteil an den Gewinnen zurückzuzahlen, aber Chemical bestand nach wie vor auf
seiner Unterschrift. Mann ersuchte Weiss erneut um seine Gegenzeichnung. Am 25. Februar
telegrafierte Weiss an Mann: »VERHANDLUNGEN ABGEBROCHEN STOP WIR KÖNNEN
NICHT JURISTISCH BÜRGEN.« Mann kabelte offenbar verärgert zurück: »IHREN WIEDER-
HOLTEN WÜNSCHEN ENTSPRECHEND KEINE BÜRGSCHAFT IHRERSEITS ERFORDER-
LICH.« Das Darlehen platzte.

Leben zu rufen, wollte aber, daß sie das Aspirin-Geschäft erst nach Kriegserklärung der Vereinigten Staaten an Deutschland übernähmen.

Wojahn hielt es für verrückt, so komplexe finanzielle Manöver auf die letzte
Sekunde zu verschieben. Obwohl der Plan eine verwickelte Neuordnung des
Rechtstitels auf die Unternehmen vorsah, erinnerte er Kaelble daran, daß »diese
Maßnahmen faktisch keine Veränderung bewirken«. Am Alltagsbetrieb werde
sich kaum etwas ändern; vom Namen abgesehen, werde niemand den Unterschied zwischen den alten Quimicas und den neuen Farma Continentals
merken. Nur ein paar Angestellte – Bürokraten und Buchhalter – würden
betroffen sein. Die brasilianische Farma Continental werde sogar in einem
Stockwerk des IG-Bürogebäudes in Rio untergebracht sein.

»Sie müssen vergessen haben, daß es in Südamerika keine Geheimnisse gibt«,
spottete Kaelble. »Sie können nicht ernsthaft glauben, daß [das neue System]
unbemerkt bleiben wird.« In einem Brief, der von der Bitterkeit zeugte, welche
die IG-Mitarbeiter empfanden, als sie ihren Betrieb in die Hände von Sterling
übergehen sahen, erklärte Kaelble, er sei bereit, die Firma vollständig zu
übergeben, aber erst, wenn er mit dem Rücken an der Wand stehe.

> Sie sind im Besitz eines besiegelten, wasserdichten Vertrages, Sie
> haben alle Trumpfkarten in den Händen, Sie haben die Versiche-
> rung unserer bereitwilligen Kooperation – an der kein Zweifel
> bestehen kann –, und ich kann nicht erkennen, was dieses Bild
> trüben könnte. Wir haben unsere Bereitschaft erklärt, uns für Sie
> nötigenfalls bis auf das Hemd zu entblößen, und ich habe bloß
> eine Bitte, nämlich daß Sie uns gestatten, das Hemd anzubehal-
> ten, bis wir gezwungen sind, es auszuziehen – dann werden wir
> auch das tun.

Aus Kaelbles Sicht verlor er seine Firma für immer an Wojahn, und Wojahn sollte
es deshalb nicht so eilig haben. »Selbst wenn sich das Tempo der Entwicklung
beschleunigen sollte«, schrieb er, »kann ich nicht verstehen, wie Sie oder die
Firma in Gefahr geraten sollten.«

Andere bei Sterling verstanden nur zu gut. Im September begann ein Ausschuß
unter Vorsitz von Nelson Rockefeller, dem Sohn von John D. Rockefeller und

künftigen Vizepräsidenten, Informationen über die Geschäftstätigkeit amerikanischer Unternehmen in Südamerika zu sammeln; Sterling wurde aufgefordert, Unterlagen zu übersenden. Einen Monat später setzte das Justizministerium Ermittlungen über US-amerikanische Firmen mit Naziverbindungen in Gang. Gleichzeitig kündigte der Senat Pläne an zu untersuchen, ob deutsche Patente deutschen Industrieunternehmen eine gefährlich mächtige Rolle in den Vereinigten Staaten verschafften. Am 3. Januar 1941 ernannte Burton K. Wheeler, der einflußreiche industriekritische Senator, der Ambrusters Mutterkornkampagne unterstützt hatte, einen Unterausschuß zur Untersuchung amerikanischer Geschäftsverbindungen mit deutschen Firmen. Am Ende des Monats wurden IG Farben, Dow Chemical, Aluminium Company of America (Alcoa) und zwei weitere Unternehmen wegen Preisabsprache angeklagt. Während der ganzen Zeit produzierte das Federal Bureau of Investigation am laufenden Band sensationell klingende – und de facto nicht sonderlich korrekte – Berichte, wonach die südamerikanischen Ableger von US-Unternehmen mit Nazisympathisanten durchsetzt seien. Sterling war eines der bevorzugten Angriffsziele.

Diese Vorgänge beunruhigten David M. Corcoran zutiefst, den Manager von Sterlings jüngster Akquisition, der Sydney Ross Company, die Patentarzneien nach Lateinamerika verkaufte (ein Geschäft, das von den Verträgen Sterlings mit der IG nicht berührt wurde). Der 1939 eingestellte Corcoran entstammte einer politischen Familie. Sein älterer Bruder war Thomas G. Corcoran, ein renommierter Politmanager, der überall nur als »Tommy the Cork« bekannt war. Die Brüder waren vitale, charmante, nüchtern-praktische Männer, die nach einer exquisiten Ausbildung in Harvard höhere akademische Grade erlangt hatten: Tom in Jura, David in Betriebswirtschaft. Während Tom als Assessor am Obersten Gerichtshof bei Richter Oliver Wendell Holmes tätig war und dann in die Politik ging, wurde David, der sich nach Reisen und Abenteuern sehnte, Vertriebsleiter US-amerikanischer Automobilfirmen in Japan. Auf Druck der Familie kehrte er in die Vereinigten Staaten zurück und trat bei Sterling ein, wo er 1939 Sidney Ross übernahm. Kaum hatte Corcoran angefangen, das Geschäft aufzubauen, als ihm klar wurde, daß Sterling in großer Gefahr war. Das war der Grund, warum er in Mexico City mit seinem Bruder zusammentraf.

Wenige Sätze genügten, um Tom die Situation klarzumachen. Tom sah das Problem in seinen eigenen Begriffen: »Leute mit besseren politischen Verbindungen schienen darauf zu lauern, [Davids] Firma legal zu stehlen.« Zu diesen

Leuten zählte vermutlich Senator Wheeler, mit dem Tom 1937 Streit gehabt hatte. Nach Meinung von Tommy the Cork

> gab es ein einleuchtendes Motiv für eine Beschlagnahme: die Käuflichkeit der Politiker. Nach geltendem Recht muß die Treuhandgesellschaft für Feindvermögen, wenn sie ausländisches Eigentum konfisziert, dieses an amerikanische Privatpersonen veräußern – theoretisch an den höchsten Bieter. Aber wie leicht ist es für einen Regierungs-Insider, eine Versteigerung zu manipulieren. Nach außen hin würde es den Anschein haben, als würde da fleißig hochgesteigert. Aber bei diesen Deals geht es doch gewöhnlich einfach darum, bedürftigen politischen Getreuen eine Pfründe zu verschaffen.
>
> Das heißt, die Auktion wird nicht bloß wegen einer illegalen Provision manipuliert; Gewinner würde ein Unternehmen sein, mit dessen künftigen Einnahmen die teure Kandidatur irgendeines bewährten Kandidaten um ein nationales Amt finanziert werden soll. Dabei spielt es keine große Rolle, wer der Begünstigte sein wird ... Es gab eine Reihe von potentiellen Kandidaten mit guten Beziehungen, die gern bereit sein würden, einem Corcoran Ungelegenheiten zu bereiten, während sie ihr eigenes politisches Nest ausstaffierten. Was zählte, war die Möglichkeit einer Beschlagnahme von Davids Firma. Ich wußte, daß ich nach meiner Rückkehr von Mexico City nach New York jede Menge zu tun haben würde ... Ich mußte meinen Bruder beschützen.

Rasch wurde er von Sterling mit dem Mandat betraut und scharte ein Verteidigungsteam um sich. Darunter befand sich John Cahill, ein Jurakommilitone und ehemaliger Kollege von Tom, der Staatsanwalt am Bundesgericht in New York war. Cahill hatte die Ermittlungen des Justizministeriums gegen Sterling geleitet. Am 10. Februar 1941 legte Cahill sein Amt nieder, um in die Privatpraxis zu gehen. Sein erster Klient war Sterling Products.

Bestürzt über Kaelbles Volte in bezug auf die Farma Continentals, schiffte sich McClintock in diesem Februar, wenige Tage nach Cahills Kündigung, nach

Süden ein. Als er in Trinidad an Land ging, fand McClintock seinen Namen auf der schwarzen Liste der Briten. Die Behörden konfiszierten alle Papiere, die er bei sich hatte, und gaben sie erst um fünf Uhr früh am nächsten Morgen zurück. So schnell wie möglich reiste er weiter. Nachdem man ihm in Trinidad die Hölle heißgemacht hatte, weil er nicht genügend deutschfeindlich sei, schikanierte man ihn in Brasilien, weil er zuwenig deutschfreundlich sei. Die Regierung zensierte Filme, die England unterstützten; der Justizminister äußerte offen seine Begeisterung für Hitler. Auch in der IG-Zentrale erwartete ihn ein Schock: Kaelble residierte in einem feudalen Büro mit einem riesigen Hitler-Porträt über seinem Schreibtisch.

McClintock, Kaelble und Mann konferierten über das Telefon. Es gelang den zwei IG-Vertretern schließlich, den Vizepräsidenten von Sterling zu überzeugen, daß die Quimica-Markenzeichen noch nicht übertragen werden müßten. Der Krieg sei in weiter Ferne. Nichts brauche zu geschehen. Nichts müsse sich ändern. Das Geschäft könne weiterlaufen wie zuvor. »In Rio«, sagte Kaelble, »hätten alle ein gutes Gefühl.« Im Augenblick wollte er sogar, daß Sterling einen Jahresbedarf an den meisten IG-Medikamenten herunterschicke.

Als McClintock Anfang März mit dieser aufmunternden Botschaft zurückkehrte, mußte er hören, daß das Justizministerium gefährliche deutsche Einflüsse auf den Gebieten des Wohnungsbaus sowie in der Lebensmittel- und Pharmabranche aufgedeckt habe – tatsächlich war bereits ein Ermittlungsverfahren in Gang, das sich mit Arzneimitteln befassen sollte. Dies scheint den Anstoß gegeben zu haben, daß Weiss handelte. Wenige Tage nach McClintocks Erscheinen in New York forderte Weiss, daß der Transfer der Warenzeichen von den Quimicas auf die Farma Continentals endlich über die Bühne geben müsse – ebenso wie der große Winthrop-Auftrag, den McClintock von Kaelble mitgebracht hatte. Kaelble stimmte schließlich zu. Nach zwei Jahrzehnten sollte Weiss endlich die südamerikanischen Schutzmarken für Cafiaspirina, Aspirina und das Bayer-Kreuz in die Hände bekommen.

Es blieb ihm wenig Zeit, um diese Aussicht zu genießen. Am 10. April berichtete die *New York Times,* das Justizministerium verdächtige amerikanische Unternehmen, »auf dem südamerikanischen Markt Platzhalter für deutsche Firmen zu spielen, die jetzt durch die britische Blockade von diesem Handel abgeschnitten sind«. Die Richtigkeit dieses Artikels wurde innerhalb von Stunden bestätigt, als die Zwangsvorladungen des Justizministeriums in den Büros von Sterling,

Winthrop und General Aniline and Film (der umbenannten amerikanischen IG) eintrafen. Die Forderungen an die Unternehmen waren umfassend; sie würden schließlich Tausende von Dokumenten ausliefern müssen, darunter fatalerweise die schwarzen Ringbücher, in denen Weiss die IG-Abkommen aufbewahrte. Bestürzt wies er Wojahn an, alle Lieferungen rezeptpflichtiger Arzneien nach Südamerika zu stoppen. Corcoran setzte seine beträchtlichen Talente inzwischen für eine andere Aufgabe ein: den Versuch, Weiss vor dem Gefängnis zu bewahren. Sterling befand sich im Belagerungszustand.

7. Kapitel

»Höhere Gewalt«

Der Zeitpunkt war gekommen, wo Weiss seine schlimmste Nemesis kennenlernte: Thurman Arnold, den stellvertretenden Staatsanwalt, der die Ermittlungen in Sachen Sterling leitete. In Begleitung von McClintock fuhr er am 4. Mai 1941 zu einem, wie man heute sagen würde, Arbeitsfrühstück mit Arnold nach Washington. Es war keine erfreuliche Begegnung. Der ehemalige Yale-Professor und Verfassungsrechtler Arnold betrachtete den größten Teil der Bundeswirtschaftsgesetze als ein Possenspiel. Er fand, die Regierung sollte der Industrie härter entgegentreten, und schreckte nicht vor Effekthascherei zurück, um dies zu erreichen. Er sagte Weiss auf den Kopf zu, die Verträge mit der IG Farben bedeuteten nichts weiter als illegale Versprechen, nicht zu konkurrieren – die Bildung eines Aspirin-Kartells.

Von Gerichtsverfahren in die Enge getrieben, heftete Weiss seine Hoffnungen auf die imponierende politische Geschicklichkeit von Tomy the Cork. Auch Arnolds Mitarbeiter brachten Corcoran großen Respekt entgegen. Wie sich ein Ermittler erinnerte,

> verdoppelten sie ihre Anstrengungen, als sie erfuhren, daß Tommy Corcoran Sterling Products vertrete; entschlossen, die Untersuchung so rasch wie möglich in ein Stadium voranzutreiben, in dem die schiere Macht der aufgedeckten Fakten Tommy Corco-

rans Bemühungen zunichte machen würde, arbeiteten sie bis tief in die Nacht hinein. Tommy Corcoran befand sich in einem Wettlauf mit der Zeit, um 1. die Untersuchung zu stoppen, bevor sie ein schlüssiges Stadium erreichte, und 2. zu erreichen, daß die anhängigen Verfahren als Zivilprozesse abliefen und in Anerkenntnisurteilen bloß weitere Verstöße gegen die Kartellgesetze untersagt wurden, und vor allem 3. die Präsentation des [durch die Zwangsvorladung] gesicherten Beweismaterials vor einem Voruntersuchungsgericht zu verhindern.

Corcoran und sein Team schienen überall gleichzeitig zu sein. Als sich McClintock gegen eine Aufforderung des Justizministeriums sträubte, irgendwelche uralten Personalakten herauszurücken, befahl ihm Corcoran, sich zu sputen. Als Sterling den IG-Anteil an den südamerikanischen Aspirin-Profiten in der amerikanischen Bank des Konzerns deponierte, half Corcoran dem Generalstaatsanwalt Robert Jackson, Arnolds Chef, den Betrag von 250 000 Dollar zu beschlagnahmen.

Die Beschlagnahme löste in Leverkusen Bestürzung aus. Jetzt im Krieg war es schwierig für Mann und seine Assistenten Brüggemann und Mentzel herauszufinden, warum eine neutrale Nation das Geld konfisziert hatte. Mentzel rief Kaelble zwei Tage später an, in der Hoffnung, von ihm zu erfahren, was in New York los sei. »In die ganze Welt sind Telegramme hinausgegangen, daß das Eigentum der IG in den Staaten konfisziert wurde ...«, informierte ihn Kaelble. »Hier machen Extrablätter die Runde mit der Schlagzeile BLITZKRIEG GEGEN DEN DEUTSCHEN HANDEL. In diesem Zusammenhang muß ich Ihnen sagen, daß unsere Situation auf die hiesigen Beamten einen ziemlichen Eindruck gemacht hat ...«

»Eindruck welcher Art?« fragte Mentzel.

»Ungünstig.« Leverkusen habe Prestige verloren.

»In jedem Fall«, sagte Kaelble, »haben wir die Schutzmarken. Sie bleiben unser Eigentum.« Wenn alles schiefgehe, erklärte er Mentzel, könnten die Quimicas die Gewinnen einfach auf dem Bankkonto einer Vertrauensperson bunkern, bis der Krieg vorüber sei. Fünf Minuten vor zwölf, erwiderte Mentzel, könne man nicht zu einem solchen Trick greifen.

»Üblicherweise nicht«, meinte Kaelble, »aber man kann es doch versuchen.«

Dieser Gedanke könnte sich herumgesprochen haben; drei Tage später ersuchte Corcoran McClintock, ihn über irgendwelche neuen Pläne bezüglich der IG-Gewinne zu informieren.

Corcoran hatte seinen eigenen Plan. Warum sollte Sterling nicht alle Aspirin-Gewinne selbst behalten und sie zur Deckung der IG-Schulden in Höhe von 1,2 Millionen Dollar verwenden, die nach dem Kauf von Laboratorios Suarry noch offen waren? Corcoran trug diese Idee am 27. Mai Cox vom Justizministerium als ein Mittel vor, um »die Gefahr zu verringern, daß dieses Geld nach Deutschland fließt«. Cox stimmte ihm zu. Das Gespräch verlief freundschaftlich. (Das wäre sicher anders gewesen, hätte Cox gewußt, daß der Finanzchef von Sterling in diesem Augenblick in Kaelbles Büro war und die Übertragung des Aspirin-Geschäfts mit ihm besprach.) Cox sagte, die Untersuchung werde Ende Juni abgeschlossen sein. »Das ist der Zeitpunkt«, meinte Corcoran später zu Cahill, »ab dem die Fetzen erst richtig fliegen werden.«

Inzwischen fuhr die Presse fort, Sterling mit Vorwürfen zu überschütten. Am 29. Mai brachte die *New York Herald-Tribune* auf ihrer Titelseite einen ausführlichen Bericht über den südamerikanischen Pharmahandel. Innen waren große Abbildungen von Cafiaspirina aus deutscher und amerikanischer Produktion. Dutzende von ähnlichen Enthüllungsgeschichten folgten in den nächsten paar Monaten, als die Zeitungen die Geschichte der ruchlosen Verschwörung aufgriffen, die sich in den Medizinschränken Amerikas verberge. »Wenn man im Radio die berückende Stimme von Vivian della Chiesa hört«, fragte *Graphic Picture News Magazine*, »wer würde dann argwöhnen, daß das ›[American] Album of Familiar Music‹ von Bayer nur ein Bestandteil eines noch größeren Programms ist – *eines deutschen Programms für die Eroberung von Amerika?*« Am alarmierendsten war das giftspritzende Sudelblatt *PM*, das am 1. Juni seine gesamte Titelseite mit den Worten füllte:

Diese Firmen
verdienen Geld
für Hitler

»Hitler erhält Millionen für seine Kriegskasse durch Verbindungen zu amerikanischen Unternehmen«, wurde in dem Artikel behauptet. Sterling, hieß es weiter, erfülle Goebbels' »Prahlerei«, daß »Amerikaner Hitler helfen würden, Nord- und

Südamerika zu erobern«; Weiss und McClintock wurden als aktive Kämpfer für die Sache der Nazis beschrieben; Howard W. Ambruster wurde zum Nachteil von Sterling zitiert. Ein zweiter Artikel endete mit einem Appell an den Präsidenten, die Konten von Sterling einzufrieren – dem Unternehmen keinen Zugriff auf seine Bankguthaben zu gestatten, was einer Schließung der Firma gleichkäme.

Weiss fiel aus allen Wolken. Obwohl er nie den Ehrgeiz gehabt hatte, mehr als ein bloßer Geschäftsmann zu sein, hatte er sich in eine Situation manövriert, in der sein Name zu einem Synonym für »Nazikollaborateur« wurde. Gegen sein Unternehmen liefen Ermittlungen von Wheelers Senatsausschuß, der Börsenaufsichtsbehörde sowie des Finanz-, Außen- und Justizministeriums. Tausende von Dokumenten aus New York, Rensselaer und Wheeling wurden in Washingtoner Büros gefilzt; Behördenvertreter brüteten über Bankauszügen von 1919 bis zur Gegenwart, über Konferenzprotokollen von dem Tag an, an dem Weiss zum ersten Mal Rudolf Mann gegenübertrat, und Aktienbüchern aus der Zeit von Neuralgine.

Die Umsätze waren inzwischen im Keller. In den Vereinigten Staaten hatte das Sperrfeuer von negativer Publicity die sichere Wirkung, den Absatz kaputtzumachen, wie das im Ersten Weltkrieg geschehen war. In Großbritannien zwang die Treuhandverwaltung von Feindvermögen die Bayer Products, Ltd., zur Auslieferung ihrer Warenzeichen und Patente, die im Namen der IG registriert waren. In Lateinamerika waren die mühsam gegründeten Farma Continentals abgewürgt worden, bevor sie ihre Tätigkeit aufnahmen. In Albany war die große Investition in das Winthrop-Werk bedroht, weil dieses keine Medikamente mehr in überseeische Länder exportieren konnte. Nur der Aspirin-Markt in Südamerika blieb ihm, und Corcoran ließ schon die Bereitschaft durchblicken, auch diesen aufzugeben. Der gebeutelte Weiss drängte die Anwälte von Sterling, eine 26seitige Erklärung zu verfassen, in der das Verhalten der Firma als »untadelig« bezeichnet und deren Mitarbeitern bescheinigt wurde, daß sie sich stets von »absoluter Loyalität und Ergebenheit gegenüber den Vereinigten Staaten von Amerika« leiten ließen. Diese Erklärung wurde niemals veröffentlicht.

Das Einfrieren von Konten mag nicht das Schlimmste sein, was einem Unternehmen passieren kann, aber es rangiert hoch auf der Liste. Ein Betrieb ohne Zugang zu seinem flüssigen Kapital kann weder Material beschaffen noch über Gewinne disponieren, noch seine Mitarbeiter bezahlen. Wenn seine Geschäftsführung etwas beziehen will, dann kann sie nur versprechen, später irgendwie dafür zu bezahlen; wenn die Kunden etwas kaufen wollen, kann das Management zwar die Zahlung entgegennehmen, muß sie aber auf ein Bankkonto einzahlen, das eine Art finanzielles schwarzes Loch geworden ist (Geld kann zwar hineinfließen, aber es kommt nicht wieder heraus). Handel wird somit unmöglich. Und eine Firma, die keinen Handel treiben kann, hört bald auf zu existieren. Die Maßnahme des Finanzministeriums kam nicht völlig überraschend. Ein paar Tage zuvor hatte Präsident Roosevelt angekündigt, daß alle finanziellen Transaktionen kontinentaleuropäischer Firmen in den Vereinigten Staaten blockiert werden würden. Da Winthrop zur Hälfte dem US-Ableger der IG Farben gehörte, der seinerseits Eigentum einer Schweizer Holding war, waren dessen Transaktionen theoretisch von dem Erlaß betroffen.[*] Trotz dieser Warnung war der Finanzchef von Sterling, James Hill jun., über den Anruf schockiert, den er am Freitag, dem 20. Juni, abends erhielt. Er war, wie einer der Manager ihn einmal beschrieb, »der Typ eines Lkw-Fahrers, der kaum richtig Englisch konnte«, aber »im Umgang mit Zahlen war er ein Genie«. Hill hatte bei allen Transaktionen von Weiss in Deutschland voll mitgezogen – schließlich war das die Angelegenheit seines Chefs. Der Telefonanruf kam von seinem Assistenten, E. M. Mulhern. Einer der Banker von Sterling hatte Mulhern informiert, daß er die Konten der Firma auf Anweisung von Washington gesperrt habe. Angesichts dieser bestürzenden Vorgänge nahm Hill Kontakt zu Tommy the Cork auf. Dann stieg er, weil ihm sonst nichts zu tun blieb, in den Zug nach Washington. Er wollte da sowieso hin.

Am nächsten Morgen fuhr er zu einer Konferenz im Finanzministerium, die Corcoran arrangiert hatte. Dort erwarteten ihn Vertreter des Außen-, Justiz- und

---

[*] Zu diesem Arrangement war es nach 1930 gekommen, als die IG ihre Winthrop-Aktien auf die American I. G. Chemical Corporation übertrug, die später in General Aniline and Film umbenannt wurde. Die Kontrolle über die General Aniline wurde damals nominell auf die I. G. Chemie transferiert, eine Schweizer Firma, die insgeheim der IG gehörte. Diese ganze komplizierte Scharade diente dem Zweck, die Beteiligung der IG an Winthrop sowohl vor der US-amerikanischen als auch vor der deutschen Regierung geheimzuhalten – vor den USA wegen der Versprechen Sterlings gegenüber der Treuhand und vor dem deutschen Regime, weil die NSDAP die Kontrolle über alle ausländischen Niederlassungen beanspruchte.

Finanzministeriums, darunter Edward H. Foley, der Chefjurist des Finanzministeriums. Das einzige freundliche Gesicht war das von Corcoran. Es war die erste Begegnung Hills mit all den Männern, die das Schicksal des Unternehmens in ihren Händen hielten. Überraschenderweise wußten sie wenig über den Einfrierungsbefehl – sie hatten vor Corcorans Anruf noch nichts darüber gehört. Niemand schien zu wissen, von wo diese Anordnung ausgegangen war.

Weiss fehlte bei dieser Zusammenkunft: Corcoran hatte ihn kaltgestellt. Von einem mächtigen Mann, der mehr oder weniger allein ein ständig expandierendes Unternehmen dirigierte, war er fast über Nacht zu einer irrelevanten, gespenstischen Figur geworden, jemand, der von Tommy the Cork, wenn er es für nötig hielt, häppchenweise mit Informationen versorgt wurde. Der Sieger über Carl Duisberg hatte selbst seinen Meister gefunden. Völlig demoralisiert war er jetzt ein Mann, der nur noch von der Gnade der Umstände abhing. Aber welche Umstände waren das! Die sechs Anklagevertreter, die über den beschlagnahmten Akten von Sterling brüteten, unterteilten die Geschichte des Unternehmens in eine Reihe krimineller Handlungen.

Die Geschäfte der vergangenen zwei Jahrzehnte erschienen in den Turbulenzen des nahenden Krieges in einem neuen und wenig schmeichelhaften Licht. Die Verträge in den schwarzen Ringbüchern von Weiss erschienen Arnolds Mitarbeitern sichtlich als Abmachungen, nicht gegeneinander zu konkurrieren; der sorgfältige Vergleich von Kosten konnte als Beleg für Preisabsprachen dienen; die freundliche Korrespondenz mit Wilhelm Mann schien zu zeigen, daß Weiss in bestem Einvernehmen mit Naziprovokateuren zusammengearbeitet hatte. Das Justizministerium wurde zur Anklage gedrängt; Anwälte sprachen mit Ambruster, der sie unter den Akten seiner Kampagne gegen Bayer Aspirin, Sterling Products und die IG Farben begrub. Wenn die Ermittler auf Ambruster hörten, dann war es an der Zeit, über einen außergerichtlichen Vergleich nachzudenken.

Der breitschultrige Hill mit seinem offenen, ehrlichen Gesicht machte als Zeuge einen guten Eindruck. Die ganze Sache, erklärte er, sei verrückt. Die Presse verleumde sie. Die Ermittler des Justizministeriums schnüffelten in der Varick Street 170 zwar in allen Winkeln herum, aber sie würden nichts finden. Es bestehe kein echtes deutsches Interesse an dem Unternehmen.[*] Das Finanzministerium, meinte er, solle erklären, daß Sterling ein amerikanischer Betrieb sei, daß es von der Sperrung ausländischer Guthaben nicht betroffen sei, daß es voll und ganz mit der Regierung zusammenarbeite. Man bedenke bloß, wie Sterling dem Justizministerium in der Frage der IG-Zahlungen geholfen habe.

Foley erklärte sich bereit, die Anordnung für eine Woche außer Kraft zu setzen, in der Sterling den Beweis zu erbringen habe, daß es nicht von Hitler gesteuert werde. Hill und einer der Sterling-Anwälte, Charles Guthrie, zogen sich in Guthries Büro in der K-Street zurück, um einen erklärenden Brief an Foley zu verfassen. Angesichts der Unklarheit, die bei der Besprechung geherrscht habe, schrieben sie, seien sie nicht sicher, ob der Finanzminister tatsächlich »Sterling und all seine Tochtergesellschaften als Nazis bezeichnet habe«, aber wenn das der Fall sei, bitte die Firma um Gelegenheit, ihre Seite der Geschichte darzulegen.

Anfang Juli erwog Corcoran, das Topmanagement von Winthrop auszuwechseln oder das Unternehmen sogar zu verkaufen. Sobald das über die Bühne gegangen war, konnte ein Großteil des Exportgeschäfts von Sterlings kleinem Exportableger, Sidney Ross, übernommen werden, wo sein Bruder David das Sagen haben würde. Sobald David, ein Marketingexperte, für den Vertrieb von Aspirin und der anderen Pharmaprodukte zuständig war, konnte Sidney Ross in Südamerika in Konkurrenz mit der IG treten. Auf diese Weise versuchte Tommy the Cork Arnold zu überzeugen, könne Sterling sich reinwaschen, indem es der IG ihre Märkte abjagte.

Da war nur ein kleines Problem. Weiss hatte Leverkusen versprochen, der IG in Südamerika keine Konkurrenz zu machen. Wenn Sterling die Gunst Arnolds errang, indem es die IG in einen Wirtschaftskrieg verwickelte, dann konnte das Unternehmen nach dem Krieg von Leverkusen wegen Vertragsbruchs belangt werden. Corcoran wollte von Arnold die Zusage, Sterling im Falle eines künftigen Gerichtsverfahrens zu entschädigen.

Arnold konterte, daß Sterling selbst für alles geradestehen müsse, was von welcher Seite auch immer auf das Unternehmen zukomme. Dennoch war Corcoran optimistisch. Zum ersten Mal, sagte er, hörten Arnold und Cox seiner Geschichte zu, »ohne die Probleme mit Hitler-Feindschaft zu vermischen«. Es sei an der Zeit, »sie jetzt unter Druck zu setzen«.

Corcoran wäre weniger zuversichtlich gewesen, hätte er gewußt, daß Arnold im

---

* Theoretisch stimmte das. Trotz der verzwickten 50prozentigen Beteiligung der IG an Winthrop und der Zusammenarbeit mit Weiss hatte Sterling seine zentrale Corporate identity juristisch aus den Verträgen mit der IG herausgehalten.

Finanzministerium mit Foley gesprochen hatte und daß beide Männer es abgelehnt hatten, Sterling vor künftiger Strafverfolgung zu bewahren.

Es stand jetzt also fest, daß Sterling nicht ungeschoren davonkommen würde. Die meisten Vertreter des Justizministeriums einschließlich Arnold wollten das Beweismaterial einem Voruntersuchungsgericht unterbreiten, bevor es zu einer strafrechtlichen Anklage kam. Diese Beamten waren der Ansicht, daß Weiss gegen die Kartellgesetze verstoßen habe; manche dachten, wie es ein Mitarbeiter des Justizministers später formulierte, daß »Sterling Products faktisch zu einem Agenten von Nazideutschland geworden sei und eine gegen die Vereinigten Staaten gerichtete Politik betreibe«. Falls dies zutraf, dann erforderte dies eine Anklage wegen Verschwörung, Gefängnisstrafen und hohe Geldbußen.

Corcoran plädierte für ein sogenanntes billigkeitsrechtliches Verfahren. Das Unternehmen akzeptiere statt der strafrechtlichen Verfolgung einen Zivilprozeß, wodurch sich die zu erwartenden Strafen verringern würden. Als Gegenleistung für ein zivilrechtliches Verfahren, versprach Corcoran, werde Sterling ein Aner-kenntnisurteil unterschreiben, welches es verpflichtete, sowohl die IG-Verträge für ungültig zu erklären, als auch zu bestreiten, daß es dadurch das Anrecht auf die US-Patente der IG verloren habe. In Südamerika werde Sterling auf die alten IG-Schutzmarken wie Cafiaspirina verzichten, was bedeutete, einen Mul-timillionen-Dollarverlust zu verkraften. Des weiteren sah der von Corcoran vorgeschlagene Prozeßvergleich vor, daß Sterling eine aggressive Kampagne starten solle, um seine eigene Aspirin-Marke in Südamerika zu etablieren. Das Unternehmen werde Leverkusen von Tijuana bis Feuerland vom Aspirin-Markt fegen. Es sei bereit, Prozessen seitens der IG zu trotzen. Es sei bereit, eine Menge Geld zu verlieren.

Corcoran brachte Arnolds Ermittler gegen sich auf, indem er seinen Prozeßver-gleich über ihre Köpfe hinweg mit Hilfe des Interministeriellen Ausschusses einfädelte, die Ad-hoc-Gruppe von Finanz-, Außenamts- und Justizvertretern, welche die Ermittlungen der verschiedenen Ressorts gegen Sterling koordinierte. Anfang August inszenierte Corcoran eine raffiniert aufgezogene Show für diesen Ausschuß. Der Star dieser Show war sein jüngerer Bruder David, der den Zuhörern weiszumachen versuchte, sein kleiner Ableger, Sidney Ross, sei imstande, einen Aspirin-Krieg anzuzetteln. Die Corcorans traten mit einer riesigen Landkarte von Südamerika auf – »die größte Karte, die irgend jemand je gesehen hatte«, erzählte David später – bedeckt mit Hakenkreuzen und kleinen

Hitlerfotos, welche die bösen Kräften von Cafiaspirina repräsentierten. Da jede IG-Filiale mit einem Hakenkreuz und jede Hauptverwaltung mit einem Hitlerbild gekennzeichnet war, strahlte die Karte etwas Bedrohliches aus. (Sie war ein perverses Echo der Generalstabskarte in Wojahns Büro). David hatte Stunden damit zugebracht, die Nazisymbole aufzukleben, und weitere Stunden, die kleinen roten, weißen und blauen Fähnchen anzubringen, welche die Büros, Fabriken, Auslieferungslager und Lautsprecherwagen seines wackeren Ablegers Sidney Ross symbolisierten. Angesichts der Größe der Landkarte war es nötig gewesen, sie wie einen Teppich auf dem Boden des Konferenzsaales auszubreiten. Mit einer Aspirin-Tablette in der Hand turnte er auf der Landkarte umher und erläuterte, daß die Ross-Truppen ein Cafiaspirina-Imitat namens Mejoral ins Gefecht schicken würde, das Cafiaspirina auf dem ganzen Kontinent Paroli bieten werde. Mit der außergewöhnlichen Energie gesegnet, die seine Familie auszeichnete, besaß David den zungenfertigen Charme des geborenen Verkäufers. In relativ kurzer Zeit überzeugte er die Anwesenden, daß er nicht nur Tommy the Corks jüngerer Bruder war, sondern auch ein Marketinggeneral, fähig, zur Offensive auf die alteingesessenen Vertriebsbastionen der IG Farben zu blasen. »Schließlich einigte man sich«, berichtet Davids damalige Sekretärin, »daß man Sterling glimpflich davonkommen lassen werde, wenn David hinunterfahre ... und die Deutschen aus Südamerika vertreibe. Das wollte er mit einer kleinen Tablette erreichen – Mejoral, einem Imitat von Bayer Aspirin.«

Hill und Corcoran trugen die Mejoral-Idee Anfang August dem stellvertretenden Justizminister Biddle vor, der nach diesem Gespräch seine Zustimmung gab. Als Gegenleistung für Sterlings Bereitschaft, einen Analgetika-Krieg zu führen, sagte er, könne das Unternehmen einen Zivilprozeß und ein Anerkenntnisurteil bekommen.

Biddles Entscheidung löste, wie sich Hill später erinnerte, im Justizministerium einen »Aufstand« aus. Arnold explodierte und erklärte, er werde dem Mejoral-Deal um keinen Preis zustimmen. Aspirin zu verkaufen reiche als Buße nicht aus. Bei Sterling würden sich die Dinge ändern müssen. Corcoran und Arnold hämmerten aufeinander ein. Schließlich erklärte Corcoran, wie sich Hill erinnert: »Mr. Arnold, es besteht doch Einigkeit, daß wir kein strafrechtliches, sondern ein zivilrechtliches Verfahren bekommen.«

»Ja«, antwortete Arnold.

»Ich werde Ihnen beweisen, daß ich nicht der größte Bastard in der Welt bin«, entgegnete Corcoran wohlgemut. »Ich lasse es auf eine *strafrechtliche* Anklage ankommen.«

Am nächsten Tag, dem 13. August, trafen Hill und Corcoran mit dem Interministeriellen Ausschuß zusammen. Hill war zuversichtlich genug, um Weiss aus Wheeling mitzubringen, der die Abmachung durch Handschlag bekräftigen sollte. Statt dessen händigte ihm Foley eine Erklärung aus und sagte, das Unternehmen müsse sie unterschreiben. Nach Hills Erinnerung erklärte Foley beinhart: »›Das müssen Sie tun, oder wir frieren Sie ein.‹ ... Wir durften nicht auf die einzelnen Punkt eingehen. ›Kein Kommentar.‹ Nur dieses kalte ›Kein Kommentar‹. ... Wir waren bereit, darüber zu diskutieren, aber man gestattete uns keine Diskussionen ... ›Das ist es. Unterschreiben Sie, oder tragen Sie die Folgen.‹«

Das acht Seiten lange Papier bestand aus sechzehn »Zusicherungen« – Maßnahmen, zu denen sich Sterling verpflichtete. Die Zusicherungen sollten die Basis eines späteren Anerkenntnisurteils bilden. Sie unterschieden sich nicht wesentlich von dem Versprechen in dem Entwurf des Anerkenntnisurteils, den Corcoran zwei Wochen zuvor verfaßt hatte, außer daß dem Unternehmen kein Schutz vor künftigen IG-Prozessen zugesagt wurde. Es war immer noch ein entmutigendes Bild. Die südamerikanischen Warenzeichen würden verlorengehen. Sterling würde seinen Anteil am Cafiaspirina-Geschäft zurückgeben müssen. Das Unternehmen würde die restlichen Schulden von 859 000 Dollar am Erwerb von Laboratorios Suarry schlucken müssen. Das einzige, was Weiss von seinen jahrelangen Anstrengungen auf dem Kontinent übrigblieb, waren ein paar unwichtige Marken wie Dr. Ross's Life Pills.

Dennoch erklärte sich Weiss zur Unterschrift bereit. Es war besser, als seine Guthaben einfrieren zu lassen. Sein Unternehmen würde in irgendeiner Form überleben. Und zumindest würde niemand ins Gefängnis kommen.

Da in der ersten Zusicherung die Verträge mit Deutschland außer Kraft gesetzt wurden, machte sich Weiss nach der Besprechung an die schmerzhafte Aufgabe, ein Telegramm an Mann zu verfassen, in dem er ihm die Rückgabe des Aspirin-Geschäfts mitteilte. Nachdem das Telegramm vom Interministeriellen Ausschuß gebilligt war, kehrte Weiss zu einer Pro-forma-Vorstandssitzung nach New York zurück. Am 15. August 1941 erklärte sich der Vorstand mit den Zusicherungen einverstanden. An diesem Tag schickte Weiss ein Telegramm nach Leverkusen. »ZIEL UND ZWECK«, begann es, »IST DIE AUFLÖSUNG ALLER

VERTRÄGE ÜBEREINKÜNFTE ABMACHUNGEN PARTNERSCHAFTEN ...« Die
gemeinsame Partie war beendet.

Selbst mitten im Krieg war die Botschaft von Weiss ein Schock für Leverkusen.
Während sich Weiss Sorgen machte, die Vertrautheit des Verbrauchers mit dem
Namen Bayer werde Leverkusen nach dem Krieg mühelos eine beherrschende
Stellung verschaffen, war Mentzel überzeugt, Weiss plane, die augenblickliche
Lieferunfähigkeit der IG in Südamerika zum Aufbau eines eigenen Monopols mit
Geniol zu nutzen. »Zweifellos hat Weiss seinen Vorschlag unter Druck der
US-Regierung gemacht«, kommentierte Mentzel trocken. »Aber er und seine
Berater werden sich diese Gelegenheit nicht entgehen lassen, als ›clevere
Geschäftsleute‹ zu handeln, wie sie es bei der Fusion der IG 1926 getan haben.«
Dessen eingedenk, telegraphierte Mann zurück:

NACH SORGFÄLTIGEN ERWÄGUNGEN VON ALLEN SEITEN
KÖNNEN WIR AUS ALLGEMEINEN GRÜNDEN IHREN VOR-
SCHLAG LATEINAMERIKA NICHT AKZEPTIEREN MANN

Weiss hatte auch ohne die Weigerung Manns genügend Schwierigkeiten, die
Verträge als beendet anzusehen. Er schickte ein weiteres, nahezu apokalypti-
sches Telegramm:

WIR HABEN KEINE ALTERNATIVE ALS ZU BEHARREN DASS SIE
UNSER KABEL 15. AUGUST SOFORT BEACHTEN ANDEREN-
FALLS WIRD HÖHERE GEWALT ALLE SÜDAMERIKANISCHEN
GESCHÄFTSABMACHUNGEN UND ÜBEREINKÜNFTE ANUL-
LIEREN UND ZUNICHTE MACHEN WEISS

Die Vertreter des Justizministeriums hatten sich immer noch nicht damit
abgefunden, daß ein Unternehmen einem Strafverfahren wegen illegaler Verträge, in Südamerika Aspirin zu verkaufen, entging, indem es versprach, in
Südamerika Aspirin zu verkaufen. Da Biddle und das Finanzministerium das
Anerkenntnisurteil unterstützten, sahen die Ermittler voraus, daß das Verfahren vor ihren Augen niedergeschlagen werden würde und daß Weiss, McClintock
und Hill fast ungeschoren davonkommen dürften. Da das strafrechtliche Ver-

fahren bereits ad acta gelegt war, konnten sie nicht auf eine Verschärfung der Anklage dringen. Aber sie konnten bei den Zusicherungen die Latte höher legen. Zumindest, erklärten sie, sollte kein Anerkenntnisurteil unterschrieben werden, bis Sterling die IG zwinge, ihre Hälfte von Winthrop zu verkaufen. Sonst würden sie nichts anderes tun, als Leverkusen aufzufordern, in Südamerika gegen sich selbst zu konkurrieren. Schon allein aus diesem Grund, argumentierte ein Ermittler, sollte das Anerkenntnisurteil hinausgeschoben werden.

Der Interministerielle Ausschluß traf am späten Nachmittag des 19. August zusammen. Das Büro des Stellvertretenden Außenministers Dean Acheson, wo die Sitzung stattfand, war überfüllt, da vier Leute aus dem Justizministerium und je sechs aus dem Außenamt und dem Finanzressort teilnahmen. Als einziger Sterling-Repräsentant war einer der Anwälte des Unternehmens, George S. Hills, anwesend.

Bei der Besprechung ging es vor allem um die zwölfte Zusicherung, in der Washington ermächtigt wurde, jeden Sterling-Mitarbeiter zu entlassen, der sich an Handlungen »gegen das nationale Interesse« beteilige. Ein Delegierter des Justizministeriums, Edward Levi, erwähnte, daß die Ermittler diese Zusicherung dazu benutzen wollten, um Weiss auszuheben. Hills war schockiert. Niemand hatte bisher etwas darüber gesagt. Dieses Ansinnen war ein Vertrauensbruch; falls die Regierung darauf bestehe, erklärte er wütend, werde Sterling seine Unterschrift auf dem Dokument widerrufen. Alles würde wieder von vorn beginnen.

Die Delegierten des Finanzressorts waren fast genauso überrascht von der Feindseligkeit der Justizvertreter. Niemand hatte sie offenbar über die schäumende Empörung in Thurman Arnolds Büro informiert. Auf Vorschlag der Finanzleute erfolgte eine Abstimmung durch Handzeichen. Außenamt und Justiz wollten Weiss loswerden, die Finanzler wollten ihn behalten; das Ergebnis lautete zwei zu eins – damit war Weiss weg vom Fenster. Hills wurde aufgefordert, Corcoran und Hill in zwei Tagen zu einer Besprechung mitzubringen. Bei diesem Treffen sollten sie dem Interministeriellen Ausschuß den Namen von Weiss' Nachfolger mitteilen.

In diesen zwei Tagen forderte das Justizministerium noch einen Kopf. Weiss und ein weiterer großer Name müßten gehen. In Sterlings provisorischer Zentrale in einem Washingtoner Hotel fand eine äußerst unerfreuliche Zusammenkunft statt. Diebold, McClintock, Hill, Corcoran, Hills – die ganze Mannschaft war versammelt, mit Ausnahme von Weiss, der bei kranken Anverwandten in Wheeling weilte und von der Forderung des Justizministeriums noch nichts erfahren hatte. Die Frage war, wer zusammen mit dem Vorstandsvorsitzenden über die Klinge springen mußte. »Niemand wollte gehen«, erinnerte sich Hill später. McClintock, der seit fast zwanzig Jahren Sterlings leitender Vizepräsident gewesen war, lehnte diese Ehre entschieden ab. »Deshalb überredeten sie Mr. Diebold dazu.« Diebold erklärte sich bereit, die Opferrolle zu übernehmen.

Die Gruppe ging dann daran, einen neuen Vorstandsvorsitzenden und einen Präsidenten als Nachfolger von Weiss und Diebold zu küren. Der neue Vorsitzende mußte ein Aushängeschild von untadeliger Lauterkeit sein, weshalb McClintock nicht in Frage kam. Nach längerer Diskussion einigten sie sich auf Edward S. Rogers, der sich damals nach einer erfolgreichen juristischen Laufbahn bereits halb im Ruhestand befand; die Regierung würde sicher keinen Anstoß an ihm nehmen. Zufrieden konnten sie sich jetzt an den schwierigsten Teil der Aufgabe machen: Weiss in Wheeling anzurufen.

Weiss geriet in rasenden Zorn, als er von Hill erfuhr, daß er gefeuert worden war, und ließ sich erst nach langem Streit um Mitternacht breitschlagen zurückzutreten, weniger als achtzehn Stunden vor dem letzten Treffen mit dem Interministeriellen Ausschuß. Nun mußte Hill Rogers anrufen, der vor der Sommerhitze in sein Ferienhaus in Maine geflohen war.

Rogers nahm die Position an, stellte aber eine Bedingung: Unter keinen Umständen solle McClintock zum Präsidenten ernannt werden. Rogers wollte statt dessen Hill. Man kann sich McClintocks Reaktion nur ausmalen. Er war zehn Jahre älter als Hill und seit zwanzig Jahren, doppelt so lange wie Hill, bei Sterling. Dennoch trug er diese Enttäuschung mit Fassung. An diesem Morgen erschien er in Begleitung von Hill auf der Ausschußsitzung und gab das neue Führungsteam bekannt. Das endgültige Anerkenntnisurteil ging drei Tage später an das Justizministerium. Weiss und Diebold erhielten auf Lebenszeit Hausverbot bei Sterling und wurden zu Geldbußen von 5000 beziehungsweise 1000 Dollar verurteilt. Die Reorganisation wurde von Präsident Hill am 29. August auf einer speziellen Vorstandssitzung bestätigt.

Drei Tage zuvor übermittelte Mann die endgültige Antwort der IG auf Sterlings Vorschlag, die Verträge zu annullieren: Kommt nicht in Frage. Dem Konzern war dieser Beschluß so wichtig, daß das Telegramm vom gesamten Aufsichtsrat

unterzeichnet war. »DIE EINSEITIGE ANNULLIERUNG DES SÜDAMERIKAVER-
TRAGS WIRD VON UNS NICHT AKZEPTIERT«, schrieben die Direktoren. Sie
schlossen in herrisch-empörtem Ton: »WIR FORDERN DIE ERFÜLLUNG UNSE-
RER VERTRAGLICHEN RECHTE.« Es war das letzte Mal, daß Weiss von den
Leuten in Leverkusen hörte, denen er so vieles verdankte. Seine Nachfolger
ließen sich zu keiner Antwort herab.

* * *

Am 4. September 1941 wurde Biddle zum Justizminister ernannt. Am nächsten
Tag gab er das Anerkenntnisurteil bekannt. Sterlings Feinde in der Presse
schäumten – das roch nach einer weiteren Schiebung von Tommy the Cork. Die
Angriffe wurden wie immer von dem unverwüstlichen Howard W. Ambruster
angeführt. Obwohl Sterling unter der Fuchtel des Finanzministeriums, des FBI,
des Außenamts und zweier Senatsausschüsse stand, blieb Ambruster überzeugt, daß, wie er es im November formulierte, »Hitler die amerikanische
Pharmaindustrie nach wie vor in seiner blutigen Faust hält«. Auch nach Kriegsende, als die IG Farben von der alliierten Militärregierung beschlagnahmt
worden war, nahm Ambruster die Überzeugung mit ins Grab, daß der Konzern
die Weltherrschaft anstrebe.

Weiss war nicht anwesend, als Biddle das Anerkenntnisurteil an die Presse
weitergab. Familiäre und geschäftliche Schläge warfen ihn nieder, und er
verschwand aus der New Yorker und Washingtoner Szene. Nach dem Anerkenntnisurteil telefonierte er mit seinen Untergebenen und versprach ihnen, daß er
zurückkehren und nach dem Krieg die Abmachungen mit der IG erneuern werde.
Solange er konnte, klammerte er sich an das Unternehmen, in das er vier
Jahrzehnte seines Lebens investiert hatte. Im Februar 1942 war Hills Geduld
erschöpft; falls Weiss weiterhin in Wheeling aufkreuze, könne er nicht behaupten, daß Sterling alle Verbindungen mit der Vergangenheit gekappt habe.
Nachdem man ihm sein Unternehmen unter den Füßen weggezogen hatte, trieb
sich Weiss im Mittelwesten umher. Wenn auch aller Macht beraubt, erfreute er
sich doch aller Privilegien des Reichtums – Landhäuser, ein Auto mit Chauffeur,
den Respekt seiner Nachbarn. Im Sommer 1942 starb der dreiundsechzigjährige
Weiss an den Folgen eines Verkehrsunfalls.
Die Begräbnisfeier fand am 5. September 1942, auf den Tag genau ein Jahr nach

dem Anerkenntnisurteil, im Haus von Weiss in Wheeling statt. Rogers, Wojahn und Walter Hiemenz, der Betriebsleiter des Werkes in Albany, nahmen an der Feier teil; Hill und Diebold waren unter den Sargträgern. McClintock erschien nicht. In Wheeling wurde auf den Titelseiten über den Todesfall berichtet, in den Nachrufen ein jahrzehntelang einflußreiches Mitglied der Gesellschaft geehrt.

Nach Kriegsende wurde Mann und 22 weitere IG-Führungskräfte als Kriegsverbrecher angeklagt. Zehn der Angeklagten, darunter Mann, wurden in allen Punkten freigesprochen. Sie hatten sich zwar unter anderem dazu hergegeben, die Werbetrommel für das Dritte Reich zu rühren, aber das Nürnberger Gericht entschied, daß sie nicht für Dinge verantwortlich gemacht werden könnten, zu denen sie gezwungen worden waren. Mann war zusammen mit anderen genötigt worden, die Oberaufsicht über das Zwangsarbeitslager in Auschwitz zu übernehmen. Es stimmt, wie man sagt, daß die IG ihre unfreiwilligen Mitarbeiter mit relativer Humanität behandelte; ebenso richtig ist, daß Widerstand seitens der IG-Geschäftsführung sinnlos gewesen wäre: Hätte Mann sich geweigert, in Auschwitz zu arbeiten, dann wäre er erschossen und durch jemanden ersetzt worden, der sich zu dieser Arbeit bereit gefunden hätte.

Die IG hatte ihre Chance verpaßt. 1933, als die Opposition des größten Mischkonzerns der Nation noch einiges Gute bewirkt haben könnte, hatten die leitenden Angestellten, die für Hitler die größte Verachtung empfanden, geschwiegen. Ihre Anpassung war zum Teil auf den Terror dieser Zeit und den Mangel an glaubhaften politischen Alternativen zur NSDAP zurückzuführen, aber die wichtigste Rolle spielte das Versprechen der Nazis, das hoffnungslose Synthesebenzinwerk in Leuna rentabel zu machen. Die Geschäftsführung dachte an die Aktionäre und zog bei der Übernahme durch die Nationalsozialisten mit. Sie hatte ihre Verantwortung gegenüber dem Unternehmen.

Letzten Endes, wenn es darauf ankam, waren sie alle bloß Geschäftsleute gewesen.

Zweiter Teil

»Dröhnende Hämmer«

8. Kapitel

»Ich bin kein Knastbruder«

Am 12. März 1908 erteilte Richter Ivory G. Kimball vom Polizeigericht in Washington, D. C., den Geschworenen nach einem Prozeß, der die Amerikaner von Wallstreet bis zum Weißen Haus in Aufregung versetzt hatte, die übliche Rechtsbelehrung. Die gewohnheitsmäßigen Gerichtskiebitze, üblicherweise die einzigen Zuschauer in dem verschlafenen Gerichtssaal, waren durch eine Meute von Reportern, Verteidigern des Angeklagten und besorgten Repräsentanten von Pharmakonzernen verdrängt worden. Alle hatten ihre Meinungen kundgetan. Jetzt, erklärte Richter Kimball, seien die Geschworenen an der Reihe. Der zentrale Streitpunkt sei die Frage, welche die Geschworenen und nur sie allein beantworten könnten – was in den Köpfen normaler Bürger vor sich gehe, wenn sie die Aufschrift auf einer Packung oder eine Werbung für ein Medikament lesen. Ihre Entscheidung sei von großer Tragweite, meinte Kimball.

Dieser Fall war der erste Versuch der Regierung, das neue Lebens- und Arzneimittelgesetz der Nation zu vollstrecken. Als Opferlamm hatte sie nicht einen fahrenden Händler mit Patentmedizin ausersehen, sondern Robert N. Harper, den Präsidenten der American National Bank und der Handelskammer von Washington. Vom *Washington Herald* als »einer der bekanntesten und fortschrittlichsten Bürger von Washington« beschrieben, war Harper ein gutaussehender Mann mit dunklem, lockigem Haar über einer hohen Stirn und einer Adlernase. Nach seiner Promotion am Philadelphia College of Pharmacy im Jahr

1885 experimentierte er mit einem verbreiteten Kohlenteeranalgentikum, Azetanilid. Nachdem er verschiedene Mischungen an sich selbst und Freunden ausprobiert hatte, brachte er etwas zustande, das eine befriedigende Wirkung zu haben schien. Seine Arbeit erregte in Washington einige Aufmerksamkeit, und Harper wurde aufgefordert, als Pharmaziebeauftragter in die Hauptstadt zu kommen. Nebenbei begann er sein hausgemachtes Schmerzmittel zu vertreiben und scheffelte genügend Geld, um seine eigene Bank zu eröffnen. Zum Zeitpunkt seiner Verhaftung hatte Harper mehr als zwei Millionen Fläschchen seines Schmerzmittels für 25 Cent pro Stück losgeschlagen. Jedes einzelne dieser Fläschchen trug in Großbuchstaben den Namen seiner Marke: CUFORHEDAKE BRANE FUDE (wörtlich: Kopfschmerzheilung Gehirnnahrung).

Cuforhedake Brane Fude war eines der Analgetika, die um die Jahrhundertwende in Amerika die Drugstore-Regale verstopften. Da Aspirin damals noch patentiert und nur auf Rezept erhältlich war, kam die Öffentlichkeit am leichtesten an drei andere Arzneien – Azetanilid, Antipyrin und Acetophenetidin – heran. Das als erstes entwickelte Antipyrin wurde ursprünglich von Hoechst auf den Markt gebracht. Azetanilid folgte und verbreitete sich mit erstaunlicher Geschwindigkeit um die ganze Erde. Acetophenetidin, im Auftrag Duisbergs von Farbenfabriken Bayer entwickelt, wurde in den USA ursprünglich unter dem Namen Phenacetin vertrieben.

Nachdem das US-amerikanische Patent für Phenacetin 1906 auslief, florierte der Umsatz der generischen Version, Acetophenetidin. Nachdem sich Aspirin als wirksam erwies, weniger Nebenwirkungen hatte und in der Art beworben wurde, wie es die Ärzte vorzogen, hörten diese fast überall auf, Azetanilid und Antipyrin zu verschreiben, welche die schlimmsten Nebenwirkungen hatten (Acetophenetidin war weniger betroffen). Dennoch erzielten alle drei Arzneien in rezeptfreier Form riesige Umsätze. Unseriöse Allheilmittel, die Azetanilid, Antipyrin und Acetophenetidin enthielten, stapelten sich in den Auslagen der Drugstores, für sie wurde im ganzen Land in marktschreierischen Anzeigen Reklame gemacht. Die Leute kauften sie massenweise.

Bayer Aspirin begab sich erst spät und zögernd auf den rezeptfreien Markt. Als Ernst Möller seine Vorgesetzten überredete, ihn in der Öffentlichkeit für Aspirin Reklame machen zu lassen, war das Resultat eine dezent gedruckte Ankündigung, die nur den Namen der Firma enthielt und deren Produkte anführte. Nachdem das Aspirin-Patent ausgelaufen war und auch andere Unternehmen legal ASS verkaufen konnten, warben die Konkurrenten von Bayer in ähnlichem Stil. Die Glacéhandschuhe wurden erst ausgezogen, als Sterling die Rechte auf den Namen Bayer erwarb. Die Reklame für Bayer Aspirin reichte von simplen Annoncen, in denen die Marke gegen Erkältungen und Kopfschmerzen empfohlen wurde, bis zu Behauptungen, Bayer Aspirin wirke schneller als ein Schlitten, der die Bobbahn von Lake Placid hinunterschieße, oder der Schuß eines Hockeyspielers auf das Tor. Die Spirale schraubte sich immer höher, als andere Aspirin-Hersteller und dann die Produzenten neuerer Analgetika zurückschlugen. Im Lauf der Zeit verwischten sich die von Duisberg so sorgfältig gewahrten Unterschiede zwischen den edlen Produkten eines echten Pharmahauses und den reißerisch angepriesenen Mittelchen von Patentmedizinfabrikanten immer mehr. Aspirin wurde zur Zielscheibe eines Zweiflankenangriffs der Regierung, die dessen Etikettierung und Werbung so heftig und so häufig attackierte, daß die ASS schließlich zum bevorzugten Demonstrationsobjekt der Bürokratie wurde. Das Resultat waren endlose Prozesse, Tricks und Finten der Unternehmen und Untersuchungen der Bundesbehörden, die Jahrzehnte dauerten und ansonsten nüchterne Geschäftsleute in ausufernde Fehden verwickelten.

Harpers Prozeß war der Auftakt zu diesen Querelen. Der gravierendste Vorwurf gegen Cuforhedake Brane Fude, hielt Richter Kimball den Geschworenen vor Augen, sei die Behauptung auf der Packung, das Präparat enthält keine giftigen Ingredienzien. Cuforhedake Brane Fude bestand aus Azetanilid und Antipyrin in einer Lösung aus Alkohol, Koffein, Natrium und Kaliumbromid. Die Anklage behauptete, die Nebenwirkungen von Azetanilid bedeuteten, daß es ein Gift sei. Kimballs Anweisungen waren deutlich genug: »Falls Sie feststellen, daß das Präparat eine giftige Zutat enthält, dann muß Ihr Urteil schuldig lauten, denn genau darum geht es.«

Der zweite Hauptanklagepunkt gegen Harper betraf die Behauptungen, die im Namen seines Produkts implizit enthalten waren. Dies war eine verzwicktere Frage, aber auch hier ließ es Kimball nicht an Deutlichkeit fehlen. Würde der durchschnittliche Kunde davon ausgehen, fragte er die Geschworenen, daß Cuforhedake tatsächlich Kopfschmerzen heilt, das heißt sie für alle Zeiten beseitigt oder sie nur lindert, bis die Wirkung der Arznei nachläßt, und daß sie dann zurückkehren würden? Und würde jemand von Brane Fude erwarten, daß es, wie der Richter sagte, »ein bekanntes und spezielles Nahrungsmittel ist, das speziell für das Gehirn geeignet ist, im Gegensatz zu einer Nahrung, die dem ganzen Körper zugute kommt?« Juristisch gesehen, erläuterte Kimball, könne der ganze Prozeß durch einen einzigen Spruch entschieden werden, der auf Jahre hinaus die Weichen stellen und die Entwicklung nicht nur von Kopfschmerzmitteln, sondern der gesamten pharmazeutischen Industrie bestimmen werde.

»Falls Sie zu dem Schluß kommen, daß ›Brane Fude‹ tatsächlich Gehirnnahrung bedeutet ...«, erklärte er feierlich, »dann muß Ihr Urteil schuldig lauten ...«

Der Fall *Vereinigte Staaten gegen Harper* war ein Meilenstein in dem langen Kampf, der Medikamentenwerbung einen Riegel vorzuschieben. Die Patentarzneien waren während der Kolonialzeit in den Vereinigten Staaten eingeführt worden und hatten umgehend einen Chor von Klagen seitens der Ärzte über die Immoralität der Patentierung von Arzneien und deren Verkauf an die Öffentlichkeit ausgelöst. Diese Schmähungen hielten Samuel Lee jun. aus Conneciticut nicht davon ab, 1796 das erste US-amerikanische Arzneimittelpatent in Anspruch zu nehmen und damit seine Gallenpillen, eine Mixtur aus Aloe, Seife, Kaliumnitrat und Gummigutt, einem asiatischen Baumharz, auf siebzehn Jahre vor Nachahmung zu schützen. Das glaubte er jedenfalls: Ein weiterer Samuel Lee aus Connecticut ließ *seine* sehr ähnlichen Gallenpillen drei Jahre später patentieren. Der ursprüngliche Samuel Lee jaulte protestierend auf, und damit war die Schlacht der Gallenpillen eröffnet.

Die Mehrzahl dieser Tränklein war wertlos; manche waren gefährlich; für alle wurde massenhaft Reklame gemacht. Die zunehmende Volksbildung kam der Pharmaindustrie faktisch zustatten, denn sie schuf eine Nation von Lesern. Diese Leser brauchten Lesefutter, und so entstanden Hunderte von Zeitungen. Die Zeitungen benötigten Annoncen, und die Hersteller rezeptfreier Arzneien lieferten Berichte über Wunderheilungen und außergewöhnliche Wirkungen. Arzneimittelanzeigen füllten die Billigpresse, und die leichtgläubigen neuen Leserschichten Amerikas sprachen darauf an. Zu einer Zeit, als die Wissenschaft täglich neue Wunder hervorzubringen schien – den Telegraphen, die elektrische Straßenbahn –, waren die Menschen gern bereit zu glauben, daß diese Wunder auch in Arzneifläschchen enthalten seien. 1859 betrug der Gesamtabsatz an Patentmedizin in den Vereinigten Staaten 3,5 Millionen Dollar; 1904 hatte er sich auf 74,5 Millionen erhöht.

Die Patentarzneien brachten einen bedeutenden amerikanischen Industriezweig hervor: die Werbebranche. Reklame steigerte den Absatz, was wiederum das Reklamebudget in die Höhe trieb. Als William Weiss mit dem Verkauf von Neuralgine im ersten Jahr 10 000 Dollar einnahm, reinvestierte er das Geld nicht in eine neue Fabrik, sondern in mehr Reklame. Das tat er immer wieder – und sah den Wert seines Unternehmens in elf Jahren von einem Anfangskapital von tausend Dollar auf mehr als vier Millionen Dollar anwachsen.

Gerade der Erfolg dieser Reklamefeldzüge ließ Forderungen nach Reformen laut werden. Patentarzneien, wurde 1849 in einem Kongreßbericht geklagt, seien »ein Übel, das die Freunde der Wissenschaft und Humanität nie aufhören können zu betrauern«. Die Reformer forderten Änderungen in zwei Bereichen des Arzneimittelvertriebs: in der Etikettierung (den Behauptungen auf der Verpak-kung) und in der Reklame (den überall sonst verbreiteten Behauptungen). Obwohl die Arzneimittelhersteller Etikettierung und Reklame als untrennbare Bestandteile ihrer Bemühungen ansahen, die Nachfrage nach ihren Präparaten zu steigern, behandelten die Reformer die beiden Aspekte schließlich getrennt. Als die Regierung endlich eingriff, wurden die Packungsaufschriften vor den Reklametexten geregelt – mit weitreichenden, ja absurden Konsequenzen. Daß es tatsächlich zu dieser Teilung kam, ist mehr oder weniger zurückzuführen auf die Überzeugungen eines Mannes, Harvey W. Wiley, des langjährigen Chefche-mikers des US-Landwirtschaftsministeriums.

Bis zum Fanatismus engagiert, widmete sich Wiley jahrzehntelang dem einsa-men Kampf, den wilden Markt an Lebens- und Arzneimittel unter Kontrolle zu bekommen, der im 19. Jahrhundert in Amerika florierte. Dank seiner Energie schaffte es Wiley zum bekanntesten Verbraucherschützer seiner Zeit zu werden. Von der Liste an Vitaminen auf einer Packung Frühstücksflocken bis zur Definition von Getränken als »Fruchtsaft« beziehungsweise »Fruchtnektar« ha-ben die heutigen strikten Regelungen des Vertriebs von Arznei- und Lebensmit-teln ihren Ursprung in seinem beruflichen Werdegang.

Der 1844 geborene Harvey Washington Wiley promovierte in Harvard zwar in Medizin, praktizierte aber nie als Arzt. Während seiner Tätigkeit als Chemiepro-fessor an der Universität in Purdue wurde ihm die Position des Chefchemikers des Bundesstaates Indiana angeboten. Er bereitete sich auf diese Stelle durch einen Studiensommer in Deutschland vor, wo er die strikten Lebens- und Arzneimittelgesetze dieses Landes bewundern lernte. Als staatlicher Chemiker zog er gegen die damals verbreitete Praxis zu Felde, chemische Zusätze in

Nahrungsmittel zu mischen, ohne die Verbraucher darüber zu informieren. Wiley verabscheute heimliche Produktverfälschung, die er als Verrat am Vertrauen der Öffentlichkeit ansah. Seine Kampagne begleitete ihn nach Washington, als er 1883 zum Chefchemiker der Nation ernannt wurde.

Das Chemische Institut des Landwirtschaftsministeriums bestand aus zehn Fachleuten. Mit dessen bescheidenen Mitteln untersuchte Wiley systematisch die Reinheit des Nahrungsangebots der Nation. Im Laufe von sechzehn Jahren führte er Tausende von Testreihen durch und veröffentlichte einen achtteiligen Bericht über Nahrungsmittelverfälschung in Amerika. Dessen Schlußfolgerung lautete schlicht: Die Nahrungsproduzenten haben die Fortschritte der Wissenschaft dazu benutzt, um an fast allem herumzupfuschen, was auf den Familientisch kommt. Wiley startete eine Kampagne zur Reformierung der amerikanischen Nahrungsmittel.

Als Rationalist meinte Wiley, daß sich die Lebensmittelindustrie leicht säubern lassen werde. Sobald man die Unternehmen zwang, die Zutaten ihrer Produkte klar zu kennzeichnen, würde die Öffentlichkeit wissen, was sie kaufte, auf den Rat von Ernährungsfachleuten hören und schlechte Marken meiden. Wiley war dagegen, Produkte kurzerhand zu verbieten, was er als Übergriff auf die Rechte der Öffentlichkeit und des Herstellers ansah. Er wollte bloß sicherstellen, daß die Aufschriften, wie er sagte, »in keiner Einzelheit irreführend sind«. Da er persönlich Verschnittmittel verabscheute, war er sicher, daß die Industrie gezwungen sein werde, ihre Gepflogenheiten zu ändern, wenn sie dem Ruin entgehen wollte, sobald die Amerikaner über die chemischen Zusätze in ihren Speisen aufgeklärt würden.

Wiley hatte immer die anrüchige Reklame verabscheut, von der die Patentarzneien umgeben waren. Dennoch stand sein Hauptanliegen, unverfälschte Nahrung, im Vordergrund, bis er 1903 in seinem Bureau of Chemistry, wie seine Wirkungsstätte inzwischen hieß, ein pharmazeutisches Labor einrichtete und die Patentarzneien öffentlich zu attackieren begann. Wileys Akzentverschiebung erfolgte zu jener Zeit, als der Kongreß in die letzte Runde eines Lebens- und Arzneimittelgesetzes ging und die Gesetzgeber sich über die Definition von »Arzneimittel« stritten. Zur Wahl stand eine enge Definition, die das Gesetz auf rezeptpflichtige Medikamente beschränken würde, die in *The United States Pharmacopeia* oder anderen offiziellen Listen enthalten waren, und eine viel umfassendere, die auch Patentarzneien unter Aufsicht der Regierung stellen würde. Die Proprietary Association, der Verband der Patentarzneihersteller, führte den Kampf gegen die umfassendere Definition an. Der Verband befürchtete nicht, daß Patentarzneien verboten werden würden; in Einklang mit Wileys Überzeugungen ging keiner der zur Debatte stehenden Gesetzentwürfe so weit. Die Patentarzneihersteller der Nation fürchteten sich vielmehr vor der Erfordernis, die Ingredienzien ihrer Produkte anzugeben, was sie zwingen würde, ihre Formeln offenzulegen. Dies würde, behauptete die Proprietary Association, »dem Absatz von rezeptfreien Arzneimitteln in den Vereinigten Staaten praktisch den Garaus machen«. Wiley hielt jedoch den Druck aufrecht.

Anfang 1905 nahm Samuel Hopkins Adams, ein junger Journalist, der sich für Gesundheitsfragen interessierte, mit Wiley Kontakt auf. Im Auftrag des gern Staub aufwirbelnden *Collier's* kaufte Adams Patentarzneien, ließ sie von einem seiner früheren Collegeprofessoren analysieren und befragte Experten, ob sie deren angegebene Wirkung für möglich hielten. Er beschaffte sich Anzeigenverträge zwischen Zeitungen und Patentmedizinherstellern, die sogenannte »rote Klauseln« enthielten, wonach die Verträge storniert würden, falls das Blatt Kritik an Patentarzneien übe. Und er fahndete nach ehrlichen Fabrikanten – eine einsame und unproduktive Suche. Wiley verbrachte viel Zeit mit Adams, lieh ihm Zeitungsausschnitte und redigierte sogar erste Entwürfe seiner Artikel.

»Der Große Amerikanische Betrug«, der erste Artikel einer zehnteiligen Serie, der im Oktober 1905 erschien, ging mit Dutzenden von Mittelchen ins Gericht und löste eine so stürmische Reaktion aus, wie Wiley sie sich nur wünschen konnte. Im nächsten *Collier's*-Artikel rechnete Adams mit den »subtilen Giften«, ab, wie er es nannte – Hustensirupe, die Kokain und Opium enthielten, und Kopfschmerzmittel mit Beigaben von Azetanilid. Der Verkauf von Hustensirup, schrieb Adams, sei ein »schändliches Gewerbe ... das hilflose Säuglinge abstumpft und aus unseren jungen Männern Verbrecher und aus unseren jungen Frauen Dirnen macht.« Seine Verachtung für Azetanilid war genauso entschieden: »Azetanilid lindert zweifellos bestimmte Arten von Kopfschmerzen; aber Azetanilid als Wirkstoff von Kopfwehpulvern hat auch die Tendenz, die Ursache der Symptome dauerhaft zu beseitigen, indem es der Herztätigkeit ein Ende setzt.« (Adams ließ Bayer Aspirin ungeschoren, weil es nur in Apotheken abgegeben wurde.) Er führte 22 Opfer von Azetanilid-Überdosen an und ließ eine Parade grauenhafter Symptome aufmarschieren, unter denen überlebende Patienten litten. Am schlimmsten sei, behauptete er, daß Azetanilid zu Abhängigkeit führe; sein verbreiteter Gebrauch eröffne die gespenstische Aussicht auf eine Nation von Schmerzmitteljunkies.

Die Artikelserie von Adams veranlaßte Präsident Theodore Roosevelt, im Dezember 1905 für ein Lebens- und Arzneimittelgesetz einzutreten. Die Proprietary Association war erbittert. »Falls die Bundesregierung vorhat, den Handel mit Arzneimitteln zwischen den Einzelstaaten von ihrem therapeutischen Wert abhängig zu machen«, fragte ihr Gesetzausschuß, »warum reguliert sie dann nicht auch den Handel mit theologischen Werken und zieht alle Bücher aus dem Verkehr, die Dr. Wiley und seine Assistenten ... in irgendwelchen Einzelheiten irreführend finden?« Nachdem sich Roosevelt in den Konflikt eingemischt hatte, wagte es der Kongreß nicht länger, die Angelegenheit zu begraben. Nach zwei Monaten heftiger Debatten überraschte der Senat die Reformer, indem er im Februar 1906 tatsächlich einen Gesetzentwurf annahm; im Repräsentenhaus wurde dagegen eine ähnliche Vorlage aus Gründen, die Wiley nur zu gut kannte, auf die lange Bank geschoben:

> [Washington, D. C.] ist voll von Lobbyisten mit genügend Geld, unbezähmbarer Energie und nie erlahmender Tatkraft, und es scheint, daß sie das arme kleine Lebensmittelgesetz an der Gurgel gepackt haben und dem Säugling eine tödliche Dosis von Beruhigungssirup verabreichen.[*]

Das Gesetz wäre wiederum gestorben, wenn ihm nicht der Zufall in Gestalt des damals noch unbekannten linken Autors Upton Sinclair zu Hilfe gekommen wäre. Einen Tag nach Erscheinen des letzten Teils von »Der Große Amerikanische Betrug« veröffentlichte Sinclair *Der Dschungel*, einen zolaesken Roman, der die ekelerregenden Arbeitsbedingungen in den Schlachthöfen von Chicago dokumentierte. Das Buch wurde zu einem beispiellosen Bestseller. Als Roosevelt erfuhr, daß die Schilderungen des Romans der Wahrheit entsprachen, forderte er vom Kongreß, dafür zu sorgen, daß amerikanisches Fleisch für den menschlichen Verzehr geeignet sei. Das Ergebnis war die Fleischinspektionsnovelle zum

---

[*] »Beruhigungssirup« war eine Spielart von Patentmedizin. Das berüchtigtste Beispiel war Mrs. Winslows Beruhigungssirup, eine Mischung aus Kokain und Opium, die als Hustenmittel für Kleinkinder verkauft wurde.

Agriculture Appropriations Act, die am 30. Juni 1906, dem letzten Sitzungstag des Kongresses, Gesetzeskraft erlangte. Als die Novelle den Kongreß durchlief, erweckte das Repräsentantenhaus das blockierte Lebens- und Arzneimittelgesetz zu neuem Leben. Trotz Versuchen von Lobbyisten, an den amerikanischen Liberalitätsbegriff zu appellieren, besiegelte Roosevelt am selben Tag das Lebens- und Arzneimittelgesetz durch seine Unterschrift. Als Wiley fast fünfundzwanzig Jahre später auf diesen Moment zurückblickte, rechnete er sich die Verabschiedung des Gesetzes ohne falsche Bescheidenheit als seinen Verdienst an.

* * *

Der Prozeß gegen Harper begann am 20. Februar 1908 und erregte, wie schon ausgeführt, außergewöhnliches Interesse. Nachdem die Vertreter der Anklage und die Verteidiger ihre Positionen dargelegt hatten, forderte Richter Kimball die Geschworenen auf, über die Giftigkeit von Azetanilid zu befinden, ohne die faktische Wahrscheinlichkeit zu berücksichtigen, daß die Dosis in der Flasche einen Schaden bewirke. Falls Brane Fude, in welcher Dosis auch immer, eine giftige Zutat enthalte, erklärte er, dann müsse der Spruch »schuldig« lauten. Wenn »Brane Fude« tatsächlich »Gehirnnahrung« bedeute, dann müsse es auch Gehirnnahrung sein, das heißt ihre nährende Wirkung müsse sich auf das Gehirn konzentrieren. Anderenfalls müsse das Urteil »schuldig« lauten. Nachdem Kimball erklärt hatte, daß das Etikett dem Gesetz zufolge »in keiner Einzelheit« falsch sein dürfe, benötigten die Geschworenen nur fünfundzwanzig Minuten, um zu entscheiden, daß »Brane Fude« »Gehirnnahrung« bedeute. Das Etikett sei daher falsch und Harper schuldig.

Die erfreute Anklage hatte noch eine letzte Hürde zu nehmen. Um einen wirksamen Präzedenzfall zu schaffen, mußte Harper unter Ausschöpfung des gesetzlichen Rahmens bestraft werden. Bedauerlicherweise betrug die höchste Geldbuße – 700 Dollar – weniger als die Kosten des Prozesses. Da es sich um ein strafrechtliches Verfahren handelte, forderte die Regierung die im Gesetz vorgesehene einjährige Freiheitsstrafe. Um diesem Antrag zusätzliche Schlagkraft zu verleihen, wandten sich das Landwirtschafts- und das Justizministerium an Präsident Roosevelt und forderten ihn auf, für eine Gefängnisstrafe einzutreten. Obwohl die Exekutive gewöhnlich davor zurückscheut, sich in Fragen der Justiz einzumischen, richtete der impulsive Theodore Roosevelt einen Appell an die Öffentlichkeit, Harper streng zu bestrafen. Am 16. März wurde

Staatsanwalt Baker in das Oval Office einbestellt. Dort machte ihm der Präsident seine Wünsche klar:

> Es ist Ihre Pflicht, an diesem Mann ein Exempel zu statuieren, und der Bevölkerung dieses Landes zu zeigen, daß das Gesetz zur Reinhaltung der Lebensmittel zu ihrem Schutz geschaffen wurde. Er ist nach einem fairen und unparteiischen Prozeß schuldig gesprochen worden, und Sie sollten jedes Ihnen zur Verfügung stehende Argument aufbieten, um den Richter zu überzeugen, daß Harper eine Gefängnisstrafe verdient hat. Für einen so vermögenden Mann wie ihn wäre eine Geldbuße als Strafe für seine Gesetzesübertretung geradezu lächerlich.

In der ganzen Stadt geiferten die Anwälte vor Wut über die Einmischung des Präsidenten in ein Gerichtsverfahren; Trauben von Sympathisanten drängten sich vor Harpers Büro. »Ich bin kein Knastbruder«, erklärte Harper lächelnd. Zwei Tage später trat er von seinem Posten als Bankpräsident mit der Erklärung zurück, die Medienkampagne könnte seinem Institut schaden.

Einen Monat später wurde in einem überfüllten Gerichtssaal das Strafmaß verkündet. Richter Kimball ignorierte die Brane-Fude-Frage fast vollständig, obwohl sie zu Harpes Schuldspruch geführt hatte. Statt dessen äußerte er seine Überzeugung, daß Brane Fude, ob es eine Nahrung für das Gehirn darstelle oder nicht, irreführend etikettiert sei; Harper sei ein ausgebildeter Pharmazeut, und Azetanilid sei eine gefährliche Substanz, wenn auch nur in Mengen oberhalb der empfohlenen Dosis. Außerdem habe sich Harper bereit erklärt, das Etikett zu ändern. Entgegen dem Wunsch des Präsidenten sprach Richter Kimball keine Gefängnisstrafe aus. Er ließ Harper mit einer Geldbuße von 700 Dollar davonkommen.

Wiley fühlte sich angewidert. Harper hatte mit Brane Fude zwei Millionen Dollar verdient; durch die Geldbuße, spottete Wiley, sei »sein Gewinn auf 1 999 300 Dollar geschrumpft«. In seinen Augen hatte die Pharmaindustrie triumphiert.

Wiley hatte nur zur Hälfte recht. Nach dem Brane-Fude-Urteil zog sich Harper aus dem Schmerzmittelgeschäft zurück, und machte in Washington, D. C., als Bankier, der sich für die Demokratische Partei engagierte, eine noch erfolgreichere Karriere. Reklame und Verkauf von Kopfwehpulvern und anderen Patentarzneien hielten unvermindert an. Wiley gab nach dem Harper-Prozeß eine gründliche Untersuchung der schädlichen Wirkungen von Azetanilid, Antipyrin und Phenacetin in Auftrag. In dem 1909 veröffentlichten Bericht wurden detailliert die fürchterlichen Schäden für Leber, Niere und den Magen-Darm-Trakt angeführt, die Schmerzmittel, insbesondere Azetanilid, in hohen Dosen anrichten. Als Reaktion darauf stellten sich manche Analgetikahersteller von Azetanilid auf das ungefährlichere Phenacetin um. Azetanilid wurde aus Bromo-Seltzer ebenso entfernt wie aus dem Abführmittel Bromo-Chinin. Der Hersteller von Antikamnia, früher eine führenden Azetanilid-Marke, schrieb »Enthält kein Azetanilid« auf die Packung.

Azetanilid tauchte dennoch weiterhin unter Dutzenden von ausgefallenen Bezeichnungen auf. In einem Bericht der Chemiker des Landwirtschaftsministeriums wurde geklagt, daß sich die Legion von Analgetika anscheinend »täglich vermehrt«. Es stimmt zwar, daß da und dort eine bestimmte Marke eingestellt wird, aber dafür kommen neue auf den Markt.« In einer Erhebung von 1910 sind nicht weniger als 252 Marken von Kopfschmerzmitteln angeführt, von denen die Chemiker des Ministeriums 72 als irreführend etikettiert oder inhaltlich verfälscht bezeichneten.

Das Bureau of Chemistry leitete im Rahmen des Gesetzes von 1906 Hunderte von Strafverfahren ein. Die beschuldigten Pharmahändler setzten sich in der Regel nicht zur Wehr; es war einfacher, die Geldbuße von 700 Dollar zu bezahlen. Wiley, ein besserer Agitator als Vollstrecker, geriet unter Beschuß, wenn er in seinem Engagement für wahrheitsgemäße Etikettierung außerordentlich kleinlich war. Weil er Aufschriften wörtlich nehme, klagte einer von Wileys Vorgesetzten spöttisch, vergeude das Bureau of Chemistry seine Zeit mit so weltbewegenden Fragen wie, ob »grätenlose Kabeljaufilets« von Fischen *ohne Gräten* stammen müßten und ob »Katzenzungen« eine irreführende Warenbezeichnung oder vielleicht das Produkt von Vivisektion an leibhaftigen Miezen sei. Entnervt von den Angriffen seiner Gegner im Bureau of Chemistry legte Wiley im März 1912 sein Amt in dieser Behörde nieder, um sich fortan als Kolumnist für *Good Housekeeping* zu betätigen. Zum Enthüllungsjournalisten gewandelt, verfaßte er Artikel wie »Die immanente Unverantwortlichkeit von Patentarzneien«. Er wurde oft nach seiner Meinung über Kopfwehpulver gefragt, einmal von einer Frau aus Wisconsin, die ihn um eine Liste aller gefährlichen Mittel bat. »Sehr geehrte Frau Sowieso«, schrieb Wiley, »ich kann es mir ersparen, Ihnen eine Liste von gesundheitsschädlichen Kopfwehpulvern zu schicken, da sämtliche Produkte in diese Kategorie gehören ... Es gibt daher nur eine sichere Regel: Verzichten Sie auf alle Kopfschmerzmittel.« Am Ende seines Lebens war er ein verbitterter Mann. Trotz seiner unablässigen Warnungen florierten die Kopfschmerzmittel weiterhin ebenso wie die Patentarzneien. Im Alter von 86 Jahren starb Harvey W. Wiley in der Überzeugung, mit seinen Reformen nicht mehr bewirkt zu haben, als den ihm so verhaßten Quacksalbern und Fälschern Nadelstiche zu versetzen.

9. Kapitel

»Soviel Biß wie ein Seidenpinscher«

Weniger als zehn Jahre nach seiner Verabschiedung war das Lebens- und Arzneimittelgesetz am Ende. Wiley war davon ausgegangen, daß Verbraucher, denen die Zusammensetzung eines Nahrungsmittels oder Medikaments bekannt ist, zwischen guten und schlechten Produkten unterscheiden könnten und daß ihre angeborene Intelligenz sie veranlassen würde, die schlechten zu meiden. Aber sobald man mehr Erfahrungen mit dem Gesetz gesammelt hatte, war offenkundig, daß wahrheitsgemäße Inhaltsangaben nicht ausreichten. Patentarzneien verkauften sich weiterhin gut, und es entstand eine neue Reformbewegung, die sowohl Quacksalberei als auch Wileys Gesetz aufs Korn nahm. Eines ihrer angesehensten Mitglieder war George Creel, ein Journalist, der später während des Krieges als Leiter eines Propagandaausschusses mit dem Auftrag Präsident Wilsons, »den gerechtfertigten Zorn der Bevölkerung« gegenüber Deutschland anzuheizen, etwas in Verruf geriet. Creel schrieb 1915 eine Serie in *Harper's Weekly*, die eine Art Neuauflage der zehn Jahre zuvor in *Collier's* erschienen Artikel von Samuel Hopkins Adams darstellte.

Im Lauf der Jahre, schrieb Creel, seien dem Gesetz »nacheinander die Zähne gezogen worden, so daß es inzwischen soviel Biß wie ein Seidenpinscher hat«. Es sei töricht, meinte er, sich auf die Aufgeklärtheit und Vernunft der Bürger zu verlassen.

Das Endziel wird so lange nicht erreicht werden, bis der Öffent-
lichkeit ein Schutz geboten wird, der nicht von der Initiative des
Individuums abhängt. Die Bekanntgabe der Zusammensetzung
wird vielleicht den Absatz schädlicher Präparate an intelligente
Leute mindern, aber es kann keine Lösung sein, den großen
Prozentsatz unwissender, leichtfertiger und risikofreudiger Käu-
fer außer acht zu lassen, die nach wie vor gesundheitsschädliche
Produkte verwenden. Dies ist das Problem.

Azetanilid sei eines der besten Beispiele: Welcher Prozentsatz an Kopfwehpatien-
ten weiß, daß es »ein Herzmuskeldepressivum ist, das fatale Folgen haben
kann«?
Der größte Nachteil des Gesetzes sei, schrieb Creel, daß es die Reklame nicht
einschließe. Wiley benutzte das Gesetz, um die Etiketten der Pharmazeutika zu
säubern, wodurch auch begleitende Literatur wie der Beipackzettel von Harpers
Gebräu zählte. Ein paar Arzneihersteller setzten sich gegen diese Sicht zur Wehr;
die meisten fügten sich, nicht indem sie von ihren haarsträubenden Behauptungen abließen, sondern indem sie diese von der Packungsaufschrift in die
Konsumentenwerbung verlagerten. Durch Zeitungen und Zeitschriften bombar-
dierten sie die Kunden mit beschwichtigenden Versicherungen von Harmlosig-
keit und unverfrorenen Behauptungen der Heilkraft. Die Hoffnung auf freiwillige
Selbstkontrolle der Presse sei »alt und hinfällig geworden«, wie Creel schrieb.
Demnach war Wileys Gesetz nach Creels Ansicht nur noch »ein Witz«. »Das
Lebens- und Arzneimittelgesetz«, erklärte er, »kann nichts anderes sein als ein
Herumschleichen um Robin Hoods Scheune, solange der Patentarzneilügner die
Tagespresse zu seiner Verfügung hat.« Er meinte, die Werbung müsse irgendwie
an die Kandare genommen werden.

Werbung ist der Vorgang, durch den man das Augenmerk der Öffentlichkeit auf
etwas, gewöhnlich eine Ware oder Dienstleistung, lenkt. Sie liefert Informatio-
nen, wenn auch ohne Garantie, daß diese zutreffend oder vollständig seien.
Manchmal besteht die Information aus detaillierten Angaben über Preis oder
Leistung; oft ist sie nichts weiter als der Name der Marke. In ihrer gutartigsten
Form beschreibt Werbung ein Produkt (zum Beispiel Aspirin) und sagt etwas von
Interesse darüber aus (Aspirin kann Herzinfarkte verhindern). Anhand der

durch wahrheitsgemäße Werbung vermittelten Angaben können die Verbraucher eine »gute« Entscheidung treffen, (einen Arzt fragen, ob sie Aspirin nehmen sollen). Aber wenn die Information in einer Werbung mißverständlich, irreführend oder schlicht falsch ist, werden die Angesprochenen zu einer »schlechten« Wahl verleitet (sie erhalten zum Beispiel den Eindruck, eine teurere Marke von ASS sei besser für das Herz als eine billigere). In beiden Fällen steckt dieselbe Idee dahinter: Unternehmen benutzen Werbung, um die Verbraucher in ihren wirtschaftlichen Entscheidungen zu beeinflussen, und die Verbraucher benutzen Werbung, um Entscheidungen über ihr wirtschaftliches Leben zu treffen.

In vielen Fällen ist der Wahrheitsgehalt einer Reklame unschwer festzustellen. Die Behauptung, eine Campbell-Suppe koste 99 Cent, kann zum Beispiel beim nächsten Einkauf in einem Lebensmittelladen bestätigt oder widerlegt werden; die Behauptung, daß ein bestimmtes Auto in Grün zur Verfügung stehe, ist durch Augenschein zu überprüfen; auch das Versprechen, ein Analgetikum beseitige Kopfschmerzen in zwanzig Sekunden, läßt sich mit einer Stoppuhr verifizieren. Aber wenn der Anspruch erhoben wird, der Preis sei »niedrig«, die Farbe habe eine besondere Grundierung und ein Medikament wirke schneller oder sanfter als andere Marken, dann ist die Wahrheit weniger leicht festzustellen. Und wenn die Behauptungen ein Produkt mit Vorzügen (oder Mängeln) betreffen, die sich dem Verständnis des Durchschnittsbürger entziehen, dann wird es geradezu unmöglich, den Wahrheitsgehalt eines Werbespots oder einer Anzeige herauszufinden.

Angesichts einer Annonce, die schwierig zu bewerten ist, kann der Konsument ihre Zuverlässigkeit auf indirektem Wege abzuschätzen versuchen. Hat sich das frühere Gerät, das er von dieser Firma kaufte, als haltbar erwiesen? Hat die Firma andere Produkte herausgebracht, mit denen ich zufrieden war? War der Service, den meine Nachbarin mit ihrem Kauf erhielt, so gut wie behauptet? Wenn ein Unternehmen früher die Wahrheit gesagt hat, dann werden die Kunden dazu neigen, ihm ein zweites Mal zu glauben. Umgekehrt werden sie Firmen meiden, die durch ihre falschen Versprechungen in Mißkredit geraten sind. (»Wenn du mich einmal täuschst«, lautet ein englisches Sprichwort, »ist es eine Schande für dich; täuschst du mich zweimal, ist es eine Schande für mich.«) Lügenhafte Werbung ist so alt wie das Geschäftsleben. Als J. H. Kelley die Amerikanische Schule für Magnetisches Heilen gründete, verbannten Tausende von Menschen jedes Jahr zu einer bestimmten Stunde alle Gedanken aus ihrem

Bewußtsein und warteten ruhig darauf, geheilt zu werden. Und Tausende glaubten, die Magnetische Heilkunst habe sie tatsächlich zumindest für eine Weile geheilt. Es scheint uns heute unbegreiflich, daß so viele Menschen bereitwillig ihren Verstand lang genug außer Kraft setzten, um sich von dem nötigen Geld zu trennen – und dennoch taten sie es. Waren sie außerstande, den Betrug zu merken? War es ihnen unmöglich, die absurden Behauptungen zu durchschauen? Oder waren sie einfach dumm?

In den Vereinigten Staaten ist für diese Fragen die Federal Trade Commission zuständig. Die Rolle der Kommission als Sheriff der Werbung kam selbst für ihre Gründer überraschend, denn sie war geschaffen worden, um »unfaire Methoden des Wettbewerbs im Handel« zu bekämpfen, nicht verlogene Werbung. Und tatsächlich übte die Behörde in den ersten Jahren ihres Bestehens geringe Kontrolle über die Werbung, auch über Schmerzmittel, aus. Aber in den 1930er Jahren war die FTC wie der Teufel hinter Aspirin-Marken und Kopfschmerzmitteln her.

Die FTC stellte eine Reaktion auf die riesigen Kartelle dar, die Carl Duisberg bei seinen Besuchen in den Vereinigten Staaten so bewundert hatte. Aber weit davon entfernt, Duisbergs Hochachtung vor U.S. Steel und Standard Oil zu teilen, waren der Kongreß und die amerikanische Öffentlichkeit über die wirtschaftliche Macht dieser Konzerne zutiefst beunruhigt. Schon vor Duisbergs Besuch war das Sherman-Anti-Trust-Gesetz von 1890 verabschiedet worden, das Kartellen und Monopolen den Boden entziehen sollte. Es funktionierte nicht. Zweiundzwanzig Jahre später erwarb sich Woodrow Wilson mit dem Versprechen um die Präsidentschaft, wirksam gegen die Kartelle vorzugehen. Er fand im Kongreß ein aufgeschlossenes Auditorium. Auch Wirtschaftsführer wollten ein neues Gesetz, das im Gegensatz zum Sherman-Act klipp und klar die Praktiken benennen würde, deren sie sich enthalten sollten. Wilson stellte beide Seiten zufrieden, indem er vom Kongreß ein Gesetz mit einer genauen Liste illegaler Geschäftspraktiken und Wettbewerbsmethoden forderte.

Im Juni 1914 verabschiedete der Kongreß zwei Gesetze, die auf diesen Vorschlägen basierten. Das Clayton-Anti-Trust-Gesetz enthielt, wie Wilson es sich vorgestellt hatte, eine Liste von Praktiken, die als illegal erklärt wurden: Preisdiskriminierung, Ausschließlichkeitsverträge (Beschränkung eines Käufers auf einen einzigen Anbieter), Unternehmensfusionen, die den Wettbewerb drastisch einschränken, und Überkreuzverflechtungen mit denselben Zielen. Durch das Federal-Trade-Commission-Gesetz wurde eine neue Behörde mit der Befugnis geschaffen, gegen »unfaire Wettbewerbsmethoden« einzuschreiten. George Rublee, der Verfasser des Gesetzes, fungierte als einer der ersten Kommissionsleiter; nach seiner Interpretation beschränkten sich die Kompetenzen der Kommission darauf, gegen jene monopolistischen Praktiken vorzugehen, die vom Justizministerium weder durch das Sherman- noch durch das Clayton-Gesetz unter Kontrolle gebracht werden konnten.

Eine Werbungsreform lag in der Luft. Unter dem Einfluß von Adams, Creel und Wiley hatten sich Branchenverbände wie die Advertising Men's League und die Associated Advertising Clubs of America seit einigen Jahren für Ehrlichkeit in der Werbung eingesetzt. Bürgerinitiativen zur Überwachung der Werbung entstanden in Atlanta, Denver, Des Moines, Milwaukee, Minneapolis, Seattle und anderen Städte. Das Branchenmagazin *Printer's Ink* veröffentlichte 1912 einen vorbildlichen Gesetzentwurf für die US-Einzelstaaten, das die Werbewirtschaft zur Ehrlichkeit anhalten sollte. Innerhalb eines Jahres wurde dieser Gesetzentwurf in den Parlamenten von fünfzehn Einzelstaaten eingebracht und in Ohio verabschiedet. (Bis 1921 trat das Gesetz in 23 Bundesstaaten in Kraft.) Sogar die Proprietary Association kooperierte und billigte 1915 den Entwurf von *Printers' Ink*. Mit Gespür für den Zeitgeist lud der FTC-Vorsitzende Joseph P. Davis im November 1915 Vertreter der Associated Advertising Clubs of the World ein, vor der Kommission zu sprechen. Die Vertreter des Verbandes legten der Behörden nahe, irreführende Werbung als unfaire Wettbewerbsmethode zu behandeln. Die FTC, eine Bürokratie auf der Suche nach einer Mission, kam dieser Aufforderung gern nach: Die ersten zwei Prozesse, die sie führte, richteten sich gegen irreführende Werbung.

Bald sah sie sich mit einer bedeutsamen Frage konfrontiert: Sollte die Kommission jedes einzelne Beispiel einer falschen Behauptung, so lächerlich und durchschaubar diese auch sein mochte, verfolgen, oder sollte sie nur gegen die raffiniertesten und gefährlichsten Formen der Täuschung einschreiten?

Die Kommission brauchte dreißig Jahre, um Maßstäbe für die Werbung zu entwickeln. Das bedeutete aber nicht, daß sie inzwischen untätig blieb. Verfahren wegen unrichtiger Darstellung, jene juristische Kategorie, die als Hauptelement irreführende Werbung einschließt, beanspruchten einen wachsenden Anteil ihrer Zeit. 1918 ging es nur in zehn der 154 von der FTC eingereichten Klagen um unrichtige Angaben. Zehn Jahre später entfielen schon 36 von 62 –

mehr als die Hälfte – auf diese Kategorie. 1933, als die Kommission das erste von über einem Dutzend Gerichtsverfahren gegen Aspirin-Hersteller in Gang setzte, war sie bis zum Hals in Prozessen wegen irreführender Werbung eingedeckt.

Als Sterling Products den Namen Bayer erwarb, behauptete William E. Weiss, das Unternehmen verfüge über den größten Werbeetat der Welt, und er schwor, den Namen Bayer Aspirin durch jede Zeitung und Zeitschrift der Vereinigten Staaten verbreiten zu lassen. In Wirklichkeit machte Sterling in den Vereinigten Staaten nur zögernd für Bayer Aspirin Reklame, während die Firma in Lateinamerika bedenkenlos auf Werbung setzte. Ihre dezenten US-amerikanischen Anzeigen versprachen, Aspirin heile »Erkältungen, Schmerzen, Zahnweh, Neuritis, Kopfweh, Neuralgien, Hexenschuß [und] Rheumatismus«, und rieten den Verbrauchern, das echte Produkt zu kaufen. (»Warnung! Sagen Sie Bayer, wenn Sie Aspirin kaufen«, schärfte das Unternehmen 1922 den Zeitschriftenlesern ein.) Und da der Name Bayer eine ungeheure Zugkraft erreicht hatte, prosperierte die Marke trotz ihres hohen Preises und ihrer minimalen Promotion auch weiterhin.

All dies änderte sich in den dreißiger Jahren, als Sterling tatsächlich zu der riesigen Macht in der US-Werbung wurde, wie Weiss versprochen hatte. Es blieb ihm nichts anderes übrig – die Konkurrenz holte auf. Von Asper-Lax, einer Kombination aus Aspirin und Abführmittel (»Kein Warten auf Ergebnisse ... Keine Notwendigkeit, im Haus zu bleiben«), bis zu American Purest Aspirin (»Beim US-Patentamt registriert«) und Lord's Aspirin (das unglaublicherweise mit seinem hohen Schmelzpunkt warb, denn »je niedriger der Schmelzpunkt, desto wahrscheinlicher, daß Aspirin dieselbe Substanz in Ihrem Magen bildet, die im rezeptfreien Handel zur Entfernung von Hühneraugen verkauft wird«) – die Regale der Apotheken und Drugstores ächzten unter, laut späterer Schätzung eines Bayer-Managers, eintausend konkurrierenden Aspirin-Marken.

Viele der Nachahmungen von Bayer Aspirin waren wasserlöslich beziehungsweise lösten sich moussierend wie eine Brause auf. Am bekanntesten davon war Alka-Seltzer, das rein zufällig von Miles Laboratories in Elkhart/Indiana entdeckt worden war. Während der Grippeepidemie von 1928 stattete der Präsident von Miles, A. H. »Hub« Beardsley, der Redaktion der örtlichen Tageszeitung, *Elkhart Truth*, einen Besuch ab. Zu seiner Überraschung war keiner der Mitarbeiter krank. Auf weitere Nachfrage erfuhr er, daß der Chefredakteur des Blattes seinen Mitarbeitern einen täglichen Drink bestehend aus Aspirin und doppelt-kohlensaurem Natron verordnet hatte. Beeindruckt ersuchte Beardsley seinen Chefchemiker, eine Tablette aus den zwei Verbindungen herzustellen. Im Januar 1929 brach die Familie Beardsley mit einem größeren Vorrat der neuen Tabletten im Gepäck zu einer Kreuzfahrt im Mittelmeer auf. Die Reise war kein Vergnügen; alle wurden seekrank, und an Bord ging ein Grippevirus um. Beardsley verteilte seine Tabletten, und die Passagiere fühlten sich besser. Nachdem Miles die Tabletten verbessert hatte, um zu verhindern, daß sie die Packung sprengten, brachte er sie 1931 unter dem Namen Alka-Seltzer auf den Markt. Ein paar Jahre später mußte Beardsley zu seinem Kummer feststellen, daß Alka-Seltzer das aufrichtigste kommerzielle Kompliment gemacht worden war: Es hatte mehr als zweihundert Nachahmer gefunden.

Sterling kämpfte um die Erhaltung seiner Vorherrschaft, indem es sich einem neuen Medium, dem Rundfunk, verschrieb. In den zwanziger Jahren begannen die Rundfunksendungen die hauptsächlich Nachrichtenzusammenfassungen brachten. Niemand dachte daran, Reklame auszustrahlen. Dies war der Geistes-blitz der Firma American Telephone and Telegraph, die sich bereit erklärte, jedem Interessenten eine Sendeanlage zu vermieten. Unternehmen nutzten die Gele-genheit, um die Öffentlichkeit über ihre Vorzüge zu unterrichten. 1926 wurde die National Broadcasting Company gegründet, die Sendezeit für Programme wie *The Maxwell House Hour*, *The Palmolive Hour* und *The General Motors Family Party* verkaufte. Die meisten Sendungen brachten Konzerte zu Gehör, und alle wurden durch Worte der Sponsoren eingeleitet. Eine Zeitlang war die NBC klein; 1931 lagen ihre Werbeeinnahmen von immerhin 25,9 Millionen Dollar noch niedriger als die der *Saturday Evening Post* (35 Millionen). Fast zwei Drittel aller Rundfunkprogramme waren Eigenproduktionen der Sender ohne Werbung oder Sponsoren. Der relativ geringe ursprüngliche Anteil an Werbeeinnahmen stand im Widerspruch zu der Popularität der Sendungen, denn das Radio errang einen Grad an Loyalität unter seinen Hörern, der heute erstaunlich erscheint. In den isolierten amerikanischen Kleinstädten zur Zeit der Weltwirtschaftskrise ver-sprach die Stimme aus dem Radiogerät einen Kontakt mit der übrigen Welt. Verarmte Familien, die gezwungen waren, sich von ihren Betten und Küchenti-schen zu trennen, klammerten sich an ihre Radios und deren Sendungen – einschließlich der Reklamespots.

Zusammen mit anderen Aspirin-Herstellern zählte Sterling zu den ersten, welche die Möglichkeit des neuen Mediums erkannten. 1932 drehte sich ein Fünftel der nationalen Rundfunkreklame um Kosmetika und Arzneimittel wie Aspirin. Aus den stetig steigenden Gewinnen der IG, die sich auf ihre Konten ergossen, finanzierte Sterling Songs, ganze Programme und Nachrichtensendungen und brachte sogar eine Schallplatte heraus, »Amerikanisches Album volkstümlicher Musik« mit dem Sänger Frank Munn. Es sponsorte auch die *Bayer Cavalcade of Song* mit einem Sprecher, der den Zuhörern ständig versicherte, echtes Bayer Aspirin schade dem Herz nicht. Ohne Rücksicht auf die Wahrheit attackierte Sterling andere Aspirin-Marken als gefährlichen Betrug.

> Hüten Sie sich vor gefälschtem Aspirin! Tausende von Schachteln mit unechtem Aspirin sind auf den Markt geworfen worden. Hüten Sie sich davor. Gehen Sie keine Risiken ein, und weigern Sie sich glattweg, eine Schachtel zu akzeptieren, die nicht die Bezeichnung »Echtes Bayer Aspirin« trägt. Muten Sie Ihrem Magen keine Tablette zu, die nicht die Kennzeichnung »Bayer« trägt. Informieren Sie auch Ihre Angehörigen und Ihre Freunde darüber. Weisen Sie jedes Präparat zurück, das Ihnen als »identisch« mit Bayer Aspirin oder diesem »ähnlich« angepriesen wird.

1936 hatte Sterling den viertgrößten Radiowerbeetat der Nation – erstaunlich, wenn man bedenkt, daß die Tabellenführer teure Produkte wie Autos verkauften. Das Unternehmen wandte in diesem Jahr fast ein halbe Million Dollar für Bayer-Aspirin-Spots aus; weitere 300 000 Dollar flossen in die Zeitschriftenreklame. Und Sterling war keineswegs allein; auch die Konkurrenten machten sich über den Äther bemerkbar und rivalisierten um die Aufmerksamkeit und das Kleingeld der Zuhörer. Laymons Aspirin übertraf »alle Konkurrenten in bezug auf Qualität«, während Burtons Aspirin »keine Übelkeit« hervorrief, und Everfresh Aspirin »frischer« als die beiden anderen war. Als sich die Behauptungen zu überbieten begannen, wurde auch die FTC aktiver. Zwischen September 1934 und April 1938 wies die Behörde dreizehn ASS-Herstellern irreführende Werbung nach. Bayer Aspirin, Best-Aspirin, Burtons Aspirin, Cal-Aspirin, St.-Joseph-Aspirin – alle wurden von der Kommission ermahnt, die meisten wegen ihrer Behauptung, daß sich ihr Aspirin irgendwie von dem ihrer Rivalen unterscheide. Nach anfänglichem Protest versprachen alle, dies künftig nicht mehr zu behaupten. (Manche Firmen vergaßen Ihr Versprechen und mußten erneut ermahnt werden; St. Joseph wurde in dieser Zeit zweimal verklagt.)

Diese Situation änderte sich grundlegend, als die Federal Trade Commission ein inzwischen vergessenes Präparat namens Aspirub verklagte. Aspirub war Aspirin mit einem Unterschied: Es war eine Salbe, bestehend aus Vaseline, Kampfer, Menthol, Kiefernadelöl, Eukalyptusöl, Lavendelöl, Pfefferminzöl, Methylsalicylat und Aspirin, die wie eine Gesichtscreme in einem Tiegel verkauft wurde. Zur Linderung einer Erkältung sollten die Kunden Brust, Hals und Nasenlöcher mit dieser Salbe einreiben. Ebenso wie für die anderen Marken wurde auch für Aspirub reichlich Reklame gemacht.

> Besorgen Sie sich noch heute einen Tiegel ASPIRUB! Inhalieren Sie es durch die Nase. Lösen Sie es in heißem Wasser auf, und inhalieren Sie seinen Dampf! Reiben Sie Ihre Brust über Nacht damit ein! ... Und überprüfen Sie, ob ASPIRUB nicht die angenehmste und am schnellsten wirkende Erkältungsbehandlung ist, die Sie je ausprobiert haben. Holen Sie sich ASPIRUB noch heute aus Ihrer Apotheke!

Im Gegensatz zu anderen Marken setzte sich Aspirub gegen die FTC zur Wehr. 1937 sagten drei FTC-Sachverständige vor der Behörde aus, die Inhaltsstoffe von Aspirub könnten Erkältungen nicht wirksam bekämpfen. Sie wiesen darauf hin, daß Aspirin nicht durch die Haut absorbiert werden könne und daß, selbst wenn dies möglich wäre, die Dosis in Aspirub – in einem 80-Gramm-Tiegel war das Äquivalent von zwei normalen Tabletten enthalten – zu klein sei, um irgend etwas zu bewirken. Aspirin beispielsweise auf einen entzündeten Ellbogen aufzutragen sei unsinnig, behauptete ein Zeuge, weil Aspirin auf das Zentralnervensystem einwirke, nicht den Ellbogen.

Die Verteidigung des Unternehmens war ebenso ungewöhnlich wie wirkungsvoll. Es machte geltend, daß die Experten der Kommission Aspirub niemals getestet hätten und daß zwei von ihnen nicht einmal wüßten, wieviel Blut im Körper zirkuliere. Es setzte dem Vorwurf der Unwirksamkeit seine eigene medizinische Theorie entgegen. Wenn gewöhnliches Aspirin eingenommen werde, erklärte die Firma, »verteilt sich die ASS im gesamten Körper ..., und ihre lokale Wirkung wird dadurch verwässert«, während sich Aspirub in dem »definitiv stagnierenden Blut unter der Haut konzentriert«. Darüber hinaus sei Aspirub eine so neue Anwendungsform von Aspirin, daß es nicht mit gewöhnlichem Aspirin konkurriere. Es befinde sich somit außerhalb des Zuständigkeitsbereichs der FTC, deren Befugnisse sich auf Handlungen beschränkten, die dem freien Wettbewerb schaden. Schließlich legte das Unternehmen eigenes klinisches Beweismaterial in Form einer Untersuchung vor, die von Dr. Fortunato A. Diasio aus New York City durchgeführt worden war.

Diasio, ein Spezialist für die Behandlung von Syphilis und Hautkrankheiten, hatte vom Hersteller Justin Haynes Comp. hundert Tiegel einer sogenannten »aromatischen Salbe« erhalten. Die Salbe war natürlich Aspirub. Diasio führte einen improvisierten klinischen Test durch – er rieb fünfzig nach dem Zufallsprinzip ausgewählte Patienten, von einem Mann mit Zahnschmerzen bis zu einer Frau mit Menstruationskrämpfen, mit der Salbe ein. Diese Arbeit war innovativ: Es war zweifellos das erste Mal, daß jemand einen verstauchten Knöchel durch Einreiben mit Aspirin behandelte. Der Versuchsleiter unterwarf seine Patienten auch anderen Maßnahmen, von Jod- und Hypophyseninjektionen bis zu chirurgischer Drainage und Fußbädern. In allen fünfzig Fällen berichteten die Patienten über ein Nachlassen der Schmerzen. Diasio wertete dies als Beweis für die Wirksamkeit der Salbe, offenbar ohne sich klarzumachen, daß die anderen Behandlungen die Besserung bewirkt haben können, beziehungsweise daß die meisten Schmerzen nach einer Weile von selbst verschwinden und daß deshalb das bloße Nachlassen der Beschwerden kein Beweis für die Wirksamkeit eines Analgetikums ist. Die FTC kanzelte Diasio ab und verbot Justin Haynes, weiterhin zu behaupten, das Aspirub die schmerzlindernde Wirkung von Aspirin habe – praktisch ein Todesurteil für das Produkt. Justin Haynes ging in die Berufung, fand aber auch bei der höheren Instanz kein Gehör. Aspirub wurde eingestellt.

Trotz ihres Sieges illustrierte der Fall Justin Haynes die extreme Unerfahrenheit der FTC in der Bewertung wissenschaftlicher Behauptungen, wie sie von den Pharmaherstellern vorgebracht wurden. Die Food and Drug Administration (der neue Name der Food, Drug and Insecticide Administration, die ihrerseits die Nachfolgerin des Bureau of Chemistry war) verfügte über genau dieses Fachwissen. Es wäre zu erwarten gewesen, daß die zwei Behörden bei der Säuberung eines hemdsärmeligen Industriezweiges wie des Aspirin-Handels kooperieren würden. Und tatsächlich hätte dies zum großen Nachteil der Aspirin-Hersteller geschehen können, wenn FDA und FTC nicht genau zu dieser Zeit in einen erbitterten Machtkampf verstrickt gewesen wären.

Fünf Jahre lang kämpften die beiden Behörden um Kompetenzen, bis am 25. Juni 1938 ein neues Lebens- und Arzneimittel- und Kosmetika-Gesetz in Kraft trat.

Was heute als wichtigster Aspekt des Gesetzes angesehen wird, kam erst im letzten Moment ohne ernsthafte Diskussion hinzu: eine Klausel, die den Verkauf neuer Arzneimittel verbot, solange der Landwirtschaftsminister sie nicht via FDA als ungefährlich erklärt hatte. Diese Regelung war ein weiteres Eingeständnis, daß die von Wiley vertretene strikte, aber begrenzte Ausübung von Kontrolle unzulänglich war. Endlich hatte sich die Regierung dazu durchgerungen, die Öffentlichkeit darüber zu informieren, welche Medikamente sie ohne Gefährdung kaufen konnte und welche nicht.

Im großen und ganzen beließ der Food, Drug, and Cosmetic-Act die Kontrolle über die pharmazeutischen Erzeugnisse in den Händen der FDA, mit Ausnahme der Werbung, die der FTC zugesprochen wurde – eine Arbeitsteilung, die von der Lebens- und Arzneimittelindustrie als Sieg gefeiert wurde. »Trotz der offensichtlichen Schärfe der Bestimmungen«, kommentierte *Business Week*, »ist die Industrie erleichtert, daß die Kontrolle der Werbung schließlich der FTC [und nicht der FDA] zugesprochen wurde; sie rechnete nicht mit massiven Schlägen seitens ihrer alten Freunde in den Büros der Kommission.«

Für viele Sparten erwies sich diese Erwartung als richtig. Die Aspirin-Sparte bildete eine bemerkenswerte Ausnahme. Mit zunehmender Bedeutung des Fernsehens ließen sich die Aspirin-Hersteller auf einen Reklamekrieg von solchen Dimensionen ein, daß auch die »alten Freunde« der Branche in der Federal Trade Commission in den Konflikt hineingezogen wurden. Das Ergebnis war eine Auseinandersetzung zwischen Pharmaindustrie und Regierung, die mitten in das immer noch andauernde Kompetenzgerangel zwischen der FTC und der FDA hineinplatzte. Das geschah allerdings nicht sofort, da die FTC ebenso wie der Großteil der übrigen Bundesbürokratie vom Zweiten Weltkrieg in Anspruch genommen war und die Aufmerksamkeit des Bundes gegenüber den Aspirin-Produzenten sich auf Sterling Products und dessen Bemühungen beschränkte, die IG Farben in Lateinamerika vom Platz zu verweisen.

10. Kapitel

»Schnelle, schnelle, schnelle Erleichterung!«

Carlos Mulvaney, ein Vertreter von Sterlings Exportabteilung Sidney Ross, machte im mexikanischen Hinterland seine Runden von Apotheke zu Apotheke. Während er die Regale mit dem neuen Kopfschmerzmittel seines Dienstherrn, Mejoral, überprüfte, tippte ihn ein Apotheker auf die Schulter. Der *farmacista* wies auf einen gut gekleideten Mann hin, der draußen auf dem Platz stand. »Da ist er«, murmelte der *farmacista.* »Er arbeitet für die IG Farben.«
Mulvaney eilte aus dem Laden und stellte sich dem IG-Vertreter freundlich vor. »Was verkaufen Sie?«, fragte er ihn ganz unschuldig.
Vor Wut rot anlaufend, zog der Deutsche ein Fläschchen Cafiaspirina aus der Tasche und schüttelte es vor Mulvaneys Gesicht. »Es ist eine Unverfrorenheit von Ihnen, mich auch nur anzureden!« rief er, sich auf dem Absatz umdrehend. »Verräter!«
Mulvaney lachte. *»Mejoral es mejor!«* rief er dem sich entfernenden IG-Vertreter nach. *»Mejoral es mejor!«*
Der Deutsche benötigte keine Übersetzung. Dieselben Worte waren auf den Plakaten zu lesen, mit denen Mulvaney die ganze Stadt vollgeklebt hatte. *Mejoral ist besser.*
Das war Anfang 1942. Während Amerikaner und Deutsche in Europa aufeinander schossen, trugen die Aspirin-Verkäufer von Sterling und IG Farben einen Marketingkrieg aus. Im Rahmen des Anerkenntnisurteils, das den Fortbestand

des Unternehmens sicherte, hatte das neue Management von Sterling versprochen, Leverkusens Cafiaspirina mit ihrem Produkt Mejoral entgegenzutreten. Frei von staatlicher Kontrolle, beflügelt von Patriotismus und begünstigt durch vorteilhafte Wechselkurse, war der Blitzkrieg für Mejoral in Südamerika wahrscheinlich der hemmungsloseste Reklamefeldzug, den die Welt je erlebt hat. Werbung ist niemals greller, marktschreierischer und peinlicher gewesen; es war das letzte Hurra der alten Patentmedizin-Reklamefritzen.

Sterling hatte es mit einem mächtigen Gegner zu tun: seiner eigenen Vergangenheit. Vor dem Krieg hatte die Firma den Namen Bayer bis in die entferntesten Winkel des Kontinents verbreitet. Tatsächlich war das letzte Zeichen westlicher Zivilisation, das Amazonasreisende auf ihrer Fahrt flußaufwärts sahen, ein Plakat mit dem Bayer-Kreuz. Jetzt mußte Sterling dieses Symbol durch das Mejoral-Logo ersetzen. David M. Corcoran, der Präsident von Sidney Ross, warf mit Geld um sich, als ob das Leben des Unternehmens davon abhinge – was auch stimmte, denn der Erfolg von Mejoral war die Voraussetzung des Fortbestands von Sterling.

Während Corcoran die Truppen anfeuerte, brachten Sidney-Ross-Vertreter 81 Millionen Reklamezettel, 27 Millionen Gratisproben und vier Millionen Posters unter die Leute. Kalender, Heiligenbildchen, religiöse Plakate, Papierflugzeuge – alles wurde millionenfach verschenkt und der ganze Kontinent mit den Namen der Sterling-Produkte, allen voran Mejoral, zugepflastert. In den ersten acht Monaten der Kampagne schleuste Sidney Ross 1,7 Mio. Dollar in die Werbung für Mejoral, eine schwindelerregende Summe in einer Weltgegend, wo Rundfunkstationen für ganze hundert Dollar bereit waren, hundert Werbespots pro Monat zu bringen. Auf dieser Basis hätte das Unternehmen in einem Jahr theoretisch über 76 *Millionen* Radiospots finanzieren können. So viele waren es natürlich nicht, aber nicht wenige Sender strahlten während ihrer zwölfstündigen Sendezeit am Tag fünfundsechzig Spots aus – mehr als fünf pro Stunde. Obwohl die meisten Leute nicht selbst ein Radio besaßen, dröhnten die Werbesprüche und -songs aus Cafés und Friseurläden auf die Straße und »bereiteten den Leuten Kopfschmerzen«, wie ein Sterling-Manager feststellte, »was wiederum unserem Mejoral-Absatz zugute kam«.

Ausgestattet mit Mikrofonen und 16-Millimeter-Filmprojektoren stießen über hundert Ciné-Trucks mit einer modernisierten Version der Wildwest-Medizinshow bis in die entferntesten Ausläufer der Anden vor. Sobald sie ein Dorf erreicht hatten, schwärmte die Sidney-Ross-Verkäufertruppe fächerförmig aus, um die *farmacias* mit den Marken zu versorgen, die in der abendlichen Filmvorführung im Mittelpunkt stehen würden. Inzwischen bestach der Verkaufsleiter den Bürgermeister, um neun Uhr den örtlichen Generator abzuschalten. Zur festgesetzten Stunde gingen im Dorf oder Städtchen plötzlich die Lichter aus – mit Ausnahme des Sidney-Ross-Lasters, der über einen eigenen Generator verfügte, um einen Scheinwerfer und das Megaphon des Verkaufschefs mit Strom zu versorgen. Von dem Licht und Lärm angelockt, strömten die Bewohner auf den Hauptplatz, wo sie eingeladen wurden, bei einer Amateurshow mitzusingen und -zutanzen. Anschließend erhielt der Bürgermeister seine Belohnung: Er durfte eine Ansprache halten. Danach wurde die Bühne dunkel, und die Filmvorführung begann. Musik erklang, und auf einer improvisierten Leinwand erschien ein kleines rotes Flugzeug, das in grauen Rauchlettern *MEJORAL* in den blauen Himmel schrieb. Applaus von der Menge. Der erste Film war *Agiles Patinadores* (agile Eisläufer) – keine besonders glückliche interkulturelle Wahl. Ein Sterling-Vertreter erinnert sich an die Reaktion der Zuschauer:

> Die kolumbianischen Tagelöhner starren erstaunt auf die Leinwand. Sie haben noch nie Eis gesehen. Sie können nicht verstehen, wie es möglich ist, auf einem See oder einem Platz so herumzutanzen. Sie hören gebannt zu, während der Kommentator über die Vorgänge plaudert. Aber bestenfalls kommt ein vager Eindruck rüber, daß *norteamericanos* sehr sonderbare Tänzer sind.

Es folgt ein Werbespot. Mehrere Jungen und Mädchen spielen fröhlich am Rand eines Schwimmbeckens. In einer Ecke sitzt ein armer Teufel, sichtlich von Kopfschmerzen geplagt. Ein nettes Mädchen gibt ihm ein Mejoral; kurz darauf köpfelt er vom höchsten Sprungbrett elegant ins Wasser. »Es ist sonnenklar«, schwärmte der Sterling-Mann, »Mejoral wirkt Wunder. Nehmen Sie eine Tablette, und lernen auch Sie den Kopfsprung!«

Wieder erscheint das Mejoral-Flugzeug und kündigt den nächsten Streifen an. Die Auswahl ist hier eher dem Zufall überlassen. Manchmal ist es ein Film über Yellowstone, kein sonderlich anregendes Thema für Leute, die inmitten ihrer eigenen Wildnis sitzen; manchmal ist es Kriegspropaganda, Orson Welles zu

Besuch in einer Munitionsfabrik. In jedem Fall folgt ein weiterer Werbespot, der diesmal einen Billardspieler zeigt, der immer danebentrifft. Daran sind wieder die Kopfschmerzen schuld. Er nimmt Mejoral. Fünf Minuten später fegt er den Tisch leer. Mejoral hat wieder ein Wunder bewirkt!

Der nächste Film: ein Tag in Coney Island. Die Indios starren verblüfft auf unbegreifliche Gringos, die vom Fallschirmturm springen. Eine letzte Runde von Werbespots hält den Ort bis spät in die Nacht wach. Dann setzt die Sterling-Truppe in Gegenden, wo sich die Nachfrage nach Mejoral in Grenzen hielt, zum letzten Gefecht an. Kunden, die eine Dreierpackung Mejoral kaufen, bekommen ein Plakat geschenkt: die Jungfrau Maria in einem goldenen Rahmen, darunter in großen, aber dezenten Lettern MEJORAL. Da die meisten US-Amerikaner in wehrfähigem Alter eingezogen wurden, mußte David Corcoran sein Verkaufsteam aus Randgruppen zusammenstellen und ständig überwachen.

Selbst seine wenigen relativ tüchtigen Vertreter wie Ed Landreth stellten ein Problem dar – sie wurden insgeheim für den Geheimdienst den American Intelligence Service, rekrutiert. Landreth, der Spanisch sprach, wurde Anfang 1944 auf die AIS-Agentenschule geschickt. Unter dem Decknamen »Harry« reisend, fuhr er auf das Landgut von Firestone in Miami, das als Schulungszentrum diente. »Wir sollten uns gegenseitig alle mit unseren Decknamen anreden, um absolute Diskretion zu wahren«, erzählte er. »Doch der erste Mensch, den ich dort traf, war ein alter Bekannter von Sterling.«

Da es wenig echte Naziaktivitäten zu untersuchen gab, verbrachten die Spione von Sidney Ross ihre Zeit in Südamerika hauptsächlich mit so banalen Aufgaben wie dem Abschreiben von Mitgliedslisten der (angeblich unter deutschem Einfluß stehenden) Rotary Clubs, der Beschattung (angeblich auf Subversion sinnender) IG-Farben-Vertreter, vor allem aber dem Vertrieb von Mejoral auf jede nur mögliche Weise. Landreth gehörte einem Sidney-Ross-Team an, das nach Argentinien fuhr, um Scharen von Sängerinnen und Sängern für Werbesendungen anzuwerben. Diese Chöre verbrachten den Tag in Funkhäusern, wo sie die Dutzende von Werbespots *live* mit dem Jingle *»Mejoral le quita el mal«* (Mejoral vertreibt den Schmerz) umrahmten. Einmal verschafften sie einer unbekannten Sängerin namens Maria Eva Duarte ihre erste Anstellung als professionelle Sängerin. Als Eva Duarte krank wurde und nicht im Funkhaus erschien, entließ man sie. Corcoran lernte rasch eine bestürzende Lektion in südamerikanischer Politik. »Plötzlich wurde der Sender dichtgemacht und auch uns mit Schließung gedroht«, berichtete Landreth. »Da erfuhren wir erst, wer sie war.« Sie hatten »Evita« geheuert, die als Frau des Demagogen Juan Perón zweifelhaften Ruf erlangen sollte. David und Tommy Corcoran suchten sie gemeinsam auf, um sich persönlich bei ihr zu entschuldigen. Evita ließ sich erweichen, und die Mejoral-Show ging weiter. Mit Evita als Jinglesängerin, sagte Landreth, sei Argentinien zum größten Pro-Kopf-Verbraucher von Aspirin in der Welt aufgestiegen. Fast der gesamte Umsatz wurde mit Mejoral erzielt; Geniol, das Sterling zusammen mit den Deutschen gekauft, aber im Rahmen seiner Abmachung mit der Regierung abgestoßen hatte, überlebte nur mit Mühe.

»Wir haben Sachen für Mejoral aufgezogen, die niemand im Leben je getan hat«, so Landreth. »Wir ließen Straßentafeln aus Blech mit Mejoral-Logos anfertigen und tauschten jede Straßentafel in Buenos Aires aus. Auch alle Einbahntafeln trugen die Aufschrift Mejoral – der Bürgermeister schäumte! Den staatlichen Rundfunksender hatten wir praktisch in unseren Besitz gebracht. In einer Stadt malten wir der Hälfte der Hunde mit einer Schablone Mejoral auf. In einer anderen beschrifteten wir die Kühe. Wir überzogen die Ortschaften mit einem Netz von Lautsprechern, so daß man buchstäblich nicht auf die Straße gehen konnte, ohne unsere Werbespots zu hören. In Argentinien verkleideten sich alle Vertreter als Chinesen, fragen Sie mich nicht, warum, und verkauften Mejoral als Arznei von Dr. Fu Man-Chu. Ich war Schauspieler gewesen, und einer der Gründe, weshalb ich zu Sterling ging, war, um vom Theater wegzukommen. Und dann habe ich jeden Abend auf der Plattform der Laster gesungen und getanzt. So etwas hat es seither nicht mehr gegeben.«

Nach einem Jahr Mejoral-Kampagne behauptete James Hill jun., Sterlings neuer Firmenchef, die Marke habe Cafiaspirina 80 Prozent seines Marktanteils abgejagt. (Edward S. Rogers, der nach dem Anerkenntnisurteil den Vorsitz übernommen hatte, starb 1949; Hill war sein Nachfolger.) Der Mejoral-Absatz kletterte unaufhaltsam. Anfang der fünfziger Jahre, so Landreth stolz, »war Südamerika unser«. Nach Kriegsende, als das deutsche Aspirin-Geschäft wieder anlaufen konnte, war der südamerikanische Markt eine höchst ertragreiche Goldgrube. Der fanatisch konkurrenzorientierte Corcoran verteidigte ihn mit Hills rückhaltloser Unterstützung gegen alle Neuankömmlinge. Um so merkwürdiger erscheint es, daß Hill im selben Zeitraum den US-Aspirin-Markt kampflos aufgab. Der Herausforderer war ein Schmerzmittel namens Anacin, das seltsamerweise ursprünglich von Bayer stammte.

An-A-Cin, wie es ursprünglich hieß, eine Mischung aus Aspirin, Azetanilid, Koffein und Chininsulfat, wurde 1915 von William M. Knight, einem Pharmazeuten in Minneapolis, kreiert. Er vertrieb es an Zahnärzte als Mittel gegen die Schmerzen und Entzündung nach Zahnextraktionen. Vier Jahre später verkaufte Knight die Marke; nach mehreren weiteren Eigentümerwechseln fiel Anacin der Van Ess Company in den Schoß, die Anacin mit der Versicherung vertrieb, dessen Wirkstoffmix sei effektiver als gewöhnliches Aspirin. Diese Behauptung erregte den Zorn der American Dental Association, die es verurteilte, daß die Anacin-Werbung aus der verbreiteten, aber falschen Annahme Kapital schlage, zwei Arzneimittel wirkten immer stärker als eines. Anacin, so der Verband, sei »einfach eine Mixtur aus altbekannten Arzneien, irrational zusammengerührt, wie es für die Zeit typisch war, als die Rezepturen noch nicht so wissenschaftlich waren, wie sie hätten sein sollen«. Trotz solcher Kritteleien stieg der Absatz zwischen 1926 und 1930 von unter 20 000 auf fast 700 000 Dollar. In diesem Jahr wurde Van Ess von American Home Products geschluckt, eine Firma, die wie Sterling Products aus einer Reihe von Markennamen, vorwiegend im Pharma- und Haushaltsbereich, bestand. Die Ähnlichkeit mit Sterling war kein Zufall, denn American Home wurde 1926 von Albert H. Diebold gegründet, der zusammen mit William E. Weiss Sterling Products ins Leben gerufen hatte. Jahrelang eine Schwester von Sterling, bestand American Home ursprünglich aus jenen Firmen, von denen sich Diebold, der Finanzmann, gute Erträge versprach, die aber nach Ansicht von Weiss, dem Betriebsleiter, nicht in den Rahmen von Sterling paßten. Von Anfang an bevorzugte Diebold Produkte, die leicht herzustellen, leicht von der Konkurrenz zu unterscheiden und leicht zu vermarkten waren. Innerhalb weniger Jahre nach seiner Gründung erwarb Diebold nicht weniger als 21 Firmen für American Home. Er spornte zwar die einzelnen Geschäftsbereiche an, auf Teufel komm raus für ihre Produkte zu werben, ließ sie aber im übrigen an der langen Leine. Diese Laissez-faire-Haltung hatte ein Ende, als es mit American Home während der Depression bergab ging. 1935 setzte Diebold einen neuen Vorstand, Alvin G. Brush, mit der Befugnis ein, das Unternehmen umzukrempeln. Eines der ersten Produkte, die Brush sich vornahm, war Anacin, das sich seit fünf Jahren unter dem Dach von American Home befand.

Der 1897 geborene Brush gründete in New York seine eigene Wirtschaftsprüfungsfirma – Smith, Brush & Company, die Diebold mit der Überprüfung seiner

Bilanzen beauftragte. 1933 überredete Diebold Brush, das Lager zu wechseln und Präsident von R. L. Watkins zu werden, dem Hersteller von Dr. Lyons Zahnpulver. Brush war so erfolgreich, daß Diebold ihn ein Jahr später zum Präsidenten einer etwas größeren Firma, Affiliated Products, ernannte. Und im folgenden Jahr wurde er Präsident von American Home Products.

American Home war in schlechter Verfassung, und Brush ging mit charakteristischer Effizienz vor. »In den ersten paar Wochen tat er nichts anderes, als Mitarbeiter in sein Büro zu rufen und sie nacheinander zu entlassen«, berichtete ein ehemaliger leitender Angestellter. »Das wurde alles sehr systematisch und kaltblütig abgewickelt. Und als der ganze Schrott weg war, baute er auf dem auf, was übrigblieb.« Das war im wesentlichen Anacin. Brush teilte zwar Diebolds Hang zur Akquisition und kaufte links und rechts kleine Firmen auf. Aber er beschloß auch, es mit Bayer Aspirin aufzunehmen, dem Aushängeschild seiner Schwesterfirma.

Gegen Bayer anzutreten war eine einschüchternde Vorstellung. Bayer war das Tiffany der Schmerzmittel; die Ärzte mochten zwar seine Inserate mißbilligen, aber die schamlose Marktschreierei seiner Konkurrenten mißfiel ihnen noch weit mehr. Bayer war aber auch ein Reklameriese. 1935 steckte American Home bloß 200 000 Dollar in die Funk- und Zeitschriftenwerbung für Anacin. Im Gegensatz dazu war Sterling der sechstgrößte Radiowerbekunde in den Vereinigten Staaten und ließ sich allein die Bayer-Spots mehr als 750 000 Dollar kosten. Die Zeitschriften waren voll von den illustrierten Abenteuern des Ehrgeizlings Smith:

Ehrgeizling Smith rettet die Situation,
indem er seine Erkältung schnell stoppt

[Smith:] Mary, ich kriege eine fürchterliche Erkältung, und morgen haben wir die Konferenz über das große Geschäft. Einen roten Hals habe ich auch. Was kann ich tun?

[Mary:] Hör mal, der Arzt deiner Mutter hat ihr gesagt, wie sie eine Erkältung am sichersten schnell los wird ...

[Sie erklärt ihm, daß er zwei Bayer-Tabletten einnehmen, dann mit drei weiteren gurgeln und das alle zwei Stunden wiederholen soll, was zum Konsum von Dutzenden von Aspirin-Tabletten führt.]

[Am nächsten Tag:]

[Smith:] Also, Schatz, ich habe den großen Fisch an Land gezogen. Ja, die Erkältung war praktisch weg, als ich ins Büro kam ... Diese *Bayer-Aspirin*-Behandlung gegen Erkältungen wirkt tatsächlich *schnell ...*

UNSCHÄDLICH FÜR DAS HERZ

Brush beschloß, American Home aus der Ferner-liefen-Kategorie herauszuholen. Innerhalb von zwei Jahren vervierfachte er den Werbeetat von Anacin. Bei den Medizinern sammelte er Punkte, indem er 65 000 Proben an Ärzte und Zahnärzte verschickte, seine Vertreter täglich Hunderte von Arztbesuchen machen ließ und bei Ärztekongressen mit Informationsständen präsent war. 1941 überholte der Werbeetat von Anacin den Bayers; wäre Anacin eine eigene Firma gewesen, dann wäre es in der Funkwerbung national jetzt an 15. Stelle gelegen. Brush setzte einen Mann namens William F. Laporte an die Spitze dieser gnadenlosen Kampagne. Aus dem gleichen Holz wie Brush geschnitzt, war Laporte schweigsam, effizient, sparsam und von skrupellosem Wettbewerbsgeist erfüllt. Er wurde bekannt für seine Weigerung, für »Extravaganzen« wie Umzugskosten von Managern, zusätzliche Telefonanschlüsse, Firmenautos und sogar Klopapier in Damentoiletten aufzukommen. Laportes Credo lautete, seinem Prep-School-Jahrbuch von 1932 zufolge: »Schweigen sagt mehr als Worte.« Diesen Grundsätzen entsprechend, wies er seine Telefonistinnen an, sich gegenüber Anrufern von auswärts nur mit der Telefonnummer zu melden; er lehnte es ab, einen PR-Stab einzustellen und verweigerte alle Interviews in den Medien. (»Ich rede nicht mit Press-tituierten«, knurrte er einmal einen Reporter an, bevor er den Hörer auflegte.) Laporte war 1938 als Assistent des Präsidenten von Whitehall Pharmacal in das Unternehmen eingetreten, des Ablegers, der Anacin herstellte, um die Funkwerbung von Anacin unter die Lupe zu nehmen. In den nächsten paar Jahren pendelte er zwischen dem rezeptfreien und dem rezeptpflichtigen Geschäftsbereich von American Home hin und her; schließlich wurde er Präsident von Whitehall und dann, als Nachfolger von Brush, von American Home selbst.

Laporte war es ebenso wie Brush gleichgültig, ob die Öffentlichkeit den Namen American Home oder Whitehall kannte. Das einzig Wichtige war der Markenname Anacin, in den er Unsummen investierte. (In bezug auf Werbung kannte er keinen Geiz.) Plump und humorlos wie Laporte selbst, hämmerten die Anacin-Spots ihre Botschaft mit einem Minimum an Stil in die Köpfe der Zuhörer und das in steter Wiederholung. »Anacin basiert auf dem Rezeptprinzip«, verkündeten die Sprecher oftmals am Tag, »das heißt, es beinhaltet eine Kombination von medizinisch erprobten und bewährten Wirkstoffen – nicht bloß einem einzigen.« In der Werbung für Anacin wurde niemals verraten, daß dessen Hauptwirkstoff Aspirin war. American Home leugnete nicht rundheraus, daß Anacin ASS enthielt. Die Firma unterließ es einfach, die Verbraucher über die Inhaltstoffe ihres Produkts aufzuklären, eine Praxis, die sich als nützlich erwies, als sie das Azetanilid in ihrer Formel zugunsten des weniger gefährlichen Phenacetin fallenließ, und nochmals, als sie auch Phenacetin durch noch mehr Aspirin ersetzte – aber fortfuhr, für Anacin zu werben, als ob es dasselbe Produkt sei.

Der Absatz stieg während des ganzen Krieges, flachte aber danach ab. 1954 hatte Anacin seinen Zenit erreicht. Es ging nicht weiter aufwärts, soviel Geld Laporte auch in die Werbung pumpte. Besorgt wandte er sich an Rosser Reeves, die wohl zentrale Figur in der Geschichte der amerikanischen Werbung. Er begann 1934 seine Karriere zunächst als Texter bei Cecil, Warwick & Cecil, einer New Yorker Agentur und heuerte 1940 bei Ted Bates an, einem Werbeleiter, der soeben seinen eigenen Laden aufgemacht hatte. Bates und Reeves leiteten die Agentur in den nächsten zwanzig Jahren ähnlich wie Diebold und Weiss Sterling führten. Bates war der stille Managertyp, der sein Mittagessen allein einnahm und sich um die finanziellen Dinge kümmerte; Reeves war das selbstbewußt auftretende kreative Genie; er verstand es, neue Klienten zu gewinnen, inszenierte ausgefallene Publicitygags und ersann schlagkräftige Werbeslogans. Werbung war nach Reeves' Auffassung keine subtile Kunst. Da sie mit dem Rest der Welt um das Interesse des Verbrauchers konkurrieren mußte, hatte sie ihre Botschaft schnell rüberzubringen. Sie mußte sich laut und unmittelbar bemerkbar machen. Und sie mußte einen besonderen Anspruch auf die Aufmerksamkeit erheben oder, wie Reeves es nannte, eine *Unique Selling Proposition*, einen unverwechselbaren Verkaufsanreiz, bieten. Um diese USP zu finden, von der Reeves sicher war, daß sie in jedem Produkt, so banal und unoriginell es auch sein mochte, lauerte, trat er für Feldforschung – wenn man es so nennen kann – ein. Um zum Beispiel die USP für tiefgekühlten Orangensaft wie Minute Maid zu finden, schickte Reeves zwanzig Leute los, die frische Orangen kaufen, sie per Hand auspressen und den Saft mit Minute Maid vergleichen sollten. Ein Technikerteam von Ted Bates analysierte beide Arten von Saft und stellte fest, daß in dem frischgepreßten 37 verschiedene Arten von Bakterien enthalten waren sowie Spuren von Orangen-schalenöl, das in riesigen Mengen giftig ist. Daraus ergab sich die USP: Minute-Maid-Orangensaft war besser für die Gesundheit als frischgepreßte Orangen. »Als wir erstmals die Verwendung dieses Werbespruchs erwogen, brachte das die FTC auf die Palme«, bemerkte Reeves zu Thomas Whiteside, einem Mitarbei-ter von *The New Yorker*. »Wir zeigten ihnen die Forschungsergebnisse, da waren sie sprachlos.« Reeves hatte auch schon für eine andere Agentur, Blackett-Sample-Hummert, Werbetexte für Anacin verfaßt. Frank Hummert, Reeves' Chef, hatte den Slogan geprägt: »Wie ein Arztrezept – nicht bloß ein Wirkstoff, sondern mehrere.« Diese Kombination von Wirkstoffen, glaubte Reeves, sei die USP für Anacin. Der Spruch mit dem Arztrezept sei zwar immer noch gut, meinte er zu Laporte, als sie sich kennenlernten, aber die gegenwärtige Werbung ziehe nicht den größtmöglichen Nutzen daraus. Die USP von Anacin müsse mit etwas verknüpft werden, was das Auge nie vergessen werde.

Reeves dachte natürlich an das neue Medium TV. 1947, im ersten Jahr des kommerziellen Fernsehens in den USA, besaßen die Amerikaner gerade fünf-zehntausend Fernsehgeräte, und das Medium wurde von Rundfunkmagnaten wie William S. Paley, dem Inhaber des Columbia Broadcasting System, öffentlich durch den Kakao gezogen. Dennoch verbreitete sich das Fernsehen in rasantem Tempo. 1954 waren in den USA 32 Millionen Fernsehgeräte in Betrieb, im Schnitt fast ein Gerät pro fünf Einwohner, und deren Besitzer verbrachten mehr Zeit vor dem Bildschirm als mit jeder anderen Beschäftigung außer Arbeiten und Schlafen. Zu Beginn dieses Jahres kam ein NBC-Manager namens Silvester (»Pat«) Weever auf den Dreh, Werbekunden einzelne Spots in einer Sendung zu verkaufen, statt sie für die gesamte Übertragung bezahlen zu lassen, wie dies beim Funk generell der Fall gewesen war. Dies ermöglichte es auch kleineren Firmen, im Fernsehen zu werben, und erhöhte ganz enorm die Chance größerer Unternehmen, ihre Botschaft auf den Bildschirm zu bringen. Für das Fernsehen war es eine revolutionäre Veränderung.

Viele Werbeleute hätten Reeves zugestimmt, daß American Home es sich nicht leisten könne, auf das Fernsehen zu verzichten. Die ersten TV-Werbekunden hatten außerordentliche Erfolge zu verzeichnen. Hazel-Bishop-Lippenstift hatte seine Werbung auf die kleine Mattscheibe verlegt und seinen Umsatz zwischen 1950 und 1952 von 50 000 auf 4,5 Mio Dollar hochschnellen gesehen. In Reeves' Augen war das Fernsehen Spitze. Aber nicht jeder wußte, was man damit anfangen konnte. Reeves hatte ein paar Ideen für Laporte, wie das Medium werbewirksam einzusetzen sei.

Bei ihrer Zusammenkunft skizzierte Reeves den Umriß eines menschlichen Schädels, den er durch Striche in drei Kästchen unterteilte – ein Anblick, der ein unvermeidlicher Bestandteil des amerikanischen Alltags werden sollte. Im ersten Kästchen schlägt ein Hammer. Im zweiten spannt und entspannt sich eine Feder. Im dritten springt ein zackiger Blitz zwischen zwei Punkten hin und her. Die Kästchen leuchten nacheinander auf, während ein penetranter Sprecher die Fähigkeiten von Anacin herausplärrt: »Stoppt Kopfschmerzen!« Der Hammer hört auf zu schlagen. »Beseitigt Spannungen!« Die gespannte Feder entspannt sich. »Beruhigt gereizte Nerven!« Der Blitz verschwindet. Augenblicke später teilt sich der Bildschirm in zwei Felder. Die Umrisse von zwei Köpfen mit jeweils drei Kästchen erscheinen, sie sitzen auf zwei schematisch gezeichneten Körpern, deren Magen durch eine Umrißlinie hervorgehoben ist. Aus dem einen Magen steigen rasch Luftblasen in drei Reihen hoch, welche die drei Wirkstoffe von Anacin repräsentieren; aus dem anderen entweichen langsam Luftbläschen in einer einzigen Reihe, die den altmodischen Bestandteil von gewöhnlichem Aspirin symbolisiert. Bezeichnenderweise bringen die Aspirin-Bläschen zwar die Hämmer zum Stillstand, aber sie richten nichts gegen die gespannte Feder und den Blitz aus. Die Anacin-Bläschen stoppen dagegen die schädlichen Vorgänge in allen drei Kammern.

»Beseitigt Kopfschmerzen schnell!« krakeelt der Sprecher. »Beseitigt Spannungen schnell! Beruhigt gereizte Nerven schnell! Nehmen Sie Anacin für *schnelle, schnelle, SCHNELLE* Erlösung!«

Mit ihrer schlichten Bildersprache, ihrer ständigen Wiederholung und ihren kruden Zeichentricks waren die Werbespots mit den dröhnenden Hämmern nicht leicht zu vergessen, wenn auch nicht nach jedermanns Geschmack. Laporte pumpte Geld in sie hinein, und das neue Fernsehpublikum der Nation konnte dem Geplärr von »schnelle, *schnelle, SCHNELLE* Erlösung« nicht entrinnen, egal, welchen Kanal es auch einschaltete. Zu Reeves' unverhohlener Zufriedenheit bewertete eine Gruppe von Werbefachleuten die »dröhnenden Hämmer« als eine der schlimmsten Reklamen der letzten Jahre. Der Spot »Dröhnende Hämmer«, erklärte er stolz, sei die »verhaßteste Reklame in der Geschichte der Werbung«.

Er zählte auch zu den erfolgreichsten Werbekampagnen. »Es war ein 59 Sekunden langer Film, der 8400 Dollar gekostet hatte«, erläuterte Reeves dem *New Yorker*, »und die Hersteller von Anacin machten in sieben Jahren mehr Geld damit als David O. Selznick und MGM in einem Viertelhundert mit *Vom Winde verweht.*«

Zur selben Zeit erschien ein dritter Mitspieler, Bufferin, auf dem Markt. Unglaublicherweise verdankte auch Bufferin seine Existenz Diebold. 1928 hatte Diebold Sterling Products mit United Drug, einer Apothekenkette, und mehreren kleinen Pharmafirmen zu einem Konglomerat namens Drug, Inc., zusammengeschlossen. Drug, Inc., das Ergebnis der Elefantenhochzeit zwischen dem größten Patentarzneifabrikanten der Nation und deren größter Pillendreherkette, war eine Holdinggesellschaft, welche die Produktion und den Vertrieb von zwei unabhängigen kommerziellen Imperien zu koordinieren versuchte. Die angestrebte Kooperation wurde faktisch nie verwirklicht – Sterlings Zugehörigkeit zu Drug, Inc., blieb fast ohne Auswirkung auf dessen Geschäftätigkeit. Als United Drug unter der Depression zu leiden hatte, wollte Weiss bei Sterling nicht an dessen Verlusten partizipieren, und der Konzern löste sich 1932 ohne großes Aufheben in seine Elemente auf. Einer dieser Bestandteile war Bristol-Myers, ein Allerweltsmittelhersteller, den Diebold fast wahllos dem Koloß Drug, Inc., einverleibt hatte. Nachdem sie sich als unabhängige Einheit vom Konzern losgelöst hatte, kam Bristol-Myers 1949 mit Bufferin auf den Markt.

Bufferin behauptete ebenso wie Anacin, besser als Aspirin zu sein. Und ebenso wie Anacin unterließ Bufferin, den Verbrauchern mitzuteilen, daß es Aspirin *war* – mit einigen Zusatzstoffen. In diesem Fall bestanden die Zusatzstoffe aus zwei magensäurebindenden Mitteln, sogenannten Antazida. Das Unternehmen hatte Bufferin ursprünglich als Mittel für Verkaterte gedacht, die häufig Aspirin gegen ihre Kopfschmerzen und Antazida gegen ihre Magenverstimmung nahmen. Als die Forscher von Bristol-Myers die Kombination testeten, um sicherzugehen, daß sie keine unerwünschten Nebenwirkungen auslöste, entdeckten sie, daß Antazida die Absorption von Aspirin in den Blutkreislauf beschleunigen. Es war Aspirin, aber noch einen Tick besser. »Wirkt doppelt so schnell wie Aspirin«, verkündete die Anzeige von 1949 in *Life,* in der Bufferin vorgestellt wurde, »das neue, bemerkenswerte Produkt zur Schmerzlinderung«.

Auch Bufferin war bald im Fernsehen präsent. »Dröhnt Ihr Kopf wie eine Trommel?« fragte eine monotone Stimme, während im Zeichentrick Stöcke auf eine Trommel einschlugen.

> Finden Sie sich nicht damit ab!
> Verschaffen Sie sich rasch Erlösung mit Bufferin.
> Es wirkt schnell ... schnell ... schnell ...!

Szenenwechsel. Es folgte ein Cartoon von zwei als Röhrensysteme dargestellten menschlichen Oberkörpern. Auf dem einen Torso stand »Aspirin«, auf dem anderen »Bufferin«. In den Aspirin-Magen rutschten viele kleine A hinunter, in den Bufferin-Magen viele kleine B. Die B verließen den Magen durch eine Art Falltür und verwandelten sich auf ihrer Reise durch die Röhren in luftbläschenförmige s. Inzwischen blieben die As wie unverdauliche Klumpen im Magen hocken.

> Bufferin enthält eine Kombination von Aspirin mit zwei speziellen
> Magensäurehemmern, die das Schmerzmittel doppelt so schnell
> aus dem Magen in den Blutkreislauf befördern wie Aspirin.
> Deshalb wirkt Bufferin doppelt so schnell wie Aspirin.[*]

Es dauerte eine Weile, bis sich Sterling zur Wehr setzte. Der neue Geschäftsführer des Unternehmens, James Hill jun., war seiner Ausbildung nach ein Buchhalter. Da er nicht vom Marketing kam, fehlte ihm der Verkaufsinstinkt von Weiss. Vielleicht war er überzeugt, daß das Unternehmen seine Spitzenposition mit geringer zusätzlicher Anstrengung halten könne. Vielleicht wollte er die Kosten unter Kontrolle halten. Vielleicht hatte sich das Unternehmen einfach an seine mühelose Vormachtstellung auf dem nordamerikanischen Aspirin-

---

[*] Die damals noch unerfahrenen Bristol-Myers-Leute gaben nur anfangs zu, daß der Hauptwirkstoff von Bufferin Aspirin war.

Markt gewöhnt. In jedem Fall traf Hill eine verhängnisvolle Entscheidung. Während die Werbeetats für Mejoral, Corcorans quasi unabhängiges kleines Reich innerhalb des Konzerns, nach oben schossen, fielen die für Bayer zwischen 1949 und 1954 faktisch um mehr als die Hälfte. Im Gegensatz dazu verdoppelte sich das Werbebudget von Anacin im selben Zeitraum. Dann übernahm Reeves den Etat, und in den nächsten zwei Jahren verdoppelte er sich erneut auf mehr als 15 Millionen Dollar. Auch Bufferin pumpte Geld in die Reklame. Während die Aufwendungen dafür anfangs, 1949, weniger als 350 000 Dollar betragen hatten, lagen sie 1956 bei über 13 Millionen Dollar.

1949 hatte Bayer mehr für Werbung ausgegeben als seine zwei Rivalen zusammengenommen. Sieben Jahre später wandte es halb soviel dafür auf wie Bufferin und weniger als ein Viertel des Etats von Anacin. (Der Trend galt für alle US-Produkte von Sterling: Zwischen 1949 und 1956 kürzte das Unternehmen seine gesamten Werbekosten fast um die Hälfte.)

Bayers Marktanteil schmolz rapide dahin. Anacin holte es Anfang der fünfziger Jahre fast ein und eroberte ein Fünftel des Marktes, während Bayers Viertel rasch schrumpfte. Mit dem Erscheinen von Bufferin lagen nun drei Rivalen auf dem Aspirin-Markt im Rennen, denn der Neuankömmling arbeitete sich zwischen 1950 und 1957 von einem anfänglichen Anteil von zwei Prozent auf 15 Prozent des Gesamtumsatzes hoch. Anacin spürte die Wirkung – es fiel auf 18 Prozent zurück –, tröstete sich aber mit dem Faktum, daß es nunmehr die führende Aspirin-Marke war. Bayer hatte fast die Hälfte seines Marktanteils verloren. Zu Weiss' Zeiten hatte sich Sterling gebrüstet, daß es »besser über Werbung für rezeptfreie Arzneimittel Bescheid wisse als alle anderen«. Unter Hill hatte die Firma ihren Vorsprung in wenigen Jahren verspielt.

Seine Chance witternd, verschärfte Anacin seinen aggressiven Ansatz und präsentierte eine neue Geißel des modernen Lebens, den Spannungskopfschmerz. »Nervöse Spannungskopfschmerzen – verschaffen Sie sich schnellere Erlösung mit dem stärkeren und dabei nebenwirkungsfreieren Anacin.« »Höchsten medizinischen Autoritäten zufolge«, erklärte American Home Products,

> gewährleistet Anacin – eine Formel, die eine *Anzahl* hochwirksamer Schmerzmittel in kleineren Mengen kombiniert – schnellere, wirksamere und nebenwirkungsfreiere Linderung als eine große Dosis eines *einzelnen* Wirkstoffs. Dies ist eines der ersten Grund-

prinzipien der Medizin, das in allen medizinischen und zahnme-
dizinischen Fakultäten gelehrt wird.[*]

Schließlich raffte sich Bayer zum Gegenangriff auf. »Zahlen Sie für ›getarntes‹
Aspirin nicht den doppelten Preis von Bayer Aspirin!« warnte Bayer 1957 vor
Bufferin und Anacin. »Warum mehr für zusätzliche Inhaltsstoffe bezahlen, die
Schmerzen nicht beseitigen können?«
In der Vergangenheit hätte ein Frontalangriff Sterlings dessen Rivalen zur
Strecke gebracht. Aber jetzt verkauften seine Konkurrenten ebensoviel wie
Bayer, und das Rennen blieb weiterhin offen. Mit dem Scheckheft in der Hand
waren Anacin und Bufferin bereit, Bayer Paroli zu bieten; beide waren bereit,
lautstark und pausenlos zu verkünden, daß sie schneller, ungefährlicher und
wirksamer seien. Der Aspirin-Krieg hatte begonnen.

Im Mai 1953 protestierte Andrew Graham, ein Sterling-Anwalt, bei der Federal
Trade Commission wegen Bufferins Reklamespruch »Wirkt doppelt so schnell
...« Bufferin möge die ASS zwar schneller an den Blutkreislauf abgeben, räumte
Graham ein, aber seine Hersteller hätten nie bewiesen, daß damit auch die
Schmerzen schneller verschwänden. (Sein Argument war nicht unlogisch. Der
menschliche Körper ist komplex, und der Zusammenhang zwischen Dosis und
Reaktion oft überraschend.) In der Vergangenheit, behauptete Graham, habe
die FTC die Aspirin-Hersteller wegen viel harmloserer Reklame in die Zange
genommen. Jetzt bleibe die Behörde einfach untätig. Sein Schreiben bewirkte
nichts. Graham führte im Juli 1956 erneut Klage. Und später ein weiteres Mal.
Und ein viertes Mal. Vier Jahre nach Grahams erstem Brief gestattete die
Abteilung für Wissenschaftliche Evakuation (AWE), die technische Daten für
Maßnahmen der Behörde auswertete, Sterling schließlich, seine Klage gegen die
Bufferin-Werbung vorzutragen.
George Dobbs von der AWE erklärte der Firma, trotz seiner persönlichen
Überzeugung, daß die Behauptungen von Bufferin falsch seien, liege die Beweis-
last bei der FTC, und die Behörde würde größte Mühe haben, dies schlüssig

---

[*] De facto ist das Gegenteil richtig; Ärzte bemühen sich, möglichst wenige Wirkstoffe
gleichzeitig zu verabreichen, weil diese in unerwünschter Weise miteinander in Wechselwir-
kung treten könnten.

nachzuweisen. Um eine Reklamebehauptung als falsch zu erweisen, müsse die AWE erst einmal feststellen, was richtig sei, und demonstrieren, inwiefern die Behauptung von diesem Standard abweiche. In der Vergangenheit habe die Abteilung einfach die Fachzeitschriften verfolgt oder Experten zu Rate gezogen. Aber inzwischen würden rezeptfreie Arzneien und Kosmetika nur noch selten in der medizinischen Literatur behandelt. Niemand werde einen Nobelpreis dafür erhalten, wenn er Anacin und Bufferin mit Aspirin vergleiche. Die der FTC zur Verfügung stehenden Experten könnten zwar über die allgemeinen Eigenschaften von Pharmaka Auskunft geben, aber sie hätten keine Laborerfahrung mit dem fraglichen Produkt, was ihr Urteil zwangsläufig in Zweifel ziehe.

Die naheliegende Lösung, gestand Dobbs, sei, daß die Behörde ihre eigenen klinischen Tests durchführe, aber sie besitze kaum die Möglichkeiten dazu. Seine Abteilung bestand 1957 aus nur sechs Mitarbeitern: zwei Ärzten, zwei Chemikern und zwei Sekretärinnen. Ihr Budget war winzig: 2000 Dollar für Tests im Auftrag der Food and Drug Administration, 2000 für medizinische Zeugen, und nicht einmal 13 000 für den Ankauf und die Überprüfung von Waren in den Bereichen Medizin, therapeutische Geräte, Wolle, Pelze und brennbare Textilien. Die Bewertung von Arzneimitteln sei schon schwierig genug für die FTC, aber die Beurteilung gerade von Schmerzmitteln sei fast unmöglich, nicht nur für die Regierung, sondern für jedermann. Forscher könnten keine »Schmerzmeßgeräte« an Patienten befestigen, um objektive Angaben darüber zu erhalten, wie schlecht sie sich fühlten beziehungsweise wie rasch sie sich erholten. Noch schwieriger sei es, ein Analgetikum mit einem anderen zu vergleichen. Um zum Beispiel zu testen, ob Bufferin Kopfschmerzen doppelt so rasch beseitige wie gewöhnliches Aspirin, müßte man Bufferin und Aspirin an Menschen mit identischen Kopfschmerzen verabreichen und irgendwie feststellen, welches Mittel schneller wirkt. Sterling habe dies nicht getan; niemand habe es getan. Aus diesen Gründen, sagte Dobbs, könne die AWE »nicht empfehlen [daß die FTC gegen die Bufferin-Werbung vorgehe] und werde dies auch nicht tun«.

Trotz seiner Erklärungen gegenüber Sterling forderte der frustrierte Dobbs die National Institutes of Health de facto auf, klinische Untersuchungen der Aspirin-Marken durchzuführen. Als die NIH dies ablehnten, wandte sich die AWE an die Veterans Administration, die sich ebensowenig dazu bereit erklärte. 1960 gelang es der Behörde schließlich, zwei medizinische Forscher in Baltimore, Louis Lasagna und Thomas J. DeKornfeld, zu gewinnen, die Wirksamkeit von fünf Aspirin-Marken miteinander zu vergleichen: Anacin, Bayer, St. Joseph (ein Produkt von Plough), Bufferin und Excedrin, ein weiteres Mittel, mit dem Bristol-Myers damals gerade einen Markttest durchführte. Lasagna und De-Kornfeld gaben die fünf Marken nach dem Zufallsprinzip an 298 Frauen aus, die soeben geboren hatten. Keine von ihnen hatte eine Vollnarkose erhalten, und daraus leiteten Lasagna und DeKornfeld die Hypothese ab, daß sie an körperlichen Schmerzen litten. Fünfzehn Minuten später fragten die Forscher die Patientinnen, ob sie sehr starke, starke, mäßige, leichte oder gar keine Schmerzen empfänden. Nach weiteren fünfzehn Minuten wurde den Frauen dieselbe Frage gestellt. Eine Viertelstunde später wurde die Frage zum dritten Mal wiederholt, fünfzehn Minuten später ein viertes Mal. Danach wurden sie stündlich befragt. Lasagna und DeKornfeld werteten ein Nachlassen von, sagen wir, sehr starken zu starken Schmerzen als einen Pluspunkt. Umgekehrt wurde eine Verschlechterung von einer Kategorie zur nächsten als ein Minuspunkt verbucht. Diese Zahlen wurden dann zur Erstellung eines »durchschnittlichen Schmerzlinderungsprofils« benutzt. (Die zwei Wissenschaftler unterließen es zu erklären, was Nachgeburtsschmerzen mit Kopfweh zu tun haben, die Beschwerde, die am häufigsten mit Aspirin behandelt wird; auch, ob Frauen, die stundenlange Wehen hinter sich haben, in der Lage sind, subtile Unterscheidungen bezüglich ihrer momentanen Beschwerden zu treffen.) Für die fünf Marken ergaben sich fast identische durchschnittliche Schmerzlinderungsprofile. Keine Marke schien schneller oder nachhaltiger zu wirken als die anderen. Wenn man bedenkt, daß alle denselben Wirkstoff enthielten, ist dies nicht gerade überraschend. Dennoch war die FTC hoch erfreut, nunmehr wissenschaftliches Beweismaterial in der Hand zu haben. Jetzt konnte sie Ordnung in den überhitzten Aspirin-Markt bringen. Im März 1961 brachte sie Klagen gegen alle vier Hersteller ein. Die Reaktion war nicht jene, welche die Kommission erwartet hatte. Die Unternehmen setzten sich zur Wehr, und zwar erbittert. Sie legten mit jeder denkbaren Art von Schriftsätzen Widerspruch ein. Verunsichert suspendierte die FTC im Juni 1962 die Prozesse, das heißt, die Verfahren ruhten vorübergehend, ohne eingestellt zu sein, und konnten jederzeit reaktiviert werden. Dann gab sie einen Plan bekannt, die Werbepraktiken der gesamten Pharmaindustrie zu untersuchen, nicht bloß die der vier Hersteller. Bevor diese Untersuchung zu irgendwelchen Resultaten kommen konnte, flog der FTC die einzige medizinische Studie, die sie besaß, um die Ohren.

Lasagna und DeKornfeld veröffentlichten ihre Aspirin-Studie im *Journal of the American Medical Association* vom 29. Dezember 1962. Der Artikel kam für die FTC überraschend: Auf irgendeiner Ebene der Hierarchie hatte irgend jemand den beiden Herren irrtümlicherweise die Erlaubnis erteilt, in Druck zu gehen. Das wichtigste Beweismaterial der Kommission gegen die Aspirin-Firmen war nun allgemein zugänglich, und die Unternehmen konnten es in aller Ruhe studieren.

Sterling bestätigte umgehend die schlimmsten Befürchtungen der Kommission. Weniger als 48 Stunden nach dem offiziellen Erscheinungstermin des *JAMA*-Artikels verbreitete Sterling in Rundfunkspots die Schlußfolgerung der Untersuchung, daß Bufferin und Anacin weder besser noch schneller als Bayer seien. Mitte Januar verkündeten Anzeigen in Zeitungen und bundesweiten Zeitschriften, ein »von der Regierung beauftragtes Ärzteteam« habe in einer »maßgebenden Fachzeitschrift« enthüllt, daß »Bayer Aspirin Schmerzen so schnell, so wirksam und so magenschonend wie nur möglich lindert«.

Die Vergeltung folgte auf dem Fuße. Durch die Veröffentlichung der Untersuchung von Lasagna und DeKornfeld bereits in eine peinliche Lage gebracht, geriet die Kommission über die Bayer-Anzeigen in hellen Zorn. Die Untersuchung, die sie als Waffe gegen die Aspirin-Werbung gedacht hatte, wurde jetzt zur Unterstützung von Aspirin-Anzeigen herangezogen. Dafür würde Sterling büßen müssen. Am 17. Januar 1963, wenige Tage nach dem Erscheinen der Inserate, die sich auf das »von der Regierung beauftragte Ärzteteam« bezogen, erhob die FTC offiziell Klage wegen Sterlings Benutzung des *JAMA*-Berichts. Dann stellte sie einen Antrag auf »schnelle Erlösung«, wie sie es in einem Anflug von Ironie nannte – eine einstweilige Verfügung, die Sterling an der Ausstrahlung beziehungsweise Veröffentlichung ihrer Spots und Anzeigen hindern sollte, bis die Kommission über die Klage entscheiden konnte.

Dies war ein ungewöhnlicher Schritt. Ein FTC-Verfahren kommt in Gang, wenn die Hausjuristen der Kommission entscheiden, daß ausreichend Beweismaterial vorhanden ist, um ein Unternehmen irgendeines Verstoßes anzuklagen. Die fünf Kommissare fungieren dann als Voruntersuchungsgericht und verwerfen entweder die Klage oder geben den Juristen grünes Licht zur Weiterverfolgung. Falls die Kommission zustimmt, wird eine Klageschrift verfaßt, in der die anstößigen Geschäftspraktiken detailliert dargestellt sind. An diesem Punkt hat ein Unternehmen zwei Möglichkeiten. Es kann einen sogenannten einvernehmlichen

Beschluß aushandeln, das heißt ein Versprechen, die anstößigen Praktiken künftig zu unterlassen. Oder es kann sich zur Wehr setzen, in welchem Fall ein Verfahren vor einem FTC-Vernehmungsrichter stattfindet, einem quasi unabhängigen Angestellten der Kommission, der die von beiden Parteien vorgebrachten Beweise abwägt und eine erste Entscheidung fällt. (Obwohl dieselbe Körperschaft als Voruntersuchungsgericht, Ankläger und Richter fungiert, sind die Kontakte zwischen den verschiedenen Parteien streng geregelt, und es kommt überraschend selten zu Kritik wegen Interessenkonflikten.) Falls entweder die FTC-Juristen oder das Unternehmen beschließen, gegen die erstinstanzliche Entscheidung Berufung einzulegen, kommt der Fall vor das Plenum, das nunmehr als Berufungsinstanz fungiert und eine endgültige Entscheidung erläßt. Gegen diese Entscheidung kann dann außerhalb der FTC bei einem Bundesgericht und schließlich beim Obersten Gerichtshof Berufung eingelegt werden.

Angesichts eines so labyrinthischen Rechtsweges können sich FTC-Prozesse über Jahre hinziehen. Im Falle von Lebens- und Arzneimittelwerbung hat die FTC jedoch die zusätzliche Befugnis, eine einstweilige Verfügung zu beantragen, welche die anstößige Reklame unterbindet, während das Verfahren läuft. Um eine solche Verfügung zu erlangen, muß sie einen Richter außerhalb der FTC überzeugen, daß die Werbung der Öffentlichkeit in irgendeiner Weise Schaden zufügt, wenn man ihre Fortsetzung gestattet. Genau dies versuchte die Behörde im Falle der Anzeige, die mit dem »von der Regierung beauftragten Ärzteteam« operierte, plausibel zu machen. Während ein New Yorker Bundesrichter über das Ersuchen um eine einstweilige Verfügung nachdachte, ging die aufgebrachte FTC noch um einen Schritt weiter. Sie strebte ein vorläufiges Verfügungsverbot an, eine juristische Untersagung der Werbeaktionen, die noch schneller in Kraft tritt als einstweilige Verfügungen. Da man ihnen eine einstündige Frist setzte, debattierten die Anwälte von Sterling vierzig Minuten lang mit den Juristen der Kommission, bis der Richter beiden Seiten das Wort abschnitt. In einer Entscheidung, die für den Prozeßverlauf des nächsten Jahres die Weichen stellte, wurde die Kommission klipp und klar abgewiesen.

Selbst wenn keine »sofortige Erlösung« zu haben war, ließ sich die Kommission nicht von ihrer Entschlossenheit abbringen, eine einstweilige Verfügung zu erreichen. Auch die nächste Anhörung, die von einem anderen New Yorker Richter geleitet wurde, verlief ungünstig. Obwohl die FTC-Vertreter zugaben, daß Sterling die Ergebnisse der *JAMA*-Untersuchung richtig wiedergegeben habe, argumentierten sie, der Gesamteindruck der Anzeige sei irreführend. Mit seiner Geduld am Ende, warf der Richter der FTC »Haarspalterei« vor. Auch wenn es der Behörde nicht passe, sei doch nicht zu bestreiten, daß »ein von der Regierung beauftragtes Ärzteteam« tatsächlich in einer »hochangesehenen Fachzeitschrift« berichtet habe, daß »Bayer Aspirin Schmerzen so schnell, so wirksam und so magenschonend wie nur möglich lindert«. Das hatte Sterling behauptet, und das entsprach auch den Tatsachen. Die Demütigung der FTC verschärfend, tadelte der Richter sie, Informationen von Wert für die Verbraucher zu unterdrücken. »Die Anzeige ist klar und präzise formuliert«, schrieb er. »Das Gericht kann aufgrund der vorgelegten Papiere nicht feststellen, daß sie eine falsche Aussage beinhaltet.«

Bewaffnet mit dem Gerichtsurteil, daß seine Anzeige nicht irreführend sei, beantragte Sterling bei dem aus den fünf Kommissaren bestehenden Plenum die Abweisung der Klage. Die Kommission lehnte das ab, und das Verfahren ging auf zwei Wegen weiter: außerhalb der FTC an eine höhere Instanz, wo die Behörde gegen die erstinstanzliche Verweigerung der einstweiligen Verfügung Berufung erhob; und innerhalb der FTC an einen Vernehmungsrichter, vor dem die Behörde das Verfahren aufgrund ihrer ursprünglichen Klage eröffnete. Auf keinem dieser beiden Pfade kam die Regierung leicht voran.

Das Zweite Bundesberufungsgericht – der externe Weg – bestätigte die erstinstanzliche Ablehnung des Ersuchens der FTC um eine einstweilige Verfügung. Drei Tage nachdem diese Entscheidung veröffentlicht wurde, verärgerte Sterling die Behörde noch mehr, indem es eine neue Werbekampagne startete: »Sie erfuhr alles über Bayer, als sie in der Praxis ihres Arztes das *JAMA* las.« Entsetzt mußten die FTC-Juristen mit ansehen, daß Perry-Mason-Serien und andere von einem Werbespot unterbrochen wurden, in dem zwei Mütter zu sehen waren, die vor einem Fernseher saßen. In einem Ton der Aufgeklärtheit reden die zwei Frauen über die Schmerzmittelwerbung. »Diese [Werbespots] gehen mir auf die Nerven«, sagt die eine angewidert. »Ha«, ruft die andere. »Das einzige, was ich zu wissen brauche, habe ich in einem Artikel im *Journal of the AMA* gelesen, der mir bei meinem Arzt in die Hände gekommen ist.« Sie resümiert in zehn Sekunden die Untersuchung von Lasagna und DeKornfeld, wobei sie hervorhebt, daß die Schmerzmittel mit »Zusatzstoffen« nicht besser seien als die von Bayer und daß die Bayer-Produkte genauso magenfreundlich seien wie die Konkurrenten.

Inzwischen sammelte die FTC ständig Material für den Vernehmungsrichter – den internen Weg. Gut, räumten die Behördenvertreter ein, der externe Richter habe in der Anzeige zwar keine Lüge entdeckt, aber das spiele keine Rolle. Die entscheidende Frage sei doch, ob der Konsument getäuscht werde, nicht irgendein Richter. Die FTC bot zu diesem Zweck die größten Experten über Verbraucherverhalten auf: die Verbraucher selbst.

Einundzwanzig Durchschnittsbürgern in und um Washington schneite aus heiterem Himmel eine Zwangsvorladung ins Haus, in der sie aufgefordert wurden, in der Rolle von typischen Konsumenten vor dem FTC-Vernehmungsrichter auszusagen. Buchhalterinnen und Maschinenbauingenieure, Hausfrauen und Mechaniker – alle wurden gezwungen, vor einer Bank voll Juristen über die Bedeutung der Formulierung zu diskutieren, »ein von der Regierung beauftragtes Ärzteteam« habe in einer »maßgebenden Fachzeitschrift« enthüllt, daß »Bayer Aspirin Schmerzen so schnell, so wirksam und so magenschonend wie nur möglich lindert«. Viele der Zeugen äußerten sich nur zögernd, eine Mutter protestierte wütend dagegen, in dieser Sache »hierher geschleift zu werden«. Die FTC-Juristen fragten die Zeugen, ob sie sich erinnern könnten, die umstrittene Bayer-Anzeige in einer Washingtoner Zeitung gelesen zu haben. Keiner der Zeugen erinnerte sich daran. Unverdrossen forderten die Anwälte dann die Verbraucher auf, im Zeugenstand die Anzeige zu lesen und deren Behauptungen auf der Stelle zu interpretieren.

Wenige Monate nach ihrer Abweisung durch das Zweite Bundesberufungsgericht setzte sich die Pechserie der Kommission fort: Der Vernehmungsrichter verwarf die Anschuldigungen gegen Sterling mit der Begründung, daß die Aussage von 21 Verbrauchern wenig Wert habe. Die Behördenjuristen legten Berufung ein und brachten den Fall vor das Plenum. Der Justitiar von Sterling, Thomas Mason, beantragte die Abweisung aller Beschuldigungen durch die Kommission, weil Sterling seine Anzeigenkampagne modifiziert und einen Großteil der anstößigen Formulierungen daraus entfernt habe. Die Kommission murrte zwar, gab aber doch nach und stellte das Verfahren im Februar 1964 ein, ein Jahr, nachdem sie »rasche Erlösung« von Sterlings gewagter Reklame versprochen hatte.

Die FTC wandte ihre Aufmerksamkeit nun wieder der Aufklärung des Aspirin-Handels zu, die sie angeordnet hatte, nachdem das Verfahren 1961 ausgesetzt worden war. Im September 1964 forderten Kommissionsjuristen unter Berufung auf die allgemeine Vollmacht der FTC, eine Branche zu überprüfen, ohne Klage zu erheben, alle medizinischen Untersuchungen an, auf die sich die Aspirin-Hersteller bei ihrer Werbung stützten. Die in der Klageschrift von 1961 benannten vier Unternehmen erhoben dagegen mit der Begründung Einwand, daß die Kommission sie zur Preisgabe des Beweismaterials der Verteidigung auffordere, während das Verfahren noch anhängig sei.

Die FTC gab diesem Einwand statt und wies die ursprünglichen Klagen gegen die vier Unternehmen im April des folgenden Jahres ab. Die Pharmaindustrie wurde allerdings gezwungen, zentnerweise technische Unterlagen nach Washington zu schicken, in dem Bewußtsein, damit neue Gründe für gerichtliches Einschreiten zu liefern. Nach dreijährigen Vorgefechten hatte die FTC ihren Kampf eben erst begonnen.

11. Kapitel

»Aspirin: das altbewährte Hausmittel«

Es war der Sommer der Liebe. Während Richard Nixon im Wahlkampf um die Präsidentschaft stand, junge Menschen nach San Francisco strömten, Papst Paul VI. eine Enzyklika herausgab, die ein Verbot der Geburtenkontrolle enthielt, und Henry Kissinger bei den Vietnam-Waffenstillstandsgesprächen in Paris lavierte, verrichteten sieben Jurastudenten aus den führenden Universitäten des Landes in der Hauptstadt quasi im Rahmen einer ausgedehnteren Exkursion unbezahlte Arbeit. Sie durchstreiften die Säle der Federal Trade Commission, unterhielten sich mit den Beamten, plauderten mit den Juristen über ihre Fälle und informierten sich über den Kampf der Behörde gegen irreführende Werbung. Im Herbst verfaßten die Studenten einen 185seitigen Bericht, der mit der Imprimatur von Ralph Nader, dem Nachfolger des ersten großen Verbraucheranwalts, Harvey W. Wiley, veröffentlicht wurde. Nader hatte erstmals die Aufmerksamkeit auf sich gezogen, indem er Kritik an Automobilherstellern übte, die die Sicherheit ihrer Kunden vernachlässigten; in der vorangegangenen Zeit hatte er sich aber verstärkt den Regulierungsbehörden zugewandt, von denen er glaubte, daß sie den Industriezweigen dienten, die sie eigentlich hätten kontrollieren sollen. Um ihre Kampagne zu starten, bemerkte Professor Robert Pitofsky von der Georgetown University später, wählten sich Nader und seine Mitarbeiter ganz natürlicherweise »die größte, dickste Zielscheibe, die sie finden konnten. Sie suchten sich die FTC aus, der damals vermutlich wirklich die Ehre

gebührte, die ineffizienteste, langsamste Behörde auf dem Capitol Hill zu sein.«
Der 1969 veröffentlichte Nader-Bericht brachte wenig Lobenswertes und viele
Gründe zur Klage. Die Bemühungen der FTC um empfindliche Strafen seien »ein
Fiasko«; sie habe große Geldsummen auf die Verfolgung »trivialer Angelegenhei-
ten« verschwendet; und unter den leitenden Angestellten grassierten »Alkoholis-
mus, haarsträubender Schlendrian, Büro-Absentismus, Inkompetenz ... und
mangelndes Engagement«. Die Studenten fanden harsche Worte für den FTC-
Vorsitzenden Paul Rand Dixon, der in einem Maße »vor sich hingewurstelt und
Mediokrität institutionalisiert« habe, daß er am besten daran täte, »sich aus der
Behörde zurückzuziehen, die er so herunterkommen und sklerotisieren ließ«.
Dixon war für diese Anregung nicht dankbar. Der Nader-Report, erklärte er, sei
eine »hysterische, wirtschaftsfeindliche Polemik und ein frecher, unredlicher
Angriff auf die Führungskräfte der Kommission ...« Die studentischen Verfasser
waren in seinen Augen »junge Fanatiker ... die sich die Berechtigung anmaßen,
eine angesehene staatliche Behörde durch Verleumdungsmethoden und den
Gebrauch von Invektiven zu kritisieren ... die selbst für Washington ungewöhnlich sind«. Naders Team diffamierte seinerseits Dixons Verteidigung als »Hilferuf
an die Wirtschaft und an den neugewählten Präsidenten Nixon«, ihn auf seinem
Posten zu halten.
Im März 1969 dehnten vier der Studenten ihren Angriff auf die Werbetreibenden
aus, denen die FTC hätte auf die Finger klopfen sollen. Vor einem Senatsunter-
ausschuß behaupteten sie, die Reklame produziere zwar »einen Wust von
Informationen über künstlich aufgebauschte Unterschiede zwischen identischen Produkten, sie schweigt sich aber über die Nachteile bestimmter Produkt-
arten aus«. Die Studenten führten die Schmerzmittelwerbung als perfekte
Beispiele an. Nachdem sie den anwesenden Senatoren eine Vorführung von
Bayer-, Anacin- und Bufferin-Spots zugemutet hatten, wies ein Student darauf
hin, daß alle drei Produkte behaupteten, am besten zu sein, und daß dies eine
logische Unmöglichkeit darstelle. »Jemand muß da lügen«, erklärte er. »Tatsächlich lügen alle.«
Nun in der Defensive, blieb Dixon nicht viel anderes übrig, als dem Kongreß zu
versichern, daß die FTC nicht ihre Schlagkraft verloren habe. »Wir werden uns
ein paar scharfe juristische Gefechte liefern, das kann ich Ihnen garantieren«,
beteuerte er im Juni vor einem Kongreßausschuß. »Es wird einige Prozesse
geben, die im Kongreß Aufsehen erregen werden.«

Dixon kam niemals dazu, sein Versprechen wahrzumachen. Im September veröffentlichte die Amerikanische Anwaltskammer (ABA) ihr eigenes Weißbuch über die FTC. Obwohl weniger geharnischt im Ton als der Nader-Report, waren dessen Schlußfolgerungen nicht weniger drastisch. »Die Leistungsbilanz der Kommission«, hieß es darin, »muß in vielen Punkten als mangelhaft angesehen werden.« Ein neuer Direktor werde gebraucht – jemand, der im Gegensatz zu Dixon nicht seit vor dem Zweiten Weltkrieg bei der FTC war. Präsident Nixon ersetzte Dixon durch einen Außenseiter: Caspar W. Weinberger, Finanzchef von Gouverneur Ronald Reagan aus Kalifornien, ein Mann, der seine gesamte politische Karriere auf Seiten der Republikaner in der kalifornischen Politik zugebracht hatte. In den Ohren der Reformer klangen Weinbergers erste Erklärungen über sein Amt nicht ermutigend: Er müsse die gesamte Geschichte der FTC studieren, meinte er, bevor er neue Zielsetzungen vorschlagen könne – eine uralte Verzögerungstaktik.

Doch Weinberger schob nichts auf die lange Bank. Er krempelte die Kommission gründlich um. Die Wache, ließ er verbreiten, sei jetzt wieder voll auf dem Posten. Die Werbetreibenden dürften nicht länger mit einer verschlafenen, nachsichtigen Kontrolle rechnen. Die FTC werde sich die schwarzen Schafe mit Sicherheit herauspicken.

Der neue Enthusiasmus der Kommission ließ auch nicht nach, als Nixon im Juni 1970 Weinberger unerwartet in das neugeschaffene Office of Management and Budget versetzte. An seine Stelle trat ein weiterer Außenseiter, Miles Kirkpatrick, Antikartellanwalt aus Philadelphia und Leiter der ABA-Kommission, die den Bericht über die FTC verfaßt hatte. Kirkpatrick ernannte seinerseits den ABA-Berater in Kommissionsangelegenheiten, Robert Pitofsky, zum Leiter des Büros für Verbraucherschutz, eines kürzlich gegründeten Ablegers der FTC, zuständig für Prozesse wegen irreführender Werbung und andere Verbraucherfragen.

»Die Versuchung für die Werbetreibenden zu lügen war damals sehr groß«, erläuterte er später. »Die Regierung unternahm praktisch nichts, freiwillige Selbstkontrolle existierte nicht, die Anzeigen spielten sich in einem gesetzlosen Raum ab, der Äther war erfüllt von den plumpesten Lügen.«

Kirkpatrick und Pitofsky wiesen ihre einsatzfreudigen Mitarbeiter an, einige der größeren Tiere zur Strecke zu bringen. Das taten sie. Die amerikanischen Unternehmen waren sprachlos über den Eifer der neuen, vom Teufel besessenen

Federal Trade Commission. Die FTC-Juristen arbeiteten Tag und Nacht, und Dutzende von Firmen sahen sich plötzlich gezwungen, Anzeigen zu verteidigen, die sie jahrelang ohne Einspruch der Verbraucherschützer geschaltet hatten. Mit besonderem Gusto nahmen sich die FTC-Juristen die Schmerzmittelfirmen vor. Konnte es bessere Zielscheiben geben als American Home, Bristol-Myers und Sterling, Unternehmen, welche die Kommission seit Jahren zu belangen versucht hatte?

Die Aspirin-Werbung verkörperte alles, was Verbrauchervertreter und die neue, wachsamere FTC am Reklamewesen haßten. Die Liste an Ärgernissen war ellenlang. Wie konnte Anacin behaupten, eine »verstärkte Formel« zu besitzen, wenn das Produkt ausschließlich aus Aspirin und Koffein bestand, die durch keine Forschung je als synergistisch erwiesen worden waren? Wie konnte Bayer behaupten, geringfügige Abweichungen in seinem Fertigungsverfahren verleihe ihm merkliche pharmazeutische Überlegenheit? Mit welchem Recht verbreitete Bufferin, daß es »schneller an Ihre Kopfschmerzen herankomme«, da doch noch niemand eine Methode zur Messung von Kopfschmerzen entwickelt hatte? Warum wurde Anacin und Bufferin gestattet, so zu tun, als bestünden sie nicht aus Aspirin? Vor allem, mit welcher Berechtigung durften drei geringfügig verschiedene Spielarten desselben Arzneimittels behaupten, sie seien den anderen ungeheuer überlegen? Das widerspreche einfach der Logik und sei miserable Reklame, befanden die FTC-Juristen.

Im Dezember 1970 wies die Kommission ihre Fachleute an, Beweismaterial zu sammeln, das als Basis einer Anklage gegen die großen drei Aspirin-Hersteller dienen konnte. Die Kommission war von einem neuen Geist beseelt; die ganze Mannschaft rieb sich quasi genüßlich die Hände, bereit, den Schmerzmittelfabrikanten ein für allemal das Handwerk zu legen.

* * *

Trotz ihrer Entschlossenheit stand die Kommission bald wieder vor dem gleichen Problem, das ihr in den letzten zwei Jahrzehnten zu schaffen gemacht hatte: Sie hatte keine Belege dafür, daß die Aspirin-Werbung irreführend war. Die juristische Beweislast lag in diesen Fällen bei der FTC. Nachdem es ihr nicht gelungen war, andere staatliche Stellen zur Untersuchung der Analgetikahersteller zu bewegen, hatte sie die Studie von DeKornfeld und Lasagna selbst finanziert. Um *dieser* Erfahrung erneut aus dem Wege zu gehen, wollte die Kommission die

Beweislast umkehren – und veränderte schließlich das Gesicht der Werbung für alle Zeiten. Die Umwege, welche die FTC dabei einschlug, hatten scheinbar nichts mit der Analgetikauntersuchung zu tun, aber sie führten letztlich zu bestürzenden Konsequenzen für Sterling, Bristol-Myers und American Home. Anfang 1970 verklagte die Kommission das Pharmaunternehmen Pfizer wegen seiner Behauptung, Un-Burn-Salbe könne in sonnenverbrannter Haut »die Nerven anästhesieren«. Der Wirkstoff von Un-Burn war Benzocain, ein Oberflächenanästhetikum, das seit über dreißig Jahren auf dem Markt war. Solche Verbindungen anzupreisen ist gang und gäbe bei Konsumgüterherstellern, ungewöhnlich an dem Un-Burn-Fall war lediglich, daß die junge, aggressivere Generation von FTC-Juristen Pfizer nicht deshalb angriff, weil Un-Burn nicht wirkte – Benzocain anästhesiert tatsächlich die Hautnerven –, sondern weil Pfizer keine eigenen wissenschaftlichen Untersuchungen vorlegen konnte, die *bewiesen*, daß Un-Burn die Nerven betäubt. Die Behörde versuchte, die Bedeutung von »irreführend« in Zusammenhang mit irreführender Werbung zu verändern. Eine Reklamebehauptung sollte nicht länger nur dann »irreführend« sein, wenn sie falsch, unzutreffend oder ungenau war; sie sollte jetzt »irreführend« sein, wenn das Unternehmen kein Beweismaterial für ihre Richtigkeit hatte.

Die FTC-Juristen lieferten ein komplexe Begründung für diese Argumentation. Wenn ein Werbetreibender eine affirmative Behauptung für ein Produkt aufstelle (»Wirkt doppelt so schnell wie Aspirin«), erklärten sie, werde der Öffentlichkeit suggeriert, daß sie durch Fakten untermauert sei. Habe der Anbieter *keine* entsprechende Untermauerung vorzuweisen, dann sei die implizite Behauptung unwahr, und die Öffentlichkeit werde irregeführt – ergo könne das Unternehmen wegen irreführender Werbung verklagt werden.

Die FTC erblickte eindeutige Vorteile in ihrem Pfizer-Ansatz. Mit Hilfe dieser neuen juristischen Strategie behielt sie zwar die juristische Beweislast, aber in der Praxis schob sie diese Last den von ihr überwachten Unternehmen zu. Die Aufgabe der Kommission wurde plötzlich viel leichter: Sie brauchte bloß zu demonstrieren, daß Unternehmen entweder keine eigenen Tests vorzuweisen hatten oder daß diese unzulänglich waren.

Als der Vernehmungsrichter seine Entscheidung im Falle Pfizer bekanntgab, errangen die FTC-Vertreter einen Sieg in ihren Bemühungen, die Beweislast umzukehren – obwohl sie verloren. Der Richter erklärte, die Kommission sei befugt zu entscheiden, welche Geschäftspraktiken unfair oder irreführend seien, und die Theorie der FTC-Juristen von der adäquaten Untermauerung stelle eine legitime Ausübung dieser Befugnis dar. Zum Bedauern der FTC kam er allerdings zu dem Schluß, Pfizer könne seine Behauptungen in bezug auf Un-Burn durchaus untermauern. Schlimmer noch, er lehnte die enge Definition der FTC-Vertreter von »Untermauerung« ab – »adäquate und gründlich überprüfte wissenschaftliche Untersuchungen« –, hatte aber selbst nichts Besseres anzubieten. Die FTC-Juristen legten gegen diese Entscheidung vor dem Kommissionsplenum Berufung ein, aber in der Zwischenzeit waren sie ohne Richtlinie, worin adäquate Untermauerung bestehe.

In dieses Vakuum stieß David Bickart, ein junger Jurist, der zuvor die Kanzlei des Obersten Gerichtshofs geleitet hatte. Bickart wechselte im September 1971, wenige Monate nach dem Spruch des Vernehmungsrichters im Fall Pfizer, zur FTC über und wurde mit der Leitung der Analgetikauntersuchung betraut. Bickart war zwar von der Pfizer-Strategie fasziniert, erkannte aber auch, daß sie nicht ausreichte, um Bayer, Bufferin und Anacin zur Strecke zu bringen. Die Aspirin-Firmen verfügten über Aktenschränke voll wissenschaftlicher Untersuchungen, von denen manche rein zufällig zeigten, daß eine Marke rascher oder stärker wirke. Durch Auswahl der richtigen Studien konnten Firmen leicht behaupten, adäquate wissenschaftliche Belege für ihre Anzeigen zu haben, auch wenn ihnen andere Untersuchungen mit gegenteiligen Schlußfolgerungen vorlagen. Das Verschweigen der Existenz dieser anderen Studien (wenn sie denn existierten), entschieden Bickart und seine Kollegen, sei Betrug.

De facto zogen die FTC-Juristen die Pfizer-Schraube um eine weitere Drehung an, als sie argumentierten, Reklame mit affirmativen Behauptungen enthalte nicht zwei, sondern *drei* Elemente: die ursprüngliche Behauptung (»Wirkt doppelt so schnell wie Aspirin«), eine damit einhergehende Suggestion (»Wir verfügen über Tests, die das beweisen«) sowie die zweite Suggestion (»Es gibt keine anderen Tests, die beweisen, daß es *nicht* doppelt so schnell wirkt wie Aspirin«). Durch ihr Verschweigen, daß es »erhebliche Fragen« hinsichtlich der Beweise für ihre Behauptungen gebe, so wurde argumentiert, führten die Aspirin-Hersteller den Verbraucher in die Irre und machten sich dadurch einer unlauteren Wettbewerbshandlung schuldig, die nach FTC-Recht verboten war. Also mußte beispielsweise American Home, falls es eine Aussage wie »Anacin lindert Schmerzen wirksamer als Aspirin« durch klinische Tests untermauern konnte, in seinen Anzeigen dennoch einschränken. »Obwohl die Angelegenheit fraglich ist, glauben wir, daß Anacin Schmerzen wirksamer lindert als Aspirin«, falls andere wissenschaftliche Untersuchungen nicht damit übereinstimmten. Für die Praxis betrachteten die Juristen der Kommission diesen neuen Ansatz als zeitsparend: Um ein Strafverfahren zu gewinnen, würden sie nur zu beweisen haben, daß die medizinische Meinung geteilt sei, und sie konnten sich die zeitraubenden Kontroversen mit den Experten der Anbieter ersparen.

Während das Kommissionsplenum noch über ihre Berufung gegen die Pfizer-Entscheidung beriet, gaben die FTC-Juristen ihren Plan bekannt, auf der Grundlage dieser neuen Theorie eine Klage gegen American Home, Bristol-Myers und Sterling einzubringen, in der die Firmen beschuldigt wurden, weder über adäquate Untermauerung (die Verbraucherschützer definierten dies als »kompetente und zuverlässige wissenschaftliche Beweise«) für ihre Anzeigen zu verfügen, noch auf die substantielle Fragwürdigkeit ihrer Behauptungen (definiert als wissenschaftliche Kontroverse – die neue, erweiterte Pfizer-Doktrin) hingewiesen zu haben.

Den drei Firmen flogen auch noch andere Beschuldigungen um die Ohren. Anacin und Bufferin wurden kritisiert, weil sie verschwiegen, daß sie aus Aspirin bestünden, was wegen dessen potentieller Nebenwirkungen wichtig sei. (»Wir wollten sie zwingen, endlich mit der Wahrheit herauszurücken und zuzugeben, daß sie Aspirin enthielten«, erklärte Bickart.) Aus dem gleichen Grund wurde Anacin gerügt, weil es seinen Koffeinzusatz nicht erwähnte. Die Kommission ließ auch die zweite wichtige Marke von Bristol-Myers, Excedrin, nicht ungeschoren. Das 1961 eingeführte Excedrin bestand ursprünglich aus Aspirin, Phenacetin, Koffein und Salicylamid (ein weiterer Verwandter der Salicylsäure). Zwei Jahre später, als sich die Zweifel hinsichtlich der Sicherheit von Phenacetin häuften, ersetzte Bristol-Myers es durch Paracetamol (den Wirkstoff von Tylenol); Anacin entfernte ebenfalls sein Phenacetin, ersetzte es jedoch durch mehr Aspirin. Dadurch war Excedrin in der Lage, Anacin und Bayer in quantitativer Hinsicht zu übertreffen: »Vier Wirkstoffe. Nicht bloß einer oder zwei. Das ist Excedrin.« Die FTC kritisierte diese und andere Behauptungen mit dem Hinweis, mehr Wirkstoffe bedeuteten nicht notwendigerweise mehr Schmerzlinderung.

Der Pechvogel Sterling wurde des neuen Vergehens bezichtigt, miteinander unvereinbare Werbeslogans lanciert zu haben. Nachdem sich Sterling fast zwei Jahrzehnte lang über Anacin und Bufferin beklagte hatte, beschloß das Unternehmen schließlich, alle Positionen zu besetzen. Es brachte zwei neue Produkte auf den Markt: Vanquish, das im Grunde Excedrin mit zusätzlichen Verstärkern entsprach, und Cope, das eigentlich ein mildes Sedativum war und, je nach Standpunkt, entweder Anacin mit Verstärkern oder Bufferin mit Koffein enthielt. Sterling fuhr fort, Bayer Aspirin als allen übrigen Schmerzmitteln ebenbürtig hinzustellen, doch in den Anzeigen für seine zwei neuen Marken wurde angedeutet, daß sie besser seien als Aspirin. Sterling könne aber nicht über eindeutige Beweise für beide Behauptungen verfügen, wandte die FTC ein. Logischerweise müsse eine falsch sein und das Unternehmen sich irreführender Werbung schuldig machen.

Die in Aussicht gestellten Klagen umfaßten eine ungeheure Anzahl von Werbespots, in denen Bayer seine pharmazeutische Überlegenheit gegenüber 220 anderen Marken von Aspirin hervorhob. Anacin wies auf eine Erhebung unter Ärzten hin, aus der hervorging, daß doppelt so viele Kunden Anacin gegenüber der anderen führenden wirkstoffverstärkten Marke bevorzugten. Excedrin hob hervor, welche Fortschritte die medizinische Forschung seit der Zeit gemacht habe, als Lasagna und DeKornfeld keine signifikanten Unterschiede zwischen Schmerzmitteln hatte feststellen können; inzwischen habe eine Untersuchung wissenschaftliche Beweise für die Überlegenheit von Excedrin gegenüber Aspirin zutage gefördert. In einer Reihe von Bufferin-Spots wurde behauptet, es sei besser für »empfindsame Menschen«. In einem typischen Beispiel dieser Serie ist ein Hausverwalter zu sehen, der einem alten Ehepaar mitteilen muß, daß sie in weniger als einer Woche ihre zum Abbruch bestimmte Wohnung verlassen müssen. Bedrückt über die Konfrontation, wird der Verwalter von Kopfschmerzen befallen, wie das bei »empfindsamen Menschen« so ist. Er wirft zwei Bufferins ein. In kürzester Zeit beruhigt er sich und lächelt. Jetzt schafft er es, den alten Leuten reinen Wein einzuschenken.

HAUSVERWALTER: So ist es nun einmal. Bis Donnerstag müssen Sie ausgezogen sein.

ALTER MANN: Wissen Sie, unsere Kinder sind hier zur Welt gekommen.

Das ist ihr Pech. Unser Mann hat diese Szene dank Bufferin überlebt. Der Spot endet:

SPRECHER: Bufferin. Für empfindliche Menschen. Es ist viel besser als gewöhnliches Aspirin.

(Der letzte Satz war es, woran die FTC Anstoß nahm; es gibt kein Gesetz gegen Geschmacklosigkeit.)

Mit den geplanten Klagen als Druckmittel, setzten sich die Kommissionsjuristen mit ihren Gegenspielern aus den drei Unternehmen zusammen und versuchten, einen Zustimmungsbeschluß zustande zu bringen, um den langwierigen Vorgang einer formellen Klage, einer Verhandlung vor dem Vernehmungsrichter und einer Plenumsentscheidung zu vermeiden. American Home und Sterling verbündeten sich und blieben in freundschaftlichem Kontakt miteinander; Bristol-Myers verfolgte dagegen eine »Politik der verbrannten Erde«, wie es der Sterling-Anwalt nannte, und weigerte sich, auch nur um eine Handbreit nachzugeben, in der Überzeugung, durch einen Abbruch der Gespräche den Sieg davonzutragen.

Diese Politik der verbrannten Erde trug die Handschrift von Gilbert H. Weil, seit 1938 Hauptprozeßführer von Bristol-Myers. Ihm bereitete es besonderes Vergnügen, sauber und hart zu kämpfen und dabei seine Gegner auf Nebengleise zu locken – Weil war, wie es ein FTC-Jurist formulierte, »ein Meister des Nebenverfahrens«. Weil arbeitete immer allein oder mit wenigen Mitarbeitern in einem Büro, das nach den opulenten Maßstäben von Wirtschaftsjuristen in Manhattan schäbig war. Aber er erwarb sich allmählich ein Renommee als einer der besten und hartgesottensten Anwälte auf dem Gebiet der Pharmawerbung. 1961, als die ersten FTC-Klagen ergingen, vertrat Weil Bristol-Myers in diesem Konflikt. Nachdem er zunächst jedes Ersuchen um Informationen als Zumutung zurückgewiesen hatte, erklärte sich der boshafte Weil schließlich bereit, der FTC Firmenunterlagen zur Verfügung zu stellen – und begrub die an Personalmangel leidende Kommission unter einem sieben Meter hohen Berg von Fotokopien. Seine erste große Schlacht schlug er 1967, einige Jahre nach dem Scheitern der ursprünglichen Klagen, als die Kommission versuchte, die Reklamebehauptungen aller Schmerzmittelmarken, nicht bloß die einiger weniger Unternehmen, einzuschränken. Die FTC kann dies durch Erlaß einer sogenannten »Branchenrichtlinie« erreichen, die ganze Kategorien von Werbung als unlauter beziehungsweise betrügerisch erklärt.

Der angepeilten Richtlinie schlug, wie ein FTC-Jurist bemerkte, »der Widerstand der Pharmaindustrie in bisher unbekanntem Ausmaß entgegen«. An der Spitze der Angreifer stand Weil. »Die Kommission versuchte bloß, sich von ihrem Image zu befreien, daß sie aus kleinen alten Damen mit Henkeltäschchen bestehe«, erklärte er Jahre später. »Es gelang uns, sie durch Verfahrensfragen aus der Bahn zu werfen, die im Grunde Bemühungen um Aufklärung waren, Bemühungen, die Fakten und Argumente herauszufinden, auf die sie sich stützten; und zu diesem Zeitpunkt [Mitte der sechziger Jahre] hatte die Kommission im Grunde nichts in der Hand. Sie hatten die Lasagna/DeKornfeld-Studie, aus der kein Unterschied hervorging, aber daß kein Unterschied nachgewiesen wird, bedeutet nicht, daß es keinen Unterschied gibt. Und das wußten sie, deshalb versuchten sie es schließlich mit einer Branchenrichtlinie, für die nicht die gleiche Beweislast gelten würde. Nun, ich habe die gesetzlich garantierte Informationsfreiheit gegen sie ins Feld geführt.« Im November 1967 forderte Bristol-Myers unter Berufung auf das Gesetz über Informationsfreiheit (Freedom of Information Act), daß die Kommission alle ihre Quellen für diese Branchenrichtlinie offenlege. Wiederum verfiel die FTC in lähmende Passivität. Am 1. Februar 1968 befahl sie ihren Mitarbeitern, die Arbeit einzustellen, bis dieser Rechtsstreit ausgestanden sei. Weil beabsichtigte, den Freedom of Information Act zu benutzen, um den »Bewußtseinsstand« der Behörde zu erkunden, als sie die Branchenrichtlinie in Aussicht stellte. (Falls diese Maßnahme purer Bosheit entsprang, wie er glaubte, würde sie ungültig sein.) Sich ein Bild vom Bewußtseinszustand der Kommission zu verschaffen, hätte zwangsläufig bedeutet, sich mühsam durch ihre Akten zu wühlen – zumindest, sie derselben mühsamen Aufgabe zu unterwerfen, Dokumente zu fotokopieren, worüber Weil sich jahrelang beklagt hatte. Die FTC sträubte sich dagegen, ihren potentiellen Opfern zu gestatten, in ihren Akten herumzuschnüffeln. Zuletzt gab jedoch ein Berufungsgericht dem Ersuchen von Bristol-Myers statt, in die Akten der FTC Einsicht zu nehmen, um sich ein Bild von ihrem »Bewußtseinszustand« zu machen. Die Folge war, daß die beabsichtigte Analgetikabranchenrichtlinie fallengelassen wurde. Angesichts der neuen Klagen stand Weil jetzt wieder vor den Türen der Kommission.

Die Gespräche mit den drei Unternehmen hakten sich an der Forderung der FTC nach korrigierender Werbung fest. Überzeugt, daß zwanzig Jahre schlechter Reklame desinformierend auf die Öffentlichkeit gewirkt hätten, verlangte die FTC von den Unternehmen, zwei Jahre lang 25 Prozent ihres Werbeetats für die

Rücknahme früherer Behauptungen aufzuwenden. Weil konterte, indem er die Kommission um Erlaubnis nachsuchte, in die Werbungs- und Verkaufsunterlagen von zwölf seiner Konkurrenten Einsicht nehmen zu dürfen. Nur durch intime Kenntnis der anderen Unternehmen, erläuterte er, könne sein Klient die Wirkung seiner früheren Werbung und der Forderungen der FTC bewerten. Am 26. Juni 1972 lehnte die Kommission das Ersuchen von Bristol-Myers ab. Drei Tage später verklagte Weil die FTC und bemühte sich um eine einstweilige Verfügung, welche die Zustellung der Klageschriften verhindern sollte, bis die Unterlagen der anderen Firmen vorlägen, was das ganze Verfahren erst einmal zum Stillstand brachte. (Seine Klage wurde im August abgewiesen.)

Zu diesem Zeitpunkt machte die Kommission einen weiteren Wachwechsel durch. Nixon, der mit der gestärkten Federal Trade Commission wiederholt unzufrieden war, erreichte, daß Kirkpatrick seinen Rücktritt einreichte. Er wurde im Februar 1973 von Lewis Engman abgelöst, der unter John Ehrlichman stellvertretender Direktor des Innenpolitischen Rates im Weißen Haus gewesen war. Die Ernennung erfolgte zu spät, um die Schmerzmittelhersteller zu retten. Im folgenden Monat, zwölf Jahre nach der ersten Runde der Aspirin-Anklagen, stieg die FTC schließlich wieder in den Ring.

Die am 12. März 1973 erhobenen offiziellen Anklagen gegen American Home, Bristol-Myers und Sterling unterschieden sich nicht erheblich von jenen Versionen, die im Jahr zuvor in der Presse behandelt worden waren. Der Fall wurde Richter William K. Jackson übertragen, der für seine Schärfe bekannt war. Er sollte reichlich Gelegenheit haben, diesem Ruf gerecht zu werden. Als erstes stand im Juni 1973 eine vorprozeßliche Anhörung auf der Tagesordnung. Jackson – »ein Fossil aus den fünfziger Jahren«, meinte Bickart – erklärte sich außerstande zu begreifen, auf welchen Wegen die FTC-Juristen zu diesem Begriff der »substantiellen Frage« gelangt seien.

> Ich habe keinen Maßstab seitens der Kommission oder irgendeinem Gericht, was eine substantielle Frage ist. In diesen anderen Fällen hat man Maßstäbe; man hat Präzedenzfälle; aber hier haben sie sich einen Begriff aus den Fingern gesaugt – »substantielle Frage«. Und wir wissen nicht, was das bedeutet. Wer wird das also definieren?

Medizinische Experten, versicherten die FTC-Anwälte, würden erklären, ob in bezug auf bestimmte Behauptungen der Analgetikawerbung eine substantielle Frage offenbleibe. Jackson wollte wissen, welchen juristischen Maßstab er anwenden solle, falls es widersprüchliche Aussagen – sozusagen eine substantielle Frage – bezüglich des Vorliegens einer substantiellen Frage gebe.

Dann wies er die FTC-Juristen an, eine Erläuterung des Begriffes »substantielle Frage« vorzulegen. Außerdem erließ Jackson einen Schutzbeschluß für die drei Verfahren, bei denen es um die Geschäftsgeheimnisse der jeweiligen Unternehmen ging, das heißt, er verbot den Kommissionsanwälten, die an einem Fall arbeiteten, mit den für die anderen zuständigen zu sprechen.

Dieser Gerichtsbeschluß spaltete die Prozeßbevollmächtigten der FTC in drei schlecht funktionierende Grüppchen auf und brachte die Arbeit zum Stillstand. Wütend beschlossen Bickart und seine Untergebenen, bis zur Pensionierung Jacksons Ende 1974 zu warten und auf einen entgegenkommenderen Juristen zu hoffen.

Inzwischen mußte die Kommission einen weiteren Wechsel im Vorsitz hinnehmen – ihren vierten in den letzten acht Jahren. Im Gegensatz zu Engman, dessen Ernennung einen Schuß vor den Bug bedeutete, wurde Michael Pertschuk von dem neuen Präsidenten Jimmy Carter als Zeichen seines Interesses an einer aktiven FTC ausgewählt. Während seiner vierjährigen Amtszeit als Vorsitzender sollte Pertschuk die FTC an die Speerspitze der Verbraucherbewegung und vielleicht noch darüber hinaus führen. Er setzte so viele Verfahren gegen so viele Aspekte des amerikanischen Marketings in Gang, daß die Kommission unter seiner Leitung weit über alles hinausging, wovon Kirkpatrick je geträumt hatte, und sich den Spitznamen »Kindermädchen der Nation« erwarb.

Die Aspirin-Prozesse schleppten sich inzwischen relativ unbeachtet dahin. Nach der Pensionierung von Jackson wurden sie dem Verwaltungsrichter Montgomery K. Hyun zugeteilt. Hyun hob den Schutzbeschluß auf und legte die Beweisaufnahmen zusammen, so daß die FTC-Vertreter nach dem ursprünglichen Plan verfahren konnten. Diese Voruntersuchungen dauerten den ganzen Sommer 1977 über und bereiteten alle Seiten auf die kommenden Prozesse vor. Und seltsamerweise spielte die Kommission jetzt, da die entscheidenden Gefechte vor Gericht unmittelbar bevorstanden, den Begriff der substantiellen Frage herunter und ging vorwiegend von der Pfizer-Doktrin aus – daß die Firmen eine vertretbare Grundlage für ihre Anzeigen haben müßten. American Home kam als erstes dran. Die von dieser Firma behauptete größere Wirksamkeit von Anacin basierte auf einer logischen Deduktion: Anacin enthielt mehr Aspirin pro Dosis als normales Aspirin; mehr Aspirin bedeutet wirksamere Schmerzlinderung; daher wirkt Anacin stärker schmerzstillend. Es gab überzeugende Belege dafür, daß die Verdoppelung der Aspirin-Dosis die schmerzlindernde Wirkung signifikant erhöhte. Bedauerlicherweise hatte American Home jedoch nie überprüft, ob angesichts der viel kleineren Differenz zwischen Anacin (400 mg ASS pro Tablette) und normalem Aspirin (325 mg) eine stärkere Wirkung feststellbar war. Die Firma besitze demnach, so die FTC, offenbar keine vertretbare Grundlage für ihre Behauptungen.

Was seine Versicherung betraf, Koffein verstärke die Wirkung des Aspirins, war das Unternehmen ebenfalls gezwungen zuzugeben, daß ihm entsprechende Beweise dafür fehlten; dasselbe galt für den versprochenen Spannungsabbau. Außerdem war offenkundig, daß die Öffentlichkeit nicht wußte, was in Anacin enthalten war. 1964 konnten nur 17 Prozent der in einer Gallup-Erhebung Befragten Aspirin als Inhaltsstoff von Anacin angeben, und 78 Prozent vermochten keinen einzigen Wirkstoff zu benennen; selbst wenn sie direkt nach Aspirin gefragt wurden, vermuteten nur 65 Prozent, daß es in Anacin enthalten sei. Eine weitere, 1972 durchgeführte Erhebung ergab, daß sich die Unwissenheit der Verbraucher nur geringfügig verändert hatte: magere 23 Prozent konnten Aspirin als Bestandteil von Anacin benennen, und 71 Prozent hatten keine Ahnung, woraus Anacin bestand.

Im September 1978 entschied Richter Hyun in fast jedem Punkt gegen American Home, einschließlich der Notwendigkeit von Abhilfemaßnahmen. Er zwang American Home, die Inhaltsstoffe seiner Schmerzmittelprodukte bekanntzugeben und auf substantielle offene Fragen in den medizinischen Erkenntnissen hinzuweisen, wo dies der Fall war; er verdonnerte das Unternehmen auch dazu, 24 Millionen Dollar für Spots und Anzeigen auszugeben, in denen die Öffentlichkeit darauf hingewiesen wurde, daß »Anacin kein Mittel zum Spannungsabbau ist«. Für American Home war dies ein Schlag ins Kontor. Ein Vizepräsident des Unternehmens erklärte, weshalb:

> Wenn wir hingehen und den Leuten sagen, daß unsere bisherigen Behauptungen nicht stimmten und daß es keinerlei Beweise dafür gibt, daß wir wirksamer sind als Aspirin, dann wird das,

glaube ich, weitere Fragen nach sich ziehen ... [und] viele Verbraucher könnten zu dem Schluß gelangen, daß wir nicht so wirksam sind wie Aspirin.

Statt sich dieser Anordnung zu fügen, dachte American Home daran, das reguläre Anacin ganz aufzugeben und seine beträchtlichen Marketingmittel für eine neue Variante, Maximum Strength Anacin, aufzubieten, das, nachdem es neu war, nicht von der Order zur berichtigenden Verbraucheraufklärung tangiert sein würde. Aber die Firma beschloß abzuwarten, bis sie gegen Hyuns Entscheidung vor dem Plenum Berufung eingelegt hatte.

Unmittelbar nach dem Spruch gegen American Home begann der Prozeß gegen Bristol-Myers, wofür sich Weil und seine Frau in einem Washingtoner Hotel einquartiert hatten. Beide Seiten waren auf einen langen Kampf gefaßt. »Wir bezogen erst Mitte August dort Quartier«, erinnerte sich Weil. »Man sagte uns, die mündlichen Verhandlungen würden sich bis Thanksgiving (November) hinziehen, aber man sagte uns nicht, *welches* Thanksgiving. Schließlich verbrachten wir elfeinhalb Monate in Washington, mit nicht mehr als zwei oder drei Unterbrechungen. Ich weiß nicht, wieviel das Bristol-Myers kostete, und offen gestanden wollte ich es auch nie wissen.«

Weil beschaffte sich Dutzende von Aktenordnern und füllte sie mit Computerausdrucken. Meist allein arbeitend, hatte er jeden Sachverhalt samt den dazugehörigen Paragraphen alphabetisch erfaßt und seinen Rechner mit Listen von Zeugen, Dokumenten und Beweisstücken beider Seiten gefüttert. »Das Unglaubliche ist, daß man es [bei all dieser Mühe] nicht mit Autos oder Kühlschränken zu tun hat, deren Reklame die Leute veranlaßt, etwas zu kaufen, was Tausende kostet. Man hat es mit Produkten zu tun, die damals 25 Cent kosteten. Nehmen wir an, ein Verbraucher investiert 25 Cent in Bufferin. ›Ja, ich möchte doppelt so schnelle Erlösung.‹ Er gibt 25 Cent aus und stellt fest, daß die Wirkung zwei Stunden auf sich warten läßt. Also kauft er Bufferin nie wieder. Schlimmstenfalls hat er 25 Cent verloren. Man muß sich fragen, was ist durch all dies zu gewinnen? Gerichtsverfahren noch nie dagewesenen Ausmaßes, Prozesse, die sich über eine Generation erstrecken – wegen 25 Cent?« Im Gegensatz zu American Home besaß Bristol-Myers Beweise für seine Behauptungen – insbesondere eine Untersuchung, die 1969 am General Hospital in Philadelphia durchgeführt worden war. Die Ergebnisse wurden in einer aggressiven Werbekampagne ausgeschlachtet. Die FTC-Juristen klopften die Philadelphia-Studie nach Mängeln ab und wurden fündig. Die Gruppe von Patienten, die Excedrin genommen hatte, begann mit einem höheren durchschnittlichen Schmerzgrad, so daß dieses Analgetikum eine größere Chance erhielt, lindernd zu wirken. Bezeichnenderweise hatte sich das *Journal of Clinical Pharmacology and Therapeutics* geweigert, die Untersuchung zu bringen, weil die Redaktion bezweifelte, ob die Wirkung von Excedrin auf die von der Untersuchung erfaßte Kategorie von Schmerzen – nach einer Entbindung – auch auf andere Schmerzarten übertragbar sei.[*] Dennoch schien die Position der FTC schwach. Sie krittelte bloß an der Methodik der Versuchsreihen von Bristol-Myers herum.

Um so erfreuter waren die Juristen der Kommission, als sie auf weiteres Beweismaterial stießen, das sie gegen Bristol-Myers ins Feld führen konnten. In den firmeneigenen Akten fanden sie eine großangelegte und kostspielige klinische Untersuchung des Massachusetts General Hospital, die, wie Richter Huyn später folgerte, »die Hypothese nicht widerlegen konnte, daß Aspirin wirksamer sei als Excedrin ...« Außerdem sei diese Versuchsreihe, wie der Richter schrieb, »präziser und zuverlässiger« als die Philadelphia-Studie, die angeblich die Reklamebehauptungen von Bristol-Myers untermauerte. Mit anderen Worten, das Unternehmen hatte die ganze Zeit Belege dafür gehabt, daß seine Excedrin-Anzeigen irreführend sein könnten, und hatte sie der Öffentlichkeit vorenthalten.

Das Verfahren griff dann die von Bufferin am längsten vorgebrachte und für Sterling irritierendste Behauptung auf: »Doppelt so schnell wie Aspirin«. In einer unternehmerischen Entscheidung von zweifelhafter Klugheit hatte sich Bristol-Myers während der Auseinandersetzung über die Branchenrichtlinie auf den Grundsatz festgelegt, daß Behauptungen wie »wirkt schneller bei Spannungskopfschmerz« durch den Nachweis schnellerer subjektiver Schmerzlinderung, nicht bloß Belege in Form von Bluttests, untermauert werden müßten. Doch als das Unternehmen aufgefordert wurde offenzulegen, worauf sich seine Behauptungen in bezug auf Bufferin stützten, mußte es zugeben, keine klinischen Daten

---

[*] Was die FTC nicht erwähnte, war das Faktum, daß ihre einzige eigene, 1960 von Lasagna und DeKornfeld durchgeführte Analgetikauntersuchung, mit derselben Schmerzart gearbeitet hatte und daß die Kommission deren Ergebnisse für zuverlässig genug gehalten hatte, um sie als Grundlage für ihre ursprüngliche Klage gegen die Schmerzmittelhersteller zu verwenden.

dieser Art zu besitzen. Die Firma bot nur das Zeugnis ihres medizinischen Leiters an, der argumentierte, daß Bufferin innerhalb eines bestimmten Zeitraums einen höheren Aspirin-Spiegel hervorrufe als gewöhnliches Aspirin und daß es deshalb schneller wirken müsse, obwohl er auch nicht genau sagen könne, warum. Bei weiteren Nachforschungen stellte sich heraus, daß der Herr in einem Memorandum von 1969 Skepsis bezüglich einer solchen Argumentation geäußert hatte:

> Es stimmt zwar, daß Aspirin aus Bufferin rascher absorbiert wird als aus gewöhnlichen Aspirin-Tabletten. Leider ist es viel schwieriger, subjektive Schmerzlinderung mit Bufferin zu korrelieren. Tatsächlich besitzen wir keine solche Korrelation zwischen klinischen und Labortests, und die Erklärung dafür ist sehr komplex.

Vor Gericht war Bristol-Myers außerstande, den Sinneswandel seines medizinischen Leiters zu rechtfertigen.

Trotz der mannhaften Bemühungen Weils entschied Hyun gegen Bristol-Myers. Ebenso wie American Home wurde Bristol-Myers auferlegt, das Offenbleiben substantieller Fragen in seiner Werbung gegebenenfalls genauso zu offenbaren wie die Inhaltsstoffe seiner Analgetika und anderer rezeptfreier Arzneimittel. Der einzige Unterschied war, daß Hyun in diesem Fall keine berichtigende Verbraucheraufklärung forderte. Schließlich hatte auch Sterling seinen Auftritt vor Gericht.

Sterlings Prozeß begann im Oktober 1979 und dauerte bis zum folgenden August. Inzwischen hatten die FTC-Juristen jede Menge Praxis in der kritischen Analyse von Analgetikauntersuchungen, und ihre Aussagen waren vernichtend. Sie zerpflückten die Versuchsreihen, die den Anzeigen für Cope und Vanquish zugrunde lagen, und demonstrierten eingehend, daß die angeblichen Vorzüge statistisch insignifikant seien. Was Bayers vielgepriesene Überlegenheit gegenüber anderen Aspirin-Marken betraf, zerlegte die FTC das wichtigste Beweismittel des Unternehmens, einen Bericht, in dem Bayer Aspirin mit 220 anderen Aspirin-Marken verglichen wurde. Sterling hatte alle diese Marken anhand von dreißig Kriterien pharmazeutischer Reinheit und Wirksamkeit getestet und schien mühelos gesiegt zu haben. Aber bei näherem Hinsehen traten merkwürdige Mängel der Versuchsanordnung zutage. Während die Hälfte der Bayer-Proben frisch aus der Fabrik kamen und durch Firmenkuriere auf schnellstem Weg ins Labor geschafft worden waren, stammten die Proben der anderen Marken aus Einzelhandelsregalen im ganzen Land und waren mit der Post befördert worden. Es sei unmöglich festzustellen, führten die FTC-Anwälte aus, ob die von den Laboranten festgestellten Unterschiede durch Bayers bessere Qualitätskontrolle bedingt seien oder dadurch, daß die anderen Marken oft wochenlang im Lager von Drugstores und in den Kellern von Postämtern herumgestanden hatten. Um eine Verbindung zwischen höherer pharmazeutischer Qualität und stärkerer Schmerzlinderung herzustellen, verstieg sich Sterling zu der Behauptung, Bayer Aspirin sei besser, weil es schneller in den Blutkreislauf gelange, obwohl sich das Unternehmen 25 Jahre lang gegen eine solche Argumentation seitens der Bufferin-Hersteller zur Wehr gesetzt hatte.

Am 30. Januar 1981 wurde das Urteil im Fall Sterling verkündet. Die allgemeinen Schlußfolgerungen und Abhilfemaßnahmen, die in Richter Hyuns Stellungnahme enthalten waren, glichen denen im Fall Bristol-Myers; er verlangte auch diesmal keine berichtigende Verbraucheraufklärung. Was bei den FTC-Juristen jedoch nur Kopfschütteln hervorrief, war, daß er nicht gelten ließ, was sie für ein hieb- und stichfestes Argument gehalten hatten: daß miteinander unvereinbare Reklamebehauptungen (Cope und Vanquish sind besser als Aspirin; nichts ist besser als Bayer Aspirin) per se illegal seien. Obwohl diese »neue Theorie« der Logik entspreche, merkte Richter Hyun an, könnte ihre strikte Durchsetzung eine lähmende Wirkung auf die Sprache der Werbung haben. Nehmen wir an, für zwei verwandte Produkte existieren zwei adäquate, gut kontrollierte Untersuchungsreihen, von denen jede als akzeptable Grundlage für die jeweiligen Reklamebehauptungen dienen kann – mit dem einen Schönheitsfehler, daß sich die Ergebnisse der beiden Untersuchungen widersprechen. Falls zwei verschiedene Unternehmen die beiden Produkte vertreiben, dann können beide ihre Testreihe zur Untermauerung ihrer Reklame heranziehen. Wenn hingegen ein und dieselbe Firma beide Produkte verkaufe, dann sei es ihr nach der FTC-Theorie nicht gestattet, die Untersuchungen in diesem Sinne zu benutzen. Für Sterling war dieser kleine Sieg nur ein schwacher Trost: Sowohl Cope als auch Vanquish verkauften sich schlecht, und das Unternehmen investierte niemals mehr als das Minimum in seine spätere Werbung.

In allen drei Fällen gingen beide Parteien vor das Plenum in Berufung. Wieder

waren Jahre verstrichen; die Carter-Ära näherte sich ihrem Ende. Der unbeug-
same Pertschuk führte immer noch den Vorsitz in der Kommission, als der erste
der drei Fälle, American Home, 1981, das Plenum erreichte. Er widersprach
Hyun nur in der Frage der berichtigenden Verbraucheraufklärung. In seinem
abschließenden Urteil ging er auf das zentrale Problem ein, mit dem sich die
Schmerzmittelhersteller in den letzten dreißig Jahren herumgeschlagen hatten:

> Aspirin: Das altbewährte Hausmittel zählt seit langem zu den
> geschätzten Waffen im Arsenal der amerikanischen Familie gegen
> Alltagsbeschwerden. So vertraut ist dieser Wirkstoff, daß ihn
> keine Aura des Geheimnisses oder der Magie umgibt, obwohl
> seine therapeutischen Eigenschaften wahrlich signifikant sind;
> ... so alltäglich, daß der Hersteller eines auf Aspirin basierenden
> Schmerzmittels, der sein Produkt von den übrigen unterscheiden
> möchte, vor einer gewaltigen Marketingaufgabe steht. Wie kann
> man dieser Herausforderung besser gerecht werden, als indem
> man eine neue Identität für das Produkt kreiert, die es vom
> gewöhnlichen Aspirin wegrückt, und es dann als etwas Besonde-
> res und Wirksameres als seine Konkurrenten hinstellt? Dieses
> Bemühen mag das Vermarktungsproblem des Anbieters lösen –
> aber falls hinter den Behauptungen der Besonderheit und Über-
> legenheit kein entsprechendes Beweismaterial steht, dann kön-
> nen sie, grob gesprochen, betrügerisch sein. Das ist der Kern des
> vorliegenden Falles.

American Home wurde zwar die Peinlichkeit erspart, öffentlich die Unfähigkeit
seiner Produkte, Spannungsschmerzen zu lindern, zugeben zu müssen, aber
der Rest des Beschlusses blieb davon unberührt.
Die beiden anderen Fälle kamen erst nach Pertschuks Ablösung durch den von
Reagan ernannten James C. Miller III. vor das Plenum, der sich zu Pertschuk
so verhielt wie Materie zu Antimaterie.
Die Beschlüsse, die Bristol-Myers und Sterling im Februar 1983 ausgehändigt
wurden, waren erheblich weniger drückend als der von American Home. Trotz
Pertschuks vehementem Protest ließ die Kommission die Beschuldigung fallen,
die Unternehmen hätten das Offenbleiben substantieller Fragen verschwiegen.

Kommissar David Clanton, der Verfasser beider Urteilsbegründungen, gab offen zu, daß sich die FTC von dem Prinzip löse, welches der American-Home-Entscheidung zugrunde gelegt worden war.

Inzwischen hatte sich American Home um Modifizierung seines Urteils bemüht. Das Unternehmen fand Gehör – dreimal. Mit der letzten Modifizierung vom Juni 1984 wurde sein Urteil dem der beiden anderen Unternehmen angeglichen. Berufungen der Unternehmen vor höheren Instanzen wurden dagegen abgeschmettert. Die Prozeßserie war zu Ende.

Allerdings war das kein Grund zur Zufriedenheit. In einer seiner vielen Berufungen gegenüber der Kommission hatte American Home das Problem auf den Punkt gebracht, dem sich die drei Aspirin-Fabrikanten jetzt konfrontiert sahen:

> Die Entwicklungen im [rezeptfreien] Analgetikamarkt sind über diesen und die beiden anderen Fälle einfach hinweggegangen. Tylenol, ein nicht auf Aspirin, sondern auf Paracetamol basierendes Produkt von Johnson & Johnson, für das erst seit 1973 in der Öffentlichkeit geworben wird und das keinem Verfahren seitens der Kommission ausgesetzt war, ist zum beherrschenden Produkt auf dem Markt geworden.

Das altbewährte Hausmittel Aspirin mußte um sein kommerzielles Überleben kämpfen.

12. Kapitel

»Lassen Sie Ihre Rivalen doch selbst für ihre Reklamekosten aufkommen«

Claude Hopkins, einer der prominentesten amerikanischen Werbefachleute, erzählte gern die Geschichte von seinem Buch in der Schlitz-Brauerei in Milwaukee/Wisconsin zu Anfang dieses Jahrhunderts. Hopkins startete seine Karriere als Verfasser von Werbetexten für Liquozone, ein Desinfektionsmittel, das, wie Samuel Adams feststellte, aus 99 Prozent Wasser und einem Prozent Schwefelsäure bestand. Diese Enthüllung tat dem Verkauf von Liquozone ebensowenig Abbruch wie Hopkins' Aufstieg in der Welt der Werbung, und als er die Brauerei inspizierte, war er bereits fast an die Spitze seiner Branche vorgestoßen. Schlitz hatte seine Hilfe dringend nötig. Er saß auf dem heißumkämpften Biermarkt an fünfter Stelle fest. Damals ritten alle Bierreklamen auf einem einzigen Thema herum: Reinheit. »Sie schrieben das Wort ›Rein‹ in riesigen Lettern«, erinnert sich Hopkins in seinen Memoiren. »Dann nahmen sie Doppelseiten, um die Buchstaben noch größer machen zu können. Die Behauptung machte ungefähr soviel Eindruck auf die Leute wie Wasser auf eine Ente.« Ein anderes, besseres Reklamekonzept, dachte Hopkins, müßte Schlitz in Bewegung bringen. Auf der Suche nach Inspiration schlenderte er zwischen den Pumpen, Röhren, Fässern und Filtern der Brauerei umher. Und plötzlich hatte er es: »UNSERE FLASCHEN WERDEN MIT FRISCHDAMPF GEREINIGT!«

Sein Klient winkte ab. *Jede* Brauerei reinige ihre Flaschen mit Dampf, erklärten ihm die Schlitz-Manager. Hopkins kümmerte sich nicht darum. Keine Brauerei redete über die Dampfreinigung, und das hieß, daß sie für die Öffentlichkeit brandneu war. Mit reizvollen, nebligen Photos, die den fabelhaft hygienischen Vorgang der Dampfreinigung veranschaulichten, stemmte er Schlitz durch seine »Frischdampf«-Kampagne in eine beherrschende Marktposition.

Hopkins hatte eine neue Werbestrategie erfunden, die das Image einer Marke in einer Branche, wo alle Marken einander mehr oder weniger glichen, in subtiler Weise veredelte. »Ich habe immer wieder einfache Fakten mitgeteilt, die allen Herstellern auf dem Markt alltäglich erscheinen – zu alltäglich, um erwähnt zu werden«, führt er in seinen Memoiren aus. »Aber sie haben dem Produkt, das als erstes mit ihnen verknüpft wurde, ein exklusives und dauerhaftes Prestige verliehen.« Seine Reklame pries seinen Klienten nicht marktschreierisch auf Kosten anderer Marken an, und sie übertrieb auch nicht die Qualitäten des Produkts.

Der Schlüssel war, als erster ein elementares Faktum herauszustellen. Andere mochten folgen, aber keiner konnte mehr behaupten, der erste zu sein. (Selbst wenn andere Firmen etwas schon früher getan hatten, so hatten sie es doch nicht als erste in ihrer Werbung hervorgehoben.)

Rosser Reeves ging noch weiter als Hopkins. Der Mann, der der Meister des *hard sell* werden sollte, kam zu dem Schluß, daß moderne Werbung auf unbezweifelbare Fakten bauen müsse. Wenn es gut war, eine Tatsache über ein Produkt festzustellen und den Kunden zu suggerieren, sie treffe nur auf dieses Produkt zu, dann war es noch besser, etwas an dem Produkt hervorzuheben, das tatsächlich einmalig war, und es laut zu sagen. Daher die *Unique Selling Proposition* (USP), die in den fünfziger und sechziger Jahren die Grundlage für Reklamefeldzüge bildete. Die USP fand besonderen Anklang in der Aspirin-Werbung. ASS war gleich ASS, und ihre Hersteller versuchten verzweifelt, sich voneinander zu unterscheiden. Welche Rolle spielte es, daß die verschwindend geringen Unterschiede an pharmazeutischer Qualität, die Sterling bei seinem Test von 220 Aspirin-Marken festgestellt – oder vielleicht nur angeblich festgestellt – hatte, wenig oder gar keinen Unterschied für die Verbraucher ausmachten? Sie existierten, und niemand sonst konnte sie geltend machen – das genügte. Auch die anderen Aspirin-Fabrikanten posaunten ihre Ansprüche auf Besonderheit hinaus, und die Aspirin-Werbespots eskalierten schließlich zu einer solchen Kakophonie von *Unique Selling Propositions*, daß die Federal Trade Commission einschritt.

Als das Hauen und Stechen mit der FTC vorbei war, hatte eine Werbekampagne den Aspirin-Markt auf den Kopf gestellt, die einen Rückgriff auf die Zeiten von Hopkins bedeutete. Das Analgetikum war Extrastarkes Tylenol; der griffige Einzeiler lautete: »Sie können kein stärkeres Schmerzmittel rezeptfrei kaufen.« Für die meisten Schmerzarten traf diese Behauptung faktisch zu: nichts ist wirksamer als Extrastarkes Tylenol, da alle rezeptfreien Analgetika bei der empfohlenen Dosis den gleichen Wirkungsgrad haben. Diese Behauptung hätte daher auch von jedem Konkurrenten von Tylenol erhoben werden können. Aber das war nicht der Fall. Und der erste gewesen zu sein war allentscheidend.

Tylenol wird nicht aus ASS hergestellt, sondern aus einer anderen Substanz, Paracetamol. Sein ursprünglicher Name, Acetaminophen, leitet sich aus der chemischen Bezeichnung des Stoffes, N-Acetyl-Para-Aminophenol, ab. Das Medikament wird auch als APAP bezeichnet. Paracetamol wurde 1878 erstmals synthetisiert, lang bevor Azetanilid, Aspirin und Phenacetin auf dem Markt waren. Joseph von Mering, ein Straßburger Biochemiker und Physiologe, stellte fünfzehn Jahre später seine analgetischen und fiebersenkenden Eigenschaften fest, ging jedoch davon aus, daß es dieselben schädlichen Nebenwirkungen haben werde wie eine verwandte Verbindung, Para-Aminophenol. Er riet von der Verwendung beider Substanzen ab. 1894 ergab eine weitere Untersuchung von Paracetamol, daß es sich als Fiebermittel etwas besser eignete als Phenacetin, aber das Interesse daran blieb gering, und N-Acetyl-Para-Aminophenol blieb viele Jahre lang vergessen.

Dieser Mangel an Interesse war nicht überraschend. Wenn ein Unternehmen ein neues Medikament entdeckt, dann wird die jahrelange Arbeit, die es für dessen Entwicklung aufwendete, durch den ihm gewährten Patentschutz belohnt. Ohne Aussicht auf ein Patent fällt auch der Anreiz für die Grundlagenforschung weg; die Folge ist, daß Hersteller fast niemals Geld für die Untersuchung alter, nicht mehr patentierbarer Substanzen wie Paracetamol lockermachen, weil jedermann von dieser Forschung profitieren könnte. Vielfach bedeutet dies keinen Verlust, weil neue Arzneimittel deren Funktionen gefahrloser und wirksamer erfüllen als ihre Vorläufer. Aber manchmal bieten alte Präparate unvermutete neue Verwendungsmöglichkeiten, die dann unentdeckt bleiben.

Ende der dreißiger Jahre nahm sich Walter Ames Compton von Miles Laboratories vor, diese Lücke im System zu schließen. Der Harvard-Absolvent Compton trat während der Depression bei Miles, den Herstellern von Alka-Seltzer, ein. 1939 wurde er Vorstandsmitglied und Forschungsleiter des Unternehmens. Obwohl Miles selbst Forschung durchführte, ging Compton davon aus, daß in Eigenregie vorgenommene Untersuchungen auf Skepsis stoßen würden. Untersuchungen externer Wissenschaftler würde man dagegen als unabhängig und somit zuverlässig ansehen. Mit Hilfe der Proprietary Association überredete Compton zehn Kopfschmerz- und Schlafmittelerzeuger, das Institut zur Erforschung von Analgetika und Sedativa zu finanzieren, das unabhängige Untersuchungen gewährleisten konnte. Die Versuchsreihen würden zum Nutzen aller von allen getragen werden.

Zu den Sponsoren des im August 1939 gegründeten Instituts zählten ursprünglich Miles, Emerson Drug (Bromo-Seltzer), B. C. Remedy (B. C. Kopfwehpulver), Stanback (Stanback Pulver und Tabletten), Dow Chemical (analgetische Grundstoffe) und American Home Products (Anacin). Als das Institut 1941 beschloß, auch Salizylate zu untersuchen, kamen Sterling und andere Aspirin Hersteller dazu. Das Institut untersuchte nicht einzelne Marken, vielmehr erforschte es die Eigenschaften analgetischer Ausgangsstoffe. Die Notwendigkeit dafür lag nach Ansicht vieler Schmerzmittelproduzenten auf der Hand. Wie Charles Beardsley, ein Mitglied der Gründerfamilie von Miles Laboratories, zugab: »Diese alten Arzneimittel sind seit vielen, vielen Jahren in Gebrauch, aber der Frage nach ihrer Brauchbarkeit ist nie wirklich auf den Grund gegangen worden.« Als erste Projekte wählte das Institut Azetanilid und Bromide. Azetanilid war natürlich das uralte Kohlenteeranalgetikum; bei den Bromiden handelte es sich um Bromverbindungen, die als sedierende und krampflösende Mittel dienten; beides wurde oft in Produkten wie B. C. Kopfwehpulver und Bromo-Seltzer miteinander kombiniert.

Das Institut beauftragte Wissenschaftler führender Universitäten, Monographien über analgetische und sedierende Substanzen zu verfassen. Die erste Monographie über Azetanilid erschien 1946; weitere folgten, darunter 1956 eine über Phenacetin und 1948 und 1966 zwei über Salizylate. Das Institut veranstaltete auch Kongresse, dessen wichtigster das Symposium von 1951 über N-Azetyl-Para-Aminophenol war.

Das Symposium entsprang indirekt dem Wunsch des Instituts, herauszufinden, warum Azetanilid gelegentlich das Blut schädigte. Zwei vom Institut beauftragte

Forscher, Leon Greenberg und David Lester von Yale, entdeckten 1946, daß Azetanilid im Körper schnell in eine Reihe von Substanzen, darunter Paracetamol, zerfällt. Greenberg und Lester vertraten die Hypothese, Paracetamol sei für die analgetische Wirkung verantwortlich, nicht Azetanilid. Ein weiteres, vom Institut beauftrages Team, Bernard Brodie und seine Kollegen an der New York University, wies 1948/49 nach, daß auch Phenacetin zu Paracetamol umgewandelt wird. Brodie, ein angesehener Neurochemiker, ging der Frage weiter nach und stellte fest, daß Paracetamol nicht die ernsten Nebenwirkungen von Azetanilid und Phenacetin hat. Die Schädigung des Blutes war vielmehr auf andere, mehr toxische Verbindungen zurückzuführen, die sich neben dem Paracetamol bildeten, sobald das Verdauungssystem die zwei Substanzen abbaute. Weitere Forschungen ergaben, daß Paracetamol die analgetische und antipyretische Wirkung beider Substanzen besitzt.

Als die wissenschaftlichen Stellungnahmen zugunsten von Paracetamol zunahmen, begann die Sumner Chemical Company, eine Miles-Tochter, im April 1948 kleine Mengen des Arzneimittels herzustellen. Im Juli 1950 brachte es Squibb Pharmaceutical, ein großes New Yorker Unternehmen, erstmals auf den Markt, und zwar in Form eines rezeptpflichtigen Präparats namens Trigesic, bestehend aus Paracetamol, Aspirin und Koffein. (Squibb hatte bereits eine Aspirin-Phenacetin-Koffein-Mixtur im Angebot und ersetzte bloß Phenacetin durch Paracetamol.) Ende 1950 nahmen Monsanto und American Cyanamid, zwei Chemieriesen, ebenfalls die Produktion auf. Als der Pfundpreis von Paracetamol von drei Dollar auf anderthalb Dollar gefallen war, sagte die Fachzeitschrift *Chemical Week* im Januar 1951 diesem »neuen« Medikament eine weitere Verbreitung voraus. Dennoch, prophezeite sie, werde Paracetamol »niemals eine Bedrohung für die Aspirin-Tablette darstellen«.

Fünf Tage nachdem *Chemical Week* diese Prognose gemacht hatte, erkrankten zwei Trigesic-Benutzer an Agranulozytose, einer Bluterkrankung, die mit hohem Fieber, Schüttelfrost und einer Halsentzündung einhergeht. Dieses Krankheitsbild war nicht nur ernst, man kannte es auch bereits von anderen Kohlenteermedikamenten, wenn auch nicht Azetanilid oder Phenacetin. Als ein dritter Patient an denselben Symptomen erkrankte, zog Squibb Trigesic vom Markt zurück. Obwohl eine spätere Untersuchung Paracetamol von der Schuld an den Krankheitsfällen freisprach, wurde die Rücknahme von zahlreichen negativen Pressekommentaren begleitet.

Durch Zufall fand das Symposium des Instituts nur drei Monate, nachdem Squibb Trigesic vom Markt genommen hatte, statt. Mehr als fünfzig Vertreter der Schmerzmittelindustrie und der Wissenschaftlergemeinde versammelten sich, um die medizinischen Untersuchungsergebnisse bezüglich Paracetamol auszuwerten. Die Nachrichten waren gut: Eine Studie nach der anderen unterstrich die Ungefährlichkeit der Substanz, und in keinem Fall waren Anzeichen von Agranulozytose oder irgendeiner anderen Blutstörung aufgetreten. So erfreulich diese Resultate für die Wissenschaftler sein mochten, die Vertriebsleute beschäftigte eine andere Frage: Würde ein weiteres Analgetikum zusätzliche Gewinne erzielen oder bloß den Absatz der vorhandenen Schmerzmittel einer Firma schmälern?

Ein Unternehmen, Bayer Products Ltd., ein britischer Ableger von Sterling, fand die Frage leicht zu beantworten. Sterling hatte 1949 die Hälfte der früher im Besitz von IG Farben befindlichen Bayer Ltd. gekauft. Es trennte die Unternehmensbereiche ab, die Arzneimittel direkt an die Endverbraucher verkauften, und schuf auf diese Weise zwei neue Firmen: die Charles H. Phillips Company mit ihrer Magnesiamilch und Scott & Turner mit seinem Andrews Lebersalz. Die jetzt geschrumpfte Bayer Products, Ltd. handelte, abgesehen von Bayer Aspirin, nur mit rezeptpflichtigen Produkten. Obwohl kein Rezept nötig war, um Aspirin zu kaufen, vertrieb die Bayer Ltd. es wie ein rezeptpflichtiges Präparat und weigerte sich, öffentlich dafür Reklame zu machen. Dies schadete natürlich seiner Marktposition. Außerdem hatte die Bayer Ltd. viele Rivalen im Aspirin-Handel, darunter die englische Tochter von American Home Products, die Anadin verkaufte (Schutzmarkenkonflikte verhinderten die Benutzung des Namens Anacin), und Rickett, das ein lösliches Aspirin namens Disprin im Angebot hatte, das beliebt war, weil es den Magen-Darm-Trakt rasch passierte und daher weniger Anlaß zu Magenbeschwerden gab. Keines dieser beiden Unternehmen hatte Skrupel in bezug auf Reklame. Nicht überraschenderweise konnte sich die Bayer Ltd. nicht gegen ihre Widersacher durchsetzen; ihr Jahresumsatz betrug nur 300 000 Pfund. Das Unternehmen hatte also durch die Einführung eines neuen Schmerzmittels nichts zu verlieren.

Laurie M. Spalton, ein Pharmazeut, trat im Juni 1950 als Verkaufsleiter bei der Bayer Ltd. ein und wurde ein Jahr später Vorstandsvorsitzender. Wie er später sagte, »erkannte ich rasch, daß das Unternehmen dringend ein neues Produkt benötigte«. Als Spalton zu Hause in Fachzeitschriften las, stieß er auf einen

Artikel von Brodie und Julius Axelrod über Paracetamol. Diese Substanz wurde darin als »Phenacetin ohne dessen Nebenwirkungen« gepriesen. »Es scheint ungefährlicher zu sein und könnte in höheren Dosen benutzt werden.« Nach anfänglichen Tierversuchen begann die Bayer Ltd. 1953 mit klinischen Testreihen. Die vorläufigen Resultate überzeugten sie, daß die Substanz an schmerzlindernder Wirkung dem Aspirin ebenbürtig war.

Da Paracetamol im Vereinigten Königreich als »alt« galt, konnte die Bayer Ltd. es ohne ärztliches Rezept verkaufen. Aber das Unternehmen war im Gegensatz zu seiner Namensschwester in den USA eigentlich auf rezeptpflichtige Präparate spezialisiert und konnte ohne Erlaubnis der Konzernleitung in New York keine öffentliche Werbung betreiben. Noch wichtiger, Spalton hielt es für unverantwortlich, der Öffentlichkeit ein Pharmazeutikum zu verkaufen, ohne sich weitere klinische Erkenntnisse zu beschaffen, selbst wenn dessen Wirkstoff seit siebzig Jahren bekannt war.

Zu dieser Zeit war das verbreitetste, auf Rezept verabreichte Analgetikum eine Mischung aus Aspirin, Phenacetin und Kodein, die unter der Bezeichnung »Compound Codeine« vertrieben wurde. Compound Codeine wurde von Ärzten in Zweifel gezogen, die über die Nebenwirkungen von Aspirin und Phenacetin besorgt waren. Außerdem rief das Kodein Verstopfung hervor. Die Bayer Ltd., die in den Problemen von CC eine Chance erblickte, führte 1956 Panadol, ihre Marke von Paracetamol, für die britischen Konsumenten ein. Um Ärzte und Krankenhäuser von Panadol zu überzeugen, bedurfte es eines unabhängigen Nachweises der Wirksamkeit von Paracetamol. Die Bayer Ltd. wandte sich an D. R. L. Newton und J. M. Tanner, zwei Londoner Medizinforscher, die in einer klinischen Testreihe Paracetamol mit Kodein verglichen. Die Ergebnisse waren enttäuschend. Obwohl einige der Patienten Paracetamol für das bessere Schmerzmittel hielten, kamen die Ärzte zu dem Schluß, daß CC wirksamer sei. Spalton stand vor einem Rätsel – warum bestätigte die unabhängige Untersuchung nicht die Laborbefunde seines Teams? (Die Erklärung stellte sich erst später heraus, als klar wurde, daß Paracetamol kaum entzündungshemmend wirkt. Fast die Hälfte der Patienten in der Versuchsreihe – 19 von 42 – nahmen die Schmerzmittel gegen primär chronischen Gelenkrheumatismus, eine Erkrankung, bei der CC und Aspirin dem Paracetamol überlegen sind.) Spätere Untersuchungen verliefen günstiger für das Unternehmen. Gestützt auf seine Laborbefunde, mobilisierte Spalton alle verfügbaren Werbemittel seiner Firma für Panadol. »Wir hatten Sonderkommandos im Einsatz und arbeiteten mit Postwurfsendungen und Inseraten in medizinischen Fachzeitschriften«, berichtete er. »Wir machten alles dafür locker, was wir uns leisten konnten.«

Das Werbekonzept basierte auf der eindeutig größeren Magenfreundlichkeit von Panadol gegenüber dem Aspirin. Aspirin beeinträchtigt die Fähigkeit des Magens, sich vor seiner eigenen Säure zu schützen. Nur wenige reagieren darauf mit richtigen Magenbeschwerden, aber bei fast jedem entsteht eine geringfügige Magen-Darm-Blutung. Paracetamol verursacht dagegen nur selten eine Magenverstimmung und fast nie eine Blutung. Als Verkaufsargument hob die Bayer Ltd. diesen Unterschied hervor, indem sie die Gesamtmenge an Blut errechnete, das die Bevölkerung von Großbritannien durch die Einnahme von Aspirin verliert, und die Antwort in der Formel »Schwimmbecken voll Blut« ausdrückte. Die britischen Sensationsblätter stürzten sich auf diese »Schwimmbecken voll Blut«, knallten die grausige Metapher auf ihre Seiten und schafften es, die Bevölkerung tief zu beunruhigen. Die Gnadenlosigkeit der Angriffe auf Aspirin schockierte John Baruch, den damaligen Vertriebsleiter von Winthrop in den USA, der auf seinen gelegentlichen Europareisen einen Eindruck davon erhielt. »Wenn man in den fünfziger Jahren in England war«, berichtet er, »und nach Aspirin fragte, bekam man zur Antwort: ›Um Gottes willen, wollen Sie sich umbringen?‹ Aspirin war nicht bloß ein Gift, es brannte einem ein Loch in den Magen!«

Das Auslandsgeschäft von Sterling war aufgeteilt in »Corcoronia« in Lateinamerika und Asien unter Leitung von David Corcoran und »Spaltonia« in Europa, geführt von Spalton. Beide operierten mit geringer Beaufsichtigung, so daß Spalton ohne Rücksicht auf New Yorker Empfindlichkeiten seine Attacken gegen das Aspirin – die Grundlage der amerikanischen Firma – reiten konnte. Einmal im Jahr kamen Sterlings Präsident James Hill und Vizepräsident Earl McClintock auf Besuch nach Europa, um über das Geschäft zu sprechen. Sie trafen sich jedesmal in Paris, wo sich Hill zu Spaltons Amüsement in dem eleganten Hotel George V einquartierte. Spalton wußte es zu schätzen, daß ihn Hill die Bayer Ltd. leiten ließ, ohne sich einzumischen. Solange die Bilanzen positiv blieben, sah Hill keinen Grund, irgend etwas zu ändern. Er drängte Spalton zwar, wieder auf den Aspirin-Markt zu gehen, akzeptierte es jedoch, als Spalton bei Paracetamol blieb.

Die Bayer Ltd. beschränkte sich in ihrer Werbung auch weiterhin auf die Ärzte, schlug dabei aber den Weg ein, den Duisberg Jahrzehnte zuvor gewiesen hatte: der Markenname, Panadol, wurde betont, nicht die chemische Bezeichnung N-Acetyl-Para-Aminophenol. »Ich dachte, es könnte funktionieren«, meinte Spalton, »aber der Erfolg übertraf alle meine Erwartungen.« Innerhalb weniger Jahre erfüllten ihre Panadol-Gewinne die Bayer Ltd. mit neuer Energie. Tatsächlich wurde Panadol so häufig verschrieben, daß es die Aufmerksamkeit des National Health Service, des staatlichen britischen Gesundheitsdienstes, erregte, weil die zunehmende Verwendung des Medikaments und sein relativ hoher Preis die Kosten hochtrieben. Der NHS bevorzugte in der Regel Generika gegenüber Markenpräparaten, da erstere gewöhnlich billiger waren. Leider konnte er nichts gegen das Paracetamol ausrichten. Im Januar 1963 unternahm der NHS den noch nicht dagewesenen Schritt, in der offiziösen *London Gazette* unerwartet die Prüfvorschriften für Paracetamol zu veröffentlichen. Bei dieser Gelegenheit wurde auch der Name Paracetamol für das bis dahin als Acetaminophen bezeichnete Präparat geprägt, und zwar ebenfalls aus der chemischen Bezeichnung N-Acetyl-Para-Aminophenol abgeleitet. Dazu Spalton: »Damit fingen Hinz und Kunz an, es herzustellen.«

Panadol, lang genug unangefochten, konnte sich eine tragfähige Basis schaffen. Seine Umsätze erhöhten sich weiterhin. 1967 war dreimal soviel Aspirin verbraucht worden wie Paracetamol; 1973, drei Jahre nachdem die Bayer Ltd. erstmals in der Öffentlichkeit für Panadol warb, hatte Paracetamol den Rückstand fast aufgeholt.

Der Erfolg von Panadol veranlaßte Sterling schließlich, über dessen Einführung in den Vereinigten Staaten nachzudenken. Hill war inzwischen gestorben. Bei einem Treffen im protzig ausgestatteten Landhaus des neuen Firmenchefs J. Mark Hiebert in Rensselaer, drängten Spalton und Corcoran den Konzernchef, Paracetamol ernsthaft zu prüfen. Hiebert machte die Vorstellung angst, eine potentielle Konkurrenz für Bayer Aspirin zu lancieren. Bayer sei die amerikanische Konzession, sagte er. Es sei das Fundament des Unternehmens. Panadol sollte jenseits des Atlantiks bleiben. Dazu Landreth: »Es war eine unglaublich dumme Entscheidung eines Unternehmens, das selbst genug Aspirin-Konkurrenz herausgebracht hatte.«

Mitte der fünfziger Jahre wurde Laurie Spalton ein neues amerikanisches Pharmaprodukt gezeigt. Es war ein kleines rotes Feuerwehrauto aus Plastik, gefüllt mit flüssigem Paracetamol. Spalton war entsetzt. Er fand, ein Arzneimittel sollte man nicht in einem Spielzeug verpacken; ebensowenig sollte man es wie dieses Präparat mit einem Sirup vermischen und als Produkt für Kinder auf den Markt bringen. Das Feuerwehrauto war nach seiner Meinung ein »schlechter Witz«. Das war seine erste Begegnung mit Tylenol.

Das Paracetamol-Symposium von 1951 hatte die Aufmerksamkeit eines anderen Pharmaunternehmens erregt, das über kein Analgetikum in seiner Produktpalette verfügte: McNeil Laboratories, eine kleine Firma in Fort Washington/Pennsylvania. McNeils Interesse wurde durch einen Bericht von zwei Wissenschaftlern des angesehenen Karolinska-Instituts in Stockholm, Lars-Olof Boréus und Finn Sandberg, gesteigert, die feststellten, daß Paracetamol es an schmerzstillender und fiebersenkender Wirkung mit Phenacetin aufnehmen könne und diesem in bezug auf Nebenwirkungsfreiheit eindeutig überlegen sei. Von den zwei Arzneimitteln, meinten Boréus und Sandberg, sei Paracetamol »das Analgetikum der Wahl«. Außerdem könne Paracetamol als Flüssigkeit hergestellt werden – im Gegensatz zu Aspirin, das sich in dieser Form aufspaltet. Das Fehlen von Nebenwirkungen und die Löslichkeit bedeuteten, daß Paracetamol ein ideales Fiebermittel für Kinder abgeben würde.

McNeil stellte bei der FDA einen Genehmigungsantrag für Paracetamol. Als diesem am 13. April 1955 stattgegeben wurde, war Tylenol geboren. McNeil vermarktete keine anderen rezeptfreien Produkte und verkaufte Tylenol deshalb ausschließlich als rezeptpflichtiges Medikament für Kinder. 1958 beschloß McNeil, bei der FDA die Genehmigung für eine Erwachsenenversion von Tylenol zu beantragen, die für jene kleine Minderheit von Menschen gedacht war, die gegen Aspirin allergisch sind. Bevor die Behörde handelte, geschah jedoch etwas Unerwartetes: McNeil wurde von Johnson & Johnson, einem der größten Konsumgüter- und Gesundheitsproduktehersteller der Nation, aufgekauft.

Johnson & Johnson startete 1887, als drei Brüder – Robert, James und Edward Mead Johnson – gemeinsam 100 000 Dollar in die Erzeugung von antiseptischen Wundverbänden investierten. James verstand etwas von der Fertigung; Mead war ein Vertriebstalent; und Robert, der Älteste, war der Unternehmer und Manager. Ihre Begabungen ergänzten sich, und die Firma expandierte schnell. Mead Johnson machte sich 1897 mit seiner eigenen, gleichnamigen Firma selbständig; unter Robert und James wurde Johnson & Johnson immer größer. Ihr Babypuder kam 1890 auf den Markt; 1920, zehn Jahre nach Robert

Johnsons Tod, führte das Unternehmen Band-Aid, seine Heftpflastermarke, ein; Modess Damenbinden folgten 1934. Der Konzern besaß Niederlassungen in der ganzen Welt und einen sorgfältig gehüteten Ruf der Integrität. Er hatte sein spezielles Organisationsprinzip entwickelt: ein relativ kleines Stammhaus in New Jersey, welches die allgemeine Richtung festlegte, und Dutzende von fast völlig unabhängigen Ablegern. Als das Management Ende 1950 eine neue Kursbestimmung für das wachsende Johnson & Johnson-Imperium vornahm, wurde beschlossen, die einzige noch vorhandene Lücke auf dem Gebiet der Gesundheitspflege, die Pharmazeutika, zu schließen. 1959 kaufte Johnson & Johnson zwei kleine Pharmaunternehmen: die schweizerische Cilag Chemie und McNeil Laboratories. Wie üblich, ließ das Stammhaus McNeil freie Hand, Tylenol weiter zu produzieren und dafür zu werben.

Ein Jahr später erhielt McNeil grünes Licht für das Erwachsenen-Tylenol. Ständige Reklame bei Ärzten sorgte dafür, daß diese es sowohl der kleinen Anzahl von Patienten empfahlen, die Aspirin nicht vertragen, als auch der viel größeren Anzahl, die es nicht zu vertragen glauben. Der Umsatz kletterte nach oben. 1965 hatte Tylenol es geschafft, auf die Liste der 200 am häufigsten verschriebenen Arzneien zu kommen. Die Aspirin-Hersteller machten sich keine Sorgen; wie eine Fachzeitschrift bemerkte, lag ihr Medikament »für alle von Branchenkennern überblickbaren Zeiträume an der Spitze der Meute«. Ein Hauptgrund des Vorsprungs von Aspirin war, daß Paracetamol in seiner chemischen Form fast zweieinhalbmal mehr kostete und auch im Laden nicht gerade billig war.

Obwohl Tylenol kein rezeptpflichtiges Präparat war, fuhr McNeil fort, es wie ein solches zu vertreiben, und investierte fast nichts in Verbraucherwerbung. William Lynch, der ehemalige Verkaufsleiter der Gesundheitspflegeabteilung des Unternehmens, erinnert sich: »McNeil befürchtete, daß sich die Ärzte von dem Produkt abwenden würden, falls im Fernsehen dafür geworben wurde. Die meisten Leute in der Zentrale (einschließlich des Vorsitzenden von Johnson & Johnson, James. E. Burke) fanden, Tylenol sollte wie ein traditioneller Konsumartikel vertrieben werden, denn irgend jemand würde daherkommen und es tun. Und er hatte recht.«

Wie Burke vorausgesagt hatte, unternahmen auch andere den Versuch, sich eine Scheibe vom Paracetamol-Markt abzuschneiden. 1968 testete Bristol-Myers seine Marke Neotrend in Connecticut und Massachusetts. Die Werbekampagne nahm den Mund voll: »Wir haben Aspirin ersetzt.« Nach einer offenen Erörterung der möglichen Nebenwirkungen von Aspirin wurden Ängste geschürt: »Selbst wenn Ihnen Aspirin nie zuvor Beschwerden bereitet hat, bedeutet das nicht, daß das nie geschehen wird. Bei Aspirin kann man nie sicher sein.« Es folgte die unschuldige Frage: »Warum sollten Sie ein Risiko eingehen, wenn Sie auf Aspirin ganz verzichten können?«

Zum Pech für Neotrend hatte sich bei McNeil eine kleinere Revolution abgespielt, als die Werbespots auf Sendung gingen. Nachdem das Unternehmen so viele Jahre lang fast nichts dafür ausgegeben hatte, schaufelte es 1967 und 1968 mehr als 700 000 Dollar in die Verbraucherwerbung für Tylenol. McNeil griff das Thema auf, das der Ärzteschaft seit fünfzehn Jahren eingehämmert worden war: »Viele Ärzte empfehlen seit langem Tylenol. Sie erhalten es rezeptfrei in Ihrem Drugstore.« Von Tylenols unerwarteter Promotion aus der Bahn geworfen, verschwand Neotrend nach weniger als zwei Jahren von der Bildfläche.

1969 betrug der Jahresumsatz von Tylenol weniger als zehn Millionen Dollar; die Marke hatte einen Anteil von 2,5 Prozent am rezeptfreien Schmerzmittelmarkt. Anacin hielt die Spitze mit über 17 Prozent; Bayer war ihm mit einem Rückstand von nur einem Prozentpunkt knapp auf den Fersen; und Bufferin lag an dritter Stelle, gefolgt von seiner Schwestermarke Excedrin. Die vier Spitzenmarken pumpten in diesem Jahr fast 65 Millionen Dollar in die Konsumentenwerbung; Tylenol wandte nach seinem Rekordbudget des Vorjahres von 453 000 Dollar im Jahr 1969 kein Geld für Verbraucherwerbung auf.

In den folgenden Jahren blieb McNeil bei seiner zurückhaltenden Werbung in Krankenhäusern mit der vergleichbaren Wirksamkeit und überlegenen Sicherheit von Tylenol. Die Ärzte sprachen darauf an: 1975 erhielt Tylenol 921 000 Empfehlungen von Ärzten. Bufferin, sein schärfster Rivale, bekam 543 000. Anacin und Excedrin gingen im Gegensatz dazu leer aus. Obwohl McNeil zwischen 1969 und 1974 weniger als 200 000 Dollar für Reklame gegenüber nichtärztlichen Konsumenten ausgab, erhöhte sich der Anteil von Tylenol allmählich auf etwas über zehn Prozent. Es war nun die führende Marke in den Drugstores, wenn auch nicht in Lebensmittel- und kleinen Einzelhandelsläden. Bayer, das während desselben Zeitraums 83 Millionen Dollar für Werbung aufwandte, hatte einen Anteil von 12,3 Prozent. Es verwundert nicht, daß mehrere Aspirin-Hersteller anfingen, sich ernsthaft mit Paracetamol zu befassen. Einer von ihnen war wiederum Bristol-Myers.

Anfang 1975 verkaufte Tylenol hundert Tabletten zum höchst gewinnträchtigen Preis von 42,85 Dollar. Bristol-Myers beschloß, sich in die Konkurrenz um diesen Profit durch die Neueinführung eines weiteren, früher erfolglosen Paracetamol-Produkts, Datril, einzuschalten. Was folgte, war ein legendäres Fiasko in den Annalen des Pharmavertriebs. Bristol-Myers entschied sich dafür, Datril mit einer Methode zu bewerben, die Rosser Reeves vor Schmerz hätte aufjaulen lassen, wäre er nicht längst im Ruhestand gewesen. Die Firma wählte, was man als Non-Unique Selling Proposition bezeichnen könnte: den Preis. Weil noch niemand von »Paracetamol« gehört hatte, führte das Unternehmen Datril mit der Erklärung ein, es sei dasselbe wie Tylenol, koste aber einen Dollar weniger. Natürlich griffen die Verbraucher auf den zwei Testmärkten, Albany/New York und Peoria/Illinois, begeistert nach Datril.

Bestürzt registrierten die Verantwortlichen bei McNeil, daß sich der Anteil von Tylenol in den zwei Städten halbierte. Als Bristol-Myers für den Juni erfreut eine landesweite Datril-Kampagne ankündigte, schickte Johnson & Johnson ein Heer von Mitarbeitern aus – vierhundert von McNeil und über dreihundert von anderen Johnson & Johnson-Ablegern –, die den Preis auf jeder Tylenol-Packung, die sie finden konnten, heruntersetzten. Am 3. Juni 1975 rief der Vorsitzende von Johnson & Johnson, James Burke, sein Pendant bei Bristol-Myers, Richard Gelb, an, um ihm mitzuteilen, daß der Preis von Tylenol an diesem Tag um 30 Prozent gesenkt worden sei. Bristol-Myers, sagte er, sei im Begriff, eine Menge irreführender Datril-Anzeigen zu bringen.

Bristol-Myers hatte seine Marktposition jedoch nicht erreicht, indem es vor Konkurrenzdruck zurückwich. Es brachte die Anzeigen trotzdem. In den nächsten drei Monaten pumpte das Unternehmen drei Millionen Dollar in die Datril-Werbung. Die Geschäftsführung von Johnson & Johnson bezweifelte, daß McNeil einen größeren Marketingkrieg durchstehen könne – im Vorjahr hatte der Werbeetat von Tylenol in den überregionalen Medien lumpige 83 000 Dollar betragen. Das Stammhaus stellte ein Ultimatum: entweder würde es die Marke vollständig übernehmen, oder McNeil müsse einem Marketingteam aus New Jersey gestatten, nach Fort Washington zu kommen und die Marke von dort zu managen. McNeil entschied sich für letzteres. Am 1. Juli 1975 traf Wayne Nelson bei McNeil ein.

Der silberhaarige, attraktive Nelson wird oft als »Marketing-Genie« beschrieben. Seine erste Maßnahme bestand darin, den Sendern wegen Datrils Preisvergleich

Vorhaltungen zu machen. Bristol-Myers wurde gezwungen, seine Behauptungen anders und schwächer zu formulieren. Mitte Juli lautete der Werbetext: »Datril kann weniger kosten als Tylenol. Erheblich weniger.« Nach weiteren Beschwerden Nelsons wurde daraus: »Datril kann weniger kosten.« Weitere Einsprüche ergaben: »Datril kann weniger kosten, je nachdem, wo Sie einkaufen.« Bis Oktober war es Nelson gelungen, Bristol-Myers' Non-Unique Selling Proposition in das Museum gescheiterter Werbefeldzüge zu verbannen. In der Datril-Reklame wurden die Verbraucher nun bloß aufgefordert, die Preise zu vergleichen und »das Präparat zu kaufen, das weniger kostet«.

Bemerkenswerterweise erschien während dieser ganzen Zeit keine einzige neue landesweite Reklame für Tylenol. Nelson benötigte keine. Leute, die noch nie von Tylenol gehört hatten, erfuhren jetzt in der Fernseh- und Zeitschriftenwerbung von Datril darüber. Daß die Reklame einer Nachahmung galt, hielt sie nicht davon ab, das Original auszuprobieren. Bristol-Myers strich ständig heraus, wie großartig Datril sei, weil es genau wie Tylenol sei – woraus die Leute entnahmen, daß Tylenol großartig sein müsse und daß es schon länger auf dem Markt sei als dieses neue Zeug mit den Einkaufsratschlägen. Datril verstieß gegen eine Grundregel des Marketings, die Studenten der Werbetechnik bereits seit der Jahrhundertwende eingetrichtert wird: »Ihre Rivalen sollen für ihre Reklamekosten doch selbst aufkommen«.

Bristol-Myers gab nicht auf. Im Oktober 1975 brachte es Datril Elixier für Kinder heraus. Im Mittelpunkt der Werbekampagne stand ... der Preis. Auch Datril Elixier erwies sich als Flop.

Im Frühjahr 1976 startete Bristol-Myers eine weitere Offensive gegen Tylenol. Seine Spots zeigten zunächst auf einem geteilten Bildschirm zwei Frauen, die eine mit einer Flasche Datril, die andere mit einer Flasche Tylenol. Diesmal erklärte die Datril-Benutzerin jedoch, Datril besitze »eine neue, schnellere Formel« und biete »mehr Schmerzlinderung, schneller als Tylenol«.

Auch Datrils schnellere Wirksamkeit erwies sich als eine Non-Unique Selling Proposition. Nelsons Labortechniker nahmen Datril auseinander und versuchten, einen noch so geringen Grund zu finden, weshalb Bristol-Myers diesen Anspruch erheben konnte. Sie stellten fest, daß das Pulver in der Datril-Tablette loser zusammengepreßt war als in der Tylenol-Tablette, so daß sich Datril schneller im Magen auflöste. Freilich gab es keinen Beweis dafür, daß schnellere Auflösung schnellere Schmerzfreiheit bedeutete. Aber das war Nelson gleichgültig. Als die neue Datril-Kampagne voll im Gang war, änderte McNeil das Fertigungsverfahren für seine Tylenol-Tabletten und preßte sie weniger fest zusammen. Nelson erhob dann mit dem Hinweis gegen die Datril-Werbung Einspruch, daß sie auf Tylenols alter Formel basiere. Bristol-Myers war erneut gezwungen, zurückzustecken.

Im Mai 1976, fast ein Jahr nach dem Start der Datril-Kampagne, war Nelson bereit, für Tylenol Werbung zu machen. Die Verzögerung war nicht ausschließlich auf seinen Wunsch zurückzuführen, aus der kostenlosen Publicity von Bristol-Myers Kapital zu schlagen. Zum Teil hatte er sich auch deshalb Zeit gelassen, weil er noch kein klares Konzept besaß, wie er Tylenol präsentieren sollte. Jahrzehntelang hatte McNeil die Ungefährlichkeit von Paracetamol für Personen, die Aspirin nicht vertragen, hervorgehoben. Aber viele Verbraucher setzten Harmlosigkeit mit geringerer schmerzstillender Wirkung gleich und dachten, wenn Tylenol, wie behauptet, ungefährlicher sei als Aspirin, dann müsse es weniger wirksam sein. Wie konnte das Unternehmen die Leute davon überzeugen, daß eine nebenwirkungsfreie Arznei von tobenden Kopfschmerzen befreien kann? Nelsons Antwort bestand darin, fast die ganze Kampagne für die Marke Tylenol auf die neue 500-mg-Version zu konzentrieren, die er Extrastarkes Tylenol nannte. Er brauchte keinen Pfennig für das Thema Ungefährlichkeit auszugeben, denn zwanzig Jahre Aufklärungsarbeit bei Ärzten hatten Tylenol einen Nimbus von Sicherheit verliehen. Die größere Version von Tylenol sollte nach seiner Meinung nicht als eine größere ASS-freie Marke, sondern als ein extrastarkes Schmerzmittel positioniert werden. Wayne Nelson war im Begriff, den ASS-freien mit dem Aspirin-Markt zu einem einzigen *Analgetika*-Markt zu vereinigen. Um seine Verkäufertruppe scharf zu machen, veranstaltete Nelson Schulungssitzungen über die magischen Fähigkeiten von Extrastarkem Tylenol. Wie ein General am Vorabend einer militärischen Offensive, präparierte er seine Truppen für den Großangriff auf das Aspirin. Bei McNeil habe sich die Lage geändert, feuerte er sie an. Jetzt hätten sie einen absoluten Renner, und sie würden hinausgehen und verkaufen wie verrückt. Und William Lynch ergänzte: »Da ist die Botschaft, die ihr euch merken müßt: Es ist ein aspirinfreies Aspirin, um das sich die Leute reißen. Darauf kommt es an.«

Extrastarkes Tylenol kam im Mai 1976 heraus. Plötzlich waren die Zeitungen, Zeitschriften und der Bildschirm voll von Nelsons sorgfältig formulierter Botschaft: *»Sie können sich ohne Rezept kein wirksameres Schmerzmittel holen.«* Dies ist ein Beispiel dafür, was man in der Werbebranche als »Paritäts-Claim« bezeichnet. Paritäts-Claims sind eine beliebte Marketingmasche; »sie stellen den Versuch dar«, wie es ein Pharmamanager sarkastisch ausdrückte, »sich die Ungenauigkeit der Sprache zunutze zu machen – man erhebt Anspruch auf Ebenbürtigkeit, aber impliziert Überlegenheit.« Paritäts-Claims in bezug auf die Wirksamkeit von Medikamenten sind besonders effektvoll. »Das Reizvolle daran ist das Element von Gefahr«, erklärte ein Pharmafirmenanwalt später. »Jeder ist doch überzeugt, daß seine eigenen Kopfschmerzen die schlimmsten in der Welt sind, oder? Daher will jeder das absolut Wirksamste, was es auf dem Markt gibt. Und daher nähert sich jedes Produkt außer Baby-Aspirin bereits dem Maximum an. Aber die Öffentlichkeit weiß das nicht, und nur Tylenol erhob diesen Anspruch.« Paritäts-Claims stellen einen Verstoß gegen Rosser Reeves' Theorie der Werbung dar. Die Unique Selling Proposition muß auf einem *echten Unterschied* basieren – und Tylenol behauptete, genauso zu sein wie andere Schmerzmittel! Aber das war ein perfektes Beispiel für Claude Hopkins' Philosophie: Führen Sie eine simple Tatsache an, die für viele Produzenten gilt, *aber tun Sie es als erster*. Das Publikum reagierte, wie Hopkins es vorausgesagt hatte, und verlieh Tylenol »exklusives und dauerhaftes Prestige«. Der Tylenol-Umsatz, ohnehin bereits steil ansteigend, schoß über die Charts hinaus.

Im November überholte Tylenol Anacin als führendes Analgetikum. Bis dahin hatte Bristol-Myers bereits mehr als elf Millionen Dollar für Datril-Reklame ausgegeben. Datril hielt zwei Prozent des Schmerzmittelmarktes, hatte aber mitgeholfen, den Anteil von Tylenol um mehr als ein Drittel auf 14,5 Prozent zu steigern.

Anfang 1977 war Tylenol auf dem besten Weg, zum umsatzstärksten Gesundheits- und Kosmetikprodukt der Nation zu werden – wobei es sein Wachstum zum Teil der eigenen Reklame, aber zu einem noch viel größeren Teil der Fremdwerbung verdankte. In den zehn Jahren seit 1967 hatte sich sein Anteil am Schmerzmittelmarkt von weniger als einem Hundertstel – so gering, daß Marktanalytiker es nicht einmal in ihre Aufstellungen einbezogen – auf fast ein Fünftel erhöht. In denselben zehn Jahren hatte jede der drei führenden Aspirin-Marken – Anacin, Bayer und Excedrin – ihren Marktanteil unablässig schrumpfen gesehen. Wayne Nelson hatte gewonnen; Tylenol lag an der Spitze des Schmerzmittelmarktes. Aber diese Stellung zu erringen war erst eine Hälfte der Schlacht; die andere Hälfte war, sich dort zu behaupten.

13. Kapitel

»Schämen Sie sich!«

Der Vorstandsvorsitzende von Sterling, W. Clark Wescoe, erkannte, daß er an vielen Fronten Boden verlor. Wescoe, seiner Ausbildung nach Naturwissenschaftler, wurde von J. Mark Hiebert in den Vorstand von Sterling berufen, um diesem intellektuellen Glanz zu verleihen. Der enthusiastische Hiebert führte ihn zwar behutsam bei Sterling ein, ohne jedoch Bestürzung verhindern zu können, als Wescoe Vorstandsvorsitzender wurde. Fast bar jeglicher Vertriebserfahrung hatte Wescoe jetzt die nicht beneidenswerte Aufgabe, den 25jährigen Abwärtstrend von Bayer-Aspirin umzukehren. 1977 blieben Bayer gerade noch zehn Prozent des Schmerzmittelmarktes – zehn Prozent für das mächtige Bayer! Es war nicht bloß an der Zeit, sich zur Wehr zu setzen, das hatte Sterling seit Jahren versucht, es war Zeit, schöpferisch zu denken. Es war Zeit, ein völlig neues Gefechtsfeld zu finden, und nach mehreren Fehlstarts stieß die Firma durch Zufall darauf.

Bayers erste Reaktion auf Tylenol war Nachahmung gewesen. 1976 brachte Sterling seine eigene Paracetamol-Marke heraus, Bayer Non-Aspirin. Bayer Non-Aspirin war ein großer Flop. Nachdem den Verbrauchern jahrzehntelang eingetrichtert worden war, daß Bayer »reines Aspirin, nicht bloß teilweise Aspirin« sei, mußten sie jetzt zu ihrer Verwirrung erfahren, Bayer sei nicht Aspirin. Auch massive Werbeanstrengungen konnten die Dinge nicht klarstellen. Nach einem Großeinsatz von Fernsehspots kratzte Bayer Non-Aspirin einen

Marktanteil von gerade 0,3 Prozent zusammen – kaum unterscheidbar von Null. Die Marke wurde eingestellt.

Sterling gab den Versuch auf, ein neues Produkt zu schaffen, und kehrte zu Bayer Aspirin zurück. Ende 1976 startete das Unternehmen eine neue Kampagne, um Tylenols Behauptung zu widersprechen, daß Aspirin den Magen-Darm-Trakt reize, und den Hauptvorteil von Aspirin herauszustreichen, nämlich seine überlegene entzündungshemmende Wirkung bei großen Dosen. (Ausgangspunkt war eine von den NIH geförderte Untersuchung, der zufolge 99 Prozent der Personen, die Aspirin nahmen, keine Magenbeschwerden verspürten.) Aspirin passiert nicht nur problemlos den Magen, hieß es in den Werbetexten, sondern Verbraucher, die Aspirin-Ersatzpräparate nehmen, »verzichten auf eine wichtige therapeutische Wirkung«, nämlich die Fähigkeit, Entzündungen zu heilen. Johnson & Johnson beklagte sich prompt bei der National Advertising Division of the Council of Beta Business Bureaus, einem von der amerikanischen Industrie unterstützten Gremium zur freiwilligen Selbstkontrolle. Die NAD untersucht Werbekampagnen und beurteilt den Wahrheitsgehalt ihrer Behauptungen. Falls man eine Werbung für falsch hält, wird der Sponsor aufgefordert, sie entweder zurückzuziehen oder zu verändern. Obwohl die NAD keine Machtmittel hat, um die Einhaltung ihrer Beschlüsse zu erzwingen, wagen es wenige Unternehmen, sich ihnen zu widersetzen.[*] Die NAD entschied im folgenden Frühjahr, daß die Formulierung »wichtige therapeutische Wirkung« unzutreffend sei. Andererseits sei auch die Behauptung über Magenverstimmung irreführend, denn Aspirin schade dem Verdauungstrakt, selbst wenn der Schaden so gering sei, daß die Leute nichts davon spüren. Sterling und Johnson & Johnson lehnten sich beide dagegen auf, aber die ganze Angelegenheit war müßig. Die Kampagne hatte keinen Erfolg, und Sterling hatte sie bereits gekippt. Ein neuer Anlauf erfolgte im Juni 1977. Diesmal ging Sterling in die vollen – es legte mit dem ganzen Furor los, den es mehr als zwei Jahrzehnte lang aufgestaut hatte. Der unmittelbare Anlaß von Sterlings Wut war eine Anzeige, die eine schwarze Ärztetasche über der Schlagzeile zeigte: WARUM ÄRZTE TYLENOL

---

[*] Dieses Faktum täuscht übrigens, denn ein Fall wird nicht weiterverfolgt, falls die betreffende Kampagne gestoppt wurde. Angesichts der Häufigkeit, mit der Werbekampagnen wechseln, hat dieses Verfahren zur Folge, daß viele Untersuchungen irrelevant werden, bevor die NAD endlich zu einem Schluß gelangt ist.

MEHR EMPFEHLEN ALS ALLE FÜHRENDEN ASPIRIN-MARKEN ZUSAMMEN. (Tylenol, hieß es im Text, sei »sicherer als Aspirin«.) Diese Behauptung von der »ärztlichen Empfehlung« entsprach wie andere Tylenol-Slogans durchaus der Wahrheit. Die Ärzte empfahlen Tylenol tatsächlich mehr als alle führenden Aspirin-Marken miteinander. Sterling war deshalb so wütend, weil die Ärzte selten bestimmte Aspirin-Marken empfahlen, sondern den Patienten einfach rieten: »Nehmen Sie Aspirin.« Tatsächlich empfahlen Ärzte ASS als Arznei häufiger als Paracetamol. Die von Johnson & Johnson betriebene Volksverdummung, entrüstete sich Sterling, sei unentschuldbar. Über ganzseitigen Inseraten in *Time* und *Newsweek* wetterten anklagende Balkenüberschriften:

**Hersteller von
Tylenol,
Schämen Sie sich!**

Unter dem Foto der beanstandeten Tylenol-Anzeige war die merkwürdig oberlehrerhafte Warnung zu lesen: »Tylenol-Anzeigen können die Verbraucher irreführen!«

Da Sterling die Einsätze erhöhte, zog Johnson & Johnson nach und erhöhte seinerseits. In einem Brief, der den Weg in die Presse fand, forderte das Unternehmen Sterling auf, seine Anzeigen sofort einzustellen – oder die beiden Firmen würden sich vor Gericht wiedersehen. Johnson & Johnson versicherte Sterling, man habe nicht den Wunsch, sich auf einen gerichtlichen Zweikampf einzulassen. Aber sollte Tylenol vor Gericht gebracht werden, könnten seine Anwälte gezwungen sein, darauf hinzuweisen, daß weitaus mehr Menschen an Überdosen von Aspirin als von Paracetamol starben. (Auch das entsprach der Wahrheit, wenn Ärzte auch meinten, dies sei zum einen darauf zurückzuführen, daß mehr Menschen Aspirin nehmen, zum anderen darauf, daß Berichte über Paracetamol-Überdosen, ein neueres Phänomen, viel zu selten an die Öffentlichkeit gelangten.) Nelson wußte, daß er nicht so ohne weiteres klagen konnte – Johnson & Johnson machte zu hohe Gewinne, um eine Schädigung durch die Bayer-Kampagne nachweisen zu können. Mitte August, zwei Monate nachdem Bayer anfing, »Schämen Sie sich!« zu rufen, hatte Tylenol ein Fünftel des Marktes erobert, ein Anteil, den in der Vergangenheit nur Bayer und Anacin geschafft hatten. Aber inzwischen begann eine andere Sterling-Strategie Früchte zu tragen. Die Firma hatte zum letzten Rettungsanker verzweifelter Unternehmer gegriffen: die Regierung.

Sterlings Klagen richteten sich an die Food and Drug Administration, die eine umfangreiche Untersuchung der Gefahren und der Wirksamkeit rezeptfreier Arzneien gestartet hatte. Die OTC-Studie, wie sie bezeichnet wurde, zog sich, ähnlich wie die Schmerzmittelfälle der FTC, bereits über viele Jahre hin. Den unmittelbaren Anlaß dazu hatte die Contergan-Tragödie von 1961 gebildet. Das von Chemie Gruenenthal vertriebene rezeptfreie Beruhigungs- und Schlafmittel Contergan (pharmazeutische Bezeichnung Thalidomid) verursachte furchtbare Geburtsfehler. Tausende von verkrüppelten Kindern kamen auf die Welt, bevor Contergan verboten wurde. Obwohl die strikten Kriterien der FDA das Medikament vom amerikanischen Markt fernhielten, gestattete das Gesetz den Herstellern, Probepackungen an Ärzte zu verteilen. Die schrecklichen Folgen entsetzten eine Öffentlichkeit, die bereits über die hohen Arzneimittelpreise verärgert war. 1962 beschloß der Kongreß die erste größere Novellierung des Lebens-, Arzneimittel- und Kosmetika-Gesetzes von 1938. Bis dahin hatte sich die FDA nur mit der Ungefährlichkeit neuer Pharmaka, nicht aber mit ihrer Wirksamkeit befaßt. Von nun an würde die Branche gezwungen sein, beides zur Zufriedenheit der Behörde nachzuweisen. Außerdem galt die Novelle nicht nur für neue Medikamente. Die FDA wurde darin mit der Bewertung sämtlicher rezeptpflichtiger und rezeptfreier Arzneimittel beauftragt, die seit 1938 auf den Markt gekommen waren. Das war eine gigantische Aufgabe, insbesondere im rezeptfreien Sektor. Es drängten sich nicht nur Tausende von verschiedenen Marken in den Regalen, sondern jede dieser Marken war in vielen verschiedenen Dosierungen und Packungsgrößen erhältlich. Tabletten, Kapseln, Cremes, Salben, Zäpfchen, Gurgelmittel, Sprays, Sirupe, Pulver, Infusionen – die FDA hatte keine Ahnung, wie viele rezeptfreie Produkte der Prüfung harrten, sie wußte nur, daß die Zahl erdrückend war. Plausible Schätzungen, hieß es später, »reichten von 100 000 bis 500 000 Einzelposten«. Für den Magengeschwüre erzeugenden Job, sie alle zu zählen, scherzten Witzbolde der Behörde, stellten Pharmafabrikanten mehr als 8000 Magensäurehemmer zur Verfügung.

Obwohl der Gesetzgeber die FDA anwies, die rezeptfreien Pharmazeutika zu evaluieren, erläuterte er nicht, wie das zu geschehen habe. Die FDA beauftragte zwei unabhängige wissenschaftliche Gremien, die Nationale Akademie der Wissenschaften und den Nationalen Forschungsrat, mit der Durchführung von ersten Testreihen. Das NAS/NRC-Team unterteilte den Pharmamarkt in dreißig Kategorien und versammelte eine Reihe anerkannter Fachleute, die in jeder Kategorie eine Stichprobe von Produkten untersuchen sollten. Mehr als 4000 Präparate wurden schließlich getestet, von denen etwa fünfhundert rezeptfrei erhältlich waren. Die Berichte erschienen im Mai 1969.

»Nach meinem Eindruck«, so Peter Rheinstein vom Office of Health Affairs, »lösten die Ergebnisse einen ziemlichen Schock aus. Die verschreibungspflichtigen Arzneimittel waren in Ordnung, aber die Hälfte der rezeptfreien Mittel erwiesen sich als wirkungslos.« (De facto lag dieser Anteil eher bei drei Vierteln.) Von der Erkenntnis schockiert, daß Abertausende von Produkten wahrscheinlich nutzlos waren, mußte die FDA einsehen, daß ihr die unabsehbare Aufgabe nicht erspart bleiben werde, sich durch den gesamten rezeptfreien Markt hindurchzuarbeiten. Nachdem sie zweieinhalb Jahre lang über diese wenig verlockende Aussicht nachgegrübelt hatte, gab die FDA im Januar 1972 ihre Entschlossenheit bekannt, in dem rezeptfreien Chaos Ordnung zu schaffen. Statt sich ein Produkt nach dem anderen vorzunehmen – hätte sie eines pro Tag behandelt, dann hätte sie für alle 273 Jahre gebraucht –, beschloß die Behörde statt dessen, sich auf die Wirkstoffe zu konzentrieren, deren Zahl man auf etwa fünfhundert schätzte. Diese wurden in sechsundzwanzig Kategorien aufgeteilt, für die nach dem Muster von NAS und NRC jeweils eine Gruppe medizinischer Fachleute zuständig war. Nachdem sie sich von den Herstellern die nötigen Informationen beschafft hatten, stellten diese Teams für die Produkte ihrer jeweiligen Kategorie Listen empfohlener Inhaltsstoffe, Dosierungen und Etikettierungen auf. Die Pharmafirmen erhielten anschließend Gelegenheit, dazu Stellung zu nehmen. Nach Annäherung der Standpunkte von Industrie und Experten sollte die FDA ihr eigenes vorläufiges Verzeichnis zulässiger und verbotener Arzneimittel herausgeben. Eine weitere Runde der Kommentierung sollte sich anschließen, und dann würde über jede Kategorie ein Schlußbericht, die sogenannte Monographie, erscheinen.

Die Monographie schränkte zwar die Freiheit der Pharmaindustrie ein, aber sie sparte ihr auch Geld. Sobald die Monographie für eine pharmazeutische Kategorie fertig war, konnten die Unternehmen ein neues Produkt in dieser Klasse ohne Bewilligung der FDA auf den Markt bringen, solange es in Einklang mit der in dem Bericht angeführten Dosierung und Packungsinformation stand. Alles, was aus dem Rahmen der Monographie fiel – neue Inhaltsstoffe, Größen,

Anwendungsbereiche oder Warnungen –, bedurfte eines Antrags auf Neuzulassung sowie langer und kostspieliger Labortests mit dem Resultat endloser bürokratischer Verzögerung.

Das Monographiensystem der Klassifizierung und Kennzeichnung von Pharmazeutika beschäftigte die Branche nachhaltig. Ungefährliche und wirksame Inhaltsstoffe und Anwendungen wurden der Kategorie I zugeordnet. Wirkstoffe und Anwendungen, die nicht allgemein als ungefährlich und wirksam anerkannt waren, wurden in die Kategorie II verbannt und waren fortan verboten. Präparate, über die der wissenschaftliche Erkenntnisstand noch unzulänglich war, sollten vorderhand in der Kategorie III bleiben, aber ein Verbraucherverband erreichte durch einen Prozeß, daß auch die Kategorie III verboten werden mußte. Obwohl die Möglichkeit bestand, daß sich eine Marke aus der II. Kategorie herausarbeitete, bedurfte dies großer Anstrengung, und wenn das Produkt erneut auf den Markt kam, war es von einer Wolke des Mißtrauens begleitet. Die Kategorie II bedeutete somit das kommerzielle Aus, und die Firmen taten alles in ihrer Macht Stehende, um ihr zu entgehen.

Die FDA kündigte an, daß der erste Entwurf einer Monographie – über Anatazida – im Mai 1972 fertig sein würde und daß bis Ende 1974 alle sechsundzwanzig im Entwurf vorliegen würden. Das war ein Irrtum. Der Beratende Prüfungsausschuß für Innere Analgetische, Antipyretische und Antirheumatische Produkte, wie das Expertengremium genannt wurde, das für Aspirin und Paracetamol zuständig war, forderte erst ziemlich lang nach dem geplanten Projektbeginn die nötigen Unterlagen und Daten an. Als Reaktion darauf wurde der Ausschuß prompt mit den Bänden voll klinischer Studien bombardiert, mit denen sich die Analgetikahersteller für ihre Schlachten mit der Federal Trade Commission gewappnet hatten. Der Ausschuß wühlte sich durch diese Wälzer hindurch, nur um mit immer noch mehr Material eingedeckt zu werden. Vor Abschluß der OTC-Überprüfung überschwemmten die Analgetikaerzeuger die FDA-Zentrale mit Kommentaren, Beschwerden, Drohungen, Anfragen, Memoranden, juristischen Schriftsätzen, Sitzungsprotokollen, Zusammenfassungen von Telefongesprächen und vor allem mit Tausenden von mangelhaft fotokopierten Artikeln aus Fachzeitschriften – eine Alexandrinische Bibliothek voll Unterlagen zum Thema Analgetika, die, wie alle Seiten einräumen, kein Mensch verarbeiten kann und die von den Mitarbeitern scherzhaft als *The Hall of Aspirin* bezeichnet wird. Während der Anhörungen mußten die Schmerzmittelhersteller die Erfahrung machen, daß der Beratende Prüfungsausschuß ein ernstzunehmender Gegner war. Aus renommierten Fachleuten von allen Teilen des Landes zusammengesetzt, war es ein illustres medizinisches Gremium, das mit der unseriösen Arzneimittelwerbung gnadenlos ins Gericht ging.

Die Schwierigkeiten, in die Bufferin geriet, waren typisch. Seit seiner Einführung 1949 hatte die Bufferin-Reklame in jedem vorstellbaren Medium behauptet, es wirke »doppelt so schnell wie Aspirin«. Der Ausschuß stellte Bristol-Myers Fragen, an die das Unternehmen in der ganzen Zeit offenbar nie gedacht hatte. Wenn Bufferin schneller vom Blutkreislauf resorbiert wird, fragte der Ausschuß, könnte es dann nicht auch schneller aus dem Kreislauf *ausgeschieden werden*, so daß die Wirkung schneller nachläßt? Ist eine schneller eintretende Wirkung nicht zwangsläufig flüchtiger? Bristol-Myers wies auf Studien hin, die keinen Unterschied in der analgetischen Wirkungsdauer zwischen Bufferin und Aspirin festgestellt hatten. Aber diese Studien hatten auch keinen Unterschied im Einsetzen der schmerzstillenden Wirkung, dem Hauptargument für Bufferins Überlegenheitsanspruch, entdecken können. Bristol-Myers konnte sich nur noch darauf hinausreden, daß die Versuche nur die Dauer der Wirkung, aber nicht deren Einsetzen zuverlässig gemessen hätten, eine Meinung, der sich das Gremium nicht anschloß.

American Home wurde noch schärfer in die Mangel genommen. 1962 war die Firma durch eine Serie von Berichten über die Gefahren von Phenacetin veranlaßt worden, diesen Wirkstoff aus der Anacin-Formel zu entfernen, so daß nur noch Aspirin und Koffein übrigblieben. Der Ausschuß forderte American Home auf, seine gegenwärtige Rezeptur zu rechtfertigen. Warum habe es diese bestimmte Dosierung und Kombination gewählt und nicht irgendeine andere? Und warum enthalte Anacin überhaupt Koffein, eine leicht suchterzeugende Substanz ohne nachgewiesene Fähigkeit, die Wirkung von Aspirin zu steigern? Der medizinische Leiter von Anacin, Arthur Grollman, gab zu, daß der Zusatz von Koffein auf seinem persönlichen »Eindruck« beruhe, daß »ein Prozentsatz der Bevölkerung besser auf eine Aspirin-Koffein-Mischung anspricht«. Die Dosis von 60 mg sei deshalb gewählt worden, weil ... weil ..., nun ja, druckste Grollman herum, eine höhere Dosis stimulierend wirken könnte. Mit anderen Worten, die Dosis sei gewählt worden, weil sie keinen erkennbaren Effekt habe? So habe man sich das eigentlich nicht gedacht, verteidigte sich Grollman. Auf Fragen in diese Richtung sei er jedenfalls nicht vorbereitet gewesen. Eines wußte er jedoch

mit Sicherheit: Es waren keinerlei wissenschaftliche Untersuchungen durchgeführt worden.

Da American Home hervorhob, Anacin bewirke »bei Arthritis und Rheumatismus
stundenlange Schmerzlinderung«, wurde es sowohl vom Ausschuß für rezeptfreie Analgetika als auch vom Arthritisgremium überprüft, einem ständigen
Ausschuß, der für die verschreibungspflichtigen Medikamente zuständig war.
Beide Gremien bezweifelten, ob es gerechtfertigt sein daß sich Anacin als
Arthritistherapeutikum bezeichne. Das Problem lag nach ihrer Auffassung
darin, daß die empfohlene tägliche Maximaldosis für Aspirin – 650 mg, viermal
täglich – nicht ausreiche, um Arthritis- und Rheumaschmerzen zu lindern.
Aspirin war zwar das Mittel der Wahl bei diesen Erkrankungen, aber in so hohen
Dosen, daß die Ärzte seine Einnahme überwachen wollten. Falls Arthritis auf
der Packung erwähnt werde, könne es Menschen dazu verleiten, gefährlich hohe
Mengen an Aspirin einzunehmen.

American Home argumentierte, die Streichung von Arthritis vom Etikett werde
dem Image von Aspirin schaden, weil der Eindruck entstehe, die FDA sehe diese
Substanz für diese Indikation in jeder Menge als unwirksam an. Die Mitglieder
des Arthritisausschusses erwiderten, ihnen gehe es um die Gesundheit der
Menschen – nicht darum, ob das Image von Anacin genügend glänze, um
American Home zu gestatten, seinen Aktionären üppige Dividenden anzuweisen.
Aber es stehe nicht bloß das Image auf dem Spiel, konterte American Home.
Aspirin bewähre sich tatsächlich gegen Arthritis, und man sollte Anacin gestat-
ten, das zu sagen.

Das Gezerre um die Packungsaufschrift spitzte sich 1975 auf einer denkwürdi-
gen Sitzung des Arthritisausschusses zu. Ein Rheumafacharzt aus Cleveland
äußerte sich vor dem Gremium in einer Weise, die relevant für American Home
war. »Was mich an diesem Problem beschäftigt«, sagte er, »ist eine philosophische
Frage. Nämlich die Frage, wieviel soll man Menschen gestatten zu wissen, wieviel
Wissen kann man ihnen tatsächlich anvertrauen? Sind die Leute zu dumm, als
daß man ihnen gestatten könnte, gewisse Entscheidungen über ihre Gesundheit
und die Medikamente, die sie einnehmen, zu treffen?«

»Das ist offensichtlich ein Problem, das sich nicht auf das Aspirin beschränkt
... Es berührt die Frage unseres Demokratiebegriffs ... Ich denke, wir sind uns
weitgehend einig, daß die Wirksamkeit von Aspirin bei arthritischen Formen von
Beschwerden außer Frage steht. Ich denke, wir sind uns auch weitgehend einig,

daß eine signifikante Toxizität relativ selten auftritt. Es geht deshalb nicht um die Frage, wie gut oder wie schlecht es ist, sondern eigentlich darum, ob man den Leuten gestatten sollte, darüber Bescheid zu wissen!«

Am 8. Juli 1977 lieferte der Parallelausschuß des Arthritisgremiums, der Ausschuß für rezeptfreie Analgetika, eine Antwort darauf: nein. In einem 164 Seiten starken Bericht, dem Vorläufer der endgültigen Monographie, empfahl der Ausschuß für rezeptfreie Analgetika, alle Bezugnahmen auf Arthritis und Rheumatismus in die Kategorie II zu verbannen, das heißt, sie für rezeptfreie Arzneien zu verbieten. Das war noch nicht alles. Das Gremium wollte auch die Anzahl der Warnungen erhöhen. Aspirin-Anwender sollten vor Einnahme des Medikaments gewarnt werden, falls sie an Asthma, Ulkus, Magenbeschwerden oder Ohrengeräuschen litten, schwanger oder allergisch gegen Aspirin waren oder falls sie Medikamente gegen Diabetes, Gicht, Arthritis oder Blutgerinnungs-störungen einnahmen. Außerdem empfahl das Gremium die Einführung so strikter Wirkstoffkriterien, daß Excedrin in die Kategorie II gerutscht wäre, sowie entsprechend niedrige Dosierungsnormen, um alle besonders starken Präparate wie Extrastarkes Tylenol ebenfalls in die Kategorie II zu verbannen; es lehnte Koffein als Wirkstoff ab und verwies damit auch Anacin in die Kategorie II; es sperrte sich gegen die Verwendung von Aspirin in Mitteln gegen Magenverstim-mung, damit landete auch Alka Seltzer in der Kategorie II; und befand, Bufferins Behauptung, es schone den Magen, sei »unbewiesen und unwahrscheinlich« – das Aus auch für Bufferin. Würde sich der Ausschuß durchsetzen, dann würde damit jede frühere Reklamebehauptung ebenso illegal werden wie sämtliche Produktangaben für Extrastarkes Tylenol, Alka-Seltzer, Bufferin, Cope, Exce-drin, Vanquish und Anacin. Mit alldem wäre dann Schluß.

Die Schmerzmittelhersteller waren entsetzt – außer Sterling. Nur Sterling ver-kaufte reines Aspirin. Bayer würde zwar, ebenso wie die anderen Marken, von den zusätzlichen Aspirin-Warnungen betroffen sein. Doch im Gegensatz zu den anderen Marken wurde Bayer von den übrigen Auflagen nicht in Mitleidenschaft gezogen. Zum ersten Mal seit Jahren war sein banales Werbemotiv (reines Aspirin, nicht teilweise Aspirin) auf Sympathie gestoßen. Jetzt konnte es sich gelassen zurücklehnen und den Ruin der Produktidentitäten verfolgen, die seine Konkurrenten in Jahrzehnten aufgebaut hatten. Aber das war noch nicht alles. Zu Sterlings Schadenfreude nahm sich der Analgetikaausschuß noch Tylenol vor.

Auf der letzten Ausschußsitzung vor Erscheinen des Berichts machten sich die Sterling-Vertreter plötzlich die erste Grundregel des Geschäftslebens klar, daß Auflagenfreiheit für einen selbst zwar gut ist, aber strikte Auflagen für den eigenen Nachbarn besser. Warum sollte Bayer für Aspirin Geld ausgeben, um zu verkünden, daß es genauso gut sei wie Tylenol, wenn es erreichen konnte, daß Uncle Sam Tylenol zu dem Eingeständnis zwang, es sei nicht besser als Bayer? Noch besser, dieses Eingeständnis würde nicht durch einen kurzlebigen Fernsehspot vermittelt werden, in dem ein Einseifer im weißen Mantel auftrat, sondern durch Anordnung der Bundesregierung, die für alle Zeiten Gültigkeit haben und von einem Gremium unbestechlicher Wissenschaftler ausgesprochen werden würde. Sterling hatte sich seit mehr als einem Jahrzehnt gegen staatliche Eingriffe in Form der FTC zur Wehr gesetzt; jetzt beschloß es, sich damit in Form der FDA anzufreunden. Im Herbst 1976, als Tylenol zur Spitzenposition auf dem Markt aufstieg, beschloß Sterling, den überarbeiteten Gesundheitswächtern zu Hilfe zu kommen. Die Vertreter des Unternehmens legten dem Ausschuß freundlicherweise Beweismaterial dafür vor, daß Paracetamol wenig entzündungshemmende Wirkung hatte, was bedeutete, daß es nicht als dem Aspirin ebenbürtig behandelt werden sollte. Das hatte seinerseits zur Konsequenz, daß der Slogan »Sie können sich ohne Rezept kein wirksameres Schmerzmittel holen« in die Kategorie II zu verbannen war.

Die Reaktion des Ausschusses fiel genauso aus, wie Sterling es sich erhofft hatte. Er stellte nicht nur fest, Paracetamol sei »in seiner analgetischen Wirkung dem Aspirin gleichzusetzen«, obwohl das sicher erfreulich war. Versteckt im Kleingedruckten des *Federal Register* fand sich noch etwas anderes – eine Warnung, die in den Aufschriften aller Paracetamol-Produkte enthalten sein mußte:

> Überschreiten Sie die empfohlene Dosis nicht, weil schwere Leberschäden die Folge sein könnten.

Die anfänglichen Behauptungen über die Nebenwirkungsfreiheit von Paracetamol waren allzu optimistisch gewesen. Mit zunehmender Verbreitung des Mittels waren immer häufiger Berichte über Leberschäden zu hören. Der Ausschuß für rezeptfreie Analgetika durchforstete fast vierzig Studien zu diesem Thema und spekulierte, daß Paracetamol ebenso wie Azetanilid im Körper zu einer Verbindung abgebaut wird, die für Leber und Nieren toxisch ist. Der Schaden wird möglicherweise durch hohe Alkoholzufuhr verschlimmert. Am beunruhigendsten ist, daß der Schaden ohne manifeste Symptome auftritt, das heißt, daß Überdosierer die Selbstschädigung oft erst merken, wenn es zu spät ist. (Überdosen von Aspirin gehen im Gegensatz dazu mit Übelkeit, Erbrechen und Ohrensausen einher, was zwar unangenehm ist, aber für den Betroffenen eine rechtzeitige Warnung darstellt.)

Anfangs gab sich Johnson & Johnson gelassen. Am 7. Juli 1977, dem Tag, bevor der Ausschuß seinen Bericht vorstellte, hielt das Unternehmen eine Pressekonferenz ab, auf der es sich mit den neuen Empfehlungen einverstanden erklärte und hinzufügte, es werde freiwillig jede einzelne Packung von Tylenol mit einer Warnung vor Leberschäden versehen.

Sterling ging seinerseits daran, in seiner Bayer-Werbung aus dem Analgetikabericht Kapital zu schlagen. Im ersten ausgestrahlten TV-Spot wurde darauf hingewiesen, daß der FDA-Ausschuß keinerlei Belege für die Behauptung gefunden habe, daß Paracetamol gefahrloser als Aspirin sei. (In Wirklichkeit wurden in dem Bericht die zwei Pharmaka nicht so unmittelbar miteinander verglichen.) Die FDA war mit der Verwendung ihrer Forschungsergebnisse durch Sterling ebensowenig einverstanden wie vor ihr die FTC. In einem Brief an den Sterling-Vorstand Wescoe drohte der FDA-Kommissar Donald Kennedy im Dezember, falls diese Werbung anhalte, »werden wir es für nötig erachten, die Öffentlichkeit selbst aufzuklären«. Erstaunlicherweise schrieb Kennedy auch an den FTC-Vorsitzenden Michael Pertschuk und forderte ihn auf, eine Untersuchung der Schmerzmittelwerbung zu eröffnen.

Sterling strich die Bezugnahme auf den Ausschußbericht aus seinen Reklametexten. Aber es stellte seinen Nervenkrieg gegen Tylenol nicht ein. Am 2. Dezember 1977 schickte Sterling sieben Bände voll wissenschaftlicher Untersuchungen an die FDA, welche die Empfehlungen des Ausschusses zu einer juristisch verbindlichen Monographie verarbeitete. Ein Großteil dieser Unterlagen bestand aus negativen wissenschaftlichen Erkenntnissen über Paracetamol, ein Produkt, das die Firma in den Vereinigten Staaten nicht verkaufte. Darunter befand sich Sterlings Version einer angemesseneren Paracetamol-Warnung in entsprechend aufsehenerregenden Großbuchstaben.

VERWENDEN SIE DIESES PRÄPARAT NICHT, FALLS SIE ALLERGISCH GEGEN PARACETAMOL SIND: FALLS SIE ASTHMA HA-

BEN ODER GEGEN ASPIRIN EMPFINDLICH BZW. ALLERGISCH
SIND, DANN FRAGEN SIE VOR EINNAHME DIESES PRODUKTS
IHREN ARZT: ÜBERSCHREITEN SIE DIE EMPFOHLENE DOSIS
NICHT UND NEHMEN SIE DAS PRÄPARAT NICHT LÄNGER ALS
10 TAGE EIN, DA SONST EIN SCHWERER LEBERSCHADEN
AUFTRETEN KANN. FALLS SIE JE AN EINER LEBERERKRAN-
KUNG LITTEN, BEFRAGEN SIE EINEN ARZT VOR EINNAHME
DIESES PRÄPARATS. FALLS SIE VERSCHREIBUNGSPFLICHTI-
GE MEDIKAMENTE NEHMEN, FRAGEN SIE VOR BENUTZUNG
DIESES MITTELS IHREN ARZT.

Drei Tage später traf die Reaktion von Johnson & Johnson bei der FDA ein.
Tylenol sei schließlich doch nicht zur Zusammenarbeit bereit. Die versprochenen warnenden Packungsaufschriften würden nicht erscheinen. Bereit, es auf
einen Kampf ankommen zu lassen, beschwerte sich das Unternehmen, die
Warnung vor Leberschäden sei unfair, weil damit auf eine »spezifische Konsequenz« einer Überdosierung – Schädigung der Leber – hingewiesen werde,
während in der Aspirin-Warnung keine bestimmten Organe erwähnt würden.
Auch Johnson & Johnson hatte sich die Mühe gemacht, seine eigene Liste
empfohlener Warnungen aufzustellen – für Aspirin.

ÜBERSCHREITEN SIE DIE EMPFOHLENE DOSIS NICHT, DA
ERNSTE, POTENTIELL LEBENSBEDROHLICHE STOFFWECH-
SELSTÖRUNGEN, ATEMSTILLSTAND, KOMA, KRÄMPFE UND
KREISLAUFKOLLAPS DIE FOLGE SEIN KÖNNEN.
NEHMEN SIE DIESES PRÄPARAT WÄHREND DES DRITTEN
SCHWANGERSCHAFTSDRITTELS NICHT, DA ES ZU EINER
VERLÄNGERUNG DER WEHEN, VERMEHRTER BLUTUNG BEI
DER ENTBINDUNG UND ZUR TOTGEBURT KOMMEN KANN.
DIESES PRODUKT ENTHÄLT ASPIRIN. NEHMEN SIE ES NICHT,
FALLS SIE IM LAUFE IHRES LEBENS AN BRONCHIALASTHMA,
NASENPOLYPEN ODER HEUSCHNUPFEN GELITTEN HABEN,
DA ES ZU POTENTIELL LEBENSBEDROHLICHEN REAKTIO-
NEN, DARUNTER KREISLAUFKOLLAPS UND ATMUNGSVER-
SAGEN KOMMEN KANN:

WARNUNG: NEHMEN SIE DIESES PRODUKT NICHT, FALLS SIE
AN MAGENBESCHWERDEN, ULKUS ODER BLUTUNGSPRO-
BLEMEN LEIDEN, DA EIN MASSIVER, POTENTIELL TÖDLICHER
MAGEN-DARM-BLUTSTURZ EINTRETEN KANN.

Falls bei Tylenol eine Leberwarnung nötig sei, hatte Johnson & Johnson auch
dafür Vorschläge bereit.

ÜBERSCHREITEN SIE DIE EMPFOHLENE DOSIS NICHT.
DIE EINNAHME VON MEHR ALS 40 [REGULÄREN] ODER 24
[EXTRASTARKEN] TABLETTEN ALS EINZELDOSIS KANN
LEBERSCHÄDEN BEWIRKEN.

Richard Moriarty, der Direktor des National Poison Control Network, war über
das Verhalten des Unternehmens verärgert. In einem Brief an die FDA zog er im
Januar gegen Johnson & Johnsons Weigerung vom Leder, zuzugeben, daß
Paracetamol gefährliche Nebenwirkungen haben könne. Am schlimmsten, fügte
er hinzu, sei Johnson & Johnsons Version der Leberwarnung. Einem Selbst-
mordkandidaten nahezulegen, nicht mehr als 40 Tabletten zu nehmen, sei, »als
gebe man jemandem, der sich soeben eine Pistole gekauft hat, um sich damit
umzubringen, ein Diagramm in die Hand, auf dem die günstigsten Punkte auf
dem Körper eingezeichnet sind, um die Mündung anzusetzen«. Johnson &
Johnson liefere einem die Gebrauchsanweisung: Nehmen Sie mehr als 40, dann
werden Sie mit Sicherheit sterben.
Johnson & Johnson kümmerte sich nicht darum. Am 6. Februar 1978 übersandte es der FDA einen weiteren Band von Untersuchungen. Dieser Bericht,
der eine Punkt-für-Punkt-Widerlegung der Einlassungen von Sterling darstellte,
bezog sich häufig auf eine angeblich maßgebliche Quelle in bezug auf Paracetamol: eine Produktbeschreibung der (britischen) Sterling, in der die Gefahrlosig-
keit und die überlegenen Vorzüge der Paracetamol-Marke Panadol über den
grünen Klee gelobt wurde.
Die FDA hatte keine Zeit, sich darüber zu amüsieren. Auf ihrer Türschwelle
landeten fast täglich neue Untersuchungen, neue Memos, neue Kommentare.
Auch andere Firmen hatten Sterlings Schachzug mitgekriegt. In der Vergangenheit hatte jede Firma am laufenden Band unparteiisches wissenschaftliches

Beweismaterial produziert, um die Vorzüge ihres eigenen Produkts herauszustellen. Nun lief die Wissenschaftsmaschine auf Hochtouren, aber die Labors der Unternehmen stießen ein anderes Produkt aus: Untersuchungen, die ihre Rivalen angriffen. Die überarbeitete Behörde geriet in ein Kreuzfeuer von Daten, als die Schmerzmittelhersteller versuchten, sich gegenseitig durch die FDA die Zügel anzulegen. *The Hall of Aspirine* wucherte von Tag zu Tag weiter. Ihr Katalog in Form eines Computerausdrucks, in dem jede Eintragung eine einzige Zeile einnahm (»86-11-06 C Bio Prods Inc [Reicherts, P] 18 Bde.«), schwoll auf über vierzig Seiten an. Zehn Jahre vergingen. Inzwischen entdeckten die Schmerzmittelfirmen einen weiteren Kriegsschauplatz.

Ende 1976 sah Wayne Nelson einen Anacin-Spot und wurde fuchsteufelswild.

> CHARAKTERKOPF DES SPRECHERS: Ihr Körper kennt den Unterschied zwischen diesen Schmerzmitteln [hält Fläschchen von Datril, Tylenol und Extrastarkem Tylenol hoch] und Anacin für Erwachsene [hält Anacin hoch]. Bei anderen Schmerzen als Kopfweh hemmt Anacin die Entzündung, die oft mit Schmerzen einhergeht. Diese [Paracetamol-Produkte] tun das nicht ... Anacin beseitigt die Entzündung und befreit Sie gleichzeitig schnell von Ihren Schmerzen. Diese tun das nicht. Nehmen Sie Anacin für Erwachsene.

Was die Aufmerksamkeit Wayne Nelsons und später die der Bundesjustiz erregte, war weniger der fragwürdige Satzbau des Textes als sein Inhalt. »Anacin beseitigt die Entzündung und befreit Sie gleichzeitig schnell von Ihren Schmerzen«, erklärte der Sprecher von American Home. »Diese [die Paracetamol-Produkte] tun das nicht.« Tun *was* nicht? Für Nelson klang das, als behaupte American Home, daß Tylenol Schmerzen nicht schnell lindere. Und das, erklärte Nelson später, »war schlicht falsch, und sie wußten es«. American Home Products war nach Nelsons fester Überzeugung bereit, »alles zu sagen und zu tun, um einen Extradollar herauszuschinden«.

Wie zuvor, protestierte Nelson bei Zeitungen, den Rundfunkanstalten und der National Advertising Division of the Council of Better Business Bureaus. ABC zwang daraufhin American Home, den Text wie folgt abzuändern: »Anacin lindert sowohl Schmerzen als auch Entzündungen schnell. Sie richten aber gegen Entzündungen nichts aus.« Aber NBC und CBS sendeten die Spots unverändert. Nelson schlug weiter die Klagetrommel – laut, pausenlos, öffentlich. Am 21. März 1977 beging American Home einen großen Fehler. Es verklagte Johnson & Johnson in der Hoffnung auf einen Richterspruch, der Nelson den Mund verbieten würde.

American Home wurde seit siebzehn Jahren von William Laporte geführt. Die gesunden Profite des Unternehmens hatten ihm eine fast absolute Machtstellung verschafft, und im Lauf der Zeit glich er American Home immer mehr seinem eigenen Charakter an – habgierig, heimlichtuend und knauserig. Laporte kaufte eine Firma nach der anderen auf, die er dann voneinander unabhängig hielt. Anacin wurde zum Beispiel von Whitehall Laboratories hergestellt und vertrieben, fast ohne daß irgendein anderer Zweig von American Home dazu beitrug. Laporte behielt, wie vielfach berichtet wurde, die Kontrolle, indem er alle Schecks über mehr als 500 Dollar persönlich abzeichnete. Da er sich weigerte, Kopfjäger, Umzugskosten oder konkurrenzfähige Gehälter zu bezahlen, war die Personalabteilung der Firma lange auf jene Leute in New York City angewiesen, die bereit waren, unter tyrannischen Bedingungen für unterdurchschnittliche Löhne zu arbeiten. »Die Büros waren voller Duckmäuser«, erzählte Jack Shapiro, ein ehemaliger Marketingdirektor eines American-Home-Ablegers. »Die Arbeitsmoral war fürchterlich, und man bekam ständig zu hören, was man alles nicht tun dürfe.« Laporte glaubte, Shapiro zufolge, nicht an langfristige Planung. »Ihm ging es nur darum, jeden Cent für die nächste Vierteljahresbilanz herauszuschinden – das Gegenteil dessen, was wir jetzt für gutes Management halten. Die Folge war, daß jedes Problem, das auftauchte, völlig unerwartet kam und die Firma mit kopflosem Herumfuchteln darauf reagierte, bis sie auf eine Lösung stieß, die funktionierte.«

Als kopfloses Herumfuchteln könnte man auch die Art und Weise bezeichnen, wie American Home auf den Höhenflug von Tylenol reagierte. Ebenso wie Sterling brachte sie ihre eigene Paracetamol-Pille heraus. Die Marke hatte zunächst den Namen Trilium, der aber später in Extranol umgeändert wurde. Johnson & Johnson erschien die Ähnlichkeit zwischen Tylenol und Extranol etwas mehr als zufällig. Die Firma klagte am 15. März 1976 wegen Warenzeichenverletzung. Das Gericht verhängte ein vorläufiges Verfügungsverbot gegen American Home. Damit war Extranol gestorben. American Home ließ sich jedoch nicht unterkriegen und änderte den Namen in Extramed. Das kam nicht an. Also wandte sich die Firma an eine ihrer wertvollsten Handelsmarken, Anacin, um Hilfe. Im Gegensatz zu Bayer war Anacin nicht eng mit Aspirin assoziiert. Tatsächlich hatte sich Whitehall Laboratories jahrelang bemüht, den gegenteiligen Eindruck zu erwecken. Warum sollte man nicht den Namen Anacin für eine neue Paracetamol-Marke verwenden? Noch besser, warum sollte man ihr nicht den »speziellen Anacin-Zusatz«, Koffein, beimengen? Whitehall entschied sich für die geheimnisvolle Bezeichnung Anacin-3. Trotz eines Werbefeldzugs im üblichen Stil von American Home war Anacin-3 kein Erfolg beschieden; dennoch blieb es auf dem Markt. American Home verzichtete auf weitere Versuche mit Paracetamol und wandte sich wieder dem regulären Anacin zu. Im Dezember lancierte es den Slogan »Ihr Körper kennt den Unterschied« zwischen Tylenol und Anacin, der Text, über den sich Wayne Nelson so ärgerte. Als Nelsons Proteste der Firma auf die Nerven gingen, reichte American Home eine Klage ein, um sich vom Gericht »sein Recht bestätigen zu lassen, den Werbespot ohne Störfeuer seitens der Beklagten« McNeil und Johnson & Johnson zu senden. Nelson reagierte mit seinem üblichen Elan. Drei Wochen nachdem American Home seine Klage eingereicht hatte, erhob Johnson & Johnson Gegenklage unter Bezugnahme auf Abschnitt 43 (a) des Lanham-Warenzeichengesetzes von 1946.

Hauptsächlich aus der Feder von Edward S. Rogers stammend, dem Experten für geistiges Eigentum, der damals stellvertretender Vorstand von Sterling Products war, regelt das umfangreiche und komplizierte Lanham-Gesetz den Erwerb, Gebrauch und Verlust von Warenzeichen in den Vereinigten Staaten. Auf einer der hinteren Seiten findet sich Abschnitt 43 (a):

> Jede Person, die in Zusammenhang mit irgendwelchen Gütern oder Dienstleistungen ... eine falsche Beschreibung oder Darstellung einschließlich Worten oder anderen Symbolen verwendet, welche diese tendenziell falsch beschreiben oder darstellen ... muß mit zivilrechtlicher Verfolgung ... durch Personen rechnen, die davon ausgehen, durch derartige falsche Beschreibungen oder Darstellungen Schaden zu erleiden.

Absatz 43 (a) war in den drei Jahrzehnten, seit ihn Rogers formuliert hatte, kaum aufgefallen. Das sollte sich mit Johnson & Johnsons Gegenklage ändern.

Tatsächlich sollte dadurch eine neue juristische Spezialität entstehen, Reklameprozesse unter Berufung auf das Lanham-Gesetz.

In seiner Gegenklage behauptete Johnson & Johnson, »Ihr Körper kennt den Unterschied ...« sei als »falsche Darstellung beziehungsweise Beschreibung« von Anacin anzusehen, die dem Ziel diene, »die Käuferschaft zu dem Glauben zu verleiten, Anacin sei als Schmerzmittel Tylenol überlegen«. Johnson & Johnson beschuldigte American Home nicht geradezu der Lüge, obwohl es den Werbespot als »Paradebeispiel der Anwendung von Reklametaktiken, wie sie im 19. Jahrhundert für Patentarzneien üblich waren, auf die heutige Werbung in den Massenmedien« charakterisierte. Ähnlich wie die FTC argumentierte Johnson & Johnson, der Anacin-Text rufe, gleichgültig, wieviel buchstäbliche Wahrheit er enthalte, im Bewußtsein der Zuschauer falsche Eindrücke hervor und sei damit irreführend.

Die Einsätze waren hoch. Während die Kampagne lief, fiel Tylenols Anteil am Schmerzmittelmarkt von 17 auf 15,6 Prozent. Bei einem Gesamtumsatz an Analgetika von vielleicht 750 Millionen Dollar im Jahr war dieser geringfügige Rückgang mit einem Verlust von über zehn Millionen Dollar an entgangenem Absatz gleichzusetzen. Und American Home hatte nicht die Absicht, die Kampagne zu stoppen. In diesem Sommer plante es, weitere fünf Millionen für »Ihr Körper kennt den Unterschied« einzusetzen – fast die Hälfte seines Werbeetats für Anacin und nach den Berechnungen der Werbeagentur für Tylenol genug, um den amerikanischen Durchschnittshaushalt jeden zweiten Tag mit seiner Botschaft zu konfrontieren.

Viele Rechtsstreitigkeiten verheddern sich in semantischen Fragen. Beim Anacin/Tylenol-Prozeß stand die Semantik im Mittelpunkt. Was bedeutete der Text genaugenommen? Wenn man bedenkt, daß seine Formulierungen unter erheblichen Kosten von professionellen Kommunikatoren ausgetüftelt worden waren, war der Kern der Aussage merkwürdig schwer zu fassen. »Anacin beseitigt die Entzündung und befreit Sie gleichzeitig schnell von Ihren Schmerzen. Diese tun das nicht.« Was bedeutete das? Implizierte es, wie Johnson & Johnson meinte, daß Anacin schnell die Schmerzen stille und die anderen nicht? Und behauptete American Home damit, daß Anacin ein schneller und besser wirkendes Schmerzmittel sei als Tylenol? Oder sollte das, wie American Home versicherte, nur heißen, daß Anacin im Gegensatz zu den anderen Mitteln arthritische Entzündungen abklingen lasse? Und daß der Spot somit nichts über schnellere

Befreiung von Schmerzen aussage, sondern nur über das Abheilen von Entzündungen? Wenn dem so war, spielte es eine Rolle angesichts der Tatsache, daß der Ausschuß für rezeptfreie Analgetika im selben Monat, in dem die Gegenklage eingebracht wurde, entschieden hatte, Aspirin sei in den kleinen, rezeptfreien Dosierungen, wie sie in Anacin enthalten waren, gegen Entzündung wirkungslos?

Der New Yorker Richter Charles Stewart jr. hatte es in erster Instanz abgelehnt, diese Fragen selbst zu beantworten. Im Jahr zuvor war ein anderer Bundesrichter in einem weiteren Lanham-Prozeß zu dem Schluß gekommen, daß seine eigene Interpretation eines Werbetextes irrelevant sei. »Die Frage in diesen Fällen ist doch«, schrieb dieser Richter, »wie versteht die Person, an die sich die Werbung richtet, deren Aussage?« Die Person, an die sich die Werbung richtet, ist natürlich der Verbraucher. Stewart wies die Unternehmen an, herauszufinden, wie der Durchschnittsamerikaner die Texte auffaßte. Die FTC hatte einen ähnlichen Ansatz versucht, als sie Bürger von Washington, D. C., vorlud und sie vor Gericht zwang, Bayer-Werbung zu interpretieren. Stewart bediente sich einer anderen Methode und mußte feststellen, daß er Gefahr lief, sich in dem undurchdringlichen Dickicht statistischer Analysen von Verbraucherumfragen zu verheddern.

American Home beauftragte ASI Market Research von New York City, der Bedeutung von »Ihr Körper kennt den Unterschied« auf den Grund zu gehen. ASI bezahlte Leute in einem nördlich von New York gelegenen Einkaufszentrum dafür, in einem Vorführraum zu sitzen und sich eine Mischung von Fernsehsendungen und Werbespots anzusehen. Einer der Spots war »Ihr Körper kennt ...«. Während und nach der Vorführung wurden die Zuschauer befragt, an welche Programme und Spots sie sich erinnerten und wie sie deren Inhalte verstanden hatten.

Die Ergebnisse lieferten eine unbeabsichtigte Fallstudie des Paradoxons der Werbung. Nach Ende der Vorführung konnte sich ein volles Fünftel der Teilnehmer an kein einziges Detail von »Ihr Körper ...« erinnern, obwohl sie den Spot erst wenige Minuten zuvor in einem abgedunkelten Raum gesehen hatten. Nicht ganz zwei Drittel erinnerten sich daran und dachten, er versuche, ihnen etwas zu verkaufen (ASI verschwieg, worin die restlichen Zuschauer seinen Zweck erblickten). Von den Personen, die sich an den Spot erinnerten und begriffen, daß man ihnen etwas verkaufen wollte, erwähnte etwa die Hälfte »Befreiung von

Symptomen«, eine Antwort, die sie aus dem bloßen Bewußtsein abgeleitet haben mochten, es mit einer Schmerzmittelreklame zu tun zu haben. Fast ein Drittel erwähnte »Überlegenheit gegenüber der Konkurrenz«, ebenfalls eine plausible Hypothese. Nur ein Prozent erinnerte sich an die behauptete »schnellere Schmerzlinderung« – der springende Punkt des Textes und der Rechtsstreitigkeiten, die er nach sich zog. Unter anderen Umständen hätte American Home diese Ergebnisse vielleicht als ernüchternd angesehen. In diesem Fall wurden die Daten von ASI dem Gericht als Beleg dafür präsentiert, daß die Verbraucher der Werbung keine unzutreffende Botschaft analgetischer Überlegenheit entnommen hätten, weil faktisch überhaupt keine Botschaft bei ihnen angekommen war.

Johnson & Johnson engagierte ein anderes Marktforschungsunternehmen, Gallup & Rubenstein, das seine Umfrage telefonisch durchführte. Am Tag nach der Ausstrahlung eines »Ihr Körper ...«-Spots im Fernsehen fragte die Firma eine repräsentative Auswahl von Haushalten, ob jemand ihn gesehen habe. Im Gegensatz zu der ASI-Erhebung berichtete fast die Hälfte der Leute, die die Werbung gesehen hatten, sie habe bei ihnen den Eindruck hinterlassen, daß Anacin »schnell wirkt«, und nicht weniger als 39 Prozent meinten, sie enthalte die Aussage, daß Anacin besser oder am besten sei.

Welche Umfrage hatte nun recht? Genau wie unparteiliche wissenschaftliche Forschungsarbeiten, mußte Stewart zur Kenntnis nehmen, waren auch unparteiliche Verbraucherumfragen imstande, jede Menge widersprüchlicher Ergebnisse zu produzieren. In beiden Erhebungen schienen die Befragten jedoch anzugeben, was die Reklame vermitteln *sollte*, und nicht, was sie tatsächlich aussagte. Die Wunderwirkung der Fernsehwerbung beruhte nach Auffassung des Richters darauf, »die früheren Assoziationen des Betrachters mit dem Produkt zu reaktivieren und sein Interesse für den speziellen neuen Werbetext zu wecken«. Mit anderen Worten, die gegenwärtige Werbung für Anacin weckte vor allem Erinnerungen an frühere Botschaften, die vielfach Anspruch auf Überlegenheit erhoben hatten. Bedeutete dies, daß der gegenwärtige Spot für die Sünden früherer Sendungen haftbar gemacht werden konnte?

Im August 1977 gab der Richter seine Entscheidung bekannt. Das Gericht, erklärte er, könne sich nur mit der vorliegenden Sendung befassen, nicht mit früheren Werbetexten. Deshalb sei es seine Aufgabe, festzustellen, welche Eindrücke ein einzelner Spot bei Leuten hervorrufen würde, die nie zuvor eine

Anacin-Reklame gesehen hatten – Umstände, die, wie er zugab, unrealistisch waren. Diese Schlußfolgerung verlieh der ASI-Erhebung Übergewicht, welche die Reaktionen von Zuschauern auf »Ihr Körper ...« direkter getestet hatte, obwohl sie ein ungenaueres Bild der tatsächlichen Wirkung des Spots vermittelte, um die es in dem Prozeß ja wohl ging. Dank ASI entschied Stewart, »Ihr Körper ...« behaupte nicht implizit, daß Anacin Schmerzen schneller lindere als Tylenol.

Für American Home war das nur ein schwacher Trost, denn in der übrigen Urteilsbegründung wurde dem Unternehmen ordentlich der Marsch geblasen. Obwohl der Spot nicht behaupte, daß Anacin schneller sei, entschied Stewart, suggeriere er doch, Anacin sei *besser*.

Nachdem er die implizite Bedeutung des Spots klargestellt hatte, wandte sich Stewart in seinem Urteil der nächsten Frage zu: Ist diese Behauptung zutreffend? Das heißt, ist Anacin tatsächlich ein besseres Schmerzmittel als Tylenol? Auch hier ging es wieder um zwei Fragen: Schmerzen im allgemeinen und Schmerzen durch Entzündung. American Home räumte praktisch ein, daß Aspirin und Paracetamol gegen unspezifische Schmerzen gleichwertig seien, und stützte seine Verteidigung auf den Vorsprung von Aspirin bei der Bekämpfung von Entzündungen. In den Stellungnahmen der Sachverständigen wurde auf zahllose medizinische Fragen eingegangen, einschließlich der Mysterien der zellularen Biochemie, der Kriterien klinischer Testreihen und der Gleichsetzbarkeit von Tendonitis und »Tennis-Ellbogen«. Ebenso wie bei den FTC- und FDA-Prozessen marschierten Wissenschaftler vor Gericht auf. Wiederum waren sie fast in jeder Frage geteilter Meinung, außer daß die Beweislage eindeutig sei. Paracetamol sei bei Arthritis zwar weniger wirksam als Aspirin, aber bedeute das, daß es zur Behandlung von Entzündungen wertlos ist? Selbst wenn es im Labor eine geringere Wirkung zeige, was sei, wenn die Leute es nehmen und sich danach besser fühlen?

Nachdem er sich einem Wust widersprüchlicher Aussagen konfrontiert sah, erklärte Stewart die Entzündungsfrage als unentschieden: American Home könne zwar nicht beweisen, daß Anacin besser gegen Entzündungen sei, aber Johnson & Johnson sei auch den Beweis des Gegenteils schuldig geblieben. Für den Ausgang des Prozesses erwies sich eine zweite Frage als entscheidend: Ist Anacin abgesehen von Entzündungen ein generell überlegenes Analgetikum? Hier setzte sich Johnson & Johnson leicht durch, da American Home Tylenol mehr oder weniger offen als ebenbürtig anerkannt hatte. Die Folge war, daß Stewart American Home verbot, jetzt und künftig in Reklametexten zu behaupten, daß »Anacin generell ein höherwertiges Analgetikum beziehungsweise ein überlegenes Analgetikum gegen Beschwerden ist, die mit Entzündungen oder entzündlichen Prozessen einhergehen«.

Das war ein Schock. Der klare Vorteil von Aspirin gegenüber Paracetamol – seine entzündungshemmende Wirkung – war damit als Werbethema verlorengegangen. Johnson & Johnson feierte seinen Sieg. Es stand der Firma frei, Stewarts Entscheidung gegen andere Aspirin-Firmen zu verwenden, falls diese ihren Versuch fortsetzten, den Vorzug von ASS gegenüber Tylenol bei Entzündungen herauszustellen. American Home ging in die Berufung und verlor vor dem Zweiten Apellationsgericht.

American Home Products vs. *Johnson & Johnson* war ein Meilenstein im Zusammenhang mit dem Lanham-Gesetz. Als das Berufungsgericht die Entscheidung von Richter Stewart bestätigte, schuf es das Präjudiz, daß Abschnitt 43 (a) mehr einschließe als wörtliche Unwahrheit, nämlich auch implizierte Behauptungen. Damit waren die Prozeßschleusen geöffnet. Jetzt konnten die Schmerzmittelhersteller beim geringsten Verdacht einer falschen oder irreführenden Behauptung einander gegenseitig verklagen. Nicht länger an die buchstäbliche Auslegung eines Reklametextes gebunden, konnte eine Firma in der Psyche des Verbrauchers gründeln, die verschiedensten Deutungen zutage fördern und die Konkurrenz aufgrund derjenigen Deutung, die den Fakten am offensichtlichsten widersprach, unter Berufung auf das Lanham-Gesetz verklagen. American Home konnte niemand anderem die Schuld daran geben als sich selbst – die Firma war schließlich als erste vor Gericht gegangen.

Schlimmer noch, sie war schon wieder in einen Prozeß mit Johnson & Johnson verwickelt. Vier Monate nach Stewarts Urteil brachte Anacin neue Werbespots heraus. Ebenso wie in »Ihr Körper ...«« wurde darin die entzündungshemmende Wirkung von Aspirin hervorgehoben. Diesmal vermied man jedoch sorgfältig jeden Vergleich mit Tylenol oder anderen Medikamenten. Johnson & Johnson erhob dennoch Einspruch und klagte gegen einen Spot, in dem der Name Tylenol nicht einmal andeutungsweise erwähnt wurde. Die Begründung war an den Haaren herbeigezogen. Richter Stewart hatte festgestellt, daß solche Reklamespots zwangsläufig Assoziationen an frühere Kampagnen von Anacin einschließlich »Ihr Körper ...« hervorriefen. Da Stewart diese Kampagne als illegal erklärt

habe, behauptete Johnson & Johnson, dürfe American Home das Thema
Entzündung *überhaupt nicht mehr* ansprechen.

Johnson & Johnson hoffte, in diesem Fall ein geneigtes Ohr zu finden: Richter
Stewart. Anacin II, wie der zweite Prozeß genannt wurde, schleppte sich bis zum
Juli 1979 hin, denn Stewart weigerte sich, sowohl die ursprüngliche Klage gegen
American Home als auch die Gegenklage von American Home gegen Johnson &
Johnson abzuweisen. In Anbetracht der Aussicht auf einen zweiten endlosen
Prozeß schlossen die zwei Unternehmen eine außergerichtliche Einigung. Es war
das letzte Mal, daß sie eine so gütliche Lösung fanden.

Alles in allem waren dies düstere Zeiten für Anacin. Zwischen Januar und
September 1978 wurde American Home von Johnson & Johnson zum zweiten
Mal verklagt, verlor seine Berufung gegen Stewarts Entscheidung im ersten
Anacin-Prozeß und wurde von der FTC dazu verdonnert, 24 Millionen Dollar
dafür aufzuwenden, um den Fernsehzuschauern klarzumachen, daß Anacin aus
Aspirin bestand. Nachdem American Home sogar mit dem Gedanken gespielt
hatte, sich vollends von Anacin zu trennen, entschloß sich die Firma statt dessen
zu einer letzten Offensive gegen Tylenol. Sie kreierte eine größere Version von
Anacin, Maximum Strength Anacin, mit 500 mg Aspirin pro Tablette. (Eine
Standarddosis besteht aus 325 mg.) »Was die vorhatten«, so der Anwalt von
Johnson & Johnson, »war, eine völlig neue Kategorie zu schaffen – die Maximal-
dosis –, die alles übrige übertreffen sollte. Es war aber im Grunde eine Schnaps-
idee, wenn man bedenkt, daß zwei Tabletten von regulärem altem Bayer mehr
Aspirin enthalten als ein Maximum Strength Anacin. Aber das war ihr neuer
Plan.«

> Das neue Maximum Strength Anacin ist da, in Form des Schmerz-
> mittels, das von den Ärzten am meisten empfohlen wird.
> Maximum Strength übertrifft die reguläre Tablette.
> Es ist stärker als Extra Strength:
> Eben Maximum Strength.
> Holen Sie sich Maximum Strength Anacin.
> Maximum Strength bekommen Sie rezeptfrei.

Albern oder nicht, Johnson & Johnson mißfiel der Vergleich mit »Extra

Strength«, Worte, für deren Assoziierung mit Tylenol es Millionen aufgewandt hatte. »Was haben die wohl mit der Formulierung ›Es ist stärker als Extra Strength‹ im Sinn gehabt?« fragte der Johnson & Johnson-Anwalt. »Auf Extra-Strength Tylenol hatten sie es abgesehen, das ist doch ganz klar!« Eine Verbraucherumfrage ergab, daß viele Benutzer von Extra-Strength Tylenol tatsächlich den Eindruck erhielten, Maximum Strength Anacin sei ein besseres Schmerzmittel als Extra-Strength Tylenol – um diesem Eindruck entgegenzutreten, war Johnson & Johnson bereits vor Gericht gegangen. Diesmal berief sich Johnson & Johnson von vornherein auf Abschnitt 43 (a) des Lanham-Gesetzes. Im August 1979 setzte es Anacin III in Gang.

Obwohl American Home die Chance hatte, bei einem neuen Richter, Morris E. Lasker, Gehör zu finden, hatte die Firma vom Lanham-Gesetz genug. Sie änderte »Extra-Strength« in »zusätzliche Stärke« um. Johnson & Johnson blieb unbeeindruckt. Nelson stellte sich auf die Hinterfüße, und der Prozeß ging weiter. Vor Gericht behauptete American Home, es habe nicht im entferntesten an Extra-Strength Tylenol gedacht, als es die Worte »Extra Strength« benutzte. Maximum Strength Anacin konkurriere ausschließlich mit anderen Aspirin-Marken. Um Tylenol Paroli zu bieten, besitze American Home sein eigenes Paracetamol-Präparat, Anacin-3. Für Johnson & Johnson war diese Argumentation »die neueste in einer Reihe windiger Ausflüchte«, insbesondere seitens einer Marke, der soeben in einem langwierigen Prozeß das Recht abgesprochen worden war, Tylenol direkt anzugreifen.

Wie zuvor ging es bei diesem Prozeß um die Hermeneutik der Werbung. Beide Unternehmen legten Verbraucherumfragen vor, und beide bezichtigten ihren Rivalen einer falschen Auslegung dieser Erhebungen. Johnson & Johnson machte geltend, daß die eigene Umfrage von American Home seine Argumentation unterstütze, da die Befragten verbotene Botschaften der Überlegenheit allein aus der Existenz des Werbespots heraushörten. American Home beschuldigte seinerseits Johnson & Johnson, seine eigenen Studien zu mißdeuten. Deren Resultate, so American Home, zeigten nicht, daß der Spot für Maximum Strength Anacin irreführend sei, sondern daß es sich um eine »furchtbar schlechte« Reklame handle – eine Feststellung, der das Gericht von Herzen zustimmte.

In seinem im Juli 1980 veröffentlichten Spruch tadelte Richter Lasker American Home nachdrücklich, seine Augen partout gegenüber möglichen Deutungen seiner Werbesendungen zu verschließen. Noch schlimmer, der Richter wies darauf hin, daß Maximum Strength Anacin offensichtlich gegen die FDA-Normen verstoße, denn 500 mg pro Tablette stellten eine größere Dosis von ASS dar, als die FDA gegenwärtig zulasse. Maximum Strength Anacin, sagte er, stelle nicht die maximale Stärke dar, die rezeptfrei erlaubt sei. Maximum Strength Anacin sei keineswegs erlaubt.[*]

Johnson & Johnson hatte erneut triumphiert. Nicht damit zufrieden, sich auf seinen Lorbeeren auszuruhen, brachte das Unternehmen eine neue Produktversion auf den Markt: Kapseln. Leichter zu schlucken und irgendwie stärker als die Tablette wirkend, förderten die Extra-Strength-Tylenol-Kapseln das anhaltende Wachstum der Marke. Anfang 1981 lag ihr Anteil am Analgetikamarkt bei 30 Prozent – 30 Prozent für das mächtige Tylenol! –, und die Aspirin-Hersteller waren nahe daran, das Handtuch zu werfen. Bufferin startete eine Werbekampagne gegen Bayer, dessen Marktanteil auf weniger als neun Prozent geschrumpft war; andere Aspirin-Marken gingen in Stellung, um ihre Aspirin-Konkurrenten zu bekämpfen, nicht Tylenol.

Den unaufhaltsamen Aufstieg von Tylenol stoppte schließlich eine Tragödie, die im folgenden Jahr ihren Anfang nahm. Und kurz danach sollte Johnson & Johnsons Nemesis, American Home, sein Comeback feiern, in der Hoffnung, Paracetamol das anzutun, was Johnson & Johnson Aspirin angetan hatte: es durch ein neues Schmerzmittel schlagen.

---

[*] Ein Jahr später ging Johnson & Johnson erneut vor Gericht, diesmal gegen Bayer Aspirin. »Nichts hilft besser als Bayer«, lautete der Werbetext. »Nichts.« Zur Unterstützung dieser Behauptung führte Bayer eine neue Studie an. Johnson & Johnson wünschte diese Studie zu sehen. Sterling lehnte ab; Johnson & Johnson klagte. Im Januar 1983, während sich die zwei Parteien auf den Prozeß vorbereiteten, führte Sterling ein neues Produkt ein: Maximum Strength Bayer. Wie zuvor, ließ Sterling gleichzeitig zwei miteinander unvereinbare Werbekampagnen laufen: Nichts ist besser als reguläres Bayer; Maximum Strength Bayer ist besser als reguläres Bayer. Johnson & Johnson jaulte empört auf. Sterling knickte ein und zog die Anstoß erregenden Spots zurück.

14. Kapitel

»Kleine Nationen«

Am 30. September 1982 traten in Cook County drei Todesfälle durch Zyanidvergiftung auf. In allen Fällen stammte das Zyanid aus Tylenol-Kapseln. Als diese Meldung im Stammhaus von Johnson & Johnson eintraf, war die erste Reaktion Ungläubigkeit – das mußte eine Zeitungsente sein. Niemand konnte sich vorstellen, wie das Zyanid in den hochentwickelten Tylenol-Produktionsprozeß hineingelangt sein konnte. Aber als die Berichte, Anfragen und Bestätigungen hereinströmten, mußte die Geschäftsführung hinnehmen, daß das Undenkbare geschehen war. Drei Menschen waren mit Tylenol-Kapseln im Magen einen qualvollen Tod gestorben.

James Burke hatte nie eine größere Krise durchgemacht. 1953 als Produktmanager für die Heftpflastermarke Band-Aids eingestellt, war Burke Vorstand geworden, gerade als Tylenol an die Spitze des Analgetikamarktes vorstieß, und hatte miterlebt, daß die Tylenol-Gewinne für Johnson & Johnson immer wichtiger wurden. Die Marke machte jetzt etwa acht Prozent des weltweiten Konzernumsatzes und mehr als 15 Prozent seiner Gewinne aus. Die Konzernerträge waren, seit Burke an der Spitze stand, allein durch Tylenol um ein Sechstel gestiegen. (Johnson & Johnson war in den achtziger Jahren in der gleichen Situation wie die IG Farben in den Dreißigern: eine winzige, rezeptfrei erhältliche Pille hatte eine absurde Bedeutung für die Bilanz eines riesigen, technisch hochentwickelten Konzerns erlangt.) In diesem Herbst – 1982 – hielt Tylenol über ein Drittel des Analgetikamarktes, und die Marktanalytiker sahen keinen Grund, warum es nicht bis auf 50 Prozent klettern könnte. Jetzt schien es, als ob Burkes größter Erfolg zu seinem größten Desaster werde sollte.

Die Ermittler bewiesen rasch, daß das Tylenol nicht in McNeils Fabrik in Fort Washington manipuliert worden war. Eines der Opfer hatte Kapseln genommen, die in der zweiten Fabrik von McNeil in Texas hergestellt worden waren, was darauf hindeutete, daß die Manipulation im Einzelhandelsbereich, wahrscheinlich im Raum von Chicago, erfolgt war. Für das Unternehmen bedeutete das keine Entwarnung. Drei Menschen waren gestorben, und niemand wußte, wie viele weiter Gift in ihren Medizinschränken hatten.

Burke stornierte die gesamte Tylenol-Fernsehwerbung. Nach stundenlangen hektischen Besprechungen mit dem FBI und der FDA erließ er schließlich einen Rückruf für sämtliche Extra-Strength-Tylenol-Kapseln, die 40 Prozent des Umsatzes der Marke ausmachten. FBI und FDA hatten ursprünglich von einem solchen Rückruf abgeraten, weil dies die falsche Botschaft an die Terroristen sei. Aber nachdem in Kalifornien eine Nachahmungstat mit Strychnin erfolgte, stimmte die Regierung zu. Die Rückrufaktion kostete das Unternehmen 50 Millionen Dollar, aber das war nichts im Vergleich zu den indirekten Kosten. Der Aktienpreis von Johnson & Johnson fiel während des ganzen Oktobers, und die Anteilseigner erlitten einen Papierverlust von zwei Milliarden Dollar. Inzwischen sackte der Marktanteil von Tylenol auf acht Prozent.

Die Auguren sagten voraus, daß die Tylenol-Ära am Ende sei. Der Name Tylenol, meinten sie, würde für immer mit den Todesfällen assoziiert werden. Johnson & Johnson werde Millionen von Dollar für die Einführung eines neuen Markennamens aufwenden müssen. Und dann werde es großer Geduld bedürfen, die Herzen der Verbraucher langsam zurückzugewinnen. Andere Beobachter meinten, der Name Tylenol könnte vielleicht überleben, aber das Unternehmen werde von Glück reden können, wenn es mehr als die Hälfte seines alten Marktanteils zurückerobere.

Die Krise ging aber nicht vorüber. Vier weitere Personen starben. Inzwischen füllten konkurrierende Paracetamol-Marken das Vakuum, darunter Datril, das vor der Tragödie einen Marktanteil von vielleicht 0,01 Prozent gehabt hatte. Sterling hielt sich mit der Erklärung aus dem Getümmel heraus, es wäre »makaber«, aus der Situation Kapital zu schlagen. Das Unternehmen mochte auch noch einen anderen Grund für sein Zögern haben. Panadol, seine Paracetamol-Marke, die in siebzig Ländern, aber nicht in den USA vertrieben wurde, setzte jährlich etwa 100 Millionen Dollar um, ein günstiges Resultat, verglichen mit dem Absatz von Bayer Aspirin in den USA. Einem Bericht zufolge beabsichtigte Sterling, Panadol im Frühjahr 1983 mit einer großangelegten Werbekampagne herauszubringen, und wollte nicht von seinem sorgfältig ausgetüftelten Plan abrücken.

Auch American Home bekannte sich zu vornehmer Zurückhaltung und erklärte einem Reporter des *Wall Street Journal* scheinheilig, es würde nie den Versuch machen, aus einer Tragödie Profit zu schlagen. »Ich habe den Bericht im *Journal* im Acht-Uhr-Zug auf dem Weg zur Arbeit gelesen«, erinnert sich Jack Shapiro, der frühere Vertriebsleiter von American Home. »Um neun Uhr war ich in einer Besprechung, wo wir auszuknobeln versuchten, wie man die Schwierigkeiten [von Tylenol] nutzen könnte, um unserem eigenen Paracetamol einen neuen Start zu verschaffen. Die Leute liefen umher und sagten: ›Jetzt haben wir die Chance, mit diesen Halunken abzurechnen!‹«

Erstaunlicherweise erholte sich Tylenol wieder. Eine immense Hilfe war die Entscheidung von Johnson & Johnson, die Kapseln vom Markt zu nehmen und jede einzeln zu untersuchen – ein Verfahren, das der Firma weitere Millionen kostete. Außerdem hielt Burke die Öffentlichkeit durch häufige Pressekonferenzen auf dem laufenden, auf denen der Schleier des Geheimnisses gelüftet wurde, der das Unternehmen gewöhnlich umgab. Am wichtigsten war vielleicht Burkes Entschluß, 76 Millionen Coupons im Wert von 2,50 Dollar für jedes Tylenol-Produkt an die Bevölkerung zu verteilen. Für einen dieser Coupons erhielt man ein Fläschchen mit dreißig Tabletten nahezu gratis. Ein Jahr nach den Vergiftungen war der Anteil von Tylenol am Analgetikamarkt wieder auf 30 Prozent hochgeklettert. Die Berichte über sein Ende waren verfrüht gewesen.

Die Tragödie, die in Chicago sieben Menschen das Leben kostete, hatte auf dem rezeptfreien Arzneimittelmarkt Veränderungen zur Folge – die Einführung dreifach versiegelter, nicht manipulierbarer Verpackungen –, die immer an die Furcht und das Mißtrauen erinnern werden, welche dieser Zwischenfall auslöste. (Die von den Angehörigen der Opfer angestrengten Prozesse wurden erst im Mai 1991 abgeschlossen.) Der Fall erfüllt auch einen banaleren Zweck als Lektion über die Macht eines Namens; sie zeigt, daß es den Leuten nicht leichtfällt, jene Stelle in ihrem Bewußtsein zu löschen, die von einer vertrauten Marke oder einem bewährten Produkt besetzt ist.

Sieben Jahre lang hatte Tylenol bei den Verbrauchern Anklang gefunden. *Krankenhäuser vertrauen Tylenol, Sie können kein stärkeres Schmerzmittel kaufen, nichts ist wirksamer als Tylenol* – all diese Werbesprüche versuchten den Leuten einzuhämmmern, daß die Konkurrenz nicht besser sein könne als Tylenol. Als Tylenol nach einer angemessenen Pause wieder auf die Bildschirme zurückkehrte, blieb es bei diesen Slogans, und die Leute glaubten sie weiterhin und kauften Tylenol. Solange das analgetische Spielfeld ausgeglichen war und solange Johnson & Johnson fortfuhr, für die Marke zu werben, würde Tylenol seinen Vorsprung behalten. Aber dann änderte sich das Spielfeld.

Die Änderung begann im Hinterzimmer eines kleinen viktorianischen Hauses in einem Vorort der englischen Stadt Nottingham, wo ein Mann namens Stewart Adams viele Stunden mit der Untersuchung von Meerschweinchen zubrachte, die an einer Art Sonnenbrand litten. Im dem Haus war die pharmakologische Forschungsabteilung der Boots Company, einer englischen Drugstorekette, untergebracht. Nachdem der Firmengründer Jesse Boots 1921 gestorben war, erwarb der amerikanische Drugstoremagnat Louis K. Liggett die sechshundert Boots-Läden. Liggett fusionierte sie mit Drug, Inc., dem kurzlebigen Pharmakonzern für rezeptfreie Arzneien, den A. H. Diebold zusammengehamstert hatte. Als Drug, Inc. auseinanderbrach, kehrte die Boots-Kette in britischen Besitz zurück. Ihr neues Management setzte sich 1949 zum Ziel, ein Medikament mit der schmerzstillenden Wirkung der Kortikosteroide zu finden – Substanzen wie Cortison, die Ähnlichkeit mit den von den Nebennieren produzierten Hormonen haben –, aber frei von deren Nebenwirkungen wie Bluthochdruck, Ulkus und Diabetes sind. Damit wurde Adams beauftragt. Das Unternehmen übertrug ihm die Steroidforschung. Das war eine gewaltige Aufgabe, denn die Technologie zur Messung der schmerzstillenden Wirkung von Substanzen war primitiv. Während er verschiedene Möglichkeiten zur Klassifizierung dieser Wirkung erkundete, fiel Adams zufällig ein Artikel in einem obskuren amerikanischen Zahnarztfachblatt in die Hände, in dem der schmerzstillende Effekt von Aspirin mit dessen Wirkung auf entzündetes Gewebe in Verbindung gebracht wurde.
Damals wurde Aspirin zwar zur Linderung des Schmerzes eingesetzt, der mit Entzündungen einhergeht, aber es war nicht allgemein bekannt, daß es auch die Entzündung selbst abheilen kann. Adams gelangte zu der Überzeugung, daß die entzündungshemmende Wirkung das Hauptmerkmal von Aspirin ist. Falls

es ihm gelingen sollte, eine Substanz mit starken entzündungshemmenden Eigenschaften zu finden, dann, so seine Annahme, werde diese genau wie Aspirin eine starke schmerzstillende Wirkung haben. Und deshalb sah er sich auf der Suche nach einem zweiten Aspirin.

1955 kam der Zufall Adams erneut zu Hilfe. Er stieß auf einen deutschen Artikel über die Hervorrufung sonnenbrandähnlicher Entzündungen bei Meerschweinchen, indem man ihren Rücken rasiert und sie ultraviolettem Licht aussetzt. Der Grad der Verbrennung konnte auf einer Fünf-Punkte-Skala gemessen werden. Wenn Adams eine Substanz an den Meerschweinchen erprobte, konnte er feststellen, ob die Entzündung zurückging. Diese Methode war im Prinzip einfach, in der Praxis aber schwierig anzuwenden. Adams brauchte über ein Jahr, um sie zu vervollkommnen. Sobald ihm das gelungen war, konnte er sich endlich an die Aufgabe machen, potentielle neue Heilmittel zu identifizieren, ihre entzündungshemmende Wirkung zu beurteilen, und sie dann auf relative Freiheit von Nebenwirkungen zu testen. Er ersuchte Boots um Unterstützung. 1957 wurde ihm der Biochemiker John Nicholson zur Verstärkung zugeteilt.

Zunächst stellten die Forscher die höchst unerfreuliche Tendenz fest, daß die wirkmächtigsten Substanzen auch die bedenklichsten Nebenwirkungen hatten. Sie heilten zwar den Sonnenbrand der Meerschweinchen, machten die Tiere aber gleichzeitig krank. Schließlich testeten die zwei Männer mit vielversprechenden Ergebnissen eine Verbindung, die bisher als Unkrautvertilgungsmittel gedient hatte. Nicholson präparierte sechshundert chemische Varianten des ursprünglichen Herbizids. Die stärkste ließ Entzündungen sechsmal schneller abklingen als Aspirin, offenbar ohne dessen Nebenwirkungen. Erwartungsvoll gaben sie den Arzneistoff zur klinischen Erprobung weiter – und mußten zu ihrer Enttäuschung feststellen, daß er gegen chronische Polyarthritis nicht die geringste Wirkung hatte. Der Test, an dessen Vervollkommnung Adams gearbeitet hatte – das sonnenverbrannte Meerschweinchen –, sandte bezüglich der Wirkung des Stoffs auf den Menschen irreführende Signale aus.

Adams wandte sich einem neu entwickelten Tierversuch zu, der die analgetische Wirksamkeit eines Arzneistoffes direkt bewertete. Wie dieser Test ergab, besaßen die Stoffe, die sie zur klinischen Erprobung weitergereicht hatten, nur geringe schmerzstillende Wirkung. Adams war gezwungen, seine Grundhypothese zu verwerfen – daß die entzündungshemmende Wirkung einer Substanz mit Schmerzlinderung einhergeht. Inzwischen hatte Boots angefangen, sich für neue fiebersenkende Mittel zu interessieren, daher änderten sie ihr Protokoll und testeten jetzt in bezug auf alle drei Wirkungen: schmerzlindernd, entzündungshemmend und fiebersenkend.

Nicholson stieß schließlich durch Zufall auf eine Gruppe von Substanzen, die ihren Anforderungen entsprachen. Die erste davon, die am Menschen erprobt werden sollte, war ein Abkömmling der Butylphenylessigsäure – Droge 10335, wie sie in ihren Labornotizen bezeichnet wurde. Im Versuch erwies sich die Droge 10335 zwar als wirksam gegen chronische Polyarthritis, rief jedoch einen Ausschlag hervor. Adams dachte, diese Nebenwirkung sei durch eine Unreinheit der für den Versuch verwendeten Probe bedingt gewesen. Nachdem Nicholson eine hochreine Charge der Droge 10335 hergestellt hatte, erprobten sie drei Kollegen von Boots an sich selbst. Einer von ihnen erkrankte an einem noch schlimmeren Ausschlag, und damit war über die Droge 10335 der Stab gebrochen. Adams und Nicholson machten weiter. Eine Variante von 10335, Isobutylphenylessigsäure, erwies sich als erfolgreicher. Sie bewährte sich gegen Arthritis und rief keinen Ausschlag hervor. Ibufenac, wie das Mittel genannt wurde, kam auf den Markt – mußte jedoch zurückgezogen werden, als sich herausstellte, daß es Leberprobleme verursacht. (Der Arzneistoff blieb jedoch in Japan auf dem Markt, weil er bei Japanern nicht dieselben Wirkungen hervorruft.)

Obwohl personell unterbesetzt und von Boots niemals aktiv entmutigt, setzten Adams und Nicholson ihre Suche fort. 1961 stieß Nicholson auf eine weitere Gruppe chemischer Substanzen – Phenylpropionsäuren –, die ebenso wirksam wie ungefährlich zu sein schienen. In den nächsten drei Jahren stellten Adams und Nicholson viele geringfügig verschiedene Phenylpropionsäuren her und testeten sie im Labor. Die beste von allen war Ibuprofen. In Tierversuchen hatte Ibuprofen die mehr als sechzehnfache schmerzstillende Wirkung, die mehr als achtfache fiebersenkende Wirkung und den zwanzigfachen entzündungshemmenden Effekt von Aspirin. Die 1966 durchgeführte klinische Erprobung ergab keine Anzeichen gravierender kurzfristiger Nebenwirkungen. Boots erhielt in England ein Patent für Ibuprofen und 1968 auch in den Vereinigten Staaten. Nach weiteren toxikologischen Tests und klinischen Versuchen kam der Arzneistoff 1969 in England auf den rezeptpflichtigen Markt. Er erhielt den Namen Brufen und wurde als schmerz-, fieber- und entzündungshemmendes Mittel verkauft.

Jahrelange Forschung und Erprobung war in Brufen investiert worden. Das bewahrte das Medikament bei seiner Einführung nicht vor Verrissen. Die erste Studie, die über Brufen erschien, ließ keinen Vorzug gegenüber einem Plazebo erkennen. Das Hauptproblem war die niedrige Dosierung: Adams zog es vor (und Boots stimmte ihm zu), einen neuen Arzneistoff mit niedriger Dosierung einzuführen, um mögliche Nebenwirkungen zu vermeiden. Nach und nach experimentierten Ärzte vorsichtig mit größeren Dosen und stellten fest, daß deren erhöhte Wirksamkeit keine stärkeren Nebenwirkungen hervorrief. Allmählich wurde das Mittel populärer. Mitte der siebziger Jahre war Brufen tatsächlich erfolgreich.

Die Upjohn Company in Kalamazoo/Michigan besaß eine Option auf jedes von Boots entwickelte pharmazeutische Produkt. Upjohn nahm diese Option bei Ibuprofen in Anspruch und brachte 1974 seine Version in den Vereinigten Staaten unter dem Namen Motrin heraus. Als auffallende orange Pille vermarktet, war Motrin sofort ein Renner. Ärzte verschrieben es gegen Menstruationskrämpfe, Arthritisschmerzen und Zahnweh – alles, was mit Schmerzen und Entzündungen einherging. Bis 1983 waren acht Milliarden Einheiten verkauft worden, und es war die viertpopulärste rezeptpflichtige Arznei in den Vereinigten Staaten.

Als sich diese Zahlen in pharmazeutischen Kreisen herumsprachen, befaßten sich viele Arzneimittelhersteller näher mit Ibuprofen. Ebenso wie Paracetamol war es Ärzten und Krankenhäusern vertraut; deren Patienten kannten seinen Markennamen Motrin und die leicht identifizierbaren orangefarbenen Pillen. Ebenso wie Paracetamol war Ibuprofen wirksam und galt als ungefährlich. Alles in allem schien man es bei Motrin mit einem zweiten Tylenol zu tun zu haben.

Wayne Nelson zufolge gibt es eine alte Faustregel des Marketings, die sogenannte »65-Prozent-Regel«. Die erste Firma, die auf einen neuen Markt vordringt, erobert ihn zu mindestens 65 Prozent; die zweite sichert sich vielleicht halb soviel; alle übrigen streiten sich um den Rest. Tylenol war ein mehr als perfektes Beispiel für Nelsons Regel; selbst nach den Vergiftungsfällen verbuchte Tylenol neun Zehntel des gesamten Paracetamol-Absatzes. Wie Nelson zugab, wußten viele Tylenol-Anwender freilich gar nicht, daß es aus einem Stoff namens »Paracetamol« hergestellt wurde, und wußten daher auch nicht, daß sie ein identisches Konkurrenzmittel kaufen konnten. Sie betrachteten »Tylenol« in derselben Weise wie Anacin-Benutzer »Anacin« betrachteten, als handle es sich um ein eigenständiges Präparat. Solange diese Täuschung vorherrschte, würde es niemand anderem gelingen, die Tylenol-Konzession zu knacken, wie sich die Vertriebsleute ausdrücken. Bristol-Myers hatte in den ersten vier Jahren fast 20 Millionen Dollar für Datril aufgewendet und war schließlich mit leeren Händen dagestanden.

Diese Lektionen waren an jenen Pharmaherstellern, die an Ibuprofen interessiert waren, nicht spurlos vorübergegangen. Boots hatte Upjohn zwar eine Lizenz für den Vertrieb seiner Produkte in den Vereinigten Staaten erteilt, ihm jedoch keine *exklusive Konzession* gewährt. Die britische Firma wollte vor Mai 1985, dem Zeitpunkt des Ablaufs ihres amerikanischen Patents, noch mehr Geld für Ibuprofen herausschlagen. Nachdem Upjohn acht Jahre dafür aufgewendet hatte, Ibuprofen flächendeckend bei amerikanischen Ärzten und Krankenhäusern einzuführen, sah es sich plötzlich gezwungen, mit dem Erfinder des Arzneistoffs zu konkurrieren, als Boots seine eigene Marke von rezeptpflichtigem Ibuprofen, Rufen, auf den amerikanischen Markt brachte. »Boots wird schon seinen Schnitt machen, aber wir haben nicht vor, ihm den ganzen Markt zu überlassen«, bemerkte der Vizepräsident von Upjohn philosophisch. Aber das war noch nicht alles. Zu Upjohns Entsetzen gab Boots Ende 1982 die Rechte zum rezeptfreien Verkauf für die Allgemeinheit frei. Upjohn hatte zwar die Lizenz für rezeptpflichtiges Ibuprofen erworben, nicht jedoch das Recht auf den rezeptfreien Vertrieb – da das Unternehmen wenige rezeptfreie Präparate im Angebot hatte, fühlte es sich in der hemdsärmeligen Welt der rezeptfreien Produkte unbehaglich. Jetzt konnte jedermann diese Lizenz erwerben. Der erfolgreiche Bieter würde das Recht haben, die Arznei an die Verbraucher zu vertreiben, solange das Patent noch gültig war, womit gleichzeitig die Lizenz im verschreibungspflichtigen Sektor wertlos würde und die Konzession auf die Verbraucherebene Vorrang erhielte – wodurch ihr, falls Nelson recht hatte, ein Marktanteil von 65 Prozent sicher wäre.

Der schließliche Lizenznehmer war eine Firma, die noch eine Rechnung zu begleichen hatte: American Home. Sie ging daran, das Präparat aus einem verschreibungspflichtigen in ein rezeptfreies Medikament umzuwandeln. Upjohn wurde von dieser Entwicklung überrollt, da es zögerte, irgend etwas zu unternehmen, was den verschreibungspflichtigen Vertrieb der kleinen orangefarbigen Pillen von Motrin gefährden konnte, andererseits aber nicht bereit war,

American Home das nächste Tylenol selbst produzieren zu lassen. Auch Upjohn kaufte die Lizenz für rezeptfreies Ibuprofen.

Es winkten riesige Gewinne. Einige Analytiker erwarteten, daß Ibuprofen ein Jahr nach seiner Einführung zehn bis fünfzehn Prozent des Schmerzmittelmarktes erobert haben würde. Da jeder Prozentpunkt einem Umsatz von vierzehn Millionen Dollar im Jahr entsprach, ging es um Gewinne und Verluste in schwindelnder Höhe.

Aber das Geld würde nur fließen, falls die Unternehmen rasch handelten. Das Patent auf Ibuprofen sollte in zwei Jahren auslaufen. In dieser nach bürokratischen Maßstäben kurzen Zeitspanne mußten Upjohn und American Home die Zulassung durch die FDA erreichen. Aber im Zuge der Umstellung auf den rezeptfreien Vertrieb mußten sich die zwei Unternehmen vor einem Gremium medizinischer Fachleute rechtfertigen, mit dem American Home bereits seine Erfahrungen gemacht hatte: der Arthritis-Beratungsausschuß.

Beide Firmen traten am 18. August 1983 auf einer Anhörung vor dem Ausschuß für Ibuprofen ein. Upjohn stellte sich in den Augen der meisten Beobachter mit einer merkwürdig halbherzigen Präsentation vor. Da das Unternehmen die Gewinne schützen wollte, die es mit dem verschreibungspflichtigen Motrin erzielte, argumentierte es, daß Ibuprofen rezeptfrei nur in einer niedrigen und daher relativ unwirksamen Dosis verkauft werden sollte. American Home trat im Gegensatz dazu entschieden für eine größere Dosis ein, so daß die höchste rezeptfreie Dosis dem niedrigsten verschreibungspflichtigen Quantum vom Ibuprofen entsprochen hätte. Der Ausschuß setzte sich nicht lange mit diesem Unterschied auseinander, sondern regelte die Angelegenheit im Sinne von American Home. Ihn beschäftigte vor allem, daß Menschen, die kein Aspirin vertragen – sogenannte Fälle von Hypersensibilität, wie es Ärzte nennen –, aller Wahrscheinlichkeit nach zu dem neuen, aspirinfreien Kopfschmerzmittel tendieren würden. Jegliche Werbung für Ibuprofen würde daher zurückhaltend und verantwortungsvoll ausfallen müssen. Die Ausschußmitglieder bezweifelten, ob man darauf vertrauen könne, daß American Home, die Vertreiber des berüchtigten Anacin, ein Präparat zurückhaltend und verantwortungsbewußt vermarkten würde.

Die Mitglieder des Ausschusses waren sich nur zu deutlich bewußt, daß die Kosten der Arzneimittel unablässig stiegen und daß die Umstellung von Ibuprofen, einer gefahrlosen und wirksamen Arznei, auf den rezeptfreien Vertrieb deren

Preis drastisch senken würde. Gleichzeitig waren sie besorgt, daß American Home, ein Unternehmen von fragwürdigem Ruf, der Öffentlichkeit verschweigen würde, daß Ibuprofen von den schätzungsweise einer Million Amerikanern, die gegen Aspirin allergisch sind, nicht genommen werden sollte. Dennoch schluckte der Ausschuß seine Bedenken hinunter und sprach sich einstimmig dafür aus, Ibuprofen von der Rezeptpflicht zu entbinden – mit einer Einschränkung. In einer noch nie dagewesenen Klausel wurde die Empfehlung mit der Forderung verknüpft, daß die Werbung für Ibuprofen »auf ein akzeptables Maß beschränkt« bleibe.

Diese Forderung warf ein Problem auf. Seit dem Ringen um das Lebens-, Arzneimittel- und Kosmetikagesetz im Jahr 1938 war der FDA die Verfügungsgewalt über die Werbung auf dem rezeptfreien Sektor vorenthalten worden. »Genaugenommen können wir keine Kontrolle über die Werbung ausüben«, erinnerte Harter den Ausschuß. »Wir haben nicht die Befugnis dazu. Unternehmen können sich jedoch freiwillig bereit erklären ... ihre Werbung von uns überprüfen zu lassen.« Die zwei Unternehmen willigten ein. American Home hatte es eilig, an den Start zu gehen. Bei Upjohn war das nicht der Fall.

Upjohn hatte sich nur deshalb um die rezeptfreie Zulassung bemüht, um mit American Home Schritt zu halten. Jetzt schwor es sich, Dollar für Dollar mit den Werbeaufwendungen von American Home gleichzuziehen, »weil uns gar nichts anderes übrigbleibt«, wie der Vizepräsident von Upjohn, Lawrence Hoff, zugab. Aber als der Zeitpunkt der Markteinführung näher rückte, kamen dem Unternehmen Bedenken, sich mit den Herstellern von Anacin auf einen Konkurrenzkampf einzulassen. Es war, als ob sich ein Boxer der Extraklasse auf eine Schlägerei mit einem bewaffneten Gangster einließe. Upjohn sprang über seinen eigenen Schatten und vergab seine Lizenz für den rezeptfreien Vertrieb von Ibuprofen an Bristol-Myers.

Zwei etablierte Aspirin-Hersteller hatten jetzt die Chance, ihr Glück mit einem neuen Schmerzmittel zu versuchen. Nachdem sie erlebt hatten, wie Tylenol mit Aspirin aufräumte, waren sie über die Aussicht entzückt, sich nunmehr revanchieren zu können. Auf dem Sektor der rezeptfreien Schmerzmittel brach ein neuer Tag an.

Inzwischen hatte sich die FDA der Empfehlung des Ausschusses angenommen. Im Januar 1984 trafen FDA-Vertreter mit ihren Kollegen von der FTC zusammen, die ihnen permanente Wachsamkeit versprachen. Die FDA zog wenig Trost daraus, nach Jahrzehnten dieser Wachsamkeit hatte Anacin immer noch nicht zugegeben, daß es aus Aspirin bestand. Dennoch gab die FDA Ibuprofen am 18. Mai 1984 für den rezeptfreien Verkauf frei. Die Behörde ließ sich von den Unternehmen zwei Zusicherungen geben: daß Bristol-Myers und American Home nicht in einer Weise werben würden, die den Warnungen auf der Packung widersprach, insbesondere der vor Aspirin-Überempfindlichkeit, und daß die Unternehmen der FDA gestatten würden, ihre Werbung zu überwachen. Das Ibuprofen von Bristol-Myers sollte Nuprin heißen; das von American Home Advil. Der Friede dauerte weniger als eine Woche. Sechs Tage nachdem die FDA Ibuprofen für den rezeptfreien Vertrieb zugelassen hatte, verklagte Johnson & Johnson die Behörde mit der Begründung, sie besitze »keine Befugnis, die Konsumentenwerbung von rezeptfreien Arzneistoffen zu überwachen und zu regulieren beziehungsweise zu kontrollieren«. Scheinheilig jeden Wunsch leugnend, »die Markteinführung [von Advil und Nuprin] zu behindern«, argumentierten die Hersteller von Tylenol, die Maßnahme der FDA könnte, falls man ihr nicht entgegentrete, einer umfassenden illegalen Gängelung der Werbung für rezeptfreie Drogen seitens der Behörde Tür und Tor öffnen. Die Klage wurde umgehend von einem Richter abgewiesen, den ein Johnson & Johnson-Anwalt als »gutgläubigen Trottel« charakterisierte.

Inzwischen lieferten sich Advil und Nuprin ein Wettrennen auf dem Markt. Die Mitarbeiter von American Home schufteten rund um die Uhr und schliefen in ihren Büros, bis die Millionen von Advil-Packungen in diesem Juni in den Drugstoreregalen standen. Ihr Einsatz lohnte sich, Advil gelangte als erster ans Ziel. Es verschaffte sich rasch einen entscheidenden Vorsprung gegenüber Nuprin. Bristol-Myers war fassungslos: es hatte Millionen aufgewendet und war trotzdem baden gegangen.

Upjohn, das sich an seine Motrin-Lizenz klammerte, merkte mit Entsetzen, daß American Home in seinen Werbespots die kleinen orangefarbenen Advil-Pillen herausstellte, die den orangen Motril-Pillen verdammt ähnlich sahen. In Wirklichkeit seien die Advil-Pillen braun, brachte American Home entschuldigend vor, aber die Fernsehkameras veränderten unbeabsichtigt deren Farbe. Upjohn gab sich damit keineswegs zufrieden. Ein Advil-Inserat behauptete: »Es ist so wirksam, daß Ärzte es bereits über einhundertdreißigmillionenmal verschrieben haben.« »Es« war Motrin, und für Upjohn klang das, als wolle American Home die Lorbeeren für dieses Medikament einheimsen.

Am 3. Juli reichte Upjohn eine Klage gegen American Home ein, ein Unternehmen, das seit über zehn Jahren wegen der einen oder anderen Schmerzmittelwerbung in Prozesse verwickelt gewesen war. Um nicht gleich zu Beginn der Markteinführung von Advil in einen Gerichtsstreit verwickelt zu werden, nahm American Home schnell einige Änderungen an seiner Werbekampagne vor. Es sorgte dafür, daß das Braun der Pillen deutlich sichtbar wurde, und wies darauf hin, daß Motrin das Produkt eines anderen Herstellers sei. Upjohn gab sich damit nicht zufrieden und errang im November einen Teilsieg. In dem Gerichtsbeschluß wurde American Home verboten, das alte Werbematerial weiterzuverwenden; dies galt jedoch nicht für die abgewandelten Anzeigen und Spots.

Im September 1984 erhielten American Home und Bristol-Myers einen weiteren zeitlichen Vorsprung zur Festigung ihrer Marktpositionen. Eine Reihe von in diesem Monat verabschiedeten Ergänzungen zum Lebens-, Arzneimittel- und Kosmetika-Gesetz räumte Präparaten, die kürzlich der Zulassungsprozeß für neue Arzneistoffe passiert hatten, ohne wirklich neu zu sein, einen Sonderstatus ein (Ibuprofen war 1974 als rezeptpflichtig zugelassen worden). De facto umfaßte diese Kategorie jene verschreibungspflichtigen Arzneimittel, deren Rezeptpflicht aufgehoben worden war. Die Gesetzesnovellen gewährten den Unternehmen, die die Umwidmung beantragten – gewöhnlich der Patentinhaber oder ein Unternehmen mit einer Lizenz des Patentinhabers –, befristete Exklusivrechte für den rezeptfreien Vertrieb ihres Präparats auch noch über den Zeitpunkt des Patentablaufs hinaus. Upjohn und American Home hatten den rezeptfreien Ibuprofen-Markt nun bis September 1986 für sich.[*]

Am 4. Juni 1985 gab Stanley Barshall, der Präsident von White Hall Laboratories, stolz bekannt, daß Advil im ersten Jahr einen Umsatz von 60 Millionen Dollar erreicht habe und daß die neue Marke einen Anteil von vier Prozent des Analgetikamarktes erobern konnte. In den Drugstores verkaufte sich Advil besser als Bayer, Bufferin und Excedrin. Advil, das als erstes auf den Markt gekommen war, bestätigte Nelsons Diktum von den 65 Prozent. Allerdings wies Advil noch keinen Gewinn auf – American Home hatte in diesem Zeitraum über 35 Millionen Dollar für Werbung ausgegeben –, aber der sollte bald kommen. Advil hatte seinen Umsatz größtenteils auf Kosten von Aspirin erzielt, das jetzt

---

[*] Johnson & Johnson brachte sofort nach Ablauf der Verlängerungsfrist seine eigene Ibuprofen-Marke, Medipren, auf den Markt.

weniger als die Hälfte des Schmerzmittelmarktes beherrschte. Aber auch Paracetamol hatte zwangsläufig Prozente abgeben müssen. Auf dem Analgetikamarkt lagen jetzt drei Grundstoffe im Rennen.

Obwohl es sich um drei chemisch verschiedene Substanzen handelt, weisen Aspirin, Paracetamol und Ibuprofen in der rezeptfreien Dosierung keine signifikant unterschiedlichen Wirkungen auf. Alle drei senken das Fieber und lindern Schmerzen; keine schafft dies zuverlässiger, besser oder schneller als die anderen. Paracetamol wirkt nicht stark entzündungshemmend, falls überhaupt, aber ebensowenig Aspirin oder Ibuprofen, außer in großen, vom Arzt verschriebenen Dosen. Darüber hinaus ruft Paracetamol keine Blutungen hervor und belastet den Magen nicht – aber die große Mehrzahl der Menschen, die Aspirin beziehungsweise Ibuprofen nehmen, erleiden dadurch niemals Beschwerden, so daß die drei Arzneistoffe auch in dieser Hinsicht miteinander vergleichbar sind. Der eine schwört auf Paracetamol; der andere behauptet, nur Aspirin helfe gegen seine Kopfschmerzen. Wahrscheinlich haben beide recht.

Angesichts dieses Sachverhalts machte sich Johnson & Johnson Sorgen, daß die Ärzte der Nation möglicherweise nicht genügend über die relativen Vorzüge der drei Analgetika informiert seien. Die Firma beschloß, dem abzuhelfen, indem sie 1985 Informationsmaterial an die Ärzte verschickte, in dem das geeignete Präparat für eine Reihe von Indikationen angegeben und die Nebenwirkungen von Aspirin, Ibuprofen und Extrastarkem Tylenol miteinander verglichen wurden. »Jedes rezeptfreie Analgetikum hat seinen Platz«, hieß es darin. In drei Spalten wurden für jedes Medikament die geeigneten Anwendungen benannt. Nicht überraschenderweise bezog sich die längste Indikationsliste auf Extrastarkes Tylenol, das zur Behandlung einer endlosen Latte menschlicher Gebrechen empfohlen wurde. Aspirin sollte sich im Gegensatz dazu auf chronische Polyarthritis beschränken; für Ibuprofen wurde als einzige Indikation starke Dysmenorrhöe (Menstruationskrämpfe) angeführt.

Auf der gegenüberliegenden Seite wurden untereinander siebzehn Nebenwirkungen aufgelistet, daneben war je eine Spalte für die drei Präparate vorgesehen. Ein Häkchen in der Spalte eines Präparats bedeutete das potentielle Auftreten dieser Nebenwirkung; ein Sternchen wies auf das relative Fehlen einer Nebenwirkung hin. Das Endergebnis fiel deutlich zugunsten von Tylenol aus; seine Spalte enthielt ein einziges Häkchen und sechs Sterne. Im Gegensatz dazu bekam Aspirin dreizehn Häkchen und vier Sterne ab. Ibuprofen wurde mit sechzehn Häkchen bedacht – eine fast vollkommen negative Bilanz.

Nun war American Home an der Reihe, sich grün und blau zu ärgern. Am 24. Juni 1985 überzog die Firma Johnson & Johnson mit einer Klage, die schließlich über hundert Fälle irreführender Werbung enthalten sollte, deren gravierendstes Beispiel die bewußte Checkliste war. Das Ziel dieser Versandaktion, behauptete American Home, sei es gewesen, »Ibuprofen-Produkten dieselben Magenschädigungen und andere Nebenwirkungen anzuhängen, die McNeil bisher auf Aspirin basierenden Schmerzmitteln nachgesagt hat«.

American Home protestierte auch gegen die seit langem von Tylenol erhobene Behauptung, für Krankenhäuser mit weitem Abstand das Mittel der Wahl zu sein. Dies impliziere, daß Tylenol besser als andere Marken von Paracetamol und anderen Analgetika sei, argumentierte American Home, während

> McNeil de facto die Konsumenten in seiner Werbung niemals informiert, daß der Grund, warum Tylenol von Krankenhäusern anderen Paracetamol-Marken vorgezogen wird, nichts mit einer angeblichen Überlegenheit von Tylenol gegenüber anderen Paracetamol-Präparaten zu tun hat, sondern vielmehr mit dem niedrigen Preis, zu dem Tylenol von McNeil den Krankenhäusern zum Kauf angeboten wird, oder mit anderen Erwägungen, die nichts mit Sicherheit oder Wirksamkeit zu tun haben.

Nach Einreichung seiner Klage fühlte sich American Home erneut durch eine Tylenol-Anzeige provoziert, die von Juli bis Oktober 1985 in ärztlichen Fachblättern erschien. Darauf war ein saftiger, rotbackiger Golden-Delicious-Apfel zu sehen. Bei näherer Betrachtung zeigte sich jedoch ein Makel: ein Wurmloch, umgeben von einem dunklen, faulig aussehenden Mal. »Aspirin und Ibuprofen – je näher Sie hinschauen ...«, lautete die Überschrift. »Bis zu einem Drittel aller neu diagnostizierten Magengeschwüre könnten mit Aspirin-Einnahme zusammenhängen.« Obwohl die wissenschaftliche Studie, die als Quelle dieser Behauptung angeführt wurde, die Magengeschwüre nur mit Aspirin in Verbindung brachte, erblickte American Home darin die Andeutung, daß Ibuprofen ähnliche Wirkungen hervorrufen könne. Die Firma wollte dem Postversand und der Werbung ein Ende setzen. Und im Gegensatz zu ihren früheren gerichtlichen

Auseinandersetzungen mit Johnson & Johnson forderte sie 167 Millionen Dollar als Schadenersatz.

Johnson & Johnson konterte mit einer langen Liste von Gegenbeschuldigungen, beginnend mit unfairem Wettbewerb – es bezichtigte American Home, seine Vertriebsabteilung für Advil durch Personalabwerbung bei McNeil und Diebstahl von Geschäftsgeheimnissen aufgebaut zu haben – bis hin zu irreführender Werbung. So wurde zum Beispiel in einem Inserat in medizinischen Fachzeitschriften behauptet, Advil »interagiere« (worunter Ärzte schädliche Wechselwirkungen verstehen) mit weniger Arzneistoffen als Paracetamol. Diese Behauptung wurde durch eine Fußnote ergänzt: »Die Daten liegen der medizinischen Abteilung von Whitehall Laboratories vor.« Bei näherer Nachfrage stellte sich heraus, daß die »vorliegenden Daten« in der Hauptsache aus ein paar Seiten in einem Lehrbuch der Bibliothek von Whitehall bestanden.

Die gravierendste Gegenbeschuldigung betraf das Reyesche Syndrom, eine ernste, aber seltene Erkrankung, die Kinder nach Virusinfektionen wie Grippe oder Windpocken befallen kann. Anfang der achtziger Jahre wurde in Untersuchungen ein möglicher Zusammenhang zwischen dem Reyeschen Syndrom und der Aspirin-Einnahme junger Grippe- oder Windpockenpatienten hergestellt. Im Januar 1985 begannen die Hersteller von Kinder-Aspirin, ihre Produkte mit entsprechenden Warnungen zu versehen; im Juni des folgenden Jahres schrieb die FDA sie für alle Aspirin-Produkte zwingend vor. Die Pressekommentare hatten den Markt für Kinderanalgetika jedoch längst verändert. 1979 beherrschte Kinder-Tylenol einen Marktanteil von 40 Prozent, gefolgt von Bayer mit 20 und St. Joseph mit 17 Prozent. Fünf Jahre später hatte Tylenol fast zwei Drittel des Marktes erobert; die Anteile von Bayer und St. Joseph betrugen zusammen weniger als 15 Prozent.

Johnson & Johnson behauptete, American Home hätte Anacin schon lange vor 1985 mit einer Warnung versehen sollen. Wäre die Warnung bereits 1980 gedruckt worden, als die ersten Studien herauskamen, dann hätte der Marktanteil von Tylenol viel früher zugenommen, als es der Fall war. Johnson & Johnson forderte seine entgangenen Gewinne ein, die das Unternehmen mit Hilfe ökonometrischer Projektionen errechnete. Diese eine verzögert erfolgte Warnung, behauptete die Firma, habe Tylenol 1,1 *Milliarden* Dollar gekostet.

Der Prozeß erreichte rasch solche schwindelerregenden Ausmaße, daß der Bundesrichter William C. Connor ihn in drei separate Teile zerlegte: ein Verfahren über die Behauptungen irreführender Werbung (das man als Tylenol I-A bezeichnen könnte); eine separate Behandlung der Frage des Reyeschen Syndroms (Tylenol I-B); und nach der Entscheidung darüber, wer für welche irreführende Werbung verantwortlich war, eine Entscheidung über die Schadenersatzansprüche der beiden Parteien (Tylenol I-C).

Connor entschied im Februar 1987 über Tylenol I-A. Seine Einleitung ließ einen trockenen Humor erkennen, den die streitenden Anwälte nicht immer zu schätzen wußten.

> Kleine Nationen haben mit geringeren Mitteln und weniger Einfallsreichtum um ihr Überleben gekämpft, als diese Widersacher in ihrem epischen Ringen um Vorherrschaft auf dem rezeptfreien Analgetikamarkt aufgewendet haben.

Der einfachste Nenner, auf den sich die folgende lange, komplexe und ziemlich indignierte Urteilsbegründung bringen läßt, lautet, daß beide Seiten verloren – die meisten ihrer Anzeigen wurden als falsch erklärt. American Home wurde wegen seiner irreführenden Vergleiche zwischen Ibuprofen und Paracetamol und seiner unhaltbaren Behauptungen in bezug auf Anacin-3 getadelt. Johnson & Johnson bekam wegen seiner irreführenden Checkliste und anderer Vergleiche zwischen Ibuprofen und Aspirin sein Fett ab. Noch wichtiger, es verlor das Recht auf die *uneingeschränkte* Behauptung, nichts sei stärker als Extrastarkes Tylenol, denn der Richter befand, die höchste rezeptfrei verkaufte Ibuprofen-Dosis, 400 mg, habe eine etwas stärkere analgetische Wirkung als die höchste rezeptfreie Paracetamol-Dosis, 1000 mg. Dieser Vorteil zeigt sich jedoch nur bei starken Schmerzen, und deshalb wurde Tylenol nach wie vor gestattet, in Abwandlung seines jahrzehntealten Werbethemas zu behaupten, nichts wirke bei leichten und mäßigen Schmerzen stärker als Tylenol.

Im zweiten Prozeß, Tylenol I-B, ging es vor allem um die Klage von Johnson & Johnson, alle Aspirin-Packungen einschließlich Anacin hätten schon vor 1986, als die FDA sie den Aspirin-Herstellern vorschrieb, Warnungen über das Reyesche Syndrom enthalten müssen. Der Richter wies die Klage schließlich im November 1987 ab, zum Teil deshalb, weil sich Johnson & Johnson als Mitglied der Proprietary Association, eines Verbandes von Markenartikelherstellern, von 1983 bis 1985 vehement gegen genau die Warnungen auf der Packung gewehrt hatte, wegen deren Weglassung es später American Home verklagte. Johnson & Johnson erklärte, es habe sich aus »philosophischen Gründen« gegen die geforderten Warnungen gesträubt. Connor bemerkte andererseits mißbilligend, daß American Home es verabsäumt habe, die aus der Zeit vor 1986 stammenden Packungen von Anacin aus den Regalen zu nehmen, auf denen die Warnung vor dem Reyeschen Syndrom fehlte. Er legte es American Home nahe, diese Situation sofort zu korrigieren, oder er werde einem Antrag stattgeben, die ganze Frage erneut zu überdenken. Johnson & Johnsons Schadenersatzforderung von 1,1 Milliarden Dollar wurde zusammen mit dem Urteilsspruch im Fall Tylenol I-B verworfen. Tylenol I-C kam niemals vor Gericht, obwohl beide Seiten einige Jahre lang damit drohten, im Zusammenhang mit Tylenol I-A Schadenersatzforderungen zu erheben.

Richter Connors Probleme endeten keinesfalls mit Tylenol I. Acht Wochen nach seinem endgültigen Spruch im Fall Tylenol I-A verklagte Johnson & Johnson erneut American Home unter Berufung auf das Lanham-Gesetz, diesmal, weil die Firma behauptete, Advil verursache »ebensowenig wie Tylenol« Magenbeschwerden – der Auftakt zu der Runde Tylenol II. Als der Richter Connor im Dezember 1987 dem Antrag von Tylenol auf eine einstweilige Verfügung stattgab, legte American Home dagegen Berufung ein, die es im folgenden Mai verlor.

Damit hatten die beiden Kontrahenten jedoch noch nicht alle Rechtsmittel ausgeschöpft. Wie die Kombattanten in einer klassischen Fehde schienen sie außerstande, sich aus dem Kampf herauszuhalten, und verwickelten sich rasch in einen weiteren Prozeß aufgrund des Lanham-Gesetzes, Tylenol III, von Connor als »das jüngste Scharmützel« in dem Krieg zwischen American Home und Johnson & Johnson bezeichnet. Nach der Entscheidung im Fall Tylenol I-A lancierte Johnson & Johnson eine neue Werbekampagne, »offenbar in dem Versuch, [mit seinen Behauptungen über die Wirksamkeit von Tylenol gegen Kopfschmerzen] so weit zu gehen, wie das Unterlassungsurteil gestattete« (um Connor zu zitieren). Das Unternehmen führte »die größte jemals durchgeführte Kopfschmerzuntersuchung« als Beweis an und setzte somit sein Leitmotiv »Nichts ist stärker« fort, eingeschränkt bloß durch den Zusatz »gegen Kopfschmerzen«. Wörtlich genommen, wie das bei Paritätsbehauptungen seit Jahren der Fall war, überschritt die Werbung keinesfalls die von Connors vorherigem Urteil gezogene Grenze. Aber American Home wollte mehr. Auf Drohungen von American Home hin modifizierte Johnson & Johnson seine Anzeigen, um die

Paritätsbehauptung deutlicher zu machen. Auch die abgeänderten Werbeaussagen stellten American Home nicht zufrieden. Die Firma verklagte Johnson & Johnson im Juli 1987 erneut mit der Begründung, die Ebenbürtigkeitsbehauptungen von Tylenol hinterließen den Eindruck der Überlegenheit.

Natürlich will man mit Paritätsbehauptungen, wie jedermann in der Werbung weiß, genau diesen Eindruck erwecken. Dennoch bezeichnete sich American Home als schockiert, daß Johnson & Johnson die Öffentlichkeit auf diese Weise täusche. Angesichts der fast vollkommenen Gleichwertigkeit rezeptfrei verkaufter Schmerzmittel mußte sich eine solche Position für Anacin mit Sicherheit als Bumerang erweisen. Und vielleicht, weil es die Falle witterte, die es sich selbst stellte, ließ American Home Tylenol III 1988 in aller Stille fallen.

Doch auch am Übergang in die neunziger Jahre fuhren die Unternehmen fort, sich gegenseitig Steine in den Weg zu legen. Die lange hinausgezögerte und Mitte der achtziger Jahre wiederaufgenommene Überprüfung rezeptfreier Arzneistoffe durch die FDA hatte schließlich eine Reihe von Monographien ergeben. Trotzdem herrscht kein Friede. Ende 1989 verlangte American Home neben anderen Forderungen, zu zahlreich, um sie alle aufzuführen, die Packungsbeilage von Paracetamol um folgende Warnung zu ergänzen: »Überschreiten Sie die empfohlene Dosis beziehungsweise Anwendungsdauer nicht, da sich bei täglicher Einnahme dieses Produkts das Risiko einer Nierenschädigung erhöhen kann.« Johnson & Johnson attackierte Anfang 1990 in seiner eigenen Präsentation die Beimischung von Koffein zu Anacin. Inzwischen setzte Bristol-Myers seine jahrelange Kampagne fort, Koffein in der Schmerzmittelmonographie der FDA als Adjuvans – das heißt einen Zusatz, der die Wirksamkeit eines anderen Arzneistoffs erhöht – für Paracetamol anerkannt zu bekommen. Zu diesem Zweck legte das Unternehmen die Ergebnisse von drei klinischen Testreihen vor, die seine Behauptung untermauerten, Paracetamol plus Koffein sei dem Präparat ohne diesen Zusatz überlegen. Johnson & Johnson konterte als Wächter analgetischer Reinheit mit vier eigenen Studien, die beweisen sollten, daß Koffein keine solche Wirkung hat. Kurioserweise hatte sich Bristol-Myers zunächst um den Segen der FDA für das Koffein in Excedrin bemüht, einer Mischung aus Aspirin, Paracetamol und Koffein; 1990 begehrte es dasselbe Gütesiegel für Aspirinfreies Excedrin, das heißt Excedrin ohne den Hauptwirkstoff, den die Firma so lange verschwiegen hatte. Die Schmerzmittelmonographie, deren Veröffentlichung die FDA für 1974 zugesagt hatte, steht heute, siebzehn Jahre später, kurz vor der Vollendung. In diesem Zustand wird sie möglicherweise immer verharren.

Und was ist mit Bayer? Im Zentralzivilgericht von Irland mußte Sterling Drug zehn Jahre, bevor der Titanenkampf zwischen den kleinen Nationen American Home und Johnson & Johnson die gesamte Analgetikawelt erschütterte, den Zerfall eines Imperiums erleben, das auf der kriegsbedingten Xenophobie und einem gestohlenen Qualitätssymbol, dem Bayer-Kreuz, basierte. Seit 1955 war Sterling in seinen eigenen Weltkrieg verstrickt gewesen: Die Farbenfabriken Bayer AG, eines der drei Unternehmen, die aus der Asche der IG Farben auferstanden waren, wollten ihren Namen zurück. Die beiden Unternehmen bekriegten sich in fast jedem einzelnen der Länder, in denen die frühere Inkarnation der Bayer AG das Bayer-Kreuz 1923 an Sterling abgetreten hatte. Nach siebenjährigem Kampf ging die Auseinandersetzung in den USA zugunsten von Sterling aus.

Die Bayer AG scherte sich nicht darum, was Sterling unter irgendwelchen Namen vermarktete – sie war nicht länger an einem globalen Aspirin-Kartell oder anderen Geheimverträgen zur Aufteilung der Welt interessiert. Sie wollte bloß ihren Namen zurückhaben. Die zwei Gesellschaften feilschten eine Weile, dann bot die Bayer AG 2,5 Millionen Dollar für den Rückkauf der Rechte auf das Bayer-Kreuz und den Namen Bayer überall außerhalb der Vereinigten Staaten. Sterling forderte eine mehr als dreimal höhere Summe. (Um die Relationen klarzumachen: Johnson & Johnson wandte achtzehn Jahre später 100 Millionen Dollar auf, um seinen Namen nach den Vergiftungsfällen wieder reinzuwaschen.) Nachdem sich Sterling nicht herunterhandeln ließ, wählte die Bayer AG Irland als Testfall. 1965 kündigte sie Sterling an, sie werde in Irland Produkte unter dem Bayer-Kreuz mit dem Zusatz *Made in Germany* vermarkten. Die Bayer AG machte ihre Drohung wahr, und Sterling klagte wegen Warenzeichenverletzung; die Bayer AG erhob Gegenklage, um Sterlings Bayer-Warenzeichen außer Kraft setzen zu lassen. Der Prozeß zog sich von Juni 1967 bis Februar 1968 hin; Sterlings Anfangsplädoyer allein dauerte einunddreißig Tage. Überwältigt von den zwanzigtausend Seiten an Dokumenten, die in dem Prozeß auszuwerten waren, ließ der Vorsitzende Richter sein Urteil erst 1976, acht Jahre nach der letzten Verhandlung, ergehen.

Niemand siegte. Die Bayer AG blieb nach wie vor an die Verträge von 1923 gebunden. Sie hatte sich in einem dieser Dokumente dazu verpflichtet, das Recht von Sterling auf das Bayer-Kreuz nicht anzufechten – was sie jetzt tat. Zum Pech von Sterling entschied der Richter allerdings auch, daß dessen Verwendung des Warenzeichens seit dem Ende des Zweiten Weltkriegs auf einer Täuschung der Öffentlichkeit beruhte: nämlich daß die irischen (und britischen) Erzeugnisse von Bayer immer noch von der deutschen Gesellschaft stammten. Sterling lebte von dem Renommee, das sich das Vorkriegsunternehmen mit hochwertigen deutschen Produkten aufgebaut hatte. Indem Sterling diesen Eindruck – unbeabsichtigterweise, wie das Gericht entschied – nährte, sei die Firma einer naheliegenden Verlockung erlegen: nämlich die Öffentlichkeit über die Herkunft ihrer Produkte zu täuschen. Der Richter erklärte Sterlings exklusives Anrecht auf das Bayer-Kreuz als ungültig. Die Bayer AG dürfe das Bayer-Kreuz mit dem Zusatz »Made in Germany« verwenden, genau die Situation, die sie 55 Jahre zuvor so verzweifelt zu vermeiden gesucht hatte, die sie aber jetzt begrüßte. Der Richter schloß: »Ich bin mir bewußt, daß die Verwendung des einfachen [Bayer-]Kreuzes mit oder ohne Zusatz durch zwei große Firmen Verwirrung und Schwierigkeiten für alle zur Folge haben wird: die Schuld daran kann jedoch nicht den Gesetzen zugeschoben werden, sie ist durch den Zweiten Weltkrieg begründet.«

Sterling zog sich mit einer Reihe von Abkommen, die in den nächsten zehn Jahren geschlossen wurden, auf seine Ausgangsbasis USA zurück, und die Bayer AG erlangte in allen Ländern und für alle Produkte, mit Ausnahme von Pharmazeutika in den Vereinigten Staaten und Kanada, wieder die Kontrolle über ihren eigenen Namen. (Im Fall von Panadol hatte Sterling nichts dagegen, die Rechte auf den Namen Bayer zu verlieren, weil ihn das Unternehmen nie benutzt hatte, um für die Marke zu werben.) Die Bayer AG kaufte 1977 Miles Laboratories, die Hersteller von Alka-Seltzer. Und 1986 gab die Bayer AG den neuen Namen für ihr Amerikageschäft bekannt: Bayer USA. Nach fast sieben Jahrzehnten konnte der deutsche Konzern jetzt wieder unter eigenem Namen in den Vereinigten Staaten tätig werden. Aber er durfte immer noch kein Bayer Aspirin verkaufen.

Es steht nicht fest, ob dies der Bayer AG besonders zu schaffen machte. Der Anteil von Bayer Aspirin am US-Schmerzmittelmarkt war 1986 auf sechs Prozent geschrumpft. Die kräftezehrende Auseinandersetzung mit Bufferin in den Fünfzigern, der Einsatz der FTC-eigenen Studie in den Sechzigern, die Grabenkämpfe mit der Behörde in den Siebzigern, die Versuche in den Siebzigern und Achtzigern, die Konkurrenz durch Einflußnahme auf die Schmerzmittelmonographie lahmzulegen, die Anstrengungen, das Bayer-Kreuz in der ganzen Welt zu behalten – all dies hatte der Marke nichts genützt. Sie hatte ihren Platz als Spitzenreiter des Schmerzmittelmarktes längst verloren, weil das Aspirin seine Stellung eingebüßt hatte. Sicher würde sie ihn nie zurückerobern können. Schließlich ist Aspirin eben bloß Aspirin, oder?

Dritter Teil

»Blut, Blut, verfluchtes Blut«

15. Kapitel

»Man verabreiche niemandem eine tödliche Arznei«

Vor kurzem landete eine farbenfrohe Broschüre auf dem Schreibtisch von Noel Rabouhans, dem Leiter der Abteilung für medizinische Produkte der britischen Arzneimittelfirma Nicholas Laboratories Ltd. Das Titelblatt zeigte eine menschliche Arterie, durch die scharlachrotes Blut fließt. In der Blutbahn schwimmen kleine weiße Scheibchen, die sogenannten Blutplättchen oder Thrombozyten, ein Bestandteil des Blutes, dem Rabouhans besondere Aufmerksamkeit widmet. Sobald die Plättchen mit der beschädigten Wand eines Blutgefäßes in Berührung kommen, setzen sie sich umgehend an dieser fest und verkleben miteinander. Innerhalb weniger Sekunden bilden Zehntausende von Plättchen so einen schützenden Film über die defekte Stelle. Meistens hat diese sogenannte Verklumpung der Plättchen eine eindeutig günstige Wirkung. Ohne sie würden Menschen an jeder kleinen Schramme verbluten. Aber falls der Pfropfen von Plättchen groß genug wird, um das Blutgefäß zu verschließen, kann die Blockade der Blutzufuhr zu einem Gehirnschlag oder einem Herzinfarkt führen. Rabouhans leitete den Vertrieb eines Medikaments, das dies verhindern sollte, und die Broschüre auf seinem Schreibtisch war eines seiner wichtigsten Werbemittel. Platet Cleartab, wie das Medikament heißt, ist ein »Verklumpungshemmer«. Wie es einem Produkt mit einer so potenten Wirkung zukommt, wird Platet in

Großbritannien nur auf Rezept verkauft und kann nicht in der Öffentlichkeit erworben werden. Statt dessen beschreibt Rabouhans seine Vorzüge in speziellen Broschüren, die von der Riege von Nicholas-Vertretern an die Ärzteschaft verteilt wird. Diese Pharmavertreter besuchen Ärzte in ihren Praxen und werben bei ihnen persönlich für ihre Produkte in ähnlicher Weise, wie die Vertreter der Farbenfabriken Bayer um die Jahrhundertwende bei den Ärzten für Aspirin Reklame machten. Und ebenso wie Carl Duisberg das Werbematerial überwachte, mit dem seine Gruppe von Aspirin-Vertretern ausgestattet wurde, war Rabouhans für die Abbildungen und Diagramme in der Broschüre verantwortlich, die erläutert, daß Platet, in der technischen Diktion der Packungsaufschrift, ein »Verklumpungshemmer für Patienten mit instabiler Angina beziehungsweise dem Risiko eines sekundären myokardialen Infarkts« ist. Als Angina bezeichnet man den Schmerz, der durch mangelhafte Sauerstoffversorgung des Herzens entsteht; myokardialer Infarkt ist der lateinische Ausdruck für »Absterben von Herzmuskelgewebe« – sprich, einen Herzinfarkt. Platet ist somit ein hochkarätiges Präventivmittel gegen Herzinfarkt, eine der jüngsten und fortgeschrittensten Waffen im Kampf der Menschheit gegen Herzerkrankungen.

Herzkrankheiten sind die führende Todesursache in den Industrieländern. Man könnte daher erwarten, daß der Mann, der den Vertrieb eines neuen und erfolgreichen Mittels gegen Herzinfarkt leitet, vor Stolz und Selbstbewußtsein fast platzt. Aber Rabouhans gelang es offenbar mühelos, seine Aufregung zu zügeln. Der Grund für seinen fehlenden Enthusiasmus war auf der Rückseite jeder Packung von Platet zu lesen: ein kleines gedrucktes Kästchen mit den Worten »enthält Aspirin«. Tatsächlich *enthält* Platet nicht nur Aspirin, es besteht aus *nichts anderem* als Aspirin. Es wurde auf derselben Fertigungsstraße hergestellt wie das gewöhnliche Aspirin von Nicholas, aber jede Tablette Platet kostete um 13 Prozent mehr.

Nicholas Laboratories Ltd. in Slough, einem westlichen Vorort von London, ist der Nachfolger des ältesten existierenden Aspirin-Herstellers außerhalb Deutschlands. Der Apotheker George Nicholas und ein industrieller Experimentator und Erfinder mit dem ausgefallenen Namen Harry Shmith gründeten 1914 die ursprüngliche Firma, George Nicholas & Company of Australia, nachdem die australische Regierung das Warenzeichen der Farbenfabriken Bayer suspendiert und dem ersten, dem es gelinge, reines ASS herzustellen, ein neues Patent und das Warenzeichen Aspirin in Aussicht gestellt hatte. Die zwei Männer machten sich in den Hinterzimmern der Apotheke von Nicholas an die Arbeit. Keiner der beiden war Chemiker, aber nach einem Jahr Arbeit gewannen Nicholas und Shmith trotzdem den Wettlauf um das Aspirin. Die Lobbytätigkeit von Importeuren britischer ASS veranlaßte Australien, sein Versprechen zu brechen; es annullierte das Warenzeichen nach zwei Jahren. Zu diesem Zeitpunkt hatte Shmith die Firma bereits verlassen, und Nicholas hatte einen neuen Namen für sein Produkt geprägt: Aspro.

Zwischen den zwei Weltkriegen zog das Unternehmen ein weltweites Aspro-Vertriebsnetz unter Führung von George T. Davies auf, der neben der nötigen Energie und Hartnäckigkeit einen Riecher für intellektuelle Moden hatte, der nicht alle Pharmavertriebsleute auszeichnet. Als zum Beispiel in den zwanziger Jahren die Quantenmechanik Furore machte, waren Davies und Aspro zur Stelle:

> Die Wissenschaft von der Atomenergie ist jetzt mehr als bloße Spekulation – Wissenschaftler versichern uns, daß wir vor einer großen Entdeckung stehen. Man hat herausgefunden, daß genügend Atomenergie im kleinen Finger steckt, um alle Züge Englands mehrere Minuten lang anzutreiben, falls es uns gelingt, diese Energie nutzbar zu machen. Dies ist ein echter Fortschritt. *Ähnliche Fortschritte sind in der Welt der Medizin von Aspro erzielt worden.*

Als Ägypten 1936 die fast vollständige innere Unabhängigkeit von Großbritannien erlangte, hüllte Davies Aspro in nationalistische Farben. ÄGYPTEN ERWACHT! verkündeten Anzeigen in Kairo. EINE NEUE ÄRA BEGINNT!

> Alle positiven Wahrheiten müssen gegen die Kräfte der Negation ankämpfen. Aber negative Methoden schaufeln sich selbst das Grab, und das erklärt, weshalb »ASPRO« in Minuten – nicht Jahren – Krankheit, Schmerzen, Einschränkungen und falsche Vorstellungen besiegt. DIE WUNDERBARE KLEINE »ASPRO«-TABLETTE hat die Begeisterung des ägyptischen Volkes erregt – weil »ASPRO« das Medikament mit 50 VERWENDUNGSMÖGLICHKEITEN STATT EINER EINZIGEN IST ...

Wie in der heutigen Geschäftswelt üblich, machte Nicholas in den Siebzigern und Achtzigern eine Reihe von Fusionen und Übernahmen durch. Die Muttergesellschaft zog sich nach Australien zurück, und der Londoner Zweig, Nicholas Laboratories Ltd., wurde dem Douwe-Egberts-Flügel von Sara Lee eingegliedert, einem 3,5-Milliarden-Dollar-Lebensmittel- und -Konsumgüterkonzern, dessen Stammhaus sich in Chicago befindet. Nicholas Labs wurde zu einer britischen Version von Bristol-Myers beziehungsweise American Home Products; die Firma verkaufte neben anderen Marken Radox Kräuterbadesalz, Kiwi Schuhpasta, Louis Marcel Wimperntusche und zwei Aspirin-Marken – Aspro gegen Kopfschmerzen, Fieber und Entzündungen; und Platet in einer 300-mg-Version gegen Angina und sekundären Herzinfarkt sowie in einer 100-mg-Version gegen Blutgerinnsel nach koronaren Bypassoperationen.

Nicholas war nicht die einzige Firma, die aus der gespaltenen Persönlichkeit von Aspirin Nutzen zu ziehen versuchte. Wenige andere Unternehmen verkauften jedoch das gleiche Produkt unter zwei Markennamen. (Britische Aspirin-Hersteller dürfen ebensowenig wie ihre amerikanischen Vettern die neuen Anwendungsmöglichkeiten für Aspirin auf der Packung eines rezeptfreien Produktes anführen.) Die Geschichte, wie Aspirin zu seiner zweiten Identität kam, ist lang und ebenso kurios wie die Situation selbst. Sie begann vor zwei Jahrhunderten, als Wissenschaftler erstmals erkannten, daß Pfropfen in Venen und Arterien die Blutzufuhr des Körpers abschnüren können, was zu Gehirnschlag, Herzinfarkt und Thrombophlebitis (Blutgerinnsel in einer hautnahen Vene, Ursache schmerzhafter Entzündung) hervorrufen kann. Ende des 19. Jahrhunderts wußten die Ärzte, daß Salicylsäure und deren chemische Verwandte Blutungen zu verlängern scheinen – mit anderen Worten, die Gerinnung verzögern.

Die Acetylsalicylsäure, eine dieser Verwandten, hätte man logischerweise schon damals als Gerinnungshemmer testen können. Das wurde nicht getan. Vielleicht schenkten die Wissenschaftler den Indizien keine Beachtung. Vielleicht glaubten sie nicht daran. Oder vielleicht wurde Aspirin als zu alltäglich, zu populär, zu trivial angesehen, um der Aufmerksamkeit und Zuwendung eines führenden Wissenschaftlers würdig zu sein.

Was auch immer der Grund sein mochte, die Herz- und Blutspezialisten ignorierten Aspirin in all den Jahrzehnten, in denen Firmen wie Nicholas ihr Bestes taten, um die Öffentlichkeit darauf aufmerksam zu machen. Erst lange danach entdeckten Ärzte, wie man inzwischen weiß, Aspirin als Schutz nicht nur gegen Herzinfarkt, sondern auch gegen eine Vielzahl anderer Beschwerden – eine Art Wunderdroge.

An einem Samstagnachmittag im Februar 1933 fuhr Ed Carlson, ein Milchbauer in Deer Park/Wisconsin, fast 200 Meilen durch einen schweren Blizzard in die Hauptstadt Madison. In seinem Laster hatte er hinten eine tote Kuh und einen Eimer voll Blut. Das Blut schwappte in dem Milcheimer umher – trotz der fast arktischen Kälte gerann es nicht. Da das Amt des staatlichen Tierarztes geschlossen war, durchstreifte Carlson den benachbarten Campus der Universität von Wisconsin auf der Suche nach einem Professor, der ihm helfen konnte. Schließlich landete er im Institut für Biochemie, wo er auf Karl Link, einen Professor des Instituts, und dessen Studenten Eugen Schoeffel, einen impulsiven deutschen Immigranten, stieß, der an seiner Promotion arbeitete, nachdem er sich einige Jahre in den Viehhöfen von Chicago herumgetrieben hatte. Der klassisch gebildete und mit starkem Akzent sprechende Schoeffel liebte es, seine Rede mit literarischen Anspielungen zu würzen.

Link und Schoeffel warfen einen Blick auf die Fuhre des Farmers – die tote Kuh, den Eimer Blut und etwa 50 Kilo getrockneten Süßklee, das Futter, mit dem sein Vieh den Winter überstand – und erkannten, was das Problem war. Carlsons Kühe starben an der Kleekrankheit, ein Leiden, das Link später als »ohne Parallele in der Tierpathologie und der Humanmedizin« bezeichnete. Auf dem Fell gesunder Rinder erschienen plötzlich dunkle Flecken, die Folgen innerer Blutungen; Blut sickerte aus der Nase, den Ohren und dem Anus. Innerhalb von Tagen verwandelten sich die Kühe in aufgeschwemmte Säcke voll Blut. Sie verbluteten ohne sichtbare Wunden. Die Krankheit komme, wie Link und Schoeffel Carlson erklärten, von der Ernährung mit verdorbenem Klee. Sie könne durch das Umsteigen auf andere Futtermittel bekämpft werden. Aber das nützte dem Farmer nichts. Es war tiefer Winter; er hatte kein anderes Futter. Die Diagnose der Wissenschaftler zu vernehmen, aber kein realistisches Heilmittel angeboten zu bekommen muß schrecklich für ihn gewesen sein. Es war ein Todesurteil für seine Tiere.

Wütend über seine eigene Hilflosigkeit, stürmte Schoeffel, deutsche Verwünschungen ausstoßend, durch das Labor.

In Links Erinnerung tauchte Schoeffel seine Hände wiederholt in den Eimer voll

Blut und stieß hervor: »*Dere's no clot in dat blood!* [Das Blut gerinnt nicht!] Blut,
Blut, verfluchtes Blut. ›Die Menschen dauern mich in ihren Jammertagen.‹[*] ...
*Vat will he find ven he gets home? Sicker cows. And ven he and his good voman
go to church tomorrow and pray and pray and pray, vat will dey haf on Monday?
MORE DEAD COWS!* ... [Was wird er vorfinden, wenn er nach Hause kommt?
Noch kränkere Kühe. Und wenn er und seine gute Frau morgen in die Kirche
gehen und beten und beten und beten, was werden sie am Montag haben? NOCH
MEHR TOTE KÜHE!] Mein Gott!! Mein Gott!! *Vy didn't ve antishi-pate dis? Ya,
ve should haf anti-shi-pated dis.* [Warum haben wir das nicht vorhergesehen?
Ja, wir hätten das vorhersehen sollen.]«

Das Schicksal von Carlsons Rindern vor Augen, machten sich Link und Schoeffel
daran, nach einem Heilmittel zu suchen. Das setzte natürlich erst einmal voraus,
festzustellen, was in dem verdorbenen Klee war, der die Blutungen hervorrief –
oder genauer gesagt, was das Rinderblut seiner Gerinnungsfähigkeit beraubte.
Sie hatten wenig Ahnung davon, worauf sie sich einließen. Auf der Suche nach
einem Wirkstoff, der die Gerinnungsfähigkeit erhöht, waren sie im Begriff, sich
völlig unabsichtlich dem medizinischen Kreuzzug nach einem Stoff anzuschlie-
ßen, der die Gerinnung *verhindert!* Damit begaben sie sich auf wissenschaftliches Neuland, denn diese Arbeit stürzte Link und seine Mitarbeiter tief in die
biochemischen Mysterien des menschlichen Blutes.

Blut sei, so behaupten Wissenschaftler oft, die letzte Spur des prähistorischen
Meeres, in dem sich alles Leben entwickelte. Vor Milliarden Jahren schwammen
unsere einzelligen Vorfahren in dieser primitiven Ursuppe und bezogen ihre
Nahrung daraus. Als sie sich im Laufe der Jahrtausende zu vielzelligen Lebewe-
sen entwickelten, blieb das warme, nährstoffreiche Salzwasser auch weiterhin
die Quelle ihrer Existenz. »Als wir schrittweise komplexer wurden«, hat ein
namhafter Hämatologe einmal erklärt, »mußte der alles erhaltende Ozean be-
wahrt werden, bis dieses kostbare Meer ... zuerst von Land und später von
Fleisch umschlossen, in unseren Adern pulste. Dieses ständig fließende, auf-
und niedersteigende innere Meer von Blut muß um jeden Preis intakt erhalten
werden.«

Wenn dieser Blutstrom nicht intakt erhalten wird – das heißt, wenn sich
Menschen schneiden –, muß die Blutung leicht zu stoppen sein, damit sie nicht

---

[*] Goethe, Faust (Prolog im Himmel).

verbluten. Doch paradoxerweise darf Blut auch *nicht zu leicht gerinnen*, denn sonst würden sich die Blutgefäße verstopfen. Der Körper enthält daher Mechanismen sowohl zur Förderung als auch zur Hemmung der Gerinnung, die beide bei Bedarf sofort einsatzfähig sind.

Blut besteht hauptsächlich aus drei Zellarten – den roten und weißen Blutkörperchen und den Plättchen –, die in einer salzigen, strohfarbenen Flüssigkeit, dem sogenannten Plasma, schwimmen. Die roten Blutzellen transportieren Sauerstoff aus der Lunge in den übrigen Körper, wo er gegen Kohlendioxid ausgetauscht wird. Die weißen Blutzellen bekämpfen Infektionen, indem sie eindringende Bakterien überwältigen und verschlingen. Die Plättchen, die kleinste Art von Blutzellen, wurden als letzte entdeckt; sie sind die erste Verteidigungslinie des Körpers gegen Blutungen.

Die an besonderen Stellen des Knochenmarks entstehenden Plättchen sind flache Scheibchen mit weniger als einem fünftausendstel Millimeter Durchmesser; in jedem Blutstropfen schwirren Millionen davon herum. Sie leben nur neun Tage und verbringen diese Zeit, indem sie wie mikroskopisch kleine Quallen passiv durch die Blutbahn kreisen – bis sie mit beschädigten Gefäßwänden in Kontakt kommen, den Stellen, an denen es zu Blutungen kommt. Alarmiert von den biochemischen Notsignalen, die von der beschädigten Stelle ausgesandt werden, heften sich die Plättchen rasch an die schadhafte Gefäßwand und verkleben miteinander, um den Riß abzudichten.

Neben der Abdichtung der Wunde setzen die miteinander verklumpten Plättchen einen zweiten, langsameren Heilungsprozeß in Gang, indem sie biochemisch wirksame Substanzen in das Plasma abgeben. Das Plasma ist wie das Blut selbst keine simple Flüssigkeit: es ist eine reichhaltige organische Suppe, in der viele Arten von Zucker- und Fettstoffen, Mineralien und Proteinen gelöst sind. Eines der letztgenannten wird als Prothrombin bezeichnet. Das Prothrombin im Blutplasma reagiert mit den von den Plättchen abgesonderten Substanzen und bildet das sogenannte Thrombin. Dieses interagiert mit einem anderen Material, Fibrinogen, und erzeugt Fibrin, eine schnurförmige, faserige Substanz, die über den zusammengeklumpten Plättchen eine Kruste bildet. Hämatologen bezeichnen diese ganze komplexe Reaktionskette als »Koagulationskaskade«.

Jede Rasurschramme, jeder Nadelstich und jede Hautabschürfung setzt somit nicht einen, sondern zwei miteinander verknüpfte Mechanismen in Gang: die Ansammlung von Plättchen und die Gerinnungskaskade. Ersterer dichtet die

Wunde rasch mit einer dünnen Schicht miteinander verklebter Plättchenzellen ab. Er setzt auch den zweiten Mechanismus in Gang, bei dem langsam eine dicke Kruste über den Plättchen entsteht (oder, wie die Ärzte sagen, Fibrin gebildet wird). Damit hört die Blutung rasch auf, und die Wunde verschließt sich mit einer Kruste, wie sie die abgeschürften Knie und Ellbogen kleiner Kinder aufweisen. Dieses Verschließen und Abheilen beschädigter Blutgefäße wird als Hämostase (Blutstillung) bezeichnet; eine ordnungsgemäße Hämostase ist für das menschliche Leben unerläßlich.

Ein Blutpfropfen kann jedoch auch in einem intakten Blutgefäß entstehen und wird von den Ärzten dann mit dem griechischen Wort für Pfropfen als Thrombus bezeichnet. Thromben bilden sich manchmal in einer Arterie, wenn die Gefäßwand rissig wird und die Unterschicht zutage tritt, was durch Arteriosklerose bedingt sein kann. Sie können auch in Venen auftreten, wenn sich der Blutfluß verlangsamt, ein Zustand, der gelegentlich bei Patienten vorkommt, die nach einer Operation oder Verletzung ans Bett gefesselt sind. Ebenso wie Blutgerinnsel entstehen Thromben durch Plättchenagglutination (Zusammenballung) und die Koagulationskaskade. Aber trotz dieser Ähnlichkeiten sind Thromben so spezifische Gebilde mit ihren eigenen Ursachen und üblichen Entstehungsweisen, daß es die Ärzte jetzt vorziehen, sie nur mit diesem Terminus zu bezeichnen, und das Wort »Gerinnsel« für die Art und Weise reservieren, wie Blut außerhalb des Körpers, in einem Reagenzglas, koaguliert.

Thromben können den Blutfluß überall im Körper hemmen, deshalb manifestieren sie sich in so scheinbar unterschiedlichen Krankheitsbildern wie Hirnschlag, Herzinfarkt und Thrombophlebitis, und deshalb bezeichnen die Ärzte alle drei als verschiedene Aspekte einer einzigen Erkrankung, der Thrombose. Als die Wissenschaftler nach einem Weg zur Vermeidung von Thrombose suchten, hielten sie im Grunde nach einem Arzneistoff Ausschau, der eines von zwei Dingen (oder beide) leisten kann: die Plättchen an der Zusammenballung in einem intakten Blutgefäß hindern und/oder die auf die Zusammenballung der Plättchen folgende Koagulationskaskade stoppen. Aber statt sorgfältig abzuwägen, welche Möglichkeit zu verfolgen sei, ignorierten die Forscher einfach die Plättchen und betrachteten sie in den Worten eines Mitarbeiters als »Zellen auf der Suche nach einer Funktion«. Die Forscher hielten schließlich nach gerinnungshemmenden und nicht nach agglutinationshemmenden Substanzen Ausschau – eine verhängnisvolle Entscheidung, die von einigen der besten Köpfe in der Medizin getroffen wurde und deren Konsequenzen sie damals keineswegs genau absehen konnten.

Einer der ersten Gerinnungshemmer wurde 1916 von einem Medizinstudenten an der Johns Hopkins Universität in Baltimore/Maryland entdeckt. Jay McLean verbrachte sein erstes Jahr in Johns Hopkins mit Untersuchungen, um den aktiven Wirkstoff von Kephalin festzustellen, einer Substanz im Gehirn, die, wie frühere Forscher herausgefunden hatten, die Fähigkeit hat, Blut gerinnen zu lassen. Fügt man sie einem Reagenzglas voll Blut hinzu, so setzt sie innerhalb von Sekunden die Gerinnung in Gang. McLean verbrachte das Jahr mit der Verfeinerung der mühsamen Schritte, die nötig sind, um Proben von Kephalin zu erhalten: Teile von Tiergehirnen müssen zu einem Brei zerrieben und der Brei auf einen Objektträger aufgestrichen und über einer Gasflamme getrocknet werden, die getrocknete Masse wird dann in ein Lösungsmittel (Äther) gegeben, der gelöste Extrakt konzentriert und der konzentrierte Extrakt mit Alkohol ausgefällt, so daß das Kephalin in fester Form auf den Boden des Teströhrchens sinkt. Das Endprodukt entfaltet in Reagenzgläsern voll Blut eine starke Gerinnungswirkung. (Dieser Vorgang wird, wie gesagt, als Gerinnung bezeichnet, weil sich das Blut in einem Reagenzglas befindet; wäre McLean imstande gewesen, seine Verbindung in einer lebenden Vene zu testen, dann hätte er auf diese Weise versucht, Thromben hervorzurufen.)

McLean beschloß, einen Extrakt, den er für eine Kephalin-Mischung hielt, auch aus Proben von Leber und Herz zu gewinnen. Er stellte fest, daß alle drei Arten von Extrakt – aus dem Gehirn, der Leber und dem Herzen – wenn sie der Luft ausgesetzt werden, allmählich ihre Gerinnungsfähigkeit verlieren. Um etwaige Unterschiede zwischen ihnen festzustellen, entfernte er die Stöpsel von den Röhrchen, die die drei Extrakte enthielten, und überprüfte, wie schnell der jeweilige Extrakt seine Gerinnungsfähigkeit verlor. Die Leberprobe überraschte ihn. Ihre Gerinnungsfähigkeit sank erst auf Null – und dann unter Null ab. Nach Kontakt mit der Luft erwarb der Leberextrakt irgendwie die Fähigkeit, die Gerinnungszeit des Blutes zu *verlängern*.

McLean hatte den Gerinnungshemmer entdeckt, den wir als Heparin kennen. Heparin wird heute so routinemäßig von Herzchirurgen verwendet, daß sie vom »Heparinisieren« des Patienten sprechen. Damals glaubte McLeans Forschungsleiter, W. H. Howell, jedoch nicht daran, daß sein Schüler eine Art von Kephalin entdeckt habe, das den Gerinnungseffekt umkehrte. Er fragte McLean ungläubig, ob seine Kephalinproben nicht vielleicht verunreinigt gewesen seien. Um seine Behauptung zu beweisen, stellte McLean ein Becherglas mit heparinisiertem Blut auf Howells Schreibtisch und ersuchte McLean, ihn zu rufen, sobald das Blut gerinne. Das geschah niemals.

McLean wollte seine Entdeckung von Heparin weiterverfolgen, aber nach seiner Promotion nahmen ihn seine Patienten zu sehr in Anspruch. Wie es so oft geschieht, vereinnahmte der Professor die Arbeit seines Schülers und veröffentlichte selbst den ersten Artikel über Heparin. In jenen unschuldigen Zeiten unternahmen medizinische Forscher selten den Versuch, aus ihren Entdeckungen finanziellen Gewinn zu schlagen, und keiner von beiden ließ den Gerinnungshemmer denn auch patentieren; Howell machte vielmehr eine kleine pharmazeutische Firma, Hynson, Westcott & Dunning, mit seinen Techniken bekannt. Aber die Herstellung von Kephalin war kostspielig, und die Firma unternahm nie den Versuch, Howells Methoden zu vervollkommnen. Fast zehn Jahre lang verdiente sie mit dem Wirkstoff keinen Pfennig.

Howells Heparin war nicht bloß teuer, es war auch ziemlich unrein – viel zu toxisch, um an Menschen getestet zu werden. »Das Zeug brachte jedes Tier um, dem wir es injizierten«, erinnerte sich Wright, der damals ein junger medizinischer Forscher war. »Wir wagten nicht, es am Menschen zu erproben.« Erst Mitte der dreißiger Jahre erzeugte ein kanadischer Arzt, Charles Best, Heparin, das rein genug war, um die Erprobung am Menschen ins Auge zu fassen. Ärzte verabreichten es vorsichtig Krebspatienten im Endstadium mit Thrombophlebitis. Sie würden sowieso sterben, und es schien das Risiko wert. Heparin brachte sie nicht um. Aber die Forscher zögerten immer noch, Patienten zu heparinisieren, die nicht todgeweiht waren – die Substanz hatte zu viele Tiere getötet.

Wright war der erste in den Vereinigten Staaten, der Bests Heparin bei Menschen anwandte. Er hatte seine Aufmerksamkeit der Durchblutung der winzigen Venen gewidmet, die man als Kapillaren bezeichnet. Er fand heraus, daß Rauchen offensichtlich die Venen verstopft und sogar eine Gewebsnekrose, die sogenannte Buergersche Krankheit, hervorrufen kann. Die Untersuchung der Buergerschen Krankheit führte ihn schließlich zu Embolien (die Blockierung einer Arterie durch einen Pfropfen, oft das abgebrochene Stück eines Thrombus, der im Blutstrom kreist) und dann zur Thrombose im allgemeinen, die damals keine besonders wichtige medizinische Spezialität darstellte. »Als ich mein Medizinstudium begann, betrug die durchschnittliche Lebenserwartung 47 Jahre«, bemerkte Wright. »Es gibt nicht viele Leute, die lang genug leben, um an einem Herzinfarkt zu sterben, wenn die Hälfte der Bevölkerung vor dem 47. Lebensjahr stirbt.« (Tatsächlich wurde die Koronarerkrankung, die Erkrankung der Herzkranzgefäße, erstmals 1929 bei einer Revision der »Internationalen Listen von Krankheiten und Todesursachen« als spezifisches Krankheitsbild in ein medizinisches Standardnachschlagewerk aufgenommen.) Wright arbeitete im Bellevue-Hospital von Manhattan, und in vielleicht zwei von sechzig Betten in jedem der langen Krankensäle lag damals ein Patient mit einer Herzerkrankung. (Heute wären es, wie er sagte, fünfzehn oder zwanzig.)

Als Wright im Herbst 1938 nach einer schweren Erkrankung ins Labor zurückkehrte, besuchte ihn der an Thrombophlebitis erkrankte Arthur Schulte, der Sproß einer Familie, die eine Kette von Tabakläden besaß. Schulte war der bemerkenswerteste Fall von Thrombophlebitis, den Wright je gesehen hatte. Die Krankheit galoppierte über seinen Körper und griff von einer Vene auf die andere über. Schulte litt Qualen; ihm war, als stünden alle Gliedmaßen in Flammen. Seine Überlebenschance war gleich Null. Wright rief Best herbei, den kanadischen Heparin-Forscher. »Er kam mit einem kleinen Fläschchen an, das fast den gesamten Weltbestand an Heparin enthielt«, berichtete Wright. »Wir gaben es ihm tropfenweise sechzehn Tage lang, und er überlebte, ja, es ging ihm sogar eine Weile sehr gut.«

Trotz dieses und anderer Erfolgsberichte erwies sich Heparin anfangs nicht als geeignete Therapie. Der Arzneistoff war teuer, konnte damals nur intravenös verabreicht werden, und seine Wirkung hielt nicht lange an. Etwas Billigeres und leichter zu Verabreichendes würde nötig sein, damit die Therapie mit Gerinnungshemmern ihren Wert erweisen konnte.

Ohne es damals zu wissen, hatte sich Karl Link der Suche nach dem richtigen Gerinnungshemmer angeschlossen, als der Farmer mit den sterbenden Kühen sein Interesse und sein Mitleid weckte. Link stürmte nicht blindlings los. Zwei Jahre zuvor, 1931, hatten Agrarwissenschaftler in North Dakota nachgewiesen, daß die durch die Kleekrankheit hervorgerufenen unkontrollierten Blutungen offenbar auf einen Mangel an Prothrombin, der ersten Stufe in der Gerinnungskaskade, zurückzuführen waren. Aber um den Prothrombin-Mangel zu beheben, mußte Link imstande sein, das Problem zu messen – das heißt, er mußte die Menge an Prothrombin in einer bestimmten Blutprobe eines bestimmten Testtieres feststellen können. Dies war keinesfalls leicht. Die verschiedenen Tierarten haben unterschiedliche Normalwerte, und die Tests waren in jedem Fall unzuverlässig. Bevor sie mit der eigentlichen Forschung begannen, brachten Link und seine Mitarbeiter fünf Jahre mit der Entwicklung eines Meßverfahrens zu, das ihnen als zuverlässig erschien, sowie mit der Zucht eines standardisierten Stammes von Kaninchen als Versuchstiere.

Links Forschungen folgten zwei Wegen: auf dem ersten suchte er nach der Ursache der Krankheit; auf dem zweiten fahndete er nach einem Mittel zur Behebung des von der Krankheit ausgelösten Prothrombin-Mangels. Kurioserweise führte der zweite Weg früher zum Ziel als der erste. Damals war bereits bekannt, daß eine Diät, die wenig Vitamin K enthält, das von der Leber erzeugt wird, die Gerinnungsfähigkeit des Blutes herabsetzt. Prothrombin wird ebenfalls von der Leber hergestellt. Links Team vermutete, daß man durch eine Erhöhung von Vitamin K im Futter die Wirkung von verdorbenem Klee bekämpfen könne. Die anfänglichen Versuche mit Kaninchen verliefen jedoch enttäuschend.

Ende Januar 1939 entsandte Link einen seiner jüngeren Mitarbeiter, H. A. (»Campy«) Campbell, auf eine Farm im Norden von Wisconsin, um einem Ausbruch der Kleekrankheit nachzugehen. »Was Campbell dort sah und erlebte«, so Link später, »würde jedem Agrarchemiker nahegehen.« Eine ganze Herde lag im Sterben. Der Farmer war besonders um seinen Stier besorgt, der so krank war, daß er vielleicht nicht einmal die Abnahme einer Blutprobe überleben würde. Campbell hatte den Vitamin-K-Spender bei sich, den sie in ihren Versuchen benutzten: grünen, duftenden, öligen Luzerne-Extrakt, den sie in monatelanger Arbeit in Tonkrügen gesammelt hatten. Mit Zustimmung des Farmers begann er, dem Stier das Gebräu einzuflößen. Der Stier schlürfte gierig den Luzerne-Extrakt und war am Abend des nächsten Tages wieder auf den Beinen.

Campbell war hoch erfreut. Er hatte dem Stier faktisch eine massive Dosis von Vitamin K verabreicht – und ein Heilmittel gegen die Kleekrankheit gefunden. Auch wenn sich das Vitamin K bei den Kaninchen nicht bewährte, hatten die Forscher endlich einen Arzneistoff für kranke Rinder in der Hand. (Erst später entdeckten sie den Grund für die unterschiedlichen Ergebnisse: Mangel an Vitamin K hat keine nennenswerte Auswirkung auf das Prothrombin von Kaninchen.)

Obwohl die Suche nach einem Heilmittel abgeschlossen war, verfolgte Links

Team den anderen Weg weiter, um herauszubekommen, was in dem verdorbenen Klee war. Das faulende Rinderfutter war in Links Worten »ein biochemisches Gemisch, bestehend aus Dutzenden, wenn nicht Hunderten von Verbindungen, die einzeln isoliert und katalogisiert werden mußten«. Die Auswertung zog sich endlos hin und war kompliziert. Erst in den Morgenstunden des 28. Juni 1939 richtete Campbell sein Mikroskop endlich auf die Ursache der Kleekrankheit: 3,3' – Methylen-Di (4-Hydroxicumarin) oder Dicumarol, wie es später genannt wurde. Als Link an diesem Morgen in sein Büro kam, fand er Campbell in den Kleidern schlafend auf der Couch vor. Die Tür zu seinem Labor wurde von Campbells Assistenten bewacht. Link berichtete später:

> Campbell ist ein überwiegend vom Verstand gesteuerter Mensch. Er neigte nicht dazu, seine Gefühle zu zeigen, aber es war unverkennbar, daß er insgeheim so glücklich wie ein Junge war, der gerade seinen ersten großen Fisch gefangen hat. Er reichte mir das Fläschchen und sagte: »Das ist H. A.!« (H. A. war das Laborkürzel für Hämorrhagisches Agens.) Ich meinte darauf, ich wüßte ein paar Zeilen deutscher Lyrik, die dem Anlaß entsprächen, und ich rezitierte sie.
>
> *»So halt' ich's endlich denn in meinen Händen*
> *und nenn' es in gewissem Sinne mein.«*

Neun Monate später bestimmte das Team die Molekularstruktur von Dicumarol, wobei sich herausstellte, daß es entsteht, wenn Kumarin, der Wirkstoff, dem der Klee seinen Duft verdankt, mit Sauerstoff und Formaldehyd reagiert. Dies geschieht, wenn Klee verrottet. Sie veröffentlichten ihren ersten Artikel im Oktober 1940, sechseinhalb Jahre nachdem Link gezwungen war, Carlson durch den Blizzard wieder nach Hause zu schicken, ohne ihm helfen zu können. Die Suche nach einem Mittel gegen die Kleekrankheit hat das Vitamin K hervorgebracht, das bald synthetisiert und allgemein erhältlich wurde.

Als sich die Entdeckung eines neuen Gerinnungshemmers herumsprach, wurde er Link von medizinischen Forschern wie Wright geradezu aus den Händen gerissen. Link selbst tat das Seine dazu; er organisierte eine Reihe von Konferenzen über den neuen Wirkstoff. Aber bevor Dicumarol allgemein als Medikament angewandt werden konnte, mußte es jemand herstellen und jemand testen. Die erste Hürde nahm Link selbst, indem er das Recht zur Patentierung von Dicumarol der Alumni Research Foundation von Wisconsin verlieh, einer unabhängigen Körperschaft, die Forschungsvorhaben der Universität von Wisconsin finanzierte. Nachdem die Stiftung 1941 ein Patent angemeldet hatte, vergab sie Lizenzen an drei Pharmaunternehmen – Abbott Laboratories, Eli Lilly & Company und E. R. Squibb & Company – zur Herstellung einer, wie alle hofften, höchst erfolgreichen Arznei. (Die Hoffnung erfüllte sich.)

Während Dicumarol seinen Weg durch das Patentamt machte, hatten Tests am Menschen bereits begonnen. Zwei Fragen mußten beantwortet werden. Erstens, hemmt Dicumarol auch beim Menschen die Blutgerinnung? Zweitens, falls es diese Wirkung hat, kann Dicumarol tatsächlich Kranken helfen?

Bald nach Links Entdeckung wurde die erste Frage beantwortet. Edgar V. Allen, ein Arzt an der Mayo-Klinik in Rochester/Minnesota, und H. R. Butt, ein freier Mitarbeiter der Klinik, zählten zu den ersten, die Link um Dicumarol ersuchten. Nachdem sie im März 1941 eine Probe erhalten hatten, testete ein Mitarbeiter der Klinik sie an Hunden. Von den Resultaten ermutigt, begannen Allen, Butt und J. L. Bollman, ein weiterer Mitarbeiter der Klinik, in uns heute unziemlich erscheinender Eile, es Menschen zu injizieren. Am 9. Mai, zehn Wochen nachdem sie erstmals eine Probe in die Hand bekommen hatten, verabreichten sie Dicumarol bereits an eine freiwillige Versuchsperson, die sie als »organisch gesunden jungen Mann, 19 Jahre alt und 80 Kilo schwer«, beschrieben. Normalerweise brauchte sein Blut 3,5 Minuten, um im Reagenzglas zu gerinnen. Am dritten Tag der Behandlung hatte sich diese Zeitspanne auf über elf Minuten erhöht; nach der fünften und letzten Dosis stieg sie auf dreizehn Minuten an. Der junge Mann wies so gut wie kein Prothrombin mehr auf. Aus Sorge über die Möglichkeit von Blutungen stoppten sie die Behandlung und schützten ihren Freiwilligen vor Verletzungen, während die Wirkung des Dicumarols nachließ. Nach zwanzig Tagen waren sein Prothrombin-Spiegel und seine Gerinnungszeit zu den Normalwerten zurückgekehrt. Allen und seine Mitarbeiter veröffentlichten ihre Befunde im Juni 1941. Auch in anderen medizinischen Berichten wurde die Wirksamkeit von Dicumarol als Gerinnungshemmer bald bestätigt, wenn es auch langsamer wirkt als Heparin. Im Gegensatz zu Heparin konnte es jedoch oral eingenommen werden, und es kostete nur ein paar Cents pro Tag. Jetzt mußte die zweite Frage beantwortet werden. Würde Dicumarol gegen die zahllosen Krankheiten helfen, die durch Thromben verursacht werden?

Als einer der ersten Ärzte stürzte sich Wright ins Getümmel. Wieder war Schulte, das Opfer galoppierender Thrombophlebitis, einer seiner ersten Patienten. Wright verabreichte Schulte das Medikament zu Hause, und wieder waren die Ergebnisse überaus positiv. Sooft Schulte Dicumarol absetzte, flammte die Krankheit erneut auf. 1991 wurde er immer noch mit dem Medikament beziehungsweise einem chemischen Verwandten davon behandelt. »Es ist mir nie gelungen, herauszufinden, welcher Faktor in seinem Blut die Krankheit auslöst«, gab Wright zu. »Inzwischen wird er schon länger mit Gerinnungshemmern behandelt als jeder andere Patient in der ganzen Welt.« Schulte hatte nach Wrights Meinung Glück. »Wäre das heute geschehen, dann hätte ich drei Jahre auf die Genehmigung warten müssen, ihm das Präparat zu geben. Inzwischen wäre er längst gestorben.«

Zwischen 1941 und 1944 stand Dicumarol nicht zur allgemeinen Verfügung; dennoch wurden in diesem Zeitraum etwa fünfzig Abhandlungen über seine klinischen Wirkungen veröffentlicht. Die klinische Forschungstätigkeit nahm bald Züge eines Wettbewerbs an. Forscher beeilten sich, das Medikament bei immer schwereren Krankheitsbildern einzusetzen, und jede neue Veröffentlichung schien mit den bahnbrechenden Anwendungen, die ihre Verfasser für Dicumarol entdeckt hatten, zu renommieren. Die sensationellsten Ankündigungen stammten von E. Sterling Nichol, einem Herzspezialisten in Florida, der 1942 vorschlug, Dicumarol frischen Infarktpatienten zu verabreichen. Die Gabe eines Gerinnungshemmers während eines Herzinfarkts, argumentierte er, würde die Vergrößerung des ursprünglichen Thrombus verhindern; durch die Fortsetzung der Therapie über mehrere Tage nach Abklingen des Infarkts würde sich die Gefahr weiterer Thromben verringern, insbesondere im Herzen, wo durch die Beschädigung des Gewebes ein erhöhtes Risiko erneuter Thrombenbildung bestehe. Ein solcher Thrombus stellt für sich genommen keine ernsthafte Gefahr dar, aber er neigt dazu, auseinanderzubrechen und Stücke davon – Emboli – in Arterien zu entsenden, wodurch sich das Risiko eines zweiten Infarkts beziehungsweise einer Lungenembolie (der Blockade einer Lungenarterie) erhöht.

Nichols Vorschlag machte Furore. Akute Herzinfarkte lösen kalten Schweiß, Erbrechen, Krämpfe und unerträgliche Schmerzen aus. Die oft unwirksamen und niemals wirklich heilenden Standardbehandlungen bestanden aus Sauerstoffgaben zur Unterstützung der Atmung; Digitalis, einem manchmal giftigen Präparat aus zerstampften Fingerhutblättern, zur Verlangsamung des Pulses;

und Aderlässe mittelalterlichen Stils, die den Druck auf das Herz verringern sollten. Die Überlebenden fühlten sich zwar nach einer Weile etwas besser, es blieb aber in der Regel ein beschädigtes Herz zurück. Sie waren, mit anderen Worten, immer noch sehr krank. Gegen diesen langfristigen Schaden konnten die Ärzte wenig anderes tun, als Bettruhe – und Gebete – zu empfehlen. Selbst wenn Antikoagulantien auch im Hinblick auf Herzinfarkte entwickelt wurden, schreckten doch viele Kardiologen vor dem Gedanken zurück, schwerkranken Menschen so potente Substanzen zu spritzen. Im Juni 1943 begann Nichol trotzdem, Dicumarol bei akuten Herzinfarkten einzusetzen. Im Oktober des folgenden Jahres berichtete er auf einer Konferenz der Miami Heart Association von erhöhten Überlebensraten. Wenige glaubten ihm. Solche Kriseninterventionen konnten unmöglich Gutes bewirken. Nichol machte dennoch weiter. Im Juni 1946 veröffentlichte er einen Bericht über die Behandlung von 44 Herzinfarkten mit Dicumarol. »Die Wahrscheinlichkeit ist groß«, schrieb er, »daß Dicumarol die Verringerung der unmittelbaren Mortalitätsrate bewirkte.«

Weitere Forscher griffen die Herausforderung auf und erprobten Dicumarol bei Infarktpatienten. Manche Berichte schienen Nichols Befunde zu bestätigen, andere nicht. Wright war jedenfalls anfangs skeptisch. Bis Oktober 1945 hatte er jedoch 76 Patienten unmittelbar nach einem Infarkt Dicumarol verabreicht, und ihre Fortschritte hatten Wright in einen begeisterten Vorkämpfer des Medikaments verwandelt, obwohl er lange unsicher bezüglich der Dosierung war. »Edgar Allen und seine Gruppe an der Universität Wisconsin schlugen als durchschnittliche Tagesdosis 350 mg vor«, berichtete Wright. »Wir wandten sie an. Sie meldeten keine Blutungen. Wir hatten schwere Blutungen zu verzeichnen. Wir konnten nicht verstehen, warum dieselbe Dosis bei uns Probleme hervorrief. Später fanden wir heraus, daß sie ansonsten gesunde Farmer des Mittelwestens behandelten, während unsere Patienten Alkoholiker mit Leberkrankheiten waren. Nun, Leberkrankheiten beeinträchtigen das Vitamin K [den Antagonisten von Dicumarol]. Aber darauf sind wir erst sehr viel später gekommen – diese Geschichte hatte so viele Aspekte.«

Die Ärzte wußten nicht, wie sie die widersprüchlichen Befunde interpretieren sollten. Die meisten der Infarktstudien stützten sich auf weniger als einhundert Patienten, nicht genug, um Ungewißheiten der Diagnose auszuschließen, geschweige denn das simple Spiel des Zufalls. Da eine neue Therapie zur Bekämpfung einiger der schlimmsten Killer des modernen Lebens auf dem Spiel stand, war es an der Zeit, eine viel umfassendere Untersuchung zu starten, um die Wirksamkeit von Dicumarol ein für allemal zu klären.

Wenn ein neuer Arzneistoff im Labor entdeckt wird, können seine Wirkungen manchmal aufgrund von Untersuchungen vorausgesagt werden, die *in vitro*, im Reagenzglas, durchgeführt werden: Aber oft sind die *in vitro* beobachtbaren Wirkungen nicht dieselben wie *in vivo*, in einem lebenden Organismus. Den Forschern bleibt oft kaum eine andere Wahl, als ein Medikament am Menschen zu erproben, ohne mit Sicherheit zu wissen, ob es ihn heilen oder töten wird. Seit Jahrhunderten haben Ärzte diese Experimente als unethisch betrachtet: Der hippokratische Eid ermahnt sie: »Man verabreiche niemandem eine tödliche Arznei.« Dieses Verbot hinderte die Ärzte nicht daran, experimentelle Behandlungen zu erproben. Aber durch die vorsichtige Anwendung neuer Arzneistoffe bei einzelnen Patienten, unterstützt durch intensive Beobachtungen ihrer Wirkungen, konnten eben doch pharmazeutische Fortschritte erzielt werden. (Natürlich waren manche Ärzte weniger vorsichtig, wie der Wettlauf bei der Erprobung von Dicumarol zeigte.)

Aber das ist noch nicht alles. Wie jeder Arzt lernt, differieren die Menschen erstaunlich in ihren Reaktionen auf bestimmte Krankheiten und Behandlungen. Hätte Felix Hoffmann, der Wiederentdecker der Acetylsalicylsäure, die ASS als erstes einem aus der kleinen Anzahl von Menschen gegeben, die eine tödliche Allergie dagegen haben, dann hätte er wahrscheinlich alle weiteren Versuche bleibenlassen und das Präparat niemals an seine Vorgesetzten übergeben. Die Pharmaziegeschichte und sicherlich die Geschichte der Farbenfabriken Bayer wäre dann anders verlaufen. Als Reaktion auf solche Besorgnisse haben Wissenschaftler Mittel und Wege zur Verringerung der Wahrscheinlichkeit gesucht, daß der Zufall eine so bestimmende Rolle spielt. Weil man Menschen nicht wie Reagenzgläser voll Chemikalien in einem Labor manipulieren kann, haben medizinische Forscher mit der Zeit Methoden für klinische Versuchsreihen entwickelt: Experimente, bei denen eine Patientengruppe, die eine noch unerprobte Behandlung erhält, verglichen wird mit einer Patientengruppe, die eine bekannte Behandlung erhält. Die erste Gruppe bezeichnet man üblicherweise als Behandlungsgruppe, die zweite als Kontrollgruppe.

Die Anwendung klinischer Versuche geht mindestens auf die Zeit von James Lind zurück, einen schottischen Schiffschirurgen, der im 18. Jahrhundert nach

Heilmitteln gegen Skorbut suchte. Diese Krankheit wütete damals auf den Weltmeeren, und Lind beschloß, Möglichkeiten einer Heilung zu untersuchen.

> Am 20. Mai 1747 begann ich mit zwölf Skorbut-Patienten an Bord der *Salisbury* auf See. Ihre Fälle waren so änlich, wie ich es mir nur wünschen konnte. Sie litten alle an Geschwüren der Mundschleimhaut, Hautflecken, Müdigkeit und einer Schwäche in den Knien. Sie lagen alle zusammen im vorderen Laderaum, wo sich ein geeignetes Krankenzimmer befand, und bekamen alle dieselbe Kost, nämlich Schleimsuppe gesüßt mit Zucker am Morgen; häufig frische Hammelbrühe zu Mittag; oder auch Pudding, gekochten Schiffszwieback mit Zucker etc.; und am Abend Gerste und Rosinen, Reis und Korinthen, Sago und Wein oder ähnliches.

Lind teilte die zwölf Matrosen in sechs Zweiergruppen auf und ergänzte die Kost jedes Paares durch andere Zusätze: Essig; Meerwasser; Apfelwein; »Elixier Vitriol« (verdünnte Schwefelsäure); Knoblauch, Senf und Meerrettich; Zitrusfrüchte. Zehn der zwölf Männer ging es danach nicht besser, aber jene zwei, die Orangen und Zitronen gegessen hatten, erholten sich rasch und sichtbar. Nach sechs Tagen war einer gesund genug, um seinen Dienst wiederaufzunehmen; der andere, schrieb Lind, sei »der gesündeste von allen seinen Mitpatienten; und da es ihm jetzt so gutgeht, wurde er zum Krankenpfleger für alle übrigen ernannt.« Mit Zitrusfrüchten, schloß Lind, kann man Skorbut heilen.

Lind hatte recht – aber er hatte auch Glück. Seine Stichprobe war zu klein, um zu gewährleisten, daß er nicht rein zufällig zwei Matrosen mit angeborener außergewöhnlicher Resistenz gegen Skorbut oder irgendeiner anderen Eigenschaft erwischte, welche die Ergebnisse verzerrt hätte. Mit anderen Worten, er konnte nicht beweisen, daß er recht hatte und daß die Heilung der beiden Männer nicht auf einen glücklichen Zufall, sondern auf die Heilkräfte von Orangen und Zitronen zurückzuführen war.

Solche Vorbehalte sind keineswegs pedantisch. Der berühmte englische Entdecker Kapitän James Cook führte etwa zur gleichen Zeit Experimente über Skorbut durch. Er untersuchte jedoch nur eine Behandlung, und seine Stichprobe war nicht viel größer als die von Lind. Er gab allen seinen Kranken Malz, und sie wurden gesund. Malz heilt Skorbut, verkündeten die Ärzte seines

Schiffes. Aber da segelten sie in tropischen Gewässern, und die Männer aßen die örtlichen Früchte – darunter natürlich Orangen und Zitronen. Da Cook keine Kontrollgruppe hatte, war niemand da, der *kein* Malz bekam, deshalb entging ihm, daß auch die Kontrollgruppe gesund wurde und Malz daher nicht die Lösung sein konnte.

Bedauerlicherweise glaubte man dem berühmten Kapitän Cook mehr als dem unbekannten Lind. Malz und nicht Zitrusfrüchte wurde zu einem Bestandteil der Standardernährung für Seeleute. Viele Matrosen starben. Der Irrtum wurde erst fünfzig Jahre nach Linds Experiment aufgedeckt.

Klinische Versuche können nur dann gute Lösungen erbringen, wenn ein eindeutiger Vergleich zwischen zwei oder mehr Gruppen erfolgt. In der ersten Hälfte dieses Jahrhunderts machte man die meisten klinischen Versuche mit Freiwilligen, die ein neues Medikament bekamen. Die Ergebnisse verglich man dann mit Patienten, die sich nicht freiwillig zu der Behandlung bereit erklärt hatten, oder mit den Krankenblättern früherer Patienten. Aber obwohl diese Art von Vergleich besser als nichts ist, kann er dennoch irreführend sein. Es kann Unterschiede zwischen den Freiwilligen und den Unbehandelten geben; Personen, die sich zu einer unerprobten Behandlung bereit erklären, sind vielleicht kränker als solche, die das nicht tun. Oder sie sind weniger krank – es fällt leicht, sich beide Szenarien auszumalen. Ebenso könnte sich die Pflege, die den Patienten heute zuteil wird, von jener der Vergangenheit unterscheiden. Es ist wenig sinnvoll zu behaupten, durch ein bestimmtes Medikament träten weniger Infektionen auf, wenn die Versuchspersonen mit Krankenhauspatienten von vor fünfzig Jahren verglichen werden, als die hygienischen Vorkehrungen noch schlechter waren.

Klinische Versuche lassen sich also am günstigsten durchführen, indem man eine klar abgegrenzte Behandlungsgruppe und eine ebensolche Kontrollgruppe nimmt und dafür sorgt, daß sich deren Mitglieder in jeder Hinsicht gleichen außer der einen: daß sie die neue Behandlung erhalten. Das ideale Mittel zur Erreichung dieses Zieles ist die Randomisierung, das heißt, die Patienten werden nach dem Zufallsprinzip in zwei Gruppen geteilt – der Arzt hat dabei keine Mitsprache. Tatsächlich sollte der Arzt nicht einmal wissen, welche Patienten in welcher Gruppe sind. Eine simple Methode der Randomisierung besteht darin, eine Münze zu werfen: Kopf, der Patient wird der Behandlungsgruppe zugeteilt; Zahl, er kommt in die Kontrollgruppe. Es kann zwar immer noch Unterschiede

zwischen den beiden Gruppen geben, aber diese sind dann wenigstens zufallsbedingt und nicht auf den Einfluß eines Arztes zurückzuführen.

Dem Zufall zu gestatten, über die Behandlung eines Patienten zu entscheiden,
scheint den Arztberuf seines Existenzgrundes zu berauben. Wie können Ärzte
darauf verzichten, einzuschreiten und Entscheidungen zu treffen, wenn ein
Patient krank ist? Und tatsächlich haben sie sich diesem Konzept widersetzt.
Ärzte hätten sich mit besonderer Heftigkeit gegen die Randomisierung gewehrt,
behaupten einige Fachleute, weil sie implizit ihre Ignoranz eingestehen, wenn
sie den Zufall herrschen lassen – und den Ärzten fiele in der Regel das Geständnis
sehr schwer, daß sie nicht wüßten, was zu tun sei.

In manchen Fällen kann eine willkürliche Methodik noch hingehen. Penicillin
heilt zum Beispiel fast alle Fälle von Lungenentzündung innerhalb von Tagen,
wenn nicht Stunden. Viele Jahre und viele Fehlschläge waren nötig, bis das
Penicillin seinen Weg vom Labor in das Krankenhaus machte. Koronarerkrankungen sind etwas anderes. Manche Infarktpatienten werden wieder völlig
gesund. Andere scheinen zu genesen, fallen aber Monate später einem zweiten
Infarkt zum Opfer. Wenn Herzpatienten ein Medikament nehmen und ihr
Zustand sich zu bessern scheint, können die Ärzte daher nicht mit Sicherheit
sagen, daß die Behandlung gewirkt hat. Wenn eine Krankheit so unterschiedlich
verläuft, dann läßt sich die Wirksamkeit einer potentiellen Therapie nicht ohne
weiteres feststellen – wie die ersten Dicumarol-Forscher entdeckten.

Die meisten Wissenschaftler, die Dicumarol untersuchten, gaben es kleinen
Gruppen von Patienten und verglichen die Ergebnisse mit dem, was sie in der
Vergangenheit gesehen hatten. Dicumarol schien eine wesentliche Verbesserung
darzustellen. Aber sie wußten es nicht mit Sicherheit. Die Behandlung von
Herzerkrankungen war in ständigem Fluß, wie konnte man wirklich sicher sein,
was einen schlüssigen Vergleich darstellte? Die American Heart Association
entschied, daß es an der Zeit für eine definitive klinische Erprobung sei. Die AHA
hatte sich in jüngster Zeit von einem Berufsverband, der sie seit ihrer Gründung
im Jahre 1924 gewesen war, in einen Förderverein verwandelt, der Mittel zur
Erforschung von Herzerkrankungen sammelte. Sie wollte Ergebnisse sehen.
Gerinnungshemmer erschienen als vielversprechender Weg, und sie übertrug
die Aufgabe der Evaluierung ihrem Ausschuß für Antikoagulantien, der von
Erving Wright, einem der entschiedensten Befürworter von Dicumarol, geleitet
wurde.

Von der AHA beauftragt, eine umfassende klinische Versuchsreihe zu starten, wurde Wright unverzüglich aktiv. An der AHA-Untersuchung, die sechzehn medizinische Institutionen einbezog, waren mehr als tausend Menschen beteiligt, die mit akuten Herzinfarkten ins Krankenhaus kamen. Patienten, die an Tagen mit ungerader Zahl aufgenommen wurden, wies man der Behandlungsgruppe zu, und die Zugänge an Tagen mit gerader Zahl kamen in die Kontrollgruppe. Die Arbeit begann Anfang 1946.

Im Dezember 1947 veröffentlichte Wright einen bemerkenswerten vorläufigen Bericht. 24 Prozent der Kontrollgruppe, aber nur 15 Prozent der Behandlungsgruppe waren gestorben – ein Rückgang um mehr als ein Drittel. Die AHA wartete nicht auf die Endresultate, um diese Empfehlung zu geben: Gerinnungshemmer sollten in allen Fällen von akutem Herzinfarkt angewandt werden, falls keine definitiven Gründe dagegen sprachen. Wright bereiste das Land und pries die Vorzüge von Dicumarol und seiner Untersuchung in den höchsten Tönen. Angesichts des Drucks, den die AHA auf die Ärzte ausübte, schoß der Absatz von Dicumarol nach oben. 1952 wurde Wright Präsident der American Heart Association, nicht zuletzt aufgrund seiner Verdienste um die Erprobung des Gerinnungshemmers.

Wrights begeisterte Einschätzung wurde bald in Frage gestellt. 1951, nachdem Wrights Ausschuß die AHA-Untersuchung aktualisiert hatte, fiel David Rytand, einem Medizinforscher der Stanford Universität, an der Patientenstichprobe eine Merkwürdigkeit auf. In einem Jahr mit 365 Tagen gibt es 186 ungerade und 179 gerade Tage. Falls die 1031 Patienten der AHA-Untersuchung nach dem Zufallsprinzip aufgeteilt worden wären, dann hätte die an ungeraden Tagen aufgenommene Behandlungsgruppe aus 526 und die an geraden Tagen erfaßte Kontrollgruppe aus 505 Patienten bestehen müssen. Die Zahlen der Untersuchung lauteten jedoch 589 und 442 – eine Diskrepanz, die nach Rytands Berechnung nur mit einer Wahrscheinlichkeit von 1:1000 zufällig auftrat. Was war geschehen?

In ihrem abschließenden Untersuchungsbericht, einem 800seitigen Konvolut, gespickt mit Diagrammen und Tabellen, gaben Wright und seine Kollegen zu, daß Ärzte, die von den Vorzügen der Gerinnungshemmer bereits überzeugt waren, darauf bestanden hatten, manche Patienten von der Kontrollgruppe in die Behandlungsgruppe zu übernehmen. Aber die AHA-Vertreter insistierten, daß diese Praxis ihre Befunde nicht verzerrt habe. Ja, sie räumten ein, die Aufteilung der Patienten sei nicht wirklich dem Zufall überlassen gewesen. Ja, die Ärzte hätten manche Patienten besonders schnell ins Krankenhaus eingeliefert, »um so viele wie möglich an den ungeraden Tagen unterzubringen«. Und ja, die Mitglieder der Behandlungsgruppe seien nicht nur schneller hospitalisiert worden, sie stammten auch in der Regel aus wohlhabenderen Schichten, was bedeutete, daß sie mehr private Krankenschwestern hatten und sich bessere Pflege leisten konnten. Aber das falle nicht ins Gewicht. Tatsächlich, behauptete Wright, habe es nur die äußerste Akribie, mit der er arbeitete, ermöglicht, diese Irregularitäten überhaupt zu bemerken – Beweis für die Sauberkeit seiner Methodik.

Rytand bezweifelte keinesfalls die Sorgfalt des AHA-Ausschusses. Er stellte lediglich fest, ohne Randomisierung von Anfang an könne alle Sorgfalt in der Welt keine schlüssigen Daten ergeben. Er hatte auch in anderen Untersuchungen von Antikoagulantien Mängel entdeckt. In einer Studie traten bei Infarktpatienten, die Gerinnungshemmer erhielten, 16,7 Prozent Todesfälle auf; bei Unbehandelten 40 Prozent. Überzeugender Beweis für die Wirksamkeit von Gerinnungshemmern? Rytand glaubte das nicht. Vor Einführung der Therapie mit Antikoagulantien waren von den Infarktpatienten, die in dasselbe Krankenhaus eingewiesen wurden, nur 26 Prozent verstorben. Das bedeutete, daß die Sterberate unter den Patienten, die mit Gerinnungshemmern behandelt wurden, zwar geringer war als in der Vergangenheit, die Sterbefälle unter den unbehandelten Patienten jedoch *höher* als früher. »Man könnte zu dem Schluß kommen, daß ein neuer prognostischer Faktor gefunden wurde«, schrieb Rytand sarkastisch in den *Annals of Internal Medicine.* »Die Prognose für einen Infarktpatienten verschlechtert sich, wenn ein Mitpatient Gerinnungshemmer erhält!« Etwas Merkwürdiges war da passiert, und Rytand hielt Wrights Studie nicht für zuverlässig. Viele allerdings widersprachen ihm; ein paar Jahre später erhielt Wright für seine Rolle bei der Verbreitung von Antikoagulantien den Albert Lasker Award, die höchste Auszeichnung in der amerikanischen Medizin.

Rytands Bedenken wurden 1957 durch eine vernichtende Analyse von G. E. Honey und S. C. Truelove bestätigt, zwei Ärzte am Radcliffe-Krankenhaus in Oxford, das zum führenden Zentrum für die Kontrolle und Durchführung klinischer Testreihen werden sollte. Als sie die Resultate der Infarktpatienten überprüften, die in den vergangenen fünfzehn Jahren in dem Krankenhaus aufgenommen worden waren, stellten Honey und Truelove fest, daß die Behandlung mit Antikoagulantien während dieser Zeit steil angestiegen war. Zwischen 1940 und 1947 hatte niemand Gerinnungshemmer erhalten; zwischen 1948 und 1951 wurde etwas über ein Drittel der Patienten damit behandelt; und zwischen 1952 und 1954 wandte man diese Behandlung bei drei Viertel aller Patienten an. In diesen fünfzehn Jahren lag die Sterberate unter den Patienten, die Gerinnungshemmer erhielten, mit 23 Prozent ungleich niedriger als unter Patienten, die nicht so behandelt wurden (48 Prozent). Äußerst eindrucksvolle Zahlen, wie es schien.

Honey und Truelove untersuchten dann die drei Zeitabschnitte getrennt – und stießen auf ein völlig anderes Bild. Zwischen 1940 und 1947, als die Ärzte fast niemanden mit Gerinnungshemmern behandelten, hatte die Sterblichkeit durch Herzinfarkt 40 Prozent betragen. Diese Zahl legten Honey und Truelove als erwartbare Zahl an Todesfällen durch unbehandelten Infarkt zugrunde. Zwischen 1948 und 1951, als Dicumarol neu eingeführt wurde, starben von den mit Antikoagulantien behandelten Patienten nur noch 27 Prozent, ein unmittelbar einleuchtender Fortschritt. Aber die Sterberate der *unbehandelten* Patienten erhöhte sich auf 45 Prozent. Und im dritten Zeitabschnitt, zwischen 1952 und 1954, als die Behandlung mit Gerinnungshemmern weiter anstieg, sank die Mortalität bei den Behandelten auf 21 Prozent, während sie bei den unbehandelten Patienten auf das erschreckende Ausmaß von 66 Prozent hochschnellte.

»Die einzig wahrscheinliche Erklärung dafür«, schrieben Honey und Truelove, »ist, daß die unbehandelt gebliebenen Patienten einen zunehmend höheren Anteil von Kranken mit schlechter Prognose einschlossen.« Mit anderen Worten, Dicumarol bekamen diejenigen, die aller Wahrscheinlichkeit ohnehin überlebt hätten. Wenn man diese Bevorzugung in Rechnung stelle, folgerten die beiden, »hat die extensive Anwendung der Therapie mit Antikoagulantien in diesem Krankenhaus keinen dramatischen Unterschied bezüglich der Sterberate [bei Infarktpatienten] bewirkt«.

Die Analyse von Honey und Truelove trug dazu bei, die fraglose Unterstützung für Gerinnungshemmer zu unterminieren, und die Befürworter und Kritiker ihrer Anwendung bei Infarktpatienten befehdeten einander die nächsten zwei Jahrzehnte lang. Die klinischen Indizien, die man bei anderen Krankheitsbildern gesammelt hatte, gaben der Debatte ständig neue Nahrung. In ihrem Artikel merkten Honey und Truelove an, daß der Einsatz von Antikoagulantien eine unbezweifelbare Wirkung habe: er eliminiere mit wenigen Ausnahmen alle Todesfälle durch Lungenembolie bei Patienten, die einen Herzinfarkt erlitten hatten. Die Antikoagulantien verringerten auch das Auftreten von Thrombosen in tiefliegenden Venen – Thromben, die gewöhnlich in den Beinen auftreten – nach Operationen. Doch nachdem anfangs auch für die Anwendung der Medikamente bei Gehirnschlag Hoffnungen erweckt worden waren, ergaben Überprüfungen der klinischen Testreihen schwerwiegende Irrtümer bei der Randomisierung und anderen Verfahrensweisen; in den wenigen Untersuchungen, die einer Überprüfung standhielten, war keine Wirkung festgestellt worden.

Es war schwer zu verstehen, warum die Antikoagulantien so drastisch voneinander abweichende Ergebnisse zeitigten. Alle diese Krankheitsbilder wurden schließlich durch Thromben verursacht. Warum konnten die Gerinnungshemmer nicht das erneute Auftreten eines Infarkts oder Schlaganfalles verhindern, die doch gewöhnlich durch einen Thrombus bedingt sind? Was war das fehlende Bindeglied? Warum starben die Patienten an unerwünschter Koagulation, wenn die Wissenschaft doch ein Mittel entdeckt hatte, das die Gerinnung im Labor unfehlbar stoppte?

16. Kapitel

»Knacken Sie Ihren Code«

1950 schickte Lawrence L. Craven, ein HNO-Facharzt aus Glendale/Kalifornien, einem Vorort von Los Angeles, einen Erfahrungsbericht an den Herausgeber von *Annals of Western Medicine and Surgery*, eines kleineren medizinischen Fachblatts.

Cravens Bericht stand in auffallendem Gegensatz zur zeitgenössischen Wissenschaftsprosa; klar und direkt, vermied sie das Passiv und zeigte ihren Verfasser genauso, wie er war – ein talentierter praktischer Arzt mit einer guten Beobachtungsgabe, ein wißbegieriger Mann und ein guter Zuhörer, der aktiv nach Möglichkeiten suchte, um das Los seiner Patienten zu verbessern. Seit mehreren Jahren, schrieb Craven, habe er Aspergum, eine kaufähige Form von Aspirin, zur Linderung der Schmerzen nach Tonsillektomien verschrieben. Mehrere seiner Patienten hätten einige Tage nach der Operation schlimme Blutungen erlitten. Befragungen hätten ergeben, »daß Patienten mit starken Blutungen nicht bloß vier Stück Aspergum pro Tag gekaut hatten, wie verschrieben, sondern sich mit zusätzlichen Packungen versorgten und bis zu zwanzig Stück pro Tag konsumierten« – dem Äquivalent von vierzehn normalen Aspirin-Tabletten.

Craven schloß daraus, daß Aspirin die Fähigkeit des Blutes zur Thrombenbildung herabsetze. Wenn das stimmte, fragte er sich, würde Aspirin dann die Gefahr eines Herzinfarkts verringern? Ihm gab auch die weitaus größere Anfäl-

ligkeit von Männern für Herzerkrankungen im Gegensatz zu den bekanntlich
viel seltener davon betroffenen Frauen zu denken.

> Daß sich die Gerinnungszeit des Blutes bei manchen Personen
> mit zunehmendem Alter verkürzt, geht auch aus der allmählichen
> Abnahme von Nasenbluten sowie von blutenden Rasurschram-
> men hervor, die ich und zweifellos auch andere Männer zwischen
> der Jugend und dem mittleren Alter festgestellt haben ... Doch
> nur ein kleiner Prozentsatz der vielen übergewichtigen Amerika-
> nerinnen mittleren und höheren Alters sterben an Koronarthrom-
> bosen [Herzinfarkten].* Eine mögliche Erklärung dieser scheinbar
> widersprüchlichen Indizien ist, daß Frauen häufig Aspirin gegen
> kleinere Unpäßlichkeiten einnehmen, während Männer zögern,
> solche angeblich weibischen Methoden anzuwenden.

Auf diesen Überlegungen aufbauend, begann Craven, Männern mittleren Alters
die Einnahme von täglich sechs Tabletten Aspirin zu empfehlen. »Mehr als 400
haben das getan«, schrieb er, »und von diesen hat keiner eine Koronarthrombose
erlitten. Gemessen an früheren Erfahrungen hätte ich zumindest mit einigen
Thrombosen in dieser Gruppe gerechnet.«
Craven fuhr fort, seinen Freunden und Patienten zur Einnahme von Aspirin zu
raten, obwohl er die Dosis auf ein oder zwei Tabletten täglich herabsetzte. Viele
dieser Männer waren wohlhabend genug, um häufig in teuren Restaurants
speisen zu können. Sie waren, wie Craven bemerkte, »klassische Aspiranten« für
Herzkrankheiten. »Sicherlich kann diese Praxis [Einnahme von Aspirin] nicht

---

* Eine Bemerkung zur Terminologie. »Koronarthrombose« ist der Fachausdruck für die
Entstehung von Thromben in den Blutgefäßen rings um das Herz (dem Koronarsystem, das
seinen Namen daher hat, daß es den oberen Teil des Herzens wie eine Krone, lat. *corona*,
mit dem übrigen Körper verbindet). Eine Koronarthrombose kann einen Infarkt (ein
Absterben) des Herzmuskelgewebes bewirken. Genaugenommen stirbt man an letzterem,
nicht ersterem, und die Ärzte meinen den Gewebetod, wenn sie von einem Herzinfarkt
sprechen. In der Vergangenheit ist dieser Unterschied nicht immer beachtet worden, und
viele Ärzte warfen Koronarthrombose und Myokardinfarkt (Herzmuskelinfarkt) sprachlich
in einen Topf, wenn sie von »Herzinfarkt« sprachen.

schaden«, schrieb er später in dem genauso obskuren *Mississippi Valley Medical Journal.* »Es könnte sich sogar als lebensrettend erweisen.« Fast niemand außer seinen Patienten schenkte seinen Ausführungen Beachtung.

Daß sich das ASS auf das Blut auswirken könnte, war nicht neu. Schon Carl Binz, der Leiter des Pharmakologischen Instituts an der Universität Bonn und Verfasser eines klassischen Lehrbuchs über Pharmakologie, hatte Berichte über starke Blutungen bei Personen erwähnt, die Salicylsäure, die chemische Verwandte von Aspirin, genommen hatten. Im Laufe der Zeit beobachteten auch andere Ärzte dasselbe Phänomen, und ein paar Leserbriefe fanden ihren Weg in medizinische Fachblätter, die sie in jenem Kleindruck veröffentlichten, der interessanten, wenn auch offenbar nutzlosen Beobachtungen vorbehalten ist. Unter Chirurgen war die Fähigkeit des Aspirins, die oft nach Operationen auftretenden Thromben zu stoppen, zu einem Bestandteil ihres medizinischen Erfahrungsschatzes geworden. Patienten schienen sich nach Operationen besonders gut zu erholen, wenn sie Aspirin bekamen.

Obwohl viele praktizierende Ärzte zumindest eine vage Kenntnis von der gerinnungshemmenden Fähigkeit des Aspirins hatten, ließen ihre Kollegen in den Forschungslabors, abgehoben von Patienten und Termindruck, die Erkenntnisse von Binz in dessen gesammelten Werken vermodern. Forscher verbringen ihr Leben mit der Hervorbringung von Wissen, aber sie sind oft zu beschäftigt, um die Entdeckungen ihrer Vorgänger zur Kenntnis zu nehmen; die Folge ist, daß sie ständig aufs neue das Rad erfinden – wenn nicht, wie es diesmal geschah, der Zufall dazwischenkommt.

Dieser Zufall trat in der Form einer Abschrift von Binz' pharmakologischen Vorlesungen von 1891 auf, die Eugen Schoeffel, den späteren Mitarbeiter von Karl Link, über den Atlantik begleiteten. Link, der auf seine Deutschkenntnisse stolz war, arbeitete sich durch die alten, steifen Blätter hindurch. Sechs Jahre später, 1940, setzten Link und seine Mitarbeiter die Kette der Zufälle fort, als sie merkten, daß ihr neuentdecktes Dicumarol im Reagenzglas zu Salicylsäure zerfiel. »Ich erinnerte mich deutlich«, schrieb Link später,

> »daß Binz geschrieben hatte, wenn man Patienten mit akutem, fieberhaftem Gelenkrheumatismus Salicylsäure verabreiche, seien Blutungen der Schleimhäute die Folge. Ich brauchte nicht lange dazu, um diese Stelle wiederzufinden. Dann überprüfte ich

die Literatur aus der Zeit von Binz und stieß auf eine eindrucksvolle Zahl von Eintragungen über Salicylvergiftungen, in denen
von Blutungen die Rede war ... Ich kam zu dem Schluß, daß die
verzögerte Wirkung von Dicumarol [das heißt, die relative Lang-
samkeit, mit der das Medikament seine gerinnungshemmende
Wirkung entfaltet] möglicherweise zumindest teilweise auf dessen
Abbau im Körper zu Salicylsäure zurückzuführen sein könnte.«

Im Januar 1941 testete Link sowohl Aspirin als auch Natriumsalizylat an sich
selbst. Beide verringerten den Prothrombinspiegel des Blutes, die erste Stufe in
der Gerinnungskaskade, wobei Aspirin eine stärkere Wirkung hatte als das
Natriumsalizylat. In diesem Frühjahr gab einer von Links Assistenten Ratten
Salicylsäure ein. Auch in diesem Fall verringerte sich die Gerinnbarkeit des
Blutes. Und wiederum hatte das Aspirin eine stärkere Wirkung als die Salicylsäure. Tatsächlich war es ein wirksamerer Gerinnungshemmer als jedes der
sechzig anderen Salizylate, die man testete. Im Frühjahr 1943 wurden diese
Resultate für den Menschen durch eine Handvoll von Abhandlungen der Gruppe
von Link bestätigt. Bei all diesen Studien waren große Dosen von Aspirin –
zwanzig oder mehr Tabletten am Tag – notwendig gewesen, um das Blut zu
verändern.

Obwohl Link seine Erforschung der Salizylate während der vierziger Jahre
einstellte und zu Dicumarol zurückkehrte, drängte er die Ärzte, der gerinnungshemmenden Wirkung der Salizylate Beachtung zu schenken – nicht als segens-
reiche Therapie, wie man sie von Dicumarol erhofft hatte, sondern als ernste
und ständig vorhandene Gefahr. So warnte er bei Vorträgen:

Fast acht Millionen Pfund Acetylsalicylsäure (was der Ladekapa-
zität von 57 Kohlewaggons entspricht) wurden 1943 in den
Vereinigten Staaten konsumiert. Es wäre interessant zu wissen,
inwieweit der Gebrauch beziehungsweise Mißbrauch dieses Analgetikums zu Blutungen beitrug, die nicht auf die üblichen
anerkannten Ursachen zurückzuführen sind.

Vitamin K, das »Gegengift« für die Kleekrankheit, sollte zur Bekämpfung dieser
Gefahr in Erwägung gezogen werden, meinte Link, obwohl der Durchschnitts-

amerikaner möglicherweise bereits durch »seine Ernährungsgewohnheiten und die Aktivität der Bakterien in seinen Eingeweiden« davor gefeit sei.

Links Entdeckungen lösten in der medizinischen Presse Bestürzung aus. »Ist Aspirin ein gefährliches Medikament?« fragte das *Journal of the American Medical Association*. Die Fähigkeit des Aspirins, die Gerinnungsfähigkeit des Blutes zu verringern, warnte das *JAMA*, bedeute, daß Ärzte es nicht länger als ungefährlich betrachten sollten. Unglaublicherweise war auf der nächsten Seite des Blattes ein Leitartikel zu lesen, der die möglichen Vorzüge von Dicumarol pries – wegen dessen Fähigkeit, die Gerinnungsfähigkeit des Blutes herabzusetzen.

Auf die jüngsten Antikoagulantien aus den Labors fixiert, kamen nur wenige Forscher auf den möglichen Nutzen einer alten Therapie. Eine Ausnahme war Paul Gibson, ein kaum bekannter englischer Arzt, der 1948 in einem Leserbrief an die wichtige britische Fachzeitschrift *Lancet* die Notwendigkeit der Bekämpfung von Thrombosen erörterte. Dicumarol erfreue sich zwar zunehmender Beliebtheit als Behandlung bei Herzinfarkt, schrieb Gibson, »aber über seine Gefahren ist man sich noch nicht ganz im klaren«. Nachdem er die üblichen Warnungen in bezug auf Salizylate und verstärkte Blutungsneigung ausgesprochen hatte, fügte Gibson eine unübliche Empfehlung hinzu. »Wir könnten Salicylsäure für die Behandlung von Koronarthrombose heranziehen«, schlug er vor: »Es könnte nicht schaden und möglicherweise nutzen.« Seinem eigenen Rat folgend, behandelte Gibson zwei Thromophlebitispatientinnen mit Aspirin. Vor der Einnahme von Aspirin war die eine drei Monate lang kaum imstande gewesen, ihr Zimmer zu verlassen; nachdem sie zwei Wochen lang täglich große Dosen von ASS erhalten hatte, konnte sie gehen und litt viel weniger unter Schmerzen. Gibson forderte »eine umfangreichere Erprobung von Aspirin bei Koronarerkrankungen«.

Ohne daß Gibson das wußte, war eine solche Testreihe bereits im Gang, als seine Gedanken im Druck erschienen: das Werk von Lawrence Craven. Bis 1953 hatte Craven fast 1500 männliche Patienten auf Aspirin gesetzt; drei Jahre später war diese Zahl auf 8000 angewachsen. Unter den Einnehmern von Aspirin, schrieb Craven, »ist, soweit die Patienten sich treulich an diese Verordnung gehalten haben, kein einziger Fall von entdeckbarer Koronar- oder Zerebralthrombose aufgetreten«.

Selbst die neun Männer, die scheinbar an Herzinfarkten gestorben waren, hatten der Autopsie zufolge Aneurysmarupturen (Durchbruch erweiterter Blutgefäße) erlitten. Daher, verkündete Craven, »stellt die Verabreichung von Aspirin eine sichere und gefahrlose Methode der Prophylaxe gegen Thrombosen dar«. Kurz: Ein Aspirin am Tag schützt vor Herzinfarkt.

Die Reaktion auf Craven war nicht gerade überwältigend – wenige Ärzte lasen die *Annals of Western Medicine and Surgery* oder das *Mississippi Valley Medical Journal* mit besonderer Aufmerksamkeit. Als Vorstadtarzt, der in abseitigen Journalen über ein Gebiet schrieb, das außerhalb seiner Spezialität lag, zählte Craven einfach nicht zu den Insidern. Aber die Ablehnung beruhte nicht bloß auf Snobismus. Weil Craven etwas beweisen wollte, was er bereits glaubte; weil er keinen Grund nennen konnte, *warum* Aspirin Thrombosen stoppe; weil er nicht überprüfte, ob seine Patienten tatsächlich das Aspirin nahmen; weil er keine Kontrollgruppe von Patienten hatte, die unbehandelt blieben; weil er seine Ergebnisse nicht in rigoroser Form präsentierte; weil er definitive Schlüsse aus unvollständigen Daten zog – aus all diesen Gründen, machten Forscher geltend, sei die Arbeit von Craven wissenschaftlich nicht stichhaltig.

Cravens Ideen stießen zwar in den einschlägigen Spalten der Boulevardpresse auf Interesse, wurden jedoch von den Mitgliedern des medizinischen Establishments ignoriert, die es eilig hatten, auf den Zug für Dicumarol aufzuspringen. Da es ihm nicht gelang, andere für die Förderung seiner Arbeit zu gewinnen, ließ sich Craven dazu herab, Zeitungen stundenlange Interviews zu geben. Der Tod des 74jährigen im Jahr 1957 bedeutete trotz allem einen empfindlichen Rückschlag für die Sache des Aspirins. Auf der Rückfahrt von einem Besuch bei seiner Nichte verlor er plötzlich am Steuer das Bewußtsein. Als Todesursache stellte man Herzinfarkt fest.

Wenn man bedenkt, daß Millionen Menschenleben hätten gerettet werden können, wenn die medizinische Zunft auf Craven und Gibson gehört hätte, dann könnte man meinen, daß die Wissenschaftler der damaligen Zeit mit Blindheit geschlagen waren. Ihr Widerwille, ASS als ernstzunehmendes Medikament anzusehen – den größten Killer des Westens mit dem ärztlicherseits meistempfohlenen Schmerzmittel zu stoppen –, zeugt jedenfalls von einem Vorurteil, das vermeintlich objektiven Gelehrten wenig zur Ehre gereicht.

Der Wissensstand über Kreislauferkrankungen wurde 1961 von den zwei Oxforder Pathologen C. F. Poole und John E. French zusammengefaßt. Ihr Artikel in dem neuen *Journal of Atherosclerosis* zog die Summe aus der bisherigen

Erforschung der Thrombose und fand gute Gründe, warum die Therapie mit Antikoagulantien gegen einen Herzinfarkt nicht nur nicht wirkte, sondern *nicht wirken konnte*. Die Dicumarol-Enthusiasten, behaupteten Poole und French, verstünden einfach die grundlegenden Fakten in bezug auf das Blut nicht.

Seit dem 19. Jahrhundert hatten die Hämatologen gewußt, daß sich Blut zu Klumpen aus Plättchen und Fibrin verdichten kann, vermischt mit den roten und weißen Blutzellen. Im Reagenzglas verdickt sich das Blut zu einer wirren Masse aus Fibrin und Plättchen, an denen Unmengen von roten und weißen Blutkörperchen hängenbleiben. Das Bild ändert sich bei lebenden Blutgefäßen. Zuerst kommen die Plättchen, die sich flugs an die Wände eines beschädigten Gefäßes heften und die allmählich von Fibrin verstärkt werden. Der resultierende Thrombus oder Embolus hat eine präzise Struktur. Diese Strukturen können, wie Poole und French feststellten, zwei Formen annehmen, je nachdem, ob sie in Venen oder in Arterien entstehen.

Die Gefährlichkeit arterieller Thromben hat es nahegelegt, sie eingehend zu studieren, und tatsächlich wurden sie von Wissenschaftlern schon vor Beginn des 20. Jahrhunderts gründlich analysiert. Diese Forscher beobachteten, wie sich die Plättchen ansammelten und sich an einer Stelle ineinander verkeilten. Diese Masse von Plättchen war zwar weich, aber oft reichte sie allein aus, um den Fluß des arteriellen Blutes zu hemmen. Manchmal wurde der Pfropfen durch den Druck des Blutstroms aufgelöst und seine Fragmente durch den Körper geschwemmt. Aber immer wieder bildete sich diese weiche Masse. Der Zyklus wiederholte sich manchmal in einer Viertelstunde drei- oder viermal und hörte erst auf, wenn der Schaden in der Gefäßwand ausreichend abgedeckt war – oder wenn die Plättchen das Gefäß völlig blockierten. Nur wenn eine Arterie verschlossen wurde, setzte sich Fibrin (Blutfaserstoff) daran an, und der Thrombus verhärtete sich. Zuletzt hatte er einen großen »weißen Kopf« aus Plättchen und einen kleineren »roten Schwanz«. Aber schon lange vor Entstehung des Schweifs, wenn der Thrombus noch ausschließlich aus Plättchen bestand, war der Schaden bereits eingetreten.

Dieser Umstand hatte grundlegende Implikationen für die Antikoagulantien oder Thrombozytenaggregationshemmer. Als diese Medikamente erstmals bei akuten Herzinfarkten angewandt wurden, glaubten ihre Anhänger, Menschenleben könnten gerettet werden, indem man das Wachstum des vorhandenen Thrombus vereitelt und der Entstehung späterer Thromben vorbeugt. Poole und French hielten dies für grundlegend falsch. »Es liegt doch auf der Hand«, schrieben sie, »daß man von der Hemmung der Koagulation nicht erwarten kann, einen abgestorbenen Herzmuskel wieder zum Leben zu erwecken.« Außerdem sei es »eine bloße Vermutung, daß der Thrombus weiterwächst, nachdem der Patient einen Infarkt erlitten hat«.

Der einzig vorstellbare Nutzen von Gerinnungshemmern nach einem Infarkt, argumentierten sie, sei die Vorbeugung gegen spätere Thromben. Hier werde der Unterschied zwischen arteriellen und venösen Thromben wichtig. Gerinnungshemmer unterbrechen die Koagulationskaskade und verhindern die Entstehung des Endprodukts der Kaskade, des Fibrins. Das bedeute, daß sie zwar der Vergrößerung des faserreichen roten Schwanzes eines Thrombus entgegenwirken können, aber gegen den weißen Kopf von Plättchen wenig auszurichten vermögen. Thromben mit einem höheren Anteil an Plättchen, wie arterielle Thromben, würden daher durch Gerinnungshemmer weniger beeinträchtigt. So nützlich Arzneistoffe wie Dicumarol gegen die Pfropfenbildung in Venen seien – gegen die Zusammenballung von Plättchen, die den Fluß des arteriellen Blutes stoppen und einen Herzinfarkt auslösen könnten, seien sie ineffektiv. »Angesichts dessen, was wir über den Mechanismus der Thrombose wissen«, erläuterten Poole und French, »ist es kaum überraschend, daß Maßnahmen, die nur die Fibrinkomponente eines Thrombus angreifen, von begrenztem Wert sind.«[*]

Eine naheliegende Alternative sei, den zwei Autoren zufolge, bei den Blutplättchen anzusetzen. Diese Strategie widersprach in gewissem Maß der Intuition, denn sie erwartete von den Ärzten, den harten, klumpigen Bestandteil eines Thrombus zugunsten jenes Teiles zu ignorieren, der so weich wie Joghurt ist.

---

[*] Im Rückblick hat es den Anschein, daß Poole und French mit ihrer Skepsis gegenüber der Wirksamkeit von Antikoagulanstherapie nach Herzinfarkt zu weit gingen, während sie mit ihrer Einschätzung der klinischen Testreihen zu deren Erprobung recht hatten. Zwischen 1948 und 1975 führten Forscher 26 nichtrandomisierte und sieben randomisierte Untersuchungen durch. (Die größere Anzahl nichtrandomisierter Versuche zeugt von den Vorbehalten der Ärzte gegenüber der Randomisierung.) Bei den nichtrandomisierten Studien wurde eine durchschnittliche Verminderung der Mortalität durch Antikoagulantien um 53 Prozent festgestellt. Die randomisierten Untersuchungen ergaben einen durchschnittlichen Rückgang der Sterberate um 20 Prozent. Mithin handelte es sich zwar um kein Allheilmittel, aber dennoch um eine nützliche Waffe im medizinischen Arsenal.

Doch der Unterschied zwischen venösen und arteriellen Thromben führte unabweisbar zu diesem Schluß. Um Herzinfarkte zu verhindern, mußte man die Zusammenballung von Plättchen stoppen, die sie auslösten. Hier lag, wie Poole und French einräumten, ein Problem: »Therapeutische Maßnahmen, die gezielt bei der Plättchenkomponente eines Thrombus ansetzen, stehen noch nicht zur Verfügung.«

Diese Worte brachten eine komplexe Situation auf eine kurze Formel. Es war zweifellos richtig, daß keine Substanzen bekannt waren, welche die Verklumpung von Plättchen gefahrlos verhindert hätten. Geblendet von den Antikoagulantien, hatten die Forscher nie speziell die Verklumpung von Plättchen zu bekämpfen versucht – und man kann nicht finden, wonach man nicht sucht. Aber es gab noch ein anderes, subtileres Hindernis. 1960 verfügten die Labors noch über keine zuverlässige Technik zur Messung der Verklumpungsneigung von Blutplättchen – sozusagen ihrer Klebrigkeit. Und ohne eine gute Methode zur Messung der Wirkungen einer Substanz auf die Plättchen konnte niemand feststellen, ob ein Verklumpungshemmer tatsächlich so wirkte, wie man es von ihm erwartete.

Nur ein Jahr nachdem Poole und French ihren Artikel veröffentlichten, wurde dieses Hindernis durch ein Verfahren überwunden, das Gustav Born, Hämatologe und Sohn eines Nobelpreisträgers in Physik, und John R. O'Brien, Hämatologe in Portsmouth/England, gleichzeitig und voneinander unabhängig entwickelten. Dieser einfache, aber dabei geniale Plättchen-Aggregometer, wie ihr Gerät genannt wird, besteht im wesentlichen aus einem Reagenzglas, einer Lichtquelle und einer Photozelle, ähnlich der Lichtschranke in Aufzügen, die das Eintreten von Fahrgästen registriert. Der Forscher füllt ein Reagenzglas mit antikoaguliertem Blutplasma – das heißt Blut, das mit Antikoagulantien behandelt und von den roten und weißen Zellen gereinigt wurde. (Die roten und weißen Blutkörperchen entfernt man, indem man ein Reagenzglas voll Blut zentrifugiert, bis die Zellen zu Boden sinken; das Plasma wird dann in ein zweites Röhrchen abgegossen.) Der Forscher richtet dann das Licht durch das Röhrchen hindurch auf die Photozelle, die das einfallende Licht registriert. Da sich die Plättchen noch in dem Plasma befinden, filtern sie einen Teil des Lichtes aus. Dann wird eine Substanz hinzugefügt, die eine Zusammenballung der Plättchen bewirkt. Wenn die Plättchen zusammenkleben, bilden sie weiche Klümpchen, die auf den Boden des Reagenzglases absinken, so daß mehr Licht hindurchdringen kann.

Durch Messung des Lichteinfalls läßt sich somit der Grad der Agglutination ermitteln. Mit dem Aggregometer besaßen die Forscher plötzlich ein Instrument zur Messung des Effekts der Myriaden von körpereigenen Absonderungen auf die Plättchen. (Zum Glück verkleben die Plättchen *in vitro* ganz ähnlich miteinander wie *in vivo.)*

Zu den vielen Forschern, die das Gerät nützlich fanden, zählte Harvey J. Weiss vom Mt. Sinai Hospital und der angeschlossenen medizinischen Fakultät in New York City. Weiss, ein Spezialist für Bluterkrankungen, stellte mit Hilfe des neuen Geräts fest, daß Patienten mit langen Blutungszeiten oft auch eine abnorme Plättchenagglutination hatten. »Beim Studium der Literatur«, sagte er später, »stellte ich fest, daß Gesunde, die Aspirin nahmen, oft auch bei Standarddosen leichte Blutungsprobleme hatten.« Der Grund dafür war nicht bekannt; es war bloß ein weiteres kurioses Faktum der Medizin. Weiss war fasziniert. »Ich dachte, vielleicht ruft Aspirin dieselben Plättchendefekte hervor, mit denen ich es zu tun hatte. Ich machte also diese Untersuchung und stellte fest, daß Aspirin ähnliche, wenn auch nicht dieselben Folgen hat.«

Zusammen mit Louis M. Aledort maß Weiss die Plättchenagglutination im Blut von Männern, die Aspirin genommen hatten. In einem Versuch von exemplarischer Klarheit stellten Weiss und Aledort fest, daß Menschen nach Einnahme eines Aspirins in der Regel drei Minuten länger aus einem Nadelstich bluteten als normalerweise. Sie hatten keine Vorstellung, warum sich das Aspirin auf die Plättchen auswirkt. Aber sie sprachen in einer scheinbar beiläufigen Bemerkung die Möglichkeit an, die sich durch ihr Ergebnis abzeichnete: Aspirin, schrieben sie, »könnte antithrombotische Eigenschaften haben«.

Die Abhandlung über Aspirin und Blutplättchen sei, wie Weiss trocken bemerkte, »offenbar nicht eine jener Entdeckungen [gewesen], die ignoriert werden«. Innerhalb eines Jahres bestätigten drei separate Forscherteams seine Erkenntisse und erweiterten sie. »Die Leute waren *fasziniert*«, berichtete Weiss. »Es schien unglaublich, was Aspirin all diese Jahre vor ihrer Nase bewirkt hatte.«

Die Puzzleteile fügten sich plötzlich zu einem Bild zusammen, und viele Forscher waren nunmehr bereit, den Gedanken in Erwägung zu ziehen, daß Aspirin ein antithrombotisches Medikament sein könnte. Eine der ersten Hypothesen in dieser Richtung stammte von John O'Brien, dem Miterfinder des Plättchenaggregometers, der unabhängig entdeckt hatte, daß Aspirin die Plättchenverklumpung blockiert. O'Brien kannte Poole und French; ebenso wie sie war er zu der

Überzeugung gelangt, daß die Blutplättchen der Schlüssel zur Verhinderung von Herzinfarkten sein könnten. Anfang der sechziger Jahre hatte er Dutzende von chemischen Substanzen an Plättchen ausprobiert. »Ich suchte nach einer agglutinationshemmenden Verbindung ohne Nebenwirkungen«, sagte er. »Im Grunde versuchte ich bloß, das Thrombozytenverhalten in irgendeiner Weise zu verändern, um herauszufinden, ob ich etwas daraus lernen konnte.« Er führte sogar eine kleine klinische Testreihe – die erste der Welt – mit einem Antiplättchenstoff durch. Die Substanz hatte keine Wirkung. Zwar konnten viele Verbindungen, darunter Kokain, die Agglutination verhindern. Aber wie im Fall von Kokain gab es Anzeichen dafür, daß diese Verbindungen therapeutisch unerwünscht sein könnten. Als O'Brien auf Aspirin stieß, war er begeistert. Positiver als seine amerikanischen Kollegen urteilte O'Brien: »Die Wirkungen von Aspirin sind nicht nur von großem akademischen Interesse; sie könnten von therapeutischem Wert sein, da die Behandlung mit Aspirin den Verlauf der Thrombose verändern könnte.«

Auf einem Kongreß in München steckte O'Brien einen Forscher der Epidemiologie namens Peter Elwood mit seiner Begeisterung über Aspirin an. Epidemiologen studieren den Verlauf einer Krankheit bei verschiedenen Patientengruppen auf der Suche nach deren Ursache. (Im Gegensatz dazu studiert der Kliniker die Krankheit bei einzelnen.) So haben Epidemiologen in der Vergangenheit etwa nach Verbindungen zwischen Cholera und Trinkwasser, Rauchen und Lungenkrebs und in jüngerer Zeit zwischen toxischem Schock-Syndrom und der Verwendung von Tampons gefahndet. Aber obwohl Epidemiologen immer noch nach Korrelationen zwischen Variablen wie Ernährung und Herzerkrankungen oder Krebs und der Einwirkung schwacher atomarer Strahlung suchen, sind sie inzwischen zunehmend über das passive Sammeln von Informationen hinausgegangen. Viele wenden ihre Zeit nunmehr für klinische Versuchsreihen auf. Elwood wurde 1963 als Epidemiologe vom Medical Research Council eingestellt, der seit den zwanziger Jahren einen Großteil der britischen klinischen Forschung finanziert hat. Man entsandte ihn nach Cardiff/Wales, wo der MRC ein heruntergekommenes Gebäude in einem alten Wohnviertel bezogen hatte, das der örtlichen medizinischen Fakultät gehörte. Dort begann Elwood in Räumlichkeiten, die den Blick auf desolate Straßenzüge freigaben, mit der Entwicklung eines Studienprogramms.

Ein bekanntes Scherzwort besagte damals, daß alle Epidemiologen bei der Spucke anfingen. Jahrelang hatte sich das Interesse der Disziplin auf Erkrankungen der Atemwege wie Tuberkulose, chronische Bronchitis und die durch das Rauchen verursachten Leiden konzentriert. »Ich wollte nicht zu lange bei der Spucke bleiben«, bemerkte Elwood. »Deshalb begann ich mich für Herzkrankheiten zu interessieren.« In der Hoffnung, aus dem Blut eines Menschen ablesen zu können, mit welcher Wahrscheinlichkeit er Kreislaufprobleme bekommen werde, maß er bei Tausenden von Walisern den Hämoglobin- und Eisenspiegel. Während er mit diesen Fragen beschäftigt war, hörte er in München über die Bedeutung der Blutplättchen.

»Der Thrombus schneidet die Blutzufuhr zum Herzen ab«, erläuterte Elwood im Lauf eines langen Gesprächs. »Der Blutmangel schädigt das Herzgewebe – deshalb spricht man von ›myokardialem Infarkt‹, das ist der lateinische Terminus für ›Absterben von Herzmuskelgewebe‹. Nun, die Ursache des Pfropfens ist fast immer eine Zusammenballung von Plättchen. Das ist seit sehr langer Zeit bekannt. Wenn die sogenannte Thrombagglutination der Mechanismus ist, dann fragt sich ein Epidemiologe sofort, was in unserer Ernährung beziehungsweise in unserem Verhalten hat eine Auswirkung darauf? Damals war das Eindeutigste, was wir wußten – wir hatten es gerade herausgefunden –, daß Aspirin die Verklumpung hemmte. Ich benutzte Aspirin also als Werkzeug, nicht als prophylaktisches Medikament. Ich wollte den Plättchenmechanismus modifizieren, um zu sehen, was sich am Resultat ändern würde, und als nächsten Schritt wollte ich die Voraussetzungen der Verklumpung, das heißt letztlich ihre Determinanten in der Ernährung und im Lebensstil, herausfinden.«

Elwoods Interesse am Aspirin wurde vom Medical Research Council geteilt. Im Mai 1968 sprach O'Brien vor dem MRC-Ausschuß für Allgemeine Epidemiologie über Aspirin und Thrombagglutination. Der MRC bildete einen Unterausschuß, um die Implikationen seiner Ergebnisse zu studieren und zu testen. Höchste Priorität hatte für O'Brien, die Auswirkung von Aspirin auf Herzinfarkte zu untersuchen. Aber er konnte den MRC nicht überreden, eine so radikale Hypothese zu finanzieren, und ließ sich widerstrebend auf eine Erprobung bei Thrombosen tiefliegender Venen ein. Letztes Endes mußte er feststellen, daß Aspirin ohne Wirkung darauf blieb, was er sich nicht erklären konnte; er war sicher, daß Aspirin »hohe Bedeutung für die Prophylaxe von Erkrankungen koronarer, zerebraler und peripherer Arterien« haben werde. Doch er durfte sich nicht allzu laut beklagen. Die Weigerung des Forschungsrates, sich weiter einzulassen, war nicht einfach ein Zeichen von Borniertheit. Die Erprobung von Aspirin – oder jedes anderen Medikaments – als Infarktprophylaxe war, das wußten alle, äußerst schwierig.

In der westlichen Welt erleidet jährlich im Schnitt einer von 220 Menschen einen ernsten Herzinfarkt. Um eine genügend große Stichprobe zur Evaluierung von Aspirin zu erhalten, würde der MRC Zehntausende Personen an dem Versuch beteiligen müssen, in der Annahme, daß ein paar Dutzend davon mit einem Infarkt zu rechnen hätten. Ein solches Experiment würde Unsummen verschlingen – keine willkommene Aussicht für den ständig an Finanzmangel leidenden MRC.

Elwood fand ein simples Mittel, um den Versuch auf handhabbare Dimensionen zu verringern. Ältere Männer, die bereits einen Infarkt hatten, fallen häufig einem zweiten zum Opfer. Tatsächlich liegt Elwood zufolge die Infarktrate unter Angehörigen dieser Gruppe – ältere männliche Infarktüberlebende – etwa fünfzehn- bis zwanzigmal höher als die Wahrscheinlichkeit eines Erstinfarkts. Für eine Untersuchung, die sich auf Überlebende von Erstinfarkten stützte, würde man zwar immer noch eine große Stichprobe benötigen, aber es war machbar.

Elwood wandte sich bezüglich der Finanzierung an Nicholas Laboratories, die Hersteller von Aspro. Rein aus ökonomischer Sicht hätte viel dafür gesprochen, Elwood abzuweisen. »Es bestand keine Chance, daß Nicholas damit einen Gewinn machen würde«, erklärte Ross Renton, der damalige medizinische Leiter der Firma. »Man konnte Aspirin nicht für diese Indikation [Herzinfarkte] patentieren.« Jedes positive Ergebnis würde zwangsläufig auch für die Produkte anderer Aspirin-Hersteller gelten.

Das Unternehmen hatte in seinem Firmenherzen jedoch immer noch eine Schwäche für sein ältestes Produkt. Bernard Martin, der damalige Leiter der Pharmazieabteilung, hatte lange an mathematischen Modellen der Resorption von Aspirin und anderen Substanzen durch den Körper gearbeitet. Die Abende verbrachte Martin fernsehend, kaffeetrinkend und komplexe Berechnungen pharmazeutischer Interaktionen notierend. »Er untersuchte ständig seinen eigenen Urin, um zu sehen, wie Medikamente im Körper abgebaut werden«, erzählte Renton.

Als sich der MRC erstmals mit dem Plan befaßte, die Wirkungen von Aspirin zu untersuchen, trafen sich Martin, Renton und Sir Richard Nelson, der medizinische Leiter des Unternehmens, zum Kaffee, um zu entscheiden, ob sich Nicholas finanziell beteiligen sollte. »Wir empfanden eine moralische Verantwortung, uns da zu engagieren«, erinnerte sich Renton. »Aber wir hatten keine riesigen Summen übrig.« Die drei Männer brauchten nicht lang, um sich darüber klarzuwerden, daß die Geschäftsführung niemals die riesigen Beträge genehmigen würde, deren es bedurfte, um eine Versuchsreihe über Erstinfarkte zu starten. Elwoods bescheidene Bitte um Bereitstellung speziell präparierter Kapseln von Aspirin und identisch aussehenden Placebos war eine andere Sache. Nicholas stellte ohne zu zögern eine kleine Summe dafür bereit. Die Versuchsreihe begann im Februar 1971.

Elwood rief an jedem Montagmorgen sechs örtliche Krankenhäuser an, um sich die Namen kürzlich entlassener männlicher Infarktpatienten nennen zu lassen, und besuchte diese Männer dann zu Hause. Zu seinem Verdruß waren viele der möglichen Teilnehmer an dem Versuch infolge der Anti-Aspirin-Kampagne von Panadol, der britischen Paracetamol-Marke von Sterling, mißtrauisch gegenüber Aspirin und dachten, Elwood versuche ihnen ein gefährliches Medikament aufzuschwatzen. »Ich hatte Schwierigkeiten, sie davon zu überzeugen, daß es ein ernsthafter Versuch war, erinnerte sich Elwood. »Die Leute sahen mich mit großen Augen an. ›Aspirin? Ruft das nicht Blutungen hervor?‹« Mit der Zeit fand er genügend Patienten, die bereit waren, ihre Skepsis beiseite zu schieben, und er machte mit seinem Experiment Fortschritte. Die Patienten nahmen Aspirin oder ein Placebo, eine Kapsel pro Tag.

Elwoods Testreihe war als »Doppelblindversuch« angelegt, was bedeutet, daß weder er noch die Probanden wußten, welche Leute Aspirin nahmen (die Behandlungsgruppe) und welche ein Placebo (die Kontrollgruppe), um eine unbewußte Voreingenommenheit zu vermeiden. Die Kapseln waren aus diesem Grund identisch in Größe, Farbe und Geschmack – keine einfache Angelegenheit, weil Nicholas gezwungen war, eine eigene Fertigungslinie für neutrale Kapseln und Verpackungen einzurichten. Unabhängig von Elwood führte ein anderer Forscher Buch darüber, welcher Patient was erhielt, indem er jede Packung von Kapseln mit einer Nummer und einem Code versah, aufgrund dessen seine Identität, Aspirin oder Placebo, feststellbar war. Elwood hatte daher keinen Überblick, ob das Aspirin wirkte oder nicht. Da er die Frage, um die sich alles drehte, nicht verfolgen konnte, verbrachte er seine Zeit ausschließlich damit, Patienten aufzunehmen, Daten über Herzinfarkte und Todesfälle zu sammeln und die Kapseln zu verschicken, alles in allem keine sonderlich interessante Arbeit. Auf diese Weise verging ein Jahr.

An einem Samstagmorgen im Frühjahr 1972 riß ihn ein Anruf aus seiner Routine. Herschel Jick, ein amerikanischer Epidemiologe, den Elwood nie kennengelernt hatte, wollte von ihm wissen, ob er eine kontrollierte Untersuchung von Aspirin durchführe. Als Elwood bejahte, fragte ihn Jick in drängendem Ton, ob er nach Wales fliegen und ihn am nächsten Tag treffen könne. Elwood erklärte sich bereit, und Jick legte auf, ohne ihm den Grund seiner Unruhe zu verraten. Dem verwunderten Elwood blieben nur Spekulationen bis zum Sonntagmorgen, als er den vom Nachtflug übermüdet wirkenden Jick am Flughafen abholte. Jick hatte Daten über Patienten gesammelt, die in Boston hospitalisiert wurden, und ihre Krankheit mit den von ihnen benutzten Medikamenten in Beziehung gesetzt. Durch den Vergleich von sechzig Arzneistoffen und sechzig Krankheitsbildern hoffte er Korrelationen zu finden, die auf neue Zusammenhänge zwischen ihnen hinweisen würden. Und tatsächlich war er fündig geworden. Patienten, bei denen ein Herzinfarkt diagnostiziert wurde, hatten mit großer Wahrscheinlichkeit vor ihrer Hospitalisierung kein Aspirin genommen. Für Jick bedeutete dies, daß Personen, die Aspirin nahmen, offenbar ein niedrigeres Risiko hatten, einen Infarkt zu erleiden. Nicht bloß ein bißchen niedriger, eröffnete er Elwood. Um erstaunliche *80 Prozent niedriger.* Die Einnahme des Medikaments schien eine fabelhafte Schutzwirkung gegen Herzinfarkte zu haben.

Aber es gab noch eine andere, abwegigere Möglichkeit, die Jick Sorgen machte. Es würden nämlich genau dieselben Ergebnisse herauskommen, falls Aspirin nicht das Auftreten von Infarkten verringerte, sondern vielmehr deren Tödlichkeit, falls sie eintraten, drastisch erhöhte.

Die logischen Überlegungen waren kompliziert, konnten aber nicht ausgeschlossen werden. Falls Aspirin irgendwie die Wahrscheinlichkeit erhöhte, daß Herzinfarkte tödlich verliefen, dann würden die Aspirin nehmenden Opfer mit größerer Wahrscheinlichkeit schnell sterben.

Sie würden somit selten lang genug leben, um es bis ins Krankenhaus zu schaffen, um dort untersucht zu werden. Die meisten Infarktpatienten, die genügend lange überlebten, um in die Studie einbezogen zu werden, wären dann Personen, die kein Aspirin genommen hatten. Die Ergebnisse paßten auch auf dieses Szenarium, weil es davon ausging, daß gerade jene Patienten, die kein

Aspirin genommen hatten, im Krankenhaus landeten. Aufgeregt und nervös kamen an diesem Nachmittag Jick, Elwood, Peter Sweetnam, der Statistiker des Versuchs, und Archie Cochrane, der Abteilungsleiter, zusammen. Falls Jicks erste Hypothese – Aspirin verringert die Gefahr eines Herzinfarkts um 80 Prozent – richtig war, würde Elwood vielleicht in der Lage sein, die gefährlichste Todesursache der westlichen Welt auszurotten.

Das war die eine Möglichkeit. Falls Jicks zweite Hypothese – Aspirin beförderte Infarktopfer schneller in den Tod – richtig war, dann verhalf Elwood seinen Versuchspersonen in ein frühes Grab.

Nach Cochranes Erinnerung fragten die MRC-Vertreter Jick: »Was erwarten Sie von uns?«

»Knacken Sie Ihren Code«, antwortete Jick.

Den Code zu knacken bedeutete, auf die »Blindheit« der Untersuchung zu verzichten, das heißt aufzudecken, ob jeder einzelne Patient Aspirin oder Placebo nahm. Angesichts der vielen Beispiele von schlechten, nicht blind durchgeführten Experimenten, die sich seit den Tagen des Antikoagulantien-Prozesses der AHA angesammelt hatten, war die Aufgabe der Blindheit eine Todsünde bei klinischen Erprobungen. Sie würde die Ergebnisse für alle Zeiten Zweifeln aussetzen, und ein Jahr Arbeit wäre vergeudet. »Es stellte uns vor ein schreckliches Dilemma«, erinnerte sich Elwood später. »Sollten wir den Code knacken oder einfach weitermachen?«

Doch im Grunde hatten sie keine Wahl. Sie konnten nicht weitermachen, falls die Gefahr bestand, daß sie ihre Versuchspersonen töteten. Am selben Tag wurde der Code dechiffriert. Die zwei Gruppen waren etwa gleich groß, aber in der Aspirin-Gruppe hatte es sechs und in der Placebo-Gruppe elf Todesfälle gegeben. Nach statistischen Prinzipien analysiert, erschienen diese Zahlen in einem zwiespältigen Licht. Der Unterschied war groß genug, um die Möglichkeit auszuschließen, daß Aspirin ein Killer war. Aber er war nicht groß genug, um daraus zu schließen, daß man es wirklich mit Jicks 80prozentigem Nutzeffekt zu tun hatte. Elwoods Versuchsreihe mußte fortgesetzt werden.

Ein paar Wochen später wurden Elwood, Sweetnam und Cochrane nach London zitiert, wo sie in der MRC-Zentrale mit einer Delegation aus den Vereinigten Staaten zusammentrafen. Der Sekretär des MRC nahm an der Diskussion ebenso teil wie der berühmteste Epidemiologe Großbritanniens und möglicherweise der Welt, Sir Richard Doll. Mehrere Dutzend Personen waren in dem

Konferenzsaal anwesend, erinnerte sich Renton, der an der Besprechung teilnahm. »Die Türen waren versperrt«, berichtete er. »Die Leute wurden darauf aufmerksam gemacht, daß dies ein höchst vertrauliches Gespräch sei, über das außerhalb dieses Saales nichts verlauten sollte. Man war besorgt, daß die Öffentlichkeit fürchterlich irregeleitet werden könnte, falls [Jicks Daten] an die Presse gelangten, bevor wir uns darüber klargeworden waren. Und die Amerikaner waren wirklich in einem Dilemma.«

Die Amerikaner hatten vor allem deshalb um die Zusammenkunft ersucht, weil Jick nicht wußte, wie er weiter verfahren sollte. Elwoods erste Resultate hatten seine Untersuchung nicht eindeutig bestätigt. Der Grund dafür konnte sein, daß Jicks Zahlen einen Zufallstreffer darstellten. Oder möglicherweise hatte Elwood einfach noch nicht genügend Daten gesammelt, und seine ersten paar Ergebnisse ergaben unglücklicherweise ein verzerrtes Bild. Falls Jick seine Studie der Öffentlichkeit bekanntgab, dann würden die Schlagzeilen um die ganze Welt gehen. Aber was war, wenn Elwood schließlich feststellte, daß er sich geirrt hatte? Die Amerikaner schlugen einen Tauschhandel vor: Jick würde die Veröffentlichung seiner Arbeit aufschieben, falls Elwood seinen Versuch umgehend vergrößerte und Doll Gelegenheit gab, dessen Ergebnisse insgeheim zu verfolgen.

Nachdem Cochrane gehört hatte, daß seine Vorgesetzten den Vorschlag der Amerikaner einmütig unterstützten, versicherte man ihm, die endgültige Entscheidung liege bei ihm als dem örtlichen MRC-Direktor. Er erinnerte sich:

> Ich wußte bereits, daß eine Entscheidung gegen eine Kooperation schwierig sein würde. Die Amerikaner hatten ein überzeugendes Plädoyer gehalten, und obwohl mich eine innere Stimme davor warnte, Peter Elwoods sorgfältig geplante Versuchsanordnung durcheinanderzubringen, hörte ich irgendwo im Hinterkopf den alten Spruch meines Stiefvaters: »Gegen den Donner kannst du nicht anfurzen.«

Der Test wurde auf ganz Südwestwales und drei englische Städte ausgedehnt. Doll erklärte sich bereit, die Daten laufend auszuwerten, so daß die Versuchsreihe gestoppt werden konnte, sobald sich ein eindeutiger positiver oder negativer Effekt abzeichnete.

Eine ständige Gefahr bei der Durchführung einer klinischen Testreihe oder jedes anderen Versuchs ist, Resultate zu erhalten, die weder gut noch schlecht sind – Zahlen, die durch einen glücklichen Zufall bedingt und damit bedeutungslos sind. Da solche Zufälle nie völlig ausgeschlossen werden können, verfahren Wissenschaftler nach einer Faustregel, um die Wahrscheinlichkeit, daß die Daten zufallsbedingt sind, gering zu halten. Falls diese Wahrscheinlichkeit unterhalb einer gewissen Grenze, gewöhnlich fünf Prozent, liegt, bezeichnet man die ermittelten Befunde als »statistisch signifikant«. Über diesem Limit ist die Wahrscheinlichkeit zu groß, daß man auch andere, gegenteilige Resultate erhalten haben könnte.

Die Notwendigkeit statistischer Signifikanz legt den Forschern strenge Fesseln an. Um das Element des Zufalls auszuschließen, sind sie faktisch genötigt, nicht nur den Nachweis zu erbringen, um den es ihnen geht, sondern ihn so oft zu erbringen, bis man mit großer Sicherheit annehmen kann, daß die Glücksgöttin dabei nicht ihre Hand im Spiel hatte.

Einer solchen Anforderung kann man leichter genügen, wenn die Anzahl der an dem Versuch teilnehmenden Patienten groß ist und die Untersuchung einen langen Zeitraum umfaßt. Falls der Forscher nach Veränderungen bei einem relativ seltenen Ereignis wie Herzinfarkte bei zuvor gesunden Menschen sucht, wird die Studie tatsächlich sehr umfassend angelegt sein und sich über viele Jahre erstrecken müssen, um hoffen zu können, ein statistisch signifikantes Resultat zu erhalten. Solche Großeinsätze sind teuer, und in der Vergangenheit schreckten die Forscher davor zurück – ein Verhalten, das viele jetzt als Fehler betrachten.

Elwood war sich, als er seine Aspirin-Studie plante, durchaus bewußt, daß er eine Menge Patienten benötigen würde. Im Rückblick konnte er nicht genau angeben, wie viele er würde finden müssen. Als er seine Untersuchung im September 1973 abschloß, hatte er 1239 Patienten rekrutiert, etwa ein Viertel mehr als ursprünglich beabsichtigt. In den 31 Monaten der Untersuchung starben 108 Männer, 61 in der Placebogruppe und 47 in der Aspiringruppe. Die Zahlen sprachen zwar für das Aspirin, aber bedauerlicherweise waren sie statistisch nicht signifikant. Stichprobe und Zeitraum der Untersuchung waren nicht groß genug gewesen.

Außerdem ergab sich eine unerklärliche Differenz zwischen den Resultaten der Hälfte der Patienten in Cardiff und der Hälfte von außerhalb der Stadt. Die

Aspirin-Einnehmer in Cardiff wiesen eine Verringerung der Sterblichkeit um 35 Prozent auf. Aber außerhalb von Cardiff lag die Mortalität bei der Aspirin-Gruppe geringfügig höher als bei der Kontrollgruppe. Elwood hatte den Verdacht, daß viele Probanden aus entfernteren Krankenhäusern ihr Aspirin nicht genommen hatten und daß sich das Endresultat dadurch verzerrte. Ein Verdacht ist jedoch kein Beweis. Sein Bericht mußte daher mit den frustrierenden Worten schließen: »Die Resultate dieser Untersuchung waren nicht schlüssig.« Zu Elwoods Irritation veröffentlichte das *British Medical Journal* seine Arbeit zusammen mit Jicks Untersuchung unter der Rubik »Zur Debatte«.

In gewisser Weise war Elwood ganz froh, daß die Ergebnisse für Aspirin nicht günstiger ausgefallen waren. »Falls wir statistisch signifikante Resultate erhalten hätten«, bemerkte er, »hätten wir das Gefühl gehabt, keine zweite Untersuchung planen zu können. Weil sie insignifikant waren, *mußten* wir eine zweite Untersuchung machen.«

Inzwischen sonnte er sich in dem Interesse, das die Veröffentlichung von Jicks Studie und seiner eigenen Arbeit provoziert hatte. »Die Resultate lösten eine Menge Reaktionen aus«, berichtete er, »hauptsächlich Überraschung darüber, daß eine so simple, bescheidene Arznei eine solche Wirkung haben kann.« Elwood fuhr nach Korea, Mexiko und Deutschland, um über Aspirin zu sprechen; zu Hause begann er mit der Planung einer zweiten Untersuchung. Sie dauerte vier langweilige Jahre. Etwas zum zweiten Mal zu tun, macht keinen Spaß, mußte Elwood feststellen. Doch leider ging auch diese Testreihe wenig überzeugend aus. Aspirin schien die Sterblichkeit zwar um 17 Prozent zu verringern – ein Fortschritt, aber nicht groß genug, um Zufälle auszuschließen. Er unternahm einen dritten Versuch, diesmal unter etwas veränderten Bedingungen. Er gewann Ärzte dafür, Patienten während eines akuten Infarkts Aspirin oder Placebo in Pulverform zu verabreichen. Dabei ging er davon aus, daß Aspirin das Gerinnsel schrumpfen lassen könnte, während es im Anwachsen war, und daß dadurch Menschenleben gerettet werden könnten. »Aspirin ist billig, einfach und leicht anzuwenden«, meinte Elwood. »Und [bei diesem Versuch] erwies es sich als völlig unwirksam. Es ist eine wahre Schande, und ich weiß ehrlich nicht, was da schieflief.« Für Elwood war die Sache damit erledigt. Er hatte drei Versuche unternommen, herauszufinden, ob Aspirin gegen Herzinfarkt hilft. In keinem Fall war es ihm gelungen, überzeugende Beweise zu erbringen.

Er hatte auch seine ständige Geldquelle verloren. Um 1975 trat eine weltweite wirtschaftliche Rezession ein, und Nicholas hatte in vielen Ländern schlechte Jahre. »Die Jasager wurden zu Neinsagern«, meinte Renton. »Sie interessierten sich nur noch dafür, was unterm Strich herauskommt.« Das Unternehmen verfügte nicht mehr über die nötigen Mittel, um ein rezeptpflichtiges Produkt zu lancieren, selbst wenn Aspirin ein solches werden würde. »Der Vorstand setzte sich hin und strich unsere gesamte Forschung im rezeptpflichtigen Bereich von einem Tag auf den anderen«, erzählte Renton. »Das geschah alles hinter verschlossenen Türen in meiner klinischen Abteilung. Die Leute kamen in das Konferenzzimmer, erfuhren, was geschehen war, und als sie zur Tür hinausgingen, drückte man ihnen einen Umschlag mit dem Gehaltszettel und ihrer Kündigung in die Hand.« Renton verließ das Unternehmen; die Aspirin-Forschung geriet bei Nicholas für eine Weile in Vergessenheit.

Andere sprangen in die Bresche. Fasziniert von der Evidenz, daß Aspirin die Gerinnung stoppt, bemühten sich zahlreiche Forscher in Europa und den Vereinigten Staaten erfolgreich um staatliche Fördermittel für Untersuchungen; manche gingen noch weiter und erklärten kühn, »Männer über zwanzig und Frauen über vierzig« sollten täglich Aspirin nehmen, in der Hoffnung, damit das Auftreten von Herzinfarkten zu verringern. Wer sich dazu entschloß, diesen gutgemeinten Rat durch eine klinische Untersuchung zu testen, fand zwar wie Elwood aufregende Indizien, daß ASS Herzinfarkte reduziert. Aber ebenso wie Elwood brachten auch diese Forscher keine Befunde zustande, die der Anforderung statistischer Signifikanz genügten. Aspirin schien im Begriff, quasi zum nächsten Dicumarol zu werden.

Die Lösung bestand darin, eine so umfassende Untersuchung durchzuführen, daß der Zufall bei den Ergebnissen nur noch eine untergeordnete Rolle spielen würde. Diese Strategie führte zur Aspirin Myocardial Infarction Study (AMIS), in der insgesamt über 4500 amerikanische Patienten untersucht wurden. Dieser 1975 begonnene dreijährige Großversuch, der 17 Millionen Dollar kostete, wurde vom U. S. National Heart, Lung and Blood Institute gesponsert, einer Sektion der National Institutes of Health, die ihrerseits eine Schwesterbehörde der FDA sind. Er umfaßte Männer und Frauen im Alter zwischen dreißig und neunundsechzig. Die Mitglieder der Behandlungsgruppe nahmen ein Gramm Aspirin täglich – das Äquivalent von drei regulären Tabletten. Die Patienten mußten sich während der Dauer ihrer Teilnahme an der Versuchsreihe in Abständen von vier Monaten in einer Klinik melden. (Die Untersuchung endete im August 1979.)

Zur Überprüfung, ob sie sich an die vorgesehene Behandlung hielten, wurde an der Klinik ein Thrombagglutinationstest durchgeführt und der Salizylatspiegel im Harn der Patienten gemessen. Die Ergebnisse wurden den Forschern selbstverständlich bis zum Abschluß der Versuchsreihe vorenthalten.

Als die Schlußfolgerungen der AMIS 1980 veröffentlicht wurden, lösten sie Bestürzung aus: in der Aspirin-Gruppe waren insgesamt mehr Todesfälle aufgetreten als in der Placebogruppe. Die Aspirin-Einnehmer erlitten zwar um ein Drittel weniger nicht tödlich verlaufende Infarkte, aber der Unterschied war statistisch nicht signifikant. »Die Tatsache bleibt bestehen, daß die AMIS hinsichtlich der [Mortalität] keinen Vorteil durch Aspirin ergab«, schrieb das *Journal of the American Medical Association* über die Studie.

> Diese Studie ist die umfassendste abgeschlossene und veröffentlichte Untersuchung von Aspirin [und Herzinfarkten], und ihren Resultaten muß daher größeres Gewicht beigemessen werden …
> Sie lassen eindeutig erkennen, daß die regelmäßige Verabreichung von Aspirin in dieser Dosis bei Patienten mit der Vorgeschichte eines [myokardialen] Infarkts in den anschließenden drei Jahren keine Verringerung der Mortalität bewirkt. Zusammenfassend kann man sagen, daß Aspirin aufgrund der AMIS-Resultate für eine routinemäßige Verabreichung an Patienten, die einen [Herz-]Infarkt überlebt haben, nicht empfehlenswert ist.

»Wir waren enttäuscht über die Resultate«, gab Robert I. Levy, der Leiter des National Heart, Lung and Blood Institute, der Sponsor der Untersuchung, gegenüber einem Reporter zu. »Wir dachten, wir seien auf der richtigen Fährte.« Ein paar Einwände seien höchstens bezüglich der Frage zu erheben, ob den Patienten das Aspirin früh genug gegeben wurde, räumte er ein, aber die Schlußfolgerungen aus der AMIS seien deutlich genug. »Aufgrund dieser Ergebnisse«, ließ Levy die Nation wissen, »empfiehlt das National Heart, Lung and Blood Institute den Ärzten, Infarktpatienten zur Vermeidung eines Zweitinfarkts nicht über längere Zeiträume hinweg Aspirin zu geben.«

Die AMIS hatte aus der Sicht der meisten Forscher die offene Frage beantwortet. Aspirin schied als Mittel gegen Herzinfarkt aus.

17. Kapitel

»Ich denke, ich weiß, wie Aspirin wirkt. Wißt ihr es?«

Karl Link und seine Kollegen in Wisconsin entdeckten Dicumarol, ohne sich je klar darüber zu werden, warum es die Gerinnung verlangsamte. Harvey Weiss und andere Hämatologen waren in einer ganz ähnlichen Position, als sie herausfanden, daß Aspirin die Zusammenballung der Blutplättchen hemmt. Ihre Forschung beantwortete zwar eine Frage, warf jedoch eine andere auf: Wie verhindert Aspirin das Verklumpen der Plättchen und stoppt dadurch die Entstehung der meisten Thromben? Als die AMIS ihre zweifelhaften Schlußfolgerungen bekanntgab, war die Antwort auf diese Frage auf einem Weg gefunden worden, der völlig unabhängig von dem von Weiss und Elwood verfolgten Ansatz war.

Die Pharmakologen, die die Wirkungen von Arzneistoffen studieren, traten endlich auf den Plan und brachten Licht in das Mysterium des Aspirins. Bei der Gelegenheit löste ihre Forschungstätigkeit auch eine Reihe anderer Rätsel: warum Aspirin und Dicumarol unterschiedliche Auswirkungen auf das Blut haben, weshalb Aspirin eine Reizung der Magenschleimhaut bewirkt, und warum es Fieber senkt und Kopfschmerzen lindert. Tatsächlich glaubten manche Laborwissenschaftler nunmehr, daß Aspirin Herzinfarkte verhindern *müsse*, was für die wenigen Ärzte, die die negative Stellungnahme des National Heart,

Lung and Blood Institute mit Skepsis aufnahmen, eine immense Ermutigung darstellte.

Insgesamt gesehen scheint die Wissenschaft mit langsamer, unaufhaltsamer Logik voranzuschreiten. Aber auf der Ebene der individuellen Entdeckungen geht es so ungeordnet zu wie in der Geschäftswelt oder bei jeder anderen menschlichen Unternehmung. Die Wissenschaft entwickelt sich sprunghaft – eine erfreuliche Überraschung da, ein bestürzender Rückschlag dort –, und ihre Entdeckungen kommen oft völlig unverhofft und von der unerwartetsten Seite. Aspirin ist ein gutes Beispiel dafür. Seine Funktionsweise im Körper wurde nicht von Ärzten erkannt, von denen man hätte erwarten können, daß sie die Arznei studieren würden, die ihre Patienten häufiger als jede andere nehmen. (Tatsache ist, daß sie Aspirin weitgehend ignorierten.) Und ebensowenig wurde es von den Herstellern untersucht, die von seinem Vertrieb profitierten, obwohl man annehmen sollte, daß es ihr Wunsch sei, alle Erkenntnisse über ihre eigenen Produkte zu sammeln. Die primäre Wirkungsweise von Aspirin wurde von jemandem aufgedeckt, der ihm bis dahin fast keinerlei Aufmerksamkeit geschenkt hatte. So war es kaum verwunderlich, daß die Entdeckung für fast jedermann in der Pharmawelt, Wissenschaftler ebenso wie Marketingleute, überraschend kam.

In gewisser Weise ist die siebzigjährige Verzögerung zwischen der Entdeckung des Aspirins und der Erklärung seiner Wirkungsweise nicht verwunderlich. Aspirin war ein kniffliges Problem. Paradoxerweise senkt es zwar das Fieber, hat aber keine Auswirkung auf Personen mit normaler Temperatur – wie wenn ein Eiswürfel unsere Finger nur kühlen würde, falls unsere Temperatur erhöht ist. Aspirin lindert Schmerzen, ist aber mysteriöserweise kein Anästhetikum. Und es heilt entzündete Gelenke, wirkt sich jedoch auf gesunde Gelenke nicht aus. Die Forscher wußten nicht, ob Aspirin peripher, das heißt an der Stelle einer Verletzung, wirkt oder zentral durch Blockierung der Fähigkeit des Gehirns und des Zentralnervensystems, Schmerz zu empfinden. »Die Wunderdroge, die niemand versteht«, nannte es das *New York Times Magazine* 1966.

Die *Times* hatte nur zur Hälfte recht. Niemand verstand damals das Aspirin, aber der Prozeß der Entschlüsselung seiner Geheimnisse war bereits im Gang. Acht Jahre zuvor hatte Harry Collier, ein Pharmakologe eines britischen Ablegers des Arzneimittelherstellers Parke, Davis & Company mit Stammsitz in Detroit, unauffällig begonnen, die Auswirkung des Aspirins auf die Lunge von Meerschweinchen zu untersuchen. Collier war der erste Wissenschaftler von außergewöhnlichem Format, der die Wirkungsweise des Aspirins untersuchte. Seine Pionierrolle kam ihm teuer zu stehen; Forscher, die als erste ein Gebiet beackern, treten oft an, bevor die Entdeckung erntereif ist, und wenden viel Zeit für beschwerliche Arbeit auf, nur um die Früchte ihrer Mühen von Nachzüglern geerntet zu sehen.

Der 1912 geborene Henry Oswald Jackson Collier, ein Mann mit trockenem Humor und einem hageren Pokerface, hatte einen jener erstaunlich umfassenden klassischen Bildungswege der Vorkriegszeit absolviert. Sein Studium der Zoologie und Chemie in Cambridge hatte er mit höchsten Auszeichnungen abgeschlossen, und seine Schriften und seine Rede pflegte er mit literarischen und historischen Anspielungen zu würzen. »Er interessierte sich für Hunderte von Dingen«, wie es in einem Nachruf sarkastisch hieß, »darunter auch Wissenschaft und Medizin.« Mit einem außergewöhnlichen Gedächtnis gesegnet, konnte er Französisch und Latein, wußte über Malerei und Dichtung Bescheid und arbeitete ständig an medizinischen Drehbüchern für Funk und Fernsehen.

Nach seiner Promotion unterrichtete Collier an der Universität von Manchester, bis er 1941 aus familiären Gründen in die Pharmaindustrie eintrat. Für ein Unternehmen zu arbeiten wurde damals von Wissenschaftlern in die Nähe der Prostitution gerückt. So verlor er auch nie die leidenschaftliche Wißbegier, die den Grundlagenforscher auszeichnet, aber in der Welt der Wirtschaft möglicherweise ein Handicap darstellt.

Colliers Beschäftigung mit Kurare führte auf Umwegen zu seiner Faszination von Aspirin. In seiner natürlichen Form hemmt Kurare die Fähigkeit eines Nervs, Botschaften an die Muskeln zu senden. Nervenbotschaften veranlaßten Collier, sich näher mit dem mysteriösen Phänomen des Schmerzes zu befassen. Bei seiner ersten Arbeit über das Thema ging es ganz buchstäblich um den Griff in die Nesseln, dieses Urbild des Schmerzes; er isolierte die Substanz, die das Brennen auf der Haut verursacht. Etwa um diese Zeit wurden mehrere Verbindungen, die sogenannten Kinine, entdeckt. Eine verletzte Zelle setzt Kinine in das Blut und in benachbartes Gewebe frei. Kinine lösen durch Stimulierung umliegender Nervenenden Entzündungssymptome einschließlich Schmerz aus. Wenn die Kinine Schmerz hervorrufen, überlegte Collier, dann sind Analgetika wie Aspirin vielleicht imstande, sie zu stoppen. Und als er in sein neues Labor bei Parke, Davis umzog, ging er daran, dies selbst zu untersuchen.

Mit einer Assistentin, Patricia Shorley, verbrachte er einen Teil des Jahres 1958 mit der Erforschung der Effekte eines langsam wirkenden Kinins, Bradykinin, auf Meerschweinchen. Ihre Experimente untersuchten nicht unmittelbar den Schmerz, sondern ein damit zusammenhängendes Phänomen, das leichter zu messen war. Wenn man einem Meerschweinchen Bradykinin spritzt, verschließen sich die Atemwege in seiner Lunge – das Tier erleidet eine Art Asthmaanfall. Die Reaktion, schrieb Collier später, »ist massiv und anhaltend«. Er fragte sich, ob Analgetika einen Einfluß darauf hätten. Es stellte sich heraus, daß Bradykinin keinen Asthmaanfall auslöst, wenn die Meerschweinchen zuvor Aspirin erhielten. Aspirin hemmte also die Wirkung von Bradykinin. Interessanterweise hatte Aspirin, wenn es *nach* der Bradykinin-Spritze genommen wurde, keine Schutzwirkung, und die Meerschweinchen japsten nach Luft.

Als nächstes wiederholten Collier und Shorley das Experiment mit einem veränderten Parameter. Sie durchtrennten den Vagusnerv des Meerschweinchens, der vom Herz und der Lunge zum Gehirn führt. Damit war sozusagen die Kommunikation zwischen dem Atmungssystem und dem Zentralnervensystem des Tieres unterbrochen. Als Collier und Shorley danach Bradykinin injizierten, verengten sich wieder die Atemwege, obwohl das Gehirn des Tieres es nicht direkt registrieren konnte. Wieder gaben die zwei Forscher den Meerschweinchen Aspirin. Und wieder hemmte Aspirin das Bradykinin. Falls dies geschah, wenn das Zentralnervensystem operativ aus dem Bild entfernt war, dann mußte das Medikament örtlich wirken, in der Lunge, und nicht zentral, auf das Gehirn. Durch Vergleichen der hemmenden Wirkung von Aspirin und anderen Analgetika stellten Collier und Shorley außerdem fest, daß Aspirin Bradykinin um ein vielfaches wirksamer hemmt als bloße Salicylsäure. Als ihnen diese Fakten klar wurden, hatten die zwei Wissenschaftler auf einen Schlag mehr über Aspirin gelernt als alle ihre Vorgänger. Und nebenbei hatten sie Annahmen über Aspirin aus dem Sattel geworfen, die seit Einführung des Medikaments durch die Farbenfabriken Bayer von niemandem in Frage gestellt worden waren.

Der erste Wissenschaftler, der die Wirkungen von Aspirin untersucht hatte, war Heinrich Dreser gewesen, der Leiter der Pharmaforschung von Bayer. Seiner chemischen Struktur nach, wußte er, ist Aspirin ein Molekül der Salicylsäure, der Ausgangsmaterie von Natriumsalizylat, mit einer seitlich befestigten Acetylgruppe – einem kleinen, hakenförmigen Anhängsel von Kohlenstoff- und Sauerstoffatomen. Die Frage war, was mit dem Arzneistoff im Körper geschah. Nach Einnahme von Aspirin untersuchte Dreser seinen Harn, um herauszufinden, was sein Verdauungsapparat damit gemacht hatte. Es wurde als Salizylsäure ausgeschieden. Daraus schloß er, daß Salicylsäure die Arbeit leistet; die Acetylgruppe macht die Salicylsäure bloß leichter verdaulich und ermöglicht ihr, durch den Magen in den Blutstrom zu gelangen. Im Blut löst sich die Acetylgruppe ab, und die Salicylsäure lindert den Schmerz. Für Dreser war Aspirin im Grunde keine eigenständige Arznei, sondern das, was Pharmakologen als »Pro-Droge« bezeichnen, eine Substanz, die der Körper zu einem Arzneistoff, in diesem Fall Salicylsäure, abbaut.

Da man damals annahm, daß Salicylsäure und andere Analgetika unmittelbar auf die Schmerzempfindlichkeit des zentralen Nervensystems einwirken und nicht auf den beschädigten Körperteil, ging Dreser davon aus, daß Aspirin die Nerven im Gehirn und der Wirbelsäule beeinflußt, nicht die im Verletzungsbereich. Aspirin wurde daher als ein genießbares Mittel zum Transport von Salicylsäure in das Zentralnervensystem angesehen.

Trotz der Oberflächlichkeit, mit der Dreser das Aspirin erforscht hatte, wurden seine Schlußfolgerungen zu einem Bestandteil der medizinischen Kultur, den zwei Ärztegenerationen passiv rezipierten. Hie und da waren Forscher aufgefordert worden, ihre Auffassungen in bezug auf Aspirin zu äußern, und gewöhnlich plapperten sie dann Dresers Dogma nach: daß Aspirin ein wirksames Mittel sei, um das Zentralnervensystem mit Salicylsäure zu versorgen.

Colliers Experiment mit Meerschweinchen widerlegte Dresers Überzeugungen in bezug auf Aspirin. Wenn Aspirin Bradykinin wirksamer hemmte als Salicylsäure, dann ergab sich daraus, daß Aspirin keine verdauliche Verpackung für Salicylsäure war. Es war eine eigenständige, wirkkräftige Arznei. Und wenn es wirkte, obwohl der Vagusnerv durchtrennt war, dann mußte es örtlich und nicht zentral wirken. Zwei Generationen von Ärzten hatte man das Gegenteil erzählt, aber das war falsch gewesen. So einfach lagen die Dinge.

Inzwischen mußte Collier seine Arbeit gegenüber seinem Unternehmen rechtfertigen. »Parke, Davis hat ihm zwar einigen Spielraum gewährt, nehme ich an«, meinte Colliers Sohn Joe. »Trotzdem mußte er gewisse Leistungen erbringen, und die Firma war offensichtlich nicht der Meinung, daß mit Aspirin viel Geld verdient würde.« Der ältere Collier scheint über die langsamen Fortschritte nicht übermäßig verdrossen gewesen zu sein. Da er allein in einem vernachlässigten

Winkel der Pharmakologie vor sich hinwerkelte, brauchte er sich keine Sorgen zu machen, daß ihm jemand eine Entdeckung wegschnappen könnte.

Colliers Gedanken kreisten um eine einzige medizinische Tatsache. Die Hauptbeschwerden, gegen die Aspirin genommen wird, sind Schmerzen, Fieber und Entzündungen. Sie alle sind Nebenprodukte der Verteidigung des Körpers gegen Krankheit beziehungsweise Verletzung. Aspirin sei demnach, überlegte Collier, eine »antidefensive« Arznei. »Es hat den Anschein«, schrieb er 1963, »daß der menschliche Körper einen überschießenden Abwehrapparat besitzt, den Aspirin zum Glück helfen kann unter Kontrolle zu bringen.« Aspirin könnte diese Abwehrreaktionen auf eine von zwei Weisen konterkarieren: entweder direkt, indem es die Abwehr als solche stoppt, oder indirekt, indem es die Kontrolle des Körpers über seine Abwehr irgendwie verstärkt. Aber welche der beiden Thesen war nun richtig? Collier tappte im dunkeln.

Er beschloß, die Frage eine Weile ruhen zu lassen und statt dessen eine Reihe von Arzneistoffen wie ASS unter verschiedenen biochemischen Bedingungen zu studieren. Er beabsichtigte, ihre Wirkungen auf Substanzen zu katalogisieren, die wie Bradykinin schädliche Reaktionen auslösen. Dadurch, hoffte er, werde er mehr darüber lernen, wie sich alle diese Stoffe auf Schmerzen, Fieber und Entzündungen auswirken, und sein erweitertes Wissen werde ihn früher oder später zum Aspirin zurückführen.

Das Experiment verlief jedesmal gleich. Ein Assistent füllte die zu untersuchenden Substanzen in separate, kodierte Behälter, damit Collier nicht wußte, mit welchem Stoff er es zu tun hatte. (Nach Beendigung aller Experimente wurde der Kode entschlüsselt.) Willkürlich einen Behälter auswählend, verabreichten sie den anonymen Arzneistoff Meerschweinchen, injizierten ihnen eine der reaktionsauslösenden Substanzen und warteten ab, ob das Pharmazeutikum die Reaktion des Meerschweinchens hemmte. Sofern dies der Fall war, versuchten sie die Hemmung zu überwinden, indem sie dem Tier mehr von der irritierenden Substanz spritzten. Dann wiederholten sie diesen Vorgang mit einem anderen Wirkstoff. Und dann mit dem nächsten. Und dann begann alles von vorn mit einer anderen Substanz und weiteren Arzneistoffen.

Sobald sie mit den Meerschweinchen fertig waren, wiederholten sie die gesamte Versuchsreihe mit Ratten und Kaninchen. Rätselhafterweise schwanken die Reaktionen oft von einer Spezies zur anderen. Insbesondere Aspirin wirkte in völlig unvorhersagbarer Weise – »launenhaft«, nannte es Collier –, es bewährte sich bei einer Spezies gegen einen bestimmten Schmerzauslöser, aber nicht bei einer anderen Spezies und einer anderen Substanz. Es ließ sich kein Schema dafür finden. Collier konnte nicht einmal seine Ergebnisse reproduzieren, wenn er mit isolierten Gewebestücken statt mit ganzen Tieren experimentierte. Zum Beispiel konnte er nicht erreichen, daß Aspirin Bradykinin in abgetrennten Streifen einer Meerschweinchenlunge hemmte, obwohl es in der Lunge lebender Tiere fraglos genau diese Wirkung hatte. Es war zum Verrücktwerden.

Trotz dieser Frustrationen konnte er sich allmählich ein Bild davon machen, wie diese Arzneistoffe wirkten. Im allgemeinen schwimmen Moleküle von Verbindungen wie Bradykinin durch die Blutbahn, bis sie auf einen Rezeptor stoßen – eine molekülgroße Öffnung in der Zellwand, wo sie hineinpassen wie ein Schlüssel in das Schloß. Um die Kinine zu blockieren, dachte Collier, müsse ein Teil des Aspirin-Moleküls eine hinreichend ähnliche Gestalt haben, um das Loch auszufüllen, falls es als erster dorthin gelangte. Das war der Grund, warum Aspirin nach der Injektion von Bradykinin wirkungslos blieb. Die Rezeptoren waren bereits von Bradykinin besetzt.

Aber das Bild war sicher noch komplexer. Wie die Forscher bereits bei der Blutgerinnung gesehen hatten, vollziehen sich biochemische Prozesse in feinabgestimmten Sequenzen, wobei eine Verbindung den Körper veranlaßt, eine zweite freizusetzen, die mit einer dritten reagiert, welche die Wirkung einer vierten hemmt und damit eine fünfte aktiviert und so weiter. Die Erforschung der unsichtbaren Choreographie dieser komplexen subzellulären Tänze war ein quälend langwieriges Geschäft.

1963 begann Collier mit der damaligen Doktorandin Priscilla Piper zusammenzuarbeiten. Anfangs ließ sie sich durch ihren brillanten Vorgesetzten einschüchtern, doch später merkte sie, daß Collier genausoviel Angst vor ihr hatte – einer Frau im Labor, zu einer Zeit, als wenige Frauen in Labors arbeiteten – wie sie vor ihm.

Nachdem sie fünf Jahre lang Meerschweinchen mit Medikamenten gefüttert hatten, mußten sich Collier und sie eingestehen, daß sie kaum noch vorankamen. Sie hatten zwar eine allgemeine Vorstellung, wie Aspirin wirkte, es gelang ihnen jedoch nicht, die Einzelheiten aufzuklären. Ein Grund für diesen frustrierenden Mißerfolg war, daß niemand in dem Labor von Parke, Davis wußte, wie man die spezialisierten Techniken anwendet, die für diese Aufgabe erforderlich sind. Collier und Piper arbeiteten mit lebenden Tieren, was natürlich bedeutete, daß sie nicht genau erkennen konnten, was sich in diesen innerlich abspielte. Um den Verlauf der Reaktionen festzustellen, mußten sie die Meerschweinchen töten, die Lunge entfernen und sie zur Erforschung zermahlen – ein Verfahren, das zwangsläufig die feinabgestimmten biochemischen Interaktionen störte, die sie beobachten wollten, und das außerdem so lange dauerte, daß kurzlebige Verbindungen zerfielen, bevor sie untersucht werden konnten. Sie benötigten eine bessere Methode.

Collier und Piper wandten sich 1968 an John Vane um Unterstützung, einen Pharmakologen, der in dem Unternehmen bald eine weitaus größere Rolle spielen sollte, als jeder erwartet hatte. Collier wollte, daß Vane seiner Assistentin Piper eine spezielle Version des Bioassays beibringt, der die Haupttechnik der Pharmakologie darstellt. »Der Pharmakologe«, erläuterte John Henry Gaddum, einer der Gründungsväter dieser Disziplin, »ist immer ein ›Hansdampf in allen Gassen‹ gewesen, der seine Methoden der Physiologie, Biochemie, Pathologie, Mikrobiologie und Statistik entlehnte – aber er hat auch eine eigene Technik entwickelt, und das ist der Bioassay.« Beim Bioassay wird die Aktivität beziehungsweise Identität von Substanzen durch Messung ihrer Auswirkungen auf ein biologisches Testsystem festgestellt. In seiner einfachsten Form bringt man dabei einen Streifen Körpergewebe mit einer chemischen Verbindung in Berührung und wartet ab, ob das Gewebe mit Muskelanspannung, Veränderung der Farbe, Freisetzung von Substanzen oder was auch immer reagiert. Diese Messungen sind von höchster Bedeutung für die Entwicklung von Arzneistoffen, aber die Technik ist auch in vielen anderen Bereichen nützlich. »Durch den Bioassay«, schrieb Vane einmal, kann man sehr einfach und mühelos zwischen den wichtigen biologisch aktiven Verbindungen und ihren eng damit verwandten, aber biologisch unwichtigen [Abkömmlingen] unterscheiden.«

Ein paar Jahre zuvor hatte Vane eine neue Methode zur Untersuchung genau jener subtilen Vorgänge entwickelt, um die es Collier und Piper ging. Er berieselte zwei Gewebeproben mit Chemikalien, wobei die eine oberhalb der anderen angeordnet war. Die chemische Flüssigkeit, die man am häufigsten dazu benutzte, war die sogenannte Krebs-Lösung, ein neutrales Medium ähnlich dem Blutplasma, die nach Sir Hans Adolf Krebs, einem englischen Nobelpreisträger in Biochemie, benannt ist. Dem oberen Gewebe, etwa einer Meerschweinchenlunge, injizierte man eine Substanz, die bei dem Gewebe einen anaphylaktischen Schock auslöste – eine tödliche allergische Reaktion, die eine stärkere Version eines Asthmaanfalls darstellt. (Zur Auslösung des Schocks benutzte Vane häufig Eiklar, gegen das Meerschweinchen allergisch zu sein scheinen.) Im Schockzustand sonderte das obere Gewebe eine Flüssigkeit ab, die wie das Sputum eines Asthmaanfalls eine biochemische Wundertüte an Hormonen darstellte, von denen viele noch nie von Forschern identifiziert worden waren. Diese Flüssigkeit spülte man mit einem Lösungsmittel ab und leitete sie in mehrere darunter befindliche Reagenzgläser. Am Boden jedes Reagenzglases befand sich ein zweites Gewebe. Die unteren Gewebe – zum Beispiel Rattenmagen oder Hühnerrektum – wurden aufgrund ihrer bereits bekannten Eigenschaften ausgewählt. Ein Zucken einer bestimmten Probe signalisierte eine Reaktion auf das Vorhandensein einer bestimmten Verbindung in der Lösung. Da die Lösung neutral war, mußte die Reaktion durch etwas bedingt sein, das von dem oberen Gewebe synthetisiert worden war. Allmählich entwickelten Vane und seine Mitarbeiter ein chemisches Lexikon der Prozesse, die beim Schock ablaufen. Vane plante das tägliche Menü von Geweben, und seine Mitarbeiter bereiteten sie vor, versetzten das obere Gewebe in Schockzustand und verzeichneten die Ergebnisse.

»Der kaskadische Superfusions-Bioassay«, wie Vane seine Technik nannte, hatte den Vorteil, ihm zu ermöglichen, den Verlauf des biochemischen Tanzes mit eigenen Augen zu sehen – Substanzen, die ihre Identität von einem Augenblick zum anderen veränderten, wie sich an den wechselnden Reaktionsmustern in Vanes Gewebestreifen ablesen ließ. Ein weiterer Vorzug bestand laut Vane darin, daß einem die Methode »maximale Chancen eröffnete, durch Zufall glückliche Entdeckungen zu machen«. Falls etwas Neues auftauchte, hatte man gute Aussicht, es zu erwischen.

»Wenn Sie mir [anfangs] gesagt hätten«, bemerkte Vane kürzlich, »daß dies zu einer Entdeckung über Aspirin führen würde, dann hätte ich Ihnen ins Gesicht gelacht.« Er konzentrierte sich nur darauf, den verworrenen Interaktionen nachzuspüren, welche die biochemische Umwelt im Körper bilden. Und er war gern bereit, Piper in die Feinheiten seiner Bioassays einzuführen. Mehrere Monate lang arbeitete sie zeitweilig bei Vane am Royal College of Surgeons. Sie sollte Vanes Techniken lernen und damit zu Collier zurückkehren, der sie bei seiner weiteren Arbeit am Aspirin anwenden wollte. Außerdem war es genau der richtige Zeitpunkt für Piper, von Parke, Davis wegzugehen. Die Firma, erinnerte sie sich, »war in finanziellen Schwierigkeiten, weil das Patent für irgend etwas ausgelaufen war. Sie entließen Personal, deshalb ersuchte Harry John Vane, ob ich bei ihm ganztags als Doktorandin arbeiten könnte.« Vane erklärte sich gern dazu bereit. Statt zu Collier zurückzukehren, arbeitete Piper bei Vane am Royal College of Surgeons weiter. Das war Colliers Pech, denn Piper und Vane entdeckten unmittelbar danach den Schlüssel zum Aspirin.

Bei einer Versuchsreihe brachten sie die Lunge von Meerschweinchen mit Eiklar in Kontakt, worauf diese sofort mit Schock reagierte. Die über die Lunge fließende Lösung wurde dann über sechs verschiedene Gewebeproben gepumpt, darunter Rattenmagen, Hühnerrektum, Meerschweinchenluftröhre und Kaninchenaorta. Aufgrund der durch frühere Versuche gewonnenen Erkenntnisse fügten sie der Lösung Chemikalien hinzu, um die Auswirkungen jeder bekannten Substanz zu blockieren, welche die geschockte Lunge freisetzen konnte. Falls die Streifen von Rektum und Aorta zuckten, dachten Piper und Vane, würde dies wahrscheinlich ein Signal von etwas Neuem sein. Ihre Erwartungen wurden bestätigt. Etwas veranlaßte die Kaninchenaorta zu krampfhaften Kontraktionen, die aber Minuten später nachließen.

Piper und Vane bezeichneten dieses Etwas als »Kaninchenaorta-Kontraktionssubstanz« (»Rabbit Aorta Contracting Substance«), und sie wußten sofort, daß es mit nichts zu vergleichen war, was sie bisher gesehen hatten. (In ihrer Abhandlung kürzten sie den Namen zu RCS ab, gleichzeitig das Kürzel für das Royal College of Surgeons, wo sie arbeiteten.) Sie überprüften, ob die RCS in ihrem Verhalten bekannten Verbindungen glich. Das war nicht der Fall. Die RCS war etwas qualitativ anderes.

Aufgeregt schlug Piper Vane vor, in die obere Meerschweinchenlunge Colliers Obsession – Aspirin – zu injizieren. Obwohl die beiden Männer miteinander befreundet waren und wechselseitig über ihre Arbeit Bescheid wußten, hatte Vane nie daran gedacht, Aspirin auszuprobieren. Trotzdem erklärte er sich zu einem Versuch bereit. Was konnte es schon schaden? Zu Vanes Überraschung hatte das Aspirin eine massive Wirkung. Die untere Kaninchenaorta zog sich nicht mehr zusammen, was bedeutete, daß die geschockte Lunge keine RCS mehr produzierte. Aber warum nicht? Und was war überhaupt die RCS?

Aspirin konterkarierte nicht direkt die RCS, wie Piper und Vane herausfanden. Das heißt, es hinderte die mysteriöse Substanz nicht daran, die Kaninchenaortas zucken zu lassen. Aber wenn sie der Meerschweinchenlunge Aspirin spritzten, bevor sie sie in Schock versetzten, verhinderte das Medikament die *Freiset-*

zung von RCS. Auf Colliers Vermutung aufbauend, daß Aspirin hilft, den Abwehrapparat des Körpers unter Kontrolle zu halten, wagten Piper und Vane in der britischen Fachzeitschrift *Nature* die Hypothese, daß Aspirin tatsächlich wirke, indem es in irgendeinen Teil dieses Apparates eingreife, und daß dieser Teil die RCS sein könnte – was auch immer diese sei.

Als Collier von Piper über die RCS hörte, war er sowohl erfreut als auch frustriert. Daß Aspirin die Synthese dieser zuvor unbekannten Substanz stoppte, schien ein gewichtiger Anhaltspunkt, aber er konnte ihn nicht entschlüsseln. An dem Tag, an dem Piper und Vane ihre Abhandlung beendeten, schickte er einen eigenen Artikel an *Nature.* In derselben Nummer wie die Arbeit von Piper und Vane veröffentlicht, ist Colliers Papier ein merkwürdiges, fast peinliches Dokument. Während Piper und Vane sachlich über ihre experimentellen Befunde berichteten, hatte Collier keine neue Arbeit zu präsentieren. Vielmehr wiederholte er seine Auffassung, daß Aspirin ein »antidefensives« Medikament sei, und beklagte dessen »launenhaftes« Verhalten.

Dann rekapitulierte dieser ansonsten zurückhaltende und würdevolle Mann die neuesten Arbeiten über Aspirin, wobei er in fünf kurzen Absätzen seine eigenen Artikel nicht weniger als zweiunddreißigmal zitierte. Seine jahrelange Forschung, schrieb er, habe bewiesen, daß Aspirin an der Stelle der Verletzung wirke, daß es den Effekt chemischer Substanzen nicht direkt blockiere und daß seine Aktivität von den speziellen chemischen Kanälen abzuhängen scheine, über die eine Substanz in Kontakt mit dem Gewebe kommt. Er wies darauf hin, daß auch Bradykinin die Meerschweinchenlunge veranlasse, RCS zu synthetisieren, und daß die »Hemmung des RCS-Mechanismus« durch Aspirin darauf hindeute, daß es die Wirkung von Bradykinin blockiere. Falls Aspirin die RCS stoppe, argumentierte Collier, dann könnte dies die »Launenhaftigkeit« des Medikaments erklären – es stoppe eben nur jene Schmerzen, die durch RCS ausgelöst werden.

Aber all diese Erkenntnisse reichten nicht ganz aus. Mit einem fast hörbaren Stöhnen der Frustration schließt der Artikel: »Selbst wo Aspirin in dieser Weise wirkt, müssen die einzelnen Schritte der Sequenz, der genaue Punkt, an dem Aspirin diese unterbricht, und die Mittel, durch die die Blockade zustande kommt, erst noch festgestellt werden.«

In der Hoffnung, dem Geheimnis des Aspirins zum Greifen nahe zu sein, machte sich Collier aufs neue an die Arbeit. Die Lösung würde sich in einem Augenblick der Inspiration einstellen, aber zu Colliers Enttäuschung sollte der erleuchtende Gedanke nicht ihm kommen.

Unter den Dutzenden von Substanzen, die Collier, Piper und Vane studiert hatten, war auch eine Gruppe von mehreren Dutzend Fettsäuren, die sogenannten Prostaglandine – komplexe Ringe und Ketten aus Kohlenstoff, Wasserstoff und Sauerstoff, welche die Bausteine der Fette bilden. Prostaglandine gleichen in vielen Hinsichten den Hormonen. Aber während Hormone von einzelnen Drüsen, Organen oder Gewebearten produziert werden, kann fast jede Zelle im Körper Prostaglandine herstellen. Als Collier seiner Frustration Ausdruck verlieh, war bereits bekannt, daß Prostaglandine jene Art von schädlichen Wirkungen hervorrufen, die mit Vanes Bioassay-Methode studiert wurden. Collier hatte bei seinen früheren Versuchen mit einem (Prostaglandin $F_{2\alpha}$) gearbeitet. Er stellte fest, daß Aspirin die asthmatische Wirkung von $F_{2\alpha}$ in der Meerschweinchenlunge nicht beheben kann, daß es sie aber bei menschlichem Gewebe sehr wirkungsvoll stoppt. Bei dem Versuch, der die RCS ergab, fanden Piper und Vane mehrere Prostaglandine, die bereits zuvor in verschiedenen Zusammenhängen beobachtet worden waren. Collier überging sie; Vane verharrte eine Weile bei ihnen, und es gelang ihm, das Rätsel des Aspirins zu lösen.

Die ersten Andeutungen von Prostaglandinen finden sich bereits Ende der zwanziger Jahre, als Raphael Kurzrock, ein Gynäkologe, in einer kleinen Klinik in Brooklyn mit künstlicher Befruchtung experimentierte. Er unternahm Dutzende von Versuchen, von denen nur zwei erfolgreich waren. Bei seinen Experimenten fiel ihm jedoch etwas auf:

> In einer Reihe von Fällen wurde beobachtet, daß nach Einspritzung von 0,5 ccm Samenflüssigkeit das Sperma prompt wieder ausgestoßen wurde ... Bei der Patientin trat immer dieselbe Reaktion auf, offenbar unabhängig von der Phase ihres Menstruationszyklus. Diese Beobachtungen führten zu folgender Frage: Welche Wirkung übt das menschliche Sperma auf den menschlichen Uterus aus?

Eine Patientin verspürte bei jeder Besamung starke Schmerzen im Unterbauch. Aufgrund der Beschreibung, die die Frau von ihren Symptomen gab, erhielt

Kurzrock den Eindruck, daß der von ihr geschilderte in Wellen auftretende Schmerz Ähnlichkeit mit den Wehen bei der Entbindung habe. Inzwischen hatte er sich mit einem Pharmakologen, Charles Lieb, beraten. Den beiden Männern kam der Gedanke, daß etwas im menschlichen Sperma den Uterus zu Kontraktionen veranlassen könnte. Von befreundeten professionellen Biochemikern liehen sie sich einen Labortisch aus, und »nach den üblichen Versuchen und Irrtümern«, wie es in einem vergnüglichen historischen Essay heißt, stellten sie fest, daß sich der Muskel tatsächlich zusammenzieht, wenn man Sperma auf einen kleinen Streifen eines menschlichen Uterus träufelt – er zuckt. Kurzrock und Lieb veröffentlichten 1930 einen Bericht über ihre kleine Entdeckung. Fast niemand schenkte ihr Beachtung.

Vier Jahre später extrahierte Ulf Svante von Euler, ein mit dem Nobelpreis ausgezeichneter schwedischer Biochemiker, dessen Vater ebenfalls Biochemiker und Nobelpreisträger war, eine ähnliche Substanz aus Hammelsperma. Er nannte es »Prostaglandin«, weil er es aus der Prostatadrüse gewonnen hatte. In den nächsten paar Jahren erforschte von Euler seine Hammelextrakte ausreichend, um festzustellen, daß seine Namensgebung verfehlt gewesen war – Prostaglandine sind im ganzen Körper vorhanden, nicht bloß in der Prostata. Zu Beginn des Zweiten Weltkriegs ließ er die nichtmilitärische Forschung ruhen. Nach Kriegsende, als er wieder an Grundlagenforschung denken konnte, konzentrierte er sich auf die Isolierung einer Grundkomponente des Nervensystems, Noradrenalin. (Seine Arbeit über Noradrenalin brachte ihm 1970 den Nobelpreis ein.)

Von Euler gab seine sorgfältig konservierten Hammelspermaproben an einen jüngeren Kollegen, Sune K. Bergström vom Karolinska-Institut in Stockholm, weiter. Bergström wies 1949 nach, daß es mehrere Arten von Prostaglandinen gibt und daß sich alle durch eine bis dahin unbekannte chemische Zusammensetzung auszeichnen. Aber es war schwierig, damit weiterzukommen. Prostaglandine sind nur in winzigen Quantitäten vorhanden, und die analytischen Techniken zu ihrer Isolierung und Erforschung waren damals noch nicht entwickelt – wie Bergström zu seiner Enttäuschung feststellen mußte, nachdem er sich jahrelang vergebens darum bemüht hatte.

1957 wandte er sich an einen Freund um Unterstützung, den Chemiker David Weisblat, der Forschungsdirektor von Upjohn geworden war, dem Unternehmen, das später Ibuprofen als Motrin in den Vereinigten Staaten herausbrachte. Da er das Potential für aufregende, patentierbare Arzneimittel erkannte, veranlaßte Weisblat das Pharmaunternehmen, Bergströms Untersuchungen zu finanzieren. (Etwa um diese Zeit hatte Collier, wie erinnerlich, Schwierigkeiten, seine ähnliche Arbeit gegenüber Parke, Davis zu rechtfertigen.) Ein Forschungszuschuß von 100 000 Dollar ermöglichte es Bergström, Prostatas von Hammeln aus vier Nationen zu sammeln. Aus Tonnen von Drüsen konnten schließlich hundert Gramm Prostaglandine isoliert werden. Mit einem Kollegen, Bengt Samuelsson, bestimmte Bergström die chemischen Strukturen von zwei Prostaglandinen.

1964 entdeckten Bergström, Samuelsson und andere, daß die Prostaglandine von einem bis dahin kaum bekannten Bestandteil des Körpers, der sogenannten Arachidonsäure, abstammen. Die Arachidonsäure ist eine fettige, butterartige Substanz in den Zellwänden, die diese geschmeidig hält. »Ohne sie«, erläuterte John Vane kürzlich, »könnten wir uns einfach nicht bewegen. Wir wären so starr wie eine Kerze.« Wenn Zellen mechanisch oder chemisch gereizt werden, setzen die Zellwände winzige Mengen von Arachidonsäure frei – und erstaunliche Dinge passieren.

»Es ist, als wolle der Körper keine Arachidonsäure im Kreislauf«, erklärte Vane, »denn sobald sie auftritt, wird sie in etwas anderes umgewandelt.« In dem Durcheinander chemischer Reaktionen, die von der Arachidonsäure ausgelöst werden, entdeckten die Wissenschaftler ganze Familien hormonähnlicher Substanzen – Endoperoxide, Leukotriäne, Thromboxane –, die allesamt in den mikroskopisch kleinsten Dosen massive Wirkungen ausüben. Im Gegensatz zu Hormonen wie Insulin, die in Drüsen und Organzellen methodisch erzeugt und gespeichert werden, entstehen die aus Arachidonsäure hervorgehenden Substanzen außerhalb der Zellen als Reaktion auf spezifische Auslöser wie Verletzungen. Einer Zelle stößt etwas zu, ihre Membran setzt Arachidonsäure frei, und der Körper wandelt es in Prostaglandine um.

Für die Wissenschaftler war die unerwartete Bekanntschaft mit einem ganzen System biochemischer Regulatoren faszinierend. Die Vorstellung trieb sie an, daß hier wichtige Erkenntnisse gewonnen, Namen und Karrieren etabliert werden könnten.

Weisblat bei Upjohn teilte diese Meinung; die Prostaglandine könnten seinem Unternehmen ein Vermögen einbringen, dachte er, und er richtete prompt ein Labor ein, um sie in ausreichenden Mengen zu produzieren. Zur Überprüfung, ob die Prostaglandine das Potential hatten, das Weisblat vermutete, scheute Upjohn nicht davor zurück, jedem Wissenschaftler, der sie studieren wollte, kostenlose Proben anzubieten. Da jetzt eine gestaute Nachfrage auf ein großes Angebot stieß, erschienen eine ganze Reihe wissenschaftlicher Abhandlungen. Es stellte sich heraus, daß die Prostaglandine zur Regulierung so wesentlicher Phänomene wie der Erweiterung und Verengung von Blutgefäßen, der Muskelkontraktion und dem Entstehen von Entzündungen dienen, die mit schmerzenden Gelenken und Arthritis einhergehen. Als die Befunde bekannt wurden, hofften die Upjohn-Forscher, daß sich ihre Prostaglandine zur Behandlung von Krankheitsbildern, angefangen von Magen- und Darmgeschwüren (Prostaglandin A2) bis zu hohem Blutdruck (Prostaglandine A1, E1 und E2), eignen könnten. Das potentielle Anwendungsgebiet, das die höchsten Erwartungen weckte, war jedoch Geburtenkontrolle und Abtreibung. Viele Prostaglandine, darunter $F_{2\alpha}$, unterbrechen die Schwangerschaft. Anfang der siebziger Jahre wurde das Prostaglandin $F_{2\alpha}$ in den Vereinigten Staaten und Großbritannien als verschreibungspflichtige Abtreibungsinjektion genehmigt. Prostaglandin E2 diente in Zäpfchenform dem Schwangerschaftsabbruch. Beide sind heute noch im Handel.

Wie viele andere, war auch John Vane von der Familie kurzlebiger biochemischer Substanzen fasziniert, die von der Arachidonsäure in den Zellwänden abstammten. »John ist unglaublich motiviert, fleißig, scharfsinnig und bereit, Risiken einzugehen«, bemerkte Joe Collier. »Er arbeitete an jedem Wochenende und griff nach allem, was ihm in die Hände fiel – kein Wunder, daß er Erfolg hatte.«

Vane und Piper waren ganz aus dem Häuschen, als sie die RCS fanden, jene Substanz, die Kaninchenaortas kontrahiert. »Sie *verschwand* einfach«, sagte Vane. »Sie wurde in zwei bis drei Minuten chemisch abgebaut. Nur weil wir eine dynamische Methode benutzten, konnten wir sie überhaupt entdecken.« Aber wofür diente sie? Was bewirkte sie? Was bedeutete es, daß Aspirin sie an ihrer Entstehung hinderte? Vane und Piper arbeiteten weitere eineinhalb Jahre daran, ohne große Fortschritte zu machen. Mitte 1971 beschlossen sie, einen Artikel zu verfassen, in dem sie die Summe aus all den kleinen Mosaiksteinchen an Erkenntnissen ziehen wollten, die sie gesammelt hatten.

Als Vane eines Abends zu Hause über den Artikel nachdachte, fragte er sich plötzlich, ob die RCS nicht eine Art von bisher unentdecktem Prostaglandin sein könnte – eines, das im Gegensatz zu den anderen nicht sehr stabil war. Falls das stimmte, dann würde Aspirin die Entstehung eines Prostaglandins im Körper verhindern. Und falls das zutraf, dann könnte Aspirin vielleicht nicht bloß die Entstehung von einem Prostaglandin verhindern. Es könnte sie alle stoppen. Tatsächlich wäre das eine Definition der Wirkungsweise von Aspirin – den Körper an der Synthese von Prostaglandinen zu hindern.

Inzwischen hatten Pharmakologen viele Arzneistoffe mit ähnlichen Wirkungen wie Aspirin synthetisiert, unter denen Ibuprofen einer der ersten und berühmtesten war. Über vierzig dieser »steroidfreien, entzündungshemmenden« Präparate, NSAIDs, sind heute auf dem Markt. Alle diese Medikamente reduzieren ebenso wie Aspirin Schmerzen, Fieber und Entzündungen. Aber wie sie wirkten, war ein Rätsel. Tatsächlich wiesen die Ärzte sie hauptsächlich aufgrund dessen, was sie *nicht* bewirkten, ein und derselben Kategorie zu. Im Gegensatz zu Steroiden wie Cortison ahmten sie nicht die Wirkungsweise von Hormonen nach; anders als Morphine oder Kodeine beeinflußten sie nicht das Zentralnervensystem; und im Gegensatz zu Antihistaminen wie Promethazinhydrochlorid griffen sie nicht die Histamine an (chemische Substanzen, die bei allergischen Reaktionen freigesetzt werden). Vane vermutete, daß nicht nur Aspirin, sondern alle NSAIDs die Produktion von Prostaglandinen stoppen und daß er somit die Wirkungsweise einer gesamten Klasse von Arzneistoffen entdeckt habe. Aspirin, Ibuprofen, Fenoprofen, Indomethacin, Phenilbutazon – Vane hatte sie alle erklärt.[*]

Falls Vane recht hatte, wußte er, warum sich Aspirin nur auf fieberndes beziehungsweise entzündetes Gewebe auswirkt. Bei Verletzungen oder anderen physiologischen Störungen werden Prostaglandine erzeugt, die ihrerseits Fieber beziehungsweise Entzündungen hervorrufen. Indem es die Entstehung dieser Prostaglandine unterdrückt, wendet Aspirin auch die daraus resultierenden Fieber- beziehungsweise Entzündungszustände ab. Dagegen bleibt es bei normalem, untraumatisiertem Gewebe, in dem Prostaglandine fehlen, ohne Wirkung. Vane vermutete darüber hinaus, daß die Prostaglandine aus diesem Grund mit Schmerzen zusammenhängen müssen – die schmerzstillende Wir-

---

[*] Einen Arzneistoff, den Vane *nicht* erklärte, war das Paracetamol. Paracetamol hat nur eine geringe, falls überhaupt eine, entzündungshemmende Wirkung und ist somit kein NSAID. Heute, mehr als ein Jahrhundert nach seiner Entdeckung, ist das Paracetamol das Aspirin unserer Zeit – ein äußerst populäres Heilmittel, das niemand vollkommen versteht.

kung des Aspirins war auf die gleiche Fähigkeit zurückzuführen, das Auftreten von Prostaglandinen zu blockieren, die auch Fieber und Entzündungen in Schach hielten. Es paßte alles wunderbar zusammen. Vane war überglücklich.

»Ich kam ins Labor«, erinnerte sich Vane, »rief Priscilla und alle meine Kollegen herbei und sagte: ›Ich denke, ich weiß, wie Aspirin wirkt. Wißt ihr es?‹ Alle verneinten. Ich sagte: ›Ich werde jetzt einen Versuch machen.‹«

Zur Überraschung seiner Mitarbeiter trat Vane an den Labortisch und fing an, Chemikalien zu mischen, eine Aufgabe, die normalerweise den Assistenten vorbehalten war. Um seine Hypothese zu beweisen, würde er etwas Arachidonsäure in Prostaglandine umwandeln und dann versuchen müssen, denselben Vorgang mit Aspirin im Reagenzglas zu wiederholen. Falls er dann keine Prostaglandine erhielt, würde er wissen, daß seine Vermutung richtig war.

»Wir alle wußten, daß was in der Luft lag«, erzählte Piper. »So hatte er noch nie am Labortisch gearbeitet.«

Vane hatte Versuche dieser Art immer verabscheut, bei denen es darum ging, die inneren Organe von Meerschweinchen zu pürieren, den Brei zu Reinigungszwecken zu zentrifugieren, den Rest auf zwanzig Reagenzgläser aufzuteilen, Arachidonsäure hinzuzufügen und dann durch Bioassay die Menge an Prostaglandinen zu messen, die er erzeugt hatte. Tatsache ist, daß er nicht einmal genau wußte, wie man das macht. Aber er hatte eine ihm wichtig scheinende Idee, und er wollte sie nicht jedem im Labor auf die Nase binden, indem er Studenten oder jüngere Kollegen um Hilfe bat. (»Das ist das wissenschaftliche *droit du seigneur*«, bemerkte Joe Collier später. »Das steht dem Professor zu.«)

Statt dessen zog er einige Schriften zu Rate und brachte am Ende des Tages nach einigen Pannen eine brauchbare Anordnung zustande. Er verteilte die pürierte Masse auf zwanzig Reagenzgläser und stimulierte sie, Prostaglandine zu produzieren. Dann fügte er Aspirin hinzu und versuchte erneut, Prostaglandine zu erzeugen. Es zeigten sich keine. Heureka, dachte Vane. Wo immer Aspirin vorhanden war, fand er keine Prostaglandine. »Ich wurde sehr aufgeregt«, berichtete er. »Ich brachte die nächsten zwei Wochen damit zu, meine Ergebnisse zu verifizieren.« Einer der ersten Anrufe, die er machte, galt Harry Collier, der niedergeschmettert war, als er hörte, daß es seinem Freund, einem Mann, der kaum mit Aspirin gearbeitet hatte, gelungen war, die Frage zu beantworten, der er zehn Jahre seines Lebens gewidmet hatte. »Harry war neiderfüllt«, erzählte Vane, in sich hineinlachend. »Er hatte einfach nie an Prostaglandine gedacht.«

Collier war fair genug, einen Kommentar zu schreiben, in dem er Vanes Entdeckung pries. Dennoch war er verbittert; dieser Fund, dachte er, hätte rechtmäßig eigentlich ihm zugestanden. Er hätte ihn machen können, wenn ihn das Labor unterstützt hätte. Er hatte so lange allein gearbeitet. Er mußte erleben, daß Vane geehrt und geadelt wurde, daß man ihn zum Mitglied der Royal Society wählte und ihm schließlich einen Nobelpreis verlieh. »Mein Vater versuchte geltend zu machen, daß er auch einen Anteil daran hatte«, sagte Joe Collier. »Aber ich glaube nicht, daß das stimmt, und ich denke, daß er es wußte. Er arbeitete in der Industrie, deshalb hätte er das nicht schaffen können, was John gelungen ist.«

Im Juni 1971 veröffentlichte Vane seine Aspirin-Abhandlung in *Nature*, zusammen mit zwei Artikeln seiner Mitarbeiter, in denen weitere Implikationen und Resultate erörtert wurden. Bevor die *Nature*-Abhandlungen erschienen, schrieb Collier an Vane mit dem Bedauern und Stolz eines Menschen, der nahe dran war, eine wichtige Entdeckung zu machen:

> Wenn Du Dich, wie es wahrscheinlich kommen wird, als Jesus
> Christus des Aspirins erweisen wirst, dann kann ich vielleicht
> den Anspruch erheben, sein Johannes der Täufer zu zu sein.

Ist das Rätsel des Aspirins damit wirklich gelöst? Verschiedene Wissenschaftler geben darauf unterschiedliche Antworten. Viele Probleme sind zwar aufgeklärt, aber manche Forscher glauben, daß noch einige harte Nüsse zu knacken sind. Laut Gerald Weissmann von der New York University, dem ehemaligen Präsidenten der American Rheumatism Association, hat das Medikament drei primäre Wirkungsweisen, von denen jede einer bestimmten Dosierung entspricht. Über alle drei Anwendungen ist man sich zumindest teilweise im klaren, aber es gibt Meinungsverschiedenheiten unter den Wissenschaftlern bezüglich der Schlüssigkeit ihrer Theorien.

Erstens hindert Aspirin in den gewöhnlichen, rezeptfreien Dosen, wie John Vane zeigte, den Körper daran, Arachidonsäure in Prostaglandine umzuwandeln. Es erreicht dies durch Deaktivierung einer weiteren Verbindung, des Prostaglandins H Synthetase, welche die Reaktion katalysiert. Wie Collier vermutet hatte, docken Moleküle der Arachidonsäure auf einer Öffnung des PGH-Synthetase-

Moleküls an und werden dann in veränderter Form als Prostaglandin-Moleküle freigesetzt. (Die PGH-Synthetase bleibt unverändert und ist für das nächste Molekül von Arachidonsäure bereit.)

Aspirin unterbindet diesen Prozeß erfolgreich. Die Acetylsalicylsäure entsteht durch Vermengung von zwei verschiedenen chemischen Substanzen, der Salicylsäure und der Acetylgruppe. Nach Eintritt in die Blutbahn löst sich die Acetylgruppe allmählich ab; was durch die Blutbahn strömt, ist eine Mischung aus ASS, SA und A. Auf ihrem Weg durch den Körper kann sowohl die ASS als auch die SA leicht in das Loch der PGH-Synthetase schlüpfen und es zustöpseln. Da es blockiert ist, kann das PGH-Synthetase-Molekül keine Prostaglandine erzeugen.

Alle steroidfreien, entzündungshemmenden Arzneien wirken sich auf die PGH-Synthetase aus, aber nur die ASS, die eine Acetylgruppe aufweist, besitzt den chemischen Schlüssel, um die PGH-Synthetase für immer auszuschalten – die anderen, darunter auch die SA, verstopfen sie nur vorübergehend.

Die Hemmung der Prostaglandinsynthese, wie Wissenschaftler diesen Vorgang bezeichnen, ist die am gründlichsten dokumentierte Wirkung des Aspirins und wahrscheinlich diejenige, der wir seine bekannteste Anwendung, die Linderung von Kopfschmerzen, verdanken. Die Mediziner nehmen an, daß die meisten gewöhnlichen Kopfschmerzen durch Muskelkontraktionen der Kopfhaut beziehungsweise des Nackens bedingt sind. (Niemand weiß das allerdings mit Sicherheit.) Migräneschmerzen könnten im Gegensatz dazu durch die Erweiterung von Blutgefäßen des Schädels ausgelöst werden. Sowohl die Muskelkontraktionen als auch das Anschwellen von Venen und Arterien werden durch das Arachidonsäuresystem beeinflußt. Die mögliche Rolle des Aspirins liegt auf der Hand; ungelöst bleibt die Frage, wie man es beweisen könnte, angesichts der Unmöglichkeit, lebenden Menschen die Schädeldecke zu öffnen, um ihre Kopfschmerzen zu studieren.

Doch bedauerlicherweise ist die prostaglandinhemmende Wirkung des Aspirins, gegen Kopfschmerzen offenbar so segensreich, zugleich die Ursache seiner gravierendsten Nebenwirkungen. Die Magenwand erzeugt Prostaglandine, die zur Erhaltung der Schleimhaut beitragen, welche verhindert, daß der Magen von seinen eigenen Säuren angegriffen wird. Wenn das Aspirin diese schützenden Prostaglandine blockiert, ist die Balance gestört – und die Folge können Magenbeschwerden oder sogar ein Ulkus sein. [*]

Ein ähnlicher Mechanismus löst allergische Reaktionen auf Aspirin aus. Während das Aspirin die PGH-Synthetase daran hindert, Arachidonsäure in Prostaglandine umzuwandeln, wird es durch eine konkurrierende Substanz, Lipoxygenase, in eine ganze Reihe von anderen chemischen Substanzen umgewandelt, hauptsächlich Leukotriene (die unter anderem Blutgefäße verengen und den Transport von Substanzen aus den Luftwegen der Lunge in die Blutbahn fördern). Manche Menschen sind aufgrund ihrer genetischen Veranlagung stark allergisch gegen ihre eigenen Leukotriene; diese Personen sollten weder Aspirin noch Ibuprofen noch andere steroidfreie, entzündungshemmende Schmerzmittel nehmen.

In hohen, rezeptpflichtigen Dosen hat Aspirin eine zweite Wirkung: Es läßt die Rötung, Schwellung, Erhitzung und die Schmerzen von Entzündungen abklingen. Die meisten Menschen nehmen Aspirin gegen leichtere Schmerzen und Beschwerden, aber rein mengenmäßig wird die Masse des Arzneistoffs von Patienten verbraucht, die an Arthritis und anderen entzündlichen Krankheiten leiden. Diese Patienten müssen oft über Monate und Jahre hinweg enorme Dosen – mehr als zehn Tabletten täglich – zu sich nehmen. Vane glaubt, daß auch diese entzündungshemmende Wirkweise auf die Blockade der Prostaglandinsynthese zurückzuführen ist. Manche Prostaglandine rufen Entzündungen hervor, und das Aspirin scheint sie zu stoppen. Weissmann wie auch andere halten dagegen diese Erklärung für unzulänglich: »Aspirin und die anderen

---

* Ein Grund, weshalb die FDA seit langem skeptisch gegenüber Produkten wie Bufferin ist, die behaupten, daß ihre Antazida die durch Aspirin bedingten Magenbeschwerden verhindern, ist, daß Antazida die Magensäure selbst neutralisieren, während das Aspirin seine ungünstige Wirkung entfaltet, indem es die Prostaglandine der Magenwand blockiert. Die Hersteller behaupten, die neutralisierten Säuren könnten der angegriffenen Magenschleimhaut nicht mehr gefährlich werden, und die Antazida unterbänden auf diese Weise die Tendenz des Aspirins, Magenbeschwerden zu verursachen. Die FDA hält dem entgegen, daß bei Patienten, deren Magen bereits angegriffen ist, der langfristige Schaden durch Aspirin möglicherweise durch die kurzfristige Abschwächung der Magensäure nicht wettgemacht werde. Obwohl die Behörde widerwillig den Verkauf von Aspirin-Antazida-Kombinationen gestattet, erlaubt sie den Firmen nicht, zu behaupten, daß diese Magenprobleme eliminieren – ein Grund, warum die Hersteller in ihrer Werbung sie als »magenfreundlicher« und nicht als »magenfreundlich« bezeichnen.

NSAIDs bewirken auch noch zu viele andere Dinge«, bemerkte er kürzlich. Die Arbeit an Weissmanns Labor in den späten achtziger Jahren wies vielmehr darauf hin, daß Aspirin einem Typus von weißen Blutzellen, den neutrophilen Leukozyten, entgegenwirkt. Unter bestimmten Umständen können sich die Neutrophilen aus einem Bestandteil des Immunsystems, der ersten Abwehrformation des Körpers, in Schädlinge verwandeln, die heimtückisch körpereigenes Gewebe angreifen. Ebenso wie die Blutplättchen verklumpen die umgepolten Neutrophilen miteinander und setzen Substanzen frei, die Entzündungen auslösen, indem sie die Proteine aufspalten, aus denen das menschliche Fleisch besteht. Neutrophile spielen eine zentrale Rolle bei Autoimmunkrankheiten wie der chronischen Polyarthritis. Aspirin bewährt sich auch hier, wie Weissmann gezeigt hat. Es hindere die Neutrophilen daran, miteinander zu verkleben und sich an die Gefäßwände zu heften, sagt er, und diese Wirkweise habe offenkundige Konsequenzen für die Entzündung. Vane ist nicht überraschenderweise anderer Meinung. »Es besteht eine Kontroverse«, erklärte Weissmann Anfang 1991 mit dem Lächeln eines Menschen, der eine elegant ausgefochtene intellektuelle Kontroverse liebt. »Ich habe den starken Verdacht, daß wir uns auch in Zukunft noch eine gute Weile mit dem Aspirin herumschlagen werden.« Tatsächlich haben Weissmann und seine Mitarbeiter kürzlich den Rezeptor am Neutrophil lokalisiert, wo das Aspirin ansetzt.

Die dritte Wirkweise des Aspirins, die Verhinderung des Verklumpens der Plättchen, erfordert die geringsten Dosen. Solange sie in passivem Zustand durch die Blutbahn kreisen, sind die Plättchen oder Thrombozyten winzige, untätige chemische Fabriken, die auf ein Startsignal warten. Am häufigsten hat dieses Signal die Form einer bestimmten chemischen Substanz, welche die Arachidonsäure erzeugt, die von einer beschädigten Blutgefäßwand abgesondert wird. Wenn dies geschieht, wird das Plättchen sozusagen angeschaltet. Es pumpt Chemikalien hinaus, die in Form einer Kettenreaktion andere Plättchen aktivieren und sie veranlassen, sich anzulagern und miteinander zu verklumpen.

Einer der wichtigsten chemischen Stoffe, der von einem aktivierten Plättchen erzeugt wird, ist eine prostaglandinähnliche Substanz, die mit dem Fachterminus »Thromboxan A_2« bezeichnet wird. Das 1975 von einem kleinen Team unter Leitung von Bengt Samuelsson, dem ehemaligen Mitarbeiter von Sune Bergström, entdeckte Thromboxan ist die wichtigste Ursache der Plättchenagglutination; es ist auch der Hauptbestandteil der geheimnisvollen Kaninchenaorta-Kontraktionssubstanz (RCS), die Priscilla Piper und John Vane 1969 auf die Spur des Aspirins brachte. Bald nach der Identifizierung des Thromboxans entdeckten Forscher, daß Aspirin und die anderen NSAIDs dessen Entstehung verhindern – und beantworteten damit endlich die Frage, wie Aspirin die Blutgerinnung hemmt.

Der Körper erzeugt das Thromboxan in zwei Schritten. Zuerst wird die Arachidonsäure durch PGH-Synthetase in Prostaglandin G_2 umgewandelt. Dann transformiert eine andere Substanz, Thromboxan Synthetase, das Prostaglandin G_2 in Thromboxan. Durch Verstopfung des aktiven »Schlüssellochs« in der PGH-Synthetase schiebt das Aspirin diesem Prozeß einen Riegel vor, genau wie es die Synthese der Prostaglandine blockiert. Durch den Mangel an Thromboxan behindert, verklumpen die Plättchen zu kleineren Emboli – oder überhaupt nicht.

Thromboxan reagiert erstaunlich empfindlich auf Aspirin. Eine Gruppe von Wissenschaftlern hat tatsächlich die Auffassung vertreten, eine tägliche Ration von nicht mehr als einem mg – weniger als drei Hundertstel einer Standardtablette – reiche aus, um die Thromboxanproduktion zu stoppen. Der Unterschied zwischen der Dosis, die zur Blockade von Thromboxan, und jener, die zur Blockade der Prostaglandine benötigt wird, erklärt sich durch Unterschiede ihrer Produktionsweise im Körper. Die Plättchen selbst sind die Hauptquelle des Thromboxans; wenn sie mit Aspirin in Kontakt kommen, werden sie dauerhaft an dessen Erzeugung gehindert. Im Gegensatz dazu können andere Zellen des Körpers die Wirkungen nach einigen Stunden abschütteln. Zum Teil aus diesem Grund kann ein Aspirin-Spiegel, der gegen Kopfschmerzen nichts ausrichtet, genügen, um die Plättchenagglutination zu reduzieren.

Mit der Entdeckung des Zusammenhangs zwischen Aspirin und Thromboxan rückte erneut das Puzzle ins Blickfeld, auf das Karl Link als erster angespielt hatte. Wenn die Acetylgruppe im Aspirin dieses befähigt, die Produktion von Thromboxan auf Dauer lahmzulegen, warum hatten Link und viele andere dann festgestellt, daß Salicylsäure und andere Salizylate – Verbindungen ohne eine Acetylgruppe – auch Blutungen fördern? Eine Antwort lautet, daß sie, wie bereits bemerkt, vorübergehend die PGH-Synthetase hemmen, und dies behindert natürlich die Bildung von Thromboxan. Aber es gibt Anzeichen dafür, daß die Salicylsäure auch noch eine andere Rolle bei der Thrombagglutination spielt –

eine kleinere, sekundäre. Forscher haben die Vermutung geäußert, daß irgendwo in dem biochemischen System, zu dem die Arachidonsäure gehört, ein bisher noch unentdeckter Mechanismus existiert, durch den die Salicylsäure und ihre Verwandten die Plättchenagglutination ohne Störung der PGH-Synthetase stoppen. Wie eine Gruppe von italienischen Ärzten kürzlich meinte: »Am besten geht man davon aus, daß ... Aspirin durch mindestens zwei Mechanismen wirkt, von denen einer die Hemmung der Plättchen-Zyklo-Oxygenase [ein anderer Name für PGH-Synthetase] ist.« Bis diese anderen Mechanismen verstanden werden, hat Weissmann bemerkt, »können wir immer noch nicht behaupten, tatsächlich zu *wissen*, wie Aspirin wirkt«.

Trotz dieser theoretischen Lücken waren die Pharmakologen fast von dem Augenblick der Entdeckung des Thromboxans an überzeugt, daß sich Aspirin bei Herzinfarkt und Gehirnschlag auswirken *müsse*. Die Hemmwirkung der ASS auf Thromboxan war im Labor so massiv, daß die Annahme lächerlich erschien, sie würde keine Auswirkung auf die Gesundheit von Patienten haben. Doch die Ärzte hatten auf schmerzhafte Weise gelernt, daß sich die Überzeugungen von Universitätsforschern nicht immer in brauchbare Therapien umsetzen lassen. Tatsächlich ließ die AMIS genau dies vermuten. Vielleicht verhinderte Aspirin die Entstehung von Thromboxan. Und vielleicht hinderte dies die Plättchen an der Verklumpung. Und vielleicht hatte dies eine schützende Wirkung. Aber die AMIS schien zu beweisen, daß die Wirkung nicht groß genug war, um Menschenleben zu retten. Und das bedeutete, daß die Arbeit von Vane, obwohl sie für Laborforscher von höchstem Interesse war, keine praktische Bedeutung für Ärzte hatte, die kranke Menschen behandeln mußten.

Vane teilte sich 1982 einen Nobelpreis mit Bergström und Samuelsson. Vanes Entdeckung – daß Acetylsalicylsäure die Prostaglandinsynthese hemmt – war wie ein plötzliches Antippen einer Reihe von Dominosteinen gewesen. Als Vane nach Stockholm fuhr, trafen von überall her aus den Labors theoretische Entdeckungen über das Aspirin ein. Plötzlich waren zwei Forschungsansätze, der fünfzehn Jahre lang von Harry Collier verfolgte und der durch Upjohns freie Prostaglandine genährt untrennbar geworden. Die Wirkung des Aspirins auf die Prostaglandine gab den Forschern eine sichere Methode an die Hand, um diese auszuschalten und die Ergebnisse zu beobachten. Aus demselben Grund konnte die Wirkungsweise von Aspirin jetzt exploriert werden, indem man nach Prostaglandinen suchte und feststellte, was geschieht, wenn sie gehemmt werden. Durch Aspirin auf die richtige Fährte gebracht, wurden in den Labors der Pharmafirmen bald andere Arzneistoffe entwickelt, die eine noch stärkere Hemmwirkung auf die Prostaglandine ausübten.

Vanes Kollegen zollten seiner Entdeckung den höchsten professionellen Tribut: sie zitierten sie in ihren eigenen Werken. Zwischen ihrer Veröffentlichung und dem Jahresende 1988 wurde Vanes Aspirin-Abhandlung 3761mal in anderen wissenschaftlichen Artikeln erwähnt. Mit seinen darauf aufbauenden Schriften avancierte Vane zum am vierthäufigsten zitierten Wissenschaftler der Welt. Damit fand er in der Fachliteratur häufiger Erwähnung als Einstein wie auch als Watson und Crick, jene Wissenschaftler, die den genetischen Kode der DNS entschlüsselten.

Collier gab seinerseits die Arbeit am Aspirin niemals auf. Er beteiligte sich an Untersuchungen seiner Nebenwirkungen. 1983 schlug er ein Experiment vor, das auf der Beobachtung basierte, daß die Prostaglandine Kalzium aus den Knochen ausschwemmen und damit möglicherweise Altersosteoporose verursachen, den Knochenschwund, der Millionen von älteren Frauen zu schaffen macht. Wenn Aspirin die Prostaglandine blockiert, überlegte Collier, dann könnte es vielleicht auch Osteoporose verhindern. Er bemühte sich gerade um Unterstützung des klinischen Studiums dieser Frage, als er am 29. August 1983 unerwartet starb. (Die Studie ist nie durchgeführt worden.) Sein letztes Projekt, das er am Tag vor seinem Tod abschloß, war eine gelehrte Geschichte des Aspirins, die er teilweise schrieb, um seine Arbeit der Vergessenheit zu entreißen, zu der sie durch das »Scheinwerferlicht und die Publicity«, wie er es nannte, verdammt war, die später erfolgreicheren Forschern wie John Vane zuteil wurden.

18. Kapitel

»Wer *ist* dieser Typ eigentlich?«

Das karge, modernistische, wenig einladende Lister Hill Auditorium im National Institutes of Health in Bethesda/Maryland ist häufiger Treffpunkt der Beratungsausschüsse der Food and Drug Administration. Die FDA hat vierzig Gremien unabhängiger Experten an der Hand, die Empfehlungen bezüglich des Verkaufs und der Anwendung von verschreibungspflichtigen und rezeptfreien Medikamenten aussprechen. Obwohl die Behörde befugt ist, sich über deren Einwände hinwegzusetzen, ist es in der Praxis für einen Hersteller nahezu unmöglich, ohne die Zustimmung des entsprechenden Beratungsausschusses einen neuen Arzneistoff auf den Markt zu bringen oder eine neue Anwendung für ein altes Medikament durchzusetzen. Angesichts des gewaltigen Gewinnpotentials, das auf dem Spiel steht, herrscht bei den Ausschußsitzungen nicht selten eine gespannte Atmosphäre. Kaum je zuvor ist es im Lister Hill Auditorium allerdings zu einer ähnlichen Konfrontation gekommen wie am Dienstag, dem 1. Mai 1983, auf der 40. Sitzung des Beratungsausschusses für Herz-, Kreislauf- und Nierenpharmaka.

An diesem Morgen waren achtundzwanzig Fachleute zusammengekommen, um über einen Antrag von Sterling Drug zu beraten, sein Aspirin-Etikett zu ändern – oder genauer gesagt, das Werbematerial über Aspirin, das die Firma an Mediziner verteilte und das von der FDA als Bestandteil der Etikettierung betrachtet wird. Das Unternehmen wollte der offiziellen Beschreibung des

Aspirins einen Satz hinzufügen. »Aspirin«, wollte Sterling schreiben, »hat sich bei Patienten, die einen myokardialen Infarkt erlitten haben, als wirksames Mittel zur Verminderung der Lebensgefahr beziehungsweise des Risikos eines Zweitinfarkts erwiesen.« Auf die Behauptung von Sterling, zumindest in einem Teil seiner Werbung, daß Aspirin Zweitinfarkte verhindere, reagierte die Behörde sehr empfindlich.

Ohne sich von den negativen Ergebnissen der AMIS abschrecken zu lassen, hatte Sterling die Genehmigung beantragt, im Dezember 1980 sein Aspirin-Etikett zu ändern. In den folgenden zweieinhalb Jahren hatte sich die FDA um eine Entscheidung herumgedrückt. Ein halbes Dutzend Gespräche mit dem Beratungsausschuß waren im Sande verlaufen.

»In ihren Augen«, sagte William Soller, der damalige medizinische Leiter von Sterling, »war Aspirin eine heiße Kartoffel.« Soller, ehemaliger Dozent am pharmakologischen Institut der Universität von Pennsylvania, war der Hauptmotor hinter dem Antrag. »Mein Vater nahm jeden Abend ein Aspirin, um einschlafen zu können«, erzählte Soller. ›Ich habe über ihn gelacht. Ich studierte in Colby und arbeitete am Labor von Jackson. ›Paps‹, sagte ich, ›glaube mir – es hilft dir nicht einzuschlafen.‹ Dann promovierte ich in Cornell. Wenn ich nach Hause kam, sagte ich zu ihm: ›Paps, es funktioniert nicht.‹ Dann hatte ich den Lehrauftrag in Penn. ›Paps, es nützt dir nichts, ein Aspirin zu nehmen.‹ Dann, etwa einen Monat nachdem ich [1979] zu Sterling gekommen war, erhielt ich einen Anruf von einem Mann namens Hauri. ›Meine Untersuchung ist abgeschlossen‹, sagte er zu mir. ›Ich habe festgestellt, daß Aspirin bei Schlafgestörten die Einschlafzeit verkürzt!‹ In den Osterferien fahre ich nach Hause. ›Paps, ich muß dir ein Geständnis machen. Aspirin verkürzt tatsächlich die Einschlafzeit.‹

Er antwortete: ›Das hätte ich dir gleich sagen können. Vielleicht untersuchst du auch mal den Zusammenhang zwischen Aspirin und Herzinfarkt.‹«

Das hatte Soller bereits getan. Als Pharmakologe hatte er die Untersuchungen von Vane, Bergström und Samuelsson mit Interesse verfolgt. Das machte es ihm unmöglich, die Resultate der AMIS für bare Münze zu nehmen, von der er bezweifelte, daß sie ihre Tausende von Patienten wirklich randomisiert hatte. Wie die Verfasser der Studie einräumten, hatte sich bei der Randomisierung »ein Ungleichgewicht« eingeschlichen, und die Aspirin-Gruppe sei generell bei Untersuchungsbeginn kränker gewesen als die Kontrollgruppe. Noch entscheidender, Soller war nicht bereit, einer einzelnen Versuchsreihe volle Glaubwürdigkeit einzuräumen.

Viele Ärzte stimmten ihm insgeheim zu. Der Glaube an das Aspirin verbreitete sich durch Mundpropaganda in der ganzen ärztlichen Zunft. Sterling registrierte das natürlich mit Genugtuung, weil die Firma schließlich Aspirin verkaufen wollte. Um den Absatz noch mehr zu steigern, wollte sie die Ärzte auf den Zusammenhang zwischen Aspirin und Herzinfarkt hinweisen. Und zu diesem Zweck mußte Sterling von der FDA grünes Licht erhalten, die Packungsaufschrift und die Produktbeschreibung zu ändern – und das bedeutete, der Behörde klarzumachen, warum sie die negativen Resultate der AMIS außer acht lassen sollte, der größten einzelnen Versuchsreihe mit Aspirin und der einzigen Studie, die von ihrer Schwesterbehörde, den National Institutes of Health, finanziert worden war.

Das Unternehmen hatte noch ein zweites Problem. Sterling hatte sich an der Finanzierung der AMIS und anderen früheren Aspirin-Untersuchungen nicht beteiligt. Die Firma hatte daher keinen unmittelbaren Zugang zu deren Rohdaten. Die Berichte in Fachzeitschriften würden ja nicht vollständig genug sein, um die unerbittlichen Kontrolleure der Food and Drug Administration zufriedenzustellen. Um an die Rohdaten heranzukommen, auf denen die Behörde bestand, würde Soller Leute wie Peter Elwood beauftragen müssen, Zeit und Geld für die Zusammenstellung eines umfangreichen Konvoluts aufzuwenden. Die FDA würde kaum daran interessiert sein, sich selbst einer solchen Mühe zu unterziehen, nur weil die entfernte Chance bestand, daß ein amerikanischer Pharmahersteller ein paar Dollar mehr verdienen würde.

Aus Sollers Sicht änderte sich die Situation drastisch durch einen Leitartikel in *Lancet*, der im Mai 1980, vier Monate nach Veröffentlichung der AMIS, erschien. Auf der Vollversammlung des ersten Kongresses der Society for Clinical Trials, führte der Leitartikel aus, habe sich aufgrund des Beweismaterials der Aspirin- und Herzinfarktuntersuchungen ein Konsens herausgebildet. Eine neue – und übrigens äußerst umstrittene – mathematische Methode zur kollektiven Auswertung der Untersuchungen habe ergeben, daß die AMIS das irreführende Resultat »zufälliger Fluktuationen« sei. Obwohl keine Untersuchung für sich genommen einen statistisch signifikanten Nutzen für das Aspirin ergeben habe, wurde in dieser Analyse argumentiert, sei das *Gesamt*bild klar: das Medikament verhindere Herzinfarkte, zumindest bei Personen, die bereits einen ersten Infarkt erlitten hatten. Der Leitartikel hatte so großes Vertrauen zu den Ergebnissen dieser neuen Analyse, daß er

> den Pharmaunternehmen [empfahl], Aspirin jetzt in irgendeiner praktischen Packungsform auf den Markt zu bringen, etwa als Kalenderpackung, die es den Patienten erleichtert, eine Tablette täglich zu nehmen, falls es ihnen so verschrieben wurde.

Sterling machte den Leitartikel von *Lancet* zur Grundlage seines Antrags. Da in allen sechs Untersuchungen die Wirksamkeit von Aspirin gegen Zweitinfarkte getestet worden war, ersuchte die Firma um die Genehmigung, Aspirin nicht als Prophylaxe gegen Herzinfarkt als solchen zu beschreiben, sondern gegen das Auftreten von Zweitinfarkten. Wie Soller erwartet hatte, forderte der Herz-, Kreislauf- und Nieren-Ausschuß weitere Unterlagen von den Forschern an. »Das bedeutete, daß nicht nur wir uns an sie wandten«, sagte er, »sondern daß die FDA sie selbst um [die Daten] ersuchte.« Doch die Wissenschaftler zu überreden, bei einer Präsentation aufzutreten, war fast so schwierig, wie den Beratungs-ausschuß zu veranlassen, ihnen zuzuhören. Elwood sträubte sich. »Anfangs war es das letzte, was ich tun wollte«, sagte er. »Aber [Sterling] ließ nicht locker.« Soller gelang es, ihn zu ködern – der potentielle Nutzen, sagte er, sei gewaltig, und keine andere Firma würde den Antrag je durchbekommen, weil sie sich alle seit Jahren bemüht hatten, ihre Verbindung mit Aspirin zu vertuschen. Und aus eigener Initiative werde es die FDA nie tun.

Als Sterling den Antrag stellte, sperrte sich der Beratungsausschuß. Seine Mitglieder äußerten sich konsterniert über die in ihren Augen widersprüchlichen Resultate der Aspirin-Untersuchungen. Außerdem hofften sie, wie Soller vermu-tete, daß sich eine neue Herz-Kreislauf-Therapie, die sogenannten Betablocker, als eine so erfolgreiche Behandlungsmethode erweisen würden, daß sich Ster-lings Antrag erübrigte. (Betablocker verlangsamen den Herzschlag und senken den Blutdruck.) »Sie haben sich nicht als Wunderdroge erwiesen«, meinte Soller. »Und als die ersten Betablockeruntersuchungen herauskamen, standen wir immer noch hinter unserem Antrag.« Die FDA erklärte sich widerstrebend bereit, Sterling im März 1983 anzuhören.

Die drei Hauptsachverständigen des Unternehmens waren Elwood, Jack Hirsch, ein Herz-Kreislauf-Spezialist der McMaster Universität in Hamilton/Ontario, und Richard Peto von der Universität Oxford, jener Statistiker, der den Leitartikel in *Lancet* verfaßt hatte und von dem auch die unkonventionelle statistische Analyse stammte, die ihm zugrunde lag. Alle drei waren reine Wissenschaftler und strikt darauf bedacht, nichts zu sagen und zu tun, was den Anschein erweckt hätte, sie beugten sich kommerziellem Druck seitens Sterling. Peto lehnte es ab, sich von Sterling seine Hotelkosten und das Flugticket bezahlen zu lassen, und er zögerte auch, Soller in die Einzelheiten seiner geplanten Ausführungen einzuweihen. Am Tag vor der Zusammenkunft hatte Soller Mühe, seine drei Zeugen lang genug zusammenzubekommen, um sicherzustellen, daß sie nicht die Aussagen ihres jeweiligen Vorredners wiederholen würden. »Glauben Sie mir«, sagte er, »diese Leute nahmen ihr Berufsethos sehr ernst.«

Hirsch begann die Anhörung, indem er den Beratungsausschuß mit den Beweisen dafür konfrontierte, daß Thromben die Hauptursache von Herzmuskelinfarkt seien. Bei Autopsien würden sie gewöhnlich in den Arterien von Infarktpatienten gefunden, sagte er. Die Angiographie – die röntgenologische Darstellung von Blutgefäßen mit Hilfe injizierter Kontrastmittel – zeige eindeutig, daß arterielle Thromben durch Zusammenballung von Plättchen hervorgerufen würden. Aspirin sei ein Thromboxan-Hemmer, erläuterte er, und Thromboxan bewirke das Verklumpen der Blutplättchen. Es sei daher anzunehmen, daß Aspirin die Bildung von Thromben und somit Herzinfarkte verhindere. Q.e.d.

Elwood setzte sich dann mit den sechs veröffentlichten klinischen Untersuchungen einschließlich seiner eigenen auseinander. Mit einer Ausnahme, der AMIS, hätten alle positive Auswirkungen von Aspirin ergeben. Aber keines der Resultate sei statistisch signifikant. In gewissem Sinn stimmten die anderen fünf Untersuchungen mit AMIS überein, denn auch dieser sei es nicht gelungen, einen statistisch signifikanten Nutzen nachzuweisen. Aber während die anderen Untersuchungen Grund zur Hoffnung sähen, sehe die AMIS nichts. Deren Befunde stünden somit in Widerspruch zu den anderen Untersuchungsergebnissen, über die berichtet wurde, bemerkte Elwood zu dem Ausschuß.

Hirsch und Elwood waren nur die Vorreiter für Peto, den dritten und wichtigsten Redner. Peto, ein hagerer Mann mit einem strohblonden Haarschopf und scharfen, fast falkenähnlichen Zügen, erläuterte die statistischen Finessen, mit denen er die Aspirin-Daten aufbereitet hatte – Methoden, auf denen der Antrag von Sterling basierte, die aber von der FDA nie zuvor gebilligt worden waren. Da er schon vermutete, daß seine Ideen auf Skepsis stoßen würden, trat er die

Flucht nach vorn an. Er habe bereits früher mit den National Institutes of Health zu tun gehabt und den Eindruck erhalten, daß amerikanische Behörden Vorurteile gegen ausländische Wissenschaftler und deren Ideen hegten.

Der Ausschuß war zwar fasziniert, blieb aber mißtrauisch. Wenige seiner Mitglieder waren Statistiker, aber alle glaubten, daß sich Peto über die Regeln hinwegsetze. Was er tat, gehörte sich einfach nicht. Schlagfertig, forsch und kurz angebunden, skizzierte Peto in seiner flüchtigen Schrift Diagramme auf Folien und projizierte sie an die Wand. Der FDA-Stab hörte ihn eisig an; aus statistischer Sicht grenzte Petos Botschaft schlicht an Ketzerei.

Das war nicht die einzige negative Reaktion. Während Peto sprach, schlüpfte ein Sterling-Manager namens Monroe Trout in den Saal. Der förmliche, konservative Trout war erstaunt über den Anblick, der sich ihm bot: ein langhaariger, krawattenloser Mann in einer verknautschten Cordjacke lümmelte über einem Overheadprojektor und krakelte mit einem braunen Filzstift etwas vor sich hin. Es war das genaue Gegenteil der üblichen Firmenpräsentation mit ihren adrett gewandeten Repräsentanten und deren säuberlich gedruckt vorliegenden Dias. Trout war entsetzt. Er schrieb eine Frage für Soller auf einen Zettel, der stumm durch das Lister Hill Auditorium von Hand zu Hand gereicht wurde, während Peto redete. Als Soller den Zettel auffaltete, las er einen einzigen Satz: »Wer *ist* dieser Typ eigentlich?«

»Richard Peto«, hat Charles Hennekens, ein Epidemiologe an der Harvard School of Public Health, einmal gesagt, »ist der Mozart der klinischen Untersuchung. Der Vergleich ist ziemlich zutreffend, sowohl im Hinblick auf Qualität und Quantität seiner Schriften als auch seine Bereitschaft« – er unterbrach sich lachend –, »Schwachköpfe zu ertragen.« Peto schloß sein Mathematikstudium in Cambridge ab und sprach bald darauf mit Sir Richard Doll, dem Leiter des Statistischen Instituts des Medical Research Councils am University College Hospital in London, über eine Anstellung. Doll, der die Erweiterung von Elwoods erster Versuchsreihe beaufsichtigt hatte, war vielleicht der renommierteste Experte für klinische Untersuchungen in der Welt. Peto war bekannt, daß Doll dazu beigetragen hatte, den Zusammenhang zwischen Rauchen und Lungenkrebs nachzuweisen, er wußte aber im übrigen wenig mehr als dies über den Mann, bei dem er vorsprach, und ebensowenig über Epidemiologie und klinische Untersuchungen. In dürren Worten erläuterte ihm Doll, worum es bei dem

Unternehmen ging: die Bekämpfung eines vorzeitigen Todes. Krebs, Herz-Kreis-lauf-Erankungen, die Folgen von Umweltverschmutzung – es gebe Dutzende von Problemen, die nach ihrer Lösung riefen, Dutzende von Orten, wo ein nachdenk-licher und intelligenter Mensch einen wirklich sinnvollen Beitrag zum Leben einer riesigen Anzahl von Menschen leisten könne. Peto nahm die Stelle an. Bald danach wurde Doll zum Professor für Medizin in Oxford ernannt. Peto wollte mit Doll zusammenarbeiten, zögerte jedoch, die harsche Realität eines Großstadt-krankenhauses gegen die, wie er meinte, abgehobene Stille einer Universität einzutauschen. Schließlich ging er dann doch nach Oxford, wo sein fehlendes Doktorat Doll zwang, ihn offiziell als Computerprogrammierer einzustellen.

Auf diese wenig verheißungsvolle Weise gesellte sich Peto zur dritten Generation jener bemerkenswerten Gilde von Oxforder Statistikern, die mehr oder weniger auf sich gestellt die Regeln klinischer Untersuchungen entwickelt haben. Der erste war Sir Austin Bradford Hill gewesen, der manchmal als Vater der klinischen Untersuchung bezeichnet wird und dessen bahnbrechenden Schrif-ten von den dreißiger bis in die frühen fünfziger Jahre das Verdienst gebührt, die Methodik eines rationalen und ethischen Experimentierens mit lebenden Menschen erarbeitet zu haben. Hill, Professor für Medizinische Statistik an der Londoner School of Hygiene and Tropical Medicine, betrat in den dreißiger Jahren die Szene, als der Strom neuer Medikamente von den Pharmaherstellern einsetzte. In Hills Augen war das Unvermögen, potentielle medizinische Fort-schritte korrekt bewerten zu können, genauso schlimm wie eine Krankheit. »Er war zutiefst überzeugt von der Notwendigkeit der Randomisierung«, so Peto im Verlauf von zwei ausführlichen Gesprächen. »Er erweckte den Eindruck, daß Statistiken dem gesunden Menschenverstand entsprechen, und das tun sie im günstigsten Fall ja auch. Ich halte ihn für den größten Medizinstatistiker, der je gelebt hat.«

Nach dem Zweiten Weltkrieg setzte der Medical Research Council Ausschüsse zur Erprobung neuer Medikamente ein. Der erste Arzneistoff auf der Liste war Streptomycin, ein Antibiotikum, das zur Behandlung von Tbc dienen sollte. Da die Bestände begrenzt waren, konnten nicht alle Tbc-Patienten das Medikament erhalten. Hill war sich im klaren darüber, daß nur ein sorgfältiger Vergleich zwischen Patienten, die Streptomycin erhielten, und solchen, die unbehandelt blieben, Aufschlüsse über das Medikament einschließlich seiner Nebenwirkun-gen erbringen würde. In der Vergangenheit war er auf Widerstand gestoßen,

Die Aspirin-Hersteller setzten alles daran, die Bevölkerung von Asien, Afrika und Lateinamerika mit den Wundern des modernen Marketings bekannt zu machen. Die Firmen zogen ihren Vorteil aus den billigen Währungen und überschwemmten die entferntesten Dörfer mit Transparenten, Reklamezetteln, Plakaten, Schallplatten, Radio-Jingles und speziell mit »Sound Trucks« – Lautsprecherwagen, deren Dach als Bühne diente, auf der die Aspirin-Vertreter eine Art Medizinmannshow, Version 20. Jahrhundert, abzogen. Zu den aktivsten Trommlern gehörte die australische Marke Aspro, oben Anfang der sechziger Jahre mit einem Sound Truck in einem pakistanischen Dorf zu sehen. Sterlings Mejoral war noch schlagkräftiger, speziell in Südamerika. Unten posiert dessen brasilianische Vertretertruppe für ein Gruppenbild, jeder mit einer Packung der brasilianischen Version namens Melhoral in der Hand. *(Oben Nicholas Kiwi, Ltd.; unten Joan Corcoran)*

Links oben: Mejorals Angstgegner war Ca‐
fiaspirina, eine Mischung aus Aspirin un
Koffein, das von der deutschen Bayer A
aggressiv vertrieben wurde. Millionen vc
Reklamezetteln wie dieser von 1925 warn
ten donnernd: »Wenn Ihnen jemand i
gendeine andere Koffeinmixtur geben w
statt des unersetzlichen CAFIASPIRIN
oder Ihnen lose Tabletten anbietet, dar
weisen Sie dies kategorisch zurück, ur
bestehen Sie auf dem legitimen Produk
das als einziges Ihr Vertrauen verdient
(Half Brick Images)

Links unten: Aspro nutzte in den Dreißige
in Ägypten eine Woge von Nationalismu
und proklamierte sich auf der Seite d
aufstrebenden Massen. Die Werbung ve
suchte den Eindruck zu erwecken, da
Kennzeichen des wahrhaft fortschrittliche
Bürgers von Kairo sei der gläubige Konsu
medizinischer Wundermittel wie Aspro.
(Nicholas Kiwi, Ltd.)

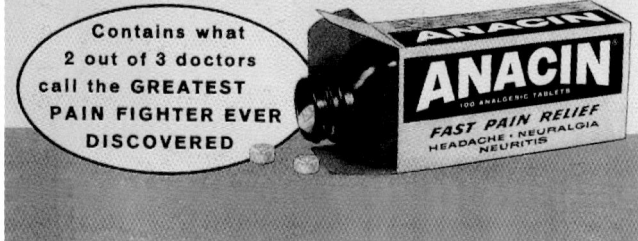

in fast-acting Anacin.

Anacin gives you the pain reliever doctors recommend the most. In fact, tablet for tablet, Anacin gives you *more* of this pain reliever than you can get in an aspirin, buffered aspirin or the 'so-called' extra-strength tablet. No pain reliever you can buy has the special combina-

Minutes after taking Anacin, your headache pain is gone — also its tension and depression. You experience remarkable all-over relief. Remember, *only* Anacin has this special formulation to relieve nervous tension headaches. See if Anacin Tablets do not *work better* for you.

Contains what 2 out of 3 doctors call the GREATEST PAIN FIGHTER EVER DISCOVERED

What kind of headaches do YOU have?
Your physician will tell you there are many different kinds

Cold miseries are apt to hang on and often require prolonged treatment. That's why you need Bufferin, the modern antacid pain-reliever—and you can keep taking it as long as those painful cold miseries last without fear of upset stomach.

Tension—Do you pay the price of headaches as the result of the tensions of today's living? Then you should discover Bufferin, the modern, faster-acting headache remedy.

Over-indulgence frequently causes headaches. When this happens, it's the perfect time to take Bufferin because Bufferin acts *twice as fast* as aspirin to bring prompt relief.

If you take aspirin for any of these ailments, remember

BUFFERIN®
acts twice as fast
as aspirin!

... and won't upset your stomach the way aspirin often does

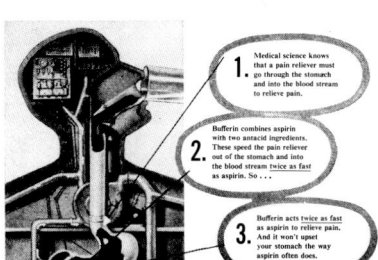

1. Medical science knows that a pain reliever must go through the stomach and into the blood stream to relieve pain.

2. Bufferin combines aspirin with two antacid ingredients. These speed the pain reliever out of the stomach and into the blood stream *twice as fast* as aspirin. So ...

3. Bufferin acts twice as fast as aspirin to relieve pain. And it won't upset your stomach the way aspirin often does.

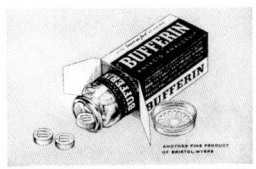

IF YOU SUFFER FROM PAIN OF ARTHRITIS OR RHEUMATISM, ASK YOUR PHYSICIAN ABOUT BUFFERIN

Don't Pay Twice The Price Of Bayer Aspirin For ASPIRIN "IN DISGUISE"!

What is aspirin "in disguise"?...a pain relieving product that attempts to belittle straight aspirin yet combines aspirin with such non-pain relievers as aluminum compounds, magnesium carbonate, or baking soda—and it costs *you twice the price* of Bayer Aspirin!

Why pay more for extra ingredients that can't relieve pain? Instead, get Bayer Aspirin. It's *all* pain reliever—100%—and medical science has never discovered a safer and more effective pain relieving agent!

Oben: Sterlings Marke Bayer, durch ihr hausbakkenes Image gehandikapt, setzte sich 1957 mit dieser Anzeigenserie gegen Bufferin und Anacin zur Wehr. Aber das war zu spät. Der Konkurrenzkampf war außer Rand und Band geraten, und die Federal Trade Commission hatte bereits einen der längsten Streitfälle in der amerikanischen Geschichte zwischen Industrie und Regierung eingeleitet.

Rechts: Jahrzehntelang hatte Aspirin unter Gerüchten zu leiden, daß es irgendwie dem Herz schade – eine Behauptung, die Sterling (rechts) mit der Formel konterte: »Schadet dem Herz nicht.« In den 1930ern erhob die Regierung Einspruch, und die Firma wurde gezwungen, diese Behauptung zu unterlassen. Um so mehr überraschte es, als Sterling in den 1980ern verkündete (Seite gegenüber), daß sich Aspirin doch auf das Herz auswirke – und die Regierung erneut Einspruch erhob.

DEMAND BAYER BAYER ASPIRIN

Unless you see the "Bayer Cross" on package or on tablets you are not getting the genuine Bayer Aspirin proved safe by millions and prescribed by physicians over twenty-seven years for

Colds	Headache
Neuritis	Lumbago
Toothache	Rheumatism
Neuralgia	Pain, Pain

DOES NOT AFFECT THE HEART

Each unbroken "Bayer" package contains proven directions. Handy boxes of twelve tablets cost few cents. Druggists also sell bottles of 24 and 100.

Aspirin is the trade mark of Bayer Manufacture of Monoaceticacidester of Salicylicaci

Die Aspirin-Kriege. Ende der 1950er und Anfang der 1960er überschwemmten die rivalisierenden Aspirin-Hersteller den Äther mit einander widersprechenden Reklamesendungen. Jede Marke war die schnellste, die stärkste und die wissenschaftlich fortgeschrittenste.

In den Bufferin-Spots (oben links) wurde behauptet, das Präparat wirke »doppelt so schnell wie Aspirin« - erstaunlich, wenn man bedenkt, daß sein Wirkstoff Aspirin war.

Bayer (oben rechts) konterte mit der Versicherung, daß ihr Produkt am schnellsten wirke, obwohl auch es ausschließlich aus ASS bestand. In den TV-Spots für Excedrin (unten links) hieß es, es sei »um 50 Prozent stärker« – was nur bedeutete, daß jede Tablette um die Hälfte mehr Wirkstoff enthielt, und das zu einem unverhältnismäßig höheren Preis.

Anacin (unten rechts) brüstete sich mit seiner »Kombination von Wirkstoffen«, von denen zwei »beim Aspirin fehlen«. Einer dieser beiden Inhaltsstoffe, Phenacetin, wurde später von der FDA verboten; der andere war Koffein, von dem die Behörde leugnete, daß es die Wirksamkeit von Aspirin verstärke.

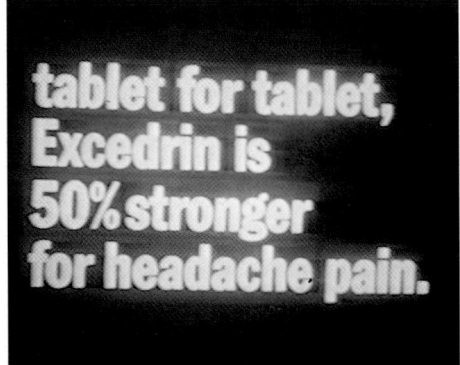 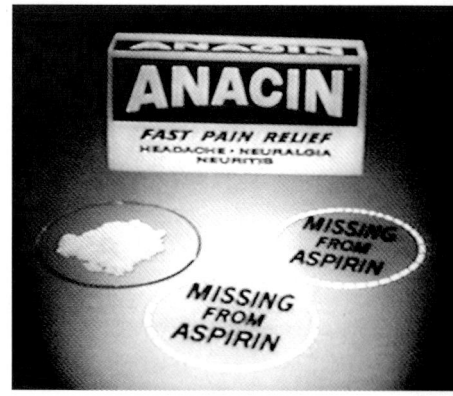

Gebeutelt von den steigenden Umsätzen von Aspirin-Ersatzstoffen wie Paracetamol (am besten unter den Markennamen Tylenol bekannt) und Ibuprofen (wie z. B. Advil), hofften die Aspirin-Hersteller, das zunehmende Renommee medizinischer Seriosität würde dem Absatz ihres Produkts wieder auf die Beine helfen. Die Gesundheitsministerin Margaret Heckler gab 1985 bekannt, daß ein Aspirin täglich Infarktpatienten vor weiteren Herzattacken schütze. *(Sterling Drug, Inc.)*

Newsweek

February 8, 1988 : $2.00

What You Should Know About

Heart Attacks

- **The Aspirin Breakthrough**
- **The Latest on Cholesterol, Diet and Exercise**

Die Aufregung über die außergewöhnlichen neuen Entdeckungen bezüglich Aspirin stieg 1988, als nachgewiesen wurde, daß die Kombination von Aspirin und einem weiteren altbekannten Arzneimittel, Streptokinase, die Überlebensrate nach akuten Herzinfarkten um fast 50 Prozent erhöht. *(Newsweek)*

wenn er für randomisierte Testreihen eintrat. Jetzt, da man sich außerstande sah, allen Tbc-Patienten Streptomycin zu verabreichen, blieb dem MRC fast keine andere Wahl, als das Beste aus einer schlimmen Situation zu machen und Hill zu gestatten, den ersten streng randomisierten klinischen Großversuch durchzuführen. Die Ergebnisse wurden 1948 veröffentlicht. Im selben Jahr wurde Hill Direktor des Statistischen Instituts des MRC.

Dem Forschungsstab des Instituts gehörte ein junger Arzt namens Richard Doll an, mit dem Hill über Lungenkrebs sprach. Einst ein seltenes Syndrom, nahm Lungenkrebs in England und Wales inzwischen rapide epidemische Ausmaße an. In dem Vierteljahrhundert zwischen 1922 und 1947 schnellte er um den Faktor fünfzehn in die Höhe – ein »phänomenaler Anstieg«, wie die beiden Männer schrieben. Auf der Suche nach den Ursachen wandten sie die Techniken der Epidemiologie an und verglichen die Erkrankungshäufigkeit bei den verschiedensten Bevölkerungsgruppen. Sie stellten 649 männlichen Lungenkrebspatienten an zwanzig Londoner Krankenhäusern krebsfreie Kontrollpatienten desselben Alters und Geschlechts gegenüber. 1950 waren sie imstande, einen vorläufigen Bericht herauszubringen. Wie die Welt weiß, stellten sie darin fest, daß die überwältigende Mehrheit der Lungenkrebsopfer Raucher waren. Das allein bewies noch nichts, denn die meisten männlichen Patienten ohne Krebs rauchten ebenfalls. Der Prozentsatz von Krebspatienten, die nie geraucht hatten (2 von 649 oder 0,3 Prozent), war aber niedriger als der entsprechende Anteil in der Kontrollgruppe (27 von 649 oder 4,2 Prozent). Sowohl 0,3 Prozent als auch 4,2 Prozent sind kleine Zahlen, aber der vierzehnfache Unterschied zwischen ihnen war unmißverständlich. Doll und Hill berechneten, daß er durch Zufall in weniger als einem von einer Million Fälle auftreten könne.

Die Untersuchung erregte großes Aufsehen und brachte die Auseinandersetzung über das Rauchen ins Rollen, die bis zum heutigen Tag anhält. Die Tabakindustrie verteufelte Doll und Hill bis zu Hills Pensionierung 1964. Von diesem Zeitpunkt an nahm Doll – nunmehr Sir Richard – dessen Platz ein als Hauptzielscheibe der Schmähungen und als prominentester Epidemiologe Großbritanniens, Peto arbeitete unter seiner Anleitung, er wertete Behandlungen von Leukämie und anderen Krebsarten sowie Herz- und Lebererkrankungen aus. Das bedeutete harte Arbeit: Nachdem sie die Randomisierung akzeptiert hatten, führten Ärzte Tausende von klinischen Testreihen durch. Die Ergebnisse landeten auf Petos Schreibtisch. Allzu häufig waren sie enttäuschend, insbesondere in bezug auf Krebs. Jahr für Jahr wurden aufregende neue Behandlungen erprobt, und Jahr für Jahr blieben die Befunde ohne Beweiskraft. Das Interesse flackerte auf, sooft eine Untersuchung hoffnungsvolle Ergebnisse zeitigte, aber diese hielten regelmäßig einer Nachprüfung nicht stand. »Nichts brachte je bedeutende Resultate hervor«, sagte Peto. »Schließlich fing ich an, mich nach dem Grund zu fragen. Und der Grund war, daß die Versuchsanordnungen zu kompliziert und vor allem die Stichproben zu klein waren.«

Das Grundproblem war, daß alle einfachen Krankheiten schon entschlüsselt waren. Im Gegensatz zu Tuberkulose sind Krankheitsbilder wie Krebs und Herzerkrankungen nicht auf ein einzelnes Bakterium zurückzuführen, sondern werden durch eine ganze Reihe von Umwelteinflüssen und genetischen Faktoren verursacht. Krankheiten mit mannigfachen Ursachen sind in der Regel nicht durch ein einzelnes Mittel zu kurieren, so wie man Tbc durch Streptomycin heilen kann. Wenn sie durch eine einfache Therapie bezwungen werden könnten, dann bedürfte es nur einer Handvoll Patienten beziehungsweise weniger Versuche, um dies festzustellen; außerdem wäre eine solche Therapie, falls sie existierte, bereits bekannt. Deshalb vertrat Peto die Auffassung, daß sich die Ärzte um bescheidene, schrittweise Verbesserungen bemühen sollten. »Bedauerlicherweise«, sagte er, »versetzte einen fast nichts von dem, was unternommen wurde, in die Lage, solche Fortschritte zuverlässig zu beobachten.«

Bescheidene Fortschritte können nur in Großversuchen zuverlässig entdeckt werden. Und je seltener die Krankheit, desto größer muß die Versuchsreihe sein. Nehmen wir an, von einer neuen Behandlungsmethode wird erwartet, daß sie die Wahrscheinlichkeit eines Zweitinfarkts um ein Viertel verringert. Man müßte diese Behandlung dann in einer Weise testen, die es ermöglicht, die Verringerung um ein Viertel zuverlässig zu beobachten. Da die Quote von Zweitinfarkten bei Opfern kürzlicher Erstinfarkte etwa bei zehn Prozent jährlich liegt, würden in einer Untersuchung, die 2000 solcher Patienten umfaßt, welche gleichmäßig in eine Behandlungs- und eine Kontrollgruppe aufgeteilt wurden, insgesamt etwa 175 Todesfälle pro Jahr auftreten: 75 in der Behandlungsgruppe und 100 in der Kontrollgruppe.

Natürlich wäre es ein immenser Glücksfall, ein Resultat zu erhalten, das so genau der erwarteten Situation entspricht. Tatsache ist, daß man froh sein müßte, überhaupt brauchbare Ergebnisse zu erhalten. Die Aussicht, daß diese Untersuchung mit 2000 Probanden nach einem Jahr in der statistischen

Schwebe verharren würde – wie Elwoods Studien, deren Resultate als statistisch insignifikant erklärt wurden –, liegt höher als 70 Prozent. Die Gesamtzahl der Todesfälle (175) und der erwartete Unterschied zwischen Behandlungs- und Kontrollgruppe (25) sind einfach nicht groß genug. Um das Risiko, die jährliche Verbesserung um ein Viertel zu verfehlen, unter zehn Prozent zu drücken, würde die Untersuchung annähernd 10 000 kürzliche Infarktopfer einschließen müssen – das Achtfache der Zahl, die Elwood bei seiner ersten Untersuchung zur Verfügung stand, und das Doppelte der Stichprobe von AMIS.

Falls die Behandlung darauf abzielt, *Erstinfarkte* zu verhindern, müßte die Untersuchungsreihe noch größer sein, da die Häufigkeit von Herzinfarkten in der allgemeinen Population viel niedriger liegt. Um eine Verringerung von 25 Prozent pro Jahr zu entdecken, müßte sich die Stichprobe von Patienten auf die unglaubliche Zahl von 133 000 erhöhen – die Einwohnerzahl einer Kleinstadt.

Diese Zahlen kann man erheblich reduzieren, indem man die Versuchsreihen über mehrere Jahre ausdehnt. Sie dürfen jedoch auch nicht zu lange dauern, da die Probanden altern, fortziehen oder an anderen Ursachen sterben. Auch ist von den Forschern nicht zu erwarten, daß sie allzu viele Jahre einer einzigen Untersuchung widmen. Somit kann es nicht gelingen, diesen 25prozentigen Unterschied in den Infarktquoten zu entdecken, ohne Daten über Abertausende von Menschen zu sammeln. »Es ist vollkommen klar«, sagte Peto, »daß diese Untersuchungen, über welche die Zeitungen schreiben, in denen man ein paar Dutzend Krebspatienten etwas gegeben hat und dann verkündet, wie vielen es jetzt bessergeht – 90 Prozent davon sind nichtssagend und eine Zeitverschwendung. Man muß Versuchsreihen haben, die groß genug sind, um realistisch geringe Unterschiede zu entdecken.«

Realistisch geringe Unterschiede. So einfach dieser Gedanke klingt, beinhaltete er doch nichts weniger als eine vollständige Neukonzeption des bis dato üblichen medizinischen Forschungsansatzes. Von ihrer Anlage her waren die meisten Untersuchungen – und sind es oft immer noch – zu klein, um realistisch geringe Unterschiede zu entdecken. Dieser Mangel war nicht nur auf die Unwissenheit der Forscher zurückzuführen, sondern auch durch die Kosten bedingt, die Stichprobe groß genug zu machen, um ihr statistische Aussagekraft zu verleihen. Bei den meisten Untersuchungen blieben die Probanden unter ständiger Beobachtung; ein Verfahren, das die Kosten einer zwei- oder dreijährigen Studie auf bis zu 10 000 Dollar pro Versuchsperson hochtrieb. Megastudien mit zehntausend Probanden, wie Peto sie vorschlug, könnten die schwindelerregende Summe von 100 Millionen Dollar kosten. Solche Beträge waren nicht aufzubringen; das ließ sich einfach nicht verwirklichen.

Für Peto lag die Lösung auf der Hand: Man mußte auf alles Überflüssige verzichten und die Beobachtung auf das nötige Minimum beschränken. Wenn die Ärzte herausfinden wollten, welche Behandlungen die bescheidenen Fortschritte ermöglichten, die bei komplizierten Krankheiten wie Krebs möglich sind, sagte er, dann müßten sie lernen, wie man großangelegte, einfache Untersuchungen durchführt – Studien, bei denen unkomplizierte Fragen bezüglich der Behandlung von Zehntausenden von Menschen gestellt werden. Man müsse dann zwar auf alle Einzelheiten verzichten; man werde nicht viel über Untergruppen der Stichprobe herausfinden.

Man werde nicht einmal die Gewißheit haben, daß alle Versuchspersonen ihre Medizin nahmen. Aber wenn die Gruppen groß genug seien, brauche man man das auch nicht unbedingt zu wissen, denn die Unterschiede zwischen ihnen würden deutlich genug zutage treten.

Da Peto für das Gegenteil der üblichen Praxis eintrat, waren die Reaktionen nicht überraschenderweise negativ. »Mit derart riesigen Stichproben zu arbeiten ...« – Peto zuckte die Achseln – »... die Leute hielten uns für übergeschnappt, nahmen die Idee nicht ernst.« Einstweilen lebte er in einer Welt, wo kleine, komplizierte Untersuchungen die Norm waren.

Die Aussicht war entmutigend. Die meisten kleinen, komplizierten Untersuchungen würden außerstande sein, die geringfügigen Fortschritte zu entdecken, die zu erhoffen er für realistisch hielt. Noch dazu würden auch jene Studien, die über Fortschritte berichteten, mit einiger Wahrscheinlichkeit falsch sein. Falls sich diese Untersuchungen von Therapien an den üblichen Standard statistischer Signifikanz hielten, dann würde im Schnitt jede 20. Untersuchung statistisch signifikante Wirkungen feststellen, die nicht vorhanden waren. Angesichts Hunderter von Untersuchungen, die in der ganzen Welt stattfanden, waren die medizinischen Fachblätter fast sicher voll falscher Wundermittel und übersehener Chancen. Diese Situation erschien Peto skandalös. Millionen von Dollar wurden auf Experimente verschwendet, die nicht leisten konnten, was man von ihnen erwartete; die Kosten in Form von unnötigem Leiden und Todesfällen waren enorm.

Für Peto war es an der Zeit, diese Situation zu ändern. Aber er benötigte eine

Chance, um zu demonstrieren, daß man die Dinge auch anders anpacken konnte. Wie sich herausstellte, bot sich ihm diese Chance in Form von Aspirin.

In Oxford hatte Peto die Aspirin-Untersuchungen verfolgt, aber die entgegengesetzten Schlüsse daraus gezogen wie die FDA. »Um 1977 oder '78 herum schienen mir die Befunde ziemlich eindeutig«, sagte Peto. »Aspirin schien stärker zu werden. Aber aus den einzelnen Untersuchungen ging kein statistisch signifikantes Ergebnis hervor.« Klare Antworten, war er sicher, würden am ehesten durch eine wirklich großzügig angelegte Untersuchung zu erzielen sein. Er konsultierte Doll, der als Ziel der Untersuchung vorschlug, herauszufinden, ob, wie er es formulierte, ein Aspirin täglich Ärzte am Leben erhalten würde. Eine der wichtigeren Tabakuntersuchungen von Doll und Hill hatte die Rauchgewohnheiten britischer Mediziner verfolgt, und Doll wollte diesen Ansatz wiederholen. Angesichts der Größenordnung dieser Aufgabe gewannen die beiden Männer andere zur Mitarbeit im Team, darunter Rory Collins, einen Herzspezialisten, Charles Warlow, einen Neurologen, und Charles Hennekens, den Harvard-Epidemiologen, der damals vorübergehend in Oxford weilte. In den Jahren 1978 und 1979 schrieben sie jeden männlichen Arzt in Großbritannien an, der nach dem Jahr 1900 geboren und noch im Ärzteverzeichnis angeführt war. Nachdem sie all jene Mediziner ausgeschlossen hatten, die bereits Aspirin nahmen beziehungsweise eine Vorgeschichte von Magengeschwüren, Gehirnschlag oder Herzinfarkt hatten, blieben dem Oxforder Team 5139 Versuchspersonen übrig. Zwei Drittel erhielten Aspirin; das übrige Drittel bekam die Anweisung, Aspirin zu meiden und gegen Kopfschmerzen Paracetamol zu nehmen. Alle wurden aufgefordert, in Abständen von sechs Monaten einen kurzen Gesundheitsfragebogen auszufüllen.

Im Gegensatz zu früheren Untersuchungen sollte die britische Medizinerstudie die Auswirkung von Aspirin auf eine gesunde Population messen, nicht auf Infarktüberlebende. Es war genau die Art von simpler Untersuchung, für die Peto eingetreten war – aber sie war nicht groß genug. »Es war uns sehr, sehr deutlich bewußt, daß es in Großbritannien nicht genügend Ärzte gab, um die Studie durchzuziehen, die uns vorschwebte«, sagte Collins. »Wir wußten das vom ersten Tag an. Wir dachten, es sei vielleicht ein Mittel, um den Ball ins Rollen zu bringen.«

Gleichzeitig beantragten Doll, Peto und Hennekens bei den National Institutes of Health Forschungsmittel zur Durchführung einer ähnlichen, aber umfangreicheren Studie in den Vereinigten Staaten. Jeder männliche Arzt des Landes sollte angeschrieben und sein Gesundheitszustand mit Hilfe von Postkarten verfolgt werden. Die Lockerheit dieser Überwachung störte die NIH; die Verantwortlichen einer Untersuchung müßten engeren Kontakt zu ihren Probanden halten, meinte die Behörde. Petos Antwort darauf war, in beiden Experimenten gehe es in erster Linie um eine Verminderung der Todesfälle, und die Gefahr sei gering, daß sich Pathologen bei der Feststellung des Todes von Vorurteilen leiten ließen. Das Ansuchen wurde 1979 abgewiesen, nicht zuletzt, weil die NIH, wie Peto glaubte, ausländische Wissenschaftler diskriminiere. Nachdem sie sich untereinander beraten hatten, beschlossen die drei Männer, daß Hennekens den Antrag umformulieren und ihn der amerikanischen Regierung erneut als eigene Initiative unterbreiten sollte.

In der Zwischenzeit kam die AMIS heraus. »Es war der definitive, rein amerikanische Beweis, daß Aspirin nicht wirkt«, sagte Peto. »Ich brannte darauf, eine amerikanische Untersuchung zu starten, aber es schien keine Chance dafür zu bestehen, solange diese Untersuchung fehlinterpretiert wurde.« *Fehlinterpretiert* – paradoxerweise begann dieser Verfechter großangelegter Studien nunmehr gegen die bisher größte Einzeluntersuchung von Aspirin zu argumentieren. Peto hatte zwei Gründe. Erstens war die AMIS nach seiner Ansicht zwar groß, aber noch nicht groß genug, um die Frage schlüssig zu beantworten. Zweitens, und noch wichtiger, sollte seines Erachtens niemand bloß das Ergebnis einer einzigen Untersuchung, so umfangreich und teuer sie auch sein mochte, in Betracht ziehen. Vielmehr müßten alle sechs Aspirin-Studien zusammen ausgewertet werden, und Behörden wie die FDA sollten ihre Entscheidung von der Gesamtheit aller Befunde abhängig machen. Nach Petos Auffassung bedeuteten die Resultate der AMIS keine drastische Abweichung vom Gesamtbild. Zusammengenommen sprachen die Befunde nach wie vor für das Aspirin.

Er präsentierte seine Auffassungen in der Society for Clinical Trials, wo sie »lange Diskussionen« auslösten, wie er es diplomatisch ausdrückte. Seine Schlußfolgerungen, räumte er ein, seien »etwas riskant« gewesen.

Die Entrüstung läßt sich schwer beschreiben, die Petos scheinbar plausibler Vorschlag, das gesamte Beweismaterial in Betracht zu ziehen, in manchen Kreisen der klinischen Forschung auslöste. Nachdem man auf mühsame Weise die Probleme kennengelernt hatte, die sich einschleichen, wenn man unterschiedliche Gruppen miteinander vergleicht, war es ein Glaubensartikel unter den Biostatistikern, daß man die Ergebnisse einer Studie unter keinen Umständen mit denen einer anderen vergleichen dürfe.

Petos Methode, aus mehreren Untersuchungen die Summe zu ziehen – eine Variante von Ideen, die Jahre zuvor von anderen Statistikern entwickelt wurden –, ist zwar clever, aber einfach genug, um auch für den Nichtfachmann verständlich zu sein. Der Trick besteht darin, von der Annahme auszugehen, daß die Behandlung nichts bewirkt. In diesem Fall müßte die Zahl der Personen, die in der Behandlungsgruppe sterben, genauso hoch sein wie die Zahl der Todesfälle in der Kontrollgruppe. Natürlich wird bei jeder Versuchsreihe der festgestellte Unterschied zwischen der Zahl der Todesfälle in den beiden Gruppen aus Zufallsgründen selten null sein. Er wird ein wenig davon abweichen, + 1 oder –2, bedingt durch zufällige Umstände. Aber wenn man die Differenzen in mehreren Untersuchungen derselben Behandlungsform addiert, sollte der Zufall die Dinge ausgleichen. Die verschiedenen Plus- und Minuswerte sollten sich gegenseitig aufheben, so daß sich die Summe null annähert – falls die Annahme stimmt, daß die Behandlung tatsächlich nutzlos ist.

Eine Gesamtsumme, die signifikant von null abweicht, übermittelt uns demnach eine wichtige Botschaft: Die Behandlung bewirkt etwas, selbst wenn die einzelnen Untersuchungen dies nicht mit der nötigen Deutlichkeit nachweisen können. Die Stärke dieser Methode liegt in ihrer Fähigkeit, eine geringfügige Wirkung um ein vielfaches zu verstärken. Die in den Einzeluntersuchungen auftretenden Unterschiede werden manchmal größer, manchmal kleiner erscheinen, aber meistens werden sie in die gleiche Richtung weisen, und die Summe wird von null wegtendieren.

Als Peto im März 1983 auf Bitte von William Soller nach Washington, D. C., kam, hatte er seinen medizinischen Streitfall: Aspirin. So, wie er Aspirin benutzen wollte, um die Notwendigkeit großangelegter Untersuchungen nachzuweisen, wollte er Aspirin auch benutzen, um die Brauchbarkeit seiner Overview-Methode vorzuführen. Zunächst wollte er zeigen, daß der Mangel an positiven Wirkungen in der AMIS-Studie nichts bewies (wie Wissenschaftler sagen, ist die Nichtexistenz von Beweisen kein Beweis ihrer Nichtexistenz). Sodann wollte er dokumentieren, daß die AMIS als Bestandteil des gesamten Beweismaterials und nicht als die eine definitive Antwort zu bewerten sei.

Im Lister Hill Auditorium hörte Soller Peto mit wachsender Unruhe zu. Während es dem englischen Statistiker um ausschließlich wissenschaftliche Belange ging, beschäftigten Soller auch die kommerziellen Implikationen seiner Ausführungen. Aspirin hatte nicht zuletzt deshalb Marktanteile verloren, weil es von der Aura der Wissenschaftlichkeit ausgestochen wurde, die Paracetamol und Ibuprofen umgaben. Wenn es gelang, die offizielle Indikationsstellung für Aspirin so abzuändern, daß es als Prophylaxe gegen Zweitinfarkte anerkannt wurde, dann wäre das Medikament damit vielleicht sein Image als altes und uninteressantes Hausmittel los. Soller wälzte bereits Pläne, wie die Wirksamkeit gegen Herzinfarkt in der Werbung herauszustellen sei. Dies würde keine leichte Aufgabe sein. Die FDA hatte niemals gestattet, im Fernsehen für ein rezeptpflichtiges Medikament zu werben. Aber Aspirin war kein rezeptpflichtiges Medikament. Falls es Soller gelang, die nötigen juristischen Hürden zu nehmen, um dessen Wunderwirkung in der Glotze anzupreisen, dann wäre Bayer Aspirin vielleicht gerettet.* Das einzige, was Sterling tun mußte, war, die Etikettenänderung bei der FDA durchzusetzen. Er wünschte sich eine gewinnende, simple, freundliche Präsentation. Er wollte, daß der Ausschuß Petos Analyse rasch akzeptierte und bald danach zu einem positiven Votum kam. Statt dessen sprach Peto in einem ironischen, zwanglosen Ton, der den Ausschußmitgliedern gegen den Strich ging. Noch schlimmer, Soller spürte, daß sie ihm einfach nicht glaubten.

Philip L. Dern, ein FDA-Vertreter, deckte Peto mit einer Salve von Fragen bezüglich Elwoods erster Versuchsreihe ein. Der Kode sei verfrüht offengelegt worden, warf er ihm vor, was die Untersuchung automatisch suspekt mache. Außerdem seien die Zweitinfarkte, der Gegenstand des Antrags von Sterling,

---

* Schneller als Apirin erschien Ibuprofen auf dem Bildschirm. Zwei Monate nach der Konferenz des Herz-Nieren-Ausschusses warb Boots in Florida auf vier Fernsehkanälen mit der Behauptung, seine Ibuprofen-Marke Rufen sei billiger als Upjohns Motrin für die Behandlung von Arthritis, die Hauptindikation von Ibuprofen. Die FDA erhob Einspruch dagegen, und Boots strich daraufhin die Erwähnung von Arthritis aus dem Werbetext, der nach Auffassung der Behörde die Konsumenten ermutigte, Ibuprofen zur Linderung ihrer Arthritis zu kaufen. Da Ibuprofen ein ungefährliches und wirksames Arthritistherapeutikum ist, hatten manche Pharmavertreter Mühe zu begreifen, weshalb die Behörde diese Krankheit im Text nicht erwähnt sehen wollte.

anfangs nicht getrennt aufgelistet worden, wie das bei anderen Versuchen der Fall gewesen sei. (Elwood war es ursprünglich um die Zahl der Todesfälle durch Herz- und Kreislauf-Erkrankungen aller Art gegangen, nicht bloß durch Herzinfarkt.) Peto erwiderte, es wäre töricht, auf so viele Einzelergebnisse zu verzichten, wenn die Untersuchung sorgfältig durchgeführt worden sei. Dern war damit nicht zufrieden. Die Beweislage zugunsten von Aspirin sei schlecht, erklärte er dem Ausschuß, und alle mathematischen Haarspaltereien in der Welt könnten diese Tatsache nicht verschleiern. Er wollte Peto zu dem Eingeständnis zwingen, daß seine Argumentation von »der Annahme der Richtigkeit der Resultate des [Elwood-]Projekts« abhänge – das heißt, daß seine Argumentation auf einer diskreditierten Untersuchung basiere.

»Das finde ich nicht fair ...«, antwortete Peto. Natürlich würde es jedermann vorziehen, gab er zu, eine einzige fehlerfreie Versuchsreihe mit Tausenden von Probanden zu haben. »Je größer die Zahlen, desto größer die Gewißheit, daß sich alle Zufallseinflüsse ... von selbst aufheben und man sich daher nicht darum zu kümmern braucht ... Aber wenn Sie sagen, das haben wir nicht, was ist der geeignetste Weg, um verläßliche Schlüsse zu ziehen, dann nimmt man die beste unvoreingenommene Analyse, die es gibt.« Man müsse sich »an den Grundsatz halten, alle verfügbaren vorurteilsfreien Befunde heranzuziehen«. Und das bedeute, auch Elwoods Resultate einzubeziehen.

»Dr. Peto«, sagte der Ausschußvorsitzende Richard Kronmal, ein Biostatistiker an der Universität von Washington in Seattle, »ich denke, Phils Einwand zielt darauf ab ... ob diese Untersuchung möglicherweise eine Schlagseite hat, die wir übersehen haben. Mit anderen Worten, irgendeinen Fehler im Randomisierungsverfahren –«

»O nein, nein«, wehrte Peto ab. »Die Randomisierung wurde doch in England erfunden.«

Der Ausschuß lachte, aber Petos Verärgerung war echt. Die Anwendung von Aspirin erscheine nicht nur vom pharmakologischen Standpunkt aus sinnvoll, sondern seine Vorzüge ließen sich in der Overview-Analyse mit Händen greifen. Es sei nicht daran zu rütteln: die Chance, daß die günstige Wirkung zufallsbedingt sei, betrage weniger als 1:10 000. Angesichts der Tatsache, daß die FDA in der Regel eine Signifikanz von 1:20 als ausreichende Basis für eine Entscheidung ansehe, meinte Peto, sollte die Behörde in bezug auf Aspirin nicht schwanken.

Diese Argumentation ging der FDA gegen den Strich, die ihren Entscheidungen in bezug auf Medikamente gern den »Goldstandard« zweier unanfechtbarer klinischer Untersuchungen zugrunde legte. Jetzt stellte Peto ihn mit dem Argument in Frage, in der Flut zeitgenössischer klinischer Untersuchungen könnten Pharmaunternehmen leicht zwei gewissenhaft durchgeführte Versuchsreihen mit fast jedem Resultat finden, ob richtig oder falsch.

Sein Publikum wollte nicht auf ihn hören. »Die AMIS war eine emotionale Frage« am NIH, meinte Peto. »Sie hatten 17 Millionen Dollar dafür aufgewendet und wollten partout nicht hören, daß sie irreführend sei.« Die Kritik war nach seinem Eindruck besonders unwillkommen, wenn sie von Ausländern stammte. Ihm gefiel die Art und Weise nicht, wie ihn FDA-Vertreter wie Dern in die Zange nahmen. Zunehmend gereizt, machte Peto aus seinem Ärger über die Weigerung des Ausschusses, sich mit den Feinheiten der Metaanalyse auseinanderzusetzen, keinen Hehl. Die Ausschußmitglieder setzten Elwood und Peto mit Fragen zu, ob die Untersuchungen einwandfrei randomisiert gewesen seien – Besorgnisse, die sich, wie Peto später feststellte, auf die drei ausländischen Forschungsprojekte zu beschränken schienen. Die Stimmung wurde immer gereizter, und das Meeting, von dem Sterling gehofft hatte, daß es die Zukunft des Namens Bayer Aspirin entscheiden werde, verkam zu einem ergebnislosen Gezänk.

Nach Petos Referat erklärte Dern, die unsichere Randomisierung der drei ausländischen Untersuchungen habe solche Zweifel an deren Resultaten geweckt, daß der Antrag allein schon aus diesem Grund abgelehnt werden sollte. »Schwachkopf!« murmelte Peto. »Idiot!« Raymond Lipicky, der FDA-Direktor für Herz- und Nieren-Pharmazeutika, sekundierte Dern mit der Klage, die vorgeschlagene Indikationsstellung beziehe sich auf Zweitinfarkte, ob diese tödlich verliefen oder nicht, während Elwood primär die Todesfälle untersucht habe. Die Daten über Zweitinfarkte seien nachträglich den Krankenakten der einzelnen Patienten entnommen worden, wodurch sich Voreingenommenheit habe einschleichen können. Und da sei immer noch das Problem, daß Elwood seinen Kode dechiffriert habe, so daß es kein Blindversuch mehr gewesen sei. Die Diskussion kreiste ständig um den Begriff der Voreingenommenheit, was Elwood verärgerte, der seit zwanzig Jahren strikt nach dem Prinzip der Randomisierung gearbeitet hatte. Der neben ihm sitzende Peto stieß Verwünschungen aus. Amerikaner machten Elwood jetzt Vorwürfe, den Kode geknackt zu haben, obwohl er es doch auf Bitten von Amerikanern getan habe, sagte Peto leise, aber dennoch deutlich vernehmbar.

»Ich möchte wirklich wissen«, tönte Lipicky, »weshalb Sie bereit sind ... diese Zweitinfarktergebnisse zu akzeptieren.« Niemand habe irgend etwas gesehen, fügte er verächtlich hinzu, außer den skizzenhaften Diagrammen, die Peto an die Wand projiziert habe. »Warum schlucken Sie das so bereitwillig?«

Ein zweites Ausschußmitglied antwortete, daß die Akzeptanz natürlich von der Zuverlässigkeit der Ergebnisse abhänge.

»Nun«, meinte Lipicky, »die Frage ist doch, wie können wir dessen sicher sein?«

Das einzige, was sie zu wissen brauchten, warf der Ausschußvorsitzende Kronmal ein, sei, ob es sich zum Zeitpunkt der Diagnose noch um einen Blindversuch gehandelt habe. Falls die Ärzte, die ursprünglich die Zweitinfarkte feststellten, keine Ahnung hatten, ob sie Mitglieder der Behandlungs- oder der Kontrollgruppe untersuchten, sehe er kein Problem darin, ihre Berichte nachträglich auszuwerten. Sei dies der Fall gewesen?

»Ja, das war der Fall«, antwortete Elwood.

Die FDA, schloß Kronmal, benötige »eine Dokumentation«, daß die Blindheit gewahrt gewesen sei, und er sei der Auffassung, daß niemand einen Schritt unternehmen solle, bis dieser Beweis erbracht sei. Peto und Elwood sahen zu, als darüber abgestimmt wurde. Ein weiteres Mal war zu Sollers Enttäuschung eine endgültige Entscheidung verschoben worden. Er hatte Peto und Elwood vergeblich als Zeugen aufgeboten. Auf die Metaanalyse war niemals wirklich eingegangen worden. Nach zweistündiger heftiger Debatte waren sie um keinen Schritt weitergekommen.

Verärgert ergriff Monroe Trout von Sterling das Wort. »Darf ich fragen, wann wir eine Entscheidung über den Antrag erwarten können? Der Antrag liegt seit 1980 bei der FDA.«

Sobald die erbetenen Unterlagen geliefert würden, versprach Lipicky, würden sie innerhalb von vier oder fünf Monaten darüber befinden.

»Könnte ich auch eine Frage stellen, bitte?« meldete sich Peto. »Was wünschen Sie ... eigentlich genau? Wollen Sie eine große, umfangreiche Liste, ein Blatt Papier für jedes Papier? Aber das wird Ihnen überhaupt nichts nützen ... Das Entscheidende ist doch, wie der Vorsitzende sagte, daß Sie den Beweis brauchen, daß Voreingenommenheit auszuschließen ist. Darum geht es Ihnen doch.«

Lipicky stimmte ihm zu.

»Und soviel Vertrauen müssen Sie den Forschern einfach entgegenbringen. Anders geht es nicht. Das sind keine von der Industrie bezahlten Forscher. Es sind Leute, die sich aus eigenem Forschungsinteresse heraus zu dem Studium dieser Fragen entschlossen haben ... als Mitarbeiter des British Medical Research Council.« Natürlich könnten sie leicht eine Menge Papier produzieren, sagte er laut, aber es würde der FDA »nicht das geringste Licht aufstecken«.

»Was wir brauchen, ist etwas Schriftliches«, entgegnete Lipicky. Er schlug Peto vor, nach der Versammlung in Ruhe mit ihm zu reden, statt sich über das Mikrophon anzuschreien.

Peto wollte den Disput nicht still beilegen. »Ich möchte in etwa wissen, worum es Ihnen geht. Wollen Sie fünf Seiten, fünfzig oder fünfhundert, denn wenn es fünfzig oder fünfhundert sind – verstehen Sie, ich werde nicht dafür bezahlt, daß ich hier auftrete. Es ist mir letztlich ziemlich egal, wie Amerikaner miteinander umgehen. Ich meine, verstehen Sie, was wollen Sie?« Tatsache sei doch, fügte er hinzu, die Wahrscheinlichkeit, daß der festgestellte Nutzeffekt zufallsbedingt sei, liege unter 1:10 000. Das sei das zentrale Faktum. Was auch immer mit Elwoods Ergebnissen geschehe, werde nichts daran ändern.

Falls die Zweitinfarktbefunde im nachhinein zusammengetragen seien, entgegnete Lipicky, »dann bin ich nicht sicher, daß ich diese Ergebnisse überhaupt in Erwägung ziehen würde. Dann ist es mir egal, ob die Chance eins zu einer Milliarde beträgt. Dann werden sie einfach nicht in Erwägung gezogen, punktum.«

Peto geriet in Rage. »Wenn die Politik der FDA darin besteht zu warten, bis eine einzelne Untersuchung etwas Sensationelles zutage fördert, dann öffnen Sie einer weit größeren Voreingenommenheit die Tür, als wenn Sie ein Fazit aus allen relevanten Ergebnissen ziehen würden. Das ist schlechte Wissenschaft.«

Schlechte Wissenschaft war ein Vorwurf, den bei Sterling niemand gegen die FDA erheben wollte. Während Petos wutentbrannte Worte noch im Saal nachhallten, schaltete sich Soller hastig ein, dankte den Ausschußmitgliedern für ihre Teilnahme und stellte fest, daß die Zusammenkunft einen interessanten Austausch von Meinungen erbracht habe. Bestürzt über die Feindseligkeit, die da hochgekocht war, schloß der Vorstand prompt die Sitzung.

Immer noch wütend, gingen Peto und Elwood anschließend zu Lipicky hin. »Ich versichere Ihnen, daß mein Team die Randomisierung korrekt vorgenommen hat«, sagte Elwood. »Genügt Ihnen dafür mein Ehrenwort als Gentleman?«

»Nein«, erwiderte Lipicky.

Elwood stakste davon. Nach einem Augenblick folgte ihm Peto.

Die nächste Konferenz wurde nicht vier oder fünf Monate später einberufen. Auch nicht ein Jahr danach. Sie fand erst am 11. Dezember 1984 statt – 21 Monate später. Alle Parteien hatten sich gründlich darauf vorbereitet. In den vergangenen paar Monaten hatte Soller die Wochenenden – ja sogar, wie er später klagte, seinen Geburtstag – in der Sterling-Zentrale, Park Avenue 90, zugebracht, um sicherzustellen, daß die drei dicken Ringbücher mit seinem Antrag den Beratungsausschuß rechtzeitig vor der Zusammenkunft erreichten. Widerwillig hatte Elwood eine Beschreibung seiner Randomisierungsmethoden verfaßt, denen er einige der Blätter beilegte, auf denen seine Mitarbeiter ihre ursprünglichen Berechnungen durchführten. »Ich betrachte dies als einen adäquaten Nachweis dafür, daß mir unbekannt war, welche Behandlung ein Patient erhalten hatte, als ich die Liste der Zweitinfarkte erstellte«, schrieb er. Peto hatte sich seinerseits von seiner Verärgerung über die FDA dazu anstacheln lassen, zusammen mit Sarah Parish von Oxford eine im doppelten Sinn erschöpfende Überprüfung aller sechs Untersuchungen vorzunehmen, bei der unter anderem die Informationen über jeden einzelnen der 10 000 Probanden in den Großrechner von Oxford eingespeist wurden. Zwanzig Computerstunden später hatte er die Rohdaten für eine vollständige Metaanalyse in der Hand. Es war genau die Art von fünfhundertseitigem Dokument, dessen Erstellung er dem Beratungsausschuß gegenüber als absurd bezeichnet hatte.

Das Kernstück seiner Präsentation bildete eine erneute Analyse der AMIS. Obwohl sich Peto in diesem Punkt gegenüber dem Beratungsausschuß untypisch höflich geäußert hatte, war er skeptisch gewesen, daß die AMIS korrekt durchgeführt worden sei – sie schien zu umfangreich, um so weit danebenzuliegen. Als ihre Verfasser zugaben, daß die Aspirin-Gruppe am Ende mehr Kranke aufwies als die Kontrollgruppe, war er sicher, daß er bei einer genauen Überprüfung der Studie irgendwelche Mängel entdecken würde. Aber obwohl er sie gründlichst abklopfte, konnte er zu seiner Überraschung keinen Fehler daran finden. »Es war eine sehr gewissenhaft durchgeführte Untersuchung«, sagte er. »Sie hatten einfach unglaubliches Pech – das größte Pech, von dem ich je gehört hatte. Sie randomisierten Tausende von Personen und machten es gut, und trotzdem führte Sie das Pech auf die falsche Spur.«

Trotz der ganzen Arbeit war der Beratungsausschuß noch keinesfalls von der Metaanalyse überzeugt. »Ich würde nicht so weit gehen zu sagen, daß der Kaiser keine Kleider anhat«, bemerkte ein Mitglied nach dem Studium der Unterlagen. »Aber mein Eindruck ist, daß sich der Kaiser in einem sehr dunklen Zimmer befindet und ich die Situation nicht durchschauen kann.« Bei einem Abendessen am 10. Dezember, dem Abend vor der Aspirin-Konferenz, führte der Ausschuß eine Probeabstimmung durch. Das Ergebnis lautete 7:0 gegen Sterling.

Wie zuvor trat der Ausschuß am nächsten Morgen im Lister Hill Auditorium am NIH zusammen. Diesmal waren noch weitaus mehr Gesichter in der Menge, von denen manche zu Sollers Mißbehagen der Konkurrenz gehörten. Falls man Bayer Aspirin gestattete, seine offizielle Produktbeschreibung zu ändern, dann würden sich die anderen Aspirin-Hersteller prompt an Sterlings Rockzipfel hängen und aus dessen Vorarbeit Nutzen ziehen.

Als erster sagte H. Daniel Lewis vom Veterans Administration Medical Center in Kansas City/Missouri aus, der soeben eine große VA-Studie über Aspirin abgeschlossen hatte. Diese Untersuchung, die an zwölf VA-Kliniken durchgeführt wurde, umfaßte 1266 Männer, die wegen instabiler Angina pectoris hospitalisiert worden waren. Die Versuchspersonen waren für diese Untersuchung sorgfältig ausgesiebt worden, erhielten dann entweder Aspirin oder ein Placebo und wurden zumindest ein Jahr lang beobachtet. In der Aspirin-Gruppe ereigneten sich in diesem Zeitraum um 43 Prozent weniger Todesfälle, eine Diskrepanz, die in diesem Zeitraum in einer Gruppe dieser Größe mit weniger als einem Prozent Wahrscheinlichkeit zufällig auftreten könnte.

Nachdem Soller ein paar Bemerkungen über die Nebenwirkungen von Aspirin gemacht hatte, ergriff Peto das Wort. Er trat in Sakko und Krawatte auf. Diesmal war die Präsentation makellos; er hatte ein Kästchen voll sauber gezeichneter Dias und ein vorbereitetes Referat, das auch heute noch als die vielleicht beste Erklärung dafür herausragt, warum Aspirin trotz zweideutiger Ergebnisse einzelner Untersuchungen als vorbeugendes Mittel gegen Herzinfarkt angesehen werden sollte und warum das System der Erprobung von Therapien, insbesondere von Medikamenten, in den Vereinigten Staaten und Europa einer grundlegenden Änderung bedarf.

Im Laufe der Jahre hat es mir und zahlreichen Kollegen in Oxford zunehmend Sorgen bereitet, daß menschlich lohnende therapeutische Resultate einfach aufgrund von Mängeln in der Durchführung beziehungsweise Interpretation klinischer Untersuchungen übersehen werden könnten.

Ich weiß, daß dies bei Brustkrebs geschieht; ich weiß, daß es bei Gehirnschlag geschieht; ich weiß, daß es bei Herzerkrankungen geschieht; und ich habe den Verdacht, daß es auch bei vielen anderen Krankheitsbildern der Fall sein könnte. Und ich denke, daß Aspirin bloß ein einzelnes Beispiel eines ziemlich verbreiteten Phänomens ist, daß eine Menge Dinge übersehen werden, weil die Stichproben nicht groß genug sind oder das zur Verfügung stehende Material unzulänglich interpretiert wird.

Er traf dann eine Unterscheidung zwischen qualitativen Interaktionen, die er als die grundlegenden Wirkungen einer Behandlung (positiv, negativ oder keine) definierte, und quantitativen Interaktionen, sprich der Umfang der qualitativen Interaktionen (etwa ein positiver Effekt von 23 Prozent oder ein negativer Effekt von 41 Prozent). Als allgemeine Regel, sagte Peto, könne gelten, daß eine Therapie, die sich für eine Patientengruppe, etwa junge Frauen, als sehr hilfreich erweise, einer anderen Gruppe, etwa älteren Männern, keinen Schaden zufügen werde. Zwar könne man sich leicht quantitative Unterschiede in der Wirkung vorstellen, das heißt, eine Untergruppe könne einen größeren oder geringeren Gewinn daraus ziehen als eine andere, aber es wäre überraschend, wenn die qualitative Wirkung ins Gegenteil umschlüge. Somit könne man leicht die Resultate für eine Gesamtpopulation verallgemeinern – ein bestimmtes Medikament wird jedem nutzen oder schaden –, hingegen sei das genaue Ausmaß des Nutzens oder Schadens nicht leicht zu quantifizieren. Falls Aspirin den männlichen, in mittlerem Alter befindlichen Teilnehmern an diesen Studien helfe, Herzinfarkte zu vermeiden, sagte Peto, dann werde es wahrscheinlich jedem nützen, der von thrombotischen Erkrankungen bedroht sei. Aber es sei nicht leicht, genau zu präzisieren, wie nützlich es sein werde.

Nun, der zweite Punkt ist eigentlich leichter zu verstehen. Es ist einfach so, daß sich auch ein bescheidener Rückgang einer einschneidenden Zäsur, wie der Tod es ist, durchaus lohnen kann … Der klinische Standpunkt bezüglich bescheidener Risikominderungen [ist], daß geringfügige Verminderungen des Sterberisikos in der gewöhnlichen klinischen Praxis nicht feststellbar sind. Und deshalb sind diese zwar von theoretischem, aber nicht von irgendeinem realen, unmittelbaren Interesse. Und das ist der allgemein übliche Standpunkt.

Man hört irgendeinen Arzt sagen, also, wenn sich das bei einer Reihenuntersuchung mit ein paar hundert Patienten nicht zeigt, dann kann es nicht wichtig genug sein, um sich darum zu kümmern. Das ist nicht ärztliche Klugheit, sondern statistische Unklugheit.

Vom Standpunkt der öffentlichen Gesundheitspflege aus stellt sich die Sache ganz anders dar. Aus dieser Sicht können die weltweiten Gesamteffekte auch geringfügiger Risikominderungen erhebliche Ausmaße annehmen. Ich meine, im medizinisch gut versorgten Teil der Welt werden alljährlich etwa eine Million Patienten in die Intensivstationen von Herzkliniken eingeliefert ... Davon sterben innerhalb eines Jahres etwa 150 000. Wenn es einem nun gelingt, das fünfzehnprozentige Sterberisiko auf 13,5 Prozent zu senken – dies ist bloß eine zehnprozentige Risikominderung –, dann hat man es mit der Verhinderung von 15 000 Todesfällen im Jahr zu tun. Eine zwanzigprozentige Risikominderung, von 15 auf 12, das sind 30 000 [Todesfälle im Jahr], und wenn man von etwas spricht, das flächendeckend praktizierbar und nicht sehr teuer ist ...

Natürlich sind manche dieser Menschen alt, und manche sind fürchterliche Typen, die ohnehin besser tot wären, aber eine beträchtliche Zahl wird in mittlerem Alter sein und eine entsprechende Chance haben, das Leben zu genießen. Es lohnt sich also, Dinge dieser Art zu tun. Man weiß zwar nicht, wen man gerettet hat, aber es lohnt sich dennoch, sich diese Dinge klarzumachen. *Und im Augenblick gehen diese Menschen verloren.*

Aspirin sei ein gutes Beispiel. Er nahm sich die sechs Infarktuntersuchungen nacheinander vor. Für jede Studie hatte er die festgestellte Anzahl von Patienten in der Aspirin-Gruppe errechnet, die eine »Herzindikation« hatten – das heißt, die gestorben waren, beispielsweise einen Infarkt erlitten hatten. Für jede Studie hatte er auch die Zahl der Patienten berechnet, bei denen, basierend auf der Anzahl von Herztodesfällen in der gesamten Untersuchung, eine Herzindikation zu erwarten gewesen wäre, falls das Aspirin nicht gewirkt hätte. Falls Aspirin einen Nutzen hatte, dann würde die festgestellte Zahl geringer sein als die erwartete Zahl, und Aspirin würde Leben retten. Und genau dies konnte er bei jeder einzelnen Untersuchung feststellen. Dies stimme mit der Hypothese überein, merkte er an, daß die qualitativen Interaktionen, das heißt, die *Richtung* des therapeutischen Effekts, nicht von Studie zu Studie schwanken sollten. Aber die Unterschiede zwischen der festgestellten und der erwarteten Anzahl von Herzindikationen wichen erheblich voneinander ab, von −4,3 bei der AMIS bis −26,3 bei Elwoods zweiter Versuchsreihe. Diese Fluktuation stimmte mit Petos Eindruck überein, daß die quantitativen Interaktionen, das heißt das *Ausmaß* des Nutzens oder Schadens, schwer zu präzisieren seien.

Als nächstes addierte er die Unterschiede, die sich bei jeder Studie ergeben hatten. Falls Aspirin keine Wirkung hatte, dann sollten diese Unterschiede um null schwanken, manchmal positiv, manchmal negativ, aber die Summe sollte nahe bei null liegen. Das war nicht der Fall. Sie betrug −70,7, und das bedeutete über siebzig Herzindikationen weniger als erwartet. Siebzig ist einfach nicht nahe bei null. Es war äußerst unwahrscheinlich, daß man sechs Untersuchungen hatte und daß jede einzelne von ihnen rein zufällig so deutlich in dieselbe Richtung zeigen würde. Selbst bei jeder aspirinkritischen Annahme, die sich Peto vorstellen konnte, lag die Wahrscheinlichkeit unter 1:1000, daß die Ergebnisse einfach einen glücklichen Zufall darstellten.

> Bei Patienten mit vorangegangenen [Infarkten] senkt Aspirin ... definitiv das Risiko eines nicht tödlichen Zweitinfarkts – ich habe hier das Wort »definitiv« benutzt – um etwa ein Drittel. Und es reduziert die Gefahr eines Gefäßtodes signifikant um etwa ein Sechstel. Insgesamt verbessert es somit die Chance des rückfallfreien Überlebens [eines Herzinfarkts] um etwa ein Fünftel oder ein Viertel.

Die Untersuchung über instabile Angina pectoris, von der früher die Rede war, sagte Peto, liefere einen Kontext, der beweise, daß es vernünftig sei, seine

Metaanalyse zu akzeptieren. »Wissen Sie«, sagte er zu dem Ausschuß, »Sie sitzen nicht irgendeiner Art von ... lächerlichem Fehlurteil auf, wenn Sie dies tun.« Seine Ausführungen wurden diesmal ganz anders aufgenommen. Einen Augenblick lang herrschte Stille, dann spendeten die Ausschußmitglieder Peto Beifall. Soller erinnerte sich: »Nachher sagte Joan [Standaert, die Geschäftsführerin des Ausschusses] zu mir, das sei die beste Präsentation gewesen, die sie je erlebt habe.« Die letzten Reste von Widerstand schienen geschwunden zu sein.

Der Grund für diese enthusiastische Aufnahme der Metaanalyse lag paradoxerweise zum Teil darin, daß der Ausschuß sie jetzt ignorieren konnte. Die AMIS war eine umfangreiche Untersuchung gewesen, die durch die Macht des Zufalls bedingt fast keinen Nutzen durch Aspirin ergeben hatte. Um zu behaupten, daß ein solcher Nutzen existiere, hätte der Ausschuß seine Zustimmung auf Petos Arbeit stützen müssen. Inzwischen war zum Glück die Untersuchung der Veterans Administration eingetroffen. Das war eine großangelegte Studie, die einen bedeutenden Nutzen durch Aspirin ergab. (Einen wahrscheinlich allzugroßen Nutzen, hätte Peto zweifellos bemerkt, bedingt durch die Macht des Zufalls.) Dem Goldstandard war damit Genüge getan. Hatte die eine Untersuchung die NIH veranlaßt, von der Anwendung von Aspirin abzuraten, so lieferte die zweite die Rechtfertigung, es zu empfehlen. Die Leute konnten die Metaanalyse akzeptieren, aber sich gleichzeitig auf die VA-Studie berufen. (»Ich finde die Angina-pectoris-Untersuchung in verschiedenen Hinsichten entscheidend«, bemerkte ein Ausschußmitglied, »und ich denke, sie macht eine Empfehlung viel leichter als zuvor.«) Wenige Minuten nach Petos Präsentation stimmte der Beratungsausschuß einstimmig dafür, eine Änderung der Produktkennzeichnung zu empfehlen. Aspirin war in, aber falls Peto gehofft hatte, daß seine Metaanalyse die FDA überzeugen würde, ihre übliche Verfahrensweise zu überdenken – nun, das war nicht geschehen.

Jetzt, da der wissenschaftliche Aspekt geklärt war, mußte an das Marketing gedacht werden. Soller erhob sich. Sterling habe jahrelang darauf hingearbeitet, diese Empfehlung zu erreichen, erinnerte er die FDA. Jetzt wolle er sicherstellen, daß die Behörde an der Änderung der Produktkennzeichnung mit Sterling zusammenarbeiten werde und nicht mit den Konkurrenzfirmen, deren Vertreter im Saal anwesend waren. »Ich spreche diese Frage nur deshalb an, damit das für all die anwesenden Hersteller klar ist«, sagte er.

»Wir bitten Sie einfach, zu berücksichtigen«, fügte ein anderer Sterling-Manager,

George Goldstein, hinzu, »daß wir eine Menge Zeit, Mühe und Kosten aufgewendet haben, um Ihnen dies zu präsentieren ... Das ist alles.«

Er wurde gefragt, ob Sterling das einzige Unternehmen sein wolle, dem man gestatte, zu behaupten, daß Aspirin Zweitinfarkte verhindere.

»Ich stehe zu meiner Erklärung«, erwiderte Goldstein unter allgemeinem Gelächter.

Am 10. Oktober 1985 gab die amerikanische Gesundheitsministerin Margaret Heckler vor einer Traube von Reportern bekannt, daß ein Aspirin täglich Infarktpatienten vor Rückfällen bewahren könne. Die in ein dunkles, smokingähnliches Kostüm mit dicker Strickkrawatte gekleidete Ministerin beschrieb die neue Indikationsstellung für Aspirin in dem Trubel von Blitzlichtern und surrenden Fernsehkameras, wie er für zeitgenössische Regierungsrituale typisch geworden ist. Fünfunddreißig Jahre waren vergangen, seit Lawrence L. Craven, der HNO-Spezialist in Glendale/Kalifornien, angefangen hatte, seine Patienten mit Aspirin gegen Herzinfarkt zu behandeln.

Während der ganzen Pressekonferenz hielt Ministerin Heckler Sterlings Prämie hoch: ein kleines Fläschchen Bayer Aspirin. Die Kameras klickten, und Hunderte von Bildern des Bayer-Logos wurden auf den Filmen festgehalten. Eine dieser Kameras gehörte Sterling, das Kopien des Fotos in alle Teile des Landes verschickte. Und warum auch nicht? Zum ersten Mal seit den Skandalen, die zur Absetzung von William Weiss geführt hatten, war Bayer Aspirin auf der ersten Seite der Morgenzeitungen zu sehen.

Dresers Furcht, daß Aspirin dem Herzen schaden könnte, war dem Mittel fast zum Verhängnis geworden. In den zwanziger Jahren hatte sich Sterling verpflichtet gefühlt, in jedem Werbetext zu versichern, daß sich Bayer Aspirin nicht auf das Herz auswirke – und sich damit den Zorn von Howard Ambruster zugezogen, der eine Kampagne führte, um zu erreichen, daß der Kongreß die Amerikaner vor der schrecklichen Gefahr warne, welche das Medikament für ihren Kreislauf darstelle. Man kann sich seinen Horror vorstellen, falls er den Tag noch erlebt hätte, an dem Sterling mit dem Segen der Regierung das Faktum ausposaunen durfte, daß Aspirin dem Herzen *guttut.*

19. Kapitel

»Wunderheilmittel«

Wenn Vertriebsleute merken, daß sie ein erfolgreiches neues Produkt haben, ist es ihr natürlicher Impuls, es in jeder möglichen Form auszubeuten, wie es die Hersteller von Tylenol taten, als sie in den zwei berauschenden Jahren während der Siebziger immer neue Varianten schufen: Tylenol-500, Extra-Strength-Tylenol, Tylenol-Kapseln, Tylenol-Zäpfchen und nicht weniger als neun verschiedene Abarten von Tylenol mit Kodein. Wissenschaftler sind da nicht viel anders. Als sich die Erkenntnis ausbreitete, daß Aspirin die Zusammenballung von Blutplättchen blockiert, fragten sich Forscher in allen Teilen Europas und Amerikas, ob diese Eigenschaft interessante Konsequenzen für thrombotische Erkrankungen außer dem Herzinfarkt haben könnte. »Es verhindert die Thrombozytenaggregation, stimmt's?« fragte kürzlich Massimo Porta, ein italienischer Blutspezialist, der in London mit Aspirin arbeitet. »Großartig gegen Herzkrankheiten! Und so geht jeder her und fragt sich: ›Was hat noch mit Blutgerinnseln zu tun?‹ Und die Antwort lautet – die Hälfte aller Krankheiten in der Welt. Und so wird Aspirin überall gegen alles getestet.«

Ein naheliegender Kandidat war der Gehirnschlag, den man grob gesprochen als einen Infarkt im Gehirn bezeichnen könnte. Er wird gewöhnlich durch Thromben in den Hirnarterien verursacht, welche die Sauerstoffzufuhr zum Hirngewebe in ähnlicher Weise blockieren, wie das beim Herzinfarkt der Fall ist. (Etwa jeder vierte Gehirnschlag ist nicht durch Thrombose bedingt, sondern durch das Aufplatzen eines Blutgefäßes in der grauen Gehirnsubstanz. Der Schaden entsteht in diesem Fall durch die Ansammlung von Blut im Gehirn.) Falls die Blockade vollständig ist und lange anhält, kann der Schaden dauerhaft sein – oder zum Tod führen. Etwa ein Drittel aller Hirnschlagopfer sterben, was in den Vereinigten Staaten jährlich etwa 150 000 Todesfällen entspricht; in Großbritannien sind es etwa 70 000. Die Überlebenden erholen sich in der Regel, wenn es ihr erster Schlaganfall ist, aber zurückbleiben können Blindheit, Lähmungserscheinungen, Gedächtnisverlust und die traurige Unfähigkeit zu sprechen beispielsweise Sprache zu verstehen, die als Aphasie bezeichnet wird. Zum Glück ist die Unterbrechung des Blutflusses oft unvollständig beziehungsweise dauert nur kurz an, und in diesem Fall spricht man von temporärer Ischämie oder transitorischer ischämischer Attacke (TIA), wobei man unter Ischämie örtliche Blutleere, mangelnde Versorgung eines bestimmten Organs oder Gewebes mit Blut versteht. TIA-Opfer können einen angsterregenden, aber vorübergehenden Verlust des Seh-, Sprech- oder Bewegungsvermögens erleiden, wobei ihre Fähigkeiten im Lauf der nächsten paar Tage allmählich wieder zurückkehren. Personen, die viele TIA erlitten haben, sind erheblich gefährdet, anschließend einem gravierenden Schlag zum Opfer zu fallen.

Die wohlbekannten Ähnlichkeiten zwischen Gehirnschlag und Herzinfarkt bedeuteten, daß Gerinnungshemmer wie Dicumarol umgehend auch bei Schlaganfällen getestet wurden. Aber es erschien nie eine bahnbrechende Untersuchung: ein paar positive Andeutungen traten zutage, aber überwiegend von nichtrandomisierten Untersuchungen. Angesichts dieser wenig eindrucksvollen Ergebnisse konnten die Neurologen der Antikoagulanstherapie nicht viel abgewinnen. (»Neurologen lassen sich von negativen Studien abschrecken«, bemerkte ein Facharzt sarkastisch, »Kardiologen nicht.«)

Der erste Hirnschlagspezialist, der eine ordnungsgemäße klinische Untersuchung über Aspirin und Schlaganfälle durchführte, war William S. Fields von der Universität von Texas in Houston. Mitte der sechziger Jahre war ihm aufgefallen, daß diejenigen seiner Patienten, die regelmäßig ASS nahmen, weniger Probleme mit Thrombosen und anderen Erkrankungen der Blutgefäße hatten. Fields sprach mit vielen seiner Freunde über seinen Eindruck. »Sie waren alle äußerst skeptisch«, erzählte er später. Ende der sechziger Jahre erhielt er einen Anruf von William K. Hass, einem befreundeten Neurologen von der New York University. Nach Fields' Erinnerung fragte ihn Hass: »Hast du den Auszug [eines Artikels] von Harvey Weiss gelesen, der hier erschienen ist? Er schreibt darin, daß Aspirin die Thrombagglutination verhindert!«

Dieser Hinweis war alles, was Fields benötigte. Mit finanzieller Unterstützung von drei Aspirin-Herstellern beriefen Hass und Fields 1969 eine kleine, geschlossene Konferenz ein, um eine Erprobung von Aspirin gegen Hirnschlag auszuloten. Aus dieser Besprechung gingen Pläne für zwei klinische Untersuchungen hervor: eine in den Vereinigten Staaten, wo Aspirin in eine umfassendere Untersuchung der Auswirkungen chirurgischer Eingriffe bei Hirnschlagpatienten einbezogen wurde; und eine in Kanada, bei der man Aspirin mit einem anderen Agglutinationshemmer, Sulfinpyrazon, verglich.[*] Fields und Hass erhielten vom NIH grünes Licht für das amerikanische Forschungsprojekt, das Ende 1971 gestartet wurde.

Die zwei Männer veranlaßten Forscher an Krankenhäusern, Aspirin bei zwei Patientengruppen mit einer Vorgeschichte von TIA beziehungsweise Episoden vorübergehender Blindheit anzuwenden. Entsprechend einer vom behandelnden Arzt getroffenen Entscheidung sollte die eine Gruppe operiert werden, um die Möglichkeit eines ernsten Schlaganfalls zu verringern, die andere Gruppe dagegen nicht. Innerhalb beider Gruppen wurden die Patienten zwischen Aspirin und Placebo randomisiert.

Mitten in dem Forschungsprojekt kürzte das NIH ihren Zuschuß aufgrund einer Verwechslung bei der Ausfüllung von Formularen. Fields wandte sich an Sterling mit der Bitte, die Differenz auszugleichen. Dank dieser Unterstützung gelang es dem Team, die Untersuchung abzuschließen. Die Ergebnisse glichen jenen von Elwoods erster Studie: Aspirin verringerte zwar die Wahrscheinlichkeit des Todes, aber die Wirkung war statistisch nicht signifikant. (Das Projekt umfaßte nur 178 Patienten.) Fields stellte jedoch einen signifikanten Rückgang in der umfassenderen Kategorie »ungünstiger« Resultate fest – Tod, ein ernster Hirnschlag oder die Häufigkeit von TIA.

Im Januar 1976 präsentierte Fields seine Ergebnisse in vorläufiger Form auf einer Konferenz in Princeton und wurde für seine Mühe geradezu ausgebuht. »Sie nannten mich einen Scharlatan«, erzählte Fields ärgerlich. »Clark Millikan,

---

[*] Sulfinpyrazon ist eine Gichtmedizin. Seine Fähigkeit, die Plättchenagglutination zu hemmen, wurde 1965 zufällig durch ein Team kanadischer Forscher unter Leitung von Mustard entdeckt.

der ehemalige Leiter der Neurologie an der Mayo-Klinik, hat mich glatt abgebügelt. Und daraufhin wurde es [Fields' Referat] von der Tagesordnung gestrichen.« So mußte Fields begreifen, daß seine Neurologenkollegen in bezug auf Aspirin skeptischer waren, als er vermutet hatte. Aber Fields zufolge sollte es noch schlimmer kommen. »Ich erhielt einen Anruf von einem Freund. ›Das NIH glaubt dir nicht, Bill! Sie wollen ein Inspektionsteam nach Houston schicken!‹« Zu seiner Bestürzung und Verärgerung unterwarf man Fields bezüglich der Integrität seiner Untersuchung einem Kreuzverhör. Er hatte in diesem Februar die Präsentation eines Papiers bei der Apoplexiekonferenz der American Heart Association geplant. Die NIH-Ermittler forderten ihn auf, es zurückzuziehen. Sie wollten unabhängige Sachverständige entsenden, die feststellen sollten, ob Fields seine Ergebnisse manipuliert habe. Fields war wie vor den Kopf geschlagen; er konnte sich den Grund ihrer Feindseligkeit nicht erklären.

»Sie kamen im März [1976]«, erinnerte sich Fields. »Ich war auf dem Weg zu einer Konferenz der American Academy of Neurology. Der Streß war entsetzlich – ich hatte in Houston einen Lehrgang für Assistenzärzte gestartet, und diese Leute überprüften meine Unterlagen. Ich fuhr mit meiner Frau im Auto nach St. Louis. Ich hatte Blut im Urin, und dann verlor ich das Bewußtsein. Henry Barnett [Neurologe an der Universität von Western Ontario und Leiter der kanadischen Hirnschlaguntersuchung] kam ins Hotel und verfrachtete mich in einen Krankenwagen.« Nach seiner Genesung flog Fields nach Hause. Den Rest des Jahres 1976 verbrachte er damit, die NIH-Vertreter zufriedenzustellen und die Aspirin-Studie zu verfassen.

Seine Resultate wurden in zwei Teilen veröffentlicht, der erste, über die nicht operierte Patientengruppe, erschien im Mai 1977. Er hatte gehofft, den zweiten Teil über die operierten Patienten zur selben Zeit herauszubringen, aber die Probleme mit dem NIH bewirkten eine einjährige Verzögerung. Dieser Umstand war besonders deshalb ärgerlich, weil Aspirin die postoperative Genesung signifikant verbesserte – eine große Neuigkeit. Aber bevor der zweite Teil erschien, veröffentliche Barnett die kanadische Untersuchung. Unter Patienten mit einer Vorgeschichte von TIA senkte Aspirin die Gefahr des Todes beziehungsweise eines lebensgefährlichen Schlaganfalls um über 30 Prozent, aber auch diese Zahl bestand nur knapp den Test statistischer Signifikanz. (Das andere Antiplättchenmittel, Sulfinpyrazon, hatte fast keine Wirkung.) Die kanadische Untersuchung ergab auch einen merkwürdigen Unterschied zwischen der Wirkung von Aspirin auf Männer und auf Frauen. Bei Männern verringerte Aspirin das Risiko des Todes oder eines ernsten Schlaganfalls um fast 50 Prozent, ein sehr eindrucksvolles Ergebnis. Bei Frauen hatte es jedoch keine erkennbare Wirkung.

Fields war verärgert, daß seine Studie lang genug aufgehalten worden war, um ihre fraglose Priorität zu verlieren. »Wenn sich das NIH nicht eingemischt hätte, dann hätten wir sie ein Jahr früher gedruckt vorlegen können! Nie im Leben war ich bis dahin beschuldigt worden, Daten zu manipulieren!« Der Grund für die unerklärliche Feindseligkeit des NIH sei erst später herausgekommen, sagte er. Er habe erfahren, daß die Behörde gerade mit der Planung der AMIS beschäftigt war, als er seine Befunde ankündigte. Falls es sich herumgesprochen hätte, daß es bereits gelungen sei, eine signifikante Wirkung von Aspirin auf die Sterberate beziehungsweise lebensgefährliche Schlaganfälle und die TIA-Häufigkeit nachzuweisen, sagte er, »hätten sie niemand für dieses Forschungsprojekt gefunden«. In seinen Worten war es »in jeder Hinsicht eine unappetitliche Sache«.

Fields mochte zwar entmutigt sein, aber Sterling war es nicht. Das Unternehmen ging sofort nach Erscheinen des ersten, nicht schlüssigen Teils von Fields' Untersuchung an die Arbeit. Jahre zuvor hatte Sterling eine FTC-Untersuchung von Schmerzmitteln an die große Glocke gehängt, derzufolge Bayer Aspirin besser, wenn auch nicht signifikant besser, als seine Konkurrenten war; jetzt wandte die Firma angesichts einer Studie, derzufolge Aspirin eine günstige, wenn auch nicht signifikant günstige Wirkung bei Schlaganfällen hat, dieselbe Strategie an. Im Oktober verteilte sie 80 000 Nachdrucke von Fields' Artikel an Ärzte in den Vereinigten Staaten. Fields hatte Sterling für dessen Beitrag zu der Untersuchung – die Glenbrook Laboratories hatten das Aspirin und das Placebo verpackt – am Ende seines Artikels gedankt. »Aspirin von Bayer ...« hieß es in dem Nachdruck. »Bayer Co., Glenbrook Labs, Div. von Sterling Drug.«

Die FDA beschloß einzuschreiten. Für die Behörde sah es so aus, als ob Sterling versuche, für Bayer Aspirin als Behandlung gegen Hirnschlag und TIA Reklame zu machen, obwohl die offizielle Produktbeschreibung nichts über beide Krankheitsbilder enthielt. Im Juli 1978 schrieb die FDA der Firma: »Die Verabreichung von Aspirin zur Behandlung temporärer Ischämieanfälle ist nicht allgemein als gefahrlos und wirksam anerkannt.« Man brauchte keine spezielle Antenne für die Behörde zu haben, um die unausgesprochene Drohung eines Verfahrens wegen Etikettenschwindels mitschwingen zu hören.

Sterlings Reaktion bestand darin, 1979 einen Antrag auf Änderung der Produkt-beschreibung einzureichen. Das war beinahe das erste, was William Soller tat, als er in das Unternehmen eintrat. Gestützt auf Fields' Studie, bemühte er sich, Aspirin als Therapeutikum gegen TIA und retinale Ischämie (vorübergehende Erblindung, manchmal Vorläufer eines lebensgefährlichen Hirnschlags) geneh-migen zu lassen. Im Gegensatz zum Herzinfarkt standen für diese klinischen Bilder keine alternativen medizinischen Behandlungen zur Verfügung.

Der Antrag gelangte im September 1979 vor den FDA-Beratungsausschuß für das Periphere und Zentrale Nervensystem. Die Forschungsleiter beider Studien, Fields und Barnett, unterstützten Sterlings Antrag als Sachverständige. Soller, der sich für einen Kampf gewappnet hatte, erfuhr zu seinem Erstaunen, daß der Ausschuß offenbar schon vor der Anhörung beschlossen hatte, dem Antrag stattzugeben. »Das war das Verrückteste, was ich je erlebt habe«, sagte er. »Als die Sachverständigen gesprochen hatten, sagte der Vorsitzende: Nun, Bill [Fields], sind Sie mit dem einverstanden, was wir soeben beschlossen haben?« Bill sagte ja, und das war's dann. Das Unglaubliche ist, daß die Beweislage beim Hirnschlag genaugenommen viel schwächer war als die Beweise, die wir später für Herzinfarkt erbracht haben, »aber dieser Antrag ging glatt durch.« Der Grund dafür war nach Sollers Meinung, daß keine alternative Therapie zur Verfügung stand.

Die kanadische Untersuchung überzeugte den Ausschuß, daß die Ergebnisse unzureichend seien, um Frauen oder retinale Ischämieattacken einzubeziehen; die Anwendungsgebiete für Aspirin wurden lediglich auf TIA beziehungsweise Gehirnschläge von Männern ausgedehnt. Soller war zufrieden. Da sich die Beweislage auch für Herzinfarkte zu bessern begann, bereitete er sich darauf vor, einen weiteren Antrag bei einem anderen FDA-Ausschuß durchzuboxen. Aber auch als Soller Kontakt mit Richard Peto aufnahm, war er nicht im mindesten auf den Wirbel gefaßt, in den Aspirin bald in Großbritannien geraten sollte.

Fields' Untersuchung kam gerade heraus, als die Oxforder Projektgruppe im Begriff war, erneut emsige Aktivität zu entfalten. Peto hatte bereits mit der Metaanalyse der sechs Aspirin-Untersuchungen begonnen und erörterte mit Doll die verrückte Idee, jeden Arzt in Großbritannien zur Teilnahme an einem Forschungsprojekt über die Verhinderung erster Herzinfarkte durch Aspirin einzuladen. Außerdem redete Peto über eine weitere Untersuchung mit Charles Warlow, dem jungen Gastneurologen in Oxford. Warlow, ehemaliger Dozent an der Universität von Aberdeen, war in seiner Praxis ständig mit TIA-Patienten konfrontiert gewesen. Er wußte nicht, wie er ihnen helfen konnte. Für Gehirnschlag, merkte er, bestand in der britischen Neurologie wenig Interesse. Als er 1976 in Oxford seine Dozentur in Neurologie antrat, begann er sofort mit einer klinischen Untersuchung von Aspirin für die Behandlung von TIA.

Nachdem er Peto zugehört hatte, war Warlow entschlossen, seine Untersuchung nicht durch das Problem kleiner Zahlen entwerten zu lassen. Die britische TIA-Studie kam 1978 in Gang, mit Peto als ihrem Statistiker. Schlauerweise ließ Peto Warlow zunächst im unklaren darüber, wie groß die Stichprobe seines Erachtens sein müsse. »Er erhöhte die Teilnehmerzahl ständig während des Projekts«, erinnerte sich Warlow amüsiert. Obwohl er ursprünglich mit 1000 Patienten gerechnet hatte, überredete Peto ihn schließlich, mehr als 2400 dafür zu rekrutieren. (Die Zahl brauchte nicht so groß zu sein wie bei einer Herzinfarktstudie, da jedes dritte TIA-Opfer innerhalb von fünf Jahren einen weiteren Schlaganfall erleidet.)

Während er darauf wartete, daß die TIA-Zahlen allmählich nach oben kletterten, kompilierte Peto mit einem anderen Oxforder Statistiker, Peter Sandercock, eine großangelegte Metaanalyse aller Antiplättchenuntersuchungen. Durch Filzen von Fachblättern und Konferenzprotokollen, Verschicken von Bittbriefen und Umhören in der Gerüchteküche brachten sie schließlich 31 randomisierte Untersuchungen zusammen, in denen Antiplättchenpräparate als Prophylaxe gegen das Wiederauftreten von TIA, Schlaganfällen, Angina pectoris oder Herzinfarkt getestet worden waren. Die Studien umfaßten insgesamt 29 000 Patienten, von denen 3000 das leicht Meßbare getan hatten, nämlich gestorben waren. Peto und Sandercock gelang es, die Forscher zu überreden, ihnen die Rohergebnisse von 25 dieser Untersuchungen zu überlassen (die anderen sechs waren noch nicht abgeschlossen). Sie machten sich an die mühsame Aufgabe, alle relevanten Zahlen in den Oxforder Computer einzuspeisen und aus all den Studien einen einzigen Wert zu ermitteln: die Differenz zwischen der beobachteten Zahl und der erwarteten Zahl »wichtiger Gefäßschäden«, wie sie es nannten, das heißt, aller Erkrankungen wie Herzinfarkt, Gehirnschlag, TIA und Thrombophlebitis sowie jedweder anderen durch Thromben bedingten Krankheitsbilder.

Inzwischen hatten sie auch die Britische Medizinerstudie begonnen. Sechs Jahre lang führten Doll, Rory Collins und Charles Hennekens Protokoll über die Gesundheit der Ärzte, während diese ihr Aspirin nahmen und alle zwei Jahre Fragebögen beantworteten. Sie hatten eine relativ hohe Dosis von Aspirin gewählt – etwa eineinhalb Tabletten täglich – um sicherzugeben, daß dieses die Verklumpung der Plättchen verhindern würde. Die Folge war, daß viele Ärzte über Magenbeschwerden klagten. Die Forscher beschlossen, das Projekt dennoch weiterzuführen, bis die Ärzte eine weitere Teilnahme aufkündigten.

Die Bedenken der britischen Arzte verliehen dem Großversuch mit amerikanischen Medizinern noch größere Bedeutung, den Peto als Ergänzung seiner Studie für wichtig gehalten hatte. Nachdem der erste Antrag vom NIH abgelehnt worden war, wurde Hennekens zum alleinigen Forschungsleiter einer US-Studie zur Verhinderung primärer Herzinfarkte. Hennekens, der mit Harvard assoziiert und darüber hinaus ein ehemaliger NIH-Mitarbeiter war, erhielt die Genehmigung für die amerikanische Medizinerstudie, obwohl deren simple Versuchsanordnung immer noch auf Ablehnung stieß. Die Regierung schoß 3,7 Millionen Dollar zu; Hennekens zog mit diesem Geld ein gigantisches Unternehmen auf. Als ersten Schritt verschickte er an die 261 248 männlichen Ärzte im Alter zwischen 40 und 84, die in den Vereinigten Staaten lebten, Einladungen, formularmäßige Zustimmungserklärungen und Fragebögen. Bis 31. Dezember 1983 hatten 112 528 geantwortet, von denen etwa die Hälfte zu einer Teilnahme bereit waren. Die Zahl verringerte sich weiter durch Ausschluß von Ärzten, die eine Vorgeschichte von Hirnschlägen und Herz-Kreislauf-Erkrankungen hatten oder bereits Aspirin gegen Arthritis nahmen. Schließlich genügten 33 233 Ärzte den Teilnahmebedingungen. Die eine Hälfte erhielt Aspirin, die andere Placebos; alle bekamen identisch aussehende Kalenderpackungen, gefüllt mit roten und weißen Pillen, die aufgrund eines speziellen Abkommens von Bristol-Myers hergestellt wurden. (Sterling wurde als erstes kontaktiert, entschloß sich aber letztlich gegen eine Beteiligung, weil es keine Zusicherung von der FDA erhielt, die Ergebnisse in der Werbung herausstellen zu dürfen.) Die weißen Tabletten – ASS für die Aspirin-Gruppe, Placebos für die Kontrollgruppe – waren für ungerade Tage, die roten Tabletten – alles Placebos – für die geraden. Die Aspirin-Gruppe nahm somit jeden zweiten Tag ein Aspirin zu sich; die Placebogruppe bekam natürlich nur Placebos. Nach achtzehn Wochen verschickte Hennekens weitere Briefe an die Teilnehmer, in denen er sie fragte, ob sie es sich anders überlegt oder vergessen hätten, ihre Pillen zu nehmen. Immerhin 22 071 Ärzte blieben bis zuletzt bei der Stange.

Der Internist Hennekens erhielt 1971 von Harvard den Doktor in Epidemiologie verliehen. Da er sich für die Ursachen von Herzerkrankungen interessierte, kamen ihm selbstverständlich die Aspirin-Gerüchte zu Ohren, die inzwischen die Runde machten. Ein Herzforschungsstipendium ermöglichte ihm den Aufenthalt in Oxford, wo er ein Jahr mit Doll und Peto zusammenarbeitete. »Ich hatte noch nie zuvor von Richard [Peto] gehört«, erinnerte sich Hennekens Jahre später. »Er hat mir meine Scheuklappen abgenommen und mir die Augen für die Problematik von Großversuchen geöffnet. Und im Grunde hat er mich auf Aspirin aufmerksam gemacht.« Erpicht, eine großangelegte, einfache Untersuchungsreihe zu starten, überzeugte er das NIH, daß das Ziel den Einsatz lohne. »Es hat geholfen, daß die Kosten niedrig waren«, sagte er. »MR. FIT [Multiple Risk Factor Information Trial, eine große Herzkrankheitenstudie, die auf traditionellere, kompliziertere Weise aufgezogen wurde] kostete sie 120 Millionen Dollar, bis zu 15 000 pro Patient. Unsere begnügte sich mit 40 Dollar pro Patient – gut für das Budget-Defizit.«

Ein Argument gegen solche Großversuche lautet, daß es viel Zeit kostet, sie in Gang zu setzen, und daß sie jahrelange Laufzeiten haben und der Einsatz wichtiger Heilmittel dadurch unnötig hinausgezögert werden kann. »Kliniker kommen mit der Vorstellung zu mir, hundert Personen zu studieren«, sagte Hennekens. »›Es ist wirklich ein Durchbruch, Sie werden sehen! Es wird sich sofort bei hundert Leuten zeigen!‹ Ich antworte ihnen, studiert ein paar tausend Leute, laßt die Ergebnisse von unabhängiger Seite verfolgen und *stoppt den Versuch*, wenn sich herausstellt, daß ihr eine Wunderdroge habt. Genau das haben wir bei der Medizinerstudie getan.«

Wenn eine Behandlung genauso anschlägt, wie man es erwartet hat, dann wird die geplante Dauer der Versuchsreihe und die Anzahl der daran beteiligten Patienten ausreichen, um am Ende ein statistisch signifikantes Resultat zu ergeben. Erweist sich eine Behandlung jedoch als wirksamer, wird das Ergebnis *früher* als geplant signifikant. Dies stellt ein ethisches Problem dar: Sollte man eine Versuchsreihe, die vorzeitig die Überlegenheit einer neuen Behandlung gegenüber dem Placebo erwiesen hat, fortsetzen?

Wenn das Projekt zu früh gestoppt wird, wie das bei Elwoods Studie der Fall war, können die Resultate zu zweifelhaft sein, um sich als brauchbar zu

erweisen; bricht man den Versuch zu spät ab, können Patienten in der Placebogruppe unnötigerweise sterben.

Die Lösung liegt darin, die Versuchsreihe von einem unabhängigen Ausschuß
überwachen zu lassen, der die Ergebnisse laufend verfolgt. Sobald die Ungewiß-
heit einen vorher festgelegten Wert unterschreitet, bricht der Ausschuß die
Versuchsreibe ab. So wurde die Medizinerstudie von einem Ärzteteam des NIH
überwacht, der zweimal im Jahr zusammentrat, um sich von den angesammel-
ten Ergebnissen ein Bild zu machen. Mehrere Jahre lang hatte dieses Team
wenig zu tun, weil bei diesem Projekt so viele ungesunde Ärzte von der Stichprobe
ausgeschlossen worden waren, daß sehr wenige der Probanden ernsthaft erkrankten. Nach vier Jahren waren von den 22 071 Versuchspersonen erst
weniger als 40 gestorben. Aber in den ersten Monaten des Jahres 1988 begann
das siebenköpfige Gremium, sich Sorgen zu machen. Und am Ende des Jahres
lag es auf der Hand, daß etwas geschehen mußte.

Hennekens saß auf einer Bombe. Die Kontrollgruppe hatte 189 Herzinfarkte
erlitten, in der Aspirin-Gruppe waren dagegen nur 104 aufgetreten, ein Unterschied von über 40 Prozent. Ein paar Minuten mit einem Taschenrechner
reichten aus, um sich klarzumachen, daß die Wahrscheinlichkeit, es könnte
sich bei dieser Abweichung um eine Zufallsfluktuation handeln, geringer als
$1:100\,000$ war. Die Konsequenzen waren sensationell. Niemand hatte je einen
Arzneistoff entwickelt, der billig genug war, um in großem Maßstab und konti-
nuierlich gegen eine schwere Krankheit eingesetzt zu werden. Nun hatte man
vielleicht einen solchen. Wenn man genügend Menschen, denen ein Herzinfarkt
drohte, veranlassen konnte, jeden zweiten Tag ein Aspirin zu schlucken, würden
Abertausende von Menschenleben gerettet werden – natürlich vorausgesetzt,
daß es gelang, sie zur Einnahme eines Aspirins zu motivieren. Ein solches
Programm war nie zuvor durchgeführt worden; die Befunde würden allermindes-
stens eine neue Ära der Volksgesundheit einläuten.

Gegen die vehementen Einwände Petos brach der Kontrollausschuß die Versuchsreihe ab. Bald danach wurde Hennekens in den Ausschuß aufgenommen.
Nach einem Telefonat mit dem *New England Journal of Medicine*, dem renom-
miertesten Fachblatt der Vereinigten Staaten, verfaßte Hennekens in drei Tagen
ein Resümee. Das *Journal* unterzog seinen Artikel einer beschleunigten Durch-
sicht und nahm ihn am 7. Januar zur Veröffentlichung an. Der Herausgeber,
Arnold Relman, wollte ihn am 21. Januar drucken, aber Hennekens bestand

darauf, die Veröffentlichung um eine Woche aufzuschieben, damit er seinen Probanden einen Brief schreiben konnte.

Relman war erpicht darauf gewesen, den Artikel rasch zu veröffentlichen, weil er befürchtete, daß dessen dramatische Ergebnisse in den Zeitungen und Abendnachrichten breitgetreten würden, bevor die Abonnenten des *Journal* eine Chance hatten, den Bericht zu verdauen. (Um sicherzustellen, daß dies nicht geschah, ließen sich die Herausgeber von den Reportern die Zusage geben, über dessen Inhalt bis zum offiziellen Erscheinungsdatum Stillschweigen zu bewahren.) Mitte Januar ließen Branchendienste die ersten Gerüchte verlauten. Am 26. Januar setzte die Nachrichtenagentur Reuter den vollständigen Bericht über ihre Fernschreiber ab. Relman war wütend und stornierte deren Abonnement des *Journal.*

Wie erwartet, wurde über die Hennekens-Studie in aller Welt auf den Titelseiten berichtet. Womit man nicht gerechnet hatte, war, daß das *British Medical Journal,* die angesehenste Fachzeitschrift in Großbritannien, zwei Tage später die Resultate von drei Oxforder Aspirin-Untersuchungen in einem einzigen Heft veröffentlichen würde – die Britische Medizinerstudie, die TIA-Untersuchung und die Metaanalyse. Sie erschienen zusammen, weil Peto angesichts der Notwendigkeit, die Skeptiker zu überzeugen, meinte, die Arbeiten würden als Ensemble größere Aufmerksamkeit finden denn als drei separate Berichte. Die Britische Medizinerstudie war im November 1984 abgeschlossen worden. Ihre Ergebnisse waren nicht schlüssig – ein »unplausibler Mangel an Wirkung«, sagte Peto –, aber eine spätere Metaanalyse der amerikanischen und britischen Medizinerstudien habe die nach seiner Ansicht »wahre« Wirkung von Aspirin zur Vorbeugung von Erstinfarkten gezeigt: eine Verminderung um etwa ein Viertel. Die Britische TIA-Untersuchung wurde zwei Jahre später abgeschlossen. Aspirin senkte das Risiko eines späteren Hirnschlags beziehungsweise Herzinfarkts um ein Fünftel. Aber die Veröffentlichung wurde durch die Schwierigkeit verzögert, die Antiplättchenmetaanalyse von allen Koordinatoren der 31 Untersuchungen begutachten zu lassen. Das gesamte Konvolut hatte gerade das Stadium des letzten Korrekturlesens passiert, als Peto hörte, daß die Britische Medizinerstudie abgebrochen worden sei. Er hielt diese Entscheidung für falsch, weil er den Verdacht hatte, der sehr große Nutzen, der sich im amerikanischen Forschungsprojekt für Aspirin ergeben hatte, könnte ein Zufallstreffer sein und die Quote bei längerer Dauer auf einen realistischeren Wert sinken.

Aber die Ereignisse hatten den gemächlichen Gang wissenschaftlicher Forschung überrollt, und Peto hatte wie alle übrigen Mühe, mit der Entwicklung Schritt zu halten.

Das Thema Aspirin war im Frühjahr 1988 so heiß, daß das Undenkbare geschah: Anacin gab zu, aus Aspirin zu bestehen. Innerhalb weniger Wochen überzeugte die Publicity der Herzinfarktstudie American Home, das zu tun, was jahrzehntelanger FTC-Druck nicht vermocht hatte. Es geschah wie durch ein Wunder. Plötzlich war auf allen Bildschirmen der Charakterkopf eines Reporters zu sehen, der vor einer Rotationsmaschine stand. »Ich habe in letzter Zeit viele Berichte über Aspirin geschrieben«, erklärte der Mann mit selbstbewußter Stimme. »Aber falls Sie meinen, bereits alles darüber gehört zu haben, dann täuschen Sie sich.« Er zückte eine Zeitung mit der Schlagzeile EINE BESSERE ASPIRIN-FORMEL. Dann rückte eine Graphik ins Bild. Eine weiße Linie, die die »schmerzlindernde Wirkung« von normalem Aspirin anzeigen sollte, kroch am Boden dahin. Darüber erhob sich majestätisch die gelbe Linie von Anacin. »Anacin«, sagte ein Sprecher, während im Hintergrund Fernschreiber ratterten. »Eine bessere Aspirin-Formel.« (Die »Formel« bestand natürlich bloß aus Aspirin und Koffein – zumindest daran hatte sich nichts geändert.) Angesichts dieser bemerkenswerten Kehrtwendung des Unternehmens ist es kaum verwunderlich, daß die FDA befürchtete, aufgeschreckte Konsumenten würden riesige Mengen des Medikaments einnehmen. Am 2. März bestellte FDA-Kommissar Frank Young die Aspirin-Hersteller zu der eingangs geschilderten Besprechung in sein Büro. Er schärfte ihnen ein, nicht mit der Medizinerstudie zu werben, obwohl sie nach wie vor Aspirin als Prophylaxe gegen Zweitinfarkte herausstellen dürften. Das taten sie; die Werbebudgets schossen in die Höhe. Pharmaketten schmiedeten Pläne, ihre Aspirin-Werbung durch weitere Reklamemaßnahmen, Anschauungsmaterial und Preisnachlässe hochzufahren. Drugstores ergänzten ihre Bestände doppelt so schnell wie im Vorjahr. Während der ganzen Zeit füllten konkurrierende Aspirin-Reklamen den Äther. In einem Werbespot enthüllte auch Bufferin seine Identität, wobei es sich des Tennisprofis Arthur Ashe bediente, der dessen Aspirin-Formel mit den »drei Puffern« anpries. In einem anderen behauptete Ecotrin, es sei »dasjenige [Medikament], das Herzspezialisten mehr empfehlen als Bayer«. In einem dritten Spot wohnten stolze Väter der Studienabschlußfeier ihrer Töchter bei – dank Bayer Aspirin, das sie vor

Zweitinfarkten bewahrte. Anacin, dem die FDA die Behauptung untersagt hatte, Koffein sei der Herz-Kreislauf-Gesundheit förderlich, mußte sich damit begnügen, auf die »sensationellen Neuigkeiten« bezüglich Aspirin hinzuweisen.

Für die Hersteller von Paracetamol und Ibuprofen muß der Boom kaum zu glauben gewesen sein. Es war, als sei ein längst überwunden geglaubter Gegner plötzlich wieder zum Leben erwacht. Obwohl Wall-Street-Analytiker eine Expansion des amerikanischen Schmerzmittelmarktes über die 1987 erreichte Marke von 2,2 Milliarden Dollar hinaus prognostizierten, sagten sie auch voraus, daß Tylenol nichts von der Steigerung abbekommen werde – sie werde ausschließlich Aspirin zufallen. (Eine zweite Tylenol-Vergiftungsaffäre im Februar 1987 drosselte den Paracetamol-Absatz.) Freilich war Tylenol immer noch die wichtigste einzelne Marke mit einem Anteil von 30 Prozent am Analgetikamarkt. Ebenso richtig war, daß der gemeinsame Marktanteil der vier führenden amerikanischen Aspirin-Marken – Anacin, Bayer, Bufferin und Excedrin – nur 23 Prozent betrug. Aber hinter diesen Zahlen verbarg sich die Tatsache, daß es mit einer dieser Marken, Bayer, plötzlich bergauf ging. Das »Wunderheilmittel, das Wunder wirkt«, hatte es geschafft, unter den Aspirin-Marken wieder in den zweiten Rang aufzusteigen, eine Stellung, die es seit Jahren nicht mehr innegehabt hatte.

Aber mit Aspirin ging es generell aufwärts. 1987 hatte es seine Spitzenstellung als Schmerzmittel der amerikanischen Nation wiedererlangt. Sobald die Nachricht über Herzinfarkte bekannt wurde, setzte bei einer großen Lebensmittelkette der Ostküste, Giant Foods, eine so stürmische Nachfrage ein, daß der Verkauf auf sechs Flaschen pro Person eingeschränkt wurde. Die Leute hamsterten Aspirin.

Der Aspirin-Fimmel beschränkte sich keinesfalls auf die Vertriebsleute. Da sie wußten, daß Aspirin die Prostaglandine blockiert und daß diese ihrerseits das Immunsystem hemmen, betrachteten manche Wissenschaftler ASS als kurzfristigen Verstärker von Immunwirkstoffen wie Interferon und Interleukin-2. Die Kardiologin Judy Hsia von der George-Washington-Universität warb 1988/89 unter den Studentinnen um Freiwillige, die Aspirin nehmen und sich dann dem Kontakt mit Grippeviren aussetzen sollten. Die Versuche führten zu keinem schlüssigen Ergebnis, aber Hsia betrachtete die durch Aspirin bewirkte Stärkung des Immunsystems als wichtig genug, um das Pharmazeutikum der nächsten Generation von Grippeimpfstoffen beizumengen.

Da sich Menschen mit geschwächtem Immunsystem schlechter gegen Krebs und Aids wehren können, unternahmen Ärzte vorsichtige Tests, um herauszufinden, ob Aspirin bei der Behandlung dieser Krankheiten eine Rolle spielen könnte. Dem Chicagoer Krebsforscher Donald P. Braun zufolge benötigen viele Tumorarten Prostaglandine, um zu gedeihen. Es liege daher der Schluß nahe, daß Aspirin, das die Prostaglandine unterdrückt, von Nutzen sein könnte. Im Frühjahr 1991 ging aus einer Untersuchung hervor, daß regelmäßige Einnahme von Aspirin das Risiko von Dickdarm- und Mastdarmkrebs fast um die Hälfte verringern kann. Überdies, sagte Braun, sei inzwischen »weithin anerkannt, daß man es in bestimmten Stadien der HIV-Infektion mit einer abnormen Funktion der Monozyten [weißen Blutzellen] zu tun habe, die mit diesen Verbindungen etwas gebessert werden könne«. Alle Tests haben sich bisher ausschließlich auf den Labortisch beschränkt, aber Braun hält es für möglich, daß Aspirin oder dessen Verwandte letzten Endes eine Rolle bei der Bekämpfung von Aids spielen könnte. Es könnte Menschen helfen, die das Virus haben, aber noch keine Symptome aufweisen.

In Oxford erprobten Rory Collins und ein anderer Epidemiologe, Ian Chalmers, Aspirin in einem Bereich, der einst als tabu gegolten hatte: in der Schwangerschaft. Schwangere Frauen hatte man lange vor der Einnahme von Aspirin gewarnt, weil es Blutungen und möglicherweise eine Fehlgeburt auslöse. Doch die Präeklampsie, die häufigste ernste Komplikation in der Schwangerschaft, scheint durch winzige Thromben in der Placenta verursacht zu sein – genau die Störung, die man mit Aspirin behandeln könnte. Die Thromben hemmen die Blutzufuhr zum Fötus; wenn der mütterliche Körper versucht, Nährstoffe durch die Barriere zu pressen, können Leber und Nieren der Mutter Schaden erleiden und der Fötus trotzdem verhungern; in schweren Fällen führt die Präeklampsie sowohl bei der Mutter als auch beim Kind zu Krämpfen und zum Tod. Eine in Oxford durchgeführte Untersuchung von Präeklampsie, die Collaborative Lowdose Aspirin Study in Pregnancy (CLASP), ist noch nicht abgeschlossen, aber in den englischen Massenblättern sind bereits Artikel über »Aspirin-Babys« erschienen, illustriert mit Fotos krähender Säuglinge und ihrer durch Tränen lächelnden Mütter, die durch Aspirin gerettet wurden.

Als genauso dramatisch könnte sich die Fähigkeit von Aspirin im Kampf gegen die Senilität erweisen. Die ohne Schmerzen oder plötzliche Warnung einsetzende Senilität raubt den Betroffenen nach und nach kostbare Erinnerungen, die

Fähigkeit, für sich selbst zu sorgen, und schließlich gar die eigene Persönlichkeit. Seit neuestem ist es möglich, zwischen zwei Hauptursachen der Senilität zu unterscheiden: der Alzheimerschen Krankheit und der sogenannten »Multi-Infarkt-Demenz«. (Infarkt auch hier im Sinn von Gewebetod.) Unter Multi-Infarkt-Demenz versteht man den Verlust geistiger Fähigkeiten, bedingt durch viele kleine Schlaganfälle in den winzigen Blutgefäßen des Gehirns, von denen jeder eine kleine Gewebepartie zerstört und das Opfer sanft den Abhang des Vergessens weiter hinunterstößt. Die Kosten der Pflege dieser präsenilen beziehungsweise senilen Demenzpatienten wurden für die Vereinigten Staaten auf 13 Milliarden Dollar jährlich geschätzt; die persönlichen Kosten für das Opfer sind natürlich nicht berechenbar.

John Stirling Meyer, der Leiter des Cerebral Blood Flow Laboratory am Medizinischen Zentrum der Veterans Administration in Houston, hat den Versuch unternommen, diese Kosten zu reduzieren – mit Aspirin. Meyer, der Verfasser von über 750 wissenschaftlichen Schriften, studiert seit drei Jahrzehnten das Phänomen Gehirnschlag. Da Schlaganfälle überwiegend in höherem Alter auftreten, dehnten sich seine Interessen auch auf andere Erkrankungen älterer Menschen, insbesondere die senile Demenz, aus.

In einer Pilotstudie untersuchte Meyer siebzig Personen mit Multi-Infarkt-Demenz. Der einen Hälfte verabreichte er ein Aspirin pro Tag; die übrigen bekamen kein Aspirin. Er beobachtete beide Gruppen drei Jahre lang. »Bei den Aspirin-Behandelten war eine verbesserte Durchblutung des Gehirns und der kognitiven Leistungen festzustellen«, berichtete er später. »Vom praktischen Standpunkt aus bedeutete das, daß manche zur Arbeit zurückkehren konnten und viele nicht mehr durch ihre Ehepartner und Familien beaufsichtigt werden mußten.« Mehr und größere Untersuchungen seien jedoch nötig, schränkte er ein. Aber falls sich Aspirin als Waffe gegen die Senilität erweise, dann werde dies bemerkenswerte Konsequenzen haben: die Generation von Säuglingen, die dank Aspirin eine Präeklampsie überleben, könnte mit demselben Medikament die Senilität hinauszögern.

Selbst das war noch nicht das Ende der guten Nachrichten. Im März 1988 zirkulierten Gerüchte über die unerwartete Fähigkeit von Aspirin, Herzinfarkten nicht nur vorzubeugen, sondern sie auch in der akuten Phase zu behandeln. Zwar existierten mehrere Therapien für akute Infarkte, aber die Ärzte waren sich über deren Vorzüge nicht einig. 1980 beschloß eine internationale Gruppe von

Wissenschaftlern, sie gemeinsam systematisch zu evaluieren. Die International Study of Infarct Survival (ISIS), koordiniert von Rory Collins, wählte die Betablocker, die den Blutdruck senken, für ihre erste Studie. Dreiundzwanzig vorangegangene klinische Testreihen hatten nicht zweifelsfrei ergeben, ob die Verabreichung von intravenösen Betablockern in den ersten Stunden eines Herzinfarkts hilfreich ist.

Nach dreieinhalb Jahren, 245 Herzstationen in vierzehn Nationen und 16 027 Patienten stellte die ISIS einen fünfzehnprozentigen Rückgang der Sterblichkeit fest – gering, aber zweifellos lohnend.

Die ISIS verlief so reibungslos, daß schon zwei Monate nach ihrem Abschluß mit ISIS-2 begonnen werden konnte. Die für die zweite Runde erkorene Behandlung war Streptokinase, ein Pharmazeutikum, das hauptsächlich von den deutschen Behringwerken AG. unter dem Markennamen Streptase hergestellt wurde. Die Streptokinase zählt zu einer bestimmten Klasse von Medikamenten, den sogenannten Thrombolytika: Stoffen, die das Fibrin in einem Thrombus auflösen (»lysen« in medizinischer Terminologie). Bis Ende der siebziger Jahre hielten die Behringwerke Streptokinase für nahezu wertlos; eine Reihe von Untersuchungen war ohne schlüssiges Ergebnis geblieben, und außerdem genoß das Präparat keinen Patentschutz mehr. Das Unternehmen erklärte sich nur deshalb zur Unterstützung des Forschungsprojekts bereit, um dem Entwickler der Streptokinase einen Gefallen zu tun, der dem Vorstand angehörte und in Kürze in den Ruhestand treten sollte. Peto, Collins und Salim Yusuf, ein hospitierender Statistiker vom Nationalen Herz-, Lungen- und Blut-Institut, sowie andere wandten die inzwischen vertraute Technik an, diese früheren Versuchsreihen nicht individuell, sondern kollektiv zu betrachten. Streptokinase erwies sich als wirksam für die Auflösung von Thromben und die Senkung der Sterblichkeit, wenn sie kurz nach Beginn eines Herzinfarkts verabreicht wurde. Im letzten Moment entschlossen sich die Forscher, einen Aggregationshemmer in die Studie einzubeziehen. Aspirin war der billigste. »Es war eine Art Schuß im Dunkeln«, gab Collins zu. »Es erschien wie eine Laune, und die meisten Forscher erwarteten sich nichts davon.«

Verständlicherweise, denn bei der ISIS-2 sollten die Patienten nicht später als 24 Stunden nach Einsetzen eines Herzinfarkts lediglich eine halbe Tablette Aspirin erhalten, und diese Dosierung sollte nur einen Monat lang fortgesetzt werden. Patienten, die in einer Herzstation eintrafen, sollten nach dem Zufalls-

prinzip Placebo, Aspirin allein, Streptokinase allein oder Aspirin plus Streptokinase erhalten. An dem 1985 begonnenen Großversuch nahmen schließlich
17 000 Patienten in 400 Krankenhäusern teil. Die am 29. März 1988 auf dem
Jahrestreffen des American College of Cardiology bekanntgegebenen Resultate
waren frappierend. Beide Arzneistoffe erwiesen sich als sehr wirksam, um einen
akuten Herzinfarkt zu überleben. Aber die Kombination von Aspirin und Streptokinase senkte die Sterblichkeit um bis zu 50 Prozent – fast doppelt so
erfolgreich wie die beiden Medikamente allein und weitaus besser, als irgend
jemand vermutet hatte. »Ich war genauso erstaunt wie alle anderen«, sagte Peto.
»Ich konnte die Ergebnisse zunächst gar nicht glauben.« Streptokinase, eine
billige Arznei, und Aspirin, die billigste Arznei, halbierten die Todesfälle, bedingt
durch Herzinfarkt. Dies war kein statistischer Zaubertrick – es war, zumindest
an der Zahl potentiell zu rettender Menschenleben gemessen, einer der größten
Fortschritte in der Medizin seit Entwicklung des Pockenimpfstoffs.

Im Sommer 1988 unterstützten die National Institutes of Health mindestens 35
Untersuchungen von Aspirin gegen Krankheiten, die das gesamte Spektrum
medizinischer Fachbereiche umfaßten. Die Hersteller hatten die Verbraucher
mit Aspirin-Werbung bombardiert, und Paracetamol und Ibuprofen bekamen es
mit der Angst zu tun. Gerüchten zufolge plante American Home ein reines
Aspirin-Produkt, das es als Mittel gegen Herzkrankheiten anpreisen konnte, und
Ecotrin rieb sich die Hände über den Erfolg seiner Werbekampagne. Umfragen
ergaben, daß neun von zehn Amerikanerinnen die Neuigkeiten über Aspirin
vernommen hatten – ein so hoher Informationsgrad, daß Sterling seinen Werbeetat für Bayer Aspirin in einer perversen Anwandlung des Triumphs tatsächlich kürzte – es war niemand mehr übrig, dem die Augen geöffnet werden
mußten.

Business Week erfaßte die Stimmung in der Pharmawelt genau, als es im August
1988, zwei Wochen nach Veröffentlichung von ISIS-2, seine Titelseite mit einer
großen weißen Aspirin-Tablette schmückte. Die Schlagzeile lautete einfach:

Wunderheilmittel

Der Kreis hatte sich geschlossen. Jahrzehnte nach dem Tod von Carl Duisberg
brauchten die Aspirin-Hersteller keine Werbung mehr zu betreiben. Sie mußten
die Ärzte lediglich an ihre Existenz erinnern, was der alte Mann immer für das

Beste gehalten hatte. Das änderte freilich nichts daran, daß die Laborlampen bis spät in die Nacht brannten. Tatsächlich hatten die Pharmakologen bei Firmen wie Sterling mehr denn je zu tun. Wonach suchten sie? Robin Mills, der Präsident von Sterling, erklärte es mit feinem Lächeln. »Neue Aspirine natürlich«, antwortete er. »Das gegenwärtige hat uns eine Weile genützt, aber wir könnten wirklich absahnen, wenn wir ein neues fänden.«

Epilog

»Die wirtschaftlichen Anreize«

Die Ärzte wurden zuvorkommend behandelt. Die langen Tafeln in dem großen Speisesaal des Christ Church College waren mit Köstlichkeiten beladen, und Kellner standen den ganzen Abend lang mit Flaschen von Chablis und Côtes du Rhône bereit. Keine Studenten störten die Festlichkeit mit ihrer Präsenz – der zweite im Abstand von fünf Jahren stattfindende Kongreß der Antiplättchenforschervereinigung war so geplant, daß er in die Frühjahrsferien fiel. Zwei Hundertschaften stark waren die Wissenschaftler durch Regen und Nebel nach Oxford gereist, um die jüngsten Errungenschaften des sicherlich größten je unternommenen medizinischen Forschungsvorhabens zu feiern. Es war das letzte Wochenende im März 1990, und die Rechner von Oxford hatten bis in die frühen Morgenstunden des Samstags gesummt und die atemraubende Zahl von 115 701 Patienten in 207 abgeschlossenen Untersuchungen erfaßt, von denen 6011 an »Gefäßschäden« wie Herzinfarkt gestorben waren.

Sie versammelten sich am Samstagmorgen in einem mittelgroßen Hörsaal. Am Kopfende des Saales thronte das unverzichtbare Requisit wissenschaftlicher Kongresse, ein Overheadprojektor. Hinter dem Projektor auf und ab schreitend, hielt Peto seinen inzwischen ausgefeilten Vortrag über Notwendigkeit und Prinzipien der Metaanalyse: größere Stichproben; das Erfordernis, die Gesamtergebnisse in den Vordergrund zu stellen, statt Untergruppen der Population zu betrachten; Wege zur Vermeidung tendenzieller Voreingenommenheiten; und die Würdigung auch bescheidener Nutzeffekte. Er verdeutlichte seinen Zuhörern die Metaanalyse, indem er die beobachteten Gefäßschäden in der Behandlungsgruppe nahm (O) und sie von den Gefäßschäden abzog, die ohne Behandlung zu erwarten waren (E), und dann die Ergebnisse in einer Spalte addierte:

$$[(O - E)_1 + (O - E)_2 + \dots + (O - E)_n]$$

Das sei jene Art von Rechenaufgabe, scherzte er, die die meisten Leute mit zehn oder elf Jahren lernen und dann prompt vergessen. Wenn jede Menge (O − E) zufallsbedingt von O abweiche, sagte er, dann müsse die Gesamtsumme O ergeben. Wenn sie jedoch alle in dieselbe Richtung tendierten, dann verstärke die Addition das positive Ergebnis. Genau dies habe er mit den 207 Untersuchungen gemacht.

Während seiner ganzen Präsentation sprach Peto von »Agglutinationshemmern«, aber damit meinte er vor allem Aspirin. Zwanzig Verklumpungshemmer waren im Rahmen der Kooperation getestet worden, aber die überwältigende Mehrzahl der Versuchsreihen hatte Aspirin gegolten – Aspirin war auf dem besten Weg, zu einem wissenschaftlichen Industriezweig zu werden.

Mit der durch die Kooperation generierten Datenflut, sagte Peto, sei die Wissenschaft endlich in der Lage, die Vorzüge des verbreitetsten Arzneimittels der Welt zu verstehen. Aspirin habe Vorzüge, die paradoxerweise sowohl als bescheiden wie auch als gigantisch bezeichnet werden könnten. Es sei keineswegs ein Allheilmittel. »Auch hier gilt die Zehn-Tonnen-Laster-Regel«, sagte er. »Keine Pille kann einen vor einem daherbrausenden Zehn-Tonnen-Laster schützen.« Aber Aspirin im besonderen und die Antiplättchentherapie im allgemeinen wiesen bei thrombotischen Krankheitsbildern jeder Art signifikante Vorzüge auf. Gehirnschlag, Herzinfarkt, temporäre Ischämieanfälle, Lungenembolie, Thrombosen tiefliegender Venen, periphere Gefäßerkrankungen, Dialysefisteln, Herzbypasskomplikationen – Aspirin wirke bei der ganzen schrecklichen Liste. »Die Welt wird einfacher«, schloß Peto seinen Vortrag. »In der medizinischen Forschung kommt es sehr selten vor, daß man das sagen kann.«

Seine Mitarbeiter standen hinter dem Projektor und führten die neuesten Fälle in der Liste fast monoton erfolgreicher Resultate vor. Manche der erzielten Fortschritte waren außerordentlich. Die Antiplättchentherapie verhinderte sensationelle 60 bis 70 Prozent der Lungenembolien und 30 bis 40 Prozent der

Thrombosen tiefliegender Venen, ein verbreitetes Syndrom nach Herzinfarkten und Operationen, bei dem sich in zentral gelegenen Venen Blutgerinnsel bilden. Bei beiden Krankheitsbildern lag die Wahrscheinlichkeit bei weniger als 1:100 000, daß die Resultate zufallsbedingt waren. Nachdem er die Befunde auf den Bildschirm projiziert hatte, zitierte Rory Collins genüßlich frühere Behauptungen prominenter Fachleute, daß Aspirin gegen dieses Leiden nutzlos sei. Obwohl das NIH 1975 die Verabreichung von Aspirin gegen dieses Syndrom empfohlen hatte, teilte er seinen Zuhörern mit, habe es sich selbst korrigiert und im Herbst 1986 Aspirin verworfen. »Etwa ein Prozent aller Patienten sterben nach chirurgischen Eingriffen an Lungenembolie«, bemerkte er. »Aspirin kann diese Zahl drastisch verringern.«

»Nicht nur das«, unterbrach ihn Peto. »In den letzten zehn Jahren ist ein gravierender medizinischer Fehler gemacht worden, der zur Folge hatte, daß eine sehr große Anzahl von Menschen nicht geschützt wurden. Allein in den Industrieländern hat dies unmittelbare Relevanz für Millionen von Patienten. Das Bild könnte nicht eindeutiger sein – geben Sie diesen Menschen Aspirin, und Sie werden Leben retten.«

Peter Sandercock von Edinburgh trug die Resultate der Hirnschlagstudien vor. Der Gesamtgewinn durch Agglutinationshemmer betrug 18 bis 26 Prozent. Auch hier war das Risiko eines Irrtums geringer als 1:100 000. Aspirin rief offenbar bei einer Form des Schlaganfalls, dem hämorrhagischen Schlag (geplatzte Blutgefäße im Gehirn), eine leichte Verschlechterung hervor, aber das wurde weit überwogen durch das »sehr günstige Resultat« bei dem häufigeren okklusiven Schlag (blockierte Blutgefäße im Gehirn).

Spielt es eine Rolle, wurde er gefragt, daß viele der Hirnschlagergebnisse von Untersuchungen an Ärzten stammten? Haben sie nicht Zugang zu viel besserer medizinischer Versorgung als die meisten anderen Patienten?

Das falle nicht ins Gewicht, antwortete Peto aufspringend. Falls überhaupt, wirke es sich günstig aus, da Ärzte richtig diagnostiziert würden, wenn sie erkrankten. »Das ist ein Grund«, fügte er sarkastisch hinzu, »warum es viel besser ist, Ärzte statt Menschen zu studieren.«

Der Vertreter der FDA erhob sich. Er trug einen blauen Anzug und ein weißes Hemd, eine Ausnahme in dem Saal voller Freizeithosen und Pullover. Er war äußerst skeptisch, fragte nach Nebenwirkungen (die Angaben bei klinischen Testreihen seien höher als in der Praxis, erwiderte Peto, da die Patienten ermutigt

würden, über sie zu berichten). Er fragte nach der Dosierung (bis jetzt kenne
niemand die optimale Dosis für Aspirin, antwortete Peto, aber eine Tablette
reiche sicher aus, speziell, wenn sie mit einem magensaftresistenten Überzug
versehen sei, der die Tablette leichter verdaulich mache). Er fragte nach hämor-
rhagischem Schlag (Aspirin rufe zwar Blutungen hervor, aber eine tödliche
Wirkung sei äußerst unwahrscheinlich). Er fragte nach dem Rückgang der
Mortalität durch Aspirin (der sei noch größer, als es scheine, meinte Peto, da so
viele Patienten ihre Medizin nicht nehmen).

Ein paar Minuten später ging es in die Pause. Die anwesenden Forscher stärkten
sich mit Tee und Keksen. Alles, was in der Welt des Aspirins Rang und Namen
hatte, schien in einem Raum versammelt zu sein. Peto unterhielt sich mit dem
Skeptiker von der FDA und dem neuen medizinischen Leiter von Sterling, Earl
Lockhart. Peto war bis fünf Uhr früh aufgewesen, um Computerprobleme zu
beheben, aber seine Hochstimmung war bis ans andere Ende des Raumes
spürbar. Nun erlebte er die Bestätigung der Überzeugungen, die er seit Jahren
gehegt hatte. Er hatte einen einfachen Großversuch koordiniert und damit ein
einfaches, überzeugendes Resultat erzielt: die Antiplättchentherapie wirkte in
allen Anwendungsgebieten.

»Es hat Hypothesen über all diese Untergruppen gegeben«, sagte Peto. Dabei sah
er Lockhart an, aber die Vermutung lag nahe, daß die Vehemenz seines Tones
dem Mann von der FDA galt. »Daß Aspirin bei Männern wirke, aber nicht bei
Frauen, daß es in mittlerem Alter wirke, aber nicht bei den Alten, daß es bei
hohem Blutdruck gefährlich sei, aber sich bei Diabetikern besonders bewähren
werde. Ob Mann oder Frau, Diabetiker oder nicht, alt oder jung, hoher oder
niedriger Blutdruck – es ist alles dasselbe. Die Vorstellung, daß sich die
Antiplättchentherapie auf Männer konzentrieren sollte, ist völlig falsch und muß
aufgegeben werden.« Er wedelte mit dem Packen Diagramme in seiner Hand.
»Sie werden es in der Nachmittagssitzung erleben«, sagte er. »Wir schaffen diese
Frage um drei Uhr nachmittag aus der Welt. Damit wird sich jede weitere
Diskussion erübrigen.«

Wenn Aspirin jedem nütze, wurde Peto von einem Zuhörer gefragt, bedeute das,
daß es jeder nehmen sollte?

»Es ist eine äußerst interessante Situation«, meinte Peto. »Normalerweise glaube
ich, daß man die theoretische Analyse eines Problems der Volksgesundheit von
der Entscheidung trennen sollte, was dagegen zu tun ist. Zum Beispiel steht

außer Frage, daß ein hoher Cholesterinspiegel zu Herzerkrankungen beiträgt und daß man Leben retten könnte, indem man ihn senkt. Aber man scheut davor zurück, der ganzen Nation ein cholesterinsenkendes Programm zu verordnen, wenn das bedeutet, Millionen von Menschen unangenehme Medikamente zu verabreichen, die sie sich nicht leisten können, und sie aufzufordern, ihre Ernährung so grundlegend umzustellen, daß womöglich die Agrarwirtschaft und damit natürlich auch die übrige Wirtschaft ins Schlingern gerät. Das muß die Regierung entscheiden.«

Aspirin könnte etwas anderes sein. Die Zahl der Menschen, die durch eine 325-Milligramm-Tablette von magensaftresistentem Aspirin ernste Nebenwirkungen erleiden werden, ist wirklich gering, und die Mehrzahl von ihnen kann durch Absetzen der Behandlung schnell genesen. Man ertappt sich bei der Frage: Warum sollten wir den Erwachsenen in den Hochrisikokategorien *nicht* nahelegen, Aspirin zu nehmen? Es ist ungefährlich, es ist überaus wirksam, und es ist so billig, daß es für die Betroffenen fast keine finanzielle Belastung darstellen würde.

»Es würde nicht nur die Wirtschaft nicht ins Schleudern bringen« – er warf Lockhart einen Blick zu und lachte –, »es würde offensichtlich auch die Analgetikahersteller nicht aus der Bahn werfen.«

Als sich die Nachricht von den vielfältigen neuen Anwendungsmöglichkeiten für Aspirin in allen Teilen der Welt ausbreitete, erfüllte das auch Nicholas Laboratories, die Hersteller von Aspro und die zweitälteste Aspirin-Firma in der Welt, mit neuem Schwung. Ebenso wie Sterling ging Nicholas davon aus, daß der neue wissenschaftliche Nimbus, der Aspirin umgab, die Konsumenten veranlassen werde, dem Medikament einen größeren Respekt entgegenzubringen und es möglicherweise statt Paracetamol gegen ihre Kopfschmerzen und ihr Fieber zu kaufen. Ermutigt von dem FDA-Beschluß, Aspirin als Prophylaxe gegen Zweitinfarkte zuzulassen, stellte Nicholas einen ähnlichen Antrag beim Department of Health and Social Services, dem britischen Äquivalent des amerikanischen Gesundheitsministeriums.

Das Ministerium lehnte den Antrag ab, teils, weil es noch nicht bereit war, Petos medizinischer Beweisführung zu folgen, und teils, weil die optimale Aspirin-Dosis für diese neuen Anwendungsgebiete niemals ermittelt worden war. Nicholas war bestürzt: Bei den klinischen Erprobungen von Aspirin waren die unterschiedlichsten Dosierungen verwendet worden, ohne daß sich ein Standardwert herauskristallisiert hätte. Solange die Ärzteschaft nicht mit einiger Gewißheit die beste Dosierung festgestellt habe, entschied das Ministerium, würden keine neuen Anwendungsgebiete zugelassen werden.

1987 unternahm Nicholas einen neuerlichen Versuch. Diesmal beschloß das Unternehmen, einen neuen Anwendungsbereich für Aspirin zu beantragen, in dem eine einzige Untersuchung ein signifikantes Resultat ergeben hatte. Auf diese Weise würde man dem Problem entgehen, unterschiedliche Resultate und Aspirin-Dosen auf einen Nenner zu bringen. Andererseits lief man dadurch Gefahr, eine Arzneimittelbehandlung auf die Grundlage eines zufallsbedingten positiven Resultats zu stellen, aber das Department of Health and Social Services konnte sich kaum darüber beklagen. Das Unternehmen fand das Gesuchte in Form einer Abhandlung, die drei Jahre zuvor in *Lancet* erschienen war. In dieser von einem Münchner Kardiologenteam durchgeführten und von der Bayer AG bezuschußten Untersuchung war festgestellt worden, daß einhundert Milligramm Aspirin die Gefahr einer Thrombusbildung in einem implantierten Gefäß nach einer Bypassoperation signifikant vermindert. (100 Milligramm ASS sind in Deutschland in einem Kinder-Aspirin enthalten.) Nicholas legte die Ergebnisse der Studie vor und erhielt daraufhin vom Ministerium grünes Licht. Das Resultat war Platet 100, das im Juli 1988 erstmals in einer Kalenderpackung auf den Markt kam. In Großbritannien werden jährlich nur zehntausend koronare Bypassoperationen durchgeführt, und Nicholas wußte, daß der Markt für Platet deshalb begrenzt war. Dennoch hatte Nicholas aus seiner Sicht damit eine erste Bresche in die Abwehrmauer des Gesundheitsministeriums geschlagen. Kurz danach beantragte Nicholas auf der Basis von ISIS-2 und den Ergebnissen der Veterans-Administration-Studie über instabile Angina pectoris erfolgreich zwei weitere Anwendungsgebiete, sekundäre Myokardinfarkte und instabile Angina pectoris. Platet 300 war das erste Aspirin, das im Vereinigten Königreich zur Herzinfarktprophylaxe vertrieben wurde.

Nicholas beauftragte Noel Rabouhans, den Leiter seiner Abteilung für medizinische Produkte, mit dem Vertrieb von Platet. Es war unübersehbar, daß Rabouhans keine großen Hoffnungen hegte. Es hatte sogar den Anschein, als ob er Platet als eine Art von Gute-Nachricht-schlechte-Nachricht-Scherz betrachtete. Die gute Nachricht war, daß sein Arbeitgeber, Nicholas International, über ein wichtiges neues, rezeptpflichtiges Medikament gegen Herzinfarkt verfügte. Die schlechte Nachricht war, daß Nicholas dasselbe Medikament bereits seit sieben Jahrzehnten verkaufte.

* * *

Einige der Teilnehmer an der Antiplättchenforschertagung waren ebenso bedrückt wie Rabouhans. Das waren die Vertreter der Pharmafirmen, deren Produkte überprüft worden waren. Sie warteten mit Spannung auf den zweiten Teil der Präsentation, der den Vergleich der verschiedenen Arzneistoffe miteinander vorsah. Manche dieser Pharmazeutika waren bereits äußerst gewinnträchtig; in andere wurden große Hoffnungen gesetzt. Ihre Hersteller hatten freiwillig Informationen aus Vorläuferstudien beigetragen; jetzt sollten sie erfahren, ob ihre Mühen belohnt werden würden. Kurz, sie warteten darauf, daß ihre Investitionen Früchte trugen.

Niemand bezweifelte, daß die auf die Leinwand projizierten Ergebnisse kommerzielle Auswirkungen haben würden. Sie hatten erlebt, was nach ISIS-2 geschehen war, dem klinischen Großversuch, der ergeben hatte, daß Aspirin plus Streptokinase die Sterblichkeit bei akutem Herzinfarkt drastisch senkten. Trotz des marktüblichen Preises von 200 Dollar pro Injektion war der Streptokinaseumsatz nach ISIS-2 in die Höhe geschossen. Das war eine gute Nachricht für die Behringwerke, deren Haupthersteller, aber eine fürchterliche Nachricht für deren Konkurrenz, Activase.

Activase ist ein Handelsname für *tissue* (= Gewebe) *plasminogen activator* (TPA). (Plasminogen-Aktivator ist eine Substanz, die Plasminogen zu Plasmin aktiviert. Plasmin ist ein Enzym, das den Blutgerinnungsfaktor Fibrin aufspaltet – A. d. Ü.) Ebenso wie Streptokinase wirkt TPA durch Mobilisierung des körpereigenen Systems zur Auflösung eines Thrombus. Der Unterschied ist, daß TPA auf gentechnischem Wege hergestellt wird und über 2000 Dollar pro Dosis kostet – so viel, daß alarmierte Volksvertreter in mehreren Ländern erwogen hatten, den öffentlichen Krankenkassen die Kostenübernahme zu untersagen. Entdeckt, patentiert und hergestellt von Genentech in South San Francisco/Kalifornien, einer der ersten Biotechnikfirmen, wurde TPA anfangs (zumindest von den Genentech-Managern) als ein Wundermittel gegen akuten Herzinfarkt begrüßt. Die Veröffentlichung der Resultate von ISIS-2 Ende März 1988 setzte den Genentech-Leuten einen Dämpfer auf und ließ ihre Aktien vorübergehend absacken. Während die an der ASS-Studie teilnehmenden Ärzte von der unerwarteten Wirksamkeit des Aspirins beeindruckt waren, ließ sich Wall Street von der Tatsache beeindrucken, daß Streptokinase plus Aspirin genauso gut waren wie Activase. Die Aktien von Genentech verloren in den nächsten zwei Monaten fast 25 Prozent ihres Wertes. Als ISIS-2 im folgenden August offiziell in *Lancet* erschien, gingen die Genentech-Anteile, die 1987 noch 52 Dollar pro Stück gekostet hatten, um wenig mehr als 20 Dollar weg – was zumindest theoretisch bedeutete, daß eine einzige klinische Studie das Unternehmen um die Hälfte seines Wertes gebracht hatte. Zum Zeitpunkt der Antiplättchentagung war die Aktie wieder auf etwas über 25 Dollar hochgeklettert, nach Ansicht von Analysten zum Teil deshalb, weil die Firma am 2. Februar ihre Fusion mit dem großen Schweizer Pharmakonzern, der Roche Holding, angekündigt hatte.

Genentech hatte keine weiteren Rückschläge durch die Kooperation der Antiplättchenforscher zu befürchten, da TPA nicht für dieselben Anwendungsgebiete gedacht war wie die Aggregationshemmer. Aber das galt nicht für die Hersteller der neunzehn aspirinfreien Antiplättchenstoffe, die durchaus verwundbar waren. Die wichtigsten dieser Therapeutika waren Sulfinpyrazon, das vor allem unter dem Namen Anturane von Ciba-Geigy in Summit/New Jersey vertrieben wurde; Ticlopidine Hydrochlorid, ein relativ neues Präparat, das in Nordamerika von Syntex in Palo Alto hergestellt wurde, aber von der FDA noch nicht genehmigt war; und Dipyridamol, das von Boehringer/Ingelheim unter dem Namen Persantine angeboten wurde.

Die Frage war, ob Aspirin sie packen und auf sein kommerzielles Niveau herunterziehen würde. Im Gegensatz zu ihren Verwandten auf dem rezeptfreien Markt verglichen diese Pharmahersteller ihre Produkte selten miteinander; es war zu schwierig und zu teuer, definitive Überlegenheitsansprüche zu untermauern. Die Wahrscheinlichkeit war groß, daß sich ein Medikament nur geringfügig von dem anderen unterscheiden würde, und wie Peto bewiesen hatte, wäre eine Massenuntersuchung nötig gewesen, um den Unterschied klar herauszuarbeiten. Die Antiplättchenforschervereinigung hatte diese unwillkommene Chance geboten. Kein Wunder, daß die Firmenvertreter ihre Notizbücher herausholten und wie wild Aufzeichnungen machten, als Peto seine Dias in den Overheadprojektor steckte.

Da sie wußten, daß Firmen wie Syntex, Ciba-Geigy und Boehringer/Ingelheim wichtige Forschungsförderer waren, hatten besorgte Vereinigungsmitglieder darauf bestanden, keine Vertreter der Tagespresse an dem Kongreß teilnehmen zu lassen. Dies war vielleicht eine kluge Entscheidung, denn Peto gab den Herstellern von Agglutinationshemmern wenig Grund zur Zufriedenheit. »Kein signifikanter Unterschied«, sagte er ständig. »Kein signifikanter Unterschied.« Auf der großen Leinwand leuchtete ein Dia nach dem anderen auf, und immer lag das Aspirin in seiner Wirkung zu nahe bei seinen Konkurrenten, um sagen zu können, was besser war. »Vielleicht gibt es bedeutende Unterschiede zwischen diesen Wirkstoffen«, bemerkte Peto, »aber wir sind meilenweit davon entfernt, sie nachweisen zu können. Bisher gibt es nicht die geringste Möglichkeit, zu demonstrieren, daß zwischen der therapeutischen Wirkung dieser Arzneimittel irgendein Unterschied besteht.« Er brauchte nicht hinzuzufügen, daß, wenn kein bekannter Unterschied zwischen zwei Arzneien besteht, die Ärzte das billigste und ungefährlichste Mittel verschreiben sollten – in diesem Fall sicherlich Aspirin – und daß dies, sobald sich diese Erkenntnis durchsetzte, zweifellos schmerzhafte Konsequenzen für all jene haben würde, deren Geschicke mit den anderen Aggregationshemmern verknüpft waren.

Ein unverkennbares Mißbehagen schlich sich bei manchen der Versammelten ein. In der anschließenden Debatte hob Garrett Fitzgerald von der Vanderbilt-Universität die Hand. Er habe zwei Sorgen, sagte er. Die erste sei, daß man eine allzu zuversichtliche Botschaft bezüglich Aspirin in die Welt hinausschicke. Und die zweite, fügte er scharf hinzu, »ist, daß wir [mit diesen Befunden] die Pharmaindustrie entmutigen könnten«.

»Einer gewinnt immer bei diesen Produktvergleichen«, entgegnete Peto.

»Soviel ich alldem entnehme«, sagte Fitzgerald, »spielt Ticlopidine in derselben Liga mit Aspirin, Sulfinpyrazon ist etwas im Rückstand, und Dipyramidol (Persantine) hat überhaupt keine Wirkung. Das ist in Ordnung. *Aber wie soll es künftig weitergehen?*«

Viele Köpfe in der Versammlung nickten zustimmend. Fitzgerald wies auf einen enormen Hemmschuh für Fortschritte bei der Behandlung von Herzerkrankungen hin, und jeder wußte das. Das Problem war Aspirin.

Gemessen an den Kosten pro gerettetem Menschenleben war Aspirin wahrscheinlich das größte medizinische Wunder, das je entdeckt wurde. Aber es stellte die Forscher auch vor ein spezielles Dilemma. Nehmen wir an, ein brillanter Forscher irgendeines Pharmaunternehmens entwickelt 1995 ein Therapeutikum, das 33 Prozent aller Herzinfarkte verhindern kann. Um die Wirksamkeit des neuen Medikaments zu beweisen, würde man es nicht gegen ein

Placebo antreten lassen, sondern gegen Aspirin, da es die Forscher nicht verantworten könnten, der Kontrollgruppe etwas weniger Wirksames zu geben als die beste bekannte Behandlung, nämlich Aspirin. Ein Nutzen des neuen Medikaments von 33 Prozent ist besser als die 30 Prozent von Aspirin, und damit könnten alljährlich in der ganzen Welt Tausende von Menschenleben gerettet werden. Aber in statistischen Begriffen ist der Fortschritt gering, und um ihn von Zufallsergebnissen zu unterscheiden, bedürfte es eines Großversuchs mit mehreren 100 000 Probanden. Nicht viele Privatunternehmen können sich so kostspielige Untersuchungen leisten. Selbst wenn die Novität irgendwie getestet wird, kann es dennoch sein, daß die Ärzte ihren Patienten weiterhin zu Aspirin raten, weil es wenige Nebenwirkungen hat und weil die Differenz in der therapeutischen Wirksamkeit nicht ausreicht, um die Differenz im Preis wettzumachen. »Es wird sehr, sehr schwierig sein, Aspirin zu schlagen«, kommentierte Lockhart. »Was auch immer andere Firmen auf den Markt bringen mögen, Bayer Aspirin wird immer noch um drei Dollar für hundert Stück zu haben sein.«

Für Peto schienen diese Sorgen weit in der Zukunft zu liegen. Was ihn unmittelbar bewegte, war der Abschlußbericht, der schließlich aus der Zusammenarbeit so vieler Wissenschaftler hervorgehen sollte. Allein die Vorstellung, Entwürfe unter den Hunderten von Forschern in Dutzenden von Institutionen zirkulieren zu lassen, war ein logistischer Alptraum. Nachdem jeder im Saal Anwesende ein Experte war, würde es zwangsläufig Meinungsverschiedenheiten geben.

Es war später Nachmittag. Ärzte sind geschäftige Leute; viele standen bereits wieder unter Termindruck. Die Diskussion ging weiter, Zahlen über Aspirin wurden ausgetauscht, der FDA-Vertreter machte seine vorsichtigen Einwände geltend. Ein Teilnehmer nach dem anderen schlüpfte unauffällig aus dem Saal, hinaus in den Regen und zurück an die Arbeit. Viele von ihnen würden in fünf Jahren zurückkehren, und die Liste von Indikationen, mit denen Peto es zu tun hatte, würde noch länger werden.

Sechs Monate zuvor, am 18. August 1989, war John Stirling Meyer, der Neurologe, der Multi-Infarkt-Demenz mit Aspirin behandelte, in einem Taxi im Hauptsitz von Sterling Drug in der Park Avenue eingetroffen. Er hatte die weiße Vorhalle betreten und war mit dem Lift in den siebten Stock hinaufgefahren. Er kam sozusagen mit dem Hut in der Hand: Er hatte vor, Sterling um Geld zu bitten.

Nachdem er Sterling über seine Forderungen berichtet hatte, war Meyer hier-
hergebeten worden, und nun präsentierte er seine Ergebnisse Steven Weisman,
dem stellvertretenden medizinischen Leiter von Glenbrook, und mehreren Angehörigen von dessen Vertriebsabteilung.

Meyer hatte seine Arbeit im Juniheft des *Journal of the American Geriatrics
Society* veröffentlicht, das ihr eine dubiose Respektsbezeugung erwies – es
warnte die Leser in einem Leitartikel davor, den Resultaten allzu großes Vertrauen entgegenzubringen. Der Grund dieser Warnung war zum Teil, daß Meyer
keine randomisierte, doppelblinde, placebokontrollierte Untersuchung anzubieten hatte. Das lag einfach daran, daß er nicht genug Geld hatte, um Placebota-
bletten für drei Jahre zu bestellen; deshalb hatte er beschlossen, aus den ihm
zur Verfügung stehenden Mitteln das Beste zu machen. Jetzt war Meyer in New
York, um zu sehen, ob Sterling eine zweite Versuchsreihe finanzieren würde, die
den obengenannten Kriterien genügte.

Anhand von Graphiken und Dias erläuterte Meyer den Aspirin-Managern, daß
etwa jeder zwanzigste ältere Mensch in den Vereinigten Staaten an Multi-Infarkt-
Demenz leide; daß sich diese Zahl bei den über 85jährigen auf jeden zwölften
erhöhe; und daß allein dieses Krankheitsbild im nächsten Jahrhundert das
Leben von über zwei Millionen älterer Amerikaner und Amerikanerinnen ruinie-
ren werde. Die Vorstellung sei phantastisch, daß ein so billiges und ungefährliches Medikament – selbst der kritische Leitartikel im *Journal* hatte es als
»allgegenwärtig und offenbar unschädlich« bezeichnet – Hunderttausenden zu
einer besseren Lebensqualität verhelfen könne. Als ein Mann, der Jahre seines
Lebens dem Kampf gegen den Gehirnschlag gewidmet hatte, fand Meyer diese
Aussicht begeisternd.

Nach seiner Präsentation klang Weisman ermutigend, fügte jedoch hinzu, er
werde die Sache mit seinem Vorgesetzten, Earle Lockhart, besprechen müssen.
Meyer ging einigermaßen zufrieden weg. Aufgrund der interessierten Reaktion
Weismans hoffte er, weitermachen zu können. Man würde ihm einiges Geld zur
Verfügung stellen, so daß er seine Arbeit fortsetzen konnte.

Auf den ersten Blick möchte man glauben, daß es einem Wissenschaftler wie
Meyer nicht schwerfallen dürfte, von einem Unternehmen Mittel zur Erforschung
einer Therapie zu erhalten, die nicht nur wichtig ist, sondern dem Produkt eben
dieser Firma auch ein neues Anwendungsgebiet erschließt. Wenn die meisten
älteren Menschen mit Multi-Infarkt-Demenz täglich ein Aspirin nähmen, dann

würde jemand eine Menge Aspirin absetzen. Außerdem käme der zusätzliche Umsatz und die Publicity – Aspirin besiegt die Senilität! – wie gerufen für Sterling, dem es darum zu tun war, den Aspirin-Absatz nicht wieder in den Keller fallen zu lassen.

Die Vertriebsleute sahen die Sache jedoch etwas anders. Alles in allem genommen hatte sich Meyer eine Viertelmillion Dollar erbeten. Angesichts eines Aspirin-Preises von etwa einem Zehntelpenny pro Tablette würde Sterling Abermillionen zusätzlicher Tabletten verkaufen müssen, um das wieder hereinzubringen. Und selbst dabei wurde das Risiko des Unternehmens noch sträflich unterschätzt. Falls sich Meyers Versuchsreihen als fabelhaft erfolgreich erwiesen, würde jemand – genauer gesagt, irgendein Unternehmen, und zwar höchstwahrscheinlich Sterling – die Millionen lockermachen müssen, um die neue Indikation durch die Food and Drug Administration zu schleusen. Und wenn die FDA Aspirin als Geriatrikum genehmigte, galt diese Zulassung nicht bloß für Bayer Aspirin, sondern auch für jede andere Spielart von ASS, was bedeutete, daß Sterling und Glenbrook Laboratories dafür bezahlt haben würden, ihren Konkurrenten den Zugang zu einem neuen Markt zu eröffnen.

Im Gegensatz zu manch anderen Aspirin-Herstellern hatte Sterling seiner Verantwortung gegenüber der Öffentlichkeit genügt und die Indikationserweiterungen um Gehirnschlag und Herzinfarkt finanziert. Darüber hinaus hatte der Konzern über eine Million Dollar zur Unterstützung anderer Forschungsprojekte zugesagt, darunter drei Großversuche mit Tausenden von Patienten, einen über Aspirin und Herzinfarkte und zwei andere über die Anwendung von Aspirin gegen Präeklampsie.

Angesichts all dieser Faktoren entschied sich Sterling gegen die Finanzierung von Meyers Forschungsprojekt. Es wurden einfach zu viele revolutionäre neue Anwendungsgebiete für Aspirin entdeckt, und ein Hersteller konnte nicht alle diese Felder beackern.

Aspirin ist für viele Ärzte die Traumarznei. Es ist ungeheuer wirksam: Ein Aspirin täglich oder jeden zweiten Tag kann jährlich Hunderttausende von Menschenleben retten. Es kann gefahrlos von mehr Menschen eingenommen werden als fast jedes andere Medikament. Und es kostet den Konsumenten nahezu nichts, da es unpatentiert und der Angebotswettbewerb erbittert ist. Manche Arzneistoffe bekämpfen Schmerzen, Fieber, Entzündungen oder Blutgerinnsel wirksamer, aber kein anderer ist so ungefährlich und so billig. Die Wahrscheinlichkeit ist groß, daß Aspirin auf Jahre hinaus das einzige Vorbeugungsmittel gegen Herzinfarkt bleiben wird, das in Lebensmittelläden zu haben ist. Trotz all ihrer fabelhaften Eigenschaften ist der Vertrieb dieser Wunderdroge jedoch ein Alptraum: es ist nicht genügend leichtes Geld damit zu verdienen. Carl Duisberg, der große Industrielle, hat der Welt das Aspirin beschert; aber ohne Ernst Möller, William Weiss, William Laporte, Rosser Reeves und George Davies – lauter Werbe- und Verkaufsgenies – hätte das Medikament niemals seinen ungeheuren Erfolg erzielt. Diese Männer taten alles, um »reicher zu werden, als sich die Habgier erträumt«, indem sie dem Wunsch der Öffentlichkeit entgegenkamen, die Schmerzen des täglichen Lebens zu lindern. Dabei unterschieden sie sich von ihren Vorgängern, den Quacksalbern und Wunderheilern, in einem wichtigen Punkt: Die Wunderdroge, die sie anpriesen, wirkte tatsächlich. Aber da sich mit den neuen Indikationen für das Aspirin kein schneller Gewinn erzielen läßt, fragt man sich, ob diese Vorzüge, die mit soviel Mühe von so vielen begabten Wissenschaftlern entdeckt wurden, je den Menschen zugute kommen werden, die sie am dringendsten benötigen. Tatsächlich sind Ärzte wie Hennekens überzeugt, daß die große Mehrzahl von Menschen, die aus Aspirin Nutzen ziehen könnten, dieses nicht nehmen, und daß selbst diejenigen, denen es von Ärzten verschrieben wurde, es meistens zu nehmen vergessen.

Wenn er die Chance hätte, könnte ein heutiger Rosser Reeves die Leute überreden, ihr Aspirin zu nehmen. Er würde es auf die alte, aggressive Weise tun. Man stelle sich eine Neuauflage der drei Anacin-Schachteln vor und die quäkende Stimme des Sprechers, der verkündet: »Verhindert Blutgerinnsel! Bekämpft den Herzinfarkt!! Besiegt den Schlaganfall!!!« Man stelle sich vor, daß der Äther wieder von schrillen Werbespots für ernstzunehmende Medizin erfüllt ist. All das würde seine Wirkung nicht verfehlen; in gewissem Sinn wäre es ein Vitalitätsbeweis einer freien Marktwirtschaft, die die einengende Aufsicht der FDA und FTC abgeschüttelt hat. Eine solche Vorstellung geht einem jedoch irgendwie gegen den Strich; ihr einziger Vorzug scheint zu sei, daß man viele auf diese Weise schneller und gründlicher erreichen könnte als auf allen anderen Wegen. Solche Überlegungen sind nicht bloß philosophischer Natur. Zum Zeitpunkt von Meyers Besuch bei Sterling war die Aspirin-Seifenblase von 1988 bereits geplatzt. Das plötzliche Anschwellen der Aspirin-Bestellungen nach Veröffentlichung der Medizinerstudie hatte sich als genau dies erwiesen – ein vorübergehender Anstieg der Bestellungen, nicht des Umsatzes. Im Anschluß an die Untersuchung hatte sich die amerikanische Aspirin-Werbung um 22 Prozent auf 107,2 Millionen Dollar erhöht. Natürlich waren alle Texte sehr vorsichtig formuliert. Sie waren verhalten genug, um die Ärzte zufriedenzustellen. Und nicht überraschenderweise war die Kampagne ein Fehlschlag. Heerscharen von besorgten, einen Herzinfarkt befürchtenden Verbrauchern unterließen es, Aspirin als Infarktschutz zu kaufen. Das Dollarvolumen des ASS-Umsatzes wies 1988 nicht den geringsten Anstieg auf; der Anteil von Aspirin am Analgetikamarkt ging sogar zurück. Inzwischen kletterten die Marktanteile von Paracetamol und Ibuprofen in die Höhe, sehr zum Kummer aller Wallstreet-Analysten, die auf ihren eigenen Rat vom Vorjahr gesetzt hatten.

Obwohl seine Aspirin-Marke, Bufferin, in der Medizinerstudie benutzt worden war, setzte Bristol-Myers so geringe Hoffnungen in Aspirin, daß es im August 1990 eine neue Marke, aspirinfreies Excedrin, herausbrachte. Es besteht aus Paracetamol und Koffein, einer Kombination, von der die Firma in ihrer Werbung behauptete, es sei Paracetamol allein überlegen – und damit besser als Tylenol. (Die Beweise für diese Behauptungen müssen von der FDA erst noch akzeptiert werden.) Zu niemandes Überraschung verklagte Johnson & Johnson Bristol-Myers eine Woche nach Sendebeginn der Spots wegen irreführender Werbung. Ein Richter gewährte eine einstweilige Verfügung: Bristol-Myers legte Einspruch ein. Anfang Oktober fing Johnson & Johnson an, eine neue Runde von Tylenol-Spots auszustrahlen, in denen die Konsumenten aufgefordert wurden, »die Packungsaufschrift ihres Schmerzmittels zu überprüfen«, ob Koffein darin enthalten sei, denn »Sie wollen dieses sicher nicht an unerwarteter Stelle vorfinden«. Inzwischen feierte der Spannungskopfschmerz Urständ in Form von »Streßkopfschmerzen«, wiederbelebt von American Home Products in Werbespots sowohl für Anacin (Aspirin und Koffein) als auch für Anacin-3 (Paracetamol). Sterling versuchte es seinerseits mit einem neuen Werbespruch: »Die Wunderdroge, die die Ärzte selbst häufiger gegen Schmerzen nehmen.«*

Aspirin ist wieder auf den Status eines bloßen Schmerzmittels zurückgesunken, es setzt seine Grabenkämpfe an der Reklamefront gegen Paracetamol und Ibuprofen fort. Diese Kämpfe haben die Einzelhandelsumsätze von Analgetika insgesamt ständig nach oben getrieben: die Dollarumsätze stiegen 1990 um 9,5 Prozent auf einen neuen Gipfel von 2668 Millionen Dollar. »Falls das nicht Trost genug ist«, schrieb Packaged Facts, eine New Yorker Marktforschungsfirma, würden die nächsten paar Jahre »noch komfortabler« sein. In einer eigenen Analgetikamarktanalyse sagte Packaged Facts im Februar 1991 für dieses Jahr einen Absatzanstieg um 15 Prozent voraus. »1995«, hieß es darin, »wird das jährliche Umsatzwachstum bei 19 Prozent liegen, und der Markt wird 5846 Millionen Dollar erreichen« – fast sechs Milliarden Dollar. Der Grund für dieses erstaunliche Wachstum? Laut Packaged-Facts-Präsident David A.Weiss sind die neunziger Jahre eine »Realitätsdekade«, eine unerfreuliche Zeit der Abrechnung, die eine Streßwelle und damit eine Zunahme der Kopfschmerzen über das ganze Land bringen werde.

Bedauerlicherweise, stellte Packaged Facts fest, werde Aspirin von diesen Segnungen nicht viel verspüren. Der 1991 bei 42 Prozent liegende Marktanteil von Aspirin werde von Ibuprofen weiter angenagt werden. Unternehmen wie Sterling könnten sich zwar mit Innovationen wie Retard-Aspirin zur Wehr setzen, meinte Packaged Facts, trotzdem seien sie zum Abstieg bestimmt. Einer der wenigen Faktoren, die an diesem Bild etwas ändern könnten, sei die Entdeckung neuer Nebenwirkungen. Da auch geringfügige medizinische Probleme von der Presse hochgespielt würden, werde jedes Analgetikum, dem man eine gefährliche Nebenwirkung nachweisen könne, in Schwierigkeiten geraten.

Die Pharmafirmen sind sich dessen natürlich völlig bewußt. Tatsächlich hat sich die Aufmerksamkeit der Forschung von den Wunderkräften der Analgetika nunmehr auf deren dunklere Seite verlagert. Diese Akzentverschiebung ist zum Teil auf das National Toxicology Program zurückzuführen, das die Forschungen der US-Bundesregierung über die schädlichen Wirkungen von Chemikalien koordiniert. Obwohl den Analgetika keine gesonderte Untersuchung droht, sind sie in einer Reihe laufender NTP-Studien mit enthalten. Als das rezeptfreie Ibuprofen 1984 zugelassen wurde, forderten Verbrauchergruppen, auf den Packungsbeilagen vor der Möglichkeit von Nierenschäden bei Langzeitanwendung des Medikaments zu warnen. (Da Tieruntersuchungen die Möglichkeit

---

* Im Frühjahr 1990 ließ das Unternehmen auch seinen jahrzehntealten Streit mit der Bayer AG wiederaufleben und verklagte den deutschen Konzern wegen Mißbrauchs des Namens Bayer und des Bayer-Kreuzes in den Vereinigten Staaten. Inzwischen setzten die beiden Unternehmen während des ganzen Sommers 1991 ihre Verhandlungen über die Frage fort, unter welchen Bedingungen der Name Bayer an dessen ursprünglichen Inhaber zurückgegeben werden könnte.

einer solchen Schädigung ergeben haben, enthält das hochdosierte, rezeptpflichtige Ibuprofen einen derartigen Hinweis.) Obwohl bisher nicht nachgewiesen wurde, daß auch bei Menschen Nierenschäden entstehen können, wird das
Medikament im Rahmen einer NTP-Untersuchung eines breiteren Spektrums
toxischer Wirkungen studiert.

Ende 1990 verfaßte das NTP einen Bericht über toxische und karzinogene
Wirkungen von Paracetamol. Nach einem zweijährigen Studium männlicher und
weiblicher Ratten und Mäuse gab es keinen Beleg für krebserregende Wirkungen
bei männlichen Ratten sowie männlichen und weiblichen Mäusen; bei weiblichen Ratten zeigten sich laut NTP »zweifelhafte« Anzeichen karzinogener Effekte.
(Als »zweifelhafte« Indizien werden Ergebnisse bezeichnet, die eine marginale
Erhöhung der Krebsanfälligkeit erkennen lassen, ohne diese mit absoluter
Sicherheit zu beweisen.) Diese Resultate lassen die Frage einer Verbindung
zwischen Paracetamol und Krebs ebenso unbeantwortet wie zuvor: Es gibt zwar
noch keinen Grund zur Annahme, daß ein solcher Zusammenhang existiert,
aber ebensowenig gibt es Belege, um diesen auszuschließen.

Auch Aspirin ist nicht über jeden Verdacht erhaben. In einem Artikel, der im
November 1989 im *British Medical Journal* veröffentlicht wurde, stellten Forscher
der Universität von Südkalifornien bei älteren Aspirin-Anwendern ein erhöhtes
Risiko von Nierenkrebs fest. Ihre Schlußfolgerungen lösten einen Proteststurm
seitens britischer Aspirin-Hersteller und anderer Forscher aus. So wurde in einer
Stellungnahme, die unter anderem die Unterschriften von Rory Collins, Sir
Richard Doll, Charles Hennekens, Richard Peto und Peter Sandercock trug,
vernichtende Kritik an der Methodik der Untersuchung geübt. Wie im Falle von
Paracetamol liegt die Frage von Aspirin und Krebs jetzt auf dem Tisch, aber die
Wissenschaft hat noch keine definitive Antwort geliefert, die eine solche Verbin-
dung bestätigen oder ausschließen würde.

Da das Thema jedoch einmal angerissen ist, fragt man sich, wie lang es sich die
Schmerzmittelhersteller leisten können, ihm auszuweichen. So wie Claude
Hopkins wußte, daß ein Produkt, das als erstes mit einem simplen Faktum in
Verbindung gebracht wird, daraus »ein exklusives und dauerhaftes Prestige«
beziehen kann, wissen die Unternehmen auch, daß das erste Analgetikum, dem
der Makel einer wenn auch nur spekulativen Verbindung mit einer ernsten
Erkrankung anhaftet, mit »einer exklusiven und dauerhaften« Skepsis bezüglich
seiner Harmlosigkeit geschlagen sein wird.

Einige Monate zuvor war im Bayer-Werk in Leverkusen ein weiterer Arbeitstag zu Ende gegangen. In einem Büro auf einer der obersten Etagen der Verwaltungszentrale zeigte Jürgen Hohmann einem Besucher Bilder der Aspirin-Werbung seiner Firma. Das riesige, kreisförmige BAYER-Logo, während des Krieges demontiert und 1958 in etwas bescheidenerem Format wiedererstanden, war nicht beleuchtet und vor den grauen Wolken kaum sichtbar. »Natürlich sind wir begeistert von all den Neuigkeiten über Aspirin«, sagte er. Hohmann, der Vertriebschef von Aspirin, der berühmtesten ASS-Marke der Welt, erläuterte seine Marktstrategie. »Und natürlich haben wir getan, was wir konnten, um Ärzte und Öffentlichkeit bewußtzumachen, daß Aspirin kein kalter Kaffee ist, sondern ein neues, ein aufregendes Medikament.« Die Konzernzentrale ist ein moderner Wolkenkratzer, der neben den älteren Gebäuden auf dem Werksgelände deplaziert wirkt, das sich im übrigen nicht viel anders darstellt, als William Weiss es vor siebzig Jahren sah. Von Duisbergs Villa, wo er und Carl Bosch über die Gründung der IG Farben stritten, ist freilich keine Spur übriggeblieben. Die neue Konzernzentrale ist an derselben Stelle errichtet worden.

Ein paar hundert Meter von Hohmanns Büro entfernt befindet sich die Werkshalle, in der das Aspirinpulver zusammengemischt und in Tablettenform gepreßt wird. Die Fabrik ist sauber, und fast alles funktioniert lautlos. Die Korridore sind nahezu leer; die wenigen Leute an den Fertigungsstraßen tragen Schutzmasken und Haarnetze. Eine Maschine öffnet die Schachteln; eine weitere steckt eine Flasche Aspirin hinein. Eine dritte schichtet die Packungen in einen größeren Karton. Die Kartons werden auf Lkws, Schiffe und Züge verladen und gehen in die Welt hinaus.

Ein kleiner Teil dieses Aspirins wird in unbeschriftete Kartons verpackt und an Labors und Krankenhäuser zur Verwendung in klinischen Untersuchungen verschickt. Ebenso wie andere ASS-Hersteller, finanziert die Bayer AG Forschungsarbeiten über das Medikament; Bitten und Vorschläge für mögliche neue Anwendungsgebiete treffen laut Hohmann täglich in Leverkusen ein. »Ich kann nicht glauben, wieviel Interesse dafür besteht«, gab er zu. »Wir verfolgten die Herzinfarktforschung genau, aber ich muß Ihnen ehrlich sagen, daß niemand hier je davon geträumt hat, welche Dimensionen das annehmen würde.« Die berühmt vollständige wissenschaftliche Bibliothek der Bayer AG war brechend voll mit neuen Berichten. Thrombotische Erkrankungen, selbstverständlich. Grippe, Krebs, Osteoporose. Sogar Aids. Ebenso wie Sterling, ihr ehemaliger

Partner, späterer Gegner und jetziger Konkurrent, kann die Bayer AG nicht mehr als einen winzigen Bruchteil der nötigen Forschung finanzieren, wie Unternehmensvertreter einräumen. Es wäre ökonomisch töricht. Das Unternehmen würde seine Kosten niemals hereinbekommen.

Es bestehe Hoffnung auf neuen Verbrauch, erklärte Hohmann. Wenige der Personen, die Aspirin nehmen sollten, tun dies tatsächlich. Solche Vorbeugungskampagnen haben in der Vergangenheit selten gewirkt; sie scheiterten an der menschlichen Unfähigkeit, daran zu denken, täglich eine Tablette einzunehmen, sofern dies keine unmittelbaren und gravierenden Konsequenzen hat. (Selbst das reicht oft nicht aus; man braucht sich nur die Zahlen ungewollter Schwangerschaften anzusehen.) Die meisten Menschen fühlen sich nicht unmittelbar von einem Herzinfarkt bedroht, deshalb nehmen sie den Gedanken der Vorbeugung nicht ernst. Ständige aggressive Fernsehwerbung für Aspirin könnte sie möglicherweise umstimmen, aber sie wird fast nie gestattet. Das deutsche Fernsehen erlaubt abends nur zwei Reklameblöcke. Hohmann lächelte entschuldigend. Es sei ohnehin zweifelhaft, daß das Unternehmen die Investitionen wieder hereinbekäme, selbst wenn eine solche Kampagne gestattet würde.

Inzwischen war in Leverkusen fast schon die Nacht hereingebrochen. Hohmann blätterte in den Diagrammen auf seinem Schreibtisch, in denen die Absatzkurven von ASS verzeichnet waren. In wenigen Stunden würde das BAYER-Zeichen schlagartig aufleuchten, ein riesiges Neon-Aspirin am Himmel. Bis in die Morgendämmerung strahlt es allnächtlich seine Botschaft aus – den Namen Bayer und damit den stummen Appell, Aspirin zu kaufen.

Quellenverweis

Dieses Buch basiert auf Archivmaterial und Interviews mit Dutzenden von Wissenschaftlern, Geschäftsleuten und Regierungsvertretern. Während unserer Recherchen wurden wir oft gefragt, ob die Pharmaunternehmen unsere Arbeit finanziell förderten. Dies war nicht der Fall. Mit Ausnahme von Bayer, Sterling Products und Nicholas International lehnte jede in diesem Buch erwähnte Firma unsere wiederholten Bitten um Interviews, Unterstützung und Kommentare ab. Mehr noch, American Home Products weigerte sich, uns mit seinen PR-Leuten auch nur reden zu lassen; das einzige »Interview« mit einem seiner Geschäftsführer – William Laporte – bestand aus einer unflätigen Charakterisierung der Presse und dauerte weniger als dreißig Sekunden. Selbst Sterling, das uns im Anfangsstadium unserer Recherche großzügig unterstützt hatte, änderte sein Verhalten um so mehr, je näher die Veröffentlichung rückte. Als wir um Erlaubnis ersuchten, aus internen Memoranden zu zitieren, die wir in allgemein zugänglichen Archiven entdeckt hatten, ließ uns Sterling wissen, es könne die Richtigkeit der Zitate »weder bestätigen noch dementieren« und sei außerstande, uns weiterhin behilflich zu sein.

Der erste Teil fußt hauptsächlich auf Dokumenten aus Archiven und Urkundensammlungen. Die Geschichte der Farbenfabriken Bayer in den Vereinigten Staaten vor dem Ersten Weltkrieg haben wir den Archiven der Bayer AG in Leverkusen entnommen. Die Übernahme der US-amerikanischen Niederlassungen von Farbenfabriken Bayer konnte anhand der Unterlagen in den Alien-Property-Custodian-Archiven im National Records Center in Suitland/Maryland rekonstruiert werden. Einzelheiten über die Behandlung von Feindbesitz während des Krieges entstammen Gathings' *International Law and American Treatment of Alien Enemy Property*. Die Saga von Sterling und IG Farben stammt überwiegend aus drei Quellen: der umfangreichen Sammlung fotokopierter Firmendokumente im Zentralarchiv des Justizministeriums unter der Fallnummer 60-21-56 (Sterling Products); der kleineren, aber ebenso wichtigen Sammlung von Thomas Corcorans Dokumenten in der Library of Congress; und den Firmenarchiven der Bayer AG. Obwohl wir uns in erster Linie auf diese primären Quellen stützten, müssen wir auch Howard Ambrusters *Treason's Peace* nennen. Zwar waren wir über Ambrusters wilde, ja verrückte Deutungen oft fassungslos, aber wir fanden keinen einzigen Fall, wo seine Fakten falsch gewesen wären. Schließlich hat uns der verstorbene David Corcoran mit einer Fülle von Informationen über Sterlings Aktivitäten in Südamerika und die Persönlichkeiten vieler der Akteure versorgt, die den ersten Teil bevölkern.

Im zweiten Teil verdankt die Frühgeschichte der Pharmareklame und -regulierung in den Vereinigten Staaten viel den Artikeln und Büchern von David Cavers, Mitverfasser des Lebensmittel-, Arznei- und Kosmetika-Gesetzes von 1938, und James Harvey Young, dessen *Medical Messiahs* uns inspirierte, diesen Teil mit dem Harper-Prozeß einzuleiten. Unsere Erörterung der Federal-Trade-Commission-Ära basiert auf FTC-Dokumenten, der Berichterstattung in den *Food, Drug and Cosmetic Reports* (dem »Rosa Blatt«) und in *Advertising Age* sowie Interviews mit vielen der an den Analgetikaprozessen mitwirkenden Anwälte. Die Geschichte von Paracetamol und Ibuprofen fußt auf Interviews mit den daran beteiligten Wirtschaftsvertretern und Wissenschaftlern, insbesondere Laurie Spalton und Gordon Fryers (bezüglich der Frühgeschichte von Panadol); Wayne Nelson und William Lynch (der Aufstieg von Tylenol); und Stewart Adams (die Entdeckung, mit John Nicholson, von Ibuprofen). Wichtig waren auch zeitgenössische Berichte in *Advertising Age* und Celeste Aarons Schrift über das Institute for the Study of Analgesic and Sedative Drugs. Die Versuche der Schmerzmittelhersteller, einander mit Falschetikettierungswarnungen und anderen juristischen Schikanen zu überziehen, entstammen den Tonnen (buchstäblich) von FDA-Unterlagen für die Analgetikamonographie. Die Berichte über die Grabenkämpfe an der Schmerzmittelfront entstammen schließlich den Gerichtsakten und -entscheidungen der unzähligen Prozesse, die in den letzten drei Jahrzehnten stattgefunden haben. Unser Dank gilt Richter William Conner sowie einem Johnson &

Johnson-Anwalt und zwei Pharmamanagern, die namentlich nicht genannt werden wollen, für ihre freimütigen Schilderungen dieser Rechtsstreitigkeiten. Der dritte Teil basiert auf einem mehr als meterhohen Stapel medizinischer Abhandlungen und Interviews mit den Forschern, die Aspirin in den vergangenen zwanzig Jahren untersucht haben. Für die Frühgeschichte der Gerinnungshemmer waren die Arbeiten von Karl Link, Irving S.Wright sowie John Poole und John French am nützlichsten. Das 1971 erschienene Buch von William Fields und William Hass machte uns mit Lawrence Craven bekannt. Peter Elwood gab uns eine erheiternde Schilderung seiner ersten Prozesse. Über den unabsichtlichen Wettlauf zwischen Harry Collier und Sir John Vane wird in Colliers Artikel »The Story of Aspirin« berichtet, den er kurz vor seinem Tod vollendete. Joe Collier verdanken wir Einzelheiten über die Suche seines Vaters nach den Geheimnissen des Aspirins. Über Sterlings Bemühungen, Aspirin als Herzinfarkttherapeutikum zugelassen zu bekommen, unterrichteten wir uns durch FDA-Dokumente und Interviews mit Richard Peto, Peter Elwood, William Soller, Earle Lockhart und Peter Rheinstein. Die Phase des neuen Aufschwungs von Aspirin basiert auf dem Studium der neueren wissenschaftlichen Literatur, Interviews mit den obenerwähnten Wissenschaftlern und, unter vielen anderen, Erik Änggåard, Rory Collins, William Fields, Charles Hennekens, John Sterling Meyer, Noel Rabouhans, Peter Sandercock, Charles Warlow und Gerald Weissmann. Die zweifelhafte Rentabilität dieser Renaissance ging aus der Medienberichterstattung über Aspirin seit 1988 ebenso hervor wie aus Interviews mit Vertriebsleuten von Sterling, Nicholas Laboratories und Bayer und unserer eigenen Beobachtung des Schmerzmittelmarktes in den drei Jahren nach Veröffentlichung der Medizinerstudie. Als weiterer Beleg kann die Entscheidung von Sara Lee vom Juni 1991 gelten, die rezeptfreie Produktlinie von Nicholas einschließlich Aspro an den Schweizer Pharmariesen Roche Holding zu verkaufen.

Danksagungen

Kein Buch wird ausschließlich von seinen Autoren geschrieben, davon zeugt auch der vorliegende Band. Unsere Dankesschuld ist groß, denn viele Personen und Institutionen haben uns geholfen, diese Geschichte zu schreiben. Archivmaterial entstammte der British Library; dem Firmenarchiv der Bayer AG (Leverkusen); der Library of Congress; den National Archives in Washington, D.C., und den damit assoziierten Archiven der Federal Trade Commission, der Food and Drug Administration und des Justizministeriums; den Federal Record Centers in Suitland/Maryland, Bayonne/New Jersey und Philadelphia/Pennsylvania; und den Bibliotheken der University of Washington. Von den vielen Archivaren und Behördenmitarbeitern, die ihre Zeit für unsere zuweilen ausgefallenen Ansuchen aufwandten, möchten wir besonders Ken Williams vom Justizministerium und Bruce Ashkenas vom Suitland Record Center danken. Besonderen Dank schulden wir Peter Göb, Thomas Reinert, Barbara Owen, Christina Sehnert, Kurt Sappert, Ingeborg Fabri und Gottfried Plumpe von der Bayer AG, die geduldig unsere zahllosen schriftlichen Anfragen und Bitten um Klärung beantworteten. Unsere Schlußfolgerungen in bezug auf Bayer spiegeln natürlich in keiner Weise ihre Meinungen. Anderen Aspirin-Firmen schulden wir weniger Dank, wir würdigen jedoch gern die Unterstützung durch Sterling, wo Terry Kelly wiederholte telefonische Anfragen beantwortete; Nicholas, wo Jonathan Dick Stunden damit zubrachte, uns in die Geschichte seines Unternehmens einzuführen; und Miles (inzwischen eine Bayer-Tochter), wo Celeste Aaron und Donald Yates uns mit einer Menge hilfreichem Material versorgten.

Bei unseren Reisen genossen wir unter anderem die Gastfreundschaft von Steve Suffern, Amanda Spake, Danielle Drevet, John und Terry Wallis und besonders Newell und Greta Blair. Mit Vergnügen denken wir an ihre Liebenswürdigkeit zurück. Ellen Goldensohn und June Kinoshita haben uns wiederholt gestattet, ihre Faxgeräte zu benutzen. Karin Richards und Susan Booker unterstützten uns mit sorgfältigen fernmündlichen beziehungsweise schriftlichen Recherchen. Einige Journalist(inn)en ließen uns an ihrem Fachwissen partizipieren, darunter Craig Mellow, Patricia Winters und Thomas Whitesides.

Besonderer Dank gebührt Peter Rheinstein, Peter Hayes, Pauline Ippolito, Peter Elwood, Peter Mann, Ed Zuckerman, Alan Levy, Gerald Weissmann, John O'Brien und Steve Hall, die frühe Fassungen des Manuskripts kommentierten. Weiteren Dank schulden wir Ray Kinoshita, Gerry Buttlers, Alan Mathios, Gordon Fryers, Stewart Adams, Ken Plevan, Howard Adler, Morris Blatman, Steve Salant, Susan Landau, Laurie Spalton, Gordon Phillips, Richard Kronmal, Barbara McKnight, Ira Gallen, Brian Wolff, Lawrence Plummer, Gerri Hurlbutt und Ray Freisham.

Dieses Buch hat gestützt auf den Rat kompetenter Lektoren Gestalt angenommen: William Whitworth und Corby Kummer von *The Atlantic*, die sich als erste mit der Idee anfreundeten, es könnte sich lohnen, die Geschichte eines Produktes zu untersuchen, und Jonathan Segal, Sonny Mehta und Ida Giragossian beim Verlag Knopf. Auf tausenderlei Weise haben sie es verstanden, diesem manchmal sperrigen Stoff Form zu verleihen. Hier ist auch unser besonderer Dank an Jane Amsterdam angebracht, die ursprünglich für dieses Projekt ausersehen war, es aber dann um größerer Dinge willen aufgab. Rick Balkin entledigte sich der heiklen Vertragsverhandlungen mit seinem üblichen kritischen Aplomb. Die Bayer AG und Thomas G.Corcoran reagierten umgehend auf unsere Bitten um Erlaubnis, aus Schriftstücken zu zitieren, wofür wir dankbar sind. Und schließlich haben unsere Angehörigen mit beträchtlicher Geduld viele Gespräche über Aspirin, Arbeit bis tief in die Nacht und häufige Reisen hingenommen. Unser Dank gilt euch, Newell und Sasha, Robert und Elizabeth, Gwenda und Cassie (in Liebe). Und natürlich danken wir beide einander für die wunderbare Zeit, die die Arbeit an diesem Buch für uns bedeutete.

Ausgewählte Bibliographie

Abramson, S., und G. Weissmann. »The Mechanisms of Action ...« *Arthritis and Rheumatism*, Jan. 1989, I.

Abramson, S., u.a. »Modes of Action of ...« *Proceedings of the National Academy of Sciences*, Nov. 1985, 7227.

Ackerknecht, E. H. *Therapeutics: From the Primitives to the 20th Century.* New York: Hafner Press, 1973.

Adams, S. »The Discovery of Brufen.« *Chemistry in Britain.* Dez. 1987, 1193.

Adams, S. H. »Liquozone.« *Collier's Weekly*, 18. Nov., 1905a, 20.

–. »Patent Medicines under the ...« *Collier's Weekly*, 8. Juni, 1907, Band II.

–. »The Subtle Poisons.« *Collier's Weekly*, 2. Dez., 1905 b, 16.

Alexander, B., »Some Perspectives on Coagulation ...« *Thrombosis et Diathesis Haemorrhagica* 9, Ergänzungsband II (1963), 6.

Allen, E. V. »My Early Experience with ...« *Circulation*, Jan. 1959, 118.

Ambruster, H. W. »Hitler's Lobby Is Still ...« *Dan Gillmor's Scoop*, Nov. 1941, 17.

–. *Treason's Peace: German Dyes & American Dupes.* New York: The Beechhurst Press, 1947.

Ambruster, H. W. und U. Ambruster. *Why Not Enforce the Laws We Already Have? How and Why Industries' Outlaws Are Crucifying Harvey Wiley's Pure Food and Drug Law.* Westfield, N. J.: Ursula Ambruster, 1935.

AMIS Research Group. »Aspirin and Myocardial Infarction: ...« *JAMA.* 30. Juni, 1975, 1359.

–. »A Randomized, Controlled Trial. ...« *JAMA*, 15. Febr. 1980, 661.

Antiplatelet Trialists' Collaboration. »Secondary Prevention of Vascular.« BMJ, 30. Jan. 1988, 320.

Armstrong, H. E. »Chemical Industry and Carl Duisberg.« Nature, 22. Juni 1935, 1021.

Barnett, H. J. M., J. Hirsh und J. F. Mustard (Hrsg.), Acetylsalicylic Acid: New Uses for an Old Drug. New York: Raven Press, 1982.

Barnett, H. J. M., J. W. D. McDonald und D. L. Sackett. »Aspirin – Effective in ...« Stroke, Juli–Aug. 1978, 295.

Barnouw, E. The Sponsor. New York: Oxford University Press, 1978.

–. Tube of Plenty. New York: Oxford University Press, 1975.

Beer, J. J. »Coal Tar Dye Manufacture. ...« Isis, Juni 1958, 123.

Benigni, A., u.a. »Effect of Low-Dose Aspirin. ...« NEJM, 10. Aug. 1989, 357

Best, C. H. »Preparation of Heparin and ...« Circulation, Jan. 1959, 79.

Björkman, E. »Our Debt to Doctor Wiley.« World's Work, Jan. 1910. 12443.

Borkin, J. The Crime and Punishment of I. G. Farben. New York: The Free Press. 1978, 29.

Borkin, J., und C. A. Welsh. Germany's Master Plan. New York: Duell, Sloan, and Pearce, 1943.

Born, G. V. R. »Aggregation of Blood Platelets. ...« Nature, 1962, 927.

–. »Henry Oswald Jackson Collier«, Lancet, 24. Sept. 1983. 750.

Boston Collaborative Drug Surveillance Group. »Aspirin Use in Patients. ... NEJM, 23. Mai, 1974, 1158.

–. »Regular Aspirin Intake and ...« BMJ, 9. März, 1974, 440.

Bousser, M. G. »Aspirine et plaquettes.« La Revue de Médicine, 22. Apr. 1974, 1039.

Breddin, K., u.a. »Secondary Prevention of Myocardial ...« Haemostasis, 1980, 325.

Bresciani-Turroni C. The Economics of Inflation. London: George Allen & Unwin, Ltd., 1937.

Brodie, B. B. und J. Axelrod. »The Fate of Acetanilide. ...« Journal of Pharmacology and Experimental Therapeutics, 1948, 29.

–. »The Fate of Acetophenetidin. ...« Journal of Pharmacology and Experimental Therapeutics, 1949, 58.

Buchanan, M. R., u. a. »Aspirin Inhibits Platelet Function. ...« Thrombosis Research, 1982, 363.

Bylinsky, G. »Upjohn Puts the Cell's. ...« Fortune, Juni 1972, 96.

Cavers, D. F. »The Food, Drug and ...« Law and Contemporary Problems, Winter 1939, 12.

Cebul, R. D. »Aspirin and MID: Notes. ...« Journal of the American Geriatrics Society, Juni 1989, 573.

Chalmers, I., u.a., (Hrsg.) Effective Care in Pregnancy and Childbirth. Bd. I, Pregnancy. Oxford: Oxford University Press, 1989.

Chalmers, T. C. »Evidence Favoring the Use. ...« NEJM, 17. Nov. 1977, 1091.

Cochrane, A. und M. Blythe. One Man's Medicine. London: The Memoir Club, 1989.

Colgan, M. T. und A. A. Mintz. »The Comparative Antipyretic Effect ...« Journal of Pediatrics, Mai 1957, 552.

Collier, H. O. J. »Aspirin.« Scientific American, Nov. 1963 a, 108.

–. »Effects of Salicylates on ...« In A. St. J. Dixon u.a. (Hrsg.), Salicylates: An International Symposium. Boston: Little, Brown, 1963 b, 120.

–. »New Light on How ...« Nature, 5. Juli, 1969, 35.

–. »The Story of Aspirin.« In M. J. Parnham und J. Bruinvels (Hrsg.), Discoveries in Pharmacology. Bd. 2, Haemodynamics, Hormones & Inflammation. New York: Elsevier, 1984, 555.

Collier, H. O. J., und P. G. Shorley. »Analgesic Antipyretic Drugs as ...« British Journal of Pharmacology, 1960, 601.

Collier, H. O. J., und W. J. F. Sweatman. »Antagonism by Fenamates of ...« Nature, 24. Aug. 1968, 864.

Craven, L. L. »Acetylsalicylic Acid, Possible Preventive. ...« Annals of Western Medicine and Surgery, Febr. 1950, 95.

–. »Prevention of Coronary and ...« Mississippi Valley Medical Journal, Mai 1956, 213.

de Gaetano, G., u. a., »Pharmacology of Platelet Inhibition. ...« Circulation, Dez. 1985, 1192.

DeKornfeld, T. J., L. Lasagna und T. M. Frazier. »A Comparative Study of Fiv. ...« JAMA, 29. Dez. 1962, 1315.

Doll, R. »Clinical Trials: Retrospect and Prospect.« Statistics in Medicine, 1982, 337.

Doll, R., und A. B. Hill. »The Mortality of Doctors. ...« BMJ, 26. Juni, 1954, 1451.

–. »Smoking and Carcinoma of ...« BMJ, 30. Sept., 1950, 730.

Donner, A. »Approaches to Sample Size. ...« *Statistics in Medicine*, 1984, 199.

Dreser, H. »Pharmakologisches über Aspirin (Acetylsalicylsäure)«, *Archiv für die Gesammte Physiologie*. 1899, 306.

Duisberg, C. »The Influence of Liebig. ...« *Popular Science Monthly*, Apr. 1904, 533.

–. *Meine Lebenserinnerungen.* Leipzig; P. Reclam, Jr., 1933

Dyer, F. L. und T. C. Martin. *Edison: His Life and Inventions.* New York: Harper & Brothers, 1929.

Dyken, M. L. »Transient Ischemic Attacks and ...« *Stroke*, Jan.–Febr. 1983, 2.

Eichengrün, A. »50 Jahre Aspirin.« *Pharmazie*, 1949, 582.

–. »Pharmazeutische-Wissenschaftliche Abteilung.« In *Geschichte und Entwicklung der Farbenfabriken vorm. Friedrich Bayer & Co. Elberfeld in den ersten 50 Jahren.* Leverkusen 1918 (unveröffentlicht), 409.

Elwood, P. C. »British Studies of Aspirin. ...« *American Journal of Medicine*, 1983, 50.

–. Letter, *BMJ*, 7. Febr. 1981, 481.

–. »A Randomized Controlled Trial. ...« *Journal of the Royal College of General Practitioners*, Juli 1979, 413.

Elwood, P. C., und P. M. Sweetnam. »Aspirin and Secondary Mortality. ...« *Lancet*, 22. Dez., 1979, 1313.

Evans, G., u.a. »The Effect of Acetylsalicylic. ...« *Journal of Experimental Medicine*, 1. Nov., 1968, 877.

Ferreira, S. H., S. Moncada und J. R. Vane. »Indomethacin and Aspirin Abolish. ...« *Nature New Biology*, 23. Juni, 1971, 237.

Ferry, G. »A Passion for Numbers«, *Oxford Today*, 1989, 18.

Fields, W. S. »Aspirin for the Prevention. ...« *American Journal of Medicine*, 14. Juni, 1983, 61.

Fields, W. und W. Hass. *Aspirin, Platelets, and Stroke: Background for a Clinical Trial.* St. Louis: Warren H. Green, Inc., 1971.

Fields, W. und N. Lemak. *A History of Stroke.* New York: Oxford University Press, 1989.

Fields, W. S. u. a. »Controlled Trial of Aspirin. ...« *Stroke*, Mai–Juni 1977. 301.

–. »Controlled Trial of Aspirin. ... II. ...« *Stroke*, Juli–Aug. 1978, 309.

Flechtner, H. *Carl Duisberg: Vom Chemiker zum Wirtschaftsführer.* Düsseldorf: Econ, 1959.

Fleming, H. M. »Holding Hands with Hitler.« *Nation's Business*, Juni 1942, 17.

Foster, L. G. *A Company That Cares*. New Brunswick, N. J.: Johnson & Johnson, 1986.

Fox, S. *The Mirror Makers*. New York: William Morrow and Company, Inc., 1984.

Friedman, M. und A. Schwarz. *A Monetary History of the United States, 1867–1960*. Princeton, N. J.: Princeton University Press, 1963.

Gibson, P. »Aspirin in the Treatment. ...« *Lancet*, 24. Dez., 1949, 1172.

–. »Salicylic Acid for Coronary Thrombosis?« *Lancet*, 19. Juni, 1948, 965.

Glass, G. V. »Primary, Secondary, und Meta-Analysis. ...« *Educational Researcher*, Jan. 1976, 3.

Gordon, T. »The Diet-Heart Idea: Outline. ....« *American Journal of Epidemiology*, 2. Febr., 1988, 220.

Greenberg, L. A. und D. Lester. »The Metabolic Fate of Acetanilid ... I. ...« *Journal of Pharmacology and Experimental Therapeutics*, 1946, 87.

Haber, L. F. *The Chemical Industry during the 19th Century*. Oxford: Clarendon Press, 1958.

–. *The Chemical Industry 1900–1930*. Oxford: Clarendon Press, 1971.

Hamberg, M. u. a. »Thromboxanes: A New Group. ...« *Proceedings of the National Academy of Sciences USA*, Aug. 1975, 2994.

Hamilton, W. »The Strange Case of ...« *Harper's Magazine*, Jan. 1943, 123.

Hammond, E. C. und L. Garfinkel. »Aspirin and Coronary Heart. ...« *BMJ*, 3. Mai, 1975, 269.

Handler, J. »Pfizer Revisited: From ›Reasonable ...‹ « *Food, Drug, Cosmetic Law Journal*, 1983, 325.

Harrison, M. J. G. u. a. »Effect of Aspirin in ...« *Lancet*, 2. Okt., 1971, 743.

Hass, W. K. »Aspirin for the Limping Brain.« *Stroke*, Mai–Juni 1977, 299.

Hauri, P. J. und P. M. Silberfarb. »Effects of Aspirin on ...« *Current Therapeutic Research*, Dez. 1980, 867.

Hayes, P. *Industry and Ideology: I.G. Farben in the Nazi Era*. Cambridge: Cambridge University Press, 1987.

Hedges, L. V. und I. Olkin. *Statistical Methods for Meta-analysis*. London: Academic Press, 1985.

Hennekens, C. H. und J. E. Buring. »Aspirin and Cardiovascular Disease.« *Bulletin of the New York Academy of Medicine*, Jan. 1989, 57.

–. *Epidemiology in Medicine*. Boston: Little, Brown, 1987.

Hennekens, C. H., R. Peto und G. B. Hutchinson. »An Overview of the ...« *NEJM*, 7. Apr., 1988, 923.

Hiebert, J. M. *Our Policy Is People: Their Health Our Business.* New York: The Newcomers Society, 1963.

Higham, C. *Trading With the Enemy: An Exposé of the Nazi-American Money Plot 1933–1949.* New York: Delacorte Press, 1983.

Hill, A. B. »The Clinical Trial.« *NEJM*, 24. Juli, 1952, 113.

–. »Observation and Experiment.« *NEJM*, 11. Juni, 1953, 995.

–. *Statistical Methods in Clinical and Preventive Medicine.* London: E. & S. Livingstone, 1962.

Himsworth, H. »Bradford Hill and Statistics. ...« *Statistics in Medicine*, 1982, 301.

Hinsburg, O. und G. Treupel. »Über die physiologische Wirkung. ...« *Archiv für experimentelle Pathologie und Pharmakologie*, 1894, 216.

Holtfrerich, C. *Die deutsche Inflation 1914–1923.* Berlin: Walter de Gruyter, 1980.

Honey, G. E. und S. C. Truelove. »Prognostic Factors in Myocardial Infarction.« *Lancet*, 8. Juni 1957, 1155.

Hopkins, C. *My Life in Advertising.* New York, Harper & Brothers, 1927.

Howell, W. H. und E. Holt. »Two New Factors in ...« *American Journal of Physiology.* 1918, 328.

Hughes, L. M. »Sterling Streamlines Corporate Setup. ...« *Sales Management*, 15. Apr., 1943, 32.

Hughes, T. P. »Technological Momentum in History. ...« *Past and Present*, 1969, 106.

Hull, R., G. E. Raskob und J. Hirsh. »Prophylaxis of Venous Thromboembolism.« *Chest*, Mai 1986, Ergänzungsband, 374 S.

Institute for Scientic Information. »Citation Superstars.« *The Scientist*, 19. Feb., 1990, 22.

International Study of Infarct Survival. »Randomised Trial of Intravenous ...« *Lancet*, 12. Juli, 1986, 57.

ISIS-2 (Second International Study of Infarct Survival) Collaborative Group. »Randomised Trial of Intravenous ...« *Lancet*, 13. Aug., 1988, 349.

Jackson, C. O. *Food and Drug Legislation in the New Deal.* Princeton, N. J.: Princeton University Press, 1970.

Jorpes, E. »First Steps with Heparin.« *Thrombosis et Diathesis Haemorrhagica* 9, Ergänzungsband II (1963): 23.

Kenner, H. J. *The Fight for Truth in Advertising.* New York: Round Table Press, Inc., 1936.

Kintner, E. W. »Federal Trade Commission Regulation. ...« *The Business Lawyer,* Nov. 1960, 84.

Knightley, P. *The First Casualty: From the Crimea to Vietnam – The War Correspondent as Hero, Propagandist, and Myth Maker.* New York: Harcourt Brace Jovanovich, 1975.

Kolbe, A. »Über eine neue Darstellungsmethode ...« *Journal für Praktische Chemie.* 1874, 89.

Kraut, K. »Über Salicylverbindung.« *Annalen der Chemie,* 1869, I.

Kurzrock, R. und C. Lieb. »Biochemical Studies of Human ...« *Proceedings of the Society of Experimental Biology and Medicine,* 1930, 268.

Landau, H. *The Enemy Within.* New York: G. P. Putnam's Sons, 1937.

Lash, J. *Dealers and Dreamers: A New Look at the New Deal.* New York: Doubleday, 1988.

Lefebure, V. *The Riddle of the Rhine.* New York: The Chemical Foundation, 1923.

Lester, D. und L. A. Greenberg. »The Metabolic Fate of Acetanilid ... II. ...« *Journal of Pharmacology and Experimental Therapeutics,* 1947, 68.

Lester, D. u. a. »The Fate of Acetylsalicylic Acid.« *Journal of Pharmacology and Experimental Therapeutics,* 1946, 329.

Lewis, H. D. u. a. »Protective Effects of Aspirin. ...« *NEJM,* 18. Aug., 1983, 396.

Liebenau, J. »Ethical Business: The Formation ...« *Business History,* Jan. 1988, 116.

–. »Industrial R & D in Pharmaceutical ...« *Business History,* Nov. 1984, 329.

Liefmann, R. *Cartels, Concerns and Trusts.* London: Methuen & Company, Ltd., 1932.

Light, R. J. und D. B. Pillemer. *Summing Up: The Science of Reviewing Research.* Cambridge Harvard University Press, 1984.

Lind, J. A. *Treatise of the Scurvy.* Edinburgh: Sands, Murray, and Cochran, 1753.

Link, K. P. »The Anticoagulant Dicumarol.« *Proceedings of the Institute of Medicine of Chicago,* 15. Okt., 1945, 370.

–. »The Anticoagulant from Spoiled ...« *The Harvey Lectures.* New York: Academic Press, Serie 39, 1943–44, 162.

–. »The Discovery of Dicumarol ...« *Circulation*, Jan. 1959, 97

Link, K. P. u. a. »Studies in Hemorrhagic Sweet ... XI. ...« *Journal of Biological Chemistry*, 1943. 463.

Lloyd, C. »The Introduction of Lemon. ...« *Bulletin of the History of Medicine*, 1961, 123.

Mahoney, T. *The Merchants of Life*. New York: Harper & Brothers, 1959.

Mantel, N. und W. Haenszel. »Statistical Aspects of the ...« *Journal of the National Cancer Institute*, Sept. 1959, 719.

Marcus, A. J. »Aspirin and Thromboembolism. ...« *NEJM*, 8. Dez., 1977, 1284.

Marshall, J. und D. A. Shaw. »Anticoagulant Therapy in Cerebrovascular Disease.« *Proceedings of the Royal Society of Medicine*, 1959, 547.

–. »Anticoagulant Therapy in Cerebrovascular Disease.« In W. Walker (Hrsg.), *Thrombosis and Anticoagulant Therapy*. St. Andrews, Scotland: University of St. Andrews, 1960, 65.

McKale, D. M. *The Swastika Outside Germany*. Kent, Ohio: Kent State University Press, 1977.

McKenzie, J. R. P. *Weimar Germany, 1918–1933.* London: Blandford Press, 1971.

McLean, J. »The Discovery of Heparin.« *Circulation*, Jan. 1959, 75.

McTavish, »What's in a Name? ...« *Bulletin of the History of Medicine*, Herbst 1987, 343.

Medical Research Council. »Streptomycin Treatment of Pulmonary Tuberculosis.« *BMJ*, 30. Okt., 1948, 769.

Meyer, J. S. u. a. »Randomized Clinical Trial of ...« *Journal of the American Geriatrics Society*, Juni 1989, 549.

Meyer, O. O., J. B. Bingham und V. H. Axelrod. »Studies on the Hemorrhagic ... I. ...« *American Journal of the Medical Sciences*, Juli 1942, Band II.

Meyer, O. O. und B. Howard. »Production of Hypoprothrombinemia and ...« *Proceedings of the Society of Experimental Biology and Medicine*, Juni 1943, 234.

Mileke, C. H. »Platelets: The Last Hundred Years.« *Series Haematologica*, 1976, 8.

Millikan, C. H., R. G. Siekert und J. P. Whisnant. »Anticoagulant Therapy in Cerebral ...« *JAMA*, 8. Febr. 1958, 587.

Mitchell, M. »The Impact of External ...« *Economic Inquiry*, Okt. 1989, 601.

Moore, T. »The Fight to Save Tylenol.« *Fortune*, 29. Nov., 1982, 45.

Morgan, H. W. *Drugs in America*. Syracuse, N. Y.: Syracuse University Press, 1981.

Morse, H. N. »Darstellungsmethode der Acetylamidophenole.« *Berichte der Deutschen chemischen Gesellschaft*, 1878, 232.

Murray, D. u. a. »Heparin and the Thrombosis. ...« *Surgery*, Aug. 1937, 163.

Mustard, J. F. »Prostaglandins in Disease: Modification. ...« In H. J. M. Barnett, J. Hirsh und J. F. Mustard (Hrsg.), *Acetylsalicylic Acid: New Uses for an Old Drug*. New York: Raven Press, 1982, I.

Mustard, J. F. und M. Packham. »The Reaction of Blood ...« In H. Movat (Hrsg.), *Inflammation, Immunity and Hypersensitivity*. New York: Harper & Row, 1978, 557.

Newton, D. R. L. und J. M. Tanner. »N-Acetyl-para-Aminophenol as an Analgesic.« *BMJ*, 10. Nov. 1956, 1096.

Nichol, E. S. »Personal Experiences with Anticoagulants. ...« *Circulation*, Jan. 1959, 129.

Nichol, E. S. und S. W. Page. »Dicumarol Therapy in Acute ...« *Journal of the Florida Medical Association*, Jan. 1946, 370.

Nicholson, J. »Ibuprofen.« In J. S. Bindra und D. Lednicer (Hrsg.), *Chronicles of Drug Discovery*. New York: John Wiley & Sons, 1982, 149.

O'Brien, J. R. »The Adhesiveness of ...« *Journal of Clinical Pathology*, Jan. 1961, 140.

–. »Effects of Salicylates on ...« *Lancet*, 13. Apr. 1968, 779.

–. »Platelet Aggregation: II. Some ...« *Journal of Clinical Pathology*, 1962, 452.

–. »A Trial of Aspirin. ...« In K. M. Brinkhous u. a. (Hrsg.), *Thrombosis: Mechanisms and Control*. Stuttgart: Schauttauer Verlag, 1973, 345.

O'Brien, J. R. u. a. »Two In-vivo Studies ...« *Lancet*, 2. Sept., 1972, 441.

Orme, M. »Aspirin All Around?« *BMJ*, 30. Jan., 1988, 307.

Paganini-Hill, A. u. a. »Aspirin Use and Chronic Disease ...« *BMJ*, 18. Nov., 1989, 1247.

Pais, A. *Inward Bound*. New York: Oxford University Press. 1986.

Palmer, A. M. *Aims and Purposes of the Chemical Foundation*. New York: Chemical Foundation, 1919.

Pearce, J. M. S., S. S. Gubbay und J. W. Walton. »Long-Term Anticoagulation Therapy in ...« *Lancet*, 2. Jan., 1965, 6.

Peters, H. R., J. R. Guyter und C. E. Brambel. »Dicumarol in Acute Coronary Thrombosis«. *JAMA*, 16. Febr., 1946, 398.

Peto, R. »Clinical Trial Methodology.« *Biomédicine* (Sonderausgabe), 1978, 24.

Peto, R. u. a. »Design and Analysis of ... I. ...« *British Journal of Cancer*, 1976, 585.

–. »Design and Analysis of ... II. ...« *British Journal of Cancer*, 1976, I.

–. »Randomised Trial of Prophylactic ...« *BMJ*, 30. Jan., 1988, 313.

Pinnow, H. *Werksgeschichte der Gefolgschaft der Werke Leverkusen, Elberfeld und Dormagen zur Erinnerung an die 75. Wiederkehr des Gründungstages der Farbenfabriken vormals Friedrich Bayer & Co.* München: I. G. Farbenindustrie, 1938.

Piper, P. und J. R. Vane. »Release of Additional Factors. ...« *Nature*, 5. Juli, 1969, 29.

Pitofsky, R. »Beyond Nader: Consumer Protection. ...« *Harvard Law Review*, 1977, 661.

Poole, J. D. F. und J. E. French. »Thrombosis.« *Journal of Atherosclerosis*, Aug. 1961, 251.

Pope, D. *The Making of Modern Advertising.* New York: Basic Books, 1983.

Presbrey, F. *The History and Development of Advertising.* New York: Doubleday, Doran & Company, Inc., 1929.

Quick, A. J. »Salicylates and Bleeding: The ...« *American Journal of the Medical Sciences*, Sept. 1966, 265.

Relman, A. S. »Aspirin for the Primary ...« *NEJM*, 28. Jan., 1988, 245.

–. »Reporting the Aspirin Study.« *NEJM*, 7. Apr., 1988, 918.

Remsen, D. »The Use of N-Acetyl p-Aminophenol.« In *Symposium on N-Acetyl-p-Aminophenol.* Elkhart, Ind.: Institute for the Study of Analgesic and Sedative Drugs, 1952, 59.

Roth, G. J. und P. W. Majerus. »The Mechanism of the ... I. ...«. *Journal of Clinical Investigation*, Sept. 1975, 624.

Rytand, D. A. »Anticoagulants in Coronary Thrombosis ...« *Archives of Internal Medicine*, Aug. 1951, 210.

Sandercock, P. »Aspirin for Strokes and ...« *BMJ*, 22. Okt., 1988, 995.

Schiff, E. u. a. »The use of Aspirin ...« *NEJM*, 10. Aug., 1989, 351.

Shapiro, S., M. H. Redish und H. A. Campbell. »Studies on Prothrombin: IV. ...«

Proceedings of the Society for Experimental Biology and Medicine, Juni 1943, 251.

Singer, R. »Acetylsalicylic Acid, A Probable ...« *Archives of Otolaryngology*, 1945, 19.

Smith, J. B. und A. L. Willis, »Aspirin Selectively Inhibits Prostaglandin ...« *Nature New Biology*, 23. Juni, 1971, 235.

Smith, P. K. *Acetophenetidin: A Critical Bibliographic Review*. New York. Interscience Publishers, 1958.

Smith, R. G. und A. Barrie, *Aspro – How a Family Business Grew Up*. Melbourne, Nicholas International, Ltd., 1976.

Smith, S. B. *In All His Glory: The Life of William S. Paley, the Legendary Tycoon and His Brilliant Circle*. New York: Simon und Schuster, 1990.

Spooner, J. B. und J. G. Harvey. »The History and Usage. ...« *Journal of International Medical Research*, 1976, I.

Steering Committee of a Trial on Deep-Vein Thrombosis. Committee on General Epidemiology, Medical Research Council. »Effect of Aspirin. ...« *Lancet*, 2. Sept., 1972, 441.

Steering Committee of the Physicians' Health Study Research Group. »Preliminary Report: Findings from ...« *NEJM*, 28. Jan., 1988, 262.

–. »Final Report on the ...« *NEJM*, 20. Juli, 1989, 129.

The Sterling Story. New York: Sterling Drug Co., 1947.

Stokes, R. G. *Divide and Prosper: The Heirs of I. G. Farben Under Allied Authority 1945–51*. Berkeley: University of California Press, 1988.

Stokes, T. »Articles on Corcoran by ... *New York World-Telegram*, 26. Sept., 1941. 9.

–. »Link Tommy the Cork. ...« *Washington Daily News*, 15. Sept., 1941, I.

Terkel, S. »*The Good War*.« New York: Pantheon, 1984.

Thomas, L. *The Youngest Science*. New York: Viking, 1983.

Tilly, R. »Germany: 1815–1870.« In R. Cameron (Hrsg.), *Banking in the Early Stages of Development*. New York: Oxford University Press, 1967, 151.

UK-TIA Study Group. »United Kingdom Transient Ischaemic. ...« *BMJ*, 30. Jan., 1988, 316.

Vane, J. R. »Adventures and Excursions in ...« *Postgraduate Medical Journal*, Dez. 1983, 743.

–. »Inhibition of Prostaglandin Synthesis ...« *Nature New Biology*, 23. Juni, 1971, 232.

–. »Prostaglandins and the Aspirin-Like Drugs.« *Hospital Practice*, März 1972, 61.

Vane, J. R. und R. Botting. »Inflammation and the Mechanism ...« *F.A.S.E.B. Journal*, 1987, 89.

Verg, E. u. a. *Meilensteine*. Leverkusen: Bayer AG, 1988.

Veterans Administration Cooperative Study of Atherosclerosis, Neurology Section. »An Evaluation of Anticoagulant ...« *Neurology*, 1961, 132.

von Euler, U. S. »Zur Kenntnis der pharmakologischen ...« *Archiv für Experimentelle Pathologie und Pharmakologie*, 1934, 78.

von Mering, J. »Beiträge zur Kenntnis der Antipyretics.« *Therapeutische Monatshefte*, 1893, 577.

Wehler, H. *Deutsche Gesellschaftsgeschichte*. München: Beck, 1985.

Weiss, H. J. »Aspirin – A Dangerous Drug?« *JAMA*, 26. Aug., 1974, 1221.

–. *Platelets*, New York: Alan R. Liss, Inc., 1982.

Weiss, H. J. und L. M. Aledort. »Impaired Platelet/Connective Tissue Reaction ...« *Lancet*, 2. Sept. 1967, 495.

Weiss, H. J., L. M. Aledort und S. Kochwa. »The Effect of Salicylates ...« *Journal of Clinical Investigation*, 1968, 2169.

Weissmann, G. »Aspirin.« *Scientific American*, Jan. 1991, 60.

Wiley, H. W. *Harvey W. Wiley – An Autobiography*. Indianapolis. Bobbs-Merrill Co., 1930.

Wilkins, M. *The History of Foreign Investment in the United States to 1914*. Cambridge: Harvard University Press, 1989.

Williamson, R. T. »On the Treatment of ...« *BMJ*, 27. Dez., 1902, 1946.

Wood, L. »Aspirin and Myocardial Infarction.« *Lancet*, 11. Nov., 1972, 1021.

–. »Treatment of Atherosclerosis and ...« *Lancet*, 9. Sept., 1972, 532.

Wood, P. H. N. »The Man Who Invented Aspirin.« *Medical News (London)*, 9. Nov., 1962, 20.

Wright, I. S. »Experience with Anticoagulants.« *Circulation*, Jan. 1959, 112.

–. »Experiences with Dicumarol ...« *American Heart Journal*, 1946, 20.

–. *The Pathogenesis and Treatment of Thrombosis*. Modern Medical Monographs, Nr. I. New York: Grune & Stratton, 1952.

Wright, I. S. u. a. *Myocardial Infarction: Its Clinical Manifestations and Treatments with Anticoagulants.* New York: Grune & Stratton, 1954.

–. »Report of the Committee ...« *American Heart Journal,* Dez. 1948, 801.

Young, F. E., S. L. Nightingale und R. A. Temple. »The Preliminary Report of ...« *JAMA,* 3. Juni, 1988, 3158.

Young, J. H. *The Medical Messiahs.* Princeton, N. J.: Princeton University Press, 1967.

–. *Pure Food.* Princeton, N. J.: Princeton University Press. 1989.

–. *The Toadstool Millionaires.* Princeton, N. J.: Princeton University Press, 1961.

Yusuf, S. u. a. »Beta Blockade During and ...« *Progress in Cardiovascular Diseases,* März–Apr. 1985, 335.

–. »Intravenous and Intracoronary Fibrinolytic ...« *European Heart Journal,* 1985, 556.

Yusuf, S., R. Collins und R. Peto. »Why Do We Need ...« *Statistics in Medicine,* 1984, 409.

Zucker, M. B. und J. Peterson. »Inhibition of Adenosine Diphosphate-Induced. ...« *Proceedings of the Society for Experimental Biology and Medicine,* Febr. 1968, 547.

Register

tentierungsprogramms der Bayer
AG 32, 35–40, 42–46, 54, 166
Kartellverhandlungen von 76 f. .
u. Verhandlungen mit Sterling
Products, Inc. 74 f., 82–86, 97 bis
101
Duisberg, Walter 26 f., 108
Dysmenorrhöe (Menstruationskrämp-
fe) 281

E

Ecotrin 399, 404
Edison, Thomas 59
Eichengrün, Arthur 37–42
Elberfeld Farbenfabriken Company,
Ltd., siehe Bayer Company, Ltd.
Eli, Lilly & Company 306
Elwood, Peter 327–336, 364 f., 367,
371, 376–381, 390, 396
Emerson Drug 232
Engman, Lewis 220 f.
Erster Weltkrieg 14, 52, 56, 61, 77,
94, 99, 109, 116 f., 150
  Beschlagnahmung von Patenten
  u. Schutzmarken im 78, 90,
  134
Excedrin 216 f., 220, 224, 240, 253,
286, 400
Extramed 259 f.
Extranol 259

F

Farbenfabriken Bayer, vorm. Fried-
rich Bayer & Co., siehe Bayer AG
Farbenfabriken of Elberfeld Co. 42,
50, 57, 66
Farma Continental 140, 142, 144 f.,
150
Farrell, Thomas R. 128 f.
Federal Bureau of Investigation (FBI)
63, 67, 143, 270
Federal Trade Commission (FTC) 17
bis 19, 21, 132, 180, 197, 203,
254 f., 264, 266, 399, 419
  Aspirin-Werbung u. 184, 202,
  213, 231
  Aspirub Fall u. 185, 187
  irreführende Werbung u. 181,
  210–216, 261 f.
  JAMA-Studie u. 204–209, 288
  Johnson & Johnson gegen 279
  Lasagna/DeKornfeld-Studie u.
  219, 224
  Nader-Bericht u. 211 f.
  Nixon-Regierung u. 210 f., 220
  Pfizer-Fall u. 216, 221
  Reagan-Regierung u. 212, 227
  Untersuchung über Schmerzmit-
  tel u. 392
  Zulassung von Ibuprofen u. 278
Fields, William S. 389–393